Florian Weber

Das fragmentierte Recht der Externalisierungsgesellschaft

Florian Weber

Das fragmentierte Recht der Externalisierungs-gesellschaft

VELBRÜCK
WISSENSCHAFT

Publiziert mit Unterstützung des Schweizerischen Nationalfonds zur Förderung der wissenschaftlichen Forschung.

Inauguraldissertation zur Erlangung der Würde eines Doctor iuris der Rechtswissenschaftlichen Fakultät der Universität Bern

Die Fakultät hat diese Arbeit am 18. September 2025 auf Antrag der beiden Gutachter, Prof. Dr. Jörg Künzli und Prof. Dr. Tobias Eule, als Dissertation angenommen.

Publikation: Velbrück Wissenschaft
Erste Auflage 2026
Velbrück Wissenschaft in der Velbrück GmbH Verlage, 2026
Meckenheimer Str. 47 · 53919 Weilerswist-Metternich
info@velbrueck.de
www.velbrueck.de
Printed in Germany
ISBN 978-3-95832-441-1
DOI: https://doi.org/10.5771/9783748958031

Bibliografische Information der Deutschen Nationalbibliothek
Die Deutsche Nationalbibliothek verzeichnet diese Publikation in der Deutschen Nationalbibliografie; detaillierte bibliografische Daten sind im Internet über http://dnb.d-nb.de abrufbar

Vorwort

Die vorliegende Arbeit hat mich über mehrere Jahre begleitet. Der Weg von den ersten Gedanken zu dem, was nun als Text vorliegt, war ein weiter, auf dem mich glücklicherweise viele Menschen mit Unterstützung, Zuspruch und Ablenkung begleitet haben. Ihnen bin ich zu großem Dank verpflichtet.

Jörg Künzli danke ich für das Interesse, den Austausch, die Kritik und die Unterstützung, um das Ziel gerade gegen Ende nicht aus den Augen zu verlieren. Die Jahre an seinem Lehrstuhl und am Schweizerischen Kompetenzzentrum für Menschenrechte waren in fachlicher und persönlicher Hinsicht eine große Bereicherung. Danken möchte ich zudem Tobias Eule, der sich bereit erklärte, das Zweitreferat zu übernehmen und sich zuvor schon mit meinen Gedanken auseinandergesetzt hatte.

Dank eines Stipendiums des Schweizerischen Nationalfonds konnte ich mich während zweier Forschungsaufenthalte am Zentrum für Europäische Rechtspolitik (Bremen) und am Erik Castrén Institute of International Law and Human Rights (Helsinki) vollständig auf die Arbeit konzentrieren. Dabei kam ich in den Genuss der Gastfreundschaft von Andreas Fischer-Lescano und Martti Koskenniemi, die meine Untersuchung über diese Aufenthalte hinaus geprägt haben.

Für die wunderbare Zusammenarbeit am Lehrstuhl von Jörg Künzli und alles darum herum danke ich insbesondere Kelly Bishop, Alexandra Büchler und David Krummen. Wichtige Impulse für meine Arbeit erhielt ich durch die gemeinsame Lektüre mit den soeben genannten und Elena Ewering, Andreas Gutmann, Manuela Hugentobler, Fiona Leu, Annina Mullis, Barbara von Rütte und Tore Vetter. Andreas und seinen Kolleg*innen danke ich überdies für die gemeinsame Zeit in Bremen und das Aufhellen der pandemischen Tristesse. In dieser Hinsicht ist ebenfalls den Menschen zu danken, die mir den Aufenthalt in Helsinki erleichtert und mich in das langsam aus dem Lockdown erwachende Institutsleben eingebunden haben, namentlich Anna van der Velde.

In verschiedenen Kontexten durfte ich wertvolle Rückmeldungen zu meiner Arbeit entgegennehmen. Zu erwähnen sind in dieser Hinsicht neben den bereits genannten Lesekreisen und Forschungsaufenthalten insbesondere die Doktorierendenseminare und das Institutskolloquium am Institut für öffentliches Recht der Universität Bern, das Nachwuchsforum für öffentliches Recht sowie das Schindler Junior Scholars Programm der Universität Zürich.

Für das Gegenlesen einzelner Kapitel danke ich Joël Bonfranchi, Reto Gross, Andreas Gutmann, David Hongler, Barbara Kohler und Katharina Weber. Sodann danke ich Velbrück Wissenschaft für die Aufnahme in das

Verlagsprogramm und Thomas Gude sowie Frieda Spies für die sehr angenehme Zusammenarbeit. Der Schweizerische Nationalfonds hat diese Form der Publikation mit einem großzügigen Beitrag ermöglicht.

Schließlich verdanke ich den Abschluss meiner Dissertation zu einem wesentlichen Teil meinem persönlichen Umfeld. Mit enorm viel Geduld und Wohlwollen haben mich insbesondere Sarah sowie meine und ihre Eltern unterstützt. Herzlichen Dank!

Die Arbeit wurde im Frühling 2025 fertiggestellt; spätere Entwicklungen von Rechtspraxis und Lehre konnten nur noch punktuell berücksichtigt werden.

Externalities are what the world consists of.

Eric Hobsbawm, The Crisis of Today's Ideologies, in: NLR Mar/Apr 1992, S. 63.

Inhalt

Abkürzungsverzeichnis

Abl. L	Amtsblatt der Europäischen Union, Reihe L (Législation)
Abs.	Absatz/Absätze
ACHPR	African Commission on Human and Peoples' Rights
AEMR	Allgemeine Erklärung der Menschenrechte, 10.12.1948, UN-Doc. A/RES/217/A-(III)
AfCRMV	Afrikanische Charta der Rechte der Menschen und Völker; African (Banjul) Charter on Human and Peoples' Rights, 27.06.1981, OAU-Doc. CAB/LEG/67/3 rev. 5
AJIL	The American Journal of International Law
AMRK	(Inter-)Amerikanische Menschenrechtskonvention; American Convention on Human Rights, »Pact of San José, Costa Rica«, 22.11.1969, 1144 UNTS 123
ArCMR	Arabische Charta der Menschenrechte; Arab Charter on Human Rights, 22.05.2004
Art.	Artikel
BBl	Bundesblatt
BDK	Übereinkommen über die Biologische Vielfalt (Biodiversitätskonvention), 05.06.1992, SR 0.451.43, 1760 UNTS 79
BGBl.	Bundesgesetzblatt (Deutschland)
BGE	Amtlich Sammlung der Entscheidungen des Schweizerischen Bundesgerichts
BIT	bilateral investment treaty
BIZ	Bank für Internationalen Zahlungsausgleich
BRK	Übereinkommen über die Rechte von Menschen mit Behinderungen (Behindertenrechtskonvention), 13.12.2006, SR 0.109, 2515 UNTS 3
BRA	Ausschuss für die Rechte von Menschen mit Behinderung; Committee on the Rights of Persons with Disabilities (CRPD)
BRK-FP	Fakultativprotokoll zum Übereinkommen über die Rechte von Menschen mit Behinderungen, 13.12.2006, 2518 UNTS 283
BS	Bereinigte Sammlung des Schweizer Bundesrechts (1849–1948; Stand 1. Januar 1948)
bspw.	beispielsweise

BVerfG	Bundesverfassungsgericht
BVerfGE	Amtliche Sammlung der Entscheidungen des [deutschen] Bundesverfassungsgerichts
BVG	Bundesgesetz über die berufliche Alters-, Hinterlassenen- und Invalidenvorsorge (BVG), 25.06.1982, SR 831.40
bzgl.	bezüglich
Cmd.	Command Papers
CO	Concluding Observations
CTS	Consolidated Treaty Series (vgl. Oxford Historical Treaties)
d. h.	das heißt
Dec.	Decision
EFTA	European Free Trade Association; Europäische Freihandelsassoziation
EJIL	European Journal of International Law
EKMR	Europäische Kommission für Menschenrechte
EMRK	Konvention zum Schutze der Menschenrechte und Grundfreiheiten, 04.11.1950, SR 0.101, SEV-Nr. 003
EMRK-ZP 15	Protokoll Nr. 15 zur Änderung die Konvention zum Schutze der Menschenrechte und Grundfreiheiten, 24.06.2013, SR 0.101.095, SEV-Nr. 213
ESC	Europäische Sozialcharta, 18.10.1961, SEV-Nr. 035
ESCr	Europäische Sozialcharta (revidiert), 03.05.1996, SEV-Nr. 163
et al.	et aliae/alii/alia; und andere
EU	Europäische Union
EU-CSDDD	Corporate Sustainability Due Diligence Directive; Richtlinie des Europäischen Parlaments und des Rates über die Sorgfaltspflichten von Unternehmen im Hinblick auf Nachhaltigkeit und zur Änderung der Richtlinie (EU) 2019/1937 und der Verordnung (EU) 2023/2859 (Richtlinie [EU] 2024/1760), 13.06.2024, Abl. L 05.07.2024
EuGH	Europäischer Gerichtshof
EZB	Europäische Zentralbank
FDA	Ausschuss gegen die Diskriminierung der Frau; Committee on the Elimination of Discrimination against Women (CEDAW)
FDK	Übereinkommen zur Beseitigung jeder Form von Diskriminierung der Frau (Frauendiskriminierungskonvention), 18.12.1979, SR 0.108, 1249 UNTS 13

FDK-FP	Fakultativprotokoll zum Übereinkommen zur Beseitigung jeder Form von Diskriminierung der Frau, 06.10.1999, SR 0.108.1, 2131 UNTS 83
ff.	und die/der folgende/-n
FoA	Ausschuss gegen die Folter (Antifolterausschuss)
FoK	Übereinkommen gegen Folter und andere grausame, unmenschliche oder erniedrigende Behandlung oder Strafe (Antifolterkonvention), 10.12.1984, SR 0.105, 1465 UNTS 85
GA-IV	Genfer Abkommen über den Schutz von Zivilpersonen in Kriegszeiten, 12.08.1949, SR 0.518.51, 75 UNTS 287
GATT	General Agreement on Tariffs and Trade, Allgemeines Zoll- und Handelsabkommen, 30.10.1947, SR 0.632.21, 55 UNTS 187 (nunmehr Teil des »GATT 1994«, vgl. Anhang 1A.1 WTO-Abkommen)
GC	General Comment
Genozidkonvention	Übereinkommen über die Verhütung und Bestrafung des Völkermordes, 09.12.1948, SR 0.311.11, 78 UNTS 277
GFK	Abkommen über die Rechtsstellung der Flüchtlinge (Genfer Flüchtlingskonvention), 28.07.1951, SR 0.142.30, 189 UNTS 137
GK	Große Kammer (des EGMR)
Herv. i. O.	Hervorhebung im Original
HLKO	Abkommen betreffend die Gesetze und Gebräuche des Landkriegs (Haager Landkriegsordnung), 18.10.1907, SR 0.515.112, 205 CTS 277
i.f.	in fine
IAGMR	Interamerikanischer Gerichtshof für Menschenrechte; Inter-American Court of Human Rights (IACtHR)
IAKMR	Interamerikanische Kommission für Menschenrechte; Inter-American Commission on Human Rights (IACHR)
ibid.	ibidem; ebenda
ICJ	International Court of Justice
ICSID	International Centre for Settlement of Investment Disputes; Internationale Zentrum zur Beilegung von Investitionsstreitigkeiten
ICSID-Übk.	Übereinkommen zur Beilegung von Investitionsstreitigkeiten zwischen Staaten und Angehörigen anderer Staaten, 18.03.1965, SR 0.975.2, 575 UNTS 159

ICTY	International Criminal Tribunal for the former Yugoslavia; Internationaler Strafgerichtshof für das ehemalige Jugoslawien
IGH	Internationaler Gerichtshof
ILC-Articles on Crimes Against Humanity	ILC, Draft articles on Prevention and Punishment of Crimes Against Humanity, ILC-Report 2019, UN-Doc. A/74/10
ILC-Articles on Expulsion	ILC, Draft articles on the expulsion of aliens, ILC-Report 2014, UN-Doc. A/69/10
ILC-Articles on Prevention	ILC, Draft Articles on the Prevention of Transboundary Harm from Hazardous Activities, ILC-Report 2001, UN-Doc. A/56/10
ILC-DARIO	ILC, Draft articles on the responsibility of international organizations, ILC-Report 2011, UN-Doc. A/66/10
ILC-DARS	ILC, Draft articles on Responsibility of States for Internationally Wrongful Acts, ILC-Report 2001, UN-Doc. A/56/10
ILO	International Labor Organization
ILO-Übereinkommen Nr. 138	Übereinkommen Nr. 138 über das Mindestalter für die Zulassung zur Beschäftigung, 26.06.1973, SR 0.822.723.8, 1015 UNTS 297
ILO-Übereinkommen Nr. 182	Übereinkommen Nr. 182 über das Verbot und unverzügliche Maßnahmen zur Beseitigung der schlimmsten Formen der Kinderarbeit, 17.06.1999, SR 0.822.728.2, 2133 UNTS 161
insb.	insbesondere
IPCC	Intergovernmental Panel on Climate Change; Weltklimarat
ISGH	Internationaler Seegerichtshof; International Tribunal for the Law of the Sea (ITLOS)
IWF	Internationaler Währungsfonds; International Monetary Fund (IMF)
IWF-Übk.	Übereinkommen über den Internationalen Währungsfonds, 22.07.1944, SR 0.979.1, 2 UNTS 39
Kap.	Kapitel
KFOR	Kosovo Force
KRA	Ausschuss für die Rechte des Kindes; Committee on the Rights of the Child (CRC)
KRK	Übereinkommen über die Rechte des Kindes, 20.11.1989, SR 0.107, 1577 UNTS 3
KRK-FP2	Fakultativprotokoll zum Übereinkommen über die Rechte des Kindes betreffend den Verkauf von Kindern, die Kinderprostitution und die Kinderpornografie, 25.05.2000, SR 0.107.2, 2171 UNTS 227

Limburg Principles	Limburg Principles on the Implementation of the International Covenant on Economic, Social and Cultural Rights, 1986, UN-Doc. E/CN.4/1987/17
LNTS	League of Nations Treaty Series
m. w. H.	mit weiteren Hinweisen
m. V. a.	mit Verweis auf
Maastricht Principles	Maastricht Principles on the Extraterritorial Obligations of States in the Area of Economic, Social and Cultural Rights, 2011 (vgl. <https://www.etoconsortium.org/en/the-maastricht-principles/>)
MRA	Menschenrechtsausschuss; Human Rights Committee (CCPR)
OAU	Organisation of African Unity; Organisation de l'Unité Africaine (OUA)
OECD	Organisation for Economic Co-operation and Development; Organisation für wirtschaftliche Zusammenarbeit und Entwicklung
OECD-Leitsätze	OECD-Leitsätze für multinationale Unternehmen zu verantwortungsvollem unternehmerischem Handeln; OECD Guidelines for Multinational Enterprises on Responsible Business Conduct
PKÜ	Klimaübereinkommen von Paris, 12.12.2015, SR 0.814.012, 3156 UNTS 79
RDA	Ausschuss für die Beseitigung der Rassendiskriminierung
RDK	Internationales Übereinkommen zur Beseitigung jeder Form von Rassendiskriminierung (Rassendiskriminierungskonvention/Antirassismuskonvention), 21.12.1965, SR 0.104, 660 UNTS 195
RIAA	Reports of International Arbitral Awards
Rio Declaration	Rio Declaration on Environment and Development, 14.06.1992, UN-Doc. A/CONF.151/26/Rev.1(vol.I)
Rz.	Randziffer/-n
S.	Seite/-n
SDG	Sustainable Development Goals; Ziele für nachhaltige Entwicklung; vgl. UN-GV, Transforming our world: the 2030 Agenda for Sustainable Development, Resolution 70/1, 25.09.2015, UN-Doc. A/Res/70/1
SEV	Sammlung der Europaratsverträge; Council of Europe Treaty Series (CETS)
sog.	sogenannte/-r/-s

Sozialpakt	UN-Pakt I
SR	Systematische Rechtssammlung der Schweiz
SSRN	Social Science Research Network
StIGH	Ständiger Internationaler Gerichtshof; Permanent Court of International Justice (PCIJ)
Stockholm Declaration	Declaration of the United Nations Conference on the Human Environment, 16.06.1972, UN-Doc. A/CONF.48/14/Rev.1
StSH	Ständiger Schiedshof; Permanent Court of Arbitration (PCA)
TRIPS	Agreement on Trade-Related Aspects of Intellectual Property Rights, Abkommen über handelsbezogene Aspekte der Rechte an geistigem Eigentum, Anhang 1C WTO-Abkommen
u. a.	unter anderem/-n
UN	United Nations; Vereinte Nationen (VN)
UN-Charta	Charta der Vereinten Nationen, 26.06.145, SR 0.120, XV UNCIO 335 (sowie die Änderungen in 557 UNTS 143, 638 UNTS 308 und 892 UNTS 119)
UN-Doc.	UN-Document (<https://documents.un.org/>)
UNEP	Umweltprogramm der UN
UNESCO	United Nations Educational, Scientific and Cultural Organization
UNGP	Guiding Principles on Business and Human Rights
UN-GV	Generalversammlung der Vereinten Nationen
UNICO	Documents of the United Nations Conference on International Organization
UNMIK	United Nations Interim Administration Mission in Kosovo
UN-Pakt I	Internationaler Pakt über wirtschaftliche, soziale und kulturelle Rechte (Sozialpakt), 16.12.1966, SR 0.103.1, 993 UNTS 3
UN-Pakt I-FP	Fakultativprotokoll zum Internationalen Pakt über wirtschaftliche, soziale und kulturelle Rechte, 10.12.2008, 2922 UNTS 29
UN-Pakt II	Internationaler Pakt über bürgerliche und politische Rechte (Zivilpakt), 16.12.1966, SR 0.103.2, 999 UNTS 171
UN-SR	UN-Sicherheitsrat; Security Council
UN-SRÜ	Seerechtsübereinkommen der Vereinten Nationen, 10.12.1982, SR 0.747.305.15, 1833 UNTS 39

UNTS	United Nations Treaty Series
US	United States (of America)
v.	versus; gegen
vgl.	vergleiche
Vol.	Volume; Band
Völkerbundsvertrag	Völkerbundsvertrag; Pacte de la Société des Nations, Teil 1 des Versailler Friedensvertrags, 28.06.1919, BBl 1919 IV 541, S. 650 ff.
WAA	Ausschuss für die Rechte der Wanderarbeitnehmenden; Committee on the Protection of the Rights of All Migrant Workers and Members of their Families (CMW)
WHO	World Health Organization; Weltgesundheitsorganisation
WHO-Tabakkonvention	Rahmenübereinkommen der WHO zur Eindämmung des Tabakgebrauchs (WHO-Tabakkonvention); WHO Framework Convention on Tobacco Control (FCTC) 27.02.2005, 2302 UNTS 166
WSKA	Ausschuss für wirtschaftliche, soziale und kulturelle Rechte; Committee on Economic Social and Cultural Rights (CESCR)
WTO	World Trade Organization; Welthandelsorganisation
WTO-Abkommen	Marrakesh Agreement establishing the World Trade Organization, Abkommen zur Errichtung der Welthandelsorganisation, 15.04.1994, SR 0.632.20, 1867 UNTS 154
WÜK	Wiener Übereinkommen über konsularische Beziehungen, 24.04.1963, SR 0.191.02, 596 UNTS 261
z. B.	zum Beispiel
Ziff.	Ziffer/-n
Zivilpakt	UN-Pakt II

Einleitung

1 Ausgangslage

Sechshundertzweiundneunzig Millionen Menschen weltweit leben in Armut.[1] Dreihundertdreiundvierzig Millionen Menschen leiden an Hunger.[2] Siebenundzwanzig Millionen Menschen verrichten Zwangsarbeit.[3] Fast ein Fünftel aller Menschen, also eineinhalb Milliarden, laufen Gefahr, von einem extremen Wetterereignis schwerwiegend getroffen zu werden, ohne sich davon erholen zu können.[4] Ein Viertel der Menschen, also rund zwei Milliarden, haben keinen oder nur einen erschwerten Zugang zu sauberem Trinkwasser.[5] Derweil sterben jährlich rund acht Millionen Menschen an den Folgen der weltweiten Luftverschmutzung.[6]

Derartige Missstände fallen uns deshalb auf, weil an anderen Orten andere Umstände herrschen. Erst vor dem Hintergrund globaler Ungleichheit, werden Mangel, Leid und Zerstörung als etwas ersichtlich, das als besonders stoßend oder problematisch beurteilt wird.[7] Angesichts der Ungleichheit und mit Blick darauf, dass unzählige Kontakte, namentlich wirtschaftlicher Art, zwischen verschiedenen Weltregionen bestehen, drängt sich die Frage auf, inwiefern das Wohlergehen der einen mit der Misere der anderen zusammenhängt. Welche Beziehung besteht zwischen dem Globalen Norden[8], dem weltgesellschaftlichen Zentrum einerseits und dem Globalen Süden, der Peripherie andererseits?

Eine mögliche Perspektive auf die Relationalität von Mangel und Leid eröffnet das Konzept der Externalisierungsgesellschaft. Stephan Lessenich beschreibt mit dem Begriff der Externalisierung den Umstand, dass

1 *Weltbank*, Poverty and Inequality Platform. Vgl. zur Kritik an dieser Berechnung und der zugrunde liegenden Armutsschwelle hinten in Kap. 6.1.2.2.6 bei Fn. 164 ff.

2 *World Food Programme*, Global Outlook, 2024.

3 *International Labour Organization/Walk Free/International Organization for Migration*, Modern Slavery, 2022, S. 22.

4 *Weltbank*, Poverty, Prosperity, and Planet, 2024, S. 165.

5 *UN-Water*, Progress Update, 2021, S. 12.

6 *Health Effects Institute*, State of Global Air, 2024, S. 14.

7 Vgl. allgemein zur globalen Ungleichheit *Weiß*, Ungleichheiten, 2017.

8 Die Großschreibung unterstreicht den Umstand, dass Nord und Süd nicht nur geografische Referenzen sind und Zentrum und Peripherie bzw. Entwicklung und Marginalisierung sich gegenseitig durchziehen. Vgl. dazu etwa *Dirlik*, Postcolonial Aura, 1994, S. 350 f.; *Mies*, Patriarchy and Accumulation, [1986] 2014, u. a. S. 76, 201 und 215; *Hürtgen*, Strukturelle Heterogenität, 2015, u. a. S. 13, 49, 56 und 58.

die wohlhabenden Gesellschaften der Welt die negativen Effekte ihres Handelns auf Staaten und Menschen andernorts, in weniger »entwickelten« Weltregionen auslagern.[9] »Die gesamte sozioökonomische Entwicklungsstrategie der europäisch-nordamerikanischen Industriegesellschaft«, so Lessenich, »beruht – und beruhte von Anfang an – auf dem Prinzip der Entwicklung zu Lasten anderer.«[10] Die Externalisierung erweist sich nach Lessenich als unabdingbar für die Reproduktion und Stabilisierung unserer Gesellschaft.[11]

Ursprünglich fand der Begriff der Externalität – verstanden als Wirkung von Entscheidungen auf daran nicht beteiligte Dritte[12] – bzw. jener der externen Kosten in der ökonomischen Theorie Verwendung und steht dort im Zusammenhang mit der Bemühung, die gesellschaftliche Wohlfahrt zu berechnen und Marktversagen zu thematisieren.[13] Über ein solches Verständnis geht das Externalisierungskonzept, wie es Lessenich und andere verwenden, deutlich hinaus, indem es auf die Logik zielt, nach der das kapitalistische Weltsystem funktioniert.[14] Externalitäten stellen dabei notwendige Voraussetzungen des Marktgeschehens dar – und sind kein bloß außerplanmäßiges Versagen desselben. Entsprechend vielfältig sind auch die Überschneidungen und Bezüge zu anderen kritischen Perspektiven auf den globalen Kapitalismus.[15] So stellt die Externalisierung etwa bei der Analyse der imperialen Lebensweise, die Ulrich Brand und Markus Wissen vorgelegt haben, ein zentraler Aspekt dar.[16] In der feministischen Theoriebildung kommt dem Konzept der

9 *Lessenich*, Sintflut, 2016, S. 24 sowie zur Relationalität insb. S. 23, 34, 39, 43, 48 f. und 53 f. Vgl. zum Ganzen aus einer Perspektive, die weitere Differenzierungsachsen einbezieht, auch *Lessenich*, Grenzen, 2019, S. 60 ff., insb. 75 f., 79, 86 und 90.

10 *Lessenich*, Sintflut, 2016, S. 25.

11 *Lessenich*, Sintflut, 2016, S. 25.

12 *Dasgupta*, Economics, 2007, S. 53.

13 *Lessenich*, Sintflut, 2016, S. 44 ff.; *Biesecker/von Winterfeld*, Externalisierung, 2022, S. 359 f.; *Horst*, Ökonomische Theorien des Rechts, 2020, S. 309 f. m. w. H.; vgl. kritisch zur Bedeutung dieses Begriffs der Externalitäten auch *Britton-Purdy* et al., Law-and-Political-Economy Framework, 2020, S. 1819.

14 Vgl. *Lessenich*, Sintflut, 2016, S. 25 f., 41 und 113 f.; *Biesecker/von Winterfeld*, Externalisierung, 2022, S. 360; *Brand/Wissen*, Imperiale Lebensweise, 2017, S. 63; *Saito*, Systemsturz, 2024, S. 20 ff., 36 f., 45, 84 und 100.

15 Vgl. neben den nachfolgend Aufgeführten etwa auch *Calhoun*, Capitalism, 2013, S. 132 und 147; *Buckel*, Dirty Capitalism, 2015, insb. S. 31, 36 und 40; *Dörre*, Demokratie statt Kapitalismus, 2019, S. 30 f.; *Jessop*, Diversity and Variety, 2014, S. 48, 50, 53 und 55 f.; *Jessop*, World Market, 2018, S. 217 und 221; *Beck*, Transnationalisierung, 2008, S. 27 f.

16 *Brand/Wissen*, Imperiale Lebensweise, 2017, insb. S. 47 und 62 ff.; *Wissen/Brand*, Postkoloniale Verstrickung, 2018, S. 120; vgl. auch *Acosta/Brand*,

Externalisierung ebenfalls ein wichtiger Stellenwert zu. Beispielsweise heben Adelheid Biesecker und Uta von Winterfeld hervor, dass der Kapitalismus auf ein abspaltendes und abwertendes Einbeziehen des Anderen angewiesen ist.[17] Der Einbezug dessen, was entwertet und abgespalten wird, mithin die Abhängigkeit des Ökonomischen vom Nichtökonomischen, stellt sodann den Kern der kritischen Kapitalismusanalyse von Nancy Fraser dar.[18] Nicht zuletzt weist die Beschreibung des Globalen Nordens als Externalisierungsgesellschaft Parallelen zur Welt-System-Analyse auf, die Immanuel Wallerstein geprägt hat.[19] Diese beschreibt die Weltgesellschaft als Zusammenwirken eines Zentrums und einer Peripherie, die sich aus der Verteilung ungleich profitabler Produktionsprozesse und dem daraus folgenden Mehrwertabfluss ergibt.[20]

Das Konzept der Externalisierung beschreibt, wie sich das Leben an einem Ort zu Lasten der Verhältnisse andernorts vollzieht. Diese Verlagerung von negativen Voraussetzungen und Folgen in die Peripherie basiert auf einem Zusammenspiel von Inklusion und Exklusion. Das Außen, das Abgespaltene, also Mensch und Umwelt in der Peripherie werden einbezogen, während zugleich ein Ausschluss vom industriegesellschaftlichen Wohlstand erfolgt.[21] Dieses externalisierungsgesellschaftliche Zugreifen auf das Außen war und ist von fundamentaler Bedeutung für die Lebensweise in Ländern des Globalen Nordens.[22] Insbesondere dicht besiedelte OECD-Staaten hängen in erheblichem Maß vom Import von Rohstoffen ab.[23] So importiert etwa die Schweiz, um diese als Beispiel – und vermutlich als Extremfall – vorzubringen, die Hälfte der pflanzlichen Produkte,

Alternativen, 2018, S. 71; sowie *Deppe/Salomon/Solty*, Imperialismus, 2011, S. 40, die den Imperialismus als »offene oder latente Gewaltpolitik zur externen Absicherung eines internen Regimes« definieren.

17 *Biesecker/von Winterfeld*, Extern, 2014, S. 4.

18 *Fraser/Jaeggi*, Kapitalismus, 2020, insb. S. 48 ff., 80 f., 106 und 212 f.; *Fraser*, Cannibal Capitalism, 2022, S. 7 ff. Vgl. hierzu auch hinten Kap. 5.1.2.

19 Vgl. *Lessenich*, Sintflut, 2016, S. 34 ff.

20 *Wallerstein*, Welt-System-Analyse, [2004] 2019, S. 17 und 34. Die Theorie des ungleichen Tauschs geht wiederum auf *Emmanuel*, Unequal Exchange, 1972, zurück. Vgl. zum Ganzen auch *Kvangraven*, Beyond the Stereotype, 2021; sowie die weiteren Hinweise in Kap. 8.1.

21 Vgl. zur Funktionsweise der Externalisierung Kap. 8.

22 Vgl. *Brand/Wissen*, Imperiale Lebensweise, 2017, S. 43 und 69 ff.; *Acosta/Brand*, Alternativen, 2018, S. 71 ff.; *Hornborg*, Global Magic, 2016, S. 53 ff.; *Hornborg*, Colonialism, 2019, S. 11.

23 *Bruckner* et al., Materials embodied in international trade, 2012, insb. S. 574 f.; *Giljum/Eisenmenger*, Distribution of Environmental Goods and Burdens, 2004, S. 88 f.; *Schaffartzik* et al., Metabolic Transition, 2014; *Acosta/Brand*, Alternativen, 2018, S. 32 f.; sowie *Roberts/Parks*, Ecologically Unequal Exchange, 2009, S. 389 ff.

während sie auch bei tierischen Produkten nur über einen Selbstversorgungsgrad von 70 Prozent verfügt.[24] Studien kamen ferner zum Schluss, dass rund zwei Drittel der gesamten Umweltbelastung der schweizerischen Lebensweise im Ausland anfällt und vier Fünftel des gesamten Landbedarfs durch ausländisches Territorium befriedigt wird.[25] Die Bevölkerung dieses Alpenstaats, der gemeinhin als wasserreich betrachtet wird, deckt zudem 82 Prozent des Wasserbedarfs im Ausland.[26] Hinzu kommen wirtschaftliche Verflechtungen, die keinen grenzüberschreitenden Güterverkehr umfassen. Diese Wirtschaftszweige, wie etwa jene des Transithandels[27] und der Finanzwirtschaft, sind von erheblicher Bedeutung für die Schweiz und setzen einen partiellen Zugriff auf Verhältnisse außerhalb des nationalstaatlichen Territoriums voraus. Der übermäßige Zugriff auf die Umwelt zeigt sich vermutlich am deutlichsten bei der ungleichen Verursachung von Treibhausgasen: 92 % der weltweiten übermäßigen Emissionen wurden bisher vom Globalen Norden verursacht.[28]

Die Peripherie wird im Zuge dieser Inklusion erheblich in sozialer und ökologischer Hinsicht belastet.[29] Dieser Zusammenhang, auf den die Diagnose der Externalisierungsgesellschaft gerade hinweist, lässt sich anhand von Beispielen illustrieren. Lessenich selbst erwähnt etwa den Dammbruch von Mariana im brasilianischen Bundesstaat Minas

24 *Steiger/Knüsel/Rey*, Boden, 2018, S. 60. Vgl. zur zunehmenden Importabhängigkeit der Schweiz *Bundesamt für Statistik*, Materialflüsse.

25 Vgl. *Steiger/Knüsel/Rey*, Boden, 2018, S. 62 m. w. H.; *Nathani* et al., Umwelt-Fussabdrücke der Schweiz, 2022, S. 4 f., wonach die Gesamtumweltbelastung – abgesehen vom Biodiversitäts-Fußabdruck – zwar tendenziell abnimmt, sich aber zunehmend ins Ausland verschiebt und insgesamt deutlich über den ökologischen Grenzen liegt.

26 *Gnehm*, Wasser 2012, 2012, S. 16 und 34. Dabei handelt es sich um Naherungswerte (vgl. Ibid., S. 15). Vgl auch *Blanc/Schädler*, Wasser 2013, 2013, S. 13, die 75 % angeben. Obschon die Schweiz (auch) in dieser Hinsicht vermutlich einen Extremfall darstellt, ist die Abhängigkeit von externen Wasserressourcen weltweit sehr ungleich verteilt und insb. in Nordeuropa und im Nahen Osten ausgeprägt (vgl. *Hoekstra/Mekonnen*, Water footprint, 2012, S. 3234 f.).

27 *Haller*, Transithandel, 2019; vgl. auch *Jungbluth/Meili*, Environmental impacts of commodities, 2018, S. 21, wonach bedeutende Anteil der globalen Handelsvolumina auf die Schweiz entfallen (z. B. 67 % Gold, 60 % Eisenerz/Kupfer/Bauxit/Aluminium, 56 % Pflanzenöle [Palmöl], 53 % Kaffee, 44 % Zucker, 43 % Getreide [Weizen], 39 % Rohöl, 35 % Kohle).

28 *Hickel*, Quantifying national responsibility, 2020.

29 Vgl. *Bruckner* et al., Materials embodied in international trade, 2012, S. 574; *Giljum/Eisenmenger*, Distribution of Environmental Goods and Burdens, 2004, S. 89 f. und 96; *Acosta/Brand*, Alternativen, 2018, S. 43 und 75; *Svampa*, Commodities Consensus, 2015, S. 68 ff.; *Zhang* et al., Transboundary health impacts, 2017; *Lessenich*, Sintflut, 2016, u. a. S. 83, 98 und 103 f.

Gerais.[30] Dort verschüttete im Jahr 2015 eine Schlammlawine aus einem Rückhaltebecken eines Eisenerztagbaus das Dorf Bento Rodrigues und verseuchte anschließend einen Fluss auf einer Länge von 650 Kilometern sowie Küstengebiete des Atlantiks. Dabei starben 19 Menschen, Hunderte verloren ihre Häuser und Hunderttausende den Zugang zu Trinkwasser. Ganze Fischpopulationen wurden getötet, fast 1.500 Hektaren Waldfläche wurde zerstört. Jahrzehnte wird es dauern, bis das verwüstete Land wieder landwirtschaftlich nutzbar wird und sich das Ökosystem erholt – wenn überhaupt. Dieses Beispiel reiht sich in weitere tragische Vorfälle ein. Im selben Bundesstaat ereignete sich im Jahr 2019 erneut ein Dammbruch in einer Eisenerzmine, nun in Brumadinho.[31] Wieder zerstörte eine Lawine aus Abfallschlamm das Ökosystem eines Flusses, verschmutzte Land und begrub hunderte Menschen unter sich. Auch abgesehen von Großereignissen geht vom Rohstoffabbau ein enormes Schädigungspotenzial aus, das sich im Alltag entfaltet und dadurch Mensch und Natur stark beeinträchtigt.[32] Gewiss, die Rohstoffgewinnung ist allgemein mit großen Gefahren verbunden, die sich nicht nur im Globalen Süden zeigen.[33] Allerdings unterscheiden sich die Begleitumstände im Globalen Norden von den Voraussetzungen im Globalen Süden. Letzterer ist häufig auf Ressourcenextraktivismus angewiesen, sodass die lokalen Gemeinschaften unter anderem dadurch verletzlicher sind.

Tödlich erweist sich indes nicht nur die Rohstoffgewinnung, sondern etwa auch die Textilindustrie. Besonders verheerend war der Einsturz der Textilfabrik Rana Plaza in Bangladesch. 1.136 Personen kamen in einem Vorort von Dhaka im Jahr 2013 in den Trümmern zu Tode, über 2.000 wurden verletzt.[34] Ein Jahr zuvor verloren 259 Menschen bei einem Fabrikbrand in Karachi in Pakistan ihr Leben.[35] Derweil nehmen sich indische Baumwollbäuer*innen[36], die die Textilindustrie mit Rohstoff

30 *Lessenich*, Sintflut, 2016, S. 9 ff.; ferner *Roche/Thygesen/Baker*, Mine Tailings Storage, 2017, S. 17 ff.; *Dias Carneiro*, Brazil dam burst, 06.05.2016; *de Souza Porto*, Tragedy of mining and development, 2016, S. 1; *da Costa*, Samarco chemical sludge disaster, 2017, S. 541.

31 Vgl. etwa *Lemmerich*, Unser Wohlstand, euer Schlamm, 26.01.2021.

32 Vgl. bspw. *Citro/Mankad/Phiri*, All Risk and No Reward, 2020.

33 Vgl. für eine Übersicht etwa *Roche/Thygesen/Baker*, Mine Tailings Storage, 2017, S. 26 f.

34 *Bundeszentrale für Politische Bildung*, Rana Plaza, 23.04.2018. Die Zahlen variieren je nach Quelle geringfügig.

35 Vgl. etwa die Fallbeschreibung des *European Center for Constitutional and Human Rights*, KiK.

36 Hier und im Folgenden soll die Verwendung des Asterisks die geschlechtliche Vielfalt zum Ausdruck bringen. Um unbeabsichtigte Ausschlüsse zu vermeiden, wird dieser Regel auch dort gefolgt, wo auf den ersten Blick primär

versorgen, angesichts ihrer wirtschaftlichen Zwangslage zu Tausenden selbst das Leben.[37] Als Ursachen werden unter anderem die Auswirkungen des Klimawandels, die Abhängigkeit von gentechnisch verändertem Saatgut und Pestiziden und die damit einhergehende Verschuldung sowie die durch Subventionen im Globalen Norden gedrückten Weltmarktpreise betrachtet. Mit der Nutzung agrochemischer Produkte geht überdies eine beträchtliche Schädigung von Natur und Menschen einher.[38] Allgemein erweist sich die Landwirtschaft als ein zentraler Bereich des Externalisierungsgeschehens, zumal einige Staaten des Globalen Nordens, wie erwähnt, in erheblichem Umfang auf Lebensmittelimporte angewiesen sind. Dergestalt verschärfen globale Handelsbeziehungen etwa die Wasserknappheit in gewissen Regionen,[39] während andernorts in massivem Umfang Regenwald abgeholzt wird, unter anderem für die Soja- und die Palmölproduktion[40]. Der Zugriff auf Land für die agroindustrielle Nutzung gefährdet die Lebensweise indigener Gemeinschaften und führt zur Vertreibung von Kleinbauern, Umweltverschmutzung und sozialen Konflikten.[41]

Ein externalisierungsgesellschaftlicher Zugriff auf das Außen geht nicht nur mit dem Import von Gütern einher, sondern kann sich auch aus dem Export ergeben. So werden Umwelt und Menschen in der Peripherie beispielsweise durch die Ausfuhr von Müll und Material zur Rezyklierung, etwa Plastik oder Elektroschrott, gefährdet.[42] Mit Externalitäten verbunden sind im Übrigen auch Dienstleistungen: Um die soziale Reproduktion sicherzustellen und etwa die Einbindung von Frauen in den Arbeitsmarkt zu gewährleisten, wird entlang von »global care chains« auf Sorgearbeit aus dem Globalen Süden zugegriffen,

keine Menschen, sondern nur Einheiten mit grammatikalischem Geschlecht betroffen sind. Zur besseren Lesbarkeit wird im Singular auf die zusätzliche Angabe des maskulinen Artikels verzichtet.

37 *Carleton*, Crop-damaging temperatures, 2017; *Nemana*, High price, in: The New York Times, 16.10.2012; *Safi*, Suicides, in: The Guardian, 31.07.2017.

38 *Elver/Tuncak*, Report, 24.01.2017; *Lessenich*, Sintflut, 2016, S. 85 f. und 90 f.; vgl. instruktiv etwa MRA, Portillo Cáceres 2019.

39 *Rosa* et al., Virtual water flows, 2019. Auch hier betrifft das Problem nicht nur Staaten des Südens, sondern auch etwa die USA.

40 Vgl. dazu *Lessenich*, Sintflut, 2016, S. 83 ff. und 90. Der agrarindustrielle Anbau genmodifizierten Sojas lag auch dem Sachverhalt in MRA, Portillo Cáceres 2019, zugrunde.

41 *Alliance for Food Sovereignity in Africa/Grain/Witness Radio*, Land Grabs at Gunpoint, 2020; *Goïta*, Land Grabbing, 2019, insb. S. 139 f.; *Lay* et al., Global land rush, 2021; *Steiger/Knüsel/Rey*, Boden, 2018, S. 61 und 64.

42 *Lessenich*, Sintflut, 2016, S. 95; *Theis*, Trade in E-Waste, 2020; *Thapa* et al., Waste Trade for Recycling, 2024; vgl. hierzu auch *Boysen*, Postkoloniale Konstellation, 2021, S. 204 ff.

was mit dem Begriff des Sorgeextraktivismus beschrieben wird.[43] Dergestalt werden die Unterversorgung mit Care-Arbeit und die damit zusammenhängenden sozialen und gesundheitlichen Folgen in die Peripherie verlagert. Schließlich bewirkt, um dieser nicht abschließenden Aufzählung ein letztes Beispiel anzufügen, die Finanzindustrie indirekt massive Externalitäten, indem deren Investitionsstrategie einen globalen Temperaturanstieg von 4 bis 6 °C unterstützt.[44]

Zwar wäre es verkürzt, die globale Ungleichheit auf einen einzigen Mechanismus zurückzuführen und damit umfassend erklären zu wollen.[45] Dies beansprucht die Externalisierungsdiagnose denn auch nicht.[46] Gleichwohl nimmt der Begriff der Externalisierung einen zentralen Aspekt der Weltgesellschaft in den Blick und bietet eine fruchtbare Möglichkeit, globale Ungleichheitsverhältnisse zu deuten und zu erklären. Vor diesem Hintergrund drängt sich die Frage auf, wie das Recht mit der Externalisierungsgesellschaft zusammenhängt.

43 Vgl. *Hochschild*, Globale Betreuungsketten, 2001; *Schilliger*, Care-Migration, 2013; *Biesecker/von Winterfeld*, Extern, 2014, S. 11 f.; Fraser 2016, S. 114.

44 *Oehri* et al., Kohlenstoffrisiken, 23.10.2015, S. 70; sowie zur Schweizerischen Nationalbank *Artisan de la Transition*, Gestion des risques climatiques, 2020, S. 10 ff.

45 Vgl. *Weiß*, Ungleichheiten, 2017, S. 30 f., 35 ff. und 123 f.; ferner *Kvangraven*, Beyond the Stereotype, 2021, S. 18. In dieser Hinsicht sei etwa auf die ergänzende Perspektive verwiesen, die sich aus der Analyse von Internalisierungsmechanismen und Heterogenisierungsprozessen ergeben, die auch das Zentrum erfassen: *Landherr/Graf*, Über uns, 2019; *Landherr/Graf*, Territoriale Macht, 2021; sowie *Hürtgen*, Strukturelle Heterogenität, 2015.

46 Vgl. *Lessenich*, Sintflut, 2016, S. 29; ferner *Emmanuel*, Unequal Exchange, 1972, S. 265.

2 Vorgehen

2.1 Fragestellung und Untersuchungsgegenstand

Diesem Zusammenhang von Recht und Externalisierung kann aus beiden Richtungen nachgegangen werden: Welche Bedeutung haben einerseits jene Vorgänge, die als Externalisierung beschrieben werden, für das Recht? Welche Rolle kommt andererseits dem Recht für die Externalisierung zu? Diese zweigeteilte Fragestellung verlangt aber weiter konkretisiert zu werden, um den Gegenstand der nachfolgenden Untersuchung zu bestimmen.[1]

Die Auseinandersetzung mit der Bedeutung der Externalisierung für das Recht setzt voraus, dass dieses soziologische Konzept aus Sicht des Rechts lesbar ist, also in gewisser Hinsicht in den Rechtsdiskurs übersetzt wird.[2] Der Externalisierungsbegriff beschreibt wie erwähnt die Verlagerung von sozialen oder ökologischen »Kosten«, also sogenannten Externalitäten. Diese lassen sich aus rechtlicher Perspektive als Normkonflikte verstehen, worauf noch näher einzugehen sein wird.[3] Damit eröffnet sich ein weites rechtswissenschaftliches Feld, denn der Umgang mit Normkonflikten stellt eine klassische Fragestellung der Rechtsdogmatik dar und hat im völkerrechtlichen Diskurs im Zusammenhang mit der Fragmentierung des Rechts viel Aufmerksamkeit erhalten.[4] Um die Beziehung zwischen dem Recht und der Externalisierung zu betrachten, widmet sich die vorliegende Arbeit daher im ersten Teil der Frage, wie das Recht mit Normkonflikten – also Externalitäten – umgeht. Dabei wird nicht nur versucht, vor dem Hintergrund der Fragmentierungsdebatte eine Perspektive des Rechts auf die Externalisierung zu entfalten, sondern auch der Bedeutung der Externalisierung für das Funktionieren des Rechts nachgegangen.

Der Zusammenhang zwischen dem Recht und der Externalisierung lässt sich, wie erwähnt, auch aus der Perspektive der letzteren untersuchen. Entsprechend stellt sich die Frage, welche Rolle dem Recht für jene Verhältnisse zukommt, die als Externalisierung beschrieben werden können. Auch diese Perspektive setzt in gewisser Hinsicht eine Übersetzung voraus, die der Untersuchung der Bedeutung des Rechts zugrunde gelegt werden kann. In diesem Sinne wird ein Verständnis der Funktionsweise

1 Vgl. zur methodologischen Unterscheidung von Fragestellung und Untersuchungsgegenstand *Pahuja*, Methodology, 2021, S. 71 f.

2 Vgl. zur Notwendigkeit der Übersetzung aus methodologischer Sicht *Koskenniemi*, Letter to the Editors, 1999, S. 357.

3 Vgl. hinten Kap. 4.

4 Vgl. dazu hinten Kap. 5 f.

der Externalisierung herausgearbeitet, wonach letztere als Zusammenspiel von Inklusion und Exklusion zu verstehen ist.[5] Hinsichtlich globaler Externalisierungsverhältnisse verweist diese Funktionsweise darauf, dass die Entterritorialisierung, die der Zugriff auf das Außen impliziert, mit einer Territorialisierung einhergeht. Externalisierung basiert mithin auf der Gleichzeitigkeit ungleicher Räumlichkeiten. Vor diesem Hintergrund widmet sich der zweite Teil der Frage, wie das Recht unterschiedliche Räume schafft.

Gegenstand der Untersuchung ist somit nicht, ob Externalisierung stattfindet. Ebenso wenig bestimmt die vorliegende Arbeit in empirischer Hinsicht das Ausmaß dessen, was als Externalisierung theoretisiert wird. Es geht mithin auch nicht darum, zu beurteilen, ob mit dem Konzept der Externalisierung eine adäquate Beschreibung der Realität vorgenommen wird, auch wenn dies implizit vorausgesetzt wird. Vielmehr handelt es sich, wie nachfolgend sogleich auszuführen ist, um ein rechtswissenschaftliches Unterfangen an der Schnittstelle von Rechtstheorie, -soziologie und -dogmatik, das den Zusammenhang zwischen Externalisierung und Recht untersucht. Dem Umstand, dass in der Realität tatsächlich Prozesse stattfinden, die dem entsprechen, was als Externalisierung beschrieben wird, verdankt die vorliegende Arbeit dann lediglich, aber immerhin, ihre auch praktische Relevanz.

2.2 Methodik

Mit Blick auf die erläuterte Fragestellung und die sich daraus ergebenden Gegenstände – also die Debatte über die Fragmentierung und den Umgang mit Normkonflikten bzw. die rechtliche Ordnung des Raumes – ist sodann auf die Methodik der nachfolgenden Untersuchung einzugehen. Zu erläutern ist damit, welche Analyseperspektiven auf die Untersuchungsgegenstände angewendet werden.[6] Es soll mithin die Art und Weise oder der Stil reflektiert werden, wie in der vorliegenden Arbeit über Recht nachgedacht und mit Recht umgegangen wird.[7]

Sowohl der erste als auch der zweite Teil verfolgen insofern rechtsdogmatische Ansätze, als der Rechtsdiskurs – zunächst zum Umgang mit Normkonflikten, dann zur Gestaltung von Raum – analysiert und beschrieben wird. Dabei handelt es sich indes nicht um eine rechtsdogmatische Untersuchung im engeren Sinn, deren Zweck darin bestünde, selbst

5 Vgl. hinten Kap. 8.

6 Vgl. *Pahuja*, Methodology, 2021, S. 63 f. und 73 ff.; *Coomans/Grünfeld/Kamminga*, Methods, 2010, S. 184.

7 Vgl. *Koskenniemi*, Letter to the Editors, 1999, S. 360; *Bianchi*, International Law Theories, 2016, S. 6 ff.

normative Positionen im Rechtssinne zu entwickeln.[8] Es geht folglich auch nicht darum, die juristische Methodik, also die Auslegungsregeln, zur Anwendung zu bringen.[9] Vielmehr wird eine adäquate Beschreibung des Bestehenden, also des Rechts und seiner tatsächlichen Praxis, wie sie in Rechtsprechung und Lehre zum Ausdruck kommt, angestrebt, womit die interne Perspektive des Rechts untersucht wird, ohne selbst an der Rechtspraxis zu partizipieren.[10] Es soll also nicht die Logik in den Dienst des Rechts gestellt,[11] sondern der Logik auf den Grund gegangen werden, die im Recht am Werk ist. Mit anderen Worten wird aus einer externen Perspektive beobachtet, wie das Recht operiert, sich selbst beobachtet und beschreibt.[12] Die vorliegende Untersuchung nimmt demnach eine Position ein, die außerhalb des Rechts, aber innerhalb der Rechtswissenschaft zu verorten ist, und damit als rechtssoziologische oder empirisch-analytische Betrachtung bezeichnet werden kann.[13] Dabei ist das Material, das im Folgenden einbezogen werden kann, vor dem Hintergrund der Breite des Untersuchungsgegenstands zwangsläufig beschränkt. Während gewisse Debatten vertieft betrachtet werden, können andere Aspekte des rechtlichen Diskurses über die Fragmentierung und die räumliche Ordnung nur kursorisch oder anhand von Sekundärquellen berücksichtigt werden. Insofern liegt der Analyse nicht der Anspruch zugrunde, den Gegenstand erschöpfend darzustellen, sondern anhand aussagekräftiger Beispiele die wesentlichen Züge des Rechtsdiskurses zu erfassen. Obschon sich der vorliegende Ansatz nicht als rechtsdogmatisch versteht, ist dieser im Übrigen nicht neutral, sondern geht von einem normativen Standpunkt aus.[14] Letztlich sind nämlich Stellungnahmen zum Recht und zur Rechtswissenschaft »notwendig Kritik an unserer Gesellschaft und ihrer Herrschaftsverhältnisse oder Zustimmung zu beiden«.[15]

8 Vgl. *Alexy*, Theorie der juristischen Argumentation, 2019, S. 308 ff.

9 Vgl. hierzu etwa mit Fokus auf das nationale (Privat-)Recht *Kramer/Arnet*, Methodenlehre, 2024, S. 63 ff.; das Verfassungsrecht *Reimer*, Verfassungsauslegung, 2024, Rz. 54 ff.; das Völkervertragsrecht *Gardiner*, Interpretation, 2015, S. 161 ff.; sowie *Forteau/Miron/Pellet*, Droit international public, 2022, Ziff. 204 ff.

10 Vgl. zur Unterscheidung von interner und externer Perspektive namentlich *Hart*, Concept, 1994.

11 So die Umschreibung der Rechtsinterpretation bei *Forteau/Miron/Pellet*, Droit international public, 2022, Ziff. 204.

12 Vgl. *Luhmann*, Recht der Gesellschaft, 1995, S. 16 f.

13 Vgl. zu Letzterem *Alexy*, Theorie der juristischen Argumentation, 2019, S. 32, 224 f. und 308.

14 Vgl. *Kampourakis*, Economic Constitution, 2021, S. 318 f.; *Koskenniemi*, Letter to the Editors, 1999, S. 352 f. und 361; *Bianchi*, International Law Theories, 2016, S. 3.

15 *Wiethölter*, Recht und Politik, 1969, S. 158.

In der Auseinandersetzung mit der Fragmentierungsdebatte befasst sich der erste Teil der Arbeit einem rechtssoziologischen Ansatz folgend mit der Konflikthaftigkeit des Rechts vor dem Hintergrund seiner gesellschaftlichen Einbettung. Dabei wird insbesondere die systemtheoretische Perspektive nachvollzogen, mit der Andreas Fischer-Lescano und Gunther Teubner die Fragmentierungsdebatte gesellschaftstheoretisch fundiert haben.[16] Diese Perspektive wird zugleich aber hinterfragt und ergänzt, womit Einsichten in das Zusammenspiel von Recht und Gesellschaft gewonnen werden, die für die gesamte Arbeit von Bedeutung sind. Angesichts der ungeklärten Frage, wie das Recht mit den Widersprüchen der Welt, die es selbst reproduziert und mit hervorbringt, umgeht, wird dabei wiederum im letzten Schritt auf das Konzept der Externalisierungsgesellschaft zurückgegriffen.

Der zweite Teil widmet sich der Rolle des Rechts in der Externalisierungsgesellschaft und nimmt damit eine deskriptiv-analytische Perspektive ein. In diesem Sinne handelt es sich um eine rechtssoziologische Herangehensweise, die eine Verwandtschaft zu Beiträgen aufweist, die sich als wirtschaftsrechtliche Soziologie verstehen,[17] in Abgrenzung zur »ökonomischen Analyse des Rechts« als alternative ökonomische Theorien des Rechts beschrieben[18] und unter dem Stichwort von Recht und politischer Ökonomie, also »Law and Political Economy«, verhandelt werden[19] oder noch spezifischer eine Theorie des Rechts im Kontext imperialer Lebensweise aufstellen[20]. Diesen Ansätzen ist die Annahme

16 Vgl. *Fischer-Lescano/Teubner*, Regime-Kollisionen, 2006.

17 Vgl. *Swedberg*, Economic sociology of law, 2003; *Edelman/Stryker*, Law and the Economy, 2005; *Frerichs*, Market Society, 2016; *Frerichs*, Transnational Law and Economic Sociology, 2021.

18 *Horst*, Ökonomische Theorien des Rechts, 2020, S. 313 ff.; vgl. zur Abgrenzung gegenüber und zur Kritik von »Law and Economics« auch *Edelman/Stryker*, Law and the Economy, 2005, S. 527 f.

19 *Britton-Purdy* et al., Law-and-Political-Economy Framework, 2020; *Kampourakis*, Economic Constitution, 2021; *Blalock*, Introduction, 2022, die insb. auch die Vorläufer im US-amerikanischen Diskurs, den »Legal Realism« und die »Critical Legal Studies« hervorhebt (S. 226 f. und 229); ferner *Haskell/Rasulov*, International Law and the Turn to Political Economy, 2018.

20 *Saage-Maaß/Terwindt*, Recht im Kontext imperialer Lebensweise, 2020, S. 343 ff. In der Analyse von Saage-Maaß und Terwindt spielt das Konzept der Externalisierung ebenfalls eine tragende Rolle, wobei sie stärker auf einzelne Akteur*innen fokussieren. Sie heben daher insb. die Bedeutung haftpflichtrechtlicher Regelungen hervor, dank derer transnationale Unternehmen Risiken externalisieren können (vgl. ibid., S. 343 ff.), und definieren als Gegenstrategie insb. die Verschiebung der Verantwortungszuschreibung entlang der Lieferkette (ibid., S. 349 f. und 355 f.).

gemein, dass soziale und namentlich wirtschaftliche Beziehungen in das Recht eingebettet sind, letzterem also eine konstitutive Rolle zukommt.[21] In dieser Hinsicht stellt das Recht die Infrastruktur der Gesellschaft und der globalkapitalistischen Ordnung dar.[22] Derlei Einsichten, die oft mit einem breiten Kapitalismusverständnis einhergehen,[23] liegen auch der vorliegenden Arbeit zugrunde und werden bereits im ersten Teil herausgearbeitet.[24] Dabei wird nicht von einem einseitigen Einfluss des Rechts auf gesellschaftliche Verhältnisse, sondern einer gegenseitigen Prägung, einer gesellschafts-rechtlichen Koproduktion ausgegangen.[25] Gerade weil sich die genannte Prägung in beide Richtungen entfaltet und das Recht gegenüber gesellschaftlichen Verhältnissen eine relative Unabhängigkeit aufweist, wird das Recht von letzteren nicht vollständig bestimmt und ist kein bloßer Reflex derselben.[26] Das Recht konserviert also nicht nur gesellschaftliche Verhältnisse, sondern gestaltet diese mit, was denn auch eine emanzipatorische Perspektive im Recht eröffnet.[27]

Die vorliegende Arbeit strebt nicht danach, diese konstitutive Rolle des Rechts empirisch zu belegen und Kausalitäten zu untersuchen. Vielmehr wird ausgehend von der rechtsoziologischen Einsicht, wonach das Recht und die Gesellschaft sich gegenseitig prägen, unterstellt, dass dies auch bezüglich dessen gilt, was als Externalisierung beschrieben wird. In Abgrenzung von einer rein soziologischen Perspektive geht es folglich nicht in erster Linie darum, zu untersuchen, wie das Recht wirkt, wie sich Akteure tatsächlich aufgrund rechtlicher Vorgaben verhalten oder – umgekehrt – wie sich die tatsächlichen Verhältnisse im Recht niederschlagen. Zwar weist die Arbeit nach dem Dargelegten wichtige Bezugspunkte zu diesen Fragen auf. Letztere stehen aber nicht im Zentrum der Untersuchung. Diese zielt viel eher darauf ab, zu verstehen, wie das Recht selbst operiert, wie das Recht also Rechtskonflikte löst und wie das Recht rechtliche Räumlichkeit konstruiert, also Raumbezüge herstellt, um seinen Anwendungs- bzw. Geltungsbereich zu bestimmen.

Indem der Untersuchung eine soziologische Konzeption zugrunde gelegt wird, knüpft sie an ein bei rechtswissenschaftlichen Arbeiten weit verbreitetes Vorgehen an, versucht aber zugleich darüber hinauszugehen. In der Rechtsdogmatik wird regelmäßig ausgehend vom Recht – also

21 Vgl. *Horst*, Ökonomische Theorien des Rechts, 2020, S. 314 ff.; sowie die entsprechenden Nachweise hinten in Kap. 5.2.3, Fn. 154.

22 Vgl. auch *Kennedy*, Law and the Political Economy, 2013, S. 41.

23 Vgl. *Blalock*, Introduction, 2022, S. 229 f.

24 Vgl. dazu insb. Kap. 5.2.3.

25 Vgl. wiederum insb. Kap. 5.2.3

26 Vgl. *Buckel*, Subjektivierung und Kohäsion, 2015, S. 72 f., 80 ff., insb. 92 f., und 242 ff.

27 Vgl. *Brunkhorst*, Zukunft, 2010, S. 14 und 20 f.; dazu hinten Kap. 12.

beispielsweise von einem bestimmten Grund- bzw. Menschenrecht – danach gefragt, wie eine spezifische Sache, ein Problem, geregelt oder gelöst wird: Was sagt das Recht dazu? Dabei wird zumindest implizit stets an ein gesellschaftliches Phänomen angeknüpft und dem Recht eine klare Rolle zugewiesen, nämlich die der Problemlösung. Unterstellt wird dabei eine dahingehende Wirkmächtigkeit des Rechts. Insofern lässt sich eine Art rechtswissenschaftlicher Solutionismus feststellen.[28] Dieser kommt in der Völkerrechtswissenschaft, die oft ein positives Bild ihres Gegenstands zeichnet, besonders prägnant zum Vorschein.[29] Ein solches Vorgehen droht indes auf einem Auge blind zu bleiben.[30] Um ein Problem zu lösen, muss dieses zunächst als solches erkannt und beschrieben werden. Dies ist jedoch nicht bloß ein empirischer Vorgang, denn die Problembeschreibung trägt stets konstruktivistische Züge.[31] Die Skizzierung des Problems erfolgt vor dem Hintergrund eines bestimmten Weltverständnisses, das in der Rechtswissenschaft durch das Recht selbst geprägt ist. So werden jene Probleme adressiert, für die das Recht dem Anschein nach eine Lösungsstrategie bereithält. Deshalb besteht die Gefahr, dass gesellschaftliche Probleme nicht oder nicht hinreichend tiefgreifend betrachtet werden.[32] Dieser epistemologischen Selbstbeschränkung soll vorliegend durch die Anknüpfung an eine soziologische Theoriebildung entgangen werden. Derart sollen Einsichten in die Funktionsweise des Rechts erlangt werden, die rein dogmatischen Betrachtungen verschlossen bleiben. Zugleich bleibt die vorliegende Arbeit insofern im rechtswissenschaftlichen Denken verankert, als die Rechtsdogmatik regelmäßig Ausgangspunkt und Gegenstand der Untersuchung darstellt.

28 Vgl. zum – freilich spezifischeren – Begriff des Solutionismus *Morozov*, To Save Everything, 2014; sowie *Nachtwey/Seidl*, Ethik der Solution, 2017, S. 21 ff.

29 Vgl. dazu *Luhmann*, Recht der Gesellschaft, 1995, S. 21; *Orford*, Intervention, 2003, S. 83, 88 und 142 f.; *Orford*, Social Question, 2020, S. 19 f.; *Roberts*, International, 2017, S. 108 f.; sowie illustrativ etwa *Crawford*, The Course of International Law, 2014, Ziff. 648 und 656 i.f.; *Slaughter*, A New World Order, 2004, u. a. S. 261 f.

30 Vgl. auch *Koskenniemi*, Letter to the Editors, 1999, S. 358, wonach jeder Stil rechtlicher Argumentation in gewisser Hinsicht als »mechanism of blindness« wirke.

31 Vgl. dazu *Jaeggi*, Lebensformen, 2014, S. 208 ff.; *Koskenniemi*, From Apology to Utopia, 2005, S. 524 ff.; *Koskenniemi*, Letter to the Editors, 1999, S. 359 f.; *Halliday/Shaffer*, Transnational Legal Orders, 2015, S. 7 f.

32 Vgl. dahingehend auch *Koskenniemi*, Enchanted by the Tools, 2019, S. 16 ff.

3 Argument und Übersicht

Im juristischen Diskurs ist der Begriff der Externalisierung nicht unbekannt. Verwendung findet er insbesondere im Zusammenhang mit globalen Wertschöpfungsketten und der Verlagerung von externen Kosten im Rahmen der transnationalen Arbeitsteilung.[1] Als Externalisierung werden sodann regelmäßig Prozesse der Verlagerung des »Migrationsmanagements« gegen Süden beschrieben.[2] Schließlich wird die Ungleichheit globaler Beziehungen mitunter in einer Weise verstanden, die stark an die Externalisierungsdiagnose erinnert, etwa wenn festgestellt wird, dass der Frieden im Globalen Norden auf Kosten des Globalen Südens erreicht worden sei.[3] Solche Betrachtungen fokussieren zweifelsohne auf wichtige Aspekte dessen, was vorliegend mit dem Begriff der Externalisierungsgesellschaft in den Blick genommen wird. Sie setzen sich jedoch mit spezifischen Institutionen und Vorgängen auseinander oder verfolgen nur am Rande die Verlagerung von negativen Voraussetzungen und Folgen als fundamentale Bedingung der Lebensweise des weltgesellschaftlichen Zentrums.

Demgegenüber ist die vorliegende Untersuchung breiter angelegt, da ein struktureller Externalisierungsbegriff zugrunde gelegt wird, der nicht auf das Handeln einzelner Akteur*innen fokussiert. Zugleich knüpft die Untersuchung insofern direkter an das Konzept der Externalisierung an, als der wechselseitigen Bedeutung von Recht und Externalisierung nachgegangen wird. Für das Recht erweist sich dabei die Erkenntnis als zentral, dass die Externalisierung dazu beiträgt, die Konflikthaftigkeit des Rechts in gewisser Hinsicht zu überwinden und dadurch das Ordnungsversprechen des Rechts zu plausibilisieren. Zugleich zeigt die Auseinandersetzung mit dem Recht der Externalisierungsgesellschaft, dass erst das Zusammenspiel unterschiedlicher, also fragmentierter Rechtsbestände die für die Externalisierung notwendige Simultanität von Inklusion und Exklusion gewährleisten. Damit legt die vorliegende Arbeit offen, wie nicht nur das Recht für den Umgang mit seiner Fragmentierung von der Externalisierung abhängt, sondern auch letztere auf das Recht in seiner fragmentierten Gestalt angewiesen ist.

Wie sich aus dem bisher Dargelegten ergibt, gliedert sich die Arbeit in zwei Teile. Der erste Teil widmet sich der Externalisierung aus Sicht des Rechts (Kapitel 4 bis 7). Hierfür wird in einem ersten Schritt dargelegt, inwiefern Externalitäten als Normkonflikte betrachtet werden können (Kapitel 4). Externalitäten lassen sich aus rechtlicher Perspektive als

1 Vgl. *Salminen/Rajavuori*, Externalities of transnational production, 2021; *Saage-Maaß/Terwindt*, Recht im Kontext imperialer Lebensweise, 2020.

2 Vgl. etwa *Spijkerboer*, Global Mobility Infrastructure, 2018; *Buckel*, Welcome to Europe, 2013, S. 187 f.

3 Vgl. *Chimni*, International Law, 2017, S. 514.

Rechtsverletzungen beschreiben, sind aber zugleich Ausdruck des ordentlichen Rechtsbetriebs. Sie stellen insofern Kristallisationspunkte kollidierender Teile des Rechts dar. Um der Sicht des Rechts auf die Externalisierung weiter nachzugehen, widmet sich die Arbeit daran anschließend der Debatte über Normkonflikte und die Fragmentierung des Rechts (Kapitel 5). In der Auseinandersetzung mit dem systemtheoretischen Beitrag zur Fragmentierungsdebatte wird dargelegt, dass sich das Recht und die Gesellschaft in wechselseitiger Abhängigkeit entwickeln, sodass Normkollisionen als Ausdruck gesellschaftlicher Konflikte zu betrachten sind. In der Folge zeigt sich jedoch, dass die Frage, wie das Recht mit Normkonflikten umgeht, diese bewältigt und seinem Anspruch gerecht zu werden versucht, eine kohärente Ordnung zu bilden, im Rechtsdiskurs nicht überzeugend beantwortet wird (Kapitel 6). Vor diesem Hintergrund wird das Konzept der Externalisierung im soziologischen Sinne in die Debatte eingeführt und argumentiert, dass die räumliche Verlagerung von Konfliktlagen als alternative Bearbeitung von Normkollisionen zu betrachten ist, die es dem Recht erlaubt, seine Strategien zur Konfliktlösung ebenso wie sein Ordnungsversprechen zu plausibilisieren (Kapitel 7).

Gegenstand des zweiten Teils der Untersuchung stellt das Recht der Externalisierungsgesellschaft dar (Kapitel 8 bis 10). Um der Rolle des Rechts nachzugehen, wird zunächst ausgeführt, inwiefern die Funktionsweise der Externalisierung als Gleichzeitigkeit von räumlicher Inklusion und Exklusion betrachtet werden kann (Kapitel 8). Daher setzt sich der zweite Teil mit der raumordnenden Wirkung des Rechts auseinander. So wird einerseits beschrieben, wie das Recht als Inklusionsordnung fungiert, was am Nationalstaat und am Markt festgemacht wird (Kapitel 9). Andererseits wird das Recht als Exklusionsordnung identifiziert (Kapitel 9). Hierfür wiederum setzt sich die Untersuchung sowohl mit der ausschließenden Wirkung des Nationalstaats und des Migrationsregimes alsauch mit dem Raumverständnis auseinander, das dem Menschenrechtsschutz zugrunde liegt. Angesichts der parallelen Existenz einer rechtlichen Inklusions- und Exklusionsordnung wird eine räumliche Inkongruenz ersichtlich, die Externalisierungsprozesse ermöglicht (Kapitel 10).

Mit Blick auf die inkongruente Räumlichkeit des Rechts gelangt die Arbeit abschließend zur Einsicht, dass die Fragmentierung des Rechts als Voraussetzung der Externalisierung zu betrachten ist und insofern nicht nur eine Folge gesellschaftlicher Konflikte, sondern auch eine Bedingung ihrer Verarbeitung darstellt (Kapitel 11). Zuletzt wird ein Ausblick zur Rolle des Rechts und der möglichen Aufgabe jener gewagt, die sich mit Recht als Unterworfene, Praktizierende oder Politisierende beschäftigen (Kapitel 12).

Erster Teil: Externalisierung aus Sicht des Rechts

Um das Verhältnis des Rechts zur Externalisierung zu beleuchten, widmet sich der erste Teil dieser Untersuchung der – oder genauer: einer möglichen – Sicht des Rechts und der Rechtswissenschaft auf das Phänomen der Externalisierung. Dabei wird herausgearbeitet, dass Externalitäten als Normkonflikte beschrieben werden können, um sie und die zugrunde liegenden Prozesse der Externalisierung einer rechtswissenschaftlichen Analyse zugänglich zu machen (Kapitel 4). Normkonflikte stellen den Gegenstand der Debatten über Fragmentierung und Pluralismus des Rechts dar (Kapitel 5). An diese Debatten soll angeschlossen werden, um Externalitäten nicht nur als Normkonflikte, sondern darüber hinaus die Externalisierung als Lösungsstrategie im Umgang mit der Fragmentierung des Rechts fassbar zu machen (Kapitel 6).

4 Externalitäten als Normkonflikte

Das Konzept der Externalisierung beschreibt das systematische Verursachen von Externalitäten, also von sozialen und ökologischen Kosten, die auf ein räumliches (oder anders konstruiertes) Außen verlagert werden. Es handelt sich dabei um negative Folgen oder Voraussetzungen der sich im Innen abspielenden Lebensform. Solche Externalitäten stellen einerseits oft Verletzungen von menschen- oder umweltrechtlichen Normen dar oder stehen zumindest in einem Spannungsverhältnis zu diesen Normen. Andererseits ermöglichen rechtliche Strukturen externalisierende Prozesse, sodass Externalitäten erst durch das ordnungsgemäße Operieren anderer Rechtsnormen hervorgebracht werden. Vor diesem Hintergrund treten Externalitäten in Situationen auf, in welchen zweierlei Normen aneinandergeraten: Normen, die bestimmte Vorgänge ermöglichen, kollidieren mit solchen, die durch eben diese Prozesse verletzt werden. Folglich können Externalitäten als Normkonflikte beschrieben werden. Diese Überlegung wird im Folgenden näher ausgearbeitet. Dazu gilt es, den Begriff des Normkonflikts zu umschreiben und darzulegen, inwiefern Externalitäten als ebensolche Konflikte verstanden werden können.

4.1 Normkonflikte

Um Externalitäten als Normkonflikte zu begreifen, bedarf es zunächst einer Verständigung über den Begriff des Normkonflikts. Dieser nimmt in der Debatte über die Fragmentierung des Rechts, auf die hinten näher eingegangen wird, einen zentralen Platz ein. Durch die Auseinandersetzung mit verschiedenen Ansätzen, Normkonflikte zu verstehen, soll ein Begriff des Normkonflikts skizziert werden, auf den im Rahmen der vorliegenden Untersuchung zurückgegriffen werden kann.

Dem Begriff des Konflikts werden verschiedene Verständnisse zugrunde gelegt, die unterschiedlich weit reichen. Dabei ergeben sich aus dem Umfang der Konfliktdefinition, also ob ein weiter oder ein eher enger Begriff gewählt wird, zugleich die Konturen des zu untersuchenden Problems. Was aus der Konfliktdefinition herausfällt, erscheint nicht als Problem, das Gegenstand der jeweiligen Untersuchung zu sein hätte.[1] Insofern sind Definitionen nicht »neutral«, sondern verweisen etwa auf Voranahmen, Intuitionen und politische Intentionen. Dies hängt mit dem Umstand zusammen, dass die Art der Probleminterpretation,

1 Vgl. auch *Pauwelyn*, Conflict of Norms, 2003, S. 171, der deshalb enge Definitionen als »artificial and self-made« zurückweist und für sich in Anspruch nimmt, einer »more accurate and neutral definition« zu folgen.

wie etwas zum Problem gemacht wird, die Möglichkeit der Lösung prägt.[2]

Grob lassen sich enge Ansätze von weiten Definitionen unterscheiden. In einem engen Sinn liegt ein Konflikt dann vor, wenn ein Staat einer Norm nur entsprechen kann, indem er zugleich den Vorgaben einer anderen Norm nicht nachkommt.[3] Diese Definition wird dann noch enger, wenn eine Unterscheidung zwischen »unechten« und »echten« Konflikten vorgenommen wird, indem jene Konflikte nicht zugerechnet werden, die durch Konfliktlösungsmechanismen auf der Ebene der Auslegung beseitigt und daher als »unecht« bezeichnet werden können.[4] Als »echte« Konflikte bleiben dann nur jene bestehen, die mittels einer Derogationsregel zu beseitigen oder einer Konfliktlösung gänzlich unzugänglich sind.[5] Angesichts der theoretischen Unbegrenztheit rechtlicher Argumentation hängt das Gelingen einer harmonisierenden Auslegung letztlich davon ab, ob ein dahingehender Wille besteht, und nicht von der Natur der Ausgangskonstellation.[6] Letztere ist nämlich nicht objektiv

2 Vgl. zur Interpretationsabhängigkeit von Problemen neben den Hinweisen in Kap. 2.2, Fn. 31 auch *Koskenniemi*, Hegemonic Regimes, 2012, S. 317; *Koskenniemi*, Enchanted by the Tools, 2019, S. 8.

3 *Jenks*, Conflict, 1953, S. 426; *Matz*, Koordinierung, 2005, S. 11; *ILC*, Fragmentation (Report), 2006, Ziff. 24; *Pauwelyn*, Conflict of Norms, 2003, S. 167 und 175 f. Die in Frage stehenden Normen können Gebote, Verbote oder Ermächtigungen enthalten (vgl. *Pauwelyn*, Conflict of Norms, 2003, S. 170 f.; *Jeutner*, Irresolvable Norm Conflicts, 2017, S. 27 ff.; anders hingegen *Jenks*, Conflict, 1953, S. 426 f.). Zudem kann sich eine Konfliktsituation auch aus ein und derselben Norm ergeben, was z. B. bei Grundrechtskollisionen der Fall sein kann (vgl. *Jeutner*, Irresolvable Norm Conflicts, 2017, S. 30 ff.).

4 Vgl. *Pauwelyn*, Conflict of Norms, 2003, insb. S. 178, ferner S. 6, 272 f. und 275, der in diesem Sinne zwischen »apparent conflicts«, die z B. durch eine harmonische Auslegung vermeidbar sind, und »genuine conflicts« differenziert; vgl. auch *Jeutner*, Irresolvable Norm Conflicts, 2017, S. 33; sowie *De Wet/Vidmar*, Introduction, 2012, S. 2, die »apparent conflicts« mit einem breiten Begriffsverständnis gleichsetzen. Vgl. zum Ganzen die Betrachtung der Konfliktlösungsstrategien hinten in Kap. 6.

5 Vgl. *Pauwelyn*, Conflict of Norms, 2003, insb. S. 178, ferner S. 6, 272 f. und 275; sowie *Matz*, Koordinierung, 2005, S. 11 f., die eine noch engere Verständnismöglichkeit darlegt.

6 Vgl. *ILC*, Fragmentation (Report), 2006, Ziff. 42. Soweit Auslegungsgrenzen postuliert werden, erscheint es fraglich, ob diese durch das Recht selbst vorgegeben werden oder nicht viel eher Ausdruck einer (rechts-)politischen Haltung sind. Vgl. dazu etwa *Pauwelyn*, Conflict of Norms, 2003, S. 245 ff.; *Jeutner*, Irresolvable Norm Conflicts, 2017, S. 33, der interpretative Konfliktlösungen nur innerhalb »the confines of the judicial function« als Ausweg erachtet; *Pasquet*, De-Fragmentation Techniques, Rz. 51, der die

gegeben, sondern wird im Zuge der interpretativen Arbeit erst geschaffen.[7] Der bloße Umstand, dass auf dem einen oder anderen Weg ein Argument gefunden werden kann, um eine Kompatibilität zweier Normen herzustellen, ändert nichts am zugrunde liegenden Problem, dass die eine Norm keine Gefolgschaft erfährt und die Erreichung der mit ihr verfolgten Ziele vereitelt oder geschwächt wird.[8] Der Widerspruch lebt also fort, auch wenn das Recht eine formelle Kompatibilität herzustellen im Stande ist, weshalb solche Konstellationen nicht aus dem Konfliktbegriff auszuschließen sind.[9] Die Bedeutung dieser Einschränkung – und ihrer Rückweisung – lässt sich am Beispiel der Grund- bzw. Menschenrechte veranschaulichen. Treten diese in Konflikt mit anderen Rechtsnormen, bestehen meist formalisierte Schemata, etwa Schrankenvorbehalte, die eine Konfliktlösung erlauben.[10] Die Lösung beschränkt sich nun aber auf die Rechtfertigung des Eingriffs und damit der Harmonisierung mit – oder eben Vorrangerklärung – der entgegenstehenden Norm. Beseitigt wird damit aber weder der Eingriff noch der zugrunde liegende Normkonflikt. Eine solch enge Definition soll deshalb der vorliegenden Untersuchung nicht zugrunde gelegt werden.

Auch ohne Ausschluss »unechter« erweist sich dieses Begriffsverständnis allerdings als zu eng. Es setzt nämlich voraus, dass zwei spezifische, sich widersprechende Normen isoliert werden können. Zudem fallen Konstellationen, die programmatische oder progressiv umzusetzende sowie ermächtigende Normen umfassen, durch sein binäres Netz, das lediglich mit klaren Normverstößen umzugehen weiß.[11] Kein Konflikt

»persuasiveness of the accounts of reality that are proposed by an interpreter« als Grenze ausmacht; sowie hinten Kap. 5.2.4.2 und 5.2.4.4.

7 *Pasquet*, De-Fragmentation Techniques, Rz. 25; vgl. auch *Koskenniemi*, From Apology to Utopia, 2005, u. a. S. 526 f.

8 Vgl. auch *Matz*, Koordinierung, 2005, S. 12 f.

9 Ähnlich argumentiert *Pauwelyn*, Conflict of Norms, 2003, S. 172 f., wonach der Begriff des Konflikts nicht mit den Instrumenten seiner Überwindung zu vermengen sei. Nur weil eine Lösungsstrategie vorliegt, kann nicht bereits ein Konflikt verneint und umgekehrt ein solcher nur bejaht werden, falls kein anschlussfähiges rechtliches Argument ersonnen werden kann. Auch im ILC-Bericht wird in diesem Sinne festgehalten, dass die Reduktion auf logische Inkompatibilitäten die Bedeutung der Interpretation und eines entsprechenden Spielraums verkenne (*ILC*, Fragmentation (Report), 2006, Ziff. 25).

10 Vgl. hierzu *Kälin/Künzli*, Menschenrechtsschutz, 2019, Rz. 3.79 ff., 3.110 ff. und 3.118. Während die Konfliktlage bei Abwehransprüchen relativ klar zu Tage tritt, ist diese bei Schutz- und Gewährleistungspflichten weniger deutlich. Vgl. zu derartigen Abwägungsformeln als Konfliktlösungstechnik auch hinten Kap. 6.1.2.2.3.

11 Vgl. *ILC*, Fragmentation (Report), 2006, Ziff. 24; *Vranes*, Norm Conflict, 2006, S. 401 ff.. Insofern kann bei solchen Konflikten auch von

liegt nach dieser Definition nämlich dann vor, wenn aufgrund der Konformität mit einer bestimmten Vorgabe der Stossrichtung einer anderen Norm weniger Nachachtung verschafft werden kann, ohne diese jedoch zu verletzten. Das ist etwa bei wirtschaftlichen, sozialen und kulturellen Menschenrechten der Fall, die »unter Ausschöpfung aller [...] Möglichkeiten [...] nach und nach mit allen geeigneten Mitteln« (Art. 2 Abs. 1 UN-Pakt I) zu verwirklichen sind.[12] Doch auch bei anderen positiven, also ein bestimmtes Handeln vorschreibenden Verpflichtungen ist eine Normverletzung relativ schwierig feststellbar und ein Konflikt im engeren Sinn muss nicht bereits deshalb gegeben sein, weil ein anderes Verhalten der jeweiligen Norm besser entsprechen würde.[13] Konkret sind mit Blick auf menschenrechtliche Garantien nicht nur Gewährleistungspflichten, wie sie im Bereich der wirtschaftlichen, sozialen und kulturellen Rechte besonders im Fokus stehen, sondern auch Schutzpflichten, die auch aus bürgerlichen und politischen Rechten fließen, von Bedeutung. Deren Konturen richten sich nämlich ebenso nach den verfügbaren Mitteln der Normadressat*innen.[14] Sodann erschwert ein enges Konfliktverständnis, Konstellationen zu erfassen, in welchen die Erfüllung von Ergebnispflichten zur Debatte steht.[15] Beispielsweise dürfte es, sollte dereinst feststehen, dass es die Vertragsstaaten des Pariser Klimaübereinkommens versäumt haben, den »Anstieg der durchschnittlichen Erdtemperatur deutlich unter 2 °C über dem vorindustriellen Niveau« (Art. 2 Abs. 1 lit. a PKÜ) zu halten, kaum möglich sein, genau festzustellen, welche konkreten Normen dazu geführt haben.

Mit anderen Worten erscheint es zweifelhaft, mit einem engen Verständnis des Normkonflikts der komplexen, interdependenten Realität und der normativen Vielfalt gerecht zu werden. Vielmehr drängt sich eine weite Definition des Normkonflikts auf.[16] Nele Matz hat hierzu eine aufschlussreiche Kategorisierung vorgeschlagen und unterscheidet zwischen

Pflichtenkollisionen gesprochen werden; vgl. *Matz*, Koordinierung, 2005, S. 15.

12 Vgl. zur Verpflichtungsstruktur der Garantien des UN-Pakt I *Kälin/Künzli*, Menschenrechtsschutz, 2019, Rz. 3.121 ff. Soweit WSK-Rechte justiziable Gehalte umfassen, können sie auch mit einem engen Normkonfliktverständnis adressiert werden. Für die Justiziabilität zu plädieren, kann deshalb eine alternative Strategie darstellen, um Spannungsverhältnisse sichtbarer zu machen.

13 Vgl. auch *Matz*, Koordinierung, 2005, S. 15.

14 Vgl. *Kälin/Künzli*, Menschenrechtsschutz, 2019, Rz. 3.110.

15 Vgl. zur Unterscheidung von Verhaltens- und Ergebnispflichten im vorliegenden Kontext *Matz*, Koordinierung, 2005, S. 19 f.

16 So etwa auch *Matz*, Koordinierung, 2005, S. 9 und 12; *ILC*, Fragmentation (Report), 2006, Ziff. 24 f.; vgl. auch *Pasquet*, De-Fragmentation Techniques, Rz. 22 ff.; *Klabbers/Palombella*, Introduction, 2019, S. 1 und 9 f.; *Vranes*, Norm Conflict, 2006, S. 412 ff.

Ansatz- und Programmkonflikten, Zielkollisionen sowie politischen Konflikten.[17] Sofern verschiedene Ziele nicht offensichtlich unvereinbar sind, tritt ein Spannungsverhältnis zwischen ihnen erst dann in Erscheinung, wenn die Art und Weise ihrer Erreichung konfliktbehaftet ist.[18] Dies kann bei Ansatz- und Programmkonflikten der Fall sein, die »zwischen unterschiedlichen den jeweiligen Abkommen zugrunde liegenden Ansätzen, Konzepten oder Programmen« bestehen.[19] Anders als Zielkollisionen betrifft der Ansatz oder das Programm eines Vertrages bestimmte Konzepte und Methoden, um die gesetzten Zwecke zu erreichen.[20] Dadurch geraten auch Konstellationen in den Blick, bei welchen ein Vertrag oder ein Rechtsregime beispielsweise vorgibt, durch die Deregulierung von wirtschaftlichen Prozessen dieselben Ergebnisse zu erreichen, die sich ein anderes Regime, dem Ansätze stärkerer öffentlicher Regulierung zugrunde liegen, zum Ziel gesetzt hat.[21] Politische Konflikte können nach Matz schließlich dann vorliegen, wenn Staaten – ohne direkte Normverletzung – »die Förderung des einen Vertragszwecks zu Lasten eines anderen Abkommens effektiver vorantreiben«.[22] Auch hier ist der Konflikt jedoch mehr als nur politisch, denn das Spannungsverhältnis ist in der rechtlichen Ausgangslage bereits angelegt, das heißt in der Koexistenz der beiden gleichzeitig verfolgten Ziele.

Vor diesem Hintergrund drängt sich denn auch hinsichtlich der Rechtsquellen und der betroffenen Akteur*innen ein weites Konfliktverständnis auf. Die völkerrechtliche Perspektive auf Normkonflikte legt den Fokus meist auf das Verhalten von Staaten als primäre Rechtssubjekte. Dies soll aber nicht davon ablenken, dass sich gesellschaftliche Prozesse, die durch das Völkerrecht beeinflusst werden, im alltäglichen Geschehen regelmäßig ohne direkt sichtbares staatliches Handeln vollziehen, auch wenn eine Wirkungskette hin zu völkerrechtlichen Normen und damit zusammenhängendem staatlichem Handeln besteht. Folglich muss es für

17 *Matz*, Koordinierung, 2005, S. 13 ff. Matz führt ferner Pflichtenkollisionen sowie Umsetzungs- und Durchführungskonflikte an. Die erste Kategorie stellt in der Regel Konflikte im engeren Sinn dar (ibid., S. 15), während letztere Konstellationen erfasst, die bereits in Ziel- oder Pflichtenkollisionen angelegt sind (ibid., S. 16). Im ILC-Bericht wird diese Vielfalt weniger systematisch »as a situation where two rules or principles suggest different ways of dealing with a problem« umschrieben (*ILC*, Fragmentation (Report), 2006, Ziff. 25).

18 Vgl. *Matz*, Koordinierung, 2005, S. 15 f.

19 *Matz*, Koordinierung, 2005, S. 13.

20 *Matz*, Koordinierung, 2005, S. 13.

21 Vgl. mit einem Beispiel zu unterschiedlichen Ansätzen im Bereich des Umweltvölkerrechts *Matz*, Koordinierung, 2005, S. 14.

22 *Matz*, Koordinierung, 2005, S. 16 f.

die Annahme eines Konflikts genügen, dass bestimmte Normen im Hintergrund vorhanden sind, die das Tun und Unterlassen jener, die anderen Normen ihre Verwirklichung versagen, in irgendeiner Weise strukturieren, ermöglichen oder legitimieren. Überdies scheint es angesichts der Interdependenz und Interaktion verschiedener Regulierungsebenen, -formen und -foren einer aufschlussreichen Untersuchung hinderlich, sich auf das eigentliche Völkerrecht[23] zu beschränken.[24] Aus menschenrechtlicher Sicht etwa geht nicht nur von Staaten, sondern gerade auch von transnationalen Unternehmen ein enormes Gefahren- und damit auch Konfliktpotenzial aus.[25] Zu berücksichtigen sind folglich nicht nur Private als Handelnde, sondern auch das sie und ihre Handlungen strukturierende Recht. Eine adäquate Konfliktdefinition muss damit nicht nur staatliches Tun und Unterlassen, sondern soziale Prozesse, die durch das Recht, gleich welcher Herkunft, strukturiert oder anderweitig beeinflusst werden, mitumfassen.

Für die vorliegende Arbeit erscheint es im Ergebnis sinnvoll, ein breites Begriffsverständnis zu verwenden, um die Reproduktion blinder Flecken der Rechtsdogmatik zu vermeiden. So liefe ein enges, technisches Konfliktverständnis beispielsweise Gefahr, Konstellationen nur deshalb als unproblematisch unberücksichtigt zu lassen, weil keine konkrete Norm oder kein spezifisches staatliches Verhalten eruiert werden kann, das mit einer anderen Norm konfligiert. Als Normkonflikt soll demnach im Folgenden eine Situation verstanden werden, in der ein bestimmtes Tun oder Unterlassen oder eine bestimmte soziale Praxis, die von einer Norm oder einem Normgefüge vorgeschrieben oder zumindest begünstigt werden, das Verfolgen der Ziele einer anderen Norm oder eines anderen Normgefüges negativ beeinflusst. Dabei kann sowohl das relevante Verhalten von Staaten als auch von Privaten ausgehen, während die kollidierenden Normmassen nicht zwangsläufig dem klassischen Völkerrecht angehören müssen.

Zu berücksichtigen ist schließlich, dass das Ausmaß der Problematik der Normkonflikte nicht davon abhängt, wie oft Normkonflikte im Recht tatsächlich verhandelt werden. Die rechtliche Bedeutung von Normkonflikten hängt nämlich zunächst davon ab, ob diese in formellen Streitbeilegungsverfahren adressiert werden können oder im

23 Also auf jene Rechtsbestände, die in Art. 38 IGH-Statut erwähnt sind.

24 *Krisch*, Pluralism, 2019, S. 700 f. und 705: »As spheres of authority are increasingly interwoven in global governance, strictly delimiting spheres of study and practice – carving them up into international and domestic, public and private, formal and informal – becomes untenable.« Vgl. etwa auch *Cotula*, Global Resource Governance, 2020, S. 432 ff., der die Bedeutung des Zusammenspiels von landes- und völkerrechtlichen Normen im globalen Rohstoffregime hervorhebt.

25 Vgl. in diesem Zusammenhang hinten Kap. 9.2.2.6.2.

rechtswissenschaftlichen Diskurs Beachtung finden.[26] Ob Konflikte gesellschaftliche Relevanz erlangen, kann indes kaum aus einer rechtsinternen Perspektive erschöpfend erklärt werden. Die Wahrnehmung von Normkonflikten und der Umgang mit diesen hängt maßgeblich von der Handlungsmacht gesellschaftlicher Akteur*innen ab. Konflikte können zwar theoretisch identifizierbar, aber gesellschaftlich irrelevant sein. Jedes gesellschaftliche Problem kann grundsätzlich als unterschiedliche rechtliche Fragestellungen reformuliert werden, sodass beispielsweise zugleich eine menschen-, umwelt-, handels- oder sicherheitsrechtliche Angelegenheit vorliegen könnte.[27] Folglich müssen auch Konflikte erst artikuliert und damit aktualisiert werden, um Bedeutung zu erlangen und einer Bearbeitung zugeführt zu werden.[28] Mit anderen Worten ist die Relevanz eines Normkonflikts keine Eigenschaft des Rechts, sondern eine Folge der gesellschaftlichen Kräfteverhältnisse, in welche das Recht eingelassen ist.[29] Angesichts dessen spielt es eine zentrale Rolle, in welchem gesellschaftlichen Umfeld Normen potenziell kollidieren. Im Kontext der vorliegenden Arbeit eröffnet sich deshalb bereits eine erste Einsicht in den Umstand, dass räumliche Verlagerungen die Ausgangslage dafür, ob und in welchem Umfang etwas als Normkonflikt aktualisiert wird, maßgeblich beeinflussen können. Zugleich lassen sich vor diesem Hintergrund gewisse Anreize und Wirkung von Externalisierungen erahnen. Diese Zusammenhänge werden später nochmals aufgegriffen.[30]

4.2 Externalitäten als Kollisionspunkte

Externalisierung ist in erster Linie ein strukturelles Problem. Obwohl eben dies mitunter verdeckt wird, wenn auf Einzelfälle fokussiert wird, ist es sinnvoll, solche zum besseren Verständnis heranzuziehen. Es gibt zahlreiche Beispiele für Umstände, die mit Lessenich als Externalität

26 Die Marginalität beider Aspekte hat nach *Koskenniemi*, Hegemonic Regimes, 2012, S. 316, dazu geführt, dass Regimekonflikte entgegen einer entsprechenden Sorge nur wenig in Erscheinung getreten sind. Vgl. zur geringen Virulenz von Normkonflikten in der Rechtspraxis auch *Ziegler/Boie*, Relationship, 2012, insb. S. 274, 278, 285 und 298.

27 *Koskenniemi*, Fate of Public International Law, 2007, S. 7.

28 Vgl. *Gholiagha/Holzscheiter/Liese*, Activating norm collisions, 2020; vgl. auch *Kreuder-Sonnen/Zürn*, After fragmentation, 2020, u. a. S. 244 f., 252 und 253 f.; *Ziegler/Boie*, Relationship, 2012, S. 298; *Pichl*, Rechtskämpfe, 2021, u. a. S. 43 f., 76, 85 und 314 f.; sowie hinten in Kap. 5.3 bei Fn. 271 und in Kap. 6.4.2 bei Fn. 281.

29 Vgl. *Pichl*, Rechtskämpfe, 2021, u. a. S. 89; ferner auch *Koskenniemi*, Fate of Public International Law, 2007, S. 7.

30 Vgl. hinten insb. Kap. 6.4.2.

beschrieben werden können. Indem das Konzept der Externalisierung »negative Effekte« sowie »soziale und ökologische Kosten« in den Blick nimmt,[31] wird ein weites Feld eröffnet. Dieses engt Lessenich denn auch nicht ein, sondern hält es explizit offen, etwa wenn er an die Ungleichheitsdefinition von Charles Tilly anschließt, wonach ungleiche Beziehungen durch Interaktionen gekennzeichnet seien, die für »die eine Seite grössere Vorteile schafft als für die andere«.[32] Ein solch umfassender Begriff lässt sich abstrakt nicht ohne Weiteres ins rechtliche Vokabular überführen. Wenn jedoch konkrete Externalisierungsprozesse und Externalitäten betrachtet werden, drängt es sich auf, solche beispielsweise als Verletzungen von Menschenrechten und Verstöße gegen Umweltschutzbestimmungen zu erfassen.[33]

Einleitend wurden einige Beispiele aus dem Bergbau, der Textilindustrie, der Landwirtschaft und der Sorgearbeit angeführt, um das Konzept der Externalisierung zu veranschaulichen.[34] Werden nun die dabei erwähnten oder implizierten negativen Effekte globaler Beziehungen ins Recht übersetzt, liegt der Schluss nahe, diese als potenzielle Verletzung von menschenrechtlichen Garantien und Vorgaben des Umwelt- und Klimaschutzes zu betrachten. Die Näher*innen in Bangladesch oder Pakistan beispielsweise, die zu Bedingungen arbeiten, die nicht nur ihre Gesundheit, sondern auch ihr Leben gefährden, sehen unter anderem ihre Rechte auf Gesundheit und Leben verletzt, was bei Großunglücken besonders deutlich wird. Agroindustrielle Praktiken und andere Vorgänge in der globalen Landwirtschaft beeinträchtigen neben den Menschenrechten, namentlich dem Recht auf angemessenen Lebensstandard und den Rechten indigener Völker, auch die Vorgaben des Umwelt- und Klimaschutzes.[35] So konstatierten beispielsweise die UN-Sonderberichterstatter für Giftmüll und für das Recht auf Nahrung Menschenrechtsverletzungen ausgehend vom Export von bestimmten Pestiziden, deren Gebrauch zu schwerwiegenden Gesundheitsschädigungen bis hin zu Todesfällen führt.[36] Verheerende Konsequenzen und insofern rechtliche Normverstöße zeitigt sodann die globale Rohstoffindustrie, insbesondere im Bergbau. Auch der Export von Abfall steht zumindest potenziell in einem Spannungsverhältnis zu Normen des Umwelt- und des

31 *Lessenich*, Sintflut, 2016, u. a. S. 24, 26 und 44 f.

32 *Lessenich*, Sintflut, 2016, S. 55 m. V. a. *Tilly*, Origins of inequality, 2001. Obwohl Lessenichs Bezugnahme auf Tilly in erster Linie der Analyse der Prozessdimension der Externalisierung dient, scheint hier auch eine Übereinstimmung hinsichtlich des Verständnisses der Externalisierung vorzuliegen.

33 Vgl. hierzu auch hinten Kap. 9.2.2.1.

34 Vgl. vorne Kap. 1.

35 Vgl. zum Land Grabbing etwa *Opel*, Ausländische Agrarinvestitionen, 2016, S. 97 ff.; *von Bernstorff*, Global Market for Agricultural Land, 2018.

36 *Elver/Tuncak*, Report, 24.01.2017, Ziff. 73.

Menschenrechtsschutzes. Der Sorgeextraktivismus wiederum steht etwa in einem Spannungsverhältnis sowohl mit dem Recht auf Gesundheit in der Peripherie als auch mit dem Recht auf Familie der direkt betroffenen Menschen. Das Geschäft der globalen Finanzplätze schließlich treibt den Klimawandel voran, was nicht nur das Klimaschutzrecht tangiert, sondern auch zahlreiche menschenrechtliche Probleme verursacht.

Externalitäten gehen demnach häufig mit Verletzungen von Menschenrechten und Umweltrecht einher und können mit diesem Vokabular auch in politische Forderungen überführt werden.[37] Zugleich werden sie als negative Effekte, Lasten und Kosten durch bestimmte gesellschaftliche Vorgänge verursacht, die oftmals in der wirtschaftlichen Sphäre zu verorten sind. Diese Prozesse sind nun ihrerseits in rechtliche Strukturen eingebettet.[38] Freihandels- und Investitionsschutzrecht sowie die globale Währungsordnung erleichtern den Zugang zu Märkten in der Peripherie, während transnationale Lieferketten aus unzähligen vertraglichen Gliedern bestehen.[39] Transnationale Unternehmen haben ein rechtliches Gerüst und internationale Investoren sichern ihren Zugriff auf Land und Rohstoffe über Eigentums- und Verfügungsrechte aus der jeweiligen landesrechtlichen Ordnung.[40] Auch der Klimawandel und dessen Folgen sind nicht bloß Naturkatastrophen, sondern untrennbar mit gesellschaftlichen Verhältnissen verbunden, die ihrerseits rechtlich strukturiert sind.[41]

Die Fragen, inwiefern das Recht gesellschaftliche Verhältnisse prägt und folglich dazu beiträgt, externalisierende Prozesse zu ermöglichen und dadurch Externalitäten hervorzubringen, und ob dem Recht insofern eine konstituierende oder gar determinierende Rolle zukommt, werden noch näher zu betrachten sein.[42] An dieser Stelle genügt die Feststellung, dass Externalitäten nicht nur als Rechtsverletzungen zu betrachten sind, sondern ebenfalls als Ausdruck des ordentlichen Rechtsbetriebs. Insofern greift es deutlich zu kurz, problematische Geschäftspraktiken als

37 Vgl. zu den Menschenrechten als Vokabular politischer Kontestation hinten Kap. 9.2.2.1.

38 Vgl. dazu insb. auch hinten Kap. 9.1.2 zum globalen Wirtschaftsrecht.

39 Vgl. etwa *Feichtner*, Law of Natural Resource Extraction, 2020, S. 164 ff.; *Eller*, Comparative Genealogies, 2020, S. 1408.

40 Vgl. zur Rolle des nationalen Rechts für die Rohstoffgewinnung *Cotula*, Global Resource Governance, 2020, S. 436 ff.; ferner *Özsu*, Grabbing land, 2019, u. a. S. 11 f.; *Seck*, Transnational Mining Law, 2021; *Gupta*, Transnational Property Law, 2021; sowie etwa die Beiträge in *Carter/Harding* (Hrsg.), Land Grabs in Asia, 2017.

41 Vgl. etwa *Humphreys*, Ungoverning the climate, 2020, S. 12.

42 Vgl. dazu hinten Kap. 5.2.3 zur Frage der gesellschafts-rechtlichen Koproduktion sowie den zweiten Teil, Kap. 8 ff. zum Recht der Externalisierungsgesellschaft.

Plünderung, Betrug oder Diebstahl zu bezeichnen und damit als illegale Vorgänge abzutun.[43] Es sind nämlich rechtliche Strukturen, die externalisierende Praktiken mit hervorbringen, was in der Folge zu Verletzungen von oder Spannungsverhältnissen zu anderen Rechtsbeständen führt.[44] Damit stellen Externalitäten Situationen dar, in denen ein bestimmtes Verhalten, das von einer Norm oder einem Normgefüge vorgeschrieben oder zumindest begünstigt wird, das Verfolgen der Ziele anderer Normen oder eines anderen Normgefüges negativ beeinflusst. Mit anderen Worten sind Externalitäten Ausdruck von Normkonflikten, sie sind der Kristallisationspunkt kollidierender Rechtsmassen.[45]

Obschon der Bezug zu Menschenrechten in den nun genannten Beispielen einfach herzustellen ist, kann es im Einzelnen schwierig sein, eine Menschenrechtsverletzung konkret zu begründen. Dies ist etwa dort der Fall, wo komplexe gesellschaftliche Zusammenhänge ins Spiel kommen und zudem die Menschen, deren Rechte tangiert werden, selbst aktiv und aus scheinbar freien Stücken am Geschehen teilhaben. Dabei werden die Betroffenen regelmäßig durch die äußeren Umstände faktisch gezwungen, sich in eine bestimmte Situation zu begeben.[46] Die Einwilligung, die unterstellt wird, weil kein direkter Zwang angewendet wird, mag zwar dort eine Normverletzung ausschließen, wo keine absoluten Verbote greifen,[47] ein offensichtliches Spannungsverhältnis bleibt aber dennoch bestehen. Nur wenn dessen Artikulation zugelassen wird, können auch die strukturellen Ursachen von Ausbeutung adressiert werden.[48]

Vor diesem Hintergrund wird die Bedeutung einer weiten Definition des Normkonflikts erneut ersichtlich: Das Konzept der Externalisierung vermag sein kritisches Potenzial nur dann zu entfalten, wenn auch Spannungsverhältnisse und Eingriffe in menschenrechtliche Garantien in den Blick genommen werden, die einer Rechtfertigung zugänglich sind.[49] Würde die Konfliktdefinition hingegen an das Gelingen dieser Rechtfertigung anknüpfen, würden gesellschaftliche Konflikte und damit auch

43 *Özsu*, Grabbing land, 2019, S. 11.

44 Vgl. in diesem Sinne auch *Chadwick*, Hunger, 2019, u. a. S. 3, 5 und 191; *Pogge*, Divided against itself, 2012, S. 373 f., 380 und 389 f.

45 Vgl. zum Begriff des Normkonflikts vorangehend Kap. 4.1.

46 Vgl. zum strukturellen Zwang etwa *Marks*, Exploitation, 2008, S. 301; sowie zum Zusammenhang von Freiheit und Zwang *Menke*, Kritik der Rechte, 2015, S. 272 ff.

47 Vgl. etwa die Sklaverei- und Leibeigenschaftsverbote in Art. 8 UN-Pakt II, Art. 4 EMRK, Art. 6 AMRK, Art. 5 AfCRMV und Art. 10 Abs. 1 ArCMR; ferner die ILO-Übereinkommen Nr. 138 über das Mindestalter für die Zulassung zur Beschäftigung und Nr. 182 über die schlimmsten Formen der Kinderarbeit.

48 Vgl. *Marks*, Exploitation, 2008, S. 301 f.

49 Vgl. das vorangehende Kap. 4.1.

Externalitäten von der Betrachtung ausgeschlossen und damit potenziell verschleiert. Sowohl die Art als auch der allfällige Erfolg der rechtlichen Konfliktlösung kann deshalb nicht ausschlaggebend sein für die Definition dessen, was als Normkonflikt gilt. Damit kann eine Externalität unabhängig davon, ob es zu einem klaren Normverstoß kommt, als Ausdruck eines Normkonflikts betrachtet werden, wenn ihr ein Spannungsverhältnis zugrunde liegt, das sich darin zeigt, dass der eine Normbestand zugunsten eines anderen Normgefüges vernachlässigt wird.

5 Normkonflikte als Ausdruck der Fragmentierung des Rechts

Die Vorgänge, die im Rahmen der Externalisierungsanalyse als Externalität beschrieben werden, können aus rechtlicher Perspektive als Normkonflikte begriffen werden (vgl. vorangehendes Kapitel 4). Um das Vorhaben des ersten Teils der vorliegenden Arbeit, also eine Sicht des Rechts auf die Externalisierung zu entfalten, weiterzuverfolgen, stellt sich nunmehr die Frage, wie das Recht auf Normkonflikte reagiert, wie im Recht also mit diesen umgegangen und versucht wird, ihr Zustandekommen zu verstehen und sie zu lösen oder zu vermeiden. Sowohl zur Erklärung und Problematisierung als auch zur Bewältigung von Normkonflikten bestehen zahlreiche Ansätze.

Normkonflikte sind keine neuen oder ungewöhnlichen Erscheinungen im Recht. Sowohl im Völkerrecht als auch in nationalstaatlichen Rechtsordnungen gehören konfligierende Normen zum Normalbetrieb. Allerdings besteht ein zentraler Unterschied zwischen innerstaatlichen und zwischenstaatlichen Verhältnissen: Während rechtsstaatlich verfasste Gemeinwesen die Einheit der Rechtsordnung über eine integrale Verfassung mit höchster und zwingender Gerichtsbarkeit herzustellen in der Lage sind, fehlen parallele Strukturen im internationalen Bereich.[1] »Im Meer der Globalität«, konstatiert Gunther Teubner, »bilden sich nur noch Inseln des Konstitutionellen.«[2] Zwar ist deswegen nicht ohne Weiteres davon auszugehen, dass Normkonflikte an sich im internationalen oder transnationalen Bereich ein größeres Problem darstellten als im Nationalstaat.[3] Das Recht scheint dort aber größere Schwierigkeiten mit deren Bewältigung zu haben, weshalb die Thematik mehr Beachtung findet. Dazu haben gewiss auch einige spektakuläre Einzelfälle beigetragen. Erwähnt sei etwa der Fall Kadi, der das Spannungsverhältnis zwischen dem Recht der Vereinten Nationen einerseits und jenem der Europäischen Union bzw. den Menschenrechten andererseits in den Fokus rückte.[4]

1 Vgl. mit Fokus auf die Absenz einer globalen Legislative *Jenks*, Conflict, 1953, S. 403 f.; betreffend Judikative etwa *Koskenniemi*, Fate of Public International Law, 2007, S. 6 f.; sowie *Fischer-Lescano/Teubner*, Regime-Kollisionen, 2006, S. 51 f.

2 *Teubner*, Verfassungsfragmente, 2012, S. 86.

3 Vgl. *Ladeur*, Regime-Kollisionen, 2019, S. 219 und 223, wonach im globalen Recht bestehenden Spannungen zumindest im Ansatz bereits auf der nationalen Ebene bestehen.

4 Strittig war, ob Yassin Abdullah Kadi zu Recht und insb. im Rahmen eines rechtmäßigen Verfahrens auf die Liste zur Sanktionierung von Personen mit Bezug zu Al-Qaïda aufgenommen wurde. Vgl. EuGH, Kadi-I 2008; EuGH,

In der seit nunmehr gut zwanzig Jahren anhaltenden jüngsten Debatte über Normkonflikte im internationalen und transnationalen Recht wurden – oftmals im Anschluss an frühere Diskurse – zahlreiche Analysen und Erklärungsmodelle vorgelegt sowie Strategien entwickelt, um mit Spannungsverhältnissen und Konflikten zwischen Rechtsnormen umzugehen.[5] Während Strategien im Umgang mit Normkonflikten in Kapitel 6 ausführlich betrachtet werden, steht nachfolgend die Problemgenese im Fokus. Einzelne Normkonflikte werden dabei regelmäßig nicht isoliert betrachtet, sondern in ihrem jeweiligen Kontext. So geraten zwangsläufig nicht nur einzelne Normen, sondern ganze Rechtsbereiche, Institutionen und Rechtsentstehungsprozesse sowie Fragen des Rechtspluralismus, der Fragmentierung und des Konstitutionalismus in den Fokus. Als Folge davon stellen Normkonflikte denn auch die Idee einer einheitlichen Rechtsordnung in Frage, wobei sich an der Frage der Einheit die Debatte ein erstes Mal spaltet: in jene, die an der Einheit des Rechts festhalten, und andere, welche die Einheit als Imagination zurückweisen und stattdessen die Vorzüge der Vielfalt hervorheben.[6] Dabei kann das Festhalten an der Einheit als normative und daher tendenziell interne Sicht des Rechts beschrieben werden, während der Betonung der Diversität meist eine externe, soziologische Perspektive zugrunde liegt.[7]

Rechtsdogmatische Analysen tendieren dazu, die Untersuchung der Fragmentierung und damit auch die Suche nach Ursachen und Lösungen

Kadi-II 2013; sowie zu dieser Rechtsprechung statt vieler *Hofer*, Spannungsfeld, 2019.

5 Vgl. für eine auch historische Darstellung der Debatte zur Fragmentierung *Martineau*, Fragmentation, 2016, S. 14 ff.; *Martineau*, Rhetoric of Fragmentation, 2009, welche den Auftakt der jüngsten Debatte in der Ansprache des IGH-Präsidenten Gilbert Guillaume vor der UN-Generalversammlung im Jahr 2000 erkennt (S. 25), der eine verstärkte Koordination angesichts der Zunahme internationaler Gerichte anmahnte (*Guillaume*, General Assembly, 26.10.2000, S. 5); vgl. ferner die historischen Bezüge bei *Jenks*, Conflict, 1953, S. 405; *Peters*, Refinement, 2017, S. 682 ff.; sowie – mit etwas engerem Fokus – *ILC*, Fragmentation (Report), 2006, S. 30 ff.

6 Vgl. *Martineau*, Fragmentation, 2016, S. 22 und 24 ff. bzw. 196 ff.; *Martineau*, Rhetoric of Fragmentation, 2009, S. 5 f.; *Koskenniemi*, Fate of Public International Law, 2007.

7 *Martineau*, Fragmentation, 2016, S. 22 und 24 ff. bzw. 196 ff. Allerdings entwickeln Vertreter*innen der soziologischen Perspektive auch normative Positionen (vgl. ibid., S. 29), während umgekehrt die rechtsinternen Beiträge in Anspruch nehmen, an eine adäquate Beschreibung anzuknüpfen. Vgl. zur Differenz von Selbstbeobachtung (als Rechtstheorie) und Fremdbeobachtung (als Rechtssoziologie) *Luhmann*, Steuerung, 1991, S. 146; sowie ausführlich zur Selbstbeobachtung bzw. -beschreibung *Luhmann*, Recht der Gesellschaft, 1995, S. 496 ff.

auf das positive Recht zu beschränken.[8] Oftmals wird in diesem Kontext der Problemgenese denn auch wenig Aufmerksamkeit geschenkt. So werden Normkonflikte als Herausforderung vorausgesetzt und nicht weiter zurückverfolgt als zu den Umständen, dass kein umfassendes globales Legislativorgan existiert,[9] die Zahl der Gerichte zunimmt[10] und die Kompetenzabstimmung zwischen den entscheidenden Organen unzureichend sei[11].

Ein solcher Ansatz erweist sich für die vorliegende Arbeit als zu eng: Mit dem Begriff der Externalisierung wird an eine soziologische Theoriebildung angeknüpft und versucht, das Recht in Beziehung zu dieser rechtsexternen Perspektive zu setzen. Dieses Unterfangen erscheint insbesondere dann aussichtsreich, wenn ein rechtswissenschaftlicher Ansatz gewählt wird, der seinerseits bemüht ist, über das Recht hinauszublicken. Daher bietet es sich an, auf die systemtheoretische Perspektive zurückzugreifen, was indes nicht voraussetzt, deren Prämissen und Schlüsse vollständigen zu teilen. Systemtheoretische Beiträge zur Fragmentierungsdebatte nehmen eine konsequente Rückbindung auf weltgesellschaftliche Entwicklungen vor. Zudem weist die Systemtheorie insofern eine fruchtbare Überschneidung mit dem Konzept der Externalisierung auf, als letzteres durch starke Bezüge zu Differenzierungstheorien geprägt ist. Schließlich bietet sich die genannte Perspektive deshalb an, weil sie im Rechtsdiskurs viel Beachtung findet und vielen Beiträgen zur Fragmentierungsdebatte gleichsam als Referenzpunkt dient.[12]

5.1 Instabilität funktionaler Differenzierung

Systemtheoretische Einsichten zur Analyse des Phänomens der Fragmentierung wurden insbesondere von Andreas Fischer-Lescano und Gunther Teubner herangezogen.[13] Während andere Erklärungen nach deren Ansicht zu sehr auf politische, ökonomische oder kulturelle Dynamiken abstellten, nehmen Fischer-Lescano und Teubner für sich in Anspruch,

8 Vgl. *Fischer-Lescano/Teubner*, Regime-Kollisionen, 2006, S. 10 ff. und 22.

9 *Jenks*, Conflict, 1953, S. 403 f.

10 *Guillaume*, Proliferation, 27.10.2000; *Guillaume*, General Assembly, 26.10.2000.

11 *Matz*, Koordinierung, 2005, S. 8.

12 Vgl. etwa *ILC*, Fragmentation (Report), 2006, S. 7 f. und 15 f.; *Koskenniemi*, Kantian Themes, 2008, S. 13 f.; *Cottier et al.*, Introduction, 2011, S. 9 f.; *Kessler/Kratochwil*, Functional differentiation, 2013, S. 160, 165 und 169 ff.

13 Vgl. insb. *Fischer-Lescano/Teubner*, Regime-Collisions, 2004; *Fischer-Lescano/Teubner*, Regime-Kollisionen, 2006; *Fischer-Lescano/Teubner*, Fragmentierung des Weltrechts, 2007.

solche reduktionistischen Interpretationen der Fragmentierung zu überwinden, indem Normkonflikte auf Kollisionen zwischen gesellschaftsweiten Rationalitäten zurückgeführt werden.[14] Die Rückführung der Fragmentierung auf gesellschaftliche Rationalitätskollisionen setzt zunächst einen Blick auf die zugrunde liegende gesellschaftliche Tiefenstruktur, die funktionale Differenzierung, voraus. Dabei soll in mehreren Schritten erläutert werden, inwiefern die Ausdifferenzierung zu einem instabilen, von Externalitäten geprägten Zusammenwirken gesellschaftlicher Funktionsbereiche führt, wodurch ein erster Bezugspunkt zum Konzept der Externalisierungsgesellschaft ersichtlich wird.[15]

5.1.1 Funktionale Ausdifferenzierung

Gesellschaften waren schon immer durch Differenzen geprägt, sei dies die Trennung in gleiche oder ähnliche Teile wie Stämme oder Dörfer oder seien es Unterschiede nach Stand, Alter oder Geschlecht.[16] Eine weitere Form stellen funktionale Unterschiede dar, wie sie etwa die arbeitsteilige Gesellschaft auszeichnen. Eine funktionale Ausdifferenzierung im systemtheoretischen Sinne hat indes erst mit der Entstehung sozialer Systeme eingesetzt, die sich gegenüber ihrer jeweiligen Umwelt[17] entlang spezifischer Funktionen abgrenzen.[18] Dabei stellt der Begriff des Systems eine Form der Beschreibung der gesellschaftlichen Ausdifferenzierung dar, der an die Unterscheidung von System und Umwelt anknüpft.[19] Die Systemtheorie

14 *Fischer-Lescano/Teubner*, Regime-Kollisionen, 2006, S. 23 f.

15 Vgl. zum Ganzen bereits *Weber*, Simultanität, 2024, S. 32 ff.

16 Angesprochen sind damit unter anderem segmentäre und stratifikatorische Differenzierungen; vgl. dazu etwa *Kneer/Nassehi*, Einführung, 1993, S. 122 ff.

17 Dem Begriff der Umwelt kommt hier eine spezifische systemtheoretische Bedeutung zu. Umwelt ist dabei kein Synonym für »Natur«, sondern fungiert als Oberbegriff für all jenes, das außerhalb eines bestimmten Funktionssystems liegt. Dazu zählen andere Systeme, Menschen (als psychische und biologische Systeme) und die nicht-menschliche Natur. Weil sich jedes Funktionssystem anders vom Außen abgrenzt, existieren mehrere Umwelten.

18 *Stichweh*, History and systematics, 2013, S. 56 f.; *Kneer/Nassehi*, Einführung, 1993, S. 128 ff. Vgl. kritisch zur Anknüpfung an die Funktion und insofern zum »nostalgischen« Begriff der funktionalen Differenzierung *Schimank*, Differenzierung und Integration, 2005, S. 53 ff.; sowie *Schimank/Volkmann*, Gesellschaftliche Differenzierung, 1999, S. 10 und 12. Vgl. in diesem Zusammenhang auch *Fraser/Jaeggi*, Kapitalismus, 2020, S. 166 f., wonach Funktionsbestimmungen immer (auch) normativ geprägt seien.

19 Beschreibung bzw. Beobachtung ist stets eine zweifache Operation bestehend aus Unterscheidung und Bezeichnung; jede Bezeichnung (hier einer

selbst nimmt eine Beobachtung zweiter Ordnung vor, weil sie beobachtet, wie die Teilsysteme selbst beobachten.[20] Die jeweilige Funktion genießt innerhalb des Systems Priorität gegenüber anderen Leistungen, was die Grundlage der Systemschließung darstellt.[21] Die Bausteine sozialer Systeme sind Kommunikationsereignisse.[22] Die systemischen Operationen beziehen sich auf die jeweilige Funktion und folgen einer binären Codierung, welche die Anschlussfähigkeit der Operationen und die Abgrenzung gegenüber der Umwelt sicherstellt.[23] Der binäre Code dient dazu, Informationen von außen zu verarbeiten und ihnen einen systemspezifischen Sinn zu geben.[24] Diese Codierung führt nun zur sogenannten Autopoiesis der Funktionssysteme und damit zu ihrer Ausdifferenzierung.[25] Dabei bezeichnet der Begriff der Autopoiesis den Umstand, dass sich Systeme aus selbst hergestellten Elementen und insofern selbstreferentiell reproduzieren, weshalb sie auf operativer Ebene Autonomie erlangen.[26] Dergestalt haben sich gesellschaftliche Teilsysteme herausgebildet wie namentlich die Religion, die Wirtschaft, die Kunst, die Politik, die Wissenschaft, die Erziehung, Intimbeziehungen und Familien, die Medien, das Gesundheitswesen, der Sport sowie auch das Recht.[27]

Systemdifferenzierung stellt keine Dekomposition eines »Ganzen«, einer ursprünglichen Einheit dar, sondern die Emergenz verschiedener – aber eben nicht koordinierter – Differenzierungen von System und Umwelt.[28]

gesellschaftlichen Formation als System) setzt eine Unterscheidung (hier von der Umwelt) voraus, wobei die Beobachtung stets nur eine Seite der Unterscheidung (hier also System) bezeichnet (vgl. zu Luhmanns Beobachtungsbegriff *Kneer/Nassehi*, Einführung, 1993, S. 96).

20 *Luhmann*, Einführung in die Systemtheorie, 2008, S. 155 ff.

21 *Luhmann*, Gesellschaft der Gesellschaft, 1998, S. 747 f.

22 *Luhmann*, Soziale Systeme, 1991, S. 191 ff.; *Luhmann*, Einführung in die Systemtheorie, 2008, S. 78 f.

23 *Luhmann*, Gesellschaft der Gesellschaft, 1998, S. 748 f. und 753.

24 *Kneer/Nassehi*, Einführung, 1993, S. 132; vgl. zur Rolle des Codes Recht/Unrecht im Rechtssystem *Luhmann*, Recht der Gesellschaft, 1995, S. 67 ff. und 92 ff.

25 *Luhmann*, Gesellschaft der Gesellschaft, 1998, S. 752; vgl. dazu auch *Schimank*, Differenzierung und Integration, 2005, S. 53 f., wonach die Systemschließung auf die binäre Codierung und gerade nicht mehr die Funktion, die eine Fremdreferenz darstellt, zurückgeht.

26 *Luhmann*, Gesellschaft der Gesellschaft, 1998, S. 67; *Luhmann*, Soziale Systeme, 1991, S. 57 ff.; *Luhmann*, Einführung in die Systemtheorie, 2008, S. 108 ff.; *Teubner/Willke*, Kontext und Autonomie, 1984, S. 30 f.; *Luhmann*, Einige Probleme mit »reflexivem Recht«, 1985, S. 2.

27 *Stichweh*, History and systematics, 2013, S. 58, wonach möglicherweise auch Tourismus und Freizeit als Systeme bezeichnet werden können.

28 *Luhmann*, Gesellschaft der Gesellschaft, 1998, S. 598. Die Teilsysteme können denn auch nicht durch eine Rekomposition zu einem umfassenden

Innerhalb dieser Funktionssysteme bestehen unzählige Binnendifferenzierungen, die ihrerseits entlang komplexer hierarchischer, segmentärer und funktionaler Abgrenzungen verlaufen.[29] Insofern erkennt die Systemtheorie zwar den Fortbestand anderer Differenzierungen an, doch geht sie vom Primat funktionaler Erstdifferenzierung aus.[30] Soziale Klassen oder globale Zentrum-Peripherie-Beziehungen werden also nicht geleugnet, sondern als »Nebenprodukte der Eigendynamik der Funktionssysteme« betrachtet.[31] Dabei werden auch interne Zweitdifferenzierungen nicht als Aufteilung einer vorbestehenden Einheit verstanden, sondern als Emergenz neuer Differenzierungen.[32] Diese – wenn auch beschränkte – theoretische Offenheit ist deshalb relevant, weil sie eine Verknüpfung der Systemtheorie mit der Externalisierungsthese erlaubt.[33]

Die gesellschaftliche Ausdifferenzierung verläuft in der systemtheoretischen Beschreibung evolutionär und folgt keiner zentralen Planung.[34] Sie ist folglich weder abgeschlossen noch zielgerichtet. Die Ausdifferenzierung der Gesellschaft erachtete Niklas Luhmann als unumkehrbar, als den Sündenfall, der eine Rückkehr ins Paradies ausschließt.[35] Die Unterscheidung von System und Umwelt, die das System erst hervorbringt, könne nicht in ein Differenzminimierungsprogramm gewandelt werden.[36]

Ganzen zusammengefügt werden, sodass nicht jede Interaktion einem Teilsystem zugeordnet werden kann und zugleich eine einzelne Interaktion Teil verschiedener Systemkommunikationen sein kann.

29 *Stichweh*, History and systematics, 2013, S. 58.

30 *Luhmann*, Gesellschaft der Gesellschaft, 1998, S. 612; *Luhmann*, Soziale Systeme, 1991, S. 39. Der Primat der funktionalen Differenzierung zeigt sich darin, dass andere Differenzierungen, die fortbestehen oder hinzutreten, in ihrer Existenz von der Systemdifferenzierung abhängen (vgl. *Luhmann*, Gesellschaft der Gesellschaft, 1998, S. 597).

31 *Luhmann*, Gesellschaft der Gesellschaft, 1998, S. 612; *Luhmann*, Recht der Gesellschaft, 1995, S. 333. Nach *Bachur*, Kapitalismus und funktionale Differenzierung, 2013, S. 143 f., gewinnen diese »Nebenprodukte« letztlich Überhand, sodass die funktionale in eine stratifikatorische Differenzierung umschlägt.

32 *Stichweh*, History and systematics, 2013, S. 56; *Luhmann*, Gesellschaft der Gesellschaft, 1998, S. 598.

33 Zugleich geht mit der Schwerpunktsetzung der Theorie funktionaler Differenzierung tendenziell eine Desartikulation anderer Strukturen einher, was eine Verknüpfung gerade aufdrängt. Vgl. dazu hinten Kap. 6.4.1.

34 *Luhmann*, Gesellschaft der Gesellschaft, 1998, S. 413 ff. und 598; *Luhmann*, Einführung in die Systemtheorie, 2008, S. 46.

35 *Luhmann*, Wirtschaft der Gesellschaft, 1994, S. 344; vgl. auch *Teubner*, Altera Pars Audiatur, 1996, S. 218; *Fischer-Lescano/Teubner*, Regime-Kollisionen, 2006, S. 33; *Müller*, Differenz, 2012, S. 75; *Bachur*, Kapitalismus und funktionale Differenzierung, 2013, S. 15.

36 *Luhmann*, Wirtschaft der Gesellschaft, 1994, S. 344.

5.1.2 Intersystemische Leistungsbezüge

Aufgrund ihrer Spezialisierung sind Funktionssysteme darauf angewiesen, dass ihnen gewisse Leistungen von der gesellschaftlichen Umwelt abgenommen werden.[37] Die von der Systemtheorie hervorgehobene Autonomie impliziert gerade nicht, dass gesellschaftliche Sphären unabhängig von ihrer jeweiligen Umwelt bestehen.[38] Vielmehr wirkt die Umwelt stets mit, auch wenn auf der Ebene der Operationen eine Schließung vollzogen wird.[39] Bereits Emile Durkheim bezeichnete mit dem Begriff der organischen Solidarität den Umstand, dass soziale Differenzierung mit einer Zunahme von Abhängigkeit einhergeht.[40] »Mit dem Übergang zu funktionaler Differenzierung«, so Luhmann, »nehmen [...] die Interdependenzen und wechselseitigen Belastungen zwischen den Teilsystemen zu, bis es geradezu normal wird, dass Probleme nicht dort gelöst werden, wo sie erzeugt werden.«[41] Indem die Umwelt Funktionen abnimmt, ermöglicht sie die Spezialisierung des Systems, was die Abhängigkeit von einer funktionierenden Umwelt erhöht.[42]

Beispielsweise bedient sich die Politik des Rechts und der Wirtschaft, um ihren Gestaltungsanspruch, der mit kollektiv verbindlichem Entscheiden einhergeht, einzulösen.[43] Dabei setzt nicht nur der Politikvollzug, sondern

37 *Luhmann*, Funktion der Religion, 1977, S. 245; *Schimank*, Differenzierung und Integration, 2005, S. 55 ff.; *Schimank/Volkmann*, Gesellschaftliche Differenzierung, 1999, S. 12 f. und 21; *Baraldi*, Gesellschaftsdifferenzierung, 1999, S. 69; *Scherr*, Systemtheoretische Differenzierungstheorie, 2017, S. 576.

38 *Luhmann*, Politik der Gesellschaft, 2002, S. 355; *Luhmann*, Recht der Gesellschaft, 1995, S. 440 f., 481 f. und 494; *Schimank*, Differenzierung und Integration, 2005, S. 231; *Baraldi*, Gesellschaftsdifferenzierung, 1999, S. 69; *Jessop*, Relevanz, 2015, S. 170. Aus der Abhängigkeit folgt aber wiederum keine Anpassung an die Umwelt (vgl. *Luhmann*, Gesellschaft der Gesellschaft, 1998, S. 130 und 133), keine »Punkt-für-Punkt-Reaktion auf Aussenanstösse« (*Luhmann*, Recht der Gesellschaft, 1995, S. 277).

39 *Luhmann*, Gesellschaft der Gesellschaft, 1998, S. 96 und 130.

40 Vgl. *Durkheim*, De la division du travail social, [1893] 1991; ferner *Tyrell*, Dilemma der organischen Solidarität, 1985.

41 *Luhmann*, Funktion der Religion, 1977, S. 242. Die Gesellschaft ist deshalb mehr als die Summe ihrer Teile (ibid., S. 245). Vgl. auch *Luhmann*, Politik der Gesellschaft, 2002, S. 354 f.; *Neves*, Transdemocracy, 2017, S. 391.

42 *Luhmann*, Funktion der Religion, 1977, S. 245; vgl. auch *Luhmann*, Einführung in die Systemtheorie, 2008, S. 117; *Teubner*, Verfassungsfragmente, 2012, S. 108, 113 f. und 165 ff.; sowie *Menke*, Kritik der Rechte, 2015, S. 319 ff. zur Abhängigkeit eigenlogischer sozialer Zusammenhänge von staatlichen Interventionen angesichts ihrer Krisenhaftigkeit.

43 *Luhmann*, Recht der Gesellschaft, 1995, S. 424 f. und 470 f. Dadurch wird die Politik zum »vorherrschenden Variationsanlass« des Rechts (ibid. S. 278).

bereits der politische Betrieb an sich den Rückgriff auf das Medium der Wirtschaft, nämlich das Geld voraus. Diese Abhängigkeit vom Wirtschaftssystem teilen sodann sämtliche anderen Systeme, was, worauf noch einzugehen sein wird, ersteres in eine besondere Stellung hievt.[44] Dabei bleibt aber selbst die Wirtschaft von Leistungen anderer Sphären abhängig: Ökonomische Produktion setzt nicht nur natürliche Ressourcen, sondern auch soziale Reproduktion voraus, die etwa in Familien und im Bildungssystem geleistet wird. Zudem bleibt die Wirtschaft auf rechtliche Strukturen angewiesen, die sie selbst nicht herzustellen vermag, womit ebenfalls eine Rückbindung an die Politik vorliegt.[45] Zugleich hat sich wiederum die Politik in der Form des modernen Nationalstaats in wechselseitiger Abhängigkeit mit der Wirtschaft entwickelt.[46]

Donna Haraway fängt diesen Umstand, dass also letztlich nichts sich selbst herstellt und nichts wirklich autopoietisch ist, mit dem Begriff der Sympoiesis ein.[47] Aus seinem immanenten Außen, so beschreibt es wiederum Brian Massumi, ziehe das kapitalistische System, das insofern ein offenes sei, neue Potenziale für seine Selbstkonstituierung.[48] Von einer relationalen Autonomie, die nur historisch spezifisch verstanden werden könne, spricht Sonja Buckel bezogen auf das Recht, weil jenes »immer schon Moment der gesellschaftlichen Totalität« sei.[49] Eine Autonomie, die sich erst relational ergibt, zeichnet vor dem Hintergrund der allgegenwärtigen Interdependenz auch die anderen Funktionssysteme aus.[50] Das systematische Bedingungsverhältnis auf individueller Ebene, das im Umstand besteht,

44 Vgl. *Schimank*, Prekarität funktionaler Differenzierung, 2020, S. 78 und 83.

45 Vgl. hierzu hinten Kap. 5.2.3.

46 Vgl. *Vogl*, Der Souveränitätseffekt, 2015; *Reinhard*, Geschichte des modernen Staates, 2007.

47 *Haraway*, Unruhig bleiben, 2018, S. 85, die deshalb den Begriff der Autopoiesis nicht zurückweist, sondern ein produktives Reibungsverhältnis annimmt (ibid., S. 135); vgl. dazu auch *Hoppe*, Autopoietische Systeme und sympoietische Gefüge, 2019, S. 5 f.

48 *Massumi*, Revaluation of Value, 2018, S. 9 ff. und 38 f.

49 *Buckel*, Subjektivierung und Kohäsion, 2015, S. 242 ff., insb. 243 f., sowie 80 ff.; vgl. dazu auch Kap. 2.2, Fn. 26, Kap. 5.2.4.2, Fn. 208 und Kap. Zweiter Teil, Fn. 4.

50 Vgl. in diesem Zusammenhang hingegen *Luhmann*, Recht der Gesellschaft, 1995, S. 64 f., der den Begriff der relativen Autonomie als unbrauchbar zurückweist. Kausalbeziehungen werden durch Luhmanns Autonomiebegriff zunächst ausgeblendet, um anschließend über den Begriff der strukturellen Kopplung wieder eingebaut zu werden (ibid., S. 440), wodurch m.E. aber die tatsächlich bestehende Einbettung in die Umwelt tendenziell zu schwach abgebildet wird, obschon sie Luhmann durchaus andeutet – etwa wenn er davon spricht, Recht und Politik ließen sich durch die Vertragsform durch die Wirtschaft konditionieren (ibid., S. 466).

dass die Unabhängigkeit der Einzelnen erst durch die Abhängigkeit von übergreifenden Institutionen und anderen Individuen ermöglicht wird,[51] findet mithin seine Entsprechung auf systemischer Ebene.

5.1.3 Externalitäten zwischen System und Umwelt

Intersystemische Leistungsbezüge sind demnach aufgrund der hochgradigen Selektivität einzelner Teilsysteme unabdingbar für die gesellschaftliche Reproduktion.[52] Diese gegenseitige Abhängigkeit impliziert nun aber, dass die Umwelt eines Systems in Mitleidenschaft gezogen werden kann. Es besteht mithin strukturell bedingt die Gefahr, dass die »codegeprägte Monomanie [...] negative Externalitäten für andere Teilsysteme [produziert]«.[53] In diesem Zusammenhang unterscheidet Schimank »zwischen Leistungen im Sinne funktionaler Beiträge eines Teilsystems zur Reproduktion eines anderen und Externalitäten als dysfunktionalen intersystemischen Einwirkungen«.[54] Leistungsbezüge sind demnach dann unproblematisch, wenn sie die Reproduktion des leistenden Teilsystems nicht beeinträchtigen. Andernfalls führen Leistungsbezüge zu negativen Externalitäten. Letztere hängen indes nicht von Leistungsbeziehung ab, sondern sind auch als Ausdruck eines einseitigen, rein destruktiven Einwirkungszusammenhangs denkbar.

Der Begriff der Externalität ist folglich zugleich enger und weiter als derjenige des Leistungsbezugs und knüpft stets an eine Form der Beeinträchtigung – etwa der Integrität, der Reproduktionsfähigkeit, des Eigenlebens – des anderen an. In den Blick zu nehmen sind dabei nicht nur Schädigungen von Funktionssystemen, sondern auch die Zerstörung der natürlichen Umwelt oder die Verletzung menschlicher Integrität. Damit werden bestimmte Systemzustände und entsprechende Wirkungsbereiche vorausgesetzt, deren Bestand und Reproduktion zu gewährleisten ist.[55] Dieser Zustand von Teilsystemen und von der menschlichen und der natürlichen Umwelt sowie die Gestalt von Externalitäten lassen sich jedoch kaum wertungsfrei

51 *Jaeggi*, Lebensformen, 2014, S. 235 ff., 286 und 284.
52 *Schimank*, Differenzierung und Integration, 2005, S. 231 und 55 ff.; vgl. auch *Luhmann*, Ökologische Kommunikation, 2004, S. 222.
53 *Schimank*, Differenzierung und Integration, 2005, S. 231 f. Vgl. auch *Schimank/Volkmann*, Gesellschaftliche Differenzierung, 1999, S. 12 f. und 21; *Luhmann*, Funktion der Religion, 1977, S. 245.
54 *Schimank*, Differenzierung und Integration, 2005, S. 55 und 238 f. Vgl. auch *Schimank/Volkmann*, Gesellschaftliche Differenzierung, 1999, S. 20 f.
55 Wenig aufschlussreich und potenziell regressiv wäre ein minimalistisches Verständnis der Reproduktionsfähigkeit, das lediglich eine Fortführung der teilsystemischen Kommunikation oder – bezogen auf die natürliche Umwelt – der Existenz von Mensch und Natur verlangt.

definieren und sind historisch kontingent.[56] Im vorliegenden Zusammenhang bietet es sich an, hierfür auf das Recht als einen möglichen Besitzstand normativer Vorstellungen zu rekurrieren, der zwar ebenfalls kontingent, aber zumindest vorübergehend fixiert ist.[57] Gestützt auf diesen Rekurs lassen sich intersystemische Beziehungen dann als schädlich begreifen, wenn sie Rechtsverletzungen verursachen oder in einem Spannungsverhältnis zu bestimmten – etwa menschenrechtlichen – Normen stehen. Vor diesem Hintergrund und angesichts des bereits Ausgeführten lassen sich Externalitäten als Ausdruck von Normkonflikten verstehen.[58]

Bevor auf die Frage der Normkonflikte erneut einzugehen sein wird, sollen Externalitäten aus differenzierungstheoretischer Sicht genauer ausgeleuchtet werden. Der Umgang mit Problemen, die sich aus intersystemischen Leistungsbezügen ergeben, stellt die Gesellschaft nämlich vor enorme Herausforderungen. Die funktionale Differenzierung führt nicht nur zur Abhängigkeit vom Außen, sondern auch zu einer Verdrängung und Ausblendung eben dieses Außen. Von den gesellschaftlichen Systemen werden Externalitäten höchstens partiell wahrgenommen. Das System kann sich »dank seiner Autopoiesis Indifferenz leisten«.[59] Die funktionale Differenzierung der modernen Gesellschaft, und hier weicht die Systemtheorie von Durkheims Beschreibung ab, ist gerade »nicht auf eine prinzipiell ›kooperative‹ Arbeitsteilung zwischen den Teilsystemen angelegt, sondern auf eine sich evolutionär herausbildende intersystemische Indifferenz«.[60] Die eindimensionale und unifunktionale Logik der Teilsysteme, ihre »verabsolutierte Selbstzweckhaftigkeit«,[61] befreit diese von vielerlei Rücksichten, sodass sie »die Risiken für sich selbst höchst erfolgreich, für andere aber buchstäblich ›rücksichtslos‹ bearbeite[n]«.[62] Umweltverschmutzung und soziale Konflikte sind dann nicht Teil der wirtschaftlichen Kalkulation, während marginalisierte Menschen von wirtschaftlichen Transaktionen

56 Vgl. dazu *Fraser/Jaeggi*, Kapitalismus, 2020, S. 78 ff. und 213.

57 Vgl. dazu etwa *Buckel*, Welcome to Europe, 2013, S. 33; *Koskenniemi*, International law and hegemony, 2004, S. 202; sowie näher hinten Kap. 5.2.4.

58 Vgl. vorne Kap. 4.2.

59 *Luhmann*, Gesellschaft der Gesellschaft, 1998, S. 68. Vgl. auch *Schimank/Volkmann*, Gesellschaftliche Differenzierung, 1999, S. 12 f. und 21.

60 *Schimank*, Differenzierung und Integration, 2005, S. 231 sowie auch S. 54 zum nicht mehr zutreffenden Bild der Arbeitsteilung; vgl. auch *Brunkhorst*, Zukunft, 2010, S. 19, der von einer »umweltblinde[n] Verselbständigung« nicht nur der Wirtschaft, sondern auch der Politik und der Religion spricht; sowie *Osrecki*, Kritischer Funktionalismus, 2016, S. 242 f., zur Neigung von Systemen, eine idealisierte, simplifizierende und dadurch bestandsnotwendige Aspekte ausblendende Selbstbeschreibung vorzunehmen.

61 *Kocka*, Geschichte des Kapitalismus, 2017, S. 92 aus historischer Perspektive zur Wirtschaft.

62 *Fischer-Lescano/Teubner*, Regime-Kollisionen, 2006, S. 30 f. (zit.) und 33.

mangels Ressourcen exkludiert sind. In ihrer Selbstbezüglichkeit verlieren Systeme den Bezug zu ihrer Umwelt und nehmen nicht wahr, dass sie dort Leid, Mangel und andere soziale und ökologische »Kosten« verursachen.

Diese systemtheoretische Perspektive auf das mit Externalitäten behaftete Zusammenwirken verschiedener Teilsysteme resoniert – hinsichtlich des Funktionssystems der Wirtschaft – mit der von Nancy Fraser entworfenen Analyse des Kapitalismus. Fraser bezeichnet diesen als eine institutionalisierte Gesellschaftsordnung, deren ökonomischer Vordergrund einen nicht-ökonomischen Hintergrund bedingt.[63] Vorder- und Hintergrund, also die Wirtschaft und ihre Umwelt, stehen demnach in einer durch Trennung, Abhängigkeit, Leugnung und Destabilisierung geprägten Beziehung.[64] Die zentralen Spaltungen identifiziert Fraser zwischen der Wirtschaft einerseits und den Sphären der Reproduktion, des Gemeinwesens und der nicht-menschlichen Natur andererseits.[65] Als vierte Trennung bezeichnet sie jene zwischen Ausbeutung und Enteignung, die mit rassifizierten und imperialistischen Differenzierungen zusammenfällt.[66] Während diese letzte Trennung auf den Fortbestand anderer als funktionaler Differenzierungen hinweist, worauf später noch einzugehen sein wird, decken sich die ersten drei von der Wirtschaft abgespaltenen Sphären mit einer differenzierungstheoretischen Beschreibung. Frasers Betonung der trotz Spaltung bestehenden, jedoch verleugneten Abhängigkeit vom nichtökonomischen Hintergrund untermauern die zentrale Bedeutung von intersystemischen Leistungsbezügen und Externalitäten.[67]

Hervorzuheben ist schließlich, dass Externalitäten gleichsam bestandsnotwendig sind. Wenn Externalitäten »als chronische Schwächen

63 *Fraser/Jaeggi*, Kapitalismus, 2020, S. 48 ff. und 80 f.; *Fraser*, Cannibal Capitalism, 2022, S. 7 ff., insb. 19 f. Kapitalismus ist nach diesem Verständnis also deutlich mehr als bloß eine Form der Wirtschaft, weil diese ohne ihre Verwebung mit dem natürlichen und gesellschaftlichen Hintergrund nicht denkbar ist. Ein ähnliches Verständnis schlägt Sonja Buckel mit dem Begriff des Dirty Capitalism vor (vgl. *Buckel*, Dirty Capitalism, 2015; *Buckel/Oberndorfer*, Dirty Capitalism, 2018). Vgl. in dieser Hinsicht auch *Mies*, Patriarchy and Accumulation, [1986] 2014; *Massumi*, Revaluation of Value, 2018, S. 9 ff., 39 f. und 68; *Tsing*, Sorting out commodities, 2013, S. 37; *Brand* et al., Societal boundaries, 2021, S. 282; sowie wiederum im rechtswissenschaftlichen Diskurs *Blalock*, Introduction, 2022, S. 229 f.

64 *Fraser/Jaeggi*, Kapitalismus, 2020, S. 106 und 212 f.; vgl. auch *Fraser*, Cannibal Capitalism, 2022, S. 23 ff.; sowie aus historischer Perspektive ähnlich *Kocka*, Geschichte des Kapitalismus, 2017, S. 128.

65 *Fraser/Jaeggi*, Kapitalismus, 2020, S. 52 ff., 80 f. und 213; *Fraser*, Cannibal Capitalism, 2022, S. 9 ff.

66 *Fraser/Jaeggi*, Kapitalismus, 2020, S. 63 ff. und 81; *Fraser*, Cannibal Capitalism, 2022, S. 14 ff. und 27 ff.

67 Vgl. dazu ferner *Dörre*, Demokratie statt Kapitalismus, 2019, S. 30 f. und 34.

in der Selbstreferentialität der binären Codes angelegt« sind,[68] hängen diese nicht nur mit parasitären Exzessen zusammen. Externalitäten lediglich als Ausnahmeerscheinung zu begreifen, suggerierte den Bestand eines Systems, das an sich selbstgenügsam und bloß in seine natürliche Gestalt zurückzuführen wäre. Diese naturalisierende Darstellung – oder zumindest ihre entsprechende Interpretation – läuft insbesondere mit Blick auf die Wirtschaft Gefahr, den Kern dieses Gesellschaftsbereichs und damit ökonomische Praktiken als solche, die sich durch ihre konstitutive Abhängigkeit vom Außen auszeichnen, von der Kritik auszunehmen.[69] Dass eine solche Perspektive den gesellschaftlichen Verhältnissen nicht gerecht wird, legt auch der Blick auf einzelne Akteur*innen nahe, die systembedingt einem erheblichen Druck unterstehen, negative Externalitäten zu erzeugen.[70] Es ist mithin der – bestenfalls lediglich theoriegeleiteten – Versuchung zu widerstehen, Autopoiesis als Selbstgenügsamkeit zu interpretieren.[71] Zugleich steht außer Frage, dass nicht jede Leistungsbeziehung zwischen einem Teilsystem und dessen Umwelt zu problematisieren wäre. Dies wiederum implizierte, eine illusorische Vorstellung von Unabhängigkeit und Autarkie geradezu zu kultivieren.

5.1.4 Eigenrationalitätsmaximierung

Zum Umstand, dass intersystemische Leistungsbezüge und damit einhergehende Externalitäten unausweichlich sind, tritt eine Wachstumsdynamik hinzu, die mit der bereits erwähnten Selbstreferentialität und Indifferenz zusammenhängt. Den Teilsystemen der funktional differenzierten Weltgesellschaft scheint eine Tendenz zur Maximierung ihrer je eigenen Rationalität innezuwohnen.[72] Die operative Schließung und die damit verbundene Fixierung auf einen Leitwert steigert die Leistungsfähigkeit und impliziert damit ein unermessliches Expansionspotenzial.[73]

68 *Schimank*, Differenzierung und Integration, 2005, S. 232.

69 Vgl. *Fraser/Jaeggi*, Kapitalismus, 2020, S. 78 f.; *Lessenich*, Sintflut, 2016, S. 41.

70 *Wright*, Real Utopias, 2010, S. 43 f., 53 f., 59 f., 65 und 69; *Wissen/Brand*, Imperiale Lebensweise, 2016, S. 65; *Cutler*, Corporate Social Responsibility, 2008, S. 197 f.; *Wallerstein*, Welt-System-Analyse, [2004] 2019, S. 92; *Habersack/Ehrl*, Verantwortlichkeit für ausländische Zulieferer, 2019, S. 160 f.

71 Vgl. auch *Haraway*, Unruhig bleiben, 2018, S. 135; *Hoppe*, Autopoietische Systeme und sympoietische Gefüge, 2019.

72 Vgl. *Baraldi*, Gesellschaftsdifferenzierung, 1999, S. 68; *Schimank*, Differenzierung und Integration, 2005, S. 238 f.; *Schimank*, Prekarität funktionaler Differenzierung, 2020, S. 77, 85 und 88 f.

73 *Luhmann*, Gesellschaft der Gesellschaft, 1998, S. 131; *Schimank*, Prekarität funktionaler Differenzierung, 2020, S. 77 f. und 85.

Dieses wird ausgeschöpft, »solange es geht, das heißt: solange die Umwelt es toleriert«.[74]

Diese Wachstumsdynamik wird unterschiedlich erklärt. So führt sie Nassehi beispielsweise direkt auf die mit der binären Codierung verbundenen Optionssteigerung zurück,[75] während Schimank auf die gesteigerten Inklusionsansprüche der Individuen verweist.[76] Teubner wiederum begreift die Eigenrationalitätsmaximierung als Notwendigkeit, die sämtliche Teilsysteme der Gesellschaft erfasse.[77] Angesichts der ausschließlichen Orientierung am binären Code impliziere die Selbstreproduktion eine »Affinität [...] zu einem unerbittlichen Wachstumszwang«.[78] Dies leitet Teubner aus einer »inflationären Tendenz der Symbolproduktion« ab, die in jedem Teilsystem zu beobachten sei.[79] »Die berühmt-berüchtigten Expansionstendenzen der Funktionssysteme« ließen den Schluss auf eine »zwanghafte Wachstumsdynamik« zu, die angesichts ihres weit verbreiteten Auftretens eine Notwendigkeit funktionaler Differenzierung darstelle.[80] Jede Operation sei dazu genötigt, »über ihre unmittelbare Sinnproduktion hinaus einen systemeigenen – aber gerade nicht-monetären – Mehrwert zu erzeugen«.[81] Teubner erachtet die

74 *Luhmann*, Gesellschaft der Gesellschaft, 1998, S. 133.

75 *Nassehi*, Optionssteigerung, 1997, S. 52 f.; *Nassehi*, Wahrheit, 2015, S. 134 ff., insb. 143 f. und 146; *Nassehi*, Muster, 2019, S. 178 ff., insb. 181. Die bloße Möglichkeit des Kommunikationsanschlusses, der sich aus der Binarität ergibt, vermag indes noch nicht dessen tatsächliches Auftreten zu erklären.

76 *Schimank*, Differenzierung und Integration, 2005, S. 237 ff., insb. 247.

77 Während dieser Aspekt bereits bei *Fischer-Lescano/Teubner*, Regime-Kollisionen, 2006, u. a. S. 28 f., zentral ist, findet eine explizite systemtheoretische Herleitung erst später statt: *Teubner*, Verfassungsfragmente, 2012, S. 126 ff.; *Teubner*, Wirtschaftsverfassung, 2019, S. 622 ff.; *Teubner*, Mehrwerte, 2020. Vgl. zudem bereits *Teubner*, Globale Zivilverfassungen, 2003, S. 8; *Teubner*, Altera Pars Audiatur, 1996, S. 201 und 203.

78 *Teubner*, Verfassungsfragmente, 2012, S. 126.

79 *Teubner*, Verfassungsfragmente, 2012, S. 126 f. Teubner bezieht sich auf *Stichweh*, Function System Crises, 2011, der jedoch keine Gesetzmäßigkeit des Wachstums konstatiert, sondern eine generalisierte Krisentheorie aufstellt, die davon ausgeht, dass in allen Funktionssystemen Krisen auftreten können, die mitunter mit einem inflationären Wachstum an Symbolproduktion einhergehen können. Inflation oder Deflation der konstitutiven Symbole werden nicht als notwendige Dynamik oder Ursprung einer Krise beschrieben, sondern als eine »prominent manifestation of crises in function systems« (ibid., S. 46).

80 *Teubner*, Verfassungsfragmente, 2012, S. 127, wonach aus dem Normalzustand des Wachstums darauf geschlossen werden könne, dass Kommunikationszusammenhänge stets mit wechselseitigen Momenten überschießender Erwartung verbunden seien, sodass eine Wachstumsspirale resultiere.

81 *Teubner*, Mehrwerte, 2020, S. 120; *Teubner*, Wirtschaftsverfassung, 2019, S. 622.

Mehrwertorientierung, also die »Stärkung des systemeigenen Kommunikationsmediums« als Prinzip der Selbststeuerung, womit er Luhmanns Thesen zum Profit in der Wirtschaft für andere Funktionssysteme generalisiert.[82] Nicht nur die operative Schließung und damit die Operationsfähigkeit der Wirtschaft hängen, so Teubner, von einer Überschussproduktion des systemeigenen Mediums ab, sondern sämtliche Funktionssysteme: Die Kommunikationsmedien schaffen die Motive dafür, dass systemspezifische Kommunikation – notfalls gegen Widerstand – überhaupt erst gelingt.[83] Dieses Gelingen hängt von der »medialen Kompetenz« ab, die ihren Ausdruck – je nach Funktionssystem – in Zahlungsfähigkeit, Machtpotential, wissenschaftlicher Reputation oder juridischer Autorität findet.[84] Auf diese Kompetenz ist die Mehrwertorientierung ausgerichtet, die in sämtlichen Funktionssystemen eine expansive Dynamik in Gang setze.[85]

Diese Steigerungsdynamik wiederum zeichnet sich durch die Tendenz aus, in sozialschädliche Exzesse umzukippen.[86] Es resultiert, so Teubner, »ein enormes Gefährdungspotenzial für Menschen, Natur und Gesellschaft«.[87] Die Funktionssysteme entwickelten eine zwanghafte, pathologische Wachstumsdynamik, die ein beträchtliches Risiko für die Integrität der jeweiligen Umwelten darstelle.[88] Diese Exzesse bewirken Leid, Zerstörung, Mangel und Exklusion, kurz: Externalitäten mannigfaltiger Art. Den Expansionsdrang operativ geschlossener Teilsysteme identifizieren Fischer-Lescano und Teubner daher denn auch als Ursprung der »Probleme der Weltgesellschaft« wie beispielsweise »Umweltverschmutzung, eklatante Unterversorgung, Diskrepanzen in Lebens- und Entwicklungschancen«.[89]

82 *Teubner*, Wirtschaftsverfassung, 2019, S. 623; *Teubner*, Mehrwerte, 2020, S. 121, Fn. 3 m. V. a. *Luhmann*, Wirtschaft der Gesellschaft, 1994, S. 55 ff.

83 *Teubner*, Wirtschaftsverfassung, 2019, S. 623 f.; *Teubner*, Mehrwerte, 2020, S. 121 ff.

84 *Teubner*, Mehrwerte, 2020, S. 128 f.

85 *Teubner*, Mehrwerte, 2020, S. 129 ff. Von untergeordneter Bedeutung erscheinen bei Teubner demgegenüber Inklusionsansprüche, die er aber insofern in Rechnung stellt, als er von einem Wechselverhältnis individueller Motivbildung und struktureller Prozesse ausgeht (vgl. ibid., S. 126 f.).

86 *Teubner*, Verfassungsfragmente, 2012, S. 128; *Teubner*, Mehrwerte, 2020, S. 132 f. und 138 ff.

87 *Fischer-Lescano/Teubner*, Regime-Kollisionen, 2006, S. 28; vgl. auch *Teubner*, Altera Pars Audiatur, 1996, S. 203; *Teubner*, Verfassungsfragmente, 2012, u. a. S. 124 ff.

88 *Teubner*, Verfassungsfragmente, 2012, S. 127; *Teubner*, Mehrwerte, 2020, S. 132 f. und 138 ff.; vgl. auch spezifisch bzgl. des Kapitalismus *Kocka*, Geschichte des Kapitalismus, 2017, S. 98 f.

89 *Fischer-Lescano/Teubner*, Regime-Kollisionen, 2006, S. 28 f. Vgl. im Anschluss daran *Möller*, Formwandel, 2015, S. 73 ff., insb. 76 ff.; sowie *Möller*,

Die Ansicht, dass Wachstum eine zwingende Bestandsvoraussetzung relational autonomer Sphären darstelle, mag mit guten Gründen in Frage gestellt werden. Selbst wenn die Eigenrationalitätsmaximierung in der funktionalen Differenzierung angelegt ist, folgt daraus noch keine Notwendigkeit. Zudem bestehen zwischen den Funktionssystemen hinsichtlich ihrer Expansionsdynamik einerseits und ihres Destruktionspotenzial andererseits erhebliche Unterschiede.[90] Systeme expandieren nicht im Gleichschritt, vielmehr ist Wachstum ungleich verteilt.[91] Doch selbst wenn vor dem Hintergrund dieser Zweifel der These der Eigenrationalitätsmaximierung nicht derart absolut gefolgt wird, wie dies Teubner vorzuschlagen scheint, ist nicht nur zu konstatieren, dass Funktionssystemen ein der Binarität geschuldetes Potenzial innewohnt, zu expandieren, sondern lässt es sich auch kaum bestreiten, dass sich innerhalb gewisser sozialer Zusammenhänge – und möglicherweise aufgrund der spezifischen Eigenschaften derselben – dieses Potenzial tatsächlich entfaltet. Diese als Exzess beschreibbare Steigerung der Reproduktion der eigenen Logik führt – nicht zuletzt mit Blick auf die vorangehenden Ausführungen zu intersystemischen Leistungsbezügen – unweigerlich zu einer massiven Ausweitung des Risikos negativer Externalitäten.

5.1.5 Instabiles Zusammenwirken

Die Maximierung teilsystemischer Rationalitäten akzentuiert demnach die Problematik des potenziell destruktiven intersystemischen Zusammenwirkens: Expandierende Teilsysteme sind stärker auf Leistungen ihrer jeweiligen Umwelt angewiesen, nehmen diese also vermehrt

Critical Theory of Transnational Regimes, 2016, S. 264 ff., der die Eigenrationalitätsmaximierung indes nicht systemtheoretisch, sondern postmarxistisch zu begründen sucht.

90 *Luhmann*, Gesellschaft der Gesellschaft, 1998, S. 359; vgl. auch *Schimank*, Prekarität funktionaler Differenzierung, 2020, S. 78 f. sowie insb. Fn. 6 und 22. Dem Rechtssystem beispielsweise attestiert *Luhmann*, Recht der Gesellschaft, 1995, S. 72, »kein imperialistisches Interesse, möglichst viel Kommunikation anzuziehen und im System zu behalten. [...] Es sagt nur: *Wenn* Recht in Anspruch genommen wird, das heisst: wenn über Recht und Unrecht disponiert werden soll, *dann nach meinen Bedingungen*« (Herv. i. O.). Die Expansion des Systems scheint damit von exogenen Umständen abhängig, nämlich von der Inanspruchnahme durch Konfliktparteien einerseits sowie, in jüngerer Zeit, von der massiven Ausweitung der Gesetzgebung, die wiederum mit der Demokratisierung der Politik zusammenhängt (vgl. ibid., S. 278).

91 Oder, wie *Luhmann*, Gesellschaft der Gesellschaft, 1998, S. 392, formuliert: »Die Gesellschaft geht nicht auf wie Sauerteig.«

in Anspruch und gefährden dadurch deren Integrität. Mit der systemischen Expansion nehmen die Wahrscheinlichkeit und das Ausmaß der schädlichen Einwirkung auf die Umwelt daher zu. Gerade weil Funktionssysteme nicht unabhängig sind, wirken sich systeminterne Steigerungsdynamiken auch in der teilsystemischen Umwelt aus, wo vermehrt Externalitäten registriert werden.[92] Das Zusammenwirken von Eigenrationalitätsmaximierung und Externalisierungstendenzen läuft daher Gefahr, die Gesellschaft zu destabilisieren.

Das destruktive Potenzial indes ist dabei nicht gleichmäßig verteilt. Vielmehr gibt es gesellschaftliche Sphären, deren Funktionsweise und Expansionsdynamik eine besondere Belastung darstellen. Dies hängt unter anderem mit der fehlenden Selbstkontrolle der Teilsysteme zusammen.[93] Weil in der binären Codierung eine Stoppregel fehlt, sind Beschränkungsmechanismen in der Umwelt zu suchen.[94] Wo diese keine Grenzen setzt, vermag sich das Expansionspotenzial ungehemmt und rücksichtslos Bahn zu brechen. Dabei kommt der Wirtschaft eine besondere Stellung zu. Einerseits fungiert vor dem Hintergrund der intersystemischen Abhängigkeit der drohende Geldentzug, wodurch ein Ökonomisierungsdruck ausgelöst wird, als externer Bremsmechanismus nichtökonomischer Sphären. Versiegt das Geld, gerät die Zunahme wissenschaftlicher oder politischer Kommunikation rasch ins Stocken. Eine freie Entfaltung der jeweiligen Eigenlogik ist damit maßgeblich gehemmt.[95] Andererseits wird die Wirtschaft ihrerseits von ihrer Umwelt, von der sie trotz gegenteiliger Allmachtsfantasien ebenso abhängig bleibt, nur geringfügig in die Schranken verwiesen. Vielmehr kann etwa die Intensivierung der globalen Expansion der Wirtschaft auf historisch kontingente Selbstbeschränkungen der nationalen und internationalen Wirtschaftspolitik zurückgeführt werden, die ihrerseits durch

92 *Schimank*, Differenzierung und Integration, 2005, S. 238 f. und 232. Demgegenüber insistiert *Teubner*, Verfassungsfragmente, 2012, S. 129, auf einer Unterscheidung »zwischen fortsetzungsnotwendiger Steigerungsdynamik und bestandsbedrohender Steigerungsexzessen«.

93 Vgl. *Nassehi*, Muster, 2019, S. 181.

94 *Luhmann*, Politische Theorie im Wohlfahrtsstaat, 1981, S. 108; *Schimank*, Prekarität funktionaler Differenzierung, 2020, S. 85. Vgl. auch *Nassehi*, Optionssteigerung, 1997, S. 52; *Nassehi*, Muster, 2019, S. 181. Mangels gesellschaftlicher Gesamtintegration könne indes, so *Nassehi*, Optionssteigerung, 1997, S. 55, keine externe Stoppregel bestehen. Diese Annahme scheint die Integration im Rahmen intersystemischer Leistungsbezüge zu unterschlagen. Bei dem Fehlen interner Begrenzung bzw. der Forderung nach externen Schranken setzt im Übrigen der gesellschaftliche Konstitutionalismus an: vgl. *Teubner*, Mehrwerte, 2020, S. 141 ff.

95 *Schimank*, Prekarität funktionaler Differenzierung, 2020, S. 84 ff. Vgl. relativierend *Osrecki*, Kritischer Funktionalismus, 2016, S. 237.

Entwicklungen in der Wissenschaft begünstigt wurden.[96] Vor diesem Hintergrund wird die kapitalistische Wirtschaft denn auch als gleichsam entbettet und von sozialen Bindungen befreit beschrieben.[97]

Diese Abhängigkeit nichtökonomischer Sphären von Geldtransfers und die fehlende Einhegung der Wirtschaft schaffen die Grundlage für ein gesellschaftsweites Primat der Ökonomie, eine ökologische Dominanz, die wiederum mit einem übermäßigen Destruktivitätspotenzial einhergeht.[98] Zugleich festigt die Fähigkeit der Wirtschaft, aufs Außen zuzugreifen, dieses zu subordinieren und einem Ökonomisierungsdruck zu unterwerfen, ihre Dominanz.[99] Diese stützt abermals die teilsystemische Expansion. Externalisierung, Wachstum und asymmetrische intersystemische Verhältnisse verstärken sich folglich gegenseitig.

Da sich die Wirtschaft durch eine besondere, von außen kaum begrenzte Wachstumspotenz auszeichnet, geht von ihr eine beträchtliche Gefahr aus, ihre Umwelt in Mitleidenschaft zu ziehen. Nicht nur die Stabilität funktionaler Differenzierung, sondern auch die Integrität der menschlichen und natürlichen Umwelt wird dadurch in besonderem Maße in Frage gestellt. Diese Einschätzung mag aus systemtheoretischer Sicht überraschen, verkörpert bei Luhmann doch insbesondere die Politik die Gefahr der Entdifferenzierung.[100] Tatsächlich kann sich auch in dieser Sphäre ein erhebliches Potenzial entfalten, die anderen Teilsysteme zu subordinieren und gleichsam totalitär zu werden. Davon zeugen sowohl historische als auch gegenwärtige Beispiele. Zumindest ansatzweise scheint mit der rechtsstaatlichen Einhegung eine Antwort auf das Expansionspotenzial der Politik gefunden zu sein, die wiederum davon abhängt, dass das Recht seine Eigenlogik entfalten kann. Auch dieses Arrangement ist historisch kontingent und bleibt – besonders auf internationaler, ebenso aber auf nationaler Ebene – stets prekär.

96 Vgl. *Mayntz/Scharpf*, Politische Steuerung, 2005, S. 239 ff.; *Sassen*, Das Paradox des Nationalen, 2008; *Kennedy*, Law in Global Political Economy, 2020, S. 149 f.

97 Vgl. dazu etwa *Polanyi*, Great Transformation, [1944] 1978, der nicht nur die Entbettung der Wirtschaft unterstrich, sondern auch auf die Einbettung sozialer Beziehungen ins Wirtschaftssystem, also deren Subordination, hinwies. Vgl. ferner *Kocka*, Geschichte des Kapitalismus, 2017, u. a. S. 83 f., 92 ff., 122 f. und 127 f.

98 *Schimank*, Prekarität funktionaler Differenzierung, 2020, u. a. S. 77 f.; *Scherr*, Systemtheoretische Differenzierungstheorie, 2017, S. 578; *Jessop*, Primacy, 2017, S. 897; vgl. zum Begriff der ökologischen Dominanz auch *Jessop*, Diversity and Variety, 2014, S. 54 f.; *Jessop*, Relevanz, 2015, S. 173 f.; sowie hinten in Kap. 5.2.4.4 bei Fn. 238.

99 Vgl. *Jessop*, Relevanz, 2015, S. 175.

100 Vgl. etwa *Luhmann*, Grundrechte als Institution, 1965, u. a. S. 23 f. und 187.

Die Herausforderung besteht vor diesem Hintergrund darin, das spezifische Destruktionspotenzial der kapitalistischen Ökonomie im Blick zu behalten, ohne deswegen die Folgeprobleme anderer Funktionssysteme zu verharmlosen.[101]

5.2 Fragmentierung des Rechts als Ausdruck seiner gesellschaftlichen Einbettung

Externalitäten können nach dem Dargelegten mit der funktionalen Differenzierung und dem Umstand in Verbindung gebracht werden, dass verschiedene gesellschaftliche Sphären voneinander abhängen und zugleich dazu tendieren, ihre jeweilige Logik zu expandieren. Bevor anschließend erneut auf die Frage der Normkonflikte eingegangen wird, wird an dieser Stelle als nächstes das Argument nachvollzogen, wonach die Fragmentierung des Rechts als Ausdruck der funktionalen Differenzierung zu betrachten sei.

5.2 1 Fragmentierung des Weltrechts

Die Feststellung, dass das Recht heute nicht mehr nur in nationalstaatliche Ordnungen mit völkervertragsrechtlichem Dach differenziert ist, sondern durch eine neue Form der Binnendifferenzierung geprägt ist, ist keine auf die Systemtheorie beschränkte Einsicht.[102] Zur Erklärung dieses Umstands leisten systemtheoretische Ansätze jedoch einen besonders aufschlussreichen Beitrag. Die Fragmentierung des Rechts wird dabei als eine doppelte Binnendifferenzierung verstanden, die sich aus einer territorial-segmentären und einer sektoriellen bzw. thematisch-funktionalen Differenzierung ergibt, wobei letzterer eine zunehmende und überwiegende Bedeutung zugeschrieben wird.[103] Die interne Differenzierung des Rechts nach dem Territorialitätsprinzip in Nationalstaaten wird demnach von einer »Differenzierung des Weltrechts nach transnational einheitlichen Rechtsregimes, die ihre Außengrenze nicht territorial, sondern issue-spezifisch definieren und einen globalen Geltungsanspruch

101 Vgl. *Scherr*, Systemtheoretische Differenzierungstheorie, 2017, S. 578; *Schimank*, Prekarität funktionaler Differenzierung, 2020, S. 85 f., Fn. 22.

102 Vgl. etwa die Hinweise in Kap. 5, Fn. 5.

103 Vgl. *Fischer-Lescano/Teubner*, Regime-Kollisionen, 2006, S. 36 f.; *Koskenniemi*, Fate of Public International Law, 2007, S. 22 f.; ferner *Kleinlein*, Fragmentierungen im Öffentlichen Recht, 2017, S. 1075. Vgl. zum Primat der funktionalen Differenzierung vorne in Kap. 5.1.1 bei Fn. 30 f. sowie hinten in Kap. 11 bei Fn. 7.

erheben«, überlagert.[104] Als Teil dieses weltrechtlichen Gefüges können auch autonome, nichtstaatliche Privatregime betrachtet werden, die an der Grenze des Rechts liegen, sowie Konstitutionalisierung, die einzelne Gesellschaftsfragmente betreffen und so die Zersplitterung weiter vorantreiben.[105] Damit geht ein Verlust normativer Konsistenz einher, weil die Einheit des Weltrechts nicht parallel zur nationalstaatlichen Ordnung hierarchisch abgesichert wird.[106]

Die Emergenz spezialisierter und relativ autonomer Regeln, rechtlicher Institutionen und Praktiken wird in der systemtheoretischen Perspektive auf die funktionale Ausdifferenzierung zurückgeführt.[107] Die weltgesellschaftlichen Funktionssysteme, so Fischer-Lescano und Teubner, »bedienen sich [...] des Weltrechts zur normativen Absicherung ihrer hochgezüchteten Bereichslogiken«.[108] Die gesellschaftlichen Teilsysteme drängen ihre je eigenen Rationalitäten auch dem Recht auf und fordern spezifische, auf sie zugeschnittene Ordnungsleistungen.[109] Das Recht wiederum sieht sich gezwungen, »seine Normen auf die spezifischen Handlungszwänge in ökonomischen, politischen, wissenschaftlich-technischen Sinnwelten ein[zu]stellen«.[110] Spezialisiertes Recht bildet sich also nicht zufällig heraus, sondern reagiert auf neue technische und funktionale Anforderungen.[111] Um Widersprüche zu prozessieren und ihren Fortbestand zu sichern, suchen gesellschaftliche Bereiche nach

104 *Fischer-Lescano/Teubner*, Regime-Kollisionen, 2006, S. 36; *Teubner/Fischer-Lescano*, Wandel der Rolle des Rechts, 2007, S. 15; vgl. auch *Teubner*, Globale Zivilverfassungen, 2003, S. 27; *Teubner*, Altera Pars Audiatur, 1996, S. 204; *Teubner*, De collisione discursuum, 1996, S. 901; *Teubner*, Recht, 1989, S. 129.

105 *Fischer-Lescano/Teubner*, Regime-Kollisionen, 2006, S. 41 ff. und 48 bzw. 53 ff. Vgl. zur Fragwürdigkeit der Anerkennung nichtstaatlichen »Rechts« hinten in Kap. 5.2.3, Fn. 168 sowie zur genauen Gestalt dieser »Nichtstaatlichkeit« hinten bei und in Kap. 9.1.2.2, Fn. 399 f.

106 *Fischer-Lescano/Teubner*, Regime-Kollisionen, 2006, S. 34 f. und 51 f.; *Koskenniemi*, Fate of Public International Law, 2007, S. 6 f.; vgl. auch *Teubner*, Verfassungsfragmente, 2012, S. 85 ff.

107 Vgl. *ILC*, Fragmentation (Report), 2006, Ziff. 7 f. und 15 f.; *Viellechner*, Weltgesellschaft, 2013, S. 289; *Calliess*, Transnationales Verbrauchervertragsrecht, 2004, S. 253; ferner *Kleinlein*, Fragmentierungen im Öffentlichen Recht, 2017, S. 1074.

108 *Fischer-Lescano/Teubner*, Regime-Kollisionen, 2006, S. 29; *Teubner/Fischer-Lescano*, Wandel der Rolle des Rechts, 2007, S. 12; *Fischer-Lescano*, Just and Non-violent Force, 2015, S. 270 f.

109 *Teubner*, Altera Pars Audiatur, 1996, S. 200 f.; *Teubner*, De collisione discursuum, 1996, S. 916.

110 *Teubner*, Altera Pars Audiatur, 1996, S. 200 f.

111 *ILC*, Fragmentation (Report), 2006, Ziff. 15 f.; *Calliess*, Transnationales Verbrauchervertragsrecht, 2004, S. 253.

Foren – oder Formen –, die dies zu leisten vermögen.[112] Gelingt es dem Recht nicht, den Erwartungshaltungen der Umwelt gerecht zu werden, droht ihm Belanglosigkeit und Unwirksamkeit.[113] Das Recht knüpft daher an die je spezifischen Logiken und damit auch an die zersplitterten gesellschaftlichen Diskurse, Rationalitäten und Funktionssysteme an. So wird »die Fragmentierung der Gesellschaft [...] im Inneren des formalisierten Rechts als eine Fragmentierung des Rechts [...] erneut reproduziert«.[114] Das Recht und seine Fragmentierung – und insofern auch die damit einhergehenden Konflikte – stellen demnach eine Folge der gesellschaftlichen Differenzierung dar. Die Konflikthaftigkeit der Gesellschaft spiegelt sich mithin in der Widersprüchlichkeit des Rechts. Fragmentierung ist dabei nicht nur ein Zustand, sondern auch ein Prozess, der sich im Gleichschritt mit den bereits dargestellten Dynamiken der Expansion und der Eigenrationalitätsmaximierung entwickelt.[115]

Die verschiedenen Einheiten des Rechts können aber kaum als direkte Widerspiegelungen außerrechtlicher Realitäten und Differenzierungsprozesse verstanden werden.[116] Im Recht setzen sich nicht bloß spiegelbildlich segmentäre, hierarchische oder funktionale Differenzierungen durch,

112 *Buckel*, Subjektivierung und Kohäsion, 2015, S. 230, 238 und 243.

113 *Teubner*, Altera Pars Audiatur, 1996, S. 200 f. Das Recht muss mithin seine »Eignung als Komponente der Umwelt anderer Teilsysteme« bewahren (*Luhmann*, Funktion der Religion, 1977, S. 245). Diese Eignung fließt unter anderem aus dem Gewaltmonopol, das zwar selbst voraussetzungsreich ist, aber die gänzliche Abwendung vom Recht erschwert. Einfacher erscheinen insofern Ausweichbewegungen zu Rechtsformen, die eine größere Distanz zum Staat aufweisen, sowie in andere Rechtsräume (vgl. *Günther/Randeria*, Globalisierung, 2001, S. 36 und 57 f.). Unterschiedliche Normativitäten stehen daher in einer Konkurrenzsituation zueinander und kämpfen um Einfluss (vgl. *Peters*, Wettbewerb, 2010, S. 14 ff.; *Krisch*, Pluralism, 2019, S. 699), was wiederum ein Anpassungsdruck zur Folge hat.

114 *Teubner*, Altera Pars Audiatur, 1996, S. 204; vgl. auch *Teubner*, Recht, 1989, S. 129; *Teubner*, Verfassungsfragmente, 2012, S. 226, 243 f. und 255; sowie ferner mit Bezug zum Welthandelsregime *Lang*, After Neoliberalism, 2011, S. 58 f. und 155. Mit Helmut Willke hat Teubner 1984 hingegen noch die fehlende Reaktion des Rechts auf die funktionale Differenzierung in seiner Umwelt beklagt, zugleich aber bereits ein lernendes, reflexives Recht gefordert, das zu einer Kompatibilisierung gesellschaftlicher Teilsysteme beitrage (*Teubner/Willke*, Kontext und Autonomie, 1984, insb. S. 24 ff.). Eine ähnliche, mitunter noch weiterreichende Rückführung des Rechts und seiner Differenzierung auf den gesellschaftlichen Kontext wird in der anthropologischen Forschung zum Rechtspluralismus vorgenommen; vgl. *Benda-Beckmann/Turner*, Anthropological Roots, 2020, S. 82 f. und 138 ff.

115 Vgl. *Fischer-Lescano/Teubner*, Regime-Kollisionen, 2006, S. 33.

116 *Fischer-Lescano/Teubner*, Regime-Kollisionen, 2006, S. 37 und 40. Inwiefern diese Spiegelung auch im Bereich der Privatregime lediglich gebrochen

was eine Subordination des Rechts unter andere gesellschaftliche Logiken implizierte und nicht zuletzt mit der These der Autopoiesis unvereinbar wäre. Umweltdifferenz und Binnendifferenz stimmen also nicht überein. Nach Fischer-Lescano und Teubner findet an der Schnittstelle zwischen dem Recht und anderen Funktionssystemen ein Prozess der Koevolution statt.[117] Andere gesellschaftliche Logiken würden sich nicht umfassend als eigenständiges Rechtsregime ins Recht einschreiben; vielmehr irritiere die Umwelt durch Zufälle, Konflikte, Probleme und Skandale das Recht.[118] Dabei setze eine Regimebildung voraus, dass rechtsexterne Ereignisse mit rechtsinternen »Normierungschancen« zusammentreffen.[119] Von der Umwelt des Rechts – d. h. den anderen, ihrerseits binnendifferenzierten Teilsystemen der Weltgesellschaft – gehen aus Sicht der Systemtheorie lediglich Irritationen aus, deren Rekonstruktion den Eigenbedingungen des Rechts unterliegen.[120] Normierungsprozesse, Regimebildungen und Konstitutionalisierungen hängen mithin vom Eigenleben des Rechts und seiner Bereitschaft ab, auf die Umwelt zu reagieren.

Fischer-Lescano und Teubner führen die Fragmentierung des Rechts demnach auf ein Zusammenspiel mehrerer Faktoren zurück, die ihrerseits mit der funktionalen Ausdifferenzierung und der Eigenrationalitätsmaximierung zusammenhängen.[121] Rechtliche Normen sind in dieser Beschreibung das Ergebnis koevolutiver Prozesse zwischen dem Recht und seiner Umwelt. Zentral ist dabei die These, dass das Recht die funktionale Differenzierung seiner Umwelt als Binnendifferenzierung reproduziert, ohne indes eine exakte Spiegelung vorzunehmen. Vielmehr wird die genaue Gestalt des fragmentierten Rechts auf Zufälle, Normierungschancen und die Eigenbedingungen des Rechts zurückgeführt.

Tatsächlich dürfte diese Beschreibung die Komplexität der Welt besser treffen als Betrachtungen, die entweder eine rechtsinterne Perspektive

erfolgt, lassen Fischer-Lescano und Teubner offen, doch wird zumindest eine engere Bindung suggeriert (vgl. etwa ibid., S. 50 f.).

117 *Fischer-Lescano/Teubner*, Regime-Kollisionen, 2006, S. 38; vgl. auch *Teubner/Willke*, Kontext und Autonomie, 1984, S. 24 f., wonach die Entwicklung des Rechts aus einer Interaktion von endogener Evolution des Rechts und exogener Evolution der gesellschaftlichen Umwelt hervorgehe.

118 *Fischer-Lescano/Teubner*, Regime-Kollisionen, 2006, S. 38; vgl. auch *Teubner*, Altera Pars Audiatur, 1996, S. 204.

119 *Fischer-Lescano/Teubner*, Regime-Kollisionen, 2006, S. 38 sowie 42 bzgl. des Normenbedarfs gesellschaftlicher Fragmente; vgl. zu dieser »okkasionellen Kopplung« auch *Teubner*, Verfassungsfragmente, 2012, S. 86 f. Vgl. in diesem Sinne auch *Koskenniemi*, International Legal History, 2017, S. 390, zur mittelalterlichen Lex mercatoria.

120 Vgl. *Fischer-Lescano/Teubner*, Regime-Kollisionen, 2006, S. 39.

121 Vgl. *Fischer-Lescano/Teubner*, Regime-Kollisionen, 2006, S. 17, 29, 37, 40, 46 f., 51 f. und 56; *Teubner*, Verfassungsfragmente, 2012, S. 226.

nicht verlassen oder etwa politikzentriert argumentieren. An diesem Punkt drängt sich allerdings eine vertiefte Betrachtung dreier Aspekte auf: Zunächst scheint die systemtheoretische Beschreibung die interne Konflikthaftigkeit von Rechtsregimen zu vernachlässigen.[122] Zu wenig Beachtung findet zudem oft die Frage, inwiefern das Recht nicht nur reaktiv seine Umwelt rekonstruiert, sondern letztere selbst prägt.[123] Schließlich ist näher auf den Übersetzungsprozess einzugehen, mittels dessen die funktionale Differenzierung und andere gesellschaftliche Konfliktlinien im Recht in eigener Gestalt reproduziert werden.[124]

5.2.2 Regimeinterne Konflikte

Die Systemtheorie begreift Funktionssysteme in erster Linie als geschlossene Phänomene. Dreh- und Angelpunkt der Theoriebildung stellt die funktionale Differenzierung dar und damit die Herausbildung getrennter Gesellschaftsbereiche, die einer bestimmten Logik folgen, einem je eigenen Code gehorchen und eine spezifische Funktion erfüllen.[125] Erst in einem zweiten Schritt und damit gleichsam hinterherhinkend erfolgen dann Bemühungen, die Interdependenzen gesellschaftlicher Sphären über Begrifflichkeiten wie kognitive Öffnung, Interpenetration oder strukturelle Kopplung abzubilden.[126] Diese Theoriestruktur kommt in der rechtswissenschaftlichen Debatte insofern zum Ausdruck, als hier eine Tendenz besteht, Rechtsregime als Monolithen zu beschreiben, die geschlossen einer spezifischen Rationalität folgen.[127]

Diese Beschreibung – auch wenn sie mitunter bloß implizit erfolgt – steht in einem Spannungsverhältnis zur antagonistischen Natur des Rechts. Kollisionen von Interessen, Diskursen und Rationalitäten treten im Recht nicht nur als Regime- bzw. Normkonflikte zu Tage, sondern sind auch innerhalb einzelner Rechtsregimes, ja sogar bezogen auf

122 Vgl. dazu sogleich Kap. 5.2.2.
123 Vgl. Kap. 5.2.3.
124 Vgl. Kap. 5.2.4.
125 Vgl. dazu vorne Kap. 5.1.1.
126 So ist bei *Luhmann*, Einführung in die Systemtheorie, 2008, S. 120, von struktureller Kopplung etwa nur dann die Rede, wenn sie mit der Autopoiesis des Systems kompatibel ist.
127 Vgl. die entsprechende Tendenz etwa bei *Fischer-Lescano/Teubner*, Regime-Kollisionen, 2006; *Teubner*, Verfassungsfragmente, 2012; *Möller*, Formwandel, 2015, 88 f., der Regime selbst als Hegemonieprojekte identifiziert und etwa das Weltwirtschaftsregime als hegemonial bezeichnet; ähnlich auch *Koskenniemi*, Hegemonic Regimes, 2012; sowie *Koskenniemi/Leino*, Fragmentation, 2002, u. a. S. 562 und 574.

einzelne Normen zu beobachten.[128] So können etwa die Menschenrechte kaum als in sich geschlossenes, einer einheitlichen Logik folgendes Regime beschrieben werden. Zudem entsprechen gängige Grenzziehungen in der Selbstbeschreibung des Rechts gerade nicht denjenigen der funktionalen Differenzierung: Grund- und Menschenrechte beispielsweise sind nicht nur für die Politik, sondern auch für die Wirtschaft, das Bildungssystem oder die Medien von großer Relevanz. Niklas Luhmann hat denn die Grundrechte gerade als Absicherung der funktionalen Differenzierung theoretisiert, womit letztere ihre Widerspiegelung im Recht in der Vielfalt fundamentaler Rechte findet.[129] Auch das Wirtschaftsrecht könnte konfliktgeladener nicht sein, verrechtlicht es doch die Lohnarbeit und damit das Verhältnis verschiedener Klassen. Darauf verweisen Institutionen wie die Wirtschaftsfreiheit, der Schutz des Privateigentums, das kollektive Arbeitsrecht oder Mindestlöhne, um nur einige Beispiele zu nennen. Schließlich können Auseinandersetzungen um Gehalt und Ausrichtung einzelner Rechtsregime wie etwa der Menschenrechte oder des Umweltvölkerrechts dazu führen, dass diese eine Annäherung an andere, namentlich wirtschaftliche Logiken erfahren.[130] Sigrid Boysen hebt in diesem Sinne hervor, es sei »unhaltbar«, das Verhältnis zwischen Umwelt- und Wirtschaftsrecht »als ein durch funktionale Differenzierung erzeugtes Spannungsfeld« zu konzipieren.[131] Vielmehr operierten die beiden Rechtsgebiete angesichts der neoliberalen Wende im Umweltrecht homolog; nicht Widerspruch, sondern Gleichklang zeichne das Verhältnis aus.[132] Eine vergleichbare Kritik erfährt das Menschenrechtsregime, das ebenso in einer von Vereinnahmung und Stabilisierung geprägten Beziehung zum Neoliberalismus zu stehen scheint.[133]

Trotzdem wäre die Annahme verkürzt, die systemtheoretische Perspektive auf die Fragmentierungsdebatte verfehle vor diesem Hintergrund ihren

128 Vgl. *Ladeur*, Regime-Kollisionen, 2019, S. 2020; sowie beispielsweise mit Blick auf Rechtsbestände, welche die Externalitäten der Energiewirtschaft adressieren, *Viñuales*, The International Law of Energy, 2022, S. 104 f.; und zum Investitionsschutzrecht *Perrone*, Bridging the Gap, 2022; ferner *Kennedy/Koskenniemi*, Of Law and the World, 2023, S. 272.

129 Vgl. *Luhmann*, Grundrechte als Institution, 1965, S. 23 f. und passim.

130 Vgl. die Ausführungen in Kap. 5.2.4.4 bei Fn. 240 und die darin enthaltenen Hinweise.

131 *Boysen*, Postkoloniale Konstellation, 2021, S. 200 f.

132 *Boysen*, Postkoloniale Konstellation, 2021, u. a. S. 201 f., 209 f., 222 f., 238 und 259. Gleiches ließe sich zum Weltgesundheitsrecht sagen; vgl. in dieser Hinsicht etwa *Sekalala/Rawson*, Manufacturing Inequality, in: <afronomicslaw.org>, 23.01.2023.

133 Vgl. *Koskenniemi/Leino*, Fragmentation, 2002, S. 570, wonach Wirtschaftsinstitutionen begonnen haben, sich des menschenrechtlichen Vokabulars zu bedienen, um eine Kompatibilisierung mit der eigenen

Gegenstand. Der Umstand nämlich, dass sich Konflikte regimeintern entfalten und sich dadurch eine regimeübergreifende Gleichschaltung einstellen kann, stellt die These, dass Interregimekonflikte auf gesellschaftliche Spannungsverhältnisse zurückzuführen sind, die sich unter anderem differenzierungstheoretisch beschreiben lassen, als solche nicht in Frage. So verweist denn auch Boysen darauf, dass »das Völkerrecht [...] die Trennung von Politik und Ökonomie in seinem Inneren verankerte«.[134] Regimeinterne Konflikte und der Gleichklang verschiedener Rechtsregime verlangen aber, dass die differenzierungstheoretische Fragmentierungsanalyse ergänzt wird. Unhaltbar scheint es nämlich, gesellschaftliche Sphären und das diesen zugeordnete Recht als Monolithen zu verstehen.[135] Rechtsgebiete und Funktionsbereiche sind intern umkämpfte Felder. Die theoretische Herausforderung besteht darin, diese Einsicht mit einer systemtheoretischen Perspektive zu verknüpfen.

Zu beachten ist zudem, dass trotz der Verbreitung ökonomischer Anreize und Steuerungsinstrumente, denen theoretische Modelle der Begünstigung aller Betroffenen – also nicht nur der Umwelt, sondern auch der Wirtschaft, der Investor*innen, der lokalen Bevölkerung, der Konsumierenden des Globalen Nordens und der Staaten – zugrunde liegen, bereits vor dem Hintergrund der zentralen 2 °C-Vorgabe[136] erhebliche Interessenkonflikte zwischen Umweltschutz und Wirtschaft bestehen bleiben.[137] Eine Entschärfung der Konfliktlage kann diesfalls aber im Umstand gesehen werden, dass der Ausbau von Marktmechanismen mit einer reduzierten politischen Kontrolle und der Perpetuierung neoliberaler Rationalität einhergeht.[138] Indem eine spezifische Trennung zwischen Markt und Politik stabilisiert wird, wird vermieden, dass verschiedenen Denkweisen aneinandergeraten. Eine eigentliche Konfliktvermeidung im Zuge der internen Regimepolitik erfordert vor diesem Hintergrund eine Gleichschaltung der inhaltlichen Zielsetzung. Wird beispielsweise die

institutionellen und damit wirtschaftlichen Rationalität vorzunehmen; hierzu sodann Kap. 9.2.2.6.3.

134 *Boysen*, Postkoloniale Konstellation, 2021, S. 117, die darauf aufmerksam macht, dass diese Trennung es erst ermöglicht, dass politische Gleichheit und ökonomische Ungleichheit nebeneinander existieren können (ibid. S. 117 f.). Diese Koexistenz erweist sich aber gerade als konfliktreich. Vgl. anschaulich zur Grenzziehung zwischen Wirtschaft und Politik mit Fokus auf das US-amerikanische Recht *Britton-Purdy* et al., Law-and-Political-Economy Framework, 2020, insb. S. 1794 f., 1799 f. und 1804 ff.

135 Vgl. etwa auch *Alter*, From colonial to multilateral, 2021, S. 3 f. und 63; *Benda-Beckmann/Turner*, Anthropological Roots, 2020, S. 139 f.; sowie die Hinweise in Kap. 5.2.4.4, Fn. 249.

136 Art. 2 Abs. 1 lit. a PKÜ.

137 So auch *Boysen*, Postkoloniale Konstellation, 2021, S. 260 f.

138 Vgl. *Boysen*, Postkoloniale Konstellation, 2021, S. 258 f. und 299 f.

formelle Gleichheit zur Leitmaxime des Menschenrechtsschutzes, welche die Forderungen nach Umverteilung überschattet, sind Konflikte tatsächlich weniger wahrscheinlich.[139] Diesfalls lässt sich ein Normkonflikt nur reaktualisieren, wenn sich in regimepolitischen Auseinandersetzungen alternative Normverständnisse durchsetzen.

Gesellschaftliche Widersprüche brechen sich im Recht damit – mindestens – auf zwei Ebenen Bahn: Einerseits können sich Interregimekonflikte ergeben, wenn sich verschiedene Rationalitäten, Interessen oder Diskurse in Normen unterschiedlicher Rechtsbereiche abbilden, sodass Normkonflikte, wie sie vorne beschrieben wurden, resultieren.[140] Andererseits können sich gesellschaftliche Widersprüche im Recht innerhalb einzelner Rechtsregime und bezogen auf einzelne Normen entfalten. Auch solche regimeinternen Auseinandersetzungen können mitunter als Normkonflikt beschrieben und im Recht als solche artikuliert werden, was etwa bei Grundrechtskollisionen der Fall ist. Zudem kommt die funktionale Differenzierung auch hier zum Ausdruck: Die Grenzen zwischen gesellschaftlichen Funktionsbereichen sind historisch kontingent und umkämpft. Wenn nun beispielsweise die Neoliberalisierung des Umweltrechts zu einer Ausweitung der Marktsphäre führt, mag dies das Kollisionsverhältnis zwischen Umwelt- und Wirtschaftsrecht entschärfen und mithin zu einer Homologie führen. Darin kann aber gleichwohl ein Entsprechungsverhältnis zur funktionalen Differenzierung gesehen werden, denn das Umweltrecht greift in dieser Weise die hegemonial gewordene Expansion der Grenze der Marksphäre auf.[141]

Angesichts dessen ist die Bedeutung des Zusammenspiels von Konflikten zwischen und innerhalb verschiedener Rechtsbestände hervorzuheben: In der Auseinandersetzung um die Gestalt von Rechtsregimen wird das Feld für die Interaktion mit anderen Rechtssphären bestellt.[142] Das Potenzial für Konflikte zwischen verschiedenen Rechtsbereichen, die in der Fragmentierungsdebatte verhandelte Widersprüchlichkeit des Rechts also, hängt von der Gestalt einzelner Rechtsregime und damit von regimeinternen Auseinandersetzungen ab.[143] Letztere können hegemoniale,

139 Vgl. zu dieser inhaltlichen Angleichung hinten Kap. 9.2.2.6.3.

140 Vgl. dazu auch hinten Kap. 5.3.

141 Vgl. in diesem Zusammenhang auch hinten Kap. 5.2.4.4 zur ökologischen Dominanz.

142 Vgl. z. B. *Sjåfjell/Mähönen*, Corporate Purpose, 2022, S. 10, welche die »shareholder primacy« (auch) im Gesellschaftsrecht in Frage stellen und etwa die Position von *Kraakman* et al., Anatomy of Corporate Law, 2017, kritisieren, wonach der Schutz unternehmensexterner Interessen sich ausschließlich aus anderen Rechtsbereichen wie bspw. dem Umweltrecht, den Menschenrechten oder dem Kartellrecht ergeben solle.

143 Eben darauf macht *Boysen*, Postkoloniale Konstellation, 2021, u. a. S. 222 f., 238 und 259, gerade aufmerksam, wenn sie bemängelt, dass widerstreitende

regimeübergreifende Konvergenzen zur Folge haben, was Konflikte im Recht ebenso desartikuliert wie eine subordinierende Integration im Zuge der Bearbeitung von Normkonflikten.[144] Die Annahme etwa, wirtschaftliche, soziale und kulturelle Menschenrechte seien neutral gegenüber der Funktionsweise des Wirtschaftssystems, und die damit einhergehende, oftmals stillschweigende Akzeptanz der Legitimität des Kapitalismus, stabilisiert ebendiese Weltordnung und verunmöglicht oder erschwert es, fundamentale Konflikte im Recht zu bearbeiten, selbst wenn die schlimmsten Auswüchse bekämpft werden.[145] Mit anderen Worten kann sich die Subordination unter eine bestimmte Logik, etwa jene des neoliberalen Kapitalismus, im Zuge der Ausgestaltung eines Rechtsregimes oder erst in der Auseinandersetzung mit anderen Rechtsbeständen ergeben. Die Folgen sind vergleichbar – und beide Formen der Harmonisierung sind auf Strategien zu ihrer Plausibilisierung angewiesen.[146]

5.2.3 Gesellschafts-rechtliche Koproduktion

Die systemtheoretische Analyse Fischer-Lescanos und Teubners tendiert an gewissen Stellen dazu, das Recht als ein zu einem naturwüchsigen Prozess Hinzutretendes, lediglich Dienendes zu begreifen. Dies ist insbesondere dann der Fall, wenn gesellschaftliche Prozesse unter Annahme einer evolutionstheoretischen Perspektive als Zufälle betrachtet werden[147]

Rationalitäten nicht in praktischer konkordanter Weise ausgeglichen, sondern die Konfliktlagen durch eine Homologisierung desartikuliert werden. Wie sich aus den hier nachfolgenden Überlegungen ergeben wird, verläuft indes die Bearbeitung von Interregimekonflikten nach vergleichbaren Mustern (vgl. Kap. 6).

144 Vgl. zur hegemonialen Konvergenz hinten Kap. 5.2.4.4; sowie zur Integration als Harmonisierungsstrategie hinten Kap. 6.1.2.2 und insb. Kap. 6.1.2.2.6.

145 *Linarelli/Salomon/Sornarajah*, Misery, 2018, S. 240 und 268.

146 Vgl. dazu hinten Kap. 6.3 f.

147 Vgl. kritisch auch *Ladeur*, Regime-Kollisionen, 2019, S. 219, der statt »zufallsgesteuerter Umweltirritationen« (*Fischer-Lescano/Teubner*, Regime-Kollisionen, 2006, S. 37) eher Behördennetzwerke am Werk sieht. In der Systemtheorie und der sich ihrer bedienenden Rechtstheorie nimmt Evolution eine zentrale Stellung zur Erklärung gesellschaftlicher Entwicklungen ein (vgl. etwa *Amstutz*, Evolutorisches Wirtschaftsrecht, 2001). Freilich muss die Rede von Evolution keine Negierung der Bedeutung von kollektiven und individuellen Handlungsmöglichkeiten und der »Gemachtheit« sozialer Zusammenhänge implizieren, doch kann damit deren Desartikulation verbunden sein. In der Systemtheorie wird Evolution als »Mechanismus, der ›Zufall‹ zur Induktion von Strukturänderungen benutzt« beschrieben (*Luhmann*, Geschichte als Prozess, 1981, S. 184), wobei »Zufälligkeit

oder das Recht als bloßes »Epiphänomen«[148] sowie dessen Binnendifferenzierung als »Reproduktion« beschrieben wird[149]. Adäquater scheint es, das Recht als mit gesellschaftlicher Ausdifferenzierung konstitutiv verwoben zu beschreiben. Hierzu lohnt sich ein Rückgriff auf Christoph Menkes Auseinandersetzung mit Teubners Rechts- bzw. Verfassungstheorie.[150] Menke hat zwei verschiedene Verständnisse herausgearbeitet, die Teubners Darstellung zugrunde gelegt werden können: Zunächst kann das Rechts als äußerlich und nachträglich hinzutretende Absicherung sich selbstkonstituierender sozialer Zusammenhänge begriffen werden.[151] Diesem Verständnis folgt stellenweise auch, wie soeben bereits angedeutet, die erläuterte Fragmentierungsanalyse. Nach der zweiten Lesart stellt demgegenüber das Recht, genauer die Verfassung »die politische Ermöglichung von gegenüber der Politik autonomen sozialen Zusammenhängen« dar, sodass die Autonomie des Sozialen kein sich selbständig, evolutorisch herausbildendes Gegebenes ist, sondern ein Effekt, ein politisch-rechtlich Gemachtes.[152] Autonome soziale Zusammenhänge, mithin funktionale Teilsysteme, sind indes nicht nur in ihrem Ursprung mit dem Recht verwoben, sondern bleiben angesichts ihrer Krisenhaftigkeit für ihren Fortbestand auf politisch-rechtliche Interventionen angewiesen.[153] Wirtschaftliche Prozesse beispielsweise sind daher nicht als natürliche

keineswegs Undeterminiertheit« bedeutet, sondern darauf verweist, dass Determinierungsfaktoren entweder nicht in der teilsystemischen Entwicklungslogik angelegt sind oder gänzlich ausserhalb des Teilsystems lokalisiert sind (*Schimank*, Theorien gesellschaftlicher Differenzierung, 2007, S. 164).

148 *Fischer-Lescano/Teubner*, Regime-Collisions, 2004, 1017; *Fischer-Lescano/Teubner*, Regime-Kollisionen, 2006, S. 24. Der Begriff des Epiphänomens bezeichnet »die zufällige, nichtnotwendige Begleiterscheinung einer Haupterscheinung« (*Nieke*, Epiphänomen, 2017).

149 *Fischer-Lescano/Teubner*, Regime-Kollisionen, 2006, S. 40. *Teubner/Fischer-Lescano*, Wandel der Rolle des Rechts, 2007, S. 19, wonach das Recht »zwangsläufig die Strukturkonflikte zwischen den Funktionssystemen« reproduziere. Vgl. zu dieser Lesart auch *Paulus*, Legitimacy, 2004, S. 1052.

150 *Menke*, Kritik der Rechte, 2015, S. 325 ff.

151 *Menke*, Kritik der Rechte, 2015, S. 327 f.

152 Vgl. *Menke*, Kritik der Rechte, 2015, S. 328 ff. Menke spricht hier von der Politik, während die Verfassung aus Teubners Sicht ein politisch-rechtliches und zugleich rechtlich-teilsystemspezifisches Doppelphänomen darstellt, dessen sich die Politik als Mittel zur genannten Hervorbringung des Sozialen bedient (vgl. dazu *Teubner*, Verfassungsfragmente, 2012, S. 180). Vgl. zur Rolle des Rechts im Zusammenhang mit der Freisetzung des Ökonomischen auch *Frerichs*, Polanyi and the Law, 2019, S. 200 f.; sowie *Brown*, Undoing, 2015, S. 151 ff. Von dieser Lesart der Theorie Teubners geht auch *Nell*, Multiple Differenzierung, 2020, aus, die deshalb die fortschreitende Entdifferenzierung zwischen Recht und Politik nahen sieht (S. 161 und 195).

153 *Menke*, Kritik der Rechte, 2015, S. 320 ff.

Erscheinungen zu betrachten, sondern als ökonomisch-rechtliche Gesamtheiten, innerhalb derer sich wirtschaftliche Abläufe und rechtliche Institutionen »gegenseitig bedingen, sich aufeinander stützen, sich gegenseitig verändern und sich unablässig gegenseitig formen«.[154] Folglich ist etwa der Wettbewerb als Organisationsform des Marktes »ein geschichtliches Ziel [...] und keine Naturgegebenheit, die es zu beachten gälte«.[155] Teubner selbst bleibt in seiner Studie zu den Verfassungsfragmenten tatsächlich und wie bereits hinsichtlich der Regime-Kollisionen ambivalent. Beispielsweise betont er die »zwar unabdingbare, aber doch nur [...] dienende Rolle des Rechts«[156] und beobachtet im globalen Kontext einen Ausfall der Beiträge von Politik und Recht zur Freisetzung sowie zur Begrenzung von Systemautonomie[157]. Zugleich plädiert er an anderer Stelle dafür, dass »[d]as Selbst [...] erst heteronom durch Rechtsnormen definiert werden [muss], um sich selbst definieren zu können«.[158] So stellten die Rechtsinstitutionen

154 *Foucault*, Biopolitik, 2018 (2004), S. 226 ff., zit. S. 231; vgl. auch *Britton-Purdy* et al., Law-and-Political-Economy Framework, 2020, insb. S. 1820 f. und 33; *Swedberg*, Economic sociology of law, 2003, S. 4; *Frerichs*, Transnational Law and Economic Sociology, 2021, S. 75 und 83; *Edelman/Stryker*, Law and the Economy, 2005, S. 527, 531 f. und 535 ff.; *Kennedy*, Law in Global Political Economy, 2020, insb. S. 143; *Lang*, Market Anti-naturalism, 2017; *Whyte*, The Morals of the Market, 2019, u. a. S. 22, 173, 184 f., 189, und 228; ferner *Deakin* et al., Legal institutionalism, 2017; *Grewal*, The Legal Constitution of Capitalism, 2017; *Chadwick*, Hunger, 2019, insb. S. 7 und 12 ff.; *Polanyi*, Great Transformation, [1944] 1978, S. 330, wonach das Entstehen des Marktes keine Emanzipation des Ökonomischen von staatlichem Einfluss war, sondern »das Resultat einer bewussten und oft gewaltsamen Intervention seitens der Regierung«; *Kocka*, Geschichte des Kapitalismus, 2017, S. 121; *Reinhard*, Geschichte des modernen Staates, 2007, S. 99, der festhält, dass auch »die schärfste neo-liberale Wirtschaftspolitik unserer Gegenwart [...] aktiv gestaltende Politik mit massiven Eingriffen in Wirtschaft und Gesellschaft« sei und »kein passives Gewährenlassen der Wirtschaftskräfte im Sinne eines ›Nachtwächterstaates‹, den es nie gegeben« habe; *Wallerstein*, Welt-System-Analyse, [2004] 2019, S. 33, wonach ohne staatliche Eingriffe zumindest das kapitalistische System nicht florieren und überleben könnte; *Dejung/Petersson*, Introduction, 2013, S. 11; *Haller*, Transithandel, 2019, insb. S. 372, 374 und 396.

155 *Foucault*, Biopolitik, 2018 (2004), S. 173 und 188. Vgl. zur vermeintlichen Natürlichkeit der Marktordnung auch *Harcourt*, Illusion of Free Markets, 2011, u. a. S. 47 f. und 196; *Slobodian*, Globalists, 2018, u. a. S. 95 und 208 zur neoliberalen Einsicht in die Gestaltungsnotwendigkeit des Weltmarktes; *Zumbansen*, Economic Law, 2021, S. 470 f.

156 *Teubner*, Verfassungsfragmente, 2012, S. 159 f. sowie 202; vgl. auch *Teubner*, Verfassungspluralismus, 2016, S. 668.

157 *Teubner*, Verfassungsfragmente, 2012, S. 75.

158 *Teubner*, Verfassungsfragmente, 2012, S. 166, ferner S. 108. Die Heteronomie geht mit der Externalisierung von Selbstreferenzparadoxien einher, soll

»des Eigentums, des Vertrags, des Wettbewerbs und der Geldwährung die Grundpfeiler der Wirtschaftsverfassung« dar.[159] Zudem müsse das Wirtschaftssystem verfassungsrechtliche Vorgaben etwa hinsichtlich der Sozialbindung des Eigentums, der Grenzen des Wettbewerbs oder der ökologischen Nachhaltigkeit inkorporieren.[160] An anderer Stelle wiederum konstatiert Teubner indes, dass eben dies, also »die fundamentalen Prinzipien anderer Teilsysteme festzulegen«, die politische Verfassung nicht übernehmen könne.[161] Die Rechtfertigung von Verfassungsrecht sei an den inhaltlichen Grundprinzipien des verfassten Sozialsystems zu messen, die es zu rekonstruieren gelte.[162] Die funktional differenzierte Gesellschaft zwinge dazu, zugunsten der Autokonstitutionalisierung auf »politische[n] Oktroi« zu verzichten.[163] »Die funktionale Differenzierung der Gesellschaft« sei »keine Frage einer politischen Grundentscheidung, sondern ein komplizierter evolutionärer Prozess«, indem die Funktionssysteme ihre eigene Identität selbst bestimmten.[164] Angesichts der international koordinierten Rettungsmaßnahmen im Zuge der globalen Finanzkrise ab dem Jahr 2007 – und Vergleichbares ließe sich mit Blick auf die wirtschaftspolitischen Interventionen im Zusammenhang mit der SARS-CoV-2-Pandemie feststellen – könne man jedoch »durchaus formulieren, dass gesellschaftliche Eigenverfassungen politisch oktroyiert werden«.[165] Etwas ratlos lässt Teubners Changieren die Lesenden also zurück, die sich mitunter des Eindrucks nicht erwehren können, dass er an der These der Autokonstitutionalisierung festhalten müsse,

aber die autonome Selbstkonstituierung nicht behindern. Vgl. für eine differenzierungstheoretisch informierte, dezidierte Betonung der zentralen Rolle Rechts *Kjær*, The Law of Political Economy, 2020, S. 12 f. und 21 f.

159 *Teubner*, Verfassungsfragmente, 2012, S. 167. Vgl. auch *Mardikian*, Hybrid Right to Private Property, 2021, S. 352 f.; sowie zur Währungsordnung etwa *Feichtner*, Legal Architecture of Money, 2016; *Feichtner*, Geldpolitik und Demokratie, 2021, S. 68 ff.

160 *Teubner*, Verfassungsfragmente, 2012, S. 173.

161 *Teubner*, Verfassungsfragmente, 2012, S. 178, ferner S. 106.

162 *Teubner*, Verfassungsfragmente, 2012, S. 119 f. und 172 f., wobei Teubner die Kontingenz eben dieser Prinzipien nicht in Abrede stellt.

163 *Teubner*, Verfassungsfragmente, 2012, S. 178.

164 *Teubner*, Verfassungsfragmente, 2012, S. 55, ferner S. 116 f.

165 *Teubner*, Verfassungsfragmente, 2012, S. 181. Vgl. auch *Teubner*, Globale Zivilverfassungen, 2003, S. 16, wonach »faktische Abläufe der Konstitutionalisierung normativ zu reflektieren und sie in ihrer Richtung zu beeinflussen« sind. Die Annahme, dass sich erst in der Reaktion auf die Finanzkrise einen konstituierenden Einfluss der Politik bemerkbar macht, suggeriert eine vorpolitische Natur des Marktes und verkennt namentlich die Relevanz staatlicher Wirtschafts- und Geldpolitik. Vgl. dazu etwa *Vogl*, Der Souveränitätseffekt, 2015.

um das Postulat der Wahrung der Eigenlogik nicht zu unterwandern.[166] Zugleich legt die Naturalisierung der bestehende Ordnung nahe, die Rolle des Rechts auf ein bloß Einhegendes zu reduzieren, das bestenfalls ungerechte Zustände zu beseitigen vermag, während es am Projekt der Herstellung gerechter Verhältnisse zwingend scheitern muss.[167] Zumindest implizit scheint hier eine »Imperative der Bestandserhaltung des Bestehenden« zugrunde zu liegen, welche die theoretische Position in eine »Apologie des Bestehenden um seiner Bestandserhaltung willen« kippen lässt.[168] Ist die Eigenlogik hingegen erst einmal als oktroyiert anerkannt,

166 »Der politische Verfassungsimpuls beschränkt sich«, so Teubner im Versuch, die beiden Positionen zu versöhnen, »auf Gründungsakt und fundamentale Änderung; ansonsten bedarf es der konstitutionellen Autonomie gegenüber der Politik« (*Teubner*, Verfassungsfragmente, 2012, S. 181, ferner auch S. 39, 44 und 46).

167 Vgl. *Teubner*, Verfassungsfragmente, 2012, S. 223; *Teubner*, Anonyme Matrix, 2006, S. 186. Vgl. dazu kritisch *Kennedy*, Law in Global Political Economy, 2020, S. 143, wonach der Fokus des Rechts auf das Begrenzen von politischen und ökonomischen Aktivitäten (z. B. durch corporate social responsibility) zur Naturalisierung des Staats oder der Unternehmensform beiträgt, statt diese als rechtlich geschaffene und in anderer Weise gestaltbare Phänomene zu begreifen.

168 Vgl. die entsprechende Kritik am affirmativ-konservativen Einschlag der luhmannschen Systemtheorie bei *Habermas*, Theorie der Gesellschaft oder Sozialtechnologie, 1971, S. 170. Vgl. dazu auch *Osrecki*, Kritischer Funktionalismus, 2016, S. 229 ff.; sowie *Koskenniemi*, Fate of Public International Law, 2007, S. 23, der den systemtheoretisch angeleiteten Rechtspluralismus dafür kritisiert, dass er aufgehört habe, »to pose demands on the world«. Die Systemtheorie des Rechts wird zumindest dann normativ und zugleich affirmativ, wenn sie vom Recht einfordert, bestimmte soziale Normativitäten als Recht zu behandeln (so *Teubner*, Globale Bukowina, 1996, insb. S. 256 und 273; *Teubner*, Breaking Frames, 2002, S. 208 und 214; *Fischer-Lescano/Teubner*, Regime-Kollisionen, 2006, S. 166). Wer für die Anerkennung bestimmter Formen der Normativität, d. h. bestimmter sozialer Sedimente (*Teubner*, Breaking Frames, 2002, S. 211) als Recht streitet, begibt sich in ein kontingentes Feld und nimmt dort eine Position ein, die weder neutral noch objektiv ist, sondern hegemoniale Züge trägt (vgl. *Koskenniemi*, International law and hegemony, 2004, S. 206; *Orford*, Politics of History, 2021, S. 252 ff.). Ein tauglicher Weg stellt indes auch die Enthaltung nicht dar, wie sie etwa Klabbers und Palombella vorzuschlagen scheinen, wenn sie sich den Kontakten zwischen Rechtsordnungen widmen möchten, ohne selbst zu entscheiden, was als Rechtsordnung anzuerkennen sei (*Klabbers/Palombella*, Introduction, 2019, S. 10). Diese Kontingenz unterstreicht auch *Fischer-Lescano*, Pluriversum, 2020, S. 26: »Nicht alles, was in der Selbstbeschreibung der Praxis als Recht firmiert, verdient es, auch in der interlegalen Reformulierung als Recht bestätigt zu werden.«

zerfällt der »unbedingte Respekt«[169] davor in fehlende Einsicht in die Gestaltbarkeit gesellschaftlicher Verhältnisse. Die Vorstellung, das Recht solle eine sich selbst erhaltende, vorpolitische Ordnung umsetzen, erweist sich als eine ideologische Leugnung der Legitimität demokratisch-politischer Willensbildung und Gestaltung.[170] Dem wäre, wieder mit Menke, entgegenzuhalten, dass die Konstitutionalisierung als Politisierung zu verstehen und die »Seinsweise des Sozialen selbst – *ob das Soziale ein eigengesetzliches System* ist, das zu sichern und zu erhalten ist – zu einer politischen Frage zu machen« ist.[171] Dass soziale Zusammenhänge,

169 *Teubner*, Verfassungsfragmente, 2012, S. 55, ferner auch S. 41 ff. und 98, 120, 172 f. und 200 ff. Vgl. hierzu bereits *Teubner/Willke*, Kontext und Autonomie, 1984, S. 16. Vgl. zum theoriegeschichtlichen Streit um die Entdifferenzierung *Habermas*, Diskurs der Moderne, 1988, S. 87 ff. und 408. Die bei Teubner und anderen systemtheoretischen Beiträgen (vgl. etwa *Kjær*, The Law of Political Economy, 2020) anklingende Gleichstellung von politischer Gestaltung mit Totalitarismus stabilisiert die Trennung zwischen öffentlicher und privater Sphäre, naturalisiert die hochgehaltene Eigenlogik und unterfüttert die ökonomische Rationalitätsmaximierung mit einer »Disqualifikation durch das Schlimmste« (*Foucault*, Biopolitik, 2018 (2004), S. 262), wie sie etwa auch Friedrich von Hayek vornimmt, wenn er soziale Gerechtigkeit auf einem Kontinuum von Faschismus und Totalitarismus verortet (vgl. dazu m. w. H. *Brown*, Neoliberalism's Frankenstein, 2018, S. 63).

170 *Joerges/Everson*, The Legal Proprium of the Economic Constitution, 2020, S. 42.

171 *Menke*, Kritik der Rechte, 2015, S. 336 (Herv. i. O.); vgl. auch *Buckel*, Subjektivierung und Kohäsion, 2015, S. 69 ff., insb. 71; *Harcourt*, Illusion of Free Markets, 2011, S. 241; *Zumbansen*, Economic Law, 2021, S. 470; ferner bereits *Wiethölter*, Recht und Politik, 1969, S. 157, der für ein »politisches Recht« plädiert, wonach »sich unsere Gesellschaft als politische begreift, als handelndes Subjekt«. Mit *Jaeggi*, Lebensformen, 2014, S. 445, kann diese »Einsicht in die Gestaltbarkeit der eigenen Lebensverhältnisse und das Vermögen zu ihrer Gestaltung« und die so verstandene Emanzipation als intrinsisches Maß der Rationalität von Lebensformen betrachtet werden. »Die Sakralisierung von Grenzen, von Grenzen politischen Handelns«, erscheint folglich als »irrationaler Anachronismus« (vgl. *Holmes*, Liberalismus, 1985, S. 32) und widerspricht letztlich dem systemtheoretischen Programm der »radikalen De-Ontologisierung« (*Luhmann*, Soziale Systeme, 1991, S. 243). Vgl. demgegenüber bereits *Teubner/Willke*, Kontext und Autonomie, 1984, S. 26, wonach eine »Re-Politisierung des Rechts [...] klar als regressive Tendenz« erscheine. Auch die kritische Systemtheorie verhält sich ambivalent zu dieser Frage, wenn sie im Interesse der »Instaurierung weltgesellschaftlicher Selbstbestimmungsverhältnisse« (*Fischer-Lescano*, Systemtheorie, 2013, S. 36) zwar nach Abschaffung, Entmachtung und Ersetzung von Institutionen fragt und die Änderbarkeit von Rationalitäten unterstreicht (*Horst*, Politiken der Entparadoxierung, 2013,

Funktionssysteme oder gesellschaftliche Sphären keine naturwüchsigen Konturen besitzen, sondern historisch kontingent und Gegenstand gesellschaftlicher Auseinandersetzungen sind, unterstreicht etwa auch Nancy Fraser, die hierfür mit dem Konzept der Grenzkämpfe operiert.[172] Dies bringt den politischen Charakter sowohl der Trennlinien als auch der inneren Beschaffenheit der gesellschaftlichen Sphären zum Ausdruck, da sich diese nach Fraser wechselseitig in Beziehung zueinander konstituieren.[173] Daraus folgt auch bei Fraser und Jaeggi die Forderung nach einer Demokratisierung der Grenzziehung und eine Ablehnung der pauschalen Annahme, dass »offensive Kämpfe, die auf die Beseitigung der funktionalen Differenzierung der modernen Gesellschaft abzielen, prämodern und regressiv« seien.[174]

Ungeachtet der durchaus berechtigten und mitunter dringenden Frage, was angesichts des Zusammenwirkens des Rechts mit seiner Umwelt zu tun ist und getan werden könnte oder müsste, ist an diesem Punkt dem Umstand Rechnung zu tragen, dass dem Recht aus der soeben dargelegten Sicht eine konstitutive Wirkung zukommt: Wenn das Recht erst die Autonomie sozialer Zusammenhänge hervorbringt, kann nicht davon ausgegangen werden, dass es die gesellschaftliche Differenzierung im Innern lediglich reproduziere. Das Recht knüpft nicht einfach an einen vorbestehenden, von außen objektiv festzustellenden Bereich an, den es reguliert, sondern bringt diesen mit hervor.[175] Das Außerrechtliche, als dessen bloßen Ausdruck der Realismus das Recht sieht, ist immer schon eingebettet in rechtliche Kategorien und Praktiken.[176] »Law creates«, wie es Santos prägnant formuliert, »the reality that fits its application,«[177] Durch Recht wird Macht »überhaupt erst stabil, effektiv und

S. 215), aber letztlich doch »die spezifischen Bedingungen der teilsystemspezifischen Kommunikationsmedien« als vorgegebenen und damit vor- bzw. apolitischen Rahmen der Demokratisierung akzeptiert (ibid., S. 217, ferner S. 212).

172 *Fraser/Jaeggi*, Kapitalismus, 2020, S. 80, 82 f. und 227 ff. Vgl. dazu auch *Schimank*, Differenzierungsdynamiken, 2011; ferner *Mies*, Patriarchy and Accumulation, [1986] 2014, S. 74.

173 *Fraser/Jaeggi*, Kapitalismus, 2020, S. 93, 99 f. und 133 f. Dies deckt sich mit Luhmanns Feststellung, dass ein System erst im Verhältnis zu seiner Umwelt seine Gestalt erhält, »weil Identität nur durch Differenz möglich ist« (*Luhmann*, Soziale Systeme, 1991, S. 243).

174 *Fraser/Jaeggi*, Kapitalismus, 2020, S. 242 ff.; vgl. auch *Buckel*, Subjektivierung und Kohäsion, 2015, S. 69 ff.

175 *Liste*, Colliding geographies, 2016, S. 210; *Kjær*, The Law of Political Economy, 2020, S. 12 f.

176 *Koskenniemi*, Past, 2021, S. 62 f.

177 *Santos*, Map of Misreading, 1987, S. 288. Vgl. auch *Taylor*, Interpretation, 1985, S. 34; *Martineau*, Fragmentation, 2016, S. 413.

immens steigerbar«.[178] Zugleich wäre es nicht haltbar, dem Recht geradezu ein gesellschaftliches Primat zuzuschreiben und dieses gleichsam als Machtzentrum zu begreifen, denn das Recht operiert nicht in einem Vakuum; seiner konstituierenden Kraft wohnt stets ein nachvollziehendes Moment inne.[179] »Il n'est pas trop de dire qu'il fait le monde social«, so Pierre Bourdieu, »mais à condition de ne pas oublier qu'il es fait par lui.«[180] Entsprechend lautet die Beobachtung nicht einseitige Reproduktion, sondern wechselseitige Koproduktion.[181] Für das Recht als besondere Form des Wissens dürfte damit gelten, was in der Wissenschaftstheorie im Allgemeinen postuliert wird: Wissen ist ein Produkt gesellschaftlicher Prozesse und zugleich konstitutiv für soziale Zusammenhänge.[182]

Vor diesem Hintergrund ist es plausibel, dass dem Recht hinsichtlich des Umgangs mit der Fragmentierung eine bedeutendere Rolle zukommen könnte, als dies Fischer-Lescano und Teubner annehmen, worauf hinten noch einzugehen sein wird.[183] Zugleich scheint die Präzisierung, wonach von einer gesellschafts-rechtlichen Koproduktion auszugehen ist, die systemtheoretisch fundierte Erklärung der Fragmentierung als

178 *Brunkhorst*, Zukunft, 2010. S. 18.

179 Ein solches Primat nimmt auch Menke nicht an; vgl. *Menke/Schmidt/Zabel*, Politisierung, 2017, S. 60; sowie etwa *Menke*, Kritik der Rechte, 2015, S. 312 f. zur bürgerlichen Revolution als Neu- und Nachvollzug. Vgl. dazu auch *Sassen*, Das Paradox des Nationalen, 2008, S. 112 f.; sowie *Pistor*, Code des Kapitals, 2020, die die zentrale Stellung des Rechts betont – etwa wenn sie im Recht den »Schlüssel zum Verständnis der Grundlagen der Macht und der aus ihr hervorgehenden Verteilung des Reichtums« ausmacht (S. 325, ferner u. a. S. 42, 45, 187 und 321) oder selbst die Krisenhaftigkeit des Kapitalismus auf das Recht zurückführt (S. 263 f.) – und ihre Thesen dennoch unter Rückgriff auf die Einbettung des Rechts in gesellschaftliche Kräfteverhältnisse entwickelt (insb. S. 21 f., 57, 83, 106, 213, 336, 344 f. und 347 f.).

180 *Bourdieu*, La force du droit, 1986, S. 13 (ohne Hervorhebung); vgl. auch Edelman/Stryker, sociological approach to law and the economoy, S. 535, in: Smelser/Swedberg (Hrsg.) 2015, Handbook of economic socilogy (zit. Nach Diaz-Bone 2015).

181 Vgl. auch *Brown*, Economization, 2017, insb. S. 93. Ein Verhältnis der Gegenseitigkeit impliziert auch die Annahme der relationalen Autonomie; vgl. dazu die Hinweise in Kap. 2.2, Fn. 26, Kap. 5.1.2, Fn. 49, Kap. 5.2.4.2, Fn. 208 und 246.

182 *Jasanoff*, The idiom of co-production, 2006, S. 2 f.: »[Scientific knowledge] both embeds and is embedded in social practices, identities, norms, conventions, discourses, instruments and institutions – in short, in all the building blocks of what we term the social.« Vgl. dazu auch *Pahuja*, Corporations, 2019, S. 91. Vgl. zu diesem Wechselverhältnis von Positionalität und Wissen ferner *Reiter*, Introduction, 2018, S. 7.

183 Vgl. hinten Kap. 6.4.2 und den zweiten Teil, Kap. 8 ff.; sowie in einer emanzipatorischen Perspektive *Möller*, Systemtheorie, 2020, S. 62 und 64 f.

solche nicht in Frage zu stellen: Dass Abhängigkeit Autonomie nicht ausschließt, konnte bereits hinsichtlich der Notwendigkeit intersystemischer Leistungsbezüge festgestellt werden – und ein solcher stellt die rechtliche Konstitutionalisierung, mittels derer Autonomie erlangt wird, gerade dar.[184] Unabhängig von der Frage, woraus die Autonomie entspringt, ist sodann festzuhalten, dass von gesellschaftlichen Teilbereichen eine Wirkmacht auf ihre jeweilige Umwelt ausgeht, sobald diese eine gewisse Verselbständigung erfahren haben. Schließlich lässt sich die These, dass das Verhältnis zwischen Recht und seiner Umwelt von gegenseitiger Einflussnahme und damit von Koproduktion geprägt ist, auch unter Rückgriff auf die Systemtheorie stützen. Indem Fischer-Lescano und Teubner stellenweise mit dem Begriff der Koevolution argumentieren, implizieren auch sie, dass die Binnendifferenzierung kein bloßer Nachvollzug sein kann.[185] Teilsystemische »Evolutionen«, konstatiert Schimank, »[wirken] wechselseitig aufeinander [ein] und [erzeugen] im Zusammenwirken die Evolution der modernen Gesellschaft«.[186] Von der Begrifflichkeit der Evolution soll indes im vorliegenden Zusammenhang Abstand genommen werden. Auch wenn die Rede von der Evolution bloß metaphorisch geführt wird,[187] naturalisiert sie gesellschaftliche Verhältnisse und desartikuliert deren Gemachtheit und Gestaltbarkeit.[188] Diese Umstände werden mit dem Begriff der Koproduktion adäquater bestimmt.[189]

184 Vgl. hierzu vorne Kap. 5.1.2.

185 *Fischer-Lescano/Teubner*, Regime-Kollisionen, 2006, S. 38 sowie 40, Fn. 21, wo von einer wechselseitigen Abhängigkeit von Umweltdifferenz und Binnendifferenz die Rede ist; ferner *Teubner/Fischer-Lescano*, Wandel der Rolle des Rechts, 2007, S. 15; *Fischer-Lescano*, Just and Non-violent Force, 2015, S. 270 f.; *Teubner*, Verfassungsfragmente, 2012, S. 172; *Teubner*, Produktionsregimes, 1999. Vgl. zur Koevolution auch *Möller*, Systemtheorie, 2020, S. 55, 58, 62 und 64 f.; *Luhmann*, Soziale Systeme, 1991, S. 48; *Jessop*, Relevanz, 2015, S. 171 und 177, wonach »soziale Evolution reflexive Selbstorganisation und den Versuch einschliessen [kann], die Umwelt umzugestalten«. Vgl. demgegenüber *Amstutz*, Evolutorisches Wirtschaftsrecht, 2001, S. 83, 227, 251 und 300; *Amstutz*, Rechtswissenschaft, 2010, S. 305 f., 308 und 311 f.

186 *Schimank*, Differenzierung und Integration, 2005, S. 55 (zit.), 56 f. und 193, der auch auf die Vernachlässigung dieses Aspekts bei Luhmann hinweist. Vgl. auch *Schimank/Volkmann*, Gesellschaftliche Differenzierung, 1999, S. 16 und 20; *Amstutz*, Rechtswissenschaft, 2010, S. 305 f.; *Massumi*, Revaluation of Value, 2018, S. 10; *Fakhri*, Law as the Interplay of Ideas, 2008, S. 459 f. und 462.

187 *Amstutz*, Rechtswissenschaft, 2010, S. 308 f.

188 Vgl. zur Kritik der evolutionstheoretischen Naturalisierung von Kultur und deren Entwicklung *Toepfer*, Kultur, 2010, S. 253 ff. m. w. H.; kritisch zum Begriff der Evolution auch *Venzke*, Semantic Authority, 2018, S. 113 f.

189 Vgl. insofern auch die Überlegungen von *Luhmann*, Einführung in die Systemtheorie, 2008, S. 111 f. und ferner 116, zu den Begriffen der Autopoiesis

5.2.4 Hegemoniale Binnendifferenzierungen

Wenn das Recht nach dem soeben Dargelegten seine Umwelt prägt, unter deren Einfluss es zugleich steht, stellt sich die bisher noch wenig belichtete Frage, nach welchem Muster sich der Übersetzungsprozess der Rekonstruktion der Differenzierung der Umwelt als Binnendifferenzierung vollzieht. Wie verläuft, anders ausgedrückt, die wechselseitige Interaktion zwischen Recht und Nicht-Recht? Und welche Rolle spielt dabei die innere Dynamik des Rechtsbetriebs selbst?

Der Verweis auf Normierungschancen, Eigenbedingungen und Zufälle, um die Gestalt der Fragmentierung zu erklären, lässt jedenfalls noch Fragen offen.[190] Weil die Binnendifferenzierung ein umkämpfter Prozess ist und Normkonflikte auch innerhalb bestimmter Rechtsbereiche auftreten, erscheint es wenig plausibel, Rechtsentwicklungen vollständig auf die funktionale Differenzierung als solche zurückführen, denn sie sind ebenso von Dominanzverhältnissen, sozialen Kräftekonstellationen und gesellschaftlichen Kämpfen geprägt, die sich nicht der funktionalen Differenzierung fügen, sondern diese durchziehen und überlagern.[191] Im Folgenden sollen daher einige Schlaglichter auf diese Verwebungen von Politik und Recht, Rechtsetzung und Rechtspraxis sowie ihre Einbettung in gesellschaftliche Kräfteverhältnisse geworfen werden.

5.2.4.1 Rechtsetzung

Rechtsschöpfung – oder die Koproduktion des Rechts – erfolgt im nationalen wie im inter- und transnationalen Kontext auf zwei Ebenen, nämlich im Rahmen der Rechtsetzung sowie der Rechtsanwendung und

bzw. der Produktion, denen gerade keine Negation des Bedingungskontextes zugrunde liegen würden.

190 Vgl. *Fischer-Lescano/Teubner*, Regime-Kollisionen, 2006, S. 38 f. Gleiches gilt beispielsweise für die Feststellung, dass Fragmentierungen »die Reaktion des Staates auf die Komplexität der modernen Industriegesellschaft und vielfältige Phänomene des gesellschaftlichen und wirtschaftlichen Wandels spiegeln« (*Kleinlein*, Fragmentierungen im Öffentlichen Recht, 2017, S. 1074). Vgl. hierzu auch *Amstutz*, Evolutorisches Wirtschaftsrecht, 2001, S. 249.

191 Vgl. *Möller*, Formwandel, 2015, S. 34 und 80 ff. *Chimni*, Imperial Global State, 2004, S. 3 ff.; *Koskenniemi*, From Apology to Utopia, 2005, S. 607 ff.; *Tzouvala*, Capitalism as Civilisation, 2020, S. 216; *Ranganathan*, Sea Change, 2021, S. 289; *Reinhard*, Geschichte des modernen Staates, 2007, S. 25 f. Darauf hat insb. auch *Poulantzas*, Staatstheorie, 2002, S. 154 ff., hingewiesen, indem er den Staat – und insofern auch das Recht – als materielle Verdichtung eines Kräfteverhältnisses beschrieben hat.

hier insbesondere der Rechtsprechung.[192] Welche Normen im Rechtsetzungsprozess geschaffen werden können, hängt zunächst von den verfassungsrechtlichen Rahmenbedingung ab, also den einschlägigen und für sich bereits fragmentierten Sekundärregeln.[193] Ob und in welcher Weise Rechtsetzungskompetenzen wahrgenommen[194] oder auch erst geschaffen werden, ist indes eine Frage des politischen Willens, der gesellschaftlichen Kräfteverhältnisse und damit der Hegemonie.[195] Dieser liegt eine bestimmte Weltanschauung zugrunde, die rechtspolitische Interventionen

192 Dabei handelt es sich um eine Vereinfachung, denn neben den politisch-demokratischen Institutionen, welche Recht (zumindest im nationalen und zwischenstaatlichen Kontext) setzen, und den Gerichten, welche das Zentrum des Rechtssystems besetzen (vgl. *Luhmann*, Recht der Gesellschaft, 1995, S. 320 ff.), wirken auch andere Urheber*innen an der rechtlichen Kommunikation mit, wie etwa die rechtswissenschaftliche Literatur oder zivilgesellschaftliche Akteur*innen (vgl. *Buckel*, Welcome to Europe, 2013, S. 32; *Lang*, After Neoliberalism, 2011, S. 168). Eine zweite Vereinfachung, auf die hinten nochmals eingegangen wird, liegt in der Trennung von Rechtsetzung und Rechtsanwendung. Diese stehen nicht streng gegensätzlich zueinander, sondern implizieren sich gegenseitig. Nicht nur die Anwendung des Rechts setzt dessen Setzung voraus, sondern gesetztes Recht ist auf Anwendung angewiesen, deren deutender Vollzug indes stets die Möglichkeit der Neusetzung enthält (vgl. *Derrida*, Gesetzeskraft, 1991, S. 80 f., 83, 87, 92 und 110). Gesetztes Recht entscheidet noch keine Rechtsfrage, dies tut erst die Rechtsprechung, die Unentscheidbares entscheidet und damit Recht nicht bloß erkennt, sondern dieses immer auch setzt. Der Bezug auf Normmaterial ist, wenn auch (system-)theoretisch nicht zwingend vorausgesetzt, zumindest hilfreich, weil er ein zentrales Argumentationsreservoir erschließt und so die operative Schließung begünstigt (vgl. *Bolsinger*, Autonomie des Rechts, 2001, S. 14).

193 Vgl. zum Konzept der Primär- und Sekundärregeln *Hart*, Concept, 1994, S. 94 ff.; sowie dessen Transposition ins Völkerrecht *Murphy*, The Concept of International Law, 2009, S. 168 f.; zur Fragmentierung auf verfassungsrechtlicher Ebene *Teubner*, Verfassungsfragmente, 2012, insb. S. 76 ff. und 82 ff. zu völkerrechtlichen Verfassungsmomenten.

194 Wobei Wahrnehmung hier im doppelten Sinne, als erkennende Auslegung und als daran anknüpfende Ausübung einer Kompetenz, zu verstehen ist, denn »mit der Interpretation geht im Maße ihrer Freiheit die Souveränität vom Verfassungsgesetzgeber auf den Interpreten über« (*Luhmann*, Verfassung, 1990, S. 216).

195 Vgl. *Buckel/Fischer-Lescano*, Hegemonie im globalen Recht, 2007; *Buckel*, Welcome to Europe, 2013, S. 31; *Bolsinger*, Autonomie des Rechts, 2001, S. 25; *Bourdieu*, La force du droit, 1986, S. 18; *Baer*, Rechtssoziologie, 2017, § 6 Rz. 51 und 72; sowie illustrativ etwa *Anderson*, Non-market mechanisms, 2023, S. 20 zum Konsens der transnationalen Elite, der dem Klimaschutzregime zugrunde liegt.

nicht dem Zufall überlassen.[196] Vermittelt über politische Prozesse manifestieren sich im Recht denn auch systemspezifische Rationalitäten: Die Politik strebt nach einer umfassenden Gesellschaftsgestaltung, bedient sich dabei des Rechts und prägt dieses entsprechend. Zumindest aus systemtheoretischer Perspektive erscheinen politische Interventionen dann aussichtsreich, wenn diese der Eigenlogik verselbständigter Zusammenhänge Rechnung tragen.[197] So kann die Politik etwa gehalten sein, an die Steuerungsbeiträge anderer Akteur*innen anzuknüpfen und diese zu koordinieren,[198] womit bestehende Weltverständnisse zementiert werden. Nicht nur transnationale Unternehmen, sondern auch eine Vielzahl nichtstaatlicher Organisationen betreiben überdies Lobbying auf sämtlichen Stufen legislativen Handelns.[199] Dergestalt wird die Binnendifferenzierung des Rechts in spezifischer Weise mitgeprägt: Unterschiedliche Akteur*innen verfügen über ungleiche Ressourcen und damit über einen ungleichen Zugang zu rechtsetzenden Institutionen, was die Übertragung gesellschaftlicher Kräfteverhältnisse ins Recht begünstigt. Zudem bilden sich Interessengruppen entlang gesellschaftlicher Strukturen heraus. Dies erhöht die Wahrscheinlichkeit, dass außerrechtliche Trennlinien auch im Recht ihren Ausdruck finden. Gerade im Völkerrecht schlagen sich überdies nationalstaatliche Interessenlagen und Machtasymmetrien in der Staatenwelt nieder, was ebenfalls mit dem Fragmentierungsprozess in Verbindung gebracht wird.[200] Schließlich tritt die Prägung des Rechts durch private

196 Vgl. *Buckel/Fischer-Lescano*, Hegemonie im globalen Recht, 2007, S. 89 und 99 f.

197 Vgl. *Nassehi*, Wahrheit, 2015, S. 147; *Luhmann*, Recht der Gesellschaft, 1995, S. 156 ff. zur Steuerung als Leistung des Rechts; sowie *Teubner/Willke*, Kontext und Autonomie, 1984, die mit dem Begriff des reflexiven Rechts für eine indirekte, dezentrale Kontextsteuerung und dezentrale Integration über die Strukturierung von Selbstorganisation plädieren. Diese Anliegen prägen die Arbeiten von Teubner und Willke bis heute (vgl. *Teubner*, Quod omnes tangit, 2018 *Teubner*, Verfassungsfragmente, 2012; *Willke*, Dezentrierte Demokratie, 2016). Vgl. kritisch zur Möglichkeit von regulierter Selbstregulierung *Luhmann*, Einige Probleme mit »reflexivem Recht«, 1985, S. 7 f. und 17 f.

198 Vgl. *Herberg*, Entkoppeltes Recht, 2005, S. 33; *Baer*, Rechtssoziologie, 2017, § 6 Rz. 46 ff.

199 Vgl. dazu etwa *Helleiner*, Regulators, 2015, S. 243 f.

200 Vgl. *Benvenisti/Downs*, Empire's New Clothes, 2007; *Pulkowski*, International Regime Conflict, 2014, S. 93 ff. und 191 f.; *Krisch*, Beyond Constitutionalism, 2010, S. 251 ff.; ferner *Roberts*, Reform of Investor-State Arbitration, 2018, S. 431; sowie kritisch zur direkten Rückführung von Rechtsentwicklung auf zwischenstaatliche Hegemonialpolitik *Lang*, After Neoliberalism, 2011, S. 161 ff.; *Ranganathan*, Sea Change, 2021, die zwar ebenfalls die Interessenlage bestimmter Staaten hervorhebt (S. 294 ff.), aber

Akteur*innen und deren Weltverständnisse noch stärker hervor, wenn die Herausbildung von Privatrechtsregimen und »nichtstaatlichem« Recht als Form der Rechtsetzung betrachtet wird.[201]

5.2.4.2 Rechtspraxis

Die Rechtsetzung ist zwangsläufig mit der Rechtsanwendung eng verwoben, denn erst hier entscheidet sich, was als Recht und dessen Inhalt qualifiziert wird.[202] Auf der Ebene der Rechtsprechung oder allgemeiner der Rechtspraxis wirken trotz der erheblichen Unbestimmtheit von Normtexten gewisse Schranken, die sich sowohl aus der Eigenlogik des Rechts als auch seiner gesellschaftlichen Einbettung ergeben.[203] Um eine spezifische Auslegung zu vertreten, muss etwa ein Vokabular vorhanden und eine anschlussfähige Argumentation verfügbar sein.[204] Ob dieser oder jener Normgehalt angenommen wird, hängt vom Konsens der Rechtsgemeinschaft ab, sodass sich die Frage nach den Normierungschancen auf Auslegungsstreitigkeiten im Rechtsbetrieb verschiebt.[205] Diese Auseinandersetzungen finden ebenso wie die Rechtsetzung innerhalb einer bestimmten gesellschaftlichen Konstellation statt, die das Recht und seine Akteur*innen prägt und mit ungleichen Ressourcen ausstattet.[206] »[I]n einem langwierigen inkrementellen

dahinterliegend insb. die politische Ökonomie als Triebkraft ausmacht (S. 303 ff.).

201 Vgl. *Fischer-Lescano/Teubner*, Regime-Kollisionen, 2006, S. 41 ff., insb. 46 f., und 53 ff., insb. 56; *Teubner*, Verfassungsfragmente, 2012, S. 72 ff. und 94 ff.; *Baer*, Rechtssoziologie, 2017, § 6 Rz. 41; weitere Hinweise dazu hinten im Kap. 5.2.4.3.

202 *Kleinlein*, Matters of Interpretation, 2018, S. 16; *Klabbers*, Virtuous interpretation, 2010, S. 20; *Rhinow*, Rechtsetzung, 1976, S. 174 ff. und 200 ff. Vgl. dazu bereits vorne Kap. 5.2.4.1, Fn. 192 und hinten Kap. 5.2.4.2, Fn. 214.

203 Vgl. *Koskenniemi*, From Apology to Utopia, 2005, S 606 ff.; *Koskenniemi*, Politics II, 2009, insb. S. 9; *Lang*, After Neoliberalism, 2011, S. 164 ff.; *Pulkowski*, International Regime Conflict, 2014, S. 273 ff.; ferner bereits vorne in Kap. 4.1 bei Fn. 6; *Schlag*, Continuation of God, 1997, S. 431 ff.; *Jaeggi*, Lebensformen, 2014, S. 119 ff. zur Trägheit gesellschaftlicher Verhältnisse.

204 Vgl. *Koskenniemi*, From Apology to Utopia, 2005, S. 566 ff. und 588 f.; ferner *Buckel/Fischer-Lescano*, Hegemonie im globalen Recht, 2007, S. 92.

205 *Kleinlein*, Matters of Interpretation, 2018, S. 16 f.; *Lang*, After Neoliberalism, 2011, S. 167 f., 172 f., 181 und 186; *Buckel*, Welcome to Europe, 2013, S. 33; vgl. auch *Buckel/Fischer-Lescano*, Hegemonie im globalen Recht, 2007, S. 92 f. und 99.

206 Vgl. *Kleinlein*, Matters of Interpretation, 2018, S. 19 f.; *Buckel*, Welcome to Europe, 2013, S. 31; *Koskenniemi*, From Apology to Utopia,

Prozess« bildet sich dabei ein »grundsätzlich instabiler asymmetrischer Konsens«, eine bestimmte rechtsinterne Weltanschauung heraus, welche die Auseinandersetzungen vorübergehend fixiert.[207] Diese Festlegung ist ein Resultat politischer Kämpfe und Ausdruck gesellschaftlicher Machtverhältnisse.[208] Rechtsfiguren stellen insofern »Ablagerungen vergangener Auseinandersetzungen« dar.[209] Ein Konsens ist, wie es Koskenniemi formuliert, »the end-point of a hegemonic process in which some agent or institution has succeeded in making its position

2005, u. a. S. 589; *Kennedy*, Phenomenological Critique, 2007, S. 304 f.; *Lang*, After Neoliberalism, 2011, u. a. S. 185; *Marks*, False Contingency, 2009; *Golder*, Foucault and the Politics of Rights, 2015, S. 86 ff.; *Pichl*, Rechtskämpfe, 2021, u. a. S. 23 f., S. 72 ff., 312 und 321; *Britton-Purdy* et al., Law-and-Political-Economy Framework, 2020, S. 1815 und 1818; *Kampourakis*, Economic Constitution, 2021, S. 310 f.; *Bourdieu*, La force du droit, 1986, S. 8; zu Letzterem auch *Schimank/Volkmann*, Gesellschaftliche Differenzierung, 1999, S. 24 f. Vgl. ferner *Venzke*, Semantic Authority, 2018, insb. S. 105, 107 und 117 zu den unzähligen Faktoren der ungleich verteilten »semantischen Autorität«. Venzke betont zwar, dass unterschiedliche Akteur*innen um das Recht kämpften, fragt aber nicht danach, weshalb welche Interessen vertreten werden (vgl. S. 105, 114, 120 und 126). Seine Suche nach den Triebkräften des Rechtswandels bleibt folglich bei der »semantischen Autorität« als Transmissionsriemen zwischen dem Recht einerseits und den im Dunkeln bleibenden Motivlagen andererseits stehen. Tiefer schürft insofern etwa *Ranganathan*, Sea Change, 2021, insb. S. 289 und 307.

207 *Buckel*, Welcome to Europe, 2013, S. 33; vgl. auch *Pistor*, Code des Kapitals, 2020, S. 329 und 357, die von einem »beharrlichen Inkrementalismus« spricht; *von Bogdandy/Goldmann*, Restrukturierung, 2013, S. 81 ff., wonach sich die Rechtsschöpfung »oft inkrementell im Diskurs zwischen Praxis und Wissenschaft«, in »Prozessen dogmatischen Konstruktivismus'« vollziehe; *Venzke*, Semantic Authority, 2018, S. 123, wonach Autorität und Recht Ausdruck inkrementeller gesellschaftlicher Konstruktionsprozesse darstellten; *Koskenniemi*, International law and hegemony, 2004, S. 202, der »moments of relative stability« bechreibt; *Kleinlein*, Matters of Interpretation, 2018, S. 18 f.; ferner *Krisch*, Beyond Constitutionalism, 2010, S. 257 f.

208 *Buckel/Fischer-Lescano*, Hegemonie im globalen Recht, 2007, S. 89 ff., die von einer relationalen Autonomie ausgehen, die einen direkten Durchgriff aufs Recht ausschließt (insb. S. 91, 99 und 101; dazu auch Kap. 5.1.2, Fn. 49); *Möller*, Formwandel, 2015, S. 91; *Pichl*, Rechtskämpfe, 2021, S. 67, 74, 89, 312 und 321; *Lang*, After Neoliberalism, 2011, S. 135 f., 155, 172, 183 und 186; *Baars*, Remarks on Lang, 2014, S. 434; *Pistor*, Code des Kapitals, 2020, S. 57 und 83; *Koskenniemi*, Politics II, 2009, S. 12; *Kleinlein*, Matters of Interpretation, 2018, S. 20; *Bolsinger*, Autonomie des Rechts, 2001, S. 24 ff., insb. 26.

209 *Buckel*, Welcome to Europe, 2013, S. 73.

seem the universal or ›neutral‹ position«.[210] Politische Positionierungen sind auch hier involviert, wenn eine Entscheidung getroffen und diese oder jene Normprojektion vertreten wird, denn in die Auslegung fließen zwangsläufig »bestimmte politischen Vorstellungen und Wirkungsabsichten« hinein.[211] Diese Positionierung kann bereits mit Hans Kelsen als rechtspolitischer Willensakt verstanden werden.[212] Es existiert im Recht kein Raum ohne Dezision, keine Raum also, der nicht politisch durchdrungen ist.[213]

Weil Auslegung nicht auf ein Erkennen des im positiven Recht Angelegten reduziert werden kann,[214] münden andere Werte und Interessen, mithin bestimmte gesellschaftliche Rationalitäten und Eigenlogiken in den Prozess der – damit notwendigerweise – rechtsschöpfenden Auslegung hinein.[215] Dezision ist aber nicht auf einen Akt individueller Willkür zu reduzieren, denn sie bleibt eingebettet in transsubjektive Auseinandersetzungen um Hegemonie.[216] Dies vermag auch zu erklären, weshalb partikulare Interessen, die dem gegenwärtigen hegemonialen Konsens entsprechen, von den Akteur*innen mitunter als objektive Ziele wahrgenommen und verteidigt werden.[217] Dabei ist die Strategie, zur Stabilisierung des gegenwärtigen Konsenses die dem Recht zugrunde liegenden Konflikte, die Kontingenz regimespezifischer Wahrheiten und

210 *Koskenniemi*, From Apology to Utopia, 2005, S. 597. Vgl. auch *Koskenniemi*, International law and hegemony, 2004, insb. S. 199.

211 Vgl. *Luhmann*, Verfassung, 1990, S. 218; ferner *Möller*, Systemtheorie, 2020, S. 63; *Buckel*, Subjektivierung und Kohäsion, 2015, S. 46 f. und 234 zum latent Politischen im Innern des Rechtssystems; *Liste*, Juridification and Politicisation, 2021, S. 258 ff.; *Bolsinger*, Autonomie des Rechts, 2001, S. 24 ff.

212 *Kelsen*, Reine Rechtslehre, [1960] 1992, S. 350 ff. Dass der subjektive Wille dem Recht nicht vorangeht, sondern seinerseits durch dieses geprägt wird, erhöht die Komplexität erneut. Vgl. dazu *Menke*, Kritik der Rechte, 2015, S. 197 ff.

213 *Koskenniemi*, From Apology to Utopia, 2005, S. 596; vgl. auch *Orford*, Social Question, 2020, u. a. S. 45; sowie *Rhinow*, Rechtsetzung, 1976, S. 174 ff.

214 Vgl. *Garner*, Article 19, Interpretation of Treaties, 1935, S. 946; *Bourdieu*, La force du droit, 1986, S. 8; *Koskenniemi*, From Apology to Utopia, 2005, u. a. S. 504 und 589; vorne Kap. 5.2.4.2, Fn. 202; sowie zum Ganzen auch hinten Kap. 6.2.

215 Vgl. *Kelsen*, Reine Rechtslehre, [1960] 1992, S. 351.

216 Vgl. *Buckel/Fischer-Lescano*, Hegemonie im globalen Recht, 2007, u. a. S. 101; sowie zur Transsubjektivität *Fischer-Lescano*, Systemtheorie, 2013, S. 17 ff.; vgl. ferner *Koskenniemi*, From Apology to Utopia, 2005, u. a. S. 589; *Ranganathan*, Sea Change, 2021, insb. S. 289 und 307; *Orford*, Politics of History, 2021, S. 280 ff., welche die Vorstellung dezidiert zurückweist, einzelne (Rechts-)Intellektuelle könnten das Recht gleichsam nach ihrem Belieben programmieren.

217 Vgl. *Ranganathan*, Sea Change, 2021, S. 307.

damit die Politisierung im Innern des Rechts zu desartikulieren, indem bestimmte Ziele und Werte als neutrale, universelle und objektiv festzustellende Eigenschaften dargestellt werden, gerade Teil der Auseinandersetzungen um das Verständnis von Recht.[218]

5.2.4.3 Transnationalisierung und Privatisierung

Die Rücksichtnahme auf gesellschaftliche Eigenlogiken, welche dann als Rekonstruktion der Umweltdifferenzierung im Recht gelesen werden kann, hängt schließlich auch damit zusammen, dass angesichts der Internationalisierung und Transnationalisierung eine Verschiebung hin zur Exekutive und in den Privatbereich stattfindet.[219] Außerrechtliche Rationalitäten und gesellschaftliche Kräfteverhältnisse werden nicht reflexhaft im Recht abgebildet, sie greifen nicht unmittelbar aufs Recht durch.[220] Der Zugang zum Recht erfolgt über die »Funktionäre« des Rechts, die in den erwähnten Rechtsschöpfungsprozessen den hegemonialen Konsens organisieren.[221] Welchen Weltauffassungen sie dabei nahestehen hängt auch von der Verortung innerhalb der weltrechtlichen Strukturen ab. Normierungsprozesse im transnationalen und internationalen Kontext sind stärker durch nichtstaatliche Akteur*innen geprägt und regelmäßig auf spezifische Bereiche bezogen.[222] Wo dies der Fall ist,

218 Vgl. *Koskenniemi*, Politics II, 2009, S. 11 f.; *Koskenniemi*, From Apology to Utopia, 2005, S. 597; *Lang*, After Neoliberalism, 2011, S. 136 f. und 159 ff.; *Liste*, Colliding geographies, 2016, S. 209 f.; *Buckel/Fischer-Lescano*, Hegemonie im globalen Recht, 2007, S. 93 f.; *Pahuja*, Decolonising International Law, 2011, S. 6 f.; *Kennedy/Koskenniemi*, Of Law and the World, 2023, S. 156. Die Strategie, anderen Positionen fehlende Neutralität oder ungebührliche Politisierung vorzuwerfen, während für die eigene – im Grunde ebenso kontingente und damit politische – Ansicht Objektivität in Anspruch genommen wird, beschreibt Kennedy als »hermeneutic of suspicion« (*Kennedy*, Hermeneutic of Suspicion, 2014; vgl. dazu auch *Orford*, Politics of History, 2021, S. 310 ff.). Vgl. in diesem Zusammenhang sodann Kap. 5.2.2 zu regimeinternen Konfliktlagen.

219 Vgl. dazu *Sassen*, Das Paradox des Nationalen, 2008, S. 292 ff.; *Schuppert*, Wissen, 2019, S. 57 ff.; sowie zum Aufstieg internationaler Organisationen etwa *Klabbers*, International Organizations, 2022, S. 16 ff.

220 *Buckel/Fischer-Lescano*, Hegemonie im globalen Recht, 2007, S. 92 und 99.

221 *Buckel/Fischer-Lescano*, Hegemonie im globalen Recht, 2007, S. 92 f. und 99; vgl. zu diesen »kleinen Intellektuellen« auch *Wissel/Martin*, Fragmentierte Hegemonie, 2015, S. 226; bzw. zur Rolle der »professionnels du travail symbolique« *Bourdieu*, La force du droit, 1986, insb. S. 8 und 14.

222 Vgl. *Teubner*, Globale Bukowina, 1996, S. 261, 268 f., 273, 279 f.; *Teubner*, Quod omnes tangit, 2018, S. 188 f.; *Herberg*, Entkoppeltes Recht, 2005,

vermögen sich die Eigenlogiken gesellschaftlicher Teilbereiche direkter ins Recht zu übersetzen, als dies im nationalstaatlichen Rahmen vor der Globalisierungswende der Fall war.[223] So findet die Verrechtlichung transnationaler Regime oftmals unter besonderem Einfluss bestimmter Funktionssysteme statt, was eine »monokontexturale Ausrichtung auf dessen Rationalitätskriterien« begünstigt.[224] Spezialisierte Rechtsbereiche wie beispielsweise die Menschenrechte, das Welthandelsrecht oder das Sicherheitsrecht wirken sich zwar auf unzählige Sachverhalte aus, die nicht bloß von einzelnen Funktionssystemen verarbeitet werden,[225] sie verkörpern jedoch bestimmte institutionelle Projekte, Interessen und Wahrheiten.[226] Diese Tendenzen sind auch auf den Umstand zurückzuführen, dass der Spielraum nationalstaatlicher Politik durch Kompetenzverlagerungen an überstaatliche Behördennetzwerke, Expert*innengremien und Lobbyist*innen zunehmend schwindet.[227] Die Umweltrationalitäten drängen sich dem Recht insbesondere dann auf, wenn die institutionalisierte Politik nur als ein Ort gesellschaftlicher Normproduktion verstanden wird und Rechtssetzung auch andernorts, das heißt gekoppelt mit anderen Funktionssystemen, stattfindet.[228]

S. 33. Vgl. indes zum Umstand, dass sich auch im nationalstaatlichen Rahmen Teilverfassungen herausbilden, »um die herum die Erwartung der involvierten Akteure konvergieren«, *Kleinlein*, Fragmentierungen im Öffentlichen Recht, 2017, S. 1074.

223 Vgl. *Möller*, Formwandel, 2015, S. 109 und 154; *Teubner*, Verfassungsfragmente, 2012, S. 234 und 256; sowie differenziert *Sassen*, Das Paradox des Nationalen, 2008.

224 *Teubner*, Quod omnes tangit, 2018, S. 188; vgl. auch *Möller*, Formwandel, 2015, S. 109 ff., zur Konstitutionalisierung der Weltwirtschaft; sowie *Venzke*, Semantic Authority, 2018, S. 110 f.

225 Zumal »[d]ie Welt [...] eben nicht von sich aus so geregelt [ist], dass Ereignisse im Grossen und Ganzen in das Raster spezifischer Funktionen fallen« (Luhmann 2004, ökologische Kommunikation, S. 99).

226 Vgl. *Koskenniemi*, Hegemonic Regimes, 2012, S. 315 ff.; *Koskenniemi*, Enchanted by the Tools, 2019, S. 8; *Koskenniemi*, Politics II, 2009, S. 12 f.; *Kennedy*, World of Struggle, 2016, S. 108 ff.; *Lang*, After Neoliberalism, 2011, S. 58 und 159 ff.; *Kleinlein*, Fragmentierungen im Öffentlichen Recht, 2017, S. 1074.

227 *Koskenniemi*, Fate of Public International Law, 2007, S. 4; *Slaughter*, A New World Order, 2004; *Ladeur*, Regime-Kollisionen, 2019, S. 219; *Lübbe-Wolff*, Internationalisierung, 2009; *ILC*, Fragmentation (Report), 2006, Ziff. 481 f.; *Hetzel*, Staat, 2019, S. 615; *Schuppert*, Wissen, 2019, S. 57 ff.

228 Diese Annahme liegt bereits *Teubner*, Globale Bukowina, 1996, insb. S. 280, zugrunde. Vgl. zur Dezentrierung der Rechtsetzung durch die Politik *Teubner*, Breaking Frames, 2002, S. 207; vgl. auch *Fischer-Lescano/Teubner*, Regime-Kollisionen, 2006, S. 41 ff.; *Teubner*, Verfassungsfragmente, 2012, u. a. S. 255; *Thornhill*, Constituent Power, 2013, u. a. S. 571 f.

Diese Kopplung wird etwa begünstigt durch Aufsichtsbehörden, die dezentralisiert und mitunter näher an den betroffenen Akteur*innen Regulierungsaufgaben wahrnehmen, sowie durch Formen der Selbstregulierung.[229] So distanziert sich die Rechtsschöpfung vom nationalstaatlich verfassten Demos und rückt zugleich in die Nähe gesellschaftlicher Funktionsbereiche.[230]

5.2.4.4 Rationalitätsspezifische und hegemoniale Konvergenzen

Obwohl sich auch das spezifischste Recht an seine gesamte Umwelt richtet, scheint es seinerseits von dieser in sehr unterschiedlichem Umfang beeinflusst zu werden. Es sind bestimmte gesellschaftliche Kräfteverhältnisse, die sich im Recht niederschlagen, zu Selektivitäten verdichten[231] und dafür sorgen, dass sich Rechtsregime auf eine »idée directrice« fixieren[232] und einen »structural bias« ausbilden[233]. Solche externen Gegebenheiten, zu denen auch politische Steuerungsmotive zählen, wirken mit dem institutionellen Eigenleben des Rechts zusammen und erzeugen dadurch eine rationalitätsspezifische Konvergenz.[234] Im globalen Recht äußert sich dies etwa darin, dass sich regimespezifische Logiken ausbilden, die gerade nicht geopolitischen Lagern – oder diesen zugeschriebenen

229 Vgl. etwa *Brummer*, Soft Law and the Global Financial System, 2015, S. 24 ff. zur Dezentralisierung der Finanzmarktregulierung sowie S. 32 ff. zur Beteiligung Privater; dazu auch *Helleiner*, Regulators, 2015, S. 243 f.

230 Vgl. dazu affirmativ *Teubner*, Quod omnes tangit, 2018; *Willke*, Dezentrierte Demokratie, 2016; *Slaughter*, A New World Order, 2004, S. 262 ff. und 269 ff.; ferner *Kleinlein*, Fragmentierungen im Öffentlichen Recht, 2017, S. 1078.

231 *Buckel/Georgi/Kannankulam/Wissel*, Theorie, 2014, S. 50 f.; dazu auch *Pichl*, Rechtskämpfe, 2021, S. 82 ff.; vgl. auch *Edelman/Stryker*, Law and the Economy, 2005, S. 533 f.

232 Vgl. *Teubner*, Quod omnes tangit, 2018, S. 189.

233 Vgl. *Koskenniemi*, From Apology to Utopia, 2005, S. 600 ff., insb. 606 ff.; *Koskenniemi*, Fate of Public International Law, 2007, S. 6 f.; *Koskenniemi*, Politics II, 2009, S. 9; ähnlich auch *Kleinlein*, Fragmentierungen im Öffentlichen Recht, 2017, S. 1077 f.; ferner dazu etwa *Crawford*, The Course of International Law, 2014, Ziff. 212 ff.; sowie *Rhinow*, Rechtsetzung, 1976, S. 175, der strukturelle und institutionelle Rationalitätsgrenzen ausmacht.

234 Vgl. z. B. zur Bedeutung der institutionellen Kultur innerhalb der Weltbank *Miller-Adams*, The World Bank, 1999, S. 27 ff., die das Zusammenspiel externer Machtverhältnisse und interner Eigendynamiken unterstreicht (S. 32 f.); *Chimni*, Imperial Global State, 2004, S. 5; sowie zur Verfestigung solcher Eigenlogiken durch Sozialisationsprozesse und Konformitätsdruck *Hirsch*, Sociology, 2014.

Interessen – entsprechen, sondern den Konsens einer transnationalen Elite zum Ausdruck bringen.[235]

Eigenlogiken und Pfadabhängigkeiten bilden sich in einem langwierigen Prozess heraus, der verschiedene Ebenen der Rechtsentwicklung umfasst und zugleich auf einer wechselseitigen, koproduktiven Verwebung des Rechts mit seiner gesellschaftlichen Umwelt basiert.[236] Dabei lässt sich der Kampf um Hegemonie, der im und auf das Recht wirkt, auch als Ausdruck intersystemischer Spannungsverhältnisse verstehen.[237] So kann etwa mit Bob Jessop davon ausgegangen werden, dass insbesondere das Wirtschaftssystem eine besonders dominante Stellung einnimmt.[238] Die wirtschaftliche, mithin neoliberale Rationalität pflanzt sich aufgrund dieser »ökologischen Dominanz« nicht nur mit besonderer Vehemenz in jene Rechtsbereiche ein, die üblicherweise zum Wirtschaftsrecht gezählt werden,[239] sondern prägt ebenso weitere Rechtsmaterien.[240] Dieser

235 Vgl. etwa zum Klimaschutzregime *Anderson*, Non-market mechanisms, 2023, S. 20 f.

236 Vgl. die vorangehenden Kap. 5.2.4.1 ff. sowie Kap. 5.2.3.

237 Vgl. *Buckel*, Welcome to Europe, 2013, S. 33; *Möller*, Formwandel, 2015, S. 80 f . und 91; *Lang*, After Neoliberalism, 2011, S. 57 ff.; sowie *Koskenniemi*, Hegemonic Regimes, 2012, der eine Analogie zwischen der Hegemonialpolitik von Staaten und Rechtsregimen herstellt.

238 *Jessop*, Relevanz, 2015, S. 173 ff.; *Jessop*, Diversity and Variety, 2014, S. 54 f.; vgl. an Jessop anschließend auch *Fischer-Lescano*, Systemtheorie, 2013, S. 21; *Möller*, Formwandel, 2015, S. 88 f., 91 f. und 108; sowie ferner *Schimank*, Prekarität funktionaler Differenzierung, 2020, S. 78, 83, 88 und 92; *Scherr*, Systemtheoretische Differenzierungstheorie, 2017, S. 578; *Osrecki*, Kritischer Funktionalismus, 2016, S. 236 f.; aus historischer Perspektive *Kocka*, Geschichte des Kapitalismus, 2017, S. 83 f. und 113; im Übrigen bereits Kap. 5.1.5, Fn. 98. Vgl. sodann für ein vermittelndes Verständnis der Dominanz wirtschaftlicher Rationalität im Rahmen der marxistischen Determinierungsdebatte *Marks*, False Contingency, 2009, S. 8 f.; *Buckel/Fischer-Lescano*, Hegemonie im globalen Recht, 2007, S. 87 f.

239 Vgl. zur Absicherung einer marktliberalen Wirtschaftsrationalität im Rahmen der Konstitutionalisierung *Möller*, Formwandel, 2015, S. 109 ff.; *Cutler*, Judicialization, 2018, insb. S. 64 m. w. H. und passim; *Lang*, After Neoliberalism, 2011, S. 159 ff.

240 So manifestiert sich eine neoliberale Rationalität beispielsweise in der Form der Staatlichkeit (*Brown*, Neoliberalism's Frankenstein, 2018; *Jessop*, Heartlands, 2016; *Slobodian*, Globalists, 2018; *Vauchez/France*, The Neoliberal Republic, 2021; sowie hinten Kap. 9.1.1.2.2), im Bereich des Migrationsrechts (*Buckel*, Welcome to Europe, 2013, insb. S. 22 ff. und 55 ff.; *Oudejans*, Failure to Protect, 2024), im Umweltvölkerrecht im Allgemeinen (*Boysen*, Postkoloniale Konstellation, 2021, S. 199 ff.) und im Klimaschutzregime im Besonderen (*Ciplet/Roberts*, Ttransition to neoliberal environmental governance, 2017; *Elliott*, Natural Catastrophe, 2016; *Swyngedouw*,

Vorgang äußert sich in regimeinternen Ausrichtungskämpfen, was wiederum den Umstand unterstreicht, dass sich die funktionale Differenzierung auch innerhalb einzelner Rechtsbereiche auswirkt.[241] Als Folge davon kann sich mitunter eine hegemoniale Konvergenz, Boysen spricht von einer Homologisierung,[242] einstellen: Indem sich bestimmte Weltverständnisse regimeübergreifend durchsetzen, wird die Reibungsfläche verringert und verschiedene Normbestände werden harmonisiert.[243]

Die Verwebung des Rechts mit seiner Umwelt bleibt unterbelichtet, wenn die Rechtsentwicklung als zufällig – oder vollständig unbestimmt – beschrieben wird.[244] Das Recht bleibt ein Mittel des Interessenschutzes, auch wenn es – oder gerade weil es – selbst nicht in dieser Kategorie operiert, und ist damit in gesellschaftliche Kräfteverhältnisse eingelassen.[245] Gerade weil Recht immer auch unbestimmt ist und über eine gewisse Autonomie verfügt, vermögen erst die antagonistischen gesellschaftlichen Kräfteverhältnisse, die auch das Zentrum des Rechts erfassen, die konkrete Gestalt des Rechts zu erklären. Die insofern bestehende Gleichzeitigkeit von Bestimmtheit und Unbestimmtheit ist Ausdruck der relationalen Autonomie des Rechts, die sich auch in der Binnendifferenzierung niederschlägt.[246]

Vor diesem Hintergrund ist die Rekonstruktion gesellschaftlicher Rationalitäten im Recht als ein umkämpfter, kontingenter und im weitesten Sinne auch politischer Prozess zu verstehen.[247] Folglich greift ein

Neoliberal Fetish, 2018; *Lohmann*, Climate, 2016), im Strafrecht (*Harcourt*, Illusion of Free Markets, 2011, u. a. S. 39 ff.), in Menschenrechtsdiskursen (*Whyte*, The Morals of the Market, 2019, u. a. S. 33 f.; *Moyn*, Not Enough, 2018, S. 175 und 191; *Marks*, Myths, 2012; sowie hinten Kap. 9.2.2.6.3) sowie allgemein im öffentlichen Recht (*Britton-Purdy* et al., Law-and-Political-Economy Framework, 2020, S. 1804 ff.). Vgl. zum Ganzen auch *Chimni*, Imperial Global State, 2004, S. 2.

241 Vgl. vorne Kap. 5.2.2.

242 *Boysen*, Postkoloniale Konstellation, 2021, insb. S. 201 f. und 222 f.; vgl. auch vorne Kap. 5.2.2, Fn. 132.

243 Vgl. dazu bereits vorne Kap. 5.2.2.

244 Vgl. *Marks*, False Contingency, 2009; *Kennedy*, Phenomenological Critique, 2007, insb. S. 300 und 305; ferner *Koskenniemi/Leino*, Fragmentation, 2002, S. 561; *Koskenniemi*, Politics II, 2009, S. 9.

245 Vgl. hingegen *Luhmann*, Gesellschaft der Gesellschaft, 1998, S. 755.

246 Vgl. auch *Marks*, False Contingency, 2009, S. 9 und 14; zur relativen oder relationalen Autonomie bereits Kap. 5.2.3, Fn. 173 und Kap. 5.2.4.2, Fn. 208 sowie hinten Kap. Zweiter Teil, Fn. 4; zu intersystemischen Leistungsbezügen vorne Kap. 5.1.2.

247 So auch *Koskenniemi*, Fate of Public International Law, 2007, S. 26 f. und 29: »A regime is as indeterminate as the nation – its founding principles contradictory and amenable for conflicting interpretations and its boundaries constantly penetrated by adjoining rationales« (ibid., S. 26).

systemtheoretischer Standpunkt zu kurz, der im Recht eine direkte Spiegelung funktionaler Differenzierung sieht und das Recht lediglich als »Epiphänomen« begreift.[248] Dergestalt wird vernachlässigt, dass das Recht die Rationalitäten, welchen es Ausdruck verleiht, erst mit hervorbringt, während von den gesellschaftlichen Kräfteverhältnissen abstrahiert wird, die auch rechtsinterne Entwicklungsprozesse prägen und dazu führen, dass Rechtsregime keine Monolithen darstellen, sondern selbst in kontingenten und porösen politischen Prozessen ständig neu (de-)konstruiert werden.[249] Mit anderen Worten wird der Blick darauf verstellt, was als interne Regimepolitik oder »politics of regime definition« bezeichnet werden kann[250] und vorliegend im Zusammenhang mit regimeinternen Konflikten betrachtet worden ist[251].

Für die anschließende Frage nach dem Umgang mit der Fragmentierung des Rechts wird dies von weitreichender Bedeutung sein: Weil auch Konfliktlösungsstrategien im Recht nicht losgelöst vom gesellschaftlichen Kontext ihre Wirkung entfalten, vermag nämlich der bloße Verweis auf solche Argumentationsformen die Konfliktlösungsfähigkeit des Rechts nicht zu belegen.[252] Zudem wird die Gestalt des Rechts – und dazu zählt etwa mit Blick auf die Externalisierung auch die Weise, wie es Räumlichkeit ordnet – als Ausdruck weltgesellschaftlicher Hierarchien erkennbar.[253]

248 Vgl. so *Fischer-Lescano/Teubner*, Regime-Collisions, 2004, S. 1017; *Fischer-Lescano/Teubner*, Regime-Kollisionen, 2006, S. 24. Wie erwähnt, enthält indes auch deren Analyse Ansätze für ein anderes Verständnis (vgl. vorne in Kap. 5.2.3 bei Fn. 185).

249 Vgl. *Koskenniemi*, Fate of Public International Law, 2007, S. 27 und 29; *Koskenniemi*, Enchanted by the Tools, 2019, S. 9 und 16; sowie die Hinweise vorne in Kap. 5.2.2, Fn. 135. Vgl. zum Ganzen auch Schimank 2005, S. 143 ff., der darlegt, dass und wie eine Kombination system- und akteurtheoretischer Herangehensweisen möglich ist. Dass dies notwendig ist, ergibt sich letztlich auch bei *Teubner*, Verfassungsfragmente, 2012, S. 103, der die Pouvoir constituant als Produkt der Begegnung von Sozialsystem und Bewusstsein realer Menschen bestimmt.

250 *Koskenniemi*, Fate of Public International Law, 2007, S. 27 und 29; vgl. auch *Lang*, After Neoliberalism, 2011, S. 155: »[W]hile the politics of the trade regime are in some sense the product of its functional specialization, [...] the meaning of the trade regime's specialized function is itself the product of ongoing political struggle.«

251 Vgl. hinten Kap. 5.2.2.

252 Vgl. hinten insb. Kap. 6.3.1.

253 Vgl. hinten zweiter Teil.

5.3 Normkonflikte als Ausdruck gesellschaftlicher Widersprüche

Gesellschaftliche Differenzierungs- und Rationalisierungsprozesse führen zur Herausbildung von sozialen Zusammenhängen, die nach einer spezifischen Logik operieren.[254] Während die eigene Weltsicht universalisiert wird, geraten die wechselseitigen Abhängigkeiten und Widersprüchlichkeiten aus dem Blick.[255] In diesem Zusammenhang treten negative Externalitäten auf, die durch expansive Tendenzen verstärkt werden.[256] Das Recht wiederum bringt diese Dynamiken mit hervor und ist zugleich von diesen geprägt.[257] So schreiben Fischer-Lescano und Teubner die Verantwortung »für eine Steigerung der Rechtsnormenkollisionen, für die Fragmentierungsprozesse im Weltrecht, für das Auseinanderfallen der Konfliktlösungsinstanzen« der Eigenrationalitätsmaximierung zu.[258] Indem das Recht die funktionale Differenzierung der Weltgesellschaft rekonstruiert, wird ein Fragmentierungsprozess angestoßen, der seinerseits zu Normkonflikten führt.[259] Kollidierende Normen sind dann die sichtbare Spitze der widersprüchlichen Tiefenstruktur der Weltgesellschaft. Deren divergierenden Rationalitäten und Wahrheiten brechen sich im Recht Bahn, wo sie in der Form von Normkonflikten aneinandergeraten.[260] Diese wiederum können Externalitäten markieren, die dann vorliegen, wenn selbstreferenzielle und expansive gesellschaftliche Teilsysteme in einer destruktiven Beziehung zu ihrer Umwelt stehen.[261]

254 Vgl. vorne Kap. 5.1.1; sowie etwa auch *Fraser/Jaeggi*, Kapitalismus, 2020, S. 76 ff.; *Habermas*, Theorie kommunikativen Handelns, 1988, S. 333.
255 Vgl. vorne Kap. 5.1.2 f.
256 Vgl. vorne Kap. 5.1.4.
257 Vgl. vorne Kap. 5.2.3; ferner auch *Koskenniemi*, Fate of Public International Law, 2007, S. 6 f. und 22.
258 *Fischer-Lescano/Teubner*, Regime-Kollisionen, 2006, S. 33, sowie u. a. S. 29; vgl. ferner *Teubner*, Verfassungsfragmente, 2012, S. 125 f. Vgl. zur Dynamik der Eigenrationalitätsmaximierung vorne Kap. 5.1.4.
259 *Fischer-Lescano/Teubner*, Regime-Kollisionen, 2006, S. 31; *Teubner/Fischer-Lescano*, Wandel der Rolle des Rechts, 2007, S. 19; *Teubner*, Verfassungsfragmente, 2012, S. 226, 243 f. und 255; *Fischer-Lescano*, Konkordanz, 2008, S. 173 ff.; vgl. auch *Koskenniemi*, Fate of Public International Law, 2007, S. 22 f.; *Koskenniemi*, Kantian Themes, 2008, S. 24.
260 Die Annahme dieses Wirkungszusammenhangs liegt auch der Arbeit der Völkerrechtskommission zugrunde; vgl. *ILC*, Fragmentation (Report), 2006, Ziff. 7 f. und 133. Überdies liegt hier eine Nähe zu sogenannten Ansatz- und Programmkonflikten vor, wie sie im Anschluss an *Matz*, Koordinierung, 2005, in Kap. 4.1 bei Fn. 19 ff. diskutiert wurden.
261 Vgl. vorne Kap. 4.2 und 5.1.3.

Auch ohne die Fragmentierung des Rechts vollständig – also im Sinne einer direkten Widerspiegelung – auf die funktionale Differenzierung zurückzuführen, ist nach dem bisher Ausgeführten von einer konstitutiven Verschränkung des Rechts mit seiner zersplitterten und konfliktgeladenen Umwelt auszugehen.[262] Diese divergierenden gesellschaftlichen Logiken und Interessen werden im Recht – wenn auch durch die Eigenbedingungen der Rechtssphäre verzerrt – reproduziert, sodass sich im Recht bestimmte, auf den jeweiligen gesellschaftlichen Kontext bezogene Rationalitäten herausbilden.[263] Geraten Normen nun in Konflikt zueinander, liegt es nahe, solche Konstellationen als Ausdruck einer Kollision außerrechtlicher Rationalitäten zu betrachten.[264] Die fragmentierten Rechtswelten kollidieren gerade deshalb, weil sie dieselben gesellschaftlichen Phänomene und Beziehungen nach Maßgabe unterschiedlicher Denkweisen adressieren.[265] Normkonflikte können also als Pendant zu den Rationalitätskollisionen, die sich zwischen Funktionsbereichen entfalten, bezeichnet werden.[266] Die – auch rechtlich konstituierten – gesellschaftlichen Sphären verursachen Konflikte, die im Recht als Normenkollisionen sichtbar werden. Rechtsfragmentierung und Kollisionen erscheinen so als Ausdruck ihrer gesellschaftlichen Einbettung und namentlich – aber nicht nur – funktionaler Differenzierungsprozesse.

Vor diesem Hintergrund greift es zu kurz, Normkollisionen bloß als Konflikte zwischen verschiedenen konkret situierten individuellen bzw. institutionellen Interessen – etwa eines Staates, einer internationalen Organisation, eines Unternehmens oder eines Menschen – zu begreifen.[267] Gewiss geraten in Situationen kollidierender Normbestände auch subjektive Interessen oder institutionelle Logiken aneinander. Vielfach hängen diese Spannungsverhältnisse aber mit der Ausdifferenzierungs- und Rationalisierungsdynamik der modernen Weltgesellschaft zusammen, sodass damit einhergehende Normkonflikte als Ausdruck widersprüchlicher gesellschaftlicher Verhältnisse zu betrachten sind. Diese Einsicht betrifft nicht nur die Problemanalyse, sondern impliziert gewisse Schlüsse für die Frage, wie mit Normkonflikten umzugehen ist. Darauf wird im nachfolgenden Kapitel einzugehen sein.

262 Vgl. auch *Benda-Beckmann/Turner*, Anthropological Roots, 2020, S. 138 ff.

263 Vgl. vorne Kap. 5.2.4.

264 Vgl. auch *Koskenniemi*, Enchanted by the Tools, 2019, S. 8.

265 *Orford*, Social Question, 2020, S. 46.

266 Vgl. auch *Fraser/Jaeggi*, Kapitalismus, 2020, an den Grenzpunkten gesellschaftlicher Sphären »normative Konflikte« zu Tage treten (S. 99 f., 194, 199 und 203).

267 Vgl. *Fischer-Lescano/Teubner*, Regime-Kollisionen, 2006, S. 73 ff., die am Beispiel des Patentschutzes von Medikamenten die Beschreibung als Rationalitätskonflikt von einer subjektiv-rechtlichen und einer institutionellen Lesart abgrenzen. Vgl. auch *Fischer-Lescano*, Konkordanz, 2008, S. 173 ff.

Schließlich ist erneut hervorzuheben, dass Rationalitätskonflikte und andere gesellschaftliche Antagonismen nicht zwingend zu Normkonflikten führen.[268] Das Weltverständnis, das sich in einem Rechtsbereich festsetzt, folgt stets aus politischen Auseinandersetzungen, die in gesellschaftliche Kräfteverhältnisse eingelassen sind und sich auch durch das Recht selbst ziehen.[269] Bestimmte Logiken und Wahrheiten beeinflussen nicht nur einzelne Rechtsregimes, sondern wirken regimeübergreifend. Gerade wenn ein gesellschaftliches Teilsystem ökologische Dominanz erlangt und eine bestimmte Rationalität hegemonial wird, färbt dies mitunter weite Teile des Rechts. Machen sich verschiedene Weltverständnisse über Regimegrenzen hinweg bemerkbar, konkurrieren auch innerhalb eines Rechtsregimes divergierende Normverständnisse.[270] Vom Ausgang solcher Auseinandersetzungen hängt es ab, welche Gestalt ein Regime annimmt – und ob es dadurch in Konflikt gerät mit anderen Normbeständen. Rationalitätskonflikte führen deshalb nur dann zu Normkonflikten, wenn es divergierenden Kräften gelingt, ihre Position im Recht effektiv zu artikulieren.[271] Bleibt dies aus, kann sich eine regimeübergreifende Konvergenz und damit eine Harmonie einstellen, die über die antagonistische Gesellschaftsstruktur hinwegtäuscht. Der Umstand, dass eine solche Harmonie stets prekär und darauf angewiesen ist, plausibilisiert zu werden, öffnet den Blick auf die Rolle der Externalisierung. Bevor dieser Zusammenhang dargestellt werden kann, sind aber zunächst die Strategien im Umgang mit Normkonflikten einer Betrachtung zu unterziehen.

268 Vgl. hierzu bereits vorne Kap. 5.2.2 und 5.2.4.4.

269 Vgl. hierzu vorne insb. Kap. 5.2.4.

270 Vgl. hierzu vorne insb. Kap. 5.2.2.

271 Vgl. auch vorne in Kap. 4.1 bei Fn. 28 f. sowie hinten in Kap. 6.4.1 bei Fn. 281.

6 Strategien im Umgang mit Normkonflikten

Die Fragmentierung des Rechts und die damit einhergehenden Normkollisionen stellen das Recht und die Rechtswissenschaft vor Herausforderungen. Normkonflikte gefährden die Rechtssicherheit, die Rechtsgleichheit, die Legitimität sowie die Stabilität des Rechts.[1] Es dürfte denn auch ein weitgehender Konsens bestehen, dass sich Normkonflikte in verschiedenen Hinsichten negativ auswirken können, weshalb deren Bewältigung besonderer Strategien bedarf. Aus rechtswissenschaftlicher Perspektive werden deshalb zahlreiche Vorschläge debattiert, um eine kohärente und einheitliche Rechtsordnung zu gewährleisten. Diese Strategien sollen anschließend betrachtet und vor dem Hintergrund der bisherigen Erkenntnisse und im Lichte des Externalisierungskonzepts beurteilt werden. Dabei wird sich herausstellen, dass insbesondere rechtsdogmatische und rechtstheoretische Vorschläge ins Spiel gebracht werden, die die Frage, wie Normkonflikte gegenwärtig verarbeitet werden, kaum beachten. Unter Rückgriff auf soziologische und gesellschaftstheoretische Einsichten soll deshalb argumentiert werden, dass die Externalisierung als raumpolitische Strategie eine zentrale Rolle im real existierenden globalen Recht einnimmt, um Normkonflikte zu entschärfen und die zugrunde liegenden widersprüchlichen Gesellschaftsformationen zu stabilisieren.

Wenn in der vorliegenden Arbeit eine Perspektive eingenommen wird, aus der Fragmentierung und Normkonflikte Probleme darstellen, soll damit nicht suggeriert werden, Harmonie und Konfliktfreiheit seien ein wünschenswertes oder realistisches Ziel. Zu Recht wird mitunter betont, dass Fragmentierung auch positiv bewertet werden kann.[2] Aus Rechtspluralismus und Heterarchie können sich »checks and balances« ergeben, indem etwa schwächeren Akteur*innen alternative Normativitäten zur Verfügung stehen.[3] Zudem verweisen kollidierende Normen und

1 Vgl. zu den Gefahren der Fragmentierung *Hafner*, Risks Ensuing from Fragmentation, 2000, S. 35 ff.; *Mattheis*, Konstitutionalisierung, 2018, S. 255 ff. und 266 f.; *Viellechner*, Weltgesellschaft, 2013, S. 297 f.; *Krisch*, Pluralism, 2019, S. 701 ff.; *Cottier et al.*, Introduction, 2011, S. 4 ff.; sowie differenziert *Koskenniemi/Leino*, Fragmentation, 2002, S. 556 ff. und 574 ff.

2 Vgl. nebst dem nachfolgend Erwähnten etwa *Peters*, Refinement, 2017, S. 680 ff.; *Alter*, Comprehending global governance, 2020, S. 421; *Wellens*, Diversity, 1994, S. 28 und 30 f.; *Simma*, Self-contained regimes, 1985, S. 135.

3 *Krisch*, Pluralism, 2019, S. 703 ff. m. w. H. Diese Möglichkeit steht indes auch – und vermutlich sogar in verstärktem Ausmaß – mächtigen Akteur*innen wie namentlich Staaten und transnationalen Unternehmen offen, die sog. forum shopping oder regime shifting betreiben können, um ihre Interessen zu verfolgen. Vgl. dazu etwa *Kreuder-Sonnen/Zürn*, After fragmentation, 2020, S. 242; *Pogge*, Divided against itself, 2012, S. 392.

Normprojektionen regelmäßig auf politische Auseinandersetzungen, die sich im Recht artikulieren.[4] Streit und Konflikt abzuschaffen, kann kein Desiderat darstellen, denn ein apolitischer Raum ohne Meinungsverschiedenheiten »does not exist, cannot exist, and would be abhorrent at any rate«.[5] Viel eher muss es darum gehen, Räume der politischen Auseinandersetzung zu schaffen. Dies ist denn auch der Schluss, der aus der Beschreibung der Externalisierungsgesellschaft zu ziehen ist, die den Mangel an demokratischen Räumen und deren Prägung durch Exklusionsmechanismen betont.[6] Mit anderen Worten geht es nicht darum, politische Auseinandersetzungen und Konflikte als solche zu verbannen, sondern viel eher um ihre Form und die Modi ihrer Bearbeitung.[7]

Angesichts dessen lohnt es sich, den Hintergrund, vor dem Normkonflikte vorliegend als Problem thematisiert werden, in Erinnerung zu rufen. Mit dem Begriff des Normkonflikts gelingt es, das Konzept der Externalisierung ins Recht zu übersetzen. Externalitäten werden im Rechtsdiskurs also als Kollisionspunkte sichtbar. Zugleich können Normkonflikte als Ausdruck gesellschaftlicher Rationalitätskollisionen und Spannungsverhältnisse verstanden werden. So rücken sie Herausforderungen ins Licht, welche die gesellschaftliche, natürliche und individuelle Integrität gefährden und in tieferliegenden Strukturen gründen. Dass das Recht, wie nachfolgend zu skizzieren ist, Wege findet, um mit Normkonflikten umzugehen und als geschlossenes System begriffen werden kann, bedeutet zunächst nur, dass es trotz hoher Einsätze entscheidungsfähig bleibt.[8] Dies vermag denn auch das anhaltende Vertrauen der Rechtswissenschaft ins Recht zu begründen.[9] Mit Blick auf die zugrunde liegenden

4 Vgl. vorne Kap. 5.2.2 sowie in Kap. 4.1 bei Fn. 28 f. und in Kap. 5.3 bei Fn. 271.

5 *Klabbers*, Constitutionalism Lite, 2004, S. 54. Vgl. auch *Boysen*, Postkoloniale Konstellation, 2021, S. 311 f.

6 Vgl. insb. die demokratietheoretische Einbettung des Externalisierungskonzepts bei *Lessenich*, Die Dialektik der Demokratie, 2019; *Lessenich*, Grenzen, 2019; ferner dazu *Diez*, Konsenssause, in: Die Wochenzeitung, 12.09.2024, S. 9.

7 Vgl. dazu auch *Craven*, Unity, 2005, S. 31.

8 Vgl. etwa die oft zitierte Feststellung des IGH-Richters Greenwood: »International law is not a series of fragmented specialist and self-contained bodies of law, each of which functions in isolation from the others; it is a single, unified system of law and each international court can, and should, draw on the jurisprudence of other international courts and tribunals, even though it is not bound necessarily to come to the same conclusions« (IGH, Ahmadou Sadio Diallo 2012, Decl. Greenwood, S. 394); ferner *ILC*, Fragmentation (Conclusions), 2006, Ziff. 14; vgl. auch *Crawford*, The Course of International Law, 2014, Ziff. 228 ff.

9 *Koskenniemi/Leino*, Fragmentation, 2002, S. 575. Vgl. etwa die Vertrauensbekundungen bei *Hilpold*, From Conflict to Coordination, 2007, S. 504 f.

gesellschaftlichen Konflikte und Widersprüche erscheint es indes wenig adäquat, von der Fragmentierungsdebatte Abschied zu nehmen.[10] Normative Forderungen, das Recht als System ernst zu nehmen und eine Auslegung zu betreiben, die Einheit und Kohärenz wahrt, sowie die Feststellung, dass sich nicht alle gesellschaftlichen Spannungsverhältnisse, die dem Recht zugrunde liegen, im Recht als offene Konfliktlagen zu Tage treten, können berechtigt sein, vermögen theoretische und soziologische Analysen aber nicht in Frage zu stellen und laufen darüber hinaus Gefahr, gesellschaftliche Machtverhältnisse zu normalisieren. Letztlich zeigt sich hier, dass Fragmentierung und Kohärenz nicht Eigenschaften der Welt sind, sondern zu einem wesentlichen Teil von den Wertungen und Voranahmen der Betrachtenden abhängen.[11]

6.1 Problembewältigung in Dogmatik und Theorie

Ansätze zum Umgang mit Fragmentierung und Normkonflikten bestehen zahlreiche. Bevor diese mit der These der Externalisierungsgesellschaft konfrontiert werden, soll im Folgenden ein Überblick über die verschiedenen Strategien verschafft werden. Fragmentierung und Normkonflikte werden auf zwei Ebenen adressiert, einer rechtsdogmatischen und einer rechtstheoretischen, wobei rege Bezüge zwischen diesen Ebenen bestehen, obschon sie nicht immer explizit herausgearbeitet werden.[12] Im

und 509; sowie die in der nachfolgenden Fußnote aufgeführten Autor*innen.

10 Vgl. so *Andenas/Bjorge* (Hrsg.), Farewell to Fragmentation, 2015; *Peters*, Refinement, 2017, S. 672; *Kreuder-Sonnen/Zürn*, After fragmentation, 2020, S. 250; *Blair/Vidak-Gojkovic/Meudic-Role*, The Medium Is the Message, 2018, S. 411; vgl. in der Tendenz auch *Karamanian*, Human Rights Dimensions of Investment Law, 2012, S. 271; sowie ein allgemeines Vertrauen in die Konfliktlösungsfähigkeit attestierenden *Koskenniemi/Leino*, Fragmentation, 2002, S. 575. Genau genommen bestreiten diese Stimmen nicht die Fragmentierung als solche, sondern betonen die Verfügbarkeit rechtsdogmatischer Argumente, die eine Konvergenz und Kohärenz herzustellen vermögen, und verweisen darauf, dass die Aktualisierung von Konflikten vom Verhalten der involvierten – nicht aber der zu involvierenden – Akteur*innen abhängt. Dass aus diesen Annahmen, die als solche vorliegend nicht bestritten werden, auch andere Schlüsse gezogen werden können, soll nachfolgend dargelegt werden.

11 *ILC*, Fragmentation (Report), 2006, Ziff. 20; *Koskenniemi*, Fate of Public International Law, 2007, S. 24; *Klabbers*, Setting the Scene, 2009, S. 14; vgl. auch Alter 2020, Comprehending Global Governance, S. 421; *Kennedy/Koskenniemi*, Of Law and the World, 2023, S. 154 und 159.

12 Die unterschiedliche Richtung der Bezüge – also ob von theoretischen Prämissen auf rechtsdogmatische Strategien geschlossen wird oder theoretische

Vordergrund stehen nachfolgend zunächst die rechtstechnischen Strategien im Umgang mit kollidierenden Normen, während anschließend auch einige theoretische Implikationen betrachtet werden. Um an die bisherigen Ausführungen zur Fragmentierung anzuschließen, liegt auch im Folgenden ein besonderes Augenmerk auf den systemtheoretisch informierten Positionen.

Rechtsdogmatische Konfliktlösungsansätze streben entweder danach, eine Hierarchie herzustellen, sodass – grundsätzlich oder im Einzelfall – einer Norm Vorrang eingeräumt wird, was im Folgenden als vertikale Konfliktlösung bezeichnet wird. Oder aber sie gehen davon aus, dass keiner Norm der Vorrang gebührt und stattdessen zu versuchen ist, die konfligierenden Geltungsansprüche gleichzeitig zu respektieren, sodass eine horizontale Konfliktlösung vorliegt. In diesem Fall wird also die widersprüchliche Koexistenz von Normen in eine konfliktfreie überführt, indem die Normen so interpretiert werden, dass ihre Vorgaben mit dem Gehalt anderer Normen vereinbar sind oder sich ihre Geltungsbereiche nicht überschneiden. Statt einer Subordination, wie dies bei hierarchischen Ansätzen der Fall ist, wird ein harmonisches Verhältnis angestrebt.[13] Eine Betrachtung dieser verschiedenen Ansätze wird zeigen, dass sie die Probleme, die in der Fragmentierungsdebatte angesprochen werden, kaum zu beseitigen vermögen.

6.1.1 Vertikale Konfliktlösung

Völkerrechtliche Normen stehen grundsätzlich nicht in hierarchischen Beziehungen zueinander.[14] Gerade die Absenz einer Normenhierarchie, wie sie in nationalstaatlichen Kontexten kraft verfassungsrechtlicher Vorgabe üblich sind,[15] stellt – je nach theoretischer Perspektive

Aussagen von den bestehenden Rechtstechniken abgeleitet werden – strukturiert z. B. das Vorgehen bei *Michaels/Pauwelyn*, Conflict of Norms or Conflict of Laws, 2012, u. a. S. 349 f. Vgl. auch *Krisch*, Pluralism, 2019, S. 695 ff.

13 Vgl. ähnlich *Pulkowski*, International Regime Conflict, 2014, S. 272 ff. und 318 ff. Freilich sind auch andere Kategorisierungen möglich und je nach Anliegen naheliegender. Vgl. so etwa *Michaels/Pauwelyn*, Conflict of Norms or Conflict of Laws, 2012, die danach unterscheiden, ob sich der fragliche Konflikt zwischen Rechtssystemen oder innerhalb eines solchen entfaltet; *Peters*, Refinement, 2017; *Kleinlein*, Fragmentierungen im Öffentlichen Recht, 2017.

14 *ILC*, Fragmentation (Report), 2006, Ziff. 85; *von Arnauld*, Völkerrecht, 2023, Rz. 285 und 288; *Forteau/Miron/Pellet*, Droit international public, 2022, Ziff. 328; vgl. bereits vorne in Kap. 5.2.1 bei Fn. 106.

15 Dies setzt wiederum eine Rechtsquellenhierarchie voraus, deren Absenz im Völkerrecht noch deutlicher ist als das Fehlen einer Normenhierarchie; vgl. *Forteau/Miron/Pellet*, Droit international public, 2022, Ziff. 326 und 339.

– Ursprung oder erschwerendes Moment der Fragmentierung des Rechts jenseits des Nationalstaats dar.[16] Regelmäßig fehlt damit eine Meta-Perspektive, die eine Konfliktlösung zuließe.[17] Absolute, d. h. a priori Hierarchien bestehen im Völkerrecht nur, wenn ius cogens oder Verpflichtungen gemäß Art. 103 UN-Charta betroffen sind.[18] Dass auch diese scheinbar klare Rangordnung einer lex superior langwierige Debatten nicht ausschließt, belegen die Auseinandersetzungen in Rechtsprechung und Schrifttum zu den Individualsanktionen des UN-Sicherheitsrats[19] und zur Staatenimmunität im Zusammenhang mit dem Folterverbot[20]. Umstritten ist zudem auch der Ursprung und der Inhalt des ius cogens, was angesichts seiner Abstraktheit kaum überrascht, im Ergebnis aber dazu führt, dass divergierende Verständnisse des Unverfügbaren einfache Konfliktlösungen verunmöglichen.[21] Die Schwierigkeit der Geltungsbegründung wiederum hängt gerade mit der Unverfügbarkeit zusammen, die ausschließt, ius cogens auf die Staatenpraxis oder den zwischenstaatlichen Konsens zurückzuführen.[22] Vor diesem Hintergrund erscheint es schlüssig, dass selbst da,

16 Vgl. zur Rückführung der Fragmentierung auf den gesellschaftlichen Kontext des Rechts vorne Kap. 5.2.

17 Vgl. *Peters*, Refinement, 2017, S. 703; *Koskenniemi*, Hegemonic Regimes, 2012, u. a. S. 310, 317 f., 320 und 324; *Pasquet*, De-Fragmentation Techniques, Rz. 39.

18 Art. 30, 53 und 64 VRK; sowie etwa *ILC*, Fragmentation (Report), 2006, Ziff. 328 ff. und 361 ff.; *von Arnauld*, Völkerrecht, 2023, Rz. 288, der diesbezüglich von einem »echten« Vorrang und einer Hierarchie im engeren Sinne spricht; *Forteau/Miron/Pellet*, Droit international public, 2022, Ziff. 328 und 335; *Fassbender*, Constitution of the International Community, 1998, S. 577 und 585; *Vidmar*, Norm Conflicts and Hierarchy, 2012, S. 18 ff. und 25 ff. Ablehnend gegenüber a priori geltenden, höherrangigen Völkerrechtsnormen hingegen *Teubner/Fischer-Lescano*, Wandel der Rolle des Rechts, 2007, S. 41 und 44 f. Verpflichtungen aus ius cogens beanspruchen Geltung erga omnes. Umgekehrt sind Normen, die Verpflichtungen gegenüber der internationalen Gemeinschaft als Ganzes begründen, nicht zwingend Teil des ius cogens, auch wenn sie tendenziell besonderes Gewicht haben. Vgl. hierzu *ILC*, Fragmentation (Report), 2006, Ziff. 404 ff.; *Mattheis*, Konstitutionalisierung, 2018, S. 213 f.

19 Vgl. etwa *Hofer*, Spannungsfeld, 2019; *Sicilianos*, Systemic Harmonization, 2017; *Krisch*, Beyond Constitutionalism, 2010, S. 153 ff.

20 Vgl. EGMR, Al-Adsani 2001, insb. Ziff. 61 und 66 sowie die Joint Dissenting Opinion of Judges Rozakis und Caflisch; ferner etwa *Hemmi*, Jurisdictional immunity of states, 2019; *Pavoni*, Immunities, 2012.

21 Vgl. zur insofern auch politischen Natur des ius cogens *Özsu*, Jus Cogens, 2017, insb. S. 306 ff.

22 *Koskenniemi*, From Apology to Utopia, 2005, S. 323 ff.; *ILC*, Fragmentation (Report), 2006, Ziff. 375. Der Geltungsgrund wird angesichts dessen etwa offen gelassen (vgl. *ILC*, Fragmentation (Report), 2006, Ziff. 375), in vagen ausserrechtlichen Kategorien verortet (vgl. *Frowein*, Ius Cogens, 2013,

wo ausnahmsweise eine absolute Hierarchie betroffen sein könnte, nur sehr selten auf diese zur Konfliktlösung zurückgegriffen wird.[23]

Als relative Hierarchien können demgegenüber jene Vorrangverhältnisse betrachtet werden, die einzelfallweise, also in Bezug auf bestimmte Konstellationen angenommen werden.[24] Dazu dienen die klassischen Vorrangregeln der spezielleren Norm (lex specialis) und der jüngeren Norm (lex posterior).[25] Dagegen werden vorliegend andere Strategien, die ebenfalls vom Kontext abhängen und sich insofern durch eine vergleichbare Relativität auszeichnen, nicht als hierarchische, sondern als harmonische, also horizontale Konfliktlösungen eingeordnet, weil sie entweder zur gleichzeitigen Anwendung von Normen führen oder den Anwendungsbereich konfligierender Normen so abgrenzen, dass gerade kein Konflikt besteht. Im letzteren Fall wird also eine Subordination gerade vermieden, obwohl im Ergebnis ebenfalls einer binären Logik gefolgt wird, indem eine der konfligierenden Normen oder eines der kollidierenden Regime als zuständig betrachtet wird.[26] Zumindest vordergründig geht es aber stets darum, die Autorität anderer Normbestände zu schonen.[27]

Der Vorrang der lex specialis stärkt in einem Rechtssystem, das auch auf institutioneller Ebene fragmentiert ist, tendenziell jenes Rechtsregime,

Rz. 3) oder in einem modifizierten Staatenkonsens gesucht (vgl. *Cassese*, Jus Cogens, 2012, S. 163). Das Problem der utopischen Herleitung, das Koskenniemi (ibid.) identifiziert, kann damit gerade nicht umgangen werden.

23 *De Wet/Vidmar*, Conflicts, 2013, S. 202 ff.; vgl. auch *ILC*, Fragmentation (Report), 2006, Ziff. 377; sowie zum Ganzen *Jeutner*, Irresolvable Norm Conflicts, 2017, S. 48 ff.

24 Vgl. zu dieser Relativität *ILC*, Fragmentation (Report), 2006, Ziff. 19, 62, 105, 226, 233, 250, 320 und 410.

25 Vgl. dazu Art. 30 f., 41 und 59 VRK; *ILC*, Fragmentation (Report), 2006, Ziff. 46 ff. und 223 ff.; *Forteau/Miron/Pellet*, Droit international public, 2022, Ziff. 332 ff. und 339 ff.; *Pasquet*, De-Fragmentation Techniques, Rz. 27 ff. Eine jüngere oder speziellere Norm ist allerdings nicht zwingend vorrangig zu behandeln, sondern kann auch gleichzeitig mit einer allgemeineren oder älteren Norm anzuwenden sein; vgl. *ILC*, Fragmentation (Report), 2006, Ziff. 31 und 88 ff.; UN-SRÜ-Schiedsgericht, Southern Bluefin Tuna 2000, Ziff. 52; IGH, Nuclear Weapons 1996, Ziff. 25.

26 Vgl. für eine stärkere Gewichtung dieser Binarität im Zuge der Kategorisierung der verschiedenen Konfliktlösungsstrategien etwa *Peters*, Refinement, 2017, S. 682 ff.; *Pasquet*, De-Fragmentation Techniques, Rz. 32 ff. Insb. rechtspluralistische Positionen betonen die Differenz zur Hierarchie, weil die Kompatibilisierung nicht zentral, durch ein sich selbst als höherrangig konzipierenden Rechtsregime erfolgt, sondern von den jeweiligen Rechtsregimen in horizontaler Weise ausgeht; vgl. etwa *Viellechner*, Weltgesellschaft, 2013, S. 298; *Berman*, Global Legal Pluralism, 2007, S. 1166; *Fischer-Lescano*, Pluriversum, 2020, S. 25 und 27; *Fischer-Lescano/Teubner*, Regime-Kollisionen, 2006, S. 99 und 121 f.

27 Vgl. etwa *Pulkowski*, International Regime Conflict, 2014, S. 330 f. und 334.

das sich des fraglichen Sachverhalts annimmt, und damit auch jene Regimes, die auf ausgebaute Durchsetzungsmechanismen zurückgreifen können. Aus Sicht einer regimeinternen Instanz, also beispielsweise eines Menschenrechtsorgans oder eines investitionsschutzrechtlichen Schiedsgerichts, stellt das eigene Recht stets die lex specialis dar, also jenes Recht, das den aufgeworfenen Fragen am nächsten steht.[28] Welche Fragen nämlich in einem konkreten Fall aufgeworfen werden und von besonderer Relevanz sind, wird nahezu zwangsläufig bereits aus einer regimespezifischen Sicht beurteilt und hängt davon ab, welchen Zielen das Rechtsregime dient, dessen Sprachrohr das angerufene Organ ist.[29] Doch nicht nur die rechtsprechende Instanz selbst bedient sich dieses Vokabulars. Wer sich an diese wendet, kommt kaum umhin, das Anliegen der regimespezifischen Sicht entsprechend zu artikulieren und damit die Antwort auf die Frage nach der lex specialis gewissermaßen vorwegzunehmen. Entstammen konfligierende Normen unterschiedlichen Regimen, stehen sich sodann eigentlich zwei leges speciales gegenüber.[30] Insofern fehlen eine kontrastierende lex generalis und ein gemeinsamer sachlicher Bezugspunkt, womit im Ergebnis fraglich ist, ob überhaupt eine speziellere Norm vorliegt.[31] Kollidieren Rechtsregime, vermag demnach die Anwendbarkeit dieser relativen Vorrangregel kaum schlüssig behauptet zu werden. Vergleichbare Einschränkungen drängen sich hinsichtlich des Vorrangs der jüngeren Norm auf. Nach Art. 30 Abs. 1 VRK wird explizit ein Bezug auf denselben Gegenstand vorausgesetzt, was die Anwendbarkeit auch dieser Vorrangregel für Konflikte zwischen Normen unterschiedlicher Rechtsbereiche stark reduziert.[32]

Tatsächlich sind sowohl absolute als auch relative Vorrangregeln für Interregimekonflikte wenig hilfreich und eigentlich auf Konstellationen

28 *Karamanian*, Human Rights Dimensions of Investment Law, 2012, S. 238, 249, 255, 261 f. und 269; *Michaels/Pauwelyn*, Conflict of Norms or Conflict of Laws, 2012, S. 367 f.; *Guillaume*, Proliferation, 27.10.2000, S. 5; vgl. auch *Walter*, Konstitutionalisierung und Fragmentierung, 2015, S. 766 f., wonach die Spezialisierung eine strukturelle Voreingenommenheit verursachen kann; sowie *Klabbers/Palombella*, Introduction, 2019, S. 10, die das Fehlen einer neutralen Rechtssprache betonen. Vgl. zur Herausbildung institutioneller Logiken und Vorurteile bereits vorne insb. Kap. 5.2.4.4.

29 *Koskenniemi*, Fate of Public International Law, 2007, S. 5 f.; *Koskenniemi*, Politics II, 2009, S. 10 ff.; vgl. auch *Kleinlein*, Fragmentierungen im Öffentlichen Recht, 2017, S. 1077 f.

30 *De Wet/Vidmar*, Conflicts, 2013, S. 209; vgl. dazu auch *Jeutner*, Irresolvable Norm Conflicts, 2017, 61 ff.

31 Vgl. *ILC*, Fragmentation (Report), 2006, Ziff. 111 ff., insb. 121 und 255.

32 *Pasquet*, De-Fragmentation Techniques, Rz. 28 m. w. H.; *ILC*, Fragmentation (Report), 2006, Ziff. 253 ff.

gemünzt, in welchen regimeinterne Kollisionen zur Debatte stehen.[33] Wer eine dieser Regeln in Anschlag bringt, geht zugleich von einer Einheit des Rechts aus, das durch hierarchische Verhältnisse geprägt ist.[34] Implizit wird also das Bestehen eines kohärenten Rechtssystems oder Rechtsregimes vorausgesetzt.[35] Nur dann kann angenommen werden, dass eine spezifischere oder jüngere Norm vorrangig anzuwenden ist.[36] Der Vorrang des einen Rechts geht also mit einer Einheits- und damit Kohärenzannahme einher, was die unterstellte Hierarchie rhetorisch abschwächt. Im Ergebnis bleibt es aber dabei, dass der Konflikt nicht aufgelöst, sondern mittels hierarchischer Intervention negiert wird. Für den vorliegenden Kontext erweisen sich diese hierarchischen Konfliktlösungstechniken als wenig überzeugend und insofern kaum geeignet, Konflikte tatsächlich beizulegen.[37]

6.1.2 Horizontale Konfliktlösung

Häufiger werden Konflikte unter Rückgriff auf harmonisierende Strategien beigelegt.[38] Diese sind vielfältig und zielen darauf ab, die beiden konfligierenden Normen oder Normbestände zugleich gelten zu lassen und damit ein horizontales Verhältnis herzustellen. Dies wird dadurch erreicht, dass entweder die Geltungsbereiche voneinander abgegrenzt werden, was als Harmonie im weiteren Sinne bezeichnet werden kann, oder eine Interessenkonvergenz, eine Harmonie im engeren Sinn, unterstellt wird.

Eine Harmonisierung ist insofern naheliegend, als keine stabile Normenhierarchie besteht und die Behauptung einer Hierarchie im Einzelfall mit einem erhöhten Begründungs- und Legitimationsbedarf einhergeht.

33 *ILC*, Fragmentation (Report), 2006, Ziff. 255 f.; *Fischer-Lescano/Teubner*, Regime-Kollisionen, 2006, S. 103; *Teubner/Fischer-Lescano*, Wandel der Rolle des Rechts, 2007, S. 45 und 52; *Michaels/Pauwelyn*, Conflict of Norms or Conflict of Laws, 2012, S. 350, 354 ff. und 365 ff.; *Ziegler/Boie*, Relationship, 2012, S. 290; *Pulkowski*, International Regime Conflict, 2014, S. 326 ff. und 331; *Pasquet*, De-Fragmentation Techniques, Rz. 26 f.

34 Vgl. *Michaels/Pauwelyn*, Conflict of Norms or Conflict of Laws, 2012, S. 362 f.; *Pasquet*, De-Fragmentation Techniques, Rz. 26 f.

35 *Michaels/Pauwelyn*, Conflict of Norms or Conflict of Laws, 2012, S. 354 ff. In diesem Sinne interpretierte etwa der IGH, Nuclear Weapons 1996, Ziff. 25 und 34, das humanitäre Völkerrecht als lex specialis zum Menschenrechtsregime, das über Schrankenvorbehalte gleichsam von sich aus die Regelungshoheit an das humanitäre Völkerrecht abtrete.

36 Vgl. *Pulkowski*, International Regime Conflict, 2014, S. 328.

37 Vgl. mit gleichem Schluss etwa *Cottier*, Trade and Human Rights, 2002, S. 114 f.

38 *De Wet/Vidmar*, Conflicts, 2013, insb. S. 208 und 216; *Karamanian*, Human Rights Dimensions of Investment Law, 2012, S. 269.

Daher verspricht eine Argumentation, die von einer Kompatibilität ausgeht, weniger aufwändig und resistenter gegenüber allfälliger Kritik zu sein.[39] Davon zeugt auch der Begriff des »unechten« Konflikts, der die zugrunde liegende Konstellation semantisch bereits entschärft.[40] Selbst wenn Art. 103 UN-Charta oder ius cogens betroffen ist, wird ein Konflikt oft nicht über eine Hierarchie gelöst.[41] Auf eine solche soll lediglich als ultima ratio zurückgegriffen werden.[42] Die Harmonisierung unterstellt demgegenüber, dass die betroffenen Normen sich bei Lichte betrachtet nicht widersprechen würden und die eine Norm womöglich der anderen sogar zum Durchbruch verhelfen würde. Mithin werden die Geltungsansprüche der involvierten Normen – zumindest rhetorisch – geschützt und damit potenziell auch die Macht und die Relevanz des eigenen Rechts innerhalb des institutionellen und weltrechtlichen Gefüges abgesichert.[43] Was als Einstehen für Harmonie erscheint, kann demnach ebenso als Ausdruck von Machtstreben und als Bemühung eine Hierarchie herzustellen, interpretiert werden. Ein weiterer Vorteil der harmonisierenden Konfliktlösung besteht darin, dass sich die Frage der Staatenverantwortlichkeit nicht stellt, weil die konfligierenden Verpflichtungen gleichzeitig eingehalten werden können.[44]

Horizontalen Strategien liegt eine Kompatibilitätsvermutung zugrunde, die wiederum auf entsprechende rechtstheoretische Hintergrundannahmen verweist. Nicht nur hierarchische Konfliktlösungen, die von

39 Vgl. auch *ILC*, Fragmentation (Report), 2006, Ziff. 40, wonach die Annahme einer Kompatibilität politisch sensibler sein kann.

40 Vgl. *Pasquet*, De-Fragmentation Techniques, Rz. 25 f.; sowie zur Unterscheidung zwischen »echten« und »unechten« Normkonflikten bereits vorne Kap. 4.1.

41 *De Wet/Vidmar*, Conflicts, 2013, S. 202 ff., insb. 206, 208 und 216. Interessant ist hier etwa, dass sowohl der EGMR als auch der EuGH untergeordneten Instanzen, die aus ihrer Perspektive vorschnell auf den Vorrang von Art. 103 UN-Charta rekurrierten, widersprachen und Spielräume zugunsten der eigenen Rechtsordnung ausmachten, womit die Frage des Konflikts entweder umgangen (EGMR, Nada GK 2012, Ziff. 180 und 196 f.; EGMR, Al-Dulimi (GK) 2016, Ziff. 149; sowie die aufschlussreiche Kritik zu letzterem Urteil in der Concurring Opinion Albuquerque [ibid., Ziff. 55] und der Concurring Opinion Keller [ibid., Ziff. 8 und 27]) oder zugunsten des eigenen Rechts beantwortet wurde (EuGH, Kadi-I 2008, insb. Ziff. 314, 316 und 326).

42 *Sicilianos*, Systemic Harmonization, 2017, S. 801.

43 Vgl. *Pasquet*, De-Fragmentation Techniques, Rz. 50 zur Al-Dulimi-Rechtsprechung des EGMR. Demgegenüber zeigt die Diskussion zur Rechtsprechung des polnischen Verfassungsgerichts, welch hohe Wellen eine konfrontative Konfliktlösung werfen kann (vgl. etwa *Breuer*, Opposing ECtHR Judgments, 2022).

44 Vgl. Art. 30 Abs. 5 VRK; *Forteau/Miron/Pellet*, Droit international public, 2022, Ziff. 336.

einem einheitlichen Rechtssystem ausgehen, setzen implizit eine Kohärenz voraus. Wie nachfolgend näher dargelegt wird, knüpfen auch harmonisierende Ansätze an eine solche Vermutung an.[45] Wer einen »unechten« Normkonflikt annimmt, weil eine Harmonisierung hinreichend plausibel begründbar ist, verneint faktisch einen Konflikt und vermeidet dessen Anerkennung. Die Harmonie stellt dann gleichermaßen Ausgang wie Ziel der Auslegung dar: Ausgehend von der Annahme, dass Staaten keine widersprüchlichen Verpflichtungen eingehen, wird vermutet, dass die bestehenden Normen kompatibel seien, weshalb eine dahingehende Auslegung vorzunehmen sei.[46] In ähnlicher Weise ging der EGMR mit Blick auf die Individualsanktionen des UN-Sicherheitsrats von der Vermutung aus, dass keine Absicht bestehe, eine Verletzung fundamentaler Menschenrechte zu bewirken.[47] Selbst wenn eine Harmonie im engeren Sinn nicht erreichbar ist, sollen nach dieser Logik die involvierten Normen möglichst umfassend berücksichtigt werden.[48]

Im Folgenden gilt es im Anschluss an diese einführenden Bemerkungen die Strategien der horizontalen Konfliktlösung – also die Koexistenz und die Subordination – näher zu betrachten und ihre problematischen Aspekte zu beleuchten.

6.1.2.1 Koexistenz

Eine harmonisierende Konfliktbewältigung kann einerseits dadurch erreicht werden, dass die Geltungsbereiche von Normen so voneinander abgegrenzt werden, dass sie nicht in Konflikt geraten und sich gegenseitig ihren Wirkungsbereich zugestehen. Zwar sind diese Argumentationsfiguren regelmäßig mit einem hierarchischen Vorbehalt behaftet, doch dienen sie im konkreten Einzelfall dazu, einen Konflikt zugunsten einer Koexistenz zu entschärfen.[49]

45 *Pasquet*, De-Fragmentation Techniques, Rz. 2, 26 und 46 ff.; *ILC*, Fragmentation (Report), 2006, Ziff. 37 ff.; EGMR, Nada GK 2012, Ziff. 170.

46 Vgl. *ILC*, Fragmentation (Report), 2006, Ziff. 38 f.; EGMR, Al-Dulimi (GK) 2016, Ziff. 138; EGMR, Nada GK 2012, Ziff. 170.

47 EGMR, Al-Dulimi (GK) 2016, Ziff. 140; EGMR, Al-Jedda (GK) 2011, Ziff. 102.

48 Vgl. etwa *Pulkowski*, International Regime Conflict, 2014, S. 330 f. und insb. 334, wonach die rechtliche Autorität der involvierten Normen so wenig wie möglich zu beeinträchtigen sei; sowie *Teubner/Fischer-Lescano*, Wandel der Rolle des Rechts, 2007, u. a. S. 38, 45 und 52 f., welche mit einer wechselseitigen Responsivität und einer Bindungsvermutung gegenüber regimefremden Präjudizien dieselbe Stoßrichtung verfolgen.

49 Angesichts dieses Vorbehalts können solche Konfliktlösungsstrategien auch als hierarchische Techniken begriffen werden. So qualifiziert bspw. *Pulkowski*,

In dieser Weise operiert beispielsweise der EGMR, wenn er den Vertragsstaaten einen Ermessensspielraum einräumt[50] oder seine eigene Einschätzung zugunsten eines äquivalenten Schutzstandards zurückhält[51]. Dieser Vorbehalt des vergleichbaren Schutzes folgt der Rationalität der Solange-Rechtsprechung des deutschen Bundesverfassungsgerichts.[52] Dieses erklärte, keine Überprüfung des EU-Rechts nach eigenen, also grundgesetzlichen Maßstäben vorzunehmen, solange ein effektiver Rechtsschutz auf EU-Ebene bestehe.[53] Vielerorts wird diesen Argumentationstechniken, die als Ausdruck von konstitutioneller Toleranz,[54] Responsivität[55] oder bedingter Anerkennung[56] beschrieben werden, ein beträchtliches Konfliktlösungspotenzial auch außerhalb ihrer Entstehungskonstellation attestiert und entsprechend deren Generalisierung für Interregimeverhältnisse vorgeschlagen.[57]

International Regime Conflict, 2014, S. 329 ff., IPR-Analogien als Vorrangregeln. Andere wiederum betonen die Binarität kollisionsrechtlicher Ansätze: z. B. *Pasquet*, De-Fragmentation Techniques, Rz. 32 ff.; *Peters*, Refinement, 2017, S. 683. Vgl. zur Koexistenz als eine Strategie im Umgang mit Regimeinteraktionen auch *Koskenniemi*, Hegemonic Regimes, 2012, S. 308 f.

50 Vgl. zum Ermessensspielraum *Kälin/Künzli*, Menschenrechtsschutz, 2019, Rz. 3.84 ff. Art. 1 EMRK-ZP 15 verankert nunmehr die Margin-of-appreciation-Doktrin gemeinsam mit dem Subsidiaritätsprinzip in der EMRK. Freilich schließt die Anwendung dieser Doktrin nicht aus, dass zur konkret erfolgten Interessenabwägung Stellung bezogen wird; vgl. etwa EGMR, Hatton v. UK GK 2003, Ziff. 129. Vgl. kritisch zur verschleiernden Wirkung des Ermessensspielraums *Fischer-Lescano/Teubner*, Regime-Kollisionen, 2006, S. 108.

51 Vgl. insb. EGMR, Bosphorus GK 2005, Ziff. 155 f.; EKMR, M. & Co. 1990; sowie im Ergebnis EGMR, Waite and Kennedy 1999, Ziff. 73.

52 Vgl. etwa *Bílková*, Equivalent Protection; *Janik*, Die EMRK und internationale Organisationen, 2010.

53 Vgl. BVerfG, Solange I 1974; BVerfG, Solange II 1986; sowie zur Parallelität *Kokott/Sobotta*, The Kadi Case, 2012, S. 1018 f.. Vgl. zur Solange-Rechtsprechung sowie zur deutlich konfrontativeren ultra vires- und Identitätskontrolle etwa *Frenz*, Europarecht, 2021, Rz. 163 ff.; *Pracht*, Residualkompetenzen, 2022; *Fischer-Lescano/Teubner*, Regime-Kollisionen, 2006, S. 121 f. Bzgl. des Anleihenkaufprogramms der EZB (Secondary Markets Public Sector Asset Purchase Programme; PSPP) hat das BVerfG, PSPP 2020, erstmals dem Handeln von EU-Organen wegen ultra vires-Charakters die Bindungswirkung in Deutschland abgesprochen und damit den Vorbehalt aktualisiert.

54 *Peters*, Refinement, 2017, S. 685 ff.; vgl. auch *Kumm*, Judicialization of Politics, 2006, S. 523 ff.; sowie zum Begriff der konstitutionellen Toleranz *Weiler*, Constitutional Tolerance, 2000, S. 217 f.

55 *Viellechner*, Weltgesellschaft, 2013, S. 301 ff.; vgl. auch *Viellechner*, Rechtspluralismus, 2012, S. 571 ff.; *Viellechner*, Friendliness, 2020.

56 *Krisch*, Beyond Constitutionalism, 2010, S. 287 ff.

57 Vgl. nebst den Hinweisen in Kap. 6.1.2.1, Fn. 54 ff. auch *Michaels/Pauwelyn*, Conflict of Norms or Conflict of Laws, 2012, S. 370 f. und 374,

Zu Recht weist Anne Peters darauf hin, dass diese Konfliktlösungsstrategie nur schlüssig ist, wenn die fraglichen Normen dieselben Ziele anstreben.[58] Der Rekurs auf diese Strategie setzt also eine Interessenkonvergenz voraus und impliziert damit, dass eine Kohärenz bereits besteht.[59] Zudem ist hier nicht außer Acht zu lassen, dass die Solange-Formel und der Äquivalenzvorbehalt als eine Form der Druckausübung betrachtet werden können, denn die Voraussetzungen, unter denen auf einen Eingriff verzichtet wird, werden aus der jeweiligen regimespezifischen Perspektive definiert.[60] Mit dieser Konfliktlösungsstrategie kann folglich die Drohung einhergehen, das eigene Recht anzuwenden, sollte das fremde Rechtsregime den Forderungen nach Äquivalenz nicht nachkommen. Im Ergebnis wird damit die eigene Rationalität dem anderen Regime aufgezwungen, was die These der Fragmentierung und der Konflikthaftigkeit des Rechts eher bestätigt als widerlegt.[61]

Umgekehrt kann die Annahme einer Interessenkonvergenz dazu führen, das eigene Recht vor dem Vorrang des fremden Rechts, der im Fall einer Divergenz greifen könnte, zu schützen. Der EGMR beispielsweise konstruierte eine solche Konvergenz zwischen Individualsanktionen einerseits und Menschenrechten andererseits mit dem Verweis auf die allgegenwärtige Menschenrechtsrhetorik der Vereinten Nationen.[62] Angesichts dessen konnte ein »echter« Konflikt verneint werden, was die EMRK vor der Unterordnung bewahrte, die gemäß Art. 103 UN-Charta andernfalls drohte.[63] Unter dem Deckmantel der Harmonie wird so die eigene – aus fremder Perspektive möglicherweise zu kritisierende – Position verteidigt.

die diesbezüglich auf das Konzept der »multi-sourced equivalent norms« (MSEN) rekurrieren. Vgl. zu diesem etwa *Broude/Shany* (Hrsg.), Multi-Sourced Equivalent Norms, 2011.

58 *Peters*, Refinement, 2017, S. 687; vgl. auch *Krisch*, Beyond Constitutionalism, 2010, S. 287 ff.; sowie *Klabbers*, Setting the Scene, 2009, S. 33.

59 Vgl. *Pasquet*, De-Fragmentation Techniques, Rz. 48 und 50; *Michaels/Pauwelyn*, Conflict of Norms or Conflict of Laws, 2012, S. 371.

60 *Pasquet*, De-Fragmentation Techniques, Rz. 14.

61 Vgl. auch *Klabbers*, Setting the Scene, 2009, S. 35 zur letztlich einseitigen Natur von Ermessensspielraum und Subsidiarität.

62 EGMR, Al-Dulimi (GK) 2016, Ziff. 139; *Sicilianos*, Systemic Harmonization, 2017, S. 799.

63 Vgl. EGMR, Al-Dulimi (GK) 2016, Ziff. 149; *Sicilianos*, Systemic Harmonization, 2017, S. 801; *Pasquet*, De-Fragmentation Techniques, Rz. 50; vorne in Kap. 6.1.2 bei Fn. 41. Dass nicht nur regimepolitische, sondern auch geopolitische Motive eine beträchtliche Rolle in Kollisionslagen spielen können, legt der EGMR, Behrami and Saramati GK 2007, Ziff. 149, insofern nahe, als er sich bezüglich einer Friedensmission nach Kap. VII der UN-Charta davor hütete, »to interfere with the fulfilment of the UN's key mission in this field«.

Eine beträchtliche Nähe weist diese bedingte Anerkennung fremden Rechts zu Ansätzen auf, die für Konflikte zwischen nationalstaatlichen Rechtsordnungen entwickelt wurden. Beanspruchen unterschiedliche landesrechtliche Normen Anwendbarkeit auf einen bestimmten Sachverhalt, kommt insbesondere das internationale Privatrecht und namentlich das eigentliche Kollisionsrecht zum Zug. Dieser Rechtsbereich hat eine weitaus komplexere Dogmatik zur Abgrenzung von Regelungsansprüchen entwickelt als das Völkerrecht, das sich ebenfalls mit konfligierenden nationalstaatlichen Normen befasst.[64] Obschon das Kollisionsrecht historisch als Teil des Völkerrechts betrachtet wurde, fußt es heute primär auf nationalem Recht.[65] Während das Völkerrecht eigentlich berufen wäre, kollisionsrechtlichen Exzessen Einhalt zu gebieten und dadurch die räumliche Expansion nationalen Rechts zu begrenzen, wird mangels griffiger interner Vorgaben auf Prinzipien des internationalen Privatrechts zurückgegriffen, um eben dies zu leisten.[66] In Anbetracht der mitunter widersprüchlichen Vorgaben, die sich aus potenziell konkurrierenden völkerrechtlichen Anknüpfungspunkten – also Territorialitäts-, Personalitäts-, Schutz- und Weltrechtsprinzip – ergeben, entwickelt etwa Cedric Ryngaert in einer Auseinandersetzung mit dem international-privatrechtlichen Prinzip der Comity einen Ansatz zur Lösung von Jurisdiktionskonflikten und schlägt eine Form der Subsidiarität vor, wonach im Dienste globaler Interessen die Anwendung des eigenen Rechts dann in Betracht komme, wenn der am stärksten betroffene Staat selbst nicht – oder nicht adäquat – agiere.[67]

Während Ryngaert also auf das Kollisionsrecht zurückgreift, um konfligierende Regelungsansprüche nationaler Rechtsordnungen zu vermitteln, votieren zahlreichen Stimmen dafür, kollidierende Normmassen des transnationalen Rechts ebenfalls mit Analogien zum internationalen Privatrecht zu regulieren und zu koordinieren.[68] Dieses Ansinnen ist

64 Dabei unterscheidet sich das Gewicht international-privatrechtlicher und völkerrechtlicher Grundsätze je nach Rechtsordnung; vgl. *Buxbaum*, Territory, 2009, S. 635 f. und 669 ff.; *Ryngaert*, Jurisdiction, 2015, S. 179 f.

65 *Ryngaert*, Jurisdiction, 2015, S. 18; *Grolimund/Loacker/Schnyder*, Art. 1, 2021, Rz. 96.

66 *Ryngaert*, Jurisdiction, 2015, S. 18 f.

67 *Ryngaert*, Jurisdiction, 2015, S. 142 ff., 190 und 215 ff.; vgl. auch *Sandrock*, Grenzen staatlicher Gesetzgebung, 2016, S. 68 ff. Mit der Beurteilung der Adäquanz fremden Handelns weist dieser Ansatz eine problematische Nähe zur »unwilling or unable«-Doktrin auf und steht damit in einer potenziellen Kontinuität zu Zivilisierungsdiskursen; vgl. hierzu *Tzouvala*, Unwilling or Unable, 2015.

68 Auch im europarechtlichen Diskurs sind Kollisionsrechtsansätze anzutreffen, auf die nachfolgend nicht näher eingegangen wird. Vgl. dazu etwa etwa *Joerges/Kjær/Ralli*, A New Type of Conflicts Law as Constitutional Form in

insofern bemerkenswert, als gerade das internationale Privatrecht einen zentralen Bestandteil der rechtlichen Infrastruktur darstellt, welche die exzessive Expansion wirtschaftlicher Rationalität erst ermöglicht und damit die Fragmentierung des Rechts akzentuiert.[69] Gunther Teubner und Andreas Fischer-Lescano plädieren beispielsweise für ein neuartiges Kollisionsrecht, mittels dessen eine »schwache normative Kompatibilität« erreicht werden könne.[70] Eine »communicative compatibility« hält auch Dirk Pulkowsi für realistisch, der die dafür notwendige regimeübergreifende Sprache unter anderem in Anlehnung an international-privatrechtliche Figuren entwickelt.[71] Ralf Michaels und Joost Pauwelyn bedienen sich ebenfalls beim Kollisionsrecht und schlagen unter anderem vor, Sachverhalte gestützt auf das Kriterium des engsten funktionalen oder institutionellen Bezuges einem spezifischen Rechtsregime zuzuweisen, wobei jenes Recht als einschlägig zu betrachten sei, das angemessener mit der Situation umzugehen wisse, etwa weil es die fremde Rationalität mitberücksichtige.[72] Diesen Mechanismus sehen sie

the Postnational Constellation, 2011; *Everson*, Limits of the »Conflicts Approach«, 2011. Kritisch zu dieser Analogie äußert sich etwa *Krisch*, Beyond Constitutionalism, 2010, S. 288, der sich deshalb bei weitgehenden inhaltlichen Überschneidungen zumindest terminologisch abgrenzt und den Begriff der Schnittstellennorm (interface norm) einführt.

69 Vgl. *Pistor*, Code des Kapitals, 2020, insb. S. 41, 214 ff. und 331 f.; *Salminen/Rajavuori*, Externalities of transnational production, 2021; sowie hinten in Kap. 9.1.1.1.3 bei Fn. 232 ff.

70 *Fischer-Lescano/Teubner*, Regime-Kollisionen, 2006, insb. S. 24 und 170; *Teubner/Fischer-Lescano*, Wandel der Rolle des Rechts, 2007, S. 9 und 54 f. Vgl. dazu näher hinten Kap. 6.1.2.2.1 sowie zur Ambivalenz in diesem Punkt in Kap. 6.1.2.2.4, Fn. 111. Eine eigentliche Überwindung der Fragmentierung, also mehr als eine bloß »schwache« Vermittlung, erachten Teubner und Fischer-Lescano als wenig aussichtsreich, was mit Verweis auf die Irreversibilität funktionaler Differenzierungsprozesse begründet wird (vgl. hierzu auch vorne in Kap. 5.1.1, Fn. 28). Wenn indes, wie vorne ausgeführt (vgl. Kap. 5.2.3), die wechselseitige Prägung zwischen dem Recht und seiner Umwelt sowie die zumindest beschränkte Eigenständigkeit des Rechts ernst genommen wird, scheint diese Frage zumindest noch offen. Vgl. zur Generalisierung kollisionsrechtlicher Ansätze bereits *Teubner*, Recht, 1989, S. 130 ff., der seinerseits auf weiter zurückliegende privatrechtstheoretische Arbeiten zurückgreift; vgl. dazu auch *Teubner*, Verfassungsfragmente, 2012, S. 231, Fn. 23.

71 *Pulkowski*, International Regime Conflict, 2014, S. 238 ff. und 329 ff.

72 *Michaels/Pauwelyn*, Conflict of Norms or Conflict of Laws, 2012, S. 369. Die dort als Beispiel angeführte Passagen des IGH in den Nuclear Tests Cases beziehen sich freilich nicht auf die Frage der Rechtswahl, sondern auf die Interpretation der klägerischen Rechtsbegehren: IGH, Nuclear Tests 1974 (Australia), Ziff. 29 f. und 56; IGH, Nuclear Tests 1974 (New Zealand),

beispielsweise im Southern Bluefin Tuna-Schiedsspruch ins Werk gesetzt, indem das Schiedsgericht trotz Bejahung der inhaltlichen Betroffenheit des UN-SRÜ die Konstruktion einer Streitsache, die über das regionale Abkommen zum Schutz des Thunfisches hinausginge, als künstlich zurückwies.[73] Eine weitere Methode, mittels derer ein Sachverhalt exklusiv zu einem Rechtsregime zugeordnet werden könne, richtet sich nach dem Kriterium der stärksten Beeinträchtigung. Danach soll jenes Recht einschlägig sein, dessen Ziele im Falle einer Nichtberücksichtigung am stärksten beeinträchtigt sein würden.[74] Dies setzt eine Abwägung voraus, die sich im Falle kollidierender Rechtsregime als heikel erweist, weil ein neutraler Standpunkt – so prekär dieser bereits in einem kohärenten System sein dürfte – nur schwierig zu behaupten ist.[75]

Auch Bemühungen, die Zuweisung an ein Rechtsregime anhand der engsten Anknüpfung vorzunehmen, dürften sich also mit denselben Schwierigkeiten konfrontiert sehen, welche die lex specialis-Regel für Interregimekonflikte als wenig geeignet erscheinen lässt. Regimeorgane, die den Sachverhalt bereits in einer spezifischen Sprache rekonstruieren, dürften das eigene Recht nicht nur als das speziellere, sondern auch als das stärker betroffene Recht begreifen.[76] Hinzu kommt, dass

Ziff. 30 f. und 59. Als Einstiegspunkt, d. h. zur Bestimmung der Jurisdiktion wählt auch Teubner das Kriterium der engeren Verbindung; vgl. *Teubner*, Verfassungsfragmente, 2012, S. 233 und 235; *Golia/Teubner*, Societal Constitutionalism, 2021, S. 393. Vor dem Hintergrund der Eigenlogiken, welche die Regimeorgane prägen, scheint die Jurisdiktionsfrage weit größere Probleme zu verursachen, als Teubner mit diesem kurzen Verweis auf die »primary coverage« abzudecken vermag. Dahinter dürfte die Hoffnung stecken, dass die Forumsfrage zweitrangig wird, wenn jedwede Instanz hinreichend responsiv agiert; vgl. *Klabbers/Palombella*, Introduction, 2019, S. 3.

73 UN-SRÜ-Schiedsgericht, Southern Bluefin Tuna 2000, Ziff. 52 und 54. Weil das Schiedsgericht das regionale Schutzabkommen als Vereinbarung gemäß Art. 281 Abs. 1 UN-SRÜ interpretierte, verneinte es anschließend seine Jurisdiktion (ibid., Ziff. 59), was im Ergebnis zu einem Vorrangverhältnis zwischen regionalen Abkommen und UN-SRÜ führt (vgl. *Boyle*, Southern Bluefin Tuna, 2008, Rz. 15), obwohl eben dies, nämlich die Behandlung des regionalen Abkommens als vorrangige lex specialis, abgelehnt wurde (UN-SRÜ-Schiedsgericht, Southern Bluefin Tuna 2000, Ziff. 52).

74 Vgl. zum comparative impairment-Prinzip etwa *Pulkowski*, International Regime Conflict, 2014, S. 331 ff.; *Michaels/Pauwelyn*, Conflict of Norms or Conflict of Laws, 2012, S. 359 und 362.

75 Vgl. *Michaels/Pauwelyn*, Conflict of Norms or Conflict of Laws, 2012, S. 356 f. und 367 f.; *Teubner*, Verfassungsfragmente, 2012, S. 232; ferner *Jeutner*, Irresolvable Norm Conflicts, 2017, S. 68 ff.; sowie die Hinweise in Kap. 6.1.1, Fn. 17.

76 *Pasquet*, De-Fragmentation Techniques, Rz. 37; vgl. auch *ILC*, Fragmentation (Report), 2006, S. 252; ferner *Chimni*, Outline, 2008, S. 76 f.

das internationale Privatrecht eine Auswahl zwischen parallel strukturierten und umfassenden Rechtsordnungen trifft und dabei lediglich festlegt, ob – zum Beispiel – das Haftungsrecht des einen oder des anderen Staates einschlägig ist. Obwohl auch diese Wahl weitreichende Folgen haben kann, ist sie kaum mit der Entscheidung zu vergleichen, einen Sachverhalt nach menschenrechtlichen statt etwa wirtschaftsrechtlichen Gesichtspunkten zu beurteilen.[77]

Die Bemühungen, die konfligierende Normen zu kompatibilisieren, indem die jeweiligen Anwendungsbereiche voneinander abgegrenzt werden, basieren damit entweder auf einer Interessenkonvergenz oder auf einer mehr oder weniger expliziten Gewichtung anhand der Nähe zum Sachverhalt. Beide Voraussetzungen sind kaum vor einer regimespezifischen Vereinnahmung gefeit. Ob die Strategie der Koexistenz vor diesem Hintergrund tatsächlich geeignet ist, eine Antwort auf die Fragmentierung des Rechts bereitzustellen, ist zweifelhaft.

6.1.2.2 Integration

Angesichts der Schwierigkeit, einen bestimmten Sachverhalt exklusiv einem Rechtsregime zuzuordnen, und mit Blick auf die Absenz eines Meta-Regimes für die Schlichtung von Normkonflikten versuchen andere Strategien, verschiedene Normmassen durch deren gleichzeitige Anwendung zu harmonisieren. Statt einer Abgrenzung der Zuständigkeitsbereiche wird eine Integration angestrebt, sodass im Zuge der Anwendung der einen Norm die Anliegen anderer Normen mitberücksichtigt werden. Integrative Konfliktlösungen sind bemüht, Normbestände derart zu verstehen, dass sie trotz Spannungsverhältnis miteinander vereinbar sind. Dies wird etwa erreicht, indem eine Interessenkonvergenz unterstellt oder ein Kompromiss zwischen verschiedenen Zielen hergestellt wird. Die Kompatibilisierung widerstreitender Normen wird damit in einer positiven, die beiden Seiten bejahenden Weise vorgenommen.[78]

6.1.2.2.1 Responsivität

In diesem Sinne nehmen beispielsweise Fischer-Lescano und Teubner eine stärkere Modifikation der kollisionsrechtlichen Ansätze vor und plädieren dafür, dass das Recht der Interregimekollisionen von

77 *Pasquet*, De-Fragmentation Techniques, Rz. 38; vgl. auch *Teubner*, Verfassungsfragmente, 2012, S. 231 und 234; *Michaels/Pauwelyn*, Conflict of Norms or Conflict of Laws, 2012, S. 362 und 374.

78 Vgl. *Petes*, Refinement, 2017, S. 688.

der Verweisung an eines der involvierten Rechtsregime absehen und stattdessen selbst gemeinsame Sachnormen, ein transnationales Mischrecht entwickeln müsse.[79] Hierbei sollen externe Rationalitäten im Inneren rekonstruiert, dadurch die eigene Logik limitiert und kollidierende Rationalitäten kompatibilisiert werden.[80] Mit anderen Worten sollen Rechtsregime eine Responsivität entwickeln, indem »die empathische Orientierung nach außen als Selbstverpflichtung in die innere Ordnung eingebaut« werde.[81] Partikulare Ordnungen sollen so in die Lage versetzt werden, universale Verantwortlichkeit wahrzunehmen.[82] Mangels Meta-Normativität soll die gesamtgesellschaftliche Integration auf der Ebene einzelner Teilsysteme bzw. im Rahmen bestimmter Rechtsregime angestrebt werden.[83] Ein ähnliches Vorgehen schlagen Jan Klabbers und Gianluigi Palombella mit dem Konzept der Interlegalität vor[84] und auch bei Neil Walker nimmt die Relationalität, mithin die Offenheit gegenüber Herausforderungen und Kritik von außen, eine zentrale Stellung ein[85]. Selbst Martti Koskenniemis Kultur des Formalismus kann in diesem Sinne verstanden werden, denn nur die Offenheit des formalen Rechts erlaubt, dass konkurrierende Interessen im Recht artikuliert und damit

79 *Fischer-Lescano/Teubner*, Regime-Kollisionen, 2006, S. 70 f. und 81; *Teubner/Fischer-Lescano*, Wandel der Rolle des Rechts, 2007, S. 29 f.; *Teubner*, Verfassungsfragmente, 2012, S. 233 f. und 256; vgl. auch *Viellechner*, Rechtspluralismus, 2012, S. 578 f.; *Mardikian*, Hybrid Right to Private Property, 2021, insb. S. 353.

80 *Fischer-Lescano/Teubner*, Regime-Kollisionen, 2006, S. 87 f., 146 f., 157 und 163 f.; *Teubner/Fischer-Lescano*, Wandel der Rolle des Rechts, 2007, S. 29 f., 32, 37 ff. und 54 f.; *Teubner/Willke*, Kontext und Autonomie, 1984, S. 24 ff.; *Teubner*, Altera Pars Audiatur, 1996, S. 210 f.; *Teubner*, Verfassungsfragmente, 2012, S. 223, 230, 239, 248 f. und 256; *Teubner*, Quod omnes tangit, 2018, S. 190; vgl. ähnlich auch *Krisch*, Beyond Constitutionalism, 2010, S. 296; *Peters*, Refinement, 2017, S. 703, die eine Internalisierung fremder Perspektiven fordert.

81 *Viellechner*, Weltgesellschaft, 2013, S. 298; vgl. auch *Viellechner*, Rechtspluralismus, 2012, S. 570 und 579 f.; *Viellechner*, Transnationalisierung, 2013, S. 265 ff., insb. 267 f. Ähnliches schlägt *Neves*, Transdemocracy, 2017, S. 386 f. und 393 f., mit dem Konzept der Transversalität vor. Viellechner vertritt ein weites Verständnis des Begriffs des Kollisionsrechts und zählt etwa auch die vorne erwähnte harmonische Koexistenz, wie sie bspw. die Solange-Rechtsprechung anstrebt, dazu; vgl. *Viellechner*, Rechtspluralismus, 2012, S. 575 ff. Vgl. kritisch zur theoretischen Figur der Responsivität *Nell*, Multiple Differenzierung, 2020, S. 161, 195 f. und 230 f.

82 *Teubner*, Verfassungsfragmente, 2012, S. 240.

83 Vgl. *Teubner/Willke*, Kontext und Autonomie, 1984, S. 26.

84 *Klabbers/Palombella*, Introduction, 2019, S. 2 f., 10 und 16.

85 *Walker*, The Idea of Constitutional Pluralism, 2002, u. a. S. 339 und 357 f.

überhaupt erst wahrgenommen und berücksichtigt werden können, statt einem Zweckrationalismus geopfert zu werden.[86]

Im Verhältnis zwischen der Welthandelsordnung einerseits und dem Weltgesundheitswesen andererseits hieße dies beispielsweise, dass das WTO-Regime im Falle einer Pandemie die regimefremde gesundheitliche und menschenrechtliche Logik zulasten der eigenen, also wirtschaftlichen Rationalität miteinbezieht und den Schutz von Patenten und vertraulichen Informationen einschränkt.[87] In diesem Sinne lässt sich zudem auch die horizontale Wirkung von Grund- und Menschenrechten lesen:[88] Indem etwa privatrechtliche Haftungsnormen unter Einbezug der Vorgaben menschenrechtlicher Normbestände derart ausgelegt werden, dass ein transnationales Unternehmen zur Emissionsreduktion verpflichtet wird, wie dies in der Sache *Milieudefensie v. Shell* die erste Gerichtsinstanz vertrat, wird der wirtschaftlichen, mithin profitorientierten Rationalität im Zuge der Rekonstruktion anderer Logiken Grenzen gesetzt.[89] Gleiches wird mit der Verankerung menschenrechtlicher Sorgfaltspflichten angestrebt, wie sie etwa in den UN-Leitprinzipien für Wirtschaft und Menschenrechte postuliert wurden und seither eine zunehmende, auch transnational ausgerichtete Übertragung in verbindliches Recht erfahren.[90] Mit der Rechtsprechung

86 Vgl. *Koskenniemi*, Kantian Themes, 2008, S. 19 f. und 22 ff.; sowie die entsprechende Lesart bei *Klabbers*, Setting the Scene, 2009, S. 30 f.

87 *Fischer-Lescano/Teubner*, Regime-Kollisionen, 2006, S 73 ff. zum Patentschutz von HIV-/AIDS-Medikamenten. Diese Fragestellung erlangte im Zuge der COVID-19-Pandemie erneut viel Beachtung, wobei die Debatte über Zwangslizenzen und Parallelimporte (flexibilities) hinausgeht und weitere Befreiungen von TRIPS-Verpflichtungen gemäss Art. IX Ziff. 3 WTO-Abkommen (waiver) in Frage standen. Vgl. hierzu etwa *Zaman/Islam*, Patent Waiver, 2021; *Ranjan*, Waiving Intellectual Property Protection, 2021.

88 Vgl. auch *Peters*, Having Rights, 2021, S. 12 f.; *Buckel/Fischer-Lescano*, Hegemonie im globalen Recht, 2007, S. 100.

89 Vgl. Rechtbank Den Haag, Milieudefensie v. Shell 2021; sowie die Einordnung aus Sicht des gesellschaftlichen Konstitutionalismus bei *Kampourakis*, The Power of Open Norms, in: <verfassungsblog.de>, 15.06.2021. Die Rechstmittelinstanz kam allerdings zum Schluss, dass dem Unternehmen kein bestimmtes Reduktionsziel aufzuerlegen sei; vgl. Gerechtshof Den Haag, Shell v. Milieudefensie 2024. Vgl. dazu ferner *Hensel/Teubner*, Horizontal fundamental rights, 2016; *Teubner*, Verfassungsfragmente, 2012, S. 189 ff.

90 Die UNGP ergeben sich aus *Ruggie*, Guiding Principles, 21.02.2011; vgl. auch *Menschenrechtsrat*, Transnational corporations, 16.06.2011, Ziff. 1. Vgl. außerdem für eine Übersicht zu entsprechenden nationalen und regionalen Regulierungsbemühungen etwa <https://www.business-humanrights.org/en/big-issues/governing-business-human-rights/national-regional-developments-on-mhrdd/> (zuletzt besucht am 01.02.2025); sowie *Askin*, Extraterritoriale Anwendbarkeit des UN-Sozialpakts, 2024, S. 282 ff. Diese Bemühungen zeichnen sich indes durch eine prekäre Normativität und Wirkung aus; vgl.

des EGMR zum Verhältnis zwischen Menschenrechten und dem Recht internationaler Organisationen lässt sich ein weiteres Beispiel der Responsivität anführen: Den Vorbehalt des äquivalenten Schutzes hat der Gerichtshof unter anderem mit Verweis auf die Bedeutung der internationalen Kooperation und das Anliegen, die Funktionsfähigkeit internationaler Organisationen zu schützen, begründet.[91]

6.1.2.2.2 Ordre public transnational

Statt eines durch die Staatengemeinschaft geschaffenen ius cogens, soll nach dieser kollisionsrechtlichen Logik sodann ein globales ius non dispositivum entworfen werden, das jedes einzelne Rechtsregime in responsiver Auseinandersetzung mit seiner Umwelt erarbeiten müsse und dennoch von einem unterstellten gemeinsamen Sinnhorizont getragen sei.[92] Dieses unverfügbare Recht stelle einen Ordre public transnational dar, der die wahrhaftigen internationalen Gemeinwohlziele, wie etwa den Grundsatz nachhaltiger Entwicklung oder menschenrechtliche Mindeststandards, reflektiere.[93] Weil dessen Herausbildung ein regimeinterner Prozess sei, resultiere eine Vielzahl regimespezifischer Gemeinwohlformeln, die ihre kompatibilisierende Kraft aus einem fiktiven und kontrafaktischen geteilten Geltungskerns schöpften.[94] Trotz der dezidierten

dazu hinten Kap. 9.2.2.5.6.2, insb. bei Fn. 945 ff., Kap. 9.2.2.6.2, bei Fn. 1278 ff., sowie Kap. 9.2.2.6.3.

91 EGMR, Bosphorus GK 2005, Ziff. 150 m. w. H.

92 *Fischer-Lescano/Teubner*, Regime-Kollisionen, 2006, S. 71 und 99 ff.; *Teubner/Fischer-Lescano*, Wandel der Rolle des Rechts, 2007, S. 42 f. und 45; *Teubner*, Verfassungsfragmente, 2012, S. 83, 116 f., 235 ff., 240 ff. und 256; *Fischer-Lescano*, Pluriversum, 2020, insb. S. 27 f. zum »pluriversalen« ordre public; vgl. auch *Michaels/Pauwelyn*, Conflict of Norms or Conflict of Laws, 2012, S. 370.

93 *Fischer-Lescano/Teubner*, Regime-Kollisionen, 2006, S. 106; *Teubner/Fischer-Lescano*, Wandel der Rolle des Rechts, 2007, S. 47 f.; *Teubner*, Verfassungsfragmente, 2012, S. 93 f. m. w. H. zum Ordre public d'arbitrage transnational. Zur Nachhaltigkeit als universelles Verfassungsprinzip auch *Teubner*, Verfassungsfragmente, 2012, S. 256 ff. Im Ergebnis resultiert aus dieser Position – auch wenn dies den Prämissen des gesellschaftlichen Konstitutionalismus zuwiderläuft – zumindest potenziell ein de facto Vorrang von Menschenrechten und damit ein hierarchisches Bild (vgl. zu einer solchen Position etwa *Pavoni*, Immunities, 2012), von dem die Betonung der Regimespezifizität kaum abzulenken vermag.

94 *Fischer-Lescano/Teubner*, Regime-Kollisionen, 2006, S. 100 f. und 109 f.; *Teubner*, Verfassungsfragmente, 2012, S. 236 f. und 241 f.; vgl. auch *Pasquet*, De-Fragmentation Techniques, Rz. 45.

Zurückweisung einer einheitlichen Gemeinwohlformel, scheint dieses Nichtdispositive im Recht selbst aber eine vermittelnde Gestalt anzunehmen, weil es responsiv, also die Einzelperspektive transzendierend zu normieren sei.[95] In der Form des Ordre public sollen die verschiedenen Rechtsordnungen im »respektvollen Miteinander die Grenzen ebendieses Miteinanders« entwickeln.[96]

Indem der Ordre public als Vorbehalt fungiert, stellt er zwar eine Form der bedingten Anerkennung fremden Rechts dar.[97] Dies gilt auch für die ebenfalls vorgeschlagene präjudizielle Bindungsvermutung in Interregimeverhältnissen, welche jedes Abweichen von fremden Rechtssprüchen einem Begründungs- und Legitimationszwang unterstellen will und sich ebenfalls als Ausdruck der interlegalen Responsivität versteht.[98] Allerdings soll der Ordre public nach Teubner »eine nicht nur korrektive, sondern dominante Rolle spielen«.[99] Zugleich wird hier ein Maßstab angelegt, der responsiv und insofern in einem integrativen Prozess geschaffen wird. In dieser Hinsicht unterscheidet sich dieses zwingende Recht auch vom völkerrechtlichen ius cogens, das absolute Geltung beansprucht. Gleichwohl wird an dieser Stelle ersichtlich, dass dieselben Fallbeispiele unterschiedlichen Konfliktlösungstechniken zugeordnet werden können: Was aus der einen Perspektive die Schaffung eines integrativen Mischrechts oder das Erkennen eines Ordre public darstellt, kann ebenso als harmonische Abgrenzung der Regelungsansprüche zweier Normen begriffen werden oder, gerade gegensätzlich dazu, als Streben nach Subordination gelesen werden.[100]

95 *Teubner*, Verfassungsfragmente, 2012, S. 241; *Fischer-Lescano/Teubner*, Regime-Kollisionen, 2006, S. 103; vgl. auch *Teubner*, Quod omnes tangit, 2018, S. 191, wonach eigentliche Kompromisse Verfassungskonflikte auflösten.

96 *Fischer-Lescano*, Pluriversum, 2020, S. 26.

97 Vgl. *Krisch*, Beyond Constitutionalism, 2010, S. 287; *Teubner*, Verfassungsfragmente, 2012, S. 236 f.; sowie zur Koexistenz als Konfliktlösungsstrategie vorne Kap. 6.1.2.1.

98 Vgl. zur »default deference« *Martinez*, Towards an International Judicial System, 2003, S. 487 und 491; *Fischer-Lescano/Teubner*, Regime-Kollisionen, 2006, S. 121 ff.; *Teubner/Fischer-Lescano*, Wandel der Rolle des Rechts, 2007, S. 52 f.; *Pulkowski*, International Regime Conflict, 2014, S. 296 f.; ferner *Abi-Saab*, Fragmentation or Unification, 1999, S. 929.

99 *Teubner*, Verfassungsfragmente, 2012, S. 236.

100 Ein weiteres Beispiel, das unterschiedlich interpretiert werden kann, stellt der Ermessensspielraum dar, den der EGMR den Mitgliedstaaten gewährt. Dieser ermöglicht einerseits die Koexistenz von Rechtssphären, während er andererseits die EMRK auf eine Responsivität gegenüber lokalen Bedürfnissen eingestellt (vgl. hierzu *Klabbers*, Setting the Scene, 2009, S. 34).

6.1.2.2.3 Systemische Integration als Vollzug der Responsivität

Das Anliegen der Responsivität, also Selbstbeschränkung im Zuge der Internalisierung fremder Rationalitäten, lässt sich rechtsdogmatisch in Art. 31 Abs. 3 lit. c VRK verankern. Diese Bestimmung verlangt, dass Normen unter Berücksichtigung anderer, ebenfalls einschlägiger Normen zu interpretieren sind und kodifiziert damit das Prinzip der systematischen Auslegung, die im völkerrechtlichen Diskurs regelmäßig als systemische Integration bezeichnet wird.[101] Das Recht, stellte der IGH fest, »has to be interpreted and applied within the framework of the entire legal system prevailing at the time of the interpretation«.[102] Dabei bestehen neben der genannten VRK-Bestimmung weitere rechtsdogmatische Argumente, so etwa die übrigen Auslegungsmomente in Art. 31 VRK, die zur Begründung des Einbezug anderen Rechts herangezogen werden.[103] In der Rechtspraxis lassen sich diesbezüglich weitere Wege beschreiben, die eine Verbindung oder zumindest Annäherung gegenläufiger Logiken und damit die Herstellung responsiver Beziehungen ermöglichen. So können etwa integrative Normen in Präambeln, interpretative Prinzipien oder inhaltlichen Bestimmungen explizit die Rücksichtnahme auf andere Regime und Gemeinwohlziele einfordern und damit eine Grundlage für rekonziliatorische Auslegungen bieten.[104] Ein entsprechendes Potenzial wird etwa der »mutual supportiveness«[105], dem Prinzip der Nachhaltigkeit[106] oder

101 Vgl. *ILC*, Fragmentation (Report), 2006, Ziff. 37 ff. und 410 ff.; *Dörr*, Article 31, 2018, Rz. 92 ff.; *Pasquet*, De-Fragmentation Techniques, Rz. 53 ff.; *Matz-Lück*, Norm interpretation, 2012, insb. S. 202 und 212; *van Damme*, Treaty Interpretation, 2009, S. 355 ff., wonach die praktische Bedeutung von Art. 31 Abs. 3 lit. c VRK im WTO-Recht von anderen Argumentationslinien überschattet werde. Die systematische Auslegung ist eng mit der Vermutung verknüpft, das Recht sei kohärent; vgl. *ILC*, Fragmentation (Report), 2006, Ziff. 37 ff.; *Pasquet*, De-Fragmentation Techniques, Rz. 46 ff. Trotz seiner geläufigen Verwendung ist der Begriff der »systematischen« Auslegung an sich unpassend, weil die Befolgung des gesamten Methodenkanons als »systematisch« bezeichnet werden kann, während die Auslegungsmethode, die einzelne Normen in Beziehung zum Ganzen setzt »systemisch« vorgeht.

102 IGH, Continued Presence of South Africa in Namibia 1971, Ziff. 53.

103 *Van Damme*, Treaty Interpretation, 2009, S. 375 f.

104 Vgl. *Karamanian*, Human Rights Dimensions of Investment Law, 2012, S. 244 f. m. w. H.; *Peters*, Refinement, 2017, S. 688 ff.; *Wolfrum*, General International Law, 2010, Rz. 63; *Seif*, Business and Human Rights, 2021.

105 *ILC*, Fragmentation (Report), 2006, Ziff. 276 ff., 281, 412 und 417; *Pavoni*, Mutual Supportiveness, 2010.

106 *Peters*, Refinement, 2017, S. 688 f.; *Karamanian*, Human Rights Dimensions of Investment Law, 2012; *Viñuales*, Sustainable Development, 2021, S. 296 ff.

der Schutzverantwortung[107] zugeschrieben. Schließlich können Abwägungsklauseln, die beispielsweise eine Verhältnismäßigkeitsprüfung vorsehen,[108] und Ausnahmebestimmungen[109] als Ausdruck bestehender Responsivität betrachtet und insofern herangezogen werden, um eine Kompatibilisierung im hier besprochenen Sinne anzustreben.[110] Als Maxime des neuartigen Kollisionsrechts, das aus rechtspluralistischer Sicht ins Spiel gebracht wird, fungiert mit der Responsivität damit ein Grundsatz, dessen Verankerung im Völkerrecht kaum stärker sein könnte und dem im Allgemeinen eine zentrale Bedeutung zur Lösung von Normkonflikten eingeräumt wird.

6.1.2.2.4 Verhandlungsarrangements

Die Konfliktlösungsstrategien, die aus der systemtheoretischen Perspektive als neuartiges Kollisionsrecht vorgeschlagen werden und über zahlreiche Anknüpfungspunkte zur bestehenden Rechtspraxis verfügen, versuchen folglich in verschiedenen Ausprägungen der Interregimekooperation eine Kompatibilisierung divergierender Rationalitäten dadurch zu erreichen, dass fremde Logiken internalisiert und Konflikte

107 *Peters*, Refinement, 2017, S. 689. Vgl. kritisch zur responsibility to protect etwa *Orford*, International Authority, 2011; *Frankenberg*, Just World, 2014, S. 40 f.

108 Vgl. *Karamanian*, Human Rights Dimensions of Investment Law, 2012, S. 249, 256, 258 und 266 ff.; *Arcuri/Violi*, Public Interest and International Investment Law, 2021, S. 2200 ff.; *Sicilianos*, Systemic Harmonization, 2017, S. 803; *Pasquet*, De-Fragmentation Techniques, Rz. 41 ff.; *Klabbers*, Setting the Scene, 2009, S. 35 f.; *Jeutner*, Irresolvable Norm Conflicts, 2017, S. 70 ff.; *Petersmann*, When Environmental Protection and Human Rights Collide, 2022, S. 114 f.; IGH, Nuclear Weapons 1996, Ziff. 30 und 33. Vgl. zu Schrankenvorbehalten als Konfliktlösungstechnik bereits vorne Kap. 4.1.

109 Viel Beachtung erfährt in diesem Zusammenhang etwa Art. XX GATT sowie andere handels- und investitionsschutzrechtlichen Ausnahmebestimmungen. Vgl. hierzu etwa *Ziegler/Boie*, Relationship, 2012, S. 279 ff.; *Hilpold*, From Conflict to Coordination, 2007, S. 504 f. und 509 ff.; sowie zur Unzulänglichkeit solcher Bestimmungen etwa *Viñuales*, Sustainable Development, 2021, S. 299 f.

110 Die Vertreter des hier diskutierten neuen Kollisionsrechts kritisieren zwar Abwägungs- und Konkordanzkonzepte (vgl. etwa *Fischer-Lescano/Teubner*, Regime-Kollisionen, 2006, S. 88 und 108 f.; *Neves*, Transdemocracy, 2017, S. 386 f.), doch dürften auch ihre Vorschläge von einem Abwägungsbedarf nicht unverschont bleiben. Vgl. etwa *Amstutz*, Evolutorisches Wirtschaftsrecht, 2001, S. 49, Fn. 237. Bereits Luhmann hat unbestimmte Rechtsbegriffe und Abwägungsformeln als Ausdruck der Konsistenzproblematik beschrieben (vgl. *Luhmann*, Recht der Gesellschaft, 1995, S. 279 und 480).

im Rahmen eines Kompromisses aufgelöst – oder eher: ausgehalten – werden.[111] Als Alternative zu dieser Internalisierung werden Konfliktlösungen außerhalb rechtlicher Verfahren oder an einer institutionellen Schnittstelle zwischen Rechtsregimen diskutiert.[112] Aus dem Prinzip der »mutual supportiveness« wird beispielsweise eine Pflicht abgeleitet, Verhandlungen über harmonisierende Rechtsinstrumente zu führen.[113] Während dabei Staaten in die Verantwortung gezogen werden, werden auch Interaktionen zwischen den Regimen selbst als Techniken der Integration beschrieben.[114] Teubner und Fischer-Lescano diskutieren in diesem Sinne eine Art der Externalisierung als zweite Form der Konfliktbewältigung.[115] Auf einer übergeordneten Ebene identifizieren sie in diesem

111 *Teubner*, Quod omnes tangit, 2018, S. 191; *Teubner*, Verfassungsfragmente, 2012, S. 229 und 248. Während an den soeben zitierten Stellen von Kompromissen die Rede ist und andernorts die Internalisierung als Vorgang beschrieben wird, in dem »der Konflikt der Teilrationalitäten als solcher ›aufgehoben‹ wird« (*Teubner*, Altera Pars Audiatur, 1996, S. 212), wird mitunter auch bloß von einer »schwachen normativen Kompatibilität« gesprochen, die zu lediglich punktuellen und vorläufigen Konfliktlösungen führe (*Fischer-Lescano/Teubner*, Regime-Kollisionen, 2006, S. 24 und 170). Dergestalt könnten Rationalitätskonflikte zwar nicht aufgehoben, sondern ausgehalten werden (*Teubner*, Verfassungsfragmente, 2012, S. 229). Diese Variationen dürften von der Perspektive abhängen: Aus rechts- oder regimeinterner Sicht kann von einer Konfliktlösung gesprochen werden, wogegen derselbe Konflikt aus einer Meta-Perspektive durch die regimeinterne Bearbeitung lediglich ausgehalten wird (vgl. auch *Bonacker*, Konflikttheorien, 1996, S. 101; sowie näher dazu sogleich hinten die Kap. 6.1.2.2.5 f.). Ein Verständnis von Kohärenz als Kompatibilität statt Uniformität vertritt auch *Krisch*, Beyond Constitutionalism, 2010, S. 296, während *Klabbers/Palombella*, Introduction, 2019, S. 3, nach einem »equilibrium of justice between the positive law(s) competing in regulating the issues« streben.

112 Vgl. hierzu nebst dem nachfolgend Aufgeführten *ILC*, Fragmentation (Report), 2006, S. 253, wonach unabhängige Verhandlungsmechanismen für Interregimekonflikte nötig seien; *Matz*, Koordinierung, 2005, S. 194 ff., 367 ff. und 375 ff., insb. zum Konfliktlösungspotenzial von übergeordneten institutionellen Strukturen; *Kleinlein*, Fragmentierungen im Öffentlichen Recht, 2017, S. 1078.

113 *Pavoni*, Mutual Supportiveness, 2010, insb. S. 666 ff.; vgl. zur Frage der Koordinierungspflicht auch *Matz*, Koordinierung, 2005, insb. S. 365 ff.; ferner WSKA, GC 14 2000, Ziff. 39.

114 Vgl. etwa *Peters*, Refinement, 2017, S. 698 ff.; *Dunoff*, New Approach, 2012, S. 158 ff.

115 *Fischer-Lescano/Teubner*, Regime-Kollisionen, 2006, S. 127 ff.; *Teubner*, Altera Pars Audiatur, 1996, S. 207 und 217; *Teubner*, Verfassungsfragmente, 2012, S. 229 ff.; vgl. auch *Teubner/Willke*, Kontext und Autonomie, 1984, S. 17, 24 und 33; sowie *Bonacker*, Konflikttheorien, 1996, S. 101.

Zusammenhang ein »rechtstranszendierendes Metakollisionsrecht«.[116] Statt die Konfliktlösung im Recht, also in einem bestimmten Rechtsregime anzuleiten, verweise es die Bewältigung von Rationalitätskollisionen an Verhandlungsarrangements, die zwischen Regimen oder außerhalb des Rechts bestünden oder zu schaffen seien.[117] Zu beobachten sei diese Technik etwa am Beispiel der Political-Questions-Doktrin, wonach gewisse Fragen nicht im Recht, sondern durch die politischen Instanzen zu entscheiden sind.[118] Dieses »Intersystemkollisionsrecht« orchestriere mithin eine funktionale Externalisierung vom Recht hin zu anderen sozialen Zusammenhängen. Sie wird dabei als rechtliche Operation konzipiert, als eine Selbstbeschränkung des Rechts, die indes mit Vorgaben an außerrechtliche Prozeduren zu verknüpfen sei, weshalb von einer »juridischen Dejuridifizierung« die Rede ist.[119] In diesem Sinne soll beispielsweise der Konflikt zwischen wirtschaftlicher Rationalität einerseits und Menschenrechten sowie nationalstaatlicher Souveränität andererseits, wie er sich im Falle einer Staateninsolvenz zeigt, durch einen rechtlich eingehegte, aber auf Verhandlungen basierende Umschuldung gelöst werden.[120]

116 *Fischer-Lescano/Teubner*, Regime-Kollisionen, 2006, S. 128.

117 *Teubner*, Verfassungsfragmente, 2012, S. 229 ff.; *Teubner*, Mehrwerte, 2020, S. 146 f.; *Fischer-Lescano/Teubner*, Regime-Kollisionen, 2006, S. 128, beschreiben diesen Modus der Kollisionslösung noch direkter als Verlagerung an andere Funktionssysteme und deren je eigenen – nicht zwingend verhandlungsorientierten – Konfliktbewältigungsmechanismen. Vgl. zur Idee eines »process of adjustment« als »extralegal or metajuridical means« zur Konfliktbewältigung *Jessup*, Transnational Law, 1956, S. 6.

118 *Fischer-Lescano/Teubner*, Regime-Kollisionen, 2006, S. 128 ff.; vgl. zur rechtlichen Regulierung der Konfliktbewältigung außerhalb des Rechts auch *Luhmann*, Recht der Gesellschaft, 1995, S. 72. Vgl. zur teilweise ähnlichen Figur des non liquet bspw. *von Arnauld*, Völkerrecht, 2023, Rz. 299; sowie zum Umgang mit dilemmatischen Konfliktlagen *Jeutner*, Irresolvable Norm Conflicts, 2017, S. 93 ff., der seinen Vorschlag indes gerade von non liquet-Erklärungen abgrenzt (ibid., S. 87 ff.).

119 *Fischer-Lescano/Teubner*, Regime-Kollisionen, 2006, S. 132 f., 150 und 152; *Teubner*, Verfassungsfragmente, 2012, S. 230; vgl. zur rechtlichen Verfassung nicht-rechtlicher Diskurse bereits *Teubner*, Altera Pars Audiatur, 1996, S. 217.

120 *Fischer-Lescano/Teubner*, Regime-Kollisionen, 2006, S. 141 und 150 ff. Vgl. zur rechtlichen Einhegung der Umschuldung auch *von Bogdandy/Goldmann*, Restrukturierung, 2013. Deren Perspektive sowie ein Blick auf die im Recht nicht unüblichen Elemente der Deliberation und Verhandlung können die Qualifizierung als »Dejuridifizierung« zumindest in Frage stellen und stattdessen nahelegen, von einem zwar dezentralen, aber rechtlichen Verfahren auszugehen. Wichtiger dürfte hier dann eher das prozeduralistische

6.1.2.2.5 Grenzen der Integration

Diese vielfältigen Strategien der vertikalen Integration sind ebenso mit Problemen behaftet wie die hierarchischen Konfliktlösungen und die Bemühungen, eine Koexistenz herzustellen. Die potenziellen Bestandteile des Ordre public, das transnationale Mischrecht sowie andere Formen der Responsivität bleiben inhaltlich umstritten, während die Frage der Ausgestaltung von Verhandlungsarrangements zahlreiche Fragen aufwerfen. Auch hier geraten mithin divergierende Rationalitäten aneinander, wie etwa das Prinzip der Nachhaltigkeit exemplarisch vor Augen führt.[121] Die Kritik, wonach die Offenheit jener im Völkerrecht verankerten geteilten Werte verschleiert werde,[122] trifft damit ebenso die Vorstellung von regimespezifischen Höchstwerten. Es bleibt auch hier unklar, wie ein Durchschlagen von strukturellen Vorurteilen und Eigenrationalitäten vermieden werden könnte, selbst wenn die entsprechende Gefahr nicht negiert wird.[123] Indem das Gemeinwohl vervielfältigt und die Absenz eines tatsächlich gemeinsamen Sinnhorizonts akzeptiert wird, droht die Anrufung eines Ordre public die Kontrafaktizität des Einbezugs des Anderen zu verschleiern. Die Verwendung eines neuen Vokabulars ändert nicht ohne Weiteres die Entscheide, die getroffen werden, und die Wirkung, die erzielt wird, sondern lähmt mitunter lediglich das erhoffte transformative Potenzial.[124] Wenn jedes Regime sein eigenes transnationales Mischrecht, also seine eigene Weltverfassung, herstellt, ist unklar, wie die Korruption durch dessen bereits

Motiv und die Zurückhaltung sein, materielles Staateninsolvenzrecht zu formulieren (vgl. ibid., S. 83).

121 Vgl. etwa die Kritik des Konzeptes der nachhaltigen Entwicklung bei *Viñuales*, Sustainable Development, 2021, S. 299 f.; zurückhaltender etwa *Vandenhole*, Division of Labour, 2020, S. 235 f.; *Kloepfer/Neugärtner*, Liability for climate damages, 2021, Rz. 22, wonach die Möglichkeit besteht, dass »economic, social and ecological aspects ultimately become blurred and get swallowed up in some lucid dream of harmonic ›sustainable development‹, seemingly benefitting all and hurting nobody«; *Petersmann*, When Environmental Protection and Human Rights Collide, 2022, u. a. S. 109 f.; sowie zur kontext- bzw. rationalitätsspezifischen Vereinnahmung der Nachhaltigkeit bspw. *Schwegler/Ehmann/Kohli*, Sustainability Funds, 2021; vgl. ferner *Lessenich*, Sintflut, 2016, S. 113 f.; *Blühdorn* et al., Nicht-Nachhaltigkeit, 2020.

122 Vgl. *Fischer-Lescano/Teubner*, Regime-Kollisionen, 2006, S. 107 ff.

123 Vgl. etwa *Teubner*, Verfassungsfragmente, 2012, S. 241; *Fischer-Lescano*, Pluriversum, 2020, S. 28 ff. Auch *Peters*, Refinement, 2017, S. 688 f., konzediert, dass harmonisierende Techniken Konflikte nicht lösen könnten, sondern lediglich eine vollständige Hierarchisierung.

124 *Koskenniemi*, Politics II, 2009, S. 13 f.; *Pulkowski*, International Regime Conflict, 2014, S. 295; *Lang*, After Neoliberalism, 2011, S. 130, 134 f. und 155.

verankerte Eigenrationalität vermieden werden soll.[125] Die Aufforderung zur responsiven Verarbeitung anderer Rationalitäten räumt faktisch ein Ermessen ein, das Verhältnis der eigenen Normen zum anderen Recht nach eigenem Belieben zu gestalten.[126] Einer Hierarchisierung steht dann wenig im Weg.[127] Die Übersetzung des einen Rechts ins andere ist nämlich stets mit einer neuen (Recht-)Setzung verbunden, was die Gefahr in sich birgt, dass die internalisierte Rationalität lediglich assimiliert und bestehende Machtasymmetrien perpetuiert werden.[128] Die Aufforderung zur Koordination dürfte von operativ geschlossenen, die eigene Logik verallgemeinernden Regimen nicht als Vorschlag verstanden werden, sich selbst zu beschränken, sondern als Einladung, das andere Recht zu vereinnahmen.[129] Dies ergibt sich bereits aus dem Umstand, dass Ziele und Interessen eines jeden Regimes, sowohl des eigenen wie des fremden, mitunter höchst vage sind, was eine eigensinnige Interpretation nicht nur möglich, sondern nahezu unumgänglich macht.[130]

Wenn die »Kommensurabilität des Inkommensurablen« also bloß fingiert wird,[131] werden Konflikte gerade nicht gelöst, sondern unter dem

125 Vgl. dazu *Teubner*, Verfassungsfragmente, 2012, S. 89; *Walker*, The Idea of Constitutional Pluralism, 2002, S. 339: Die Bemühung der Koordination »is frustrated by the resilient distinctiveness and authoritativeness-in-the-last-instance of the units who might pursue it«.

126 *Krisch*, Beyond Constitutionalism, 2010, S. 287; *Koskenniemi/Leino*, Fragmentation, 2002, S. 572 f.; *Kleinlein*, Fragmentierungen im Öffentlichen Recht, 2017, S. 1077; *Arcuri/Violi*, Public Interest and International Investment Law, 2021, S. 2209 f.

127 Vgl. *Koskenniemi*, From Apology to Utopia, 2005, S. 598; *Peters*, Refinement, 2017, S. 688; *Karamanian*, Human Rights Dimensions of Investment Law, 2012, S. 249, 255 ff., 261 und 266; *Koskenniemi/Leino*, Fragmentation, 2002, S. 572 f.

128 *Fischer-Lescano*, Pluriversum, 2020, S. 28 ff. Vgl. zur »Versklavung« fremder Rationalitäten im Recht auch *Teubner*, Altera Pars Audiatur, 1996, S. 210 und 212: »Das Recht scheint genau dadurch, dass es den Kontakt zur gesellschaftlichen Realität durch Inkorporierung ihrer Sinnmaterialien herstellt, diesen Kontakt durch deren Versklavung wieder zu verlieren.« Vgl. zur verfremdenden Rekonstruktion auch *Koskenniemi*, Imagining the Rule of Law, 2019, S. 18; *Koskenniemi*, Hegemonic Regimes, 2012, S. 310 und 318; *Koskenniemi/Leino*, Fragmentation, 2002, S. 570.

129 Vgl. *Koskenniemi*, Hegemonic Regimes, 2012, S. 318, der hier von »conquest or alienation« spricht, was letztlich stets auf eine Subordination – entweder de jure oder de facto – hinauslaufen dürfte. Vgl. ferner auch *Koskenniemi*, International law and hegemony, 2004, S. 207.

130 Vgl. *Pasquet*, De-Fragmentation Techniques, Rz. 35.

131 *Fischer-Lescano/Teubner*, Regime-Kollisionen, 2006, S. 110; *Teubner*, Altera Pars Audiatur, 1996, S. 211; vgl. auch *Walker*, The Idea of Constitutional Pluralism, 2002, S. 338 f.

Deckmantel der Harmonie im Keim erstickt, mithin eine Art regimepolitische passive Revolution vollzogen[132]. Die Eignung der Konfliktlösungen, die hier unter dem Begriff der Integration zusammengefasst werden, wird mithin von eben jenen Umständen in Frage gestellt, welche die Konflikte erst hervorbringen.[133] Die eigenwillige Rekonstruktion der fremden Rationalität und die Bildung weiterer Foren im Rahmen der Externalisierung laufen sodann Gefahr, die Fragmentierung noch weiter zu steigern.[134] Die Verweisung an ein Verhandlungsarrangement stellt sodann möglicherweise lediglich eine Strategie dar, Konfliktfragen gerade nicht zu adressieren.[135] Auch erscheint es fraglich, ob die rechtsexternen Funktionsbereiche in der Lage sind, die mit der funktionalen Externalisierung verbundenen rechtlichen Vorgaben umzusetzen und ihre eigene Logik zurückzuhalten. Der Umstand, dass Kollisionen im Wirtschaftssystem beispielsweise mit Kosten/Nutzen-Kalkülen aufgelöst werden,[136] stimmt wenig zuversichtlich und zeigt exemplarisch, wie wenig andere Gesellschaftsbereiche in der Lage sein können, ihrerseits systemfremde Perspektiven zu berücksichtigen. Zudem werden demokratietheoretische Fragen aufgeworfen, wenn gewisse Normen von regimefremden Institutionen angewandt werden, die zu deren rechtsschöpferischen Interpretation nicht unmittelbar legitimiert sind.[137] Vor dem Hintergrund dieser

132 Vgl. zum Begriff der passiven Revolution bei Gramsci *Candeias*, Passive Revolution, 2018; sowie ähnlich *Linarelli/Salomon/Sornarajah*, Misery, 2018, S. 237 zur Stragie der menschenrechtskonformen Wachstumspolitik. Vgl. für eine vergleichbare Lesart des Umgangs mit Kritik *Sornarajah*, Resistance to Dominance in International Investment Law, 2021; sowie *Baars*, Remarks on Lang, 2014, S. 434 f.

133 Vgl. auch *Koskenniemi*, It's not the Cases, It's the System, 2017, S. 345, bezüglich der Abwägung widerstreitender Interessen. Vgl. instruktiv in dieser Hinsicht *Lang*, After Neoliberalism, 2011, S. 143 f., zu den gescheiterten Bemühungen der Integration von Handel und Menschenrechten im Rahmen der WHO-Tabakkonvention.

134 Vgl. *Teubner*, Verfassungsfragmente, 2012, S. 230; *Teubner*, Quod omnes tangit, 2018, S. 190; vgl. auch *Pulkowski*, International Regime Conflict, 2014, S. 295.

135 *Lang*, After Neoliberalism, 2011, S. 151 und 153 f.; vgl. auch *Petersmann*, When Environmental Protection and Human Rights Collide, 2022, S. 180 ff. zur Verweisung an Expert*innen.

136 Vgl. *Fischer-Lescano/Teubner*, Regime-Kollisionen, 2006, S. 127.

137 *Kleinlein*, Fragmentierungen im Öffentlichen Recht, 2017, S. 1077. Diese Kritik verharrt freilich in einer funktionalistischen Perspektive: Nur weil die WTO beispielsweise Menschenrechtsnormen nicht direkt anwendet, impliziert dies keinesfalls, dass sie keine menschenrechtsrelevante Rolle spielte. Vom anwendbaren Recht kann mithin nicht auf den Wirkungsbereich eines Regimes geschlossen werden. Vgl. hierzu *Lang*, After Neoliberalism, 2011, S. 139.

schwierigen Ausgangslage wird denn mitunter auch aus rechtspluralistischer Perspektive betont, dass wechselseitige Responsivität Konflikte nicht in Harmonie auflöst, sondern »höchst umstrittene und selbst kontingent verlaufende rechtliche Resignifizierungsprozesse« impliziert.[138]

6.1.2.2.6 Integration als Subordination

Selbst wenn Harmonisierung als dogmatisches Argument funktionieren und im rechtlichen Diskurs auf Akzeptanz stoßen mag, ändert dies grundsätzlich nichts am zugrunde liegenden Problem des Rationalitätskonflikts. Statt die Widersprüchlichkeit von Normen anzuerkennen, implizieren harmonisierende Ansätze, dass die Normadressat*innen über einen ausreichenden Spielraum verfügen, sämtliche Pflichten gleichzeitig zu erfüllen. Diese Behauptung liegt beispielsweise der Rechtsprechung des EGMR zur Harmonisierung des kollektiven Sicherheitsrechts und der Menschenrechte zugrunde und stieß in diesem Zusammenhang auf Kritik.[139] Die Situation, in der sich ein Staat in Anbetracht einer Resolution des UN-Sicherheitsrats befinde, hielt Giorgi Malinverni fest, sei »undeniably one of mandatory power and not one of discretionary power«.[140] Vergleichbar funktionieren Strategien zur Harmonisierung von wirtschaftsvölkerrechtlichen und menschenrechtlichen Normen. Auch hier wird mitunter von Zwangsverhältnissen – deren rechtliche Natur möglicherweise weniger deutlich zu Tage tritt – abstrahiert und eine gegenseitige Ausschließlichkeit bestritten oder gar eine wechselseitige Unterstützung behauptet.[141] Schließlich lassen sich auch im Verhältnis zwischen Umweltschutz und Menschenrechten derartige Dynamiken beobachten.[142]

138 *Fischer-Lescano*, Pluriversum, 2020, S. 32.

139 Vgl. EGMR, Al-Dulimi (GK) 2016, Concurring Opinion Keller, Ziff. 8, sowie Dissenting Opinion Nussberger.

140 EGMR, Nada GK 2012, Concurring Opinion Malinverni, Ziff. 10.

141 Vgl. z. B. ICSID, Suez 2010, Ziff. 240, wonach die menschenrechtlichen und die investitionsschutzrechtliche Verpflichtungen »not inconsistent, contradictory, or mutually exclusive« seien; *Karamanian*, Human Rights Dimensions of Investment Law, 2012, S. 266; sowie *Bundesrat*, Botschaft Wirtschaftspartnerschaftsabkommens EFTA-Staaten und Indonesien, 22.05.2019, S. 5278, wonach Freihandelsabkommen »generell« zu Entwicklung und Wohlstand beitrügen und die »wirtschaftlichen Spielräume für Maßnahmen in den Bereichen sozialer Ausgleich und Umweltschutz« erweiterten. Vgl. hierzu auch die sogleich folgenden Ausführungen; sowie zum Gedanken der »mutual supportiveness« bereits vorne Kap. 6.1.2.2.3, Fn. 105.

142 Vgl. *Petersmann*, When Environmental Protection and Human Rights Collide, 2022, S. 97 ff.

Die Befürchtung, dass sich im Zuge der Kompatibilisierung eine bestimmte institutionelle Perspektive auf regimefremdes Recht besonders wirkmächtig entfaltet, steht im Zentrum der Debatte über die Vereinnahmung der Menschenrechte durch das Wirtschaftsvölkerrecht.[143] Die dabei vertretenen Ansichten des wirtschaftsvölkerrechtlichen Mainstreams stehen in einer Linie mit neoliberalen Konzeptionen von Markt, Staat und Freiheit. In dieser Tradition wird eine Trennung von Staat und Markt propagiert und diesen beiden Sphären spezifische Eigenschaften zugeschrieben. Während der Staat – oder allgemeiner das Kollektiv – als inhärent gewaltförmig und totalitär skizziert oder eher karikiert erscheint, wird der Markt als harmonischer, friedlicher und zivilisierter Koordinationsprozess dargestellt, dessen ungehinderte Entfaltung Freiheit nicht nur fördert, sondern überhaupt erst ermöglicht.[144] Die möglichst umfassende Durchsetzung marktförmiger Beziehungen wird deshalb als Voraussetzung und Garantin von Freiheit und Menschenrechten betrachtet.[145] Das WTO-Abkommen, stellte Ernst-Ulrich Petersmann bescheiden fest, »brought citizens all over the world more freedom, non-discrimination and economic welfare gains […] than probably any other international treaty«.[146] »One could almost claim«, so der damalige

143 Vgl. etwa *Alston*, Resisting the Merger and Acquisition, 2002; *Linarelli/Salomon/Sornarajah*, Misery, 2018, S. 247 ff. Der Begriff der Vereinnahmung ist freilich nicht unproblematisch. Er suggeriert, dem Schreibenden stünde das objektive und neutrale Verständnis des Angesprochenen offen. Eben dies, also ein wahrhaftiges Verständnis, existiert indes gerade nicht. Vielmehr ist jede Auslegung von Interessen geprägt und wird aus einer bestimmten Position heraus entwickelt. Dies gilt auch für Inhalt und Logik eines Rechtsregimes, dessen Vereinnahmung diagnostiziert wird. Vgl. in diesem Zusammenhang die Ausführungen zu regimeinternen Konflikten vorne Kap. 5.2.2.

144 *Whyte*, The Morals of the Market, 2019, u. a. S. 10 ff., 57, 145, 160, 167 ff., 174 f. und 212. Vgl. etwa auch Cottier 2002, Trade and Human Rights, S. 115: »[T]rade liberalization under the GATT and international human rights are responses to the profound experience of totalitarianism which entirely absorbed the individual both intellectually and economically.« Vgl. zum Staat als Feindbild auch *Lepenies*, Verbot und Verzicht, 2022, S. 74 ff.

145 *Whyte*, The Morals of the Market, 2019, insb. S. 152 f., 160 und 167 f.; *Foucault*, Biopolitik, 2018 (2004), S. 90; *Slobodian*, Globalists, 2018, S. 277 ff. Vgl. auch *Van den Bossche/Zdouc*, World Trade Organization, 2022, S. 26 ff., die aber zugleich auf die Notwendigkeit begleitender Politikmaßnahmen – insbesondere auf nationaler Ebene – hinweisen; *Choudhury et al.*, A call for a WTO ministerial decision, 2011, S. 324, wonach es sich um »different sides of the same coin« handle.

146 *Petersmann*, Dispute settlement, 1999, S. 243, ferner S. 190. Vgl. zu dessen Rolle in der Konstitutionalisierung des Welthandels *Slobodian*, Globalists, 2018, S. 244 ff. und 256 ff.

WTO-Direktor Pascal Lamy, »that trade is human rights in practice.«[147] Denn Marktöffnung, stellte dieser an anderer Stelle fest, »works, in general, even for the most disadvantaged«.[148] Der Markt wirke effizient, erhöhe die Wahlfreiheit der Konsumierenden und stimuliere das Wachstum und die Entwicklung, wodurch die Menschenrechte gefördert würden.[149] Zwar stellt Lamy nicht in Abrede, dass Marktöffnungen negative Folgen haben können und die Vorteile ungerecht verteilt seien.[150] Diese Umstände werden aber nicht als Probleme begriffen, welche die Struktur des Welthandels als solche in Frage stellten. Vielmehr brauche es zusätzlich zur Marköffnungen starke nationalstaatliche Sicherungsstrukturen, um die Ungleichgewichte zwischen Gewinnenden und Verlierenden auf nationaler Ebene zu korrigieren.[151]

An solchen Vorschlägen ist nicht nur auffällig, dass die Ungleichheit primär auf nationaler Ebene adressiert und die Verantwortung für die Problembehebung den Staaten zugewiesen wird, sondern auch die Unterstellung, dass die Welthandelsordnung an diesen Problemen nichts ändern könne.[152] Darin kommt die Ansicht zum Ausdruck, wonach das Gemeinwohl am effizientesten über Eigeninteressenmaximierung erreicht werde und die gemeinsam oder einzeln verfolgte Orientierung an Kollektivzielen schädlich sei.[153] Das harmonisierende Argument der »mutual

147 *Lamy*, Shared Responsibility and Greater Coherence, 13.01.2010.

148 Die Aussage entstammt einer öffentlichen Debatte zwischen Pascal Lamy und Olivier De Schutter, dem damaligen UN-Sonderberichterstatter für das Recht auf Nahrung; zit. nach *Ziegler/Boie*, Relationship, 2012, S. 299.

149 Vgl. so auch die wirtschaftsvölkerrechtliche Lehre im Anschluss an den handelstheoretischen Diskurs, z. B. *Van den Bossche/Zdouc*, World Trade Organization, 2022, S. 19 ff.; *Ziegler/Boie*, Relationship, 2012, S. 277 und 279; *Hilpold*, From Conflict to Coordination, 2007, S. 491 ff., 512 und 514; *Petersmann*, Dispute settlement, 1999, u. a. S. 211 f.; *Cottier*, Trade and Human Rights, 2002, S. 121 und 124 f.; vgl. ferner die Hinweise in Kap. 6.1.2.2.6, Fn. 141. Für eine Kritik der zugrunde liegenden Theorie des komparativen Vorteils – »arguably the single most powerful insight in economics« (*WTO*, Trading into the Future, 2001, S. 9) – vgl. *Shaikh*, Globalization and the myth of free trade, 2007; sowie ferner hinten Kap. 9.2.2.6.3, insb. bei Fn. 1333 ff.

150 Vgl. auch *Lamy*, Trends and Issues Facing Global Trade, 17.08.2007; ferner *Van den Bossche/Zdouc*, World Trade Organization, 2022, u. a. S. 20, 27 und 33 ff.

151 *Lamy*, Shared Responsibility and Greater Coherence, 13.01.2010; vgl. auch differenzierter, aber die politischen Systeme der Peripherie dennoch hervorhebend *Cottier*, Trade and Human Rights, 2002, S. 117 und 125 ff.; *Cottier*, Poverty, redistribution, and international trade regulation, 2013, S. 50 f. und 52 f.; *Van den Bossche/Zdouc*, World Trade Organization, 2022, S. 33 ff.

152 Vgl. für eine Kritik dieser Argumentationslinien auch *Pogge*, Divided against itself, 2012, S. 375 f., 379 ff. und 384 ff.

153 *Foucault*, Biopolitik, 2018 (2004), u. a. S. 84 f., 378, 380 und 383 f.; vgl. zur unsichtbaren Hand auch *Harcourt*, Illusion of Free Markets, 2011, S. 129 f.;

supportiveness« verschiedener Rechtsregime übernimmt dieses liberale Bild der unsichtbaren Hand und dient ebenso zur Begründung der Verweigerung der Gemeinwohlorientierung: Die Annahme, dass das liberale Wirtschaftsvölkerrecht letztlich auch den Menschenrechten diene, widerspiegelt die Prämisse, dass die Eigeninteressenmaximierung im liberalen Wettbewerb dem Kollektivwohl diene. Für die Konfliktfrage ergibt sich dann eine logische Position: Menschenrechte und Welthandelsrecht sind kompatibel und kohärent. Was an Herausforderungen trotz Wachstum und Entwicklung übrig bleibt, ist Sache der Nationalstaaten und vermag aus dieser Perspektive die Welthandelsordnung nicht in Frage zu stellen.[154]

Ebenso wenig scheint die Bereitschaft zu bestehen, die Ansicht zu revidieren, wonach soziale Probleme in erster Linie über Wirtschaftswachstum zu lösen sind.[155] Damit wird offensichtlich kein »change in mindset« vorgenommen, wie dies Lamy postuliert, sondern das menschenrechtliche Vokabular und dessen moralische Autorität zur Legitimation von Handelsbeziehungen beansprucht und die Verantwortung für Missstände an jene Akteur*innen zurückgewiesen, deren Handlungsspielräume durch den globalen Markt erhebliche Einschränkungen erfahren.[156] Verdrängt wird dabei erstens der fundamentale Konflikt, der zwischen dem Marktglauben einerseits und Positionen andererseits bestehen, die für die Ressourcenallokation nicht auf Zahlungsfähigkeit abstellen, sondern in erster Linie Bedürfnisse berücksichtigen wollen.[157] Dass eben Letzteres

ferner *Schulze*, Vom Gemeinnutz zum Eigennutz, 1986, insb. S. 602 ff.; *Koskenniemi*, To the Uttermost Parts, 2021, S. 941 und 944; sowie in diesem Zusammenhang die Ausführungen zur Ideologie der Gegenseitigkeit hinten in Kap. 9.1.3 bei Fn. 444 ff.

154 Vgl. dazu auch *Pogge*, Divided against itself, 2012, S. 375 f. und 384 ff., der von einem Primat globaler Strukturen bzw. Ursachen ausgeht.

155 Vgl. *Foucault*, Biopolitik, 2018 (2004), S. 205 und 322 f., der in der neoliberalen Rationalität die Prämisse ausmacht, »dass es nur eine wahre und grundlegende Sozialpolitik gibt, nämlich das Wirtschaftswachstum« (ibid., S. 205); ferner *Marks*, Poverty, 2022, S. 621 f.

156 Dieser Position dürfte die Annahme zugrunde liegen, dass eine Regulation des Marktgeschehens mit dem Ziel, negative Effekte, also Externalitäten, zu vermeiden, im Ergebnis zu höheren Kosten führen würde. Vgl. in diesem Sinne etwa *Coase*, The Problem of Social Cost, 1960, S. 18 : »[I]t will no doubt be commonly the case that the gain which would come from regulating the actions which give rise to the harmful effects will be less than the costs involved in Government regulation.« Vgl. dazu *Harcourt*, Illusion of Free Markets, 2011, S. 123 ff. Vgl. zur Einhegung des Nationalstaats und zur damit einhergehenden Schrumpfung des Regulierungsspielraums hinten Kap. 9.1.1.2.2.

157 Vgl. zur neoliberalen Ablehnung gegenüber kollektiver Zielsetzung *Whyte*, The Morals of the Market, 2019, S. 79 ff. und 196 f.; sowie zur fehlenden Bedürfnisorientierung *Hermann*, The Critique of Commodification, 2021.

gerade Menschenrechte verlangen, wird folglich übergangen und damit ein bestimmtes Verständnis dieser Rechte sowie der angemessenen Rolle des Staates bzw. kollektiver Entscheidungen impliziert.[158] Eine Verdrängung findet zweitens insofern statt, als die Beschwörung der Marktfreiheit den Umstand verschleiert, dass der Markt keine naturwüchsige Gegebenheit ist, sondern ein gesellschaftlich Gemachtes.[159] Erst Zwang und Interventionen bringen den Markt hervor und erhalten ihn aufrecht,[160] weshalb es in die Irre führt, das Marktgeschehen danach zu beurteilen, ob es frei oder reguliert abläuft.[161] Vielmehr müsste die Frage ins Zentrum gestellt werden, welche Verteilung die gegenwärtige oder eine künftige Regulierungsweise bewirkt bzw. bewirken sollte.[162] Globale Wirtschaftsbeziehungen wären in diesem Sinne nach ihren Folgen – sowohl hinsichtlich der Verteilung als auch bezüglich weiterer Effekte – und ihren Voraussetzungen zu beurteilen.[163] Die Rückweisung des Verständnisses des Marktes als natürliche und effiziente Ordnung verschiebt den Blick auf den Konflikt zwischen Menschenrechten und Wirtschaftsordnung: Ob Menschen beispielsweise über einen angemessenen Lebensstandard verfügen und sich ihre Lebensbedingungen stetig verbessern, wie dies Art. 11 Abs. 1 UN-Pak I verlangt, ist dann eine Frage, welche die Weltwirtschaftsordnung nicht bloß an nationalstaatliche Sicherungsstrukturen delegieren kann, sondern unmittelbar die Gestalt wirtschaftlicher Beziehungen in Frage stellt. Ein solches Verständnis zielt gegen die Naturalisierung des Marktes und seiner Verteilungseffekte, womit zumindest die Vermutung der »mutual supportiveness« widerlegt wird.

158 Vgl. *Orford*, Food Security, 2015, u. a. S. 65 f.; ferner *Balakrishnan/Heintz/Elson*, Rethinking Economic Policy for Social Justice, 2016, S. 8 f.

159 Vgl. dazu bereits vorne Kap. 5.2.3.

160 Bereits in seiner Genese hing die kapitalistische Produktionsweise vom Zwang der ursprünglichen Akkumulation ab, also von der Proletarisierung durch die gewaltsame Enteignung von Grund und Boden; vgl. *Marx*, Das Kapital, [1890] 1962, S. 741 ff.; ferner *Federici*, Caliban, [2004] 2022, insb. S. 81 f., 132 f., 226 und 228 zur exkludierenden Inklusion des weiblichen Körpers im Interesse der Verfügbarmachung von Arbeitskraft; *Inikori*, Atlantic Slavery, 2020, zur zentralen Rolle der transatlantischen Sklaverei; sowie zur Kontinuität ursprünglicher Akkumulationsprozesse etwa *Backhouse*, Ursprüngliche Akkumulation und Subsistenz, 2022.

161 Vgl. auch *Fakhri*, Sugar and the Making of International Trade Law, 2014, S. 212.

162 *Harcourt*, Illusion of Free Markets, 2011, S. 48 und 241 f.; *Whyte*, The Morals of the Market, 2019, S. 219 f.

163 Dass neben der Verteilung, also dem Resultat, auch die Frage, wie entsprechende Mechanismen bestimmt werden, zu betrachten ist, betonen *Fraser/Jaeggi*, Kapitalismus, 2020, S. 44, 182 ff. und 252 f.

Zusätzlich zu dieser theoretischen Divergenz stellt eine empirische Sicht die Harmonie zwischen dem bestehenden Wirtschaftssystem und dessen Prämissen einerseits sowie menschenrechtlichen Anliegen andererseits in Frage. Beispielsweise ist davon auszugehen, dass die Beseitigung von Armut, gemessen an einer Armutsschwelle von 5 US-Dollar, bei einem gleichbleibenden Wirtschaftswachstum 200 Jahre in Anspruch nehmen wird.[164] Am Ende dieser prognostizierten Entwicklung stünde eine massiv ausgeweitete Wirtschaft: Selbst um die tiefere Armutsschwelle von 1.25 US-Dollar zu erreichen, was 100 Jahre in Anspruch nähme, müsste die globale Wirtschaft um das 15-Fache wachsen.[165] Wird der Maßstab von 5 US-Dollar angelegt, ergibt sich ein 175-faches Wachstum; Produktion und Konsum müssten dann über zweitausend Mal stärker steigen als das eigentlich angestrebte zusätzliche Einkommen, das erforderlich ist, um die Armut zu beenden.[166] Vor diesem Hintergrund ist die Gewährleistung menschenrechtlich abgesicherter Grundbedürfnisse in der bestehenden Verteilungsordnung nur zum Preis einer tiefgreifenden Umwelt- und Klimakrise, oder genauer: einer massiven Vertiefung der bereits bestehenden Krise, zu haben, die ihrerseits eine massive Gefahr für die Menschenrechte darstellt, sodass sich Wachstum mit dem Ziel der Armutsbeseitigung als kontraproduktiv herausstellen dürfte.[167] Ohnehin erweist sich der genannte Zeithorizont aus menschenrechtlicher Perspektive als zu weit.[168] Soll die Armut jedoch schneller beseitigt werden, verschärft sich die Problematik nochmals deutlich. Unabhängig des zeitlichen Horizonts müssten folglich entweder massiv hohe Wachstumsziele oder grundsätzlich andere Formen der Ressourcenverteilung angestrebt werden. In Anbetracht

164 *Woodward*, Incrementum ad Absurdum, 2015, S. 58. Nach Woodward können soziale und wirtschaftliche Rechte realistischer Weise erst nach Überscheiten der Armutsschwelle von 5 US-Dollar in minimalem Umfang erfüllt werden (ibid., S. 57). Im berechneten Zeitpunkt wäre lediglich eine annähernde Armutsbeseitigung erreicht; 1 % der Weltbevölkerung, also 85–90 Millionen Menschen, lebte weiterhin unterhalb der Armutsschwelle (ibid., S. 58). Vgl. zum Ganzen auch *Hickel*, Divide, 2017, S. 48 ff.

165 *Woodward*, Incrementum ad Absurdum, 2015, S. 58. Die 1.25 US-Dollar entsprechen der damaligen Armutsschwelle der Weltbank. Diese wurde inzwischen auf 1.90 US-Dollar erhöht.

166 *Woodward*, Incrementum ad Absurdum, 2015, S. 59 f.

167 Vgl. *Woodward*, Incrementum ad Absurdum, 2015, S. 59 f.; *Hickel*, Weniger ist mehr, 2022; sowie zur fehlenden Umweltverträglichkeit einer Wachstumspolitik auch *Hickel/Kallis*, Green Growth, 2020; sowie hinten Kap. Kap. 9.2.2.6.3, insb. bei Fn. 1333 ff.

168 So sollen beispielsweise die Sustainable Development Goals (SDG) und entsprechend auch deren Ziel 1.1, das die Beseitigung extremer Armut betrifft, bis zum Jahr 2030 erreicht sein.

der gegenwärtigen Belastung von Umwelt und Klima, stellt Wachstumssteigerung keine tragfähige Option dar.[169] Ein Entkommen aus dem Widerspruch, dass die wirtschaftliche Rationalität dazu tendiert, die Natur und den Menschen zu übergehen und so »die Springquellen allen Reichtums« zu untergraben,[170] ist vorläufig nicht in Sicht.[171] Damit verbleibt einzig eine fundamentale Umgestaltung der Verteilungsprozesse, was kollektives Handeln in einem Umfang erforderlich macht, der die bestehende Weltwirtschaftsordnung radikal in Frage stellt.[172] Vor diesem Hintergrund bestätigt sich die Annahme, dass eine Konvergenz von menschenrechtlichen Anliegen und wirtschaftsvölkerrechtlichem Diskurs fraglich ist und statt dessen die Frage um die Grenzziehung zwischen der öffentlichen Sphäre, in der Entscheide kollektiv getroffen und Ressourcen nach Bedürfnissen alloziert werden, und der privaten Sphäre des Marktes in den Fokus zu rücken ist.[173]

Hier zeigt sich, wie im transnationalen Wirtschaftsrecht die menschenrechtliche Rationalität rekonstruiert und ein regimespezifischer Begriff des Gemeinwohls konzipiert wird. Dass letzterer auf eine Gleichsetzung mit Eigeninteressenmaximierung hinausläuft, zeigt die Schwäche der Responsivität in aller Deutlichkeit. Konfliktbewältigung entpuppt sich dann als Zuspitzung von Widersprüchen statt Aufhebung derselben. Was hier auf abstrakter Ebene aufzuzeigen versucht wurde, hat Andrew Lang an konkreten Projekten zur Integration von Welthandelsrecht und Menschenrechten illustriert.[174] Die Verknüpfung von Handel und Menschenrechten verlief in der Praxis wenig erfolgreich und tendierte stark dazu, den welthandelsrechtlichen status quo zu erhalten, das WTO-Regime von reformistischen Forderungen abzuschirmen und fundamentale Widersprüche zu dethematisieren.[175] Das WTO-Regime scheint nur dann fremdes Rechtsmaterial in relevanter Weise zu berücksichtigen, wenn keine

169 Vgl. etwa *Hickel*, Weniger ist mehr, 2022.

170 *Marx*, Das Kapital, [1890] 1962, S. 529 f.

171 Vgl. zur dialektischen Widersprüchlichkeit kapitalistischer Vergesellschaftung, die notwendiger Weise an sich selbst scheitert auch *Jaeggi*, Lebensformen, 2014, S. 285, 373 und 379 f.

172 Vgl. *Woodward*, Incrementum ad Absurdum, 2015, S. 59 ff.; *Hickel*, Weniger ist mehr, 2022; *Saito*, Systemsturz, 2024.

173 Vgl. in diesem Zusammenhang *Lessenich*, Grenzen, 2019, insb. S. 95, 100 f., 104 und 108 ff., der für ein neues »Grenzregime« plädiert; ferner die Kritik des Nachhaltigkeitsdiskurses und des grünen Kapitalismus bei *Lessenich*, Sintflut, 2016, S. 113, 119 f. und 123; sowie dazu die Hinweise in Kap. 6.1.2.2.5, Fn. 121.

174 *Lang*, After Neoliberalism, 2011, S. 132 ff.

175 *Lang*, After Neoliberalism, 2011, S. 141, 147 und 150 ff. Ob allerdings Langs Forderung nach einer Remoralisierung des Welthandelsrechts aussichtsreicher ist, kann mit *Baars*, Remarks on Lang, 2014, S. 433 f., bezweifelt werden.

heiklen Konfliktfragen auftreten.[176] Die Krux an der responsiven Selbstbeschränkung besteht gerade darin, dass diese Bereitschaft, der fremden Rationalität – und nicht bloß einem leeren Vokabular – Rechnung zu tragen, intern hergestellt werden muss. Damit kann diese Form der Harmonisierung aber nicht als Selbstläuferin betrachtet werden.[177] Vielmehr muss um die Responsivität und das, wonach sie konkret streben soll, gerungen werden, womit auch sie den gesellschaftlichen Kräfteverhältnissen nicht entgeht, welche die verschiedenen Rechtsregime prägen.[178]

6.1.3 Zwischenfazit

Sämtlich Konfliktlösungsstrategien sind nach dem Ausgeführten mit Problemen behaftet, die ihre Eignung in Zweifel ziehen. Vertikale, hierarchische Konfliktlösungen sind auf Spannungsverhältnisse innerhalb eines Rechtsregimes ausgerichtet und setzen daher die Annahme eines systemischen Zusammenhangs voraus. Gerade dies steht bei Interregimekonflikten in Frage, sodass hierarchischen Strategien zu Recht wenig Potenzial zugeschrieben wird. Versuche, Hierarchien zu umgehen, erweisen sich aber ebenso schwierig: Horizontale Konfliktlösungen, die eine wechselseitige Toleranz herzustellen versuchen, setzen oft eine Interessenkonvergenz und für den Fall der Abweichung einen hierarchischen Vorbehalt

176 *Lang*, After Neoliberalism, 2011, S. 151 und 153 f.; vgl. auch *Salomon*, Global Responsibility, 2007, S. 152 f. und 155, wonach ein de facto Vorrang des Welthandelsrechts bestehe.

177 Davon wird freilich auch im gesellschaftlichen Konstitutionalismus nicht ausgegangen: Mittels externen Drucks sollen die Funktionssysteme zur Institutionalisierung von Selbstbeschränkungsmechanismen gedrängt werden. Vgl. dazu *Teubner*, Verfassungsfragmente, 2012, S. 44, 71, 132 ff., 241 und 258; *Teubner*, Quod omnes tangit, 2018, insb. S. 184 ff.; in diesem Sinne auch *Peters*, Refinement, 2017, S. 701 f.

178 Vgl. *Buckel/Fischer-Lescano*, Hegemonie im globalen Recht, 2007, S. 101; sowie vorne Kap. 5.2.4.4. Dieser Umstand wird auch am Beispiel der Befreiung von TRIPS-Verpflichtungen im Zusammenhang mit COVID-19-Impfstoffen augenscheinlich; vgl. dazu nebst den Hinweisen in Kap. 6.1.2.2.1, Fn. 87 etwa *Sell*, What COVID-19 Reveals, 2020; sowie – die Rechtfertigung von TRIPS-Befreiungen bestreitend – *Mercurio*, WTO Waiver, 2021. Aufschlussreich in diesem Zusammenhang ist auch *Kapczynski*, Order Without Intellectual Property Law, 2017. Auch die Darstellung der Neoliberalisierung des Umweltrechts bei *Boysen*, Postkoloniale Konstellation, 2021, belegt dies eindrücklich: Die praktische Konkordanz, die nach Boysen einen Ausgleich bringen soll (ibid., S. 128 und 222 f.), stellt lediglich eine weitere Formel dar, deren Anwendung den gesellschaftlichen Kräfteverhältnissen nicht entzogen bleibt.

voraus. Anleihen beim internationalen Privatrecht basieren entweder auf einer Abwägung, die das jeweils befasste Regime vorzunehmen hat, was mit der Wahrscheinlichkeit einhergeht, dass regimespezifische Vorurteile und Eigenlogiken durchschlagen und sich so informelle, das jeweilige Forum begünstigende Hierarchien einnisten. Angesichts dieser Unzulänglichkeit der Verweisung werden die Regime selbst als Orte der Auseinandersetzung in den Blick genommen, wo sich gemeinsame Sachnormen herausbilden sollen. Diese zweite Variante der horizontalen Konfliktlösung strebt nach einer Integration, doch tendiert auch die Suche nach dem Gemeinsamen, Asymmetrien zu perpetuieren, statt Widersprüche zu überwinden.

Diese Konfliktlösungstechniken stellen letztlich Argumente dar, deren Kraft von ihrer Akzeptanz abhängt. Auch wenn sie in rechtlichen Operationen Verwendung finden und das Recht zugleich auf solche – oder ähnliche – Argumente angewiesen ist, um den Rechtsprozess auf Dauer zu halten, ist nicht ersichtlich, inwiefern die in der Theorie beschriebenen und in der Praxis verwendeten Strategien das vorliegend betrachtete Problem der Fragmentierung und der damit verbundene Konflikthaftigkeit des Rechts überwinden könnten.[179]

6.2 Oszillieren des Rechtsdiskurses

Die Konfliktlösung verläuft innerhalb offener Argumentationsmuster. Welcher Konfliktlösungstechnik vor diesem Hintergrund am meisten Potenzial zugeschrieben wird, hängt stets von rechtstheoretischen Vorannahmen ab. Dabei können in grober Weise zentralistische von polyzentrischen Positionen unterschieden werden. Diese beiden markieren in ihrer Reinform die Endpunkte eines Spektrums, auf dem sich verschiedene Perspektiven verorten lassen, die Aspekte beider Positionen verbinden. Während die eine Position von einer pyramidalen Normenhierarchie ausgeht, an deren Spitze zum Beispiel die UN-Charta, das ius cogens oder die Menschenrechte gesetzt werden,[180] betont die andere die

179 Angesichts als ungerecht betrachteter Konfliktlösungen konstatiert auch *Alter*, Comprehending global governance, 2020, S. 421, dass die Fragmentierung nicht überwunden sei. Stattdessen befänden wir uns »in a system that muddles through in a self-sustaining fashion, and we scholars are then normalising and providing a justificatory narrative for a world in which no set of institutions, governments or actors becomes responsible or accountable for solving the problems humans are generating«.

180 Vgl. *Fassbender*, Constitution of the International Community, 1998; *Dupuy*, Constitutional Dimension, 1997; *De Wet*, International Constitutional Order, 2006; *Pavel*, Beyond the State, 2021, S. 152 ff.; *Habermas*, Constitutionalization, 2008, S. 445 ff.

Heterarchie des globalen Rechts[181]. Beide Positionen sind meines Erachtens dem Konstitutionalisierungsdiskurs zuzuordnen.[182] Oft wird zwar in der Auseinandersetzung mit der Fragmentierung des Rechts dem Konstitutionalismus der Rechtspluralismus gegenübergestellt.[183] Meist scheint aber die Bezugnahme auf die Fragmentierung zumindest von einer konstitutionalistischen Intuition, vielleicht auch einem dahingehenden existenziellen Bedürfnis, einer »mentalen Obsession«[184] getragen zu sein.[185] Regelmäßig werden dabei nämlich Vorschläge ausgearbeitet, wie die Unordnung des fragmentierten Rechts zu ordnen ist, wie Normkonflikte zu lösen und wie gewisse Werte vor dem Übergriff durch – insbesondere politische, aber bisweilen auch wirtschaftliche – Macht zu bewahren sind, womit das zu leisten versucht wird, was den Konstitutionalismus bzw. die Konstitutionalisierung ausmacht.[186] Auch rechtspluralistische Positionen sind vor diesem Hintergrund und mit

181 Vgl. neben den systemtheoretisch inspirierten Beiträgen von *Fischer-Lescano/Teubner*, Regime-Kollisionen, 2006; *Teubner*, Verfassungsfragmente, 2012; etwa auch *Krisch*, Beyond Constitutionalism, 2010; *Berman*, Global Legal Pluralism, 2012.

182 Vgl. dazu im Allgemeinen etwa *Kleinlein*, Konstitutionalisierung im Völkerrecht, 2012; *Mattheis*, Konstitutionalisierung, 2018, insb. S. 127 ff.; *Peters*, Constitutionalisation, 2019.

183 Vgl. etwa *Koskenniemi*, Fate of Public International Law, 2007; *Krisch*, Beyond Constitutionalism, 2010, S. 23 und passim; *Zürn/Faude/Kreuder-Sonnen*, Overlapping Spheres of Authority, 2018, S. 5; *Bumke*, Graduelle Entkopplung, 2013, S. 165 ff.; *Tusseau*, Legal Pluralism and Constitutionalism, 2020, S. 10; *Kleinlein*, Fragmentierungen im Öffentlichen Recht, 2017, S. 1079; *Pavel*, Beyond the State, 2021, S. 140 ff.

184 Als solche bezeichnet *Reinhard*, Geschichte des modernen Staates, 2007, S. 12, den »Wille zur Einheit und zur Einheitlichkeit«, der die politische bzw. westliche Modernität auszeichne.

185 Die Vorstellung einer systematischen Einheit des positiven Rechts kann nach *Baldus*, Einheit der Rechtsordnung, 1995, S. 36 ff., auf das kantianische Wissenschaftsverständnis zurückgeführt werden. Es handelt sich mithin um eine eurozentrische Perspektive, doch bildet das System- und Einheitsdenken regelmäßig auch Teil anderer Kosmologien (vgl. etwa zur konfuzianischen politischen Philosophie *Zhao*, Philosophy for World Governance, 2019) und nach Lévi-Strauss gar ein universelles Strukturmerkmal menschlichen Denkens (vgl. *Lévi-Strauss*, Das wilde Denken, 1968). Vgl. auch *Koskenniemi*, Constitutionalism as Mindset, 2007, der den Konstitutionalismus nicht als Ordnungsdenken, sondern als Geisteshaltung versteht, die angesichts der Unbestimmtheit des Rechts die Freiheit und Verantwortung der Interpretierenden ins Zentrum rückt.

186 Vgl. für dieses Verständnis des Konstitutionalismus bzw. der Konstitutionalisierung *Klabbers*, Setting the Scene, 2009, S. 15, 18 und 25. Entgegen Klabbers (ibid., S. 18, Fn. 73) stellt selbst das Prinzip der systematischen Auslegung

Blick auf deren Selbstverständnis klar dem Konstitutionalismus zuzuordnen.[187]

Neben diesem Gegensatz von Polyzentrismus und Zentralismus wurden vorliegend die verschiedenen Konfliktlösungstechniken entlang der Differenz von Hierarchie und Harmonie beschrieben. Dabei lassen sich die Positionen, die in der Fragmentierungsdebatte anzutreffen sind, kaum einer bestimmten Kategorie abschließend zuordnen. Während zentralistische Ansätze zu hierarchischen Methoden tendieren, widersetzen sich polyzentrische Ansätze Vorschlägen zur Subordination und neigen deshalb zur horizontalen Bearbeitung von normativen Differenzen. Dabei fällt indes auf, dass die Strategien im Umgang mit kollidierenden Normen einerseits zwischen Hierarchie und Harmonie und andererseits zwischen zentralistischen und polyzentrischen Vorstellungen oszillieren, wobei sich diese beiden Gegensätze jeweils wechselseitig durchziehen und implizit immer auf ihr Gegenteil verweisen. So tragen hierarchische Ansätze beispielsweise den Anspruch in sich, für Kohärenz und insofern auch Harmonie zu sorgen, während harmonische Strategien regelmäßig den Anschein erwecken, einer verdeckten Hierarchie zu folgen. Die verschiedenen Konfliktlösungsstrategien sind insofern nur schwierig fassbar und ihre Darstellung eine Frage der Gewichtung, sodass die hier gewählte Kategorisierung lediglich eine mögliche ist und keinesfalls beansprucht, das argumentative Geschehen vollständig oder objektiv abzubilden.[188]

Vergleichbar verhalten sich zentralistische und polyzentrische Ansätze zueinander. So tendieren polyzentrische Positionen in ihrem Versuch, die Auswirkungen des Pluralismus zu überwinden oder zumindest zu mildern, zum Rückgriff auf Rezepte des Zentralismus.[189] Um der Universalisierung einer Sonderperspektive, die sich aus der Maximierung der hochgehaltenen Eigenrationalität ergibt, zuvorzukommen, werden die Rechtsregime auf Responsivität, mithin auf den Respekt des Anderen, oder genauer: des mit dem Anderen geteilten Gemeinsamen, verpflichtet. Der Pluralismus sucht Zuflucht in einem »Meta-Konstitutionalismus«, der ein universelles Nachhaltigkeitsprinzip gebiert.[190] Hier rekurriert

einen konstitutionalistischen Ordnungsversuch dar, da es von einer durch die wechselseitige Berücksichtigung herzustellenden Einheit ausgeht.

187 Vgl. auch *Besson*, Beyond Constitutionalism, 2012, S. 357 f.; sowie mit einer ähnlichen Kategorisierung entlang des Spektrums von Hierarchie und Heterarchie *Klabbers*, Setting the Scene, 2009, S. 25 ff.; sowie *Krisch*, Pluralism, 2019, S. 695 ff., der zwischen institutionellen und systemischen Positionen des Pluralismus differenziert.

188 Vgl. insofern bereits die Hinweise in Kap. 6.1, Fn. 13.

189 Diese Tendenz rechtfertigt denn, wie vorhin ausgeführt, solche Positionen dem Konstitutionalismus zuzuordnen.

190 *Teubner*, Verfassungsfragmente, 2012, S. 229 f. und 257 f.; *Teubner*, Quod omnes tangit, 2018, S. 190; *Walker*, The Idea of Constitutional Pluralism,

selbst der gesellschaftliche Konstitutionalismus auf »ein heimliches Zentrum und eine heimliche Spitze«.[191] Sein Leitprinzip, die Responsivität, ist in der Gestalt des Grundsatzes der systematischen Auslegung eng mit der Idee einer einheitlichen Rechtsordnung verknüpft.[192] Demgegenüber geht der Zentralismus, etwa in der Form des globalen Konstitutionalismus, vom Gemeinsamen aus,[193] weshalb er Gefahr läuft, die Ansicht jener, die das Gemeinsame zu definieren im Stande sind, also etwa der geopolitischen Hegemonialmächte oder der globalen Elite, zu universalisieren.[194] Er muss folglich bemüht sein, die Spezifika pluraler Rechtsordnungen zu stärken und zu respektieren. Diversität wird dann begrüßt,[195] die partikularistische Aneignung universeller Normen wird als emanzipatorisches Geschehen gutgeheißen,[196] die Weltverfassung wird als Konglomerat verstanden[197] und die kosmopolitische Ordnung wird im Interesse der demokratischen Legitimierung und der Gewährleistung von Pluralität an den Nationalstaat zurückgebunden[198]. Wenden sich die beiden Positionen damit aber zu ihrer Verteidigung der Gegenseite zu, setzen sie sich wiederum jener Kritik aus, die gegen diese Gegenseite gerichtet wird und insofern ihr Ausgangspunkt darstellte. Damit zeigt sich in der Diskussion der Fragmentierung des Rechts eine Gleichzeitigkeit von polyzentrischen Prämissen einerseits und zentralistischen Standpunkten andererseits, die auf die jeweils andere Position angewiesen sind, um dem Vorwurf zu entgehen, einem totalitären Universalismus Vorschub zu leisten.

Diese Dynamik hat Martti Koskenniemi in prägender Weise als eine Grundbewegung rechtlicher Argumentation, als Changieren zwischen kommunitaristischer Utopie und individualistischer Apologie

2002, S. 356 ff.; *Pulkowski*, International Regime Conflict, 2014, S. 238 ff. und insb. S. 239 und 271; vgl. ferner *Kjær*, Global Law As Inter-Contextuality and As Inter-Legality, 2019, S. 303 und 309 f.

191 Vgl. so im Zusammenhang mit der Kritik an der Idee gesamtgesellschaftlicher Regelung durch staatliche Verfassungen *Teubner*, Verfassungsfragmente, 2012, S. 106.

192 Vgl. etwa *Dörr*, Article 31, 2018, Rz. 92 und 94.

193 *Kumm*, Geschichte und Theorie, 2019,S. 109; *Krisch*, Pluralism, 2019, S. 696.

194 Vgl. zur Kritik des »kosmopolitischen Monismus« etwa *Cohen*, Globalization and Sovereignty, 2012 S. 41 ff.; sowie zur Universalisierung des Partikulären auch vorne in Kap. 5.2.4.2 bei Fn. 210.

195 *Peters*, Refinement, 2017, S. 702 f.; vgl. auch *Pavel*, Beyond the State, 2021, insb. S. 156 f.

196 *Kumm*, Geschichte und Theorie, 2019, S. 128 ff.

197 *De Wet*, International Constitutional Order, 2006, S. 53.

198 *Habermas*, Constitutionalization, 2008, S. 448, der auch die Relevanz heterarchischer transnationaler Netzwerke hervorhebt (ibid., S. 446); *Habermas*, Political Constitution, 2013, insb. S. 237.

beschrieben.[199] Indem auch hier die beiden entgegengesetzten Positionen, die entweder von der Diversität oder der Einheit ausgehen, zu ihrer Verteidigung auf die jeweils andere Position zugehen müssen, verschwimmt die Grenze dazwischen.[200] Dabei tendieren die verschiedenen Diskursstränge zur als neutral imaginierten und insofern umkämpften Mitte hin.[201] Dies zeigt sich auf rechtsdogmatischer Ebene darin, dass ähnliche oder sogar dieselben Rezepte für den Umgang mit der Fragmentierung vorgeschlagen werden.[202] Die Unmöglichkeit der Auflösung dieser Opposition, weil sie im Ergebnis ineinander übergehen, führt dazu, dass stets beide Seiten enthalten sein müssen, was das Recht in einen Formalismus drängt, da jede inhaltliche Festlegung von einem der beiden Pole kritisierbar wäre.[203]

Für den praktischen Vollzug bedeutet dies, dass das Recht an seinem eigenen Formalismus scheitern muss, da es zwischen gegenläufigen Prämissen oszilliert und diese zugleich repräsentiert. In der Folge lässt sich mit Hilfe des Rechts – in einem positivistischen Sinn – keine bestimmte Position begründen und keine normative Frage lösen. Das Recht reformuliert bloß Konflikte, zu deren Lösung im Anschluss über das Recht hinausgegriffen werden muss. Weil das Recht formal sein muss, weist es zwangsläufig über sich hinaus, was die Reformulierung rechtlicher Fragen als politische Auseinandersetzung nahelegt.[204] Der Konflikt, dessen Lösung das Recht eigentlich anstrebte, lebt dann im Recht fort. Als Ausweg aus diesem Scheitern und als Reaktion auf die prinzipielle Unentscheidbarkeit verweist das Recht auf externe Standards und Verfahren. Prozeduralisierungen und Abwägungsformeln sollen die Spannung zwischen Zentralismus und Polyzentrismus auflösen und Rechtsfragen einer Antwort zugänglich machen, die indes stets als

199 *Koskenniemi*, From Apology to Utopia, 2005, u. a. S. 58 ff., 476 f., 481 ff., 565, 573 ff. und 588 f.; sowie zusammenfassend *Koskenniemi*, Politics I, 1990. Zur Feststellung, dass die Fragmentierungsdebatte der von Koskenniemi identifizierten Argumentationsstruktur nicht entkommt, gelangt auch *Martineau*, Fragmentation, 2016, S. 12 f. und 400 ff.

200 Vgl. auch *Martineau*, Fragmentation, 2016, S. 401 und 404 f. Vgl. zu dieser Grenze als Einordnungskriterium *Krisch*, Pluralism, 2019, S. 695.

201 *Koskenniemi*, From Apology to Utopia, 2005, S. 597 f. Vgl. exemplarisch etwa *Kjær*, Global Law As Inter-Contextuality and As Inter-Legality, 2019, S. 303, der eine »third position between unitary and radical pluralist perspectives« für sich beansprucht.

202 Vgl. auch *Martineau*, Fragmentation, 2016, S. 403.

203 Vgl. *Koskenniemi*, From Apology to Utopia, 2005, u. a. S. 484, 502 f., 505 f., 511, 514 f., 543 und 572 ff.; *Koskenniemi*, Politics I, 1990, S. 28 ff.

204 *Koskenniemi*, From Apology to Utopia, 2005, u. a. S. 503 f., 508 f., 510, 512, 515, 531 ff., 589, 596, 599 und 613; vgl. auch *Koskenniemi*, Politics I, 1990, S. 28 ff.

Dezision lesbar bleibt.[205] Die Verschleierung des Eintritts des Politischen ins Recht bleibt prekär.

In der Debatte zur Fragmentierung zeigt sich dieser Formalismus in der Skepsis gegenüber absoluten Hierarchien und sein Scheitern in der Bemühung, Konfliktlösungen zu prozeduralisieren.[206] Danach strebt nicht nur die »juridifizierte Dejuridifizierung«, also die rechtlich eingehegte Externalisierung der Konfliktlösung an andere gesellschaftlichen Funktionssysteme und Verhandlungsforen. Auch die responsive Herausbildung eines Ordre public transnational und kollisionsrechtliche Abwägungsformeln verweisen auf eine spätere Festlegung.[207] Bei Teubner und Fischer-Lescano wird das beschriebene Oszillieren in seiner dilemmatischen Gestalt ersichtlich: Sie grenzen sich von den »Extrempositionen« ab, die entweder a priori zwingende Normen postulieren oder einem radikalen Partikularismus huldigen.[208] Ihre Antwort, die sich als Mittelweg versteht, entkommt aber dem Changieren zwischen diesen Positionen nicht: Einerseits postulieren sie einen Ordre public, einen gemeinsamen Sinnhorizont, dessen Normierung den Eigenheiten des Sozialkontexts Rechnung trägt, der also responsiv ist und damit eine vermittelnde Gestalt annimmt.[209] Andererseits verwahren sie sich gegen die Utopie des Universalismus, indem sie den gemeinsamen Sinnhorizont des Ordre public transnational als bloß fiktiv und kontrafaktisch unterstellt taxieren und sowohl die Existenz als auch die Wünschbarkeit einer uniformen weltpolitischen Gemeinwohlformeln in Abrede stellen.[210] Viellechner wiederum hält die horizontale Koordination für besonders aussichtsreich, weil sie keiner Einigung auf substanzielle Normen bedürfe, sondern lediglich einer »Verständigung über

205 Vgl. *Koskenniemi*, From Apology to Utopia, 2005, S. 489 f., 495, 497, 512, 580 f., 583, 595 f.; *Koskenniemi*, Politics I, 1990, insb. S. 31; *Buckel*, Subjektivierung und Kohäsion, 2015, S. 234; *Paulus*, Legitimacy, 2004, S. 1054; *Petersmann*, When Environmental Protection and Human Rights Collide, 2022, S. 114.

206 Durch Prozeduralisierung wird das Recht in der zeitlichen Dimension offengehalten. Zeitliche Inkonsistenz kompensiert folglich die fehlende sachliche Konsistenz (vgl. dazu *Luhmann*, Recht der Gesellschaft, 1995, S. 279 und 480; *ILC*, Fragmentation (Report), 2006, Ziff. 276).

207 Vgl. *Koskenniemi*, From Apology to Utopia, 2005, S. 494 zu Art. 59 UNSRÜ, der eine Responsivitätsverpflichtung verankert; *Fischer-Lescano*, Pluriversum, 2020, S. 28.

208 *Fischer-Lescano/Teubner*, Regime-Kollisionen, 2006, S. 99.

209 *Fischer-Lescano/Teubner*, Regime-Kollisionen, 2006, S. 100 und 103; vgl. auch *Teubner*, Quod omnes tangit, 2018, S. 190, wonach der Ordre public ein Kompromiss darstelle. In gleicher Weise ist *Fischer-Lescano*, Pluriversum, 2020, S. 26, lesbar, wonach eine Grenze des Miteinanders zu suchen sei, zumal Grenzen nicht nur teilen, sondern auch etwas Geteiltes sind.

210 *Fischer-Lescano/Teubner*, Regime-Kollisionen, 2006, S. 100 f. und 109 f.

Abstimmungsreglen«.[211] Auch Berman versteht prozedurale Mechanismen und diskursive Praktiken im Umgang mit der Hybridität des Rechts als Alternative »both to territorially-based sovereigntism and to universalism«.[212] Die Konfliktlösung wird – also auch hier – auf später verschoben. Damit wird die – letztlich politische – Frage in die Hände derer gelegt, die an eben diesem Prozess teilnehmen können. Die Lösung der Konflikte hängt dadurch von den Präferenzen, Vorurteilen und Annahmen jener ab, die letztlich entscheiden: die Professionellen des Rechtsbetriebs wie etwa Expert*innen, Richter*innen oder Beamt*innen.[213]

6.3 Konflikte ohne Lösung?

Die Techniken und Argumentationsmuster zur Lösung von Normkonflikten erweisen sich nach dem Dargelegten als untauglich, da sie eine Überwindung der Fragmentierung nicht schlüssig zu begründen vermögen. Vielmehr hat sich gezeigt, dass die Anwendung rechtlicher Konfliktlösungstechniken von der Perspektive der Betrachtenden und damit den jeweiligen Akteur*innen abhängt.[214] Wenn im Folgenden argumentiert wird, dass eine Konfliktlösung im Recht zweifelhaft erscheint, soll also nicht bestritten werden, dass das Recht in der Lage sei, mit konfligierenden Normen und Normprojektionen umzugehen.[215] Vielmehr stellt die Bearbeitung von Konflikten gerade eine Paradedisziplin des Rechts dar. Dies gelingt dem Recht, indem es Konfliktlagen in eigener Sprache reformuliert. Was anschließend gelöst wird, ist nicht die real existierende Konfliktlage – wobei damit nicht suggeriert sein soll, eine objektive Beschreibung derselben sei möglich – sondern die im Recht rekonstruierte Ausgangslage. Inwiefern diese Operation des Rechts, die im Recht als Konfliktlösung beschrieben werden kann, tatsächlich den zugrunde liegenden Konflikt beilegt, bleibt dabei höchst fraglich und dem Recht selbst nicht direkt zugänglich. Angesichts dessen kann aber, wie bereits ausgeführt, aus dem Umstand, dass zahlreiche argumentatorische Strategien zur Verfügung stehen, um Konflikte im Recht zu lösen und den autopoietischen Prozess auf Dauer zu stellen, nicht darauf geschlossen

211 *Viellechner*, Rechtspluralismus, 2012, S. 573.

212 *Berman*, Global Legal Pluralism, 2007, insb. S. 1166 f.; *Berman*, Global Legal Pluralism, 2012, insb. S. 141 ff.

213 *Martineau*, Fragmentation, 2016, S. 13; *Koskenniemi*, From Apology to Utopia, 2005, u. a. S. 511 f., 536 und 548; vgl. zur Rolle der Rechtsprofessionellen bereits vorne Kap. 5.2.4.3 und insb. Fn. 221.

214 Vgl. die Hinweise in Kap. 6, Fn. 11.

215 Vgl. dazu bereits die einleitenden Bemerkungen zu Kap. 6, insb. bei und in Fn. 10.

werden, dass die Beschreibung dieses Vorgangs im Recht von anderen, das Recht übergreifenden Perspektiven geteilt wird. Und selbst im Recht oder zumindest in dessen Peripherie dauern alternative Lesarten fort, auf deren Anerkennung durch autoritative Instanzen vor dem Hintergrund der rechtlichen Unbestimmtheit gehofft und hingewirkt werden kann.

6.3.1 Unzulänglichkeit der rechtswissenschaftlichen Auseinandersetzung

Die Lösungsvorschläge, die in der rechtswissenschaftlichen Debatte über konflikthafte Interaktionen von Rechtsregimen diskutiert werden, haben sich als wenig überzeugend erwiesen.[216] Weder mit vertikalen noch mit horizontalen Konfliktlösungstechniken kann begründet werden, weshalb sich einzelne Rechtsfragmente von ihrer zentrifugalen, eigenrationalitätsmaximierenden Tendenz lösen sollten. Zwar wird verschiedentlich die Ursache von Normkonflikten in der gesellschaftlichen Umwelt des Rechts gesucht, doch wird diesem Umstand anschließend kaum Rechnung getragen. Die Rechtsdogmatik koppelt sich gleichsam von der gesellschaftlichen Realität ab und glaubt, deren Widersprüchlichkeit zu überwinden, indem sich das Recht eine eigene harmonische Welt erschafft.

Aus dem Blickfeld gerät daher zwangsläufig die Frage, wie Normkonflikte und die diesen zugrunde liegenden gesellschaftlichen Spannungsverhältnisse denn sonst, wenn das Recht diese nicht zu schlichten vermag, gelöst oder zumindest ausgehalten werden. Dies gilt auch für den gesellschaftliche Konstitutionalismus, der die Rückführung von Normkonflikten auf kollidierende Rationalitäten und Eigenlogiken besonders ausgeprägt betont und zu deren Lösung eine ausgefeilte Verfassungsarchitektur entwickelt, die im Ergebnis aber eine beträchtliche Nähe zum rechtsdogmatischen Mainstream aufweist. Selbst wenn das Recht, wie vorne ausgeführt wurde, in einem koproduktiven Wechselverhältnis zur Gesellschaft steht und mithin geeignet sein könnte, gesellschaftliche Widersprüche tatsächlich zu regulieren, Eigenrationalitätsexzesse zu adressieren und die Gestalt sozialer Zusammenhänge zu prägen,[217] fehlt in der rechtswissenschaftlichen Debatte einer Auseinandersetzung mit dem Umstand und den Folgen der Hartnäckigkeit und Trägheit verselbständigter Logiken, welche das Recht und seine elaborierten Argumentationsstrukturen in ihren Sog ziehen. Der Rekurs auf rechtliche Konfliktlösungsstrategien erfolgt stets von einem bestimmten Standpunkt aus, weshalb das Konfliktlösungspotenzial dieser Strategien von der

216 Vgl. vorne Kap. 6.1; sowie zum Ganzen bereits *Weber*, Simultanität, 2024, S. 48 ff.

217 Vgl. vorne Kap. 5.2.3 sowie hinten Kap. 12, bei Fn. 16 ff.

entsprechenden, im jeweiligen Rechtsregime bestehenden Bereitschaft abhängt und damit auch von den Kräfteverhältnissen und politischen Konstellation, in die solche Entscheidungen eingelassen sind.[218]

Wenn Normkonflikte auf gesellschaftliche Bedingungen zurückgeführt werden können, spricht wenig für die Annahme, dass sich die im Recht stattfindende Austragung dieser Konflikte autonom vollzieht. Das Recht und dessen rechtsschöpferischer Vollzug bleiben in gesellschaftliche Kräfteverhältnisse eingebettet, sodass das Recht Konflikte nur oberflächlich, im Rahmen seiner entfremdenden Rekonstruktion des Außerrechtlichen löst. Diese Rekonstruktion aber, und das ist hier das Ausschlaggebende, erfolgt nicht neutral, abgekapselt und isoliert. Das Recht und die im Recht vorgeschlagenen Techniken enthalten selbst nämlich keine Lösung für rechtliche Konflikte, sondern weisen stets über das Recht hinaus.[219] Im Recht sind daher keine vorgegebenen Lösungen für Konflikte verfügbar; die zu treffende Entscheidung kann nicht aus der intrinsischen Natur des Rechts abgeleitet werden. Das Außerrechtliche – und damit das Politische – ist dem Recht immer schon inhärent. Die Anwesenheit des Anderen des Rechts im Recht, das sich an der Unbestimmtheit des Rechts und der Reversibilität rechtlicher Argumente festmachen lässt, erklärt letztlich die Unfähigkeit des Rechts, Rationalitätskonflikte zu lösen. Weil das Recht auf sein Außen verweist, von diesem abhängt – obwohl es dieses mitprägt – kann der Verweis auf Rechtstechniken nicht schlüssig die Überwindung der Fragmentierung behaupten, wird dabei doch die Kontingenz rechtlicher Argumentation unterschlagen.

Die Unzulänglichkeit der rechtswissenschaftlichen Auseinandersetzung und die beschränkte Eignung des Rechts zur Lösung von Normkonflikten vermag die systemtheoretische Position zunächst kaum zu irritieren. Diese geht von der Annahme aus, dass gesellschaftliche Teilsysteme und ihr Recht von einer spezifischen Logik dominiert werden, was die Selbstbeschränkung, also die Einhegung exzessiver Eigenrationalitäten, und die Konfliktlösung erschwert oder gar verunmöglicht.[220] Im Unterschied zu vielen Beiträgen zur Fragmentierungsdebatte, die implizit – und bereits deshalb unbegründet – von einer vorbestehenden

218 Insofern verweist *Peters*, Refinement, 2017, S. 687, hinsichtlich der Koexistenz als Konfliktlösung zu Recht darauf, dass die wichtigste Frage sei, wer darüber entscheide, ob die fraglichen Normen in dieselbe Richtung weisen und ob die Äquivalenz gegeben sei. Diese Einsicht stellt freilich die These in Frage, wonach die Fragmentierung zu verabschieden sei (vgl. ibid. S. 672 und 702). Vgl. zur gesellschaftlichen Einbettung des Rechts vorne Kap. 5.2.4.

219 *Koskenniemi*, Constitutionalism as Mindset, 2007, S. 21 f.; *ILC*, Fragmentation (Report), 2006, Ziff. 409; vgl. zudem die Ausführungen und Hinweise vorne in Kap. 6.2.

220 Vgl. *Fischer-Lescano/Teubner*, Regime-Kollisionen, 2006, S. 24 und 170 f.; sowie zum Nachvollzug der systemtheoretischen Analyse vorne Kap. 5.

Toleranz und Selbstbeschränkungsbereitschaft auszugehen scheinen, hebt Gunther Teubner hervor, dass die Konstitutionalisierung, die einen sozialen Zusammenhang nicht bloß konstituiert, sondern ihn zugleich limitiert, erst durch externen Druck hervorgerufen werde.[221] Irritationen von außen, so Teubner, seien in der Lage, Selbstkonstitutionalisierungsprozesse anzustoßen. Entsprechend weist er dem externen Bereich eines sozialen Gefüges, also etwa zivilgesellschaftliche Initiativen, die Politik oder Wirtschaft adressieren, eine zentrale Rolle in seinem konstitutionellen Modell zu. Durch Kontestation von außen soll Responsivität erkämpft werden.[222] Ungeachtet dessen, ob dieses Modell normativ zu überzeugen vermag, erscheint es fraglich, ob heute bereits ausreichende Formen der Selbstkonstitutionalisierung erreicht worden sind.[223] Die Funktionssysteme – und dies gilt besonders für die Wirtschaft – scheinen weitgehend ungebremst ihre je eigene Rationalität zu maximieren. »Nothing could be more illusory,« konstatiert Marcelo Neves, »than the idea that experiences of transversal rationality in transconstitutionalism among legal orders are generalised or in a position to become so in the short or medium term.«[224] Tatsächlich ist die Gesellschaft weit davon entfernt, Gegeninstitutionen, die in den nationalstaatlichen Verfassungen verankert wurden, erfolgreich in anderen als politischen Systemen zu etablieren.[225] Die real existierende

221 Vgl. *Teubner*, Verfassungsfragmente, 2012, S. 44, 71, 132 ff., 241 und 258; *Teubner*, Quod omnes tangit, 2018, insb. S. 184 ff.; sowie bereits vorne in Kap. 5.1.5 bei Fn. 94 und in Kap. 6.1.2.2.6 bei Fn. 177.

222 Auch wenn dieser Analyse auf einer deskriptiven Ebene gefolgt werden kann, scheint sie problembehaftet, wenn sie sich zu einem normativen Postulat wendet, indem in der Kontestation eine hinreichende demokratische Legitimation gesehen wird. Systemtheoretisch mag dies plausibel sein, weil so das Innere, das lediglich zur Selbstkonstitutionalisierung angeregt wird, unangetastet bleibt. Demokratietheoretisch erscheint diese Konzeption aber zu schwach, weil sie für das demokratische Subjekt eine marginalisierte, auf Kontestation – nicht einmal Destitution – beschränkte Rolle vorsieht und insb. keine konstituierende Macht reklamiert und sich damit von der Idee der Selbstbestimmung weit entfernt (vgl. *Loick*, Souveränität, 2019, S. 611 ff.; *Reiter*, First People, 2018, S. 279 f.).

223 Diese Meinung scheint *Teubner*, Verfassungsfragmente, 2012, S. 247, zu vertreten, wenn er festhält, dass »destruktive Tendenzen der funktionalen Differenzierung durch soziale Gegeninstitutionen relativ erfolgreich konterkariert worden sind«, wodurch diese »Gegeninstitutionen expansive Sozialsysteme zur Selbstbeschränkung zwangen«.

224 *Neves*, Transdemocracy, 2017, S. 388, dessen Begriffe des Transkonstitutionalismus und der Transversalität weisen eine große Nähe zum konstitutionellen Pluralismus bzw. zur Responsivität auf.

225 Aus demokratietheoretischer Sicht kommt, wie bereits erwähnt (vgl. vorne Kap. 6.3.1, Fn. 222) die Frage hinzu, ob diese Form der Konstitutionalisierung

gesellschaftliche Konstitutionalisierung ist mangelhaft und weitgehend darauf beschränkt, funktionsspezifische Rationalitäten freizusetzen.[226] Verfassungsnormen, die den Expansionstendenzen etwas entgegensetzen oder die Inklusion gewährleisten könnten, sind kaum institutionalisiert.[227] Zudem erweisen sich gerade Responsivitätsformeln aufgrund ihrer Unbestimmtheit als besonders anfällig für strukturelle Sogkräfte. Den Formen der Konfliktlösung, in die der gesellschaftliche Konstitutionalismus seine Hoffnungen setzt, fehlt damit die Basis, sodass auch sie sich als wenig aussichtsreich erweisen. Vielmehr dürfte die Illusion globaler Legalität und Responsivität die Unschuld der Akteur*innen plausibilisieren und ihr Handeln damit legitimieren.[228] »In Konstellationen grundlegender Asymmetrien droht Kontestation«, so auch Sigrid Boysen, »zur systemstabilisierenden Beschäftigungstherapie zu werden.«[229] Zugleich bleibt die Frage unbeantwortet, wie die Gesellschaft mit der Widersprüchlichkeit der Rationalitäten umgeht, die aus systemtheoretischer Perspektive so prägnant beschrieben werden. Damit fügt sich der gesellschaftliche Konstitutionalismus in die deskriptive Unzulänglichkeit der rechtswissenschaftlichen Auseinandersetzung zur Fragmentierung des Rechts ein.

Trotz der Unfähigkeit des Rechts, Konflikte zu lösen, wäre es allerdings verkürzt, der rechtlichen Konfliktbearbeitung jegliche gesellschaftliche Relevanz abzusprechen. Das Recht trägt nämlich durchaus zur Stabilisierung bei, obschon es die Konflikte nur für sich selbst zu lösen im Stande ist: Indem im Recht von Differenzen abstrahiert wird, statt diese aufzuheben, werden sie diskursiv entschärft.[230] Dies zeigt sich am Beispiel der nachhaltigen Entwicklung, die soziale, wirtschaftliche und ökologische Anliegen zu vereinen sucht, dabei aber in erheblichem Ausmaß Differenzen ignorieren muss.[231] Dergestalt werden gesellschaftliche Widersprüche

und Demokratisierung eine angemessene sein kann und ob sie allenfalls sogar kontraproduktiv ist, indem sie bestehende Strukturen durch rechtliche Legitimationsressourcen nicht noch zusätzlich stabilisiert, ohne auch nur eine einhegende Wirkung zu entfalten.

226 Vgl. zur Selbstkonstitution *Teubner*, Verfassungsfragmente, 2012, S. 120 ff.

227 Vgl. dazu *Teubner*, Verfassungsfragmente, 2012, S. 124 ff. und 207 ff., 234 f. und 257, sowie die bereits zitierte, sehr optimistische Stelle auf S. 247.

228 *Kennedy*, Law in Global Political Economy, 2020, S. 144 f.

229 *Boysen*, Postkoloniale Konstellation, 2021, S. 315.

230 *Buckel*, Subjektivierung und Kohäsion, 2015, S. 230 und 237 ff.

231 Vgl. *Viñuales*, Sustainable Development, 2021, S. 299 f.; ferner *Boysen*, Postkoloniale Konstellation, 2021, S. 128, wonach »Versöhnungsformeln wie das Prinzip der nachhaltigen Entwicklung [...] interaktiv angepasste Reformulierungen« der normativen und wirtschaftspolitischen Vorstellungen und Interessen der Industriestaaten darstellen; sowie zum Nachhaltigkeitsprinzip bereits vorne in Kap. 6.1.2.2.2 bei Fn. 93 und in Kap. 6.1.2.2.3 bei Fn. 106.

zwar bearbeitet, aber viel eher verschleiert als aufgelöst. Obgleich vorliegend die Konfliktlösungsfähigkeit des Rechts in Abrede gestellt wurde, trägt das Recht gleichsam zur Stabilisierung der widersprüchlichen Vergesellschaftung bei. Letzteres gelingt freilich nur zum Preis der Zuspitzung der zugrunde liegenden Widersprüche und muss – worauf noch einzugehen sein wird – plausibilisiert werden. Damit bleibt auch aus dieser Perspektive die Frage unbeantwortet, wie die gesellschaftlichen, im Recht verzerrt abgebildeten Konflikte denn sonst gelöst werden.

6.3.2 Berufsethischer Appell

Die hier diagnostizierte Unzulänglichkeit des rechtswissenschaftlichen Diskurses ist eng mit dem Umstand verwoben, dass kein neutraler Standpunkt zur Verfügung steht, um Normkonflikte zu lösen, dass mithin jede Auseinandersetzung mit einer möglichen Kollision immer schon aus einer spezifischen Perspektive erfolgt.[232] Diese Einsicht bleibt freilich der konstitutionalistisch veranlagten Rechtswissenschaft nicht verborgen, sondern wird von dieser – zumindest implizit – adressiert. Da die Plausibilität von vertikalen Strategien bezweifelt wird und diese offen hegemonial aufzutreten scheinen, wird im rechtswissenschaftlichen Diskurs oft von großen institutionellen Entwürfen Abstand genommen.[233] Die Hoffnung wird stattdessen in horizontale Techniken der Konfliktbewältigung gesetzt. Das Problem der fehlenden Neutralität wird indes, worauf bereits eingegangen wurde, durch die Verlagerung von zentralistischen Lösungen, die zur Herstellung einer Hierarchie tendieren, auf polyzentrische Herangehensweisen nicht beseitigt. Ungeachtet der Rede von Harmonie, Koordination und gegenseitiger Unterstützung brechen sich hegemoniale Ansprüche Bahn. Zudem findet eine zumindest implizite Hinwendung zu einem – letztlich wieder zentralistischen – Metakonstitutionalismus statt.[234] Die genannten Hoffnungen werden entsprechend vorsichtig

232 Vgl. etwa *Pasquet*, De-Fragmentation Techniques, Rz. 39; *Teubner*, Verfassungsfragmente, 2012, S. 232; *Peters*, Refinement, 2017, S. 703; *Klabbers/Palombella*, Introduction, 2019, S. 11 ff.; *ILC*, Fragmentation (Report), 2006, Ziff. 493; *Lang*, After Neoliberalism, 2011, S. 142 und bis 148; *Koskenniemi*, Hegemonic Regimes, 2012, u. a. S. 310, 317 f., 320 und 324.

233 Vgl. dezidiert *Koskenniemi*, From Apology to Utopia, 2005, S. 555, 559 f., 602 ff. Diese Ablehnung ergibt sich in der kritischen Völkerrechtswissenschaft bereits aus der Theorie selbst, die von der Unmöglichkeit objektiver und neutraler Werte ausgeht (ibid., S. 603; sowie *Purvis*, Critical Legal Studies, 1991, insb. S. 123 f.).

234 Vgl. hierzu Kap. 6.2; sowie für Ansätze utopischer Projekte, die ohne den diesen regelmäßig innewohnenden Universalismus auszukommen versuchen, *Reiter* (Hrsg.), Constructing the pluriverse, 2018.

formuliert.[235] Allerdings wird die Lösungssuche bisweilen noch weitergetrieben, was unter anderem mit der Irritation konstitutionalistischer Bedürfnisse und Motive zusammenhängen dürfte. Vor dem Hintergrund der wenig erfreulichen strukturellen Gegebenheiten, in deren Änderung wenig Hoffnung gesetzt wird, mündet diese Suche regelmäßig in Appellen an die individuellen Akteur*innen.[236]

So befreit nach Martti Koskenniemi die Einsicht in die Unbestimmtheit des Rechts die Interpretierenden von einer imaginierten Bindung, nimmt sie aber zugleich in die Pflicht. Weil das Recht nicht direkt binde, rückt Koskenniemi also die individuelle Verantwortung der Handelnden in den Fokus.[237] Die Offenheit des Rechts macht aus dieser Perspektive eine Dezision unumgänglich, eröffnet mithin einen politischen Raum, in dem es sich zu verhalten gilt, und ermöglicht die Infragestellung struktureller Eigenlogiken. »Choices«, so auch Anne Peters, »can and must be made.«[238] Ebenfalls an die einzelne Interpret*in richtet sich der programmatische, auf Responsivität zielende Entwurf der Interlegalität von Jan Klabbers und Gianluigi Palombella.[239] »Character matters« hält Klabbers denn auch im Kontext einer tugendethischen Einhegung rechtlicher Unbestimmtheit fest.[240] In derselben Tendenz konstatiert Anne-Charlotte Martineau, dass letztlich alles von der Sensibilität der Jurist*innen abhänge.[241] Auch die systemtheoretische Perspektive kulminiert schließlich in einem solchen Appell, wenn Amts- und Dritthaftungsansprüche für Schiedsrichter*innen angeregt werden.[242] Die zahlreichen Konfliktlösungstechniken, denen eine Unzulänglichkeit anhaftet,

235 Vgl. *Peters*, Refinement, 2017, S. 688 f.; *Koskenniemi*, Hegemonic Regimes, 2012, S. 321 ff.; *Fischer-Lescano/Teubner*, Regime-Kollisionen, 2006, S. 24 und 170 f.

236 Vgl. zur zugrunde liegenden Bedeutung der Professionellen des Rechtsbetriebs bereits vorne in kap. 6.2 bei Fn. 213 und die Hinweise dort.

237 *Koskenniemi*, Constitutionalism as Mindset, 2007, S. 21 ff. und 30 ff.; *Koskenniemi*, Kantian Themes, 2008, S. 22 ff.; sowie *Koskenniemi*, From Apology to Utopia, 2005, u. a. S. 596 und 615 ff.; *Koskenniemi*, Fate of Public International Law, 2007, S. 29; *Koskenniemi*, Hegemonic Regimes, 2012, S. 321; *Koskenniemi*, Global Governance, 2017, S. 216; *Koskenniemi*, Cynicism, 2019, S. 7.

238 *Peters*, Refinement, 2017, S. 701, ferner auch S. 703.

239 *Klabbers/Palombella*, Introduction, 2019, insb. S. 3 und 16; vgl. auch *Klabbers*, Setting the Scene, 2009, S. 30 f. m. w. H.

240 *Klabbers*, Virtue in Global Governance, 2022, S. 265; vgl. zur Rechtsinterpret*in als tugendhafte Akteur*in bereits *Klabbers*, Culture of Formalism, 2013; *Klabbers*, Judging Inter-Legality, 2019; ferner auch *Klabbers*, International Organizations, 2022, S. 336 ff.

241 *Martineau*, Fragmentation, 2016, S. 402.

242 *Fischer-Lescano/Teubner*, Regime-Kollisionen, 2006, S. 106, Fn. 31.

können folglich, wie dies Ivan Pasquet vorschlägt, als Ausdruck einer professionellen Ethik betrachtet werden, die sich an die einzelnen Akteur*innen richtet, welche das Recht im Zuge einer schöpferischen Auslegung erst erkennen.[243]

Obwohl die Skepsis gegenüber institutionellen Entwürfen berechtigt und es tatsächlich fraglich ist, inwiefern bestehende Eigenlogiken und Vorurteile durch Reformen zu durchbrechen sind,[244] scheint die pauschale Rückweisung solcher Bemühungen zugunsten des Fokus auf individuelle Akteur*innen verkürzt. Zunächst fehlt der Anrufung der Professionellen des Rechtsbetriebs eine Perspektive der Emanzipation, wenn auf die Einsicht der Eliten gehofft und zugleich über die gesellschaftlichen Strukturen und Kräfteverhältnisse hinweggeblickt wird.[245] Auch der berufsethische Appell, der als eine Spielart polyzentrischer Konfliktbewältigung betrachtet werden kann, kommt in letzter Instanz nicht ohne den Rekurs auf eine Ordnungsvorstellung aus. Wer an die Einzelnen appelliert, stärkt deren partikulares Weltverständnis als Handlungs- und insofern potenziellen Strukturmaßstab. Zudem ist der Einfluss einzelner Akteur*innen in Zweifel zu ziehen, wenn globale Machtverhältnisse derart stark verankert sind, dass etwa institutionelle Reformen oder demokratische Rückkopplungen aussichtslos erscheinen. So schreibt denn etwa Ntina Tzouvala der strukturellen Eigenlogik des Rechts eine Starrheit zu, der auch selbstreflexive Interpret*innen nicht entgehen könnten.[246] Auch Grietje Baars kritisiert diesen Fokus auf die Professionellen des Rechtsbetriebs, weil er von deren Klassenzugehörigkeit abstrahiere und die damit angeregte Moralisierung des Rechtsdiskurses lediglich die bestehenden Verhältnisse zu stabilisieren drohe.[247] Friedrich Kratochwil wiederum erachtet Rechtspraktiker*innen im Bann der Eigendynamiken von Organisationen, deren Wandel durch persönliche Tugendhaftigkeit nicht korrigiert werden könne.[248] Allerdings münden selbst diese kritischen Analysen in Appelle an die Akteur*innen, die sich indes nicht auf das Argumentieren im Recht beschränken und explizit als Parteinahme für ein emanzipatorisches Projekt verstehen.[249] Damit durchzieht ein

243 *Pasquet*, De-Fragmentation Techniques, Rz. 71 ff. Vgl. zum Ganzen auch *Jeutner*, Irresolvable Norm Conflicts, 2017, S. 98 ff., der indes eine Entscheidung des Souveräns als politischer Akteur vorschlägt, gerade weil über das Recht hinausgegriffen werden muss (ibid. S. 106).

244 Vgl. Kap. 6.3.2, Fn. 233.

245 Vgl. *Brand/Wissen*, Imperiale Lebensweise, 2017, S. 37.

246 *Tzouvala*, Capitalism as Civilisation, 2020, S. 38 f., 215 ff. und 220.

247 *Baars*, Remarks on Lang, 2014, S. 433 f.

248 *Kratochwil*, Practising Law, 2017, S. 252.

249 Vgl. *Tzouvala*, Capitalism as Civilisation, 2020, S. 220; *Baars*, Remarks on Lang, 2014, Remarks, S. 435; ferner *Pichl*, Rechtskämpfe, 2021, u. a. S. 66. Einer solchen Lesart zugänglich sind auch die Arbeiten von Koskenniemi und

persistentes Changieren zwischen Struktur und Handeln die rechtswissenschaftliche Debatte. Der Frage, wo denn nun, bei der Struktur oder dem Handeln Einzelner, eine Transformation anzusetzen hätte, kann an dieser Stelle indes nicht weiter nachgegangen werden. Stattdessen möge der Verweis auf die Vermutung genügen, dass eine strikte Wahl zwischen diesen alternativen Ansätzen der komplexen Verwobenheit von Gegebenem und Gemachtem, wie sie aus gesellschaftstheoretischer Sicht beschrieben wird,[250] nicht ausreichend Rechnung trägt. Zentral ist im vorliegenden Zusammenhang eine andere Feststellung, die nicht die normativen Vorschläge, sondern die deskriptive Ebene betrifft: Gerade weil sich eine Selbstbeschränkung der sich im und durch das Recht vollziehenden Eigenrationalitätsmaximierung – mithin eine Konfliktlösung – nicht von alleine einstellt, also der Verweis auf bloße Argumentationsfiguren ungenügend ist, wird an die individuellen Akteur*innen appelliert. Weil auch dieser Aufruf immer nur gesellschaftlich und historisch spezifisch situierte Menschen erreicht, bleibt seine Wirksamkeit bereits theoretisch fraglich, ungeachtet der praktischen Ergebnislosigkeit. Jedenfalls bleibt aber auch damit die Frage offen, wie gesellschaftliche Widersprüche, die sich im Recht manifestieren, gelöst oder zumindest ausgehalten werden.

6.3.3 Zwischenfazit

Insgesamt scheint es unumgänglich, die deskriptive Tonlage des rechtswissenschaftlichen Diskurses zu überhören und sie stattdessen lediglich als normatives Desiderat[251] zu betrachten. Was die Rechtswissenschaften vorschlagen, harrt der Umsetzung und lässt sich angesichts der gesellschaftlichen Einbettung des Rechts nicht als Lösung belegen. Vor diesem Hintergrund klafft in der rechtswissenschaftlichen Debatte über die Fragmentierung des Rechts eine Lücke: Wenn die debattierten Rezepte nicht umgesetzt oder ungeeignet sind, stellt sich die Frage, wie denn die

Martineau (vgl. Kap. 6.3.2, Fn. 237 bzw. 242). Demgegenüber scheint etwa *Pulkowski*, International Regime Conflict, 2014, S. 333 f., an die Neutralität jener zu appellieren, denen das »Konfliktmanagement« im Rahmen eines rationalen Diskurses aufgetragen ist, womit die Diskussion an ihren Ausgangspunkt zurückkehrt, nämlich zur fehlenden Neutralität und zur Unausweichlichkeit der Positionalität. Unbestimmt bleibt sodann *Kratochwil*, Practising Law, 2017, S. 252, mit der Forderung eines »different type of ethics«.

250 Vgl. *Jaeggi*, Lebensformen, 2014, S. 119 ff. und 330 ff.; *Buckel*, Subjektivierung und Kohäsion, 2015, S. 131 und 215 f.

251 Vgl. insofern etwa *Teubner*, Verfassungsfragmente, 2012, S. 88 f. (insb. Fn. 50), und 139.

»Probleme der Weltgesellschaft«[252], die auf die funktionale Ausdifferenzierung zurückgeführt werden können, gelöst oder zumindest gemildert werden. Was hält die Weltgesellschaft und ihr Recht zusammen, wenn die Konflikte, welche die eine und damit auch das andere durchziehen, nicht aufgehoben werden? Wie wird mit dem Problemdruck umgegangen, den die Abstraktion des Rechts von der Widersprüchlichkeit der Gesellschaft gerade noch zu steigern droht?

6.4 Externalisierung

Angesichts dieser Fragen, die in der rechtswissenschaftlichen Debatte zwar implizit angesprochen, aber explizit kaum adressiert werden, soll im Folgenden eruiert werden, ob sich unter Rückgriff auf die Externalisierungsthese die ins Stocken geratene Diskussion weiterbringen lässt. Die Sorge der Völkerrechtswissenschaft gilt der Einheit der Rechtsordnung. Wie können deren Teile – seien es Nationalstaaten oder Rechtsregime – koordiniert und kohärent den Gang der Welt bestimmen? Wie ist Ordnung zwischen diesen Teilen möglich angesichts ihrer Souveränität oder Autonomie? Mit Blick auf Nationalstaaten stehen immer auch räumliche Fragen im Fokus. Wo beginnt der Einflussbereich des einen und wo endet entsprechend die Sphäre des anderen Staates? Mit der zunehmenden Beachtung der Fragmentierung hat sich dieser Fokus verschoben. Als zentral werden jetzt oftmals die Grenzen zwischen den Rechtsbereichen, den verschiedenen Rationalitäten, betrachtet. Diese Verschiebung zur Betonung der funktionalen Differenzierung zeichnet insbesondere, aber nicht nur, die systemtheoretische Perspektive aus. Ihr gelingt es dadurch, die Dramatik verselbständigter Logiken zu artikulieren. Zugleich läuft sie aber Gefahr, andere Differenzierungsmuster zu vernachlässigen. Dadurch stößt sie an deskriptive und normative Grenzen, deren Konturen im Folgenden nachzuzeichnen sind. Vor diesem Hintergrund soll anschließend überdies versucht werden, mit der räumlichen Dimension globaler Ordnung eine dieser vernachlässigten Differenzierungen aufzugreifen, wodurch die Externalisierung als bedeutsame Strategie zur Bearbeitung von Normkonflikten in die Fragmentierungsdebatte eingeführt wird.

6.4.1 Grenzen der funktionalen Differenzierung

Im rechtswissenschaftlichen Diskurs wird regelmäßig auf die funktionale Differenzierung als valable Erklärung der Fragmentierung Bezug

252 *Fischer-Lescano/Teubner*, Regime-Kollisionen, 2006, S. 28 f.; vgl. bereits vorne in Kap. 5.1.4 bei Fn. 89.

genommen.[253] Während dieser Verweis oftmals unspezifisch und ohne eingehende Auseinandersetzung erfolgt, stellt die funktionale Differenzierung ein zentrales Element der Systemtheorie dar. Dort erscheint sie auf deskriptiver Ebene als primäres gesellschaftliches Strukturprinzip, während sie in normativer Hinsicht als Leitmaxime fungiert.[254] Indem die Systemtheorie vom Primat der funktionalen Differenzierung ausgeht, läuft sie indes Gefahr, zugleich vorhandene andere Strukturprinzipien, die etwa eine Stratifizierung der Gesellschaft bewirken, auszublenden. Zwar wird die Existenz anderer gesellschaftlicher Strukturprinzipien und Differenzierungsformen nicht pauschal bestritten, aber deren Bedeutung wird als untergeordnet und tendenziell abnehmend verstanden.[255] So sieht Niklas Luhmann etwa wenig Sinn in der Frage, weshalb an gewissen Orten eine kapitalistische Wirtschaft entstanden ist, weil die funktionale Differenzierung vorbestehende Differenzierungen zerstört habe, statt von diesen abzuhängen.[256] Da theoriebedingt gewisse gesellschaftliche Strukturen aus dem Fokus geraten, werden damit verbundene Hierarchien und Machtverhältnisse desartikuliert.[257] Angesichts dessen scheint es erforderlich, hervorzuheben, dass die funktionale Differenzierung mit weiteren Strukturprinzipien wie etwa Geschlecht, Rasse oder Nation zusammenwirkt und diese nicht derart determiniert, dass sie ihre Eigenständigkeit einbüßten.[258] Die funktional differenzierte Weltgesellschaft und ihre Teilsysteme sind denn notwendigerweise von Hierarchien durchzogen, die mit stratifikatorischen sowie Zentrum-Peripherie-Differenzierungen zusammenhängen. Diese Annahme liegt nicht nur dem Konzept der Externalisierungsgesellschaft sowie weiteren kritischen Analysen des globalen Kapitalismus zugrunde.[259] Auch aus systemtheoretischer Perspektive kann mit João Paulo Bachur argumentiert werden, dass funktionale Differenzierung soziale Ungleichheiten nicht nur voraussetzt, indem sie an diese anknüpft, sondern diese selbst erzeugt, ja erzeugen muss, und damit sich selbst untergräbt.[260] Die notwendige Gleichzeitigkeit verschiedener

253 Vgl. die Hinweise in Kap. 5, Fn. 12.

254 Vgl. *Osrecki*, Kritischer Funktionalismus, 2016, S. 231 ff.; ferner *Baraldi*, Gesellschaftsdifferenzierung, 1999, S. 65 ff.; sowie vorne Kap. 5.1.1 zur funktionalen Differenzierung.

255 Vgl. bereits vorne in Kap. 5.1.1 bei Fn. 30.

256 *Luhmann*, Gesellschaft der Gesellschaft, 1998, S. 707.

257 *Buckel*, Subjektivierung und Kohäsion, 2015, S. 40 ff.; *Möller*, Formwandel, 2015, u. a. S. 34, 75 und 80.

258 *Buckel*, Subjektivierung und Kohäsion, 2015, S. 40 ff. Diese Irreduzibilität betont Buckel auch mit dem Begriff des »Dirty Capitalism« (vgl. hierzu die Hinweise vorne in Kap. 5.1.3, Fn. 63).

259 Vgl. die einleitenden Hinweise vorne in Kap. 1 bei Fn. 15 ff.

260 *Bachur*, Kapitalismus und funktionale Differenzierung, 2013, S. 143 ff., insb. 161, wonach demzufolge das Primat funktionaler Differenzierung

Differenzierungsformen lässt sich denn auch aus dem instabilen Zusammenwirken sozialer Systeme, die ihre jeweilige Eigenlogik rücksichtslos maximieren, herleiten: Weil die Funktionssysteme dazu tendieren, ihre Umwelt mit destruktiven Exzessen in Mitleidenschaft zu ziehen, muss diese durch Hierarchisierungen stabilisiert werden.[261]

Dank der soziologisch informierten Verschiebung des völkerrechtswissenschaftlichen Fokus von Fragen der zwischenstaatlichen Ordnung auf die funktionale Differenzierung gelingt es, die Dramatik verselbständigter Logiken zu artikulieren. Zugleich läuft die sich so entfaltende Debatte aber Gefahr, andere Differenzierungsmuster zu vernachlässigen. Die blinden Flecken, welche die Systemtheorie auszeichnen, befallen auch den rechtlichen Diskurs über die Fragmentierung des Rechts. Entsprechend tendieren die Beiträge zu dieser Debatte namentlich dazu, die räumlichen Verhältnisse zu vernachlässigen.[262] So weisen etwa die Beispiele, die Teubner und Fischer-Lescano referieren, um ihre Perspektive zu untermauern, bezeichnenderweise starke Bezüge zur räumlichen Dimension und allgemeiner zu stratifikatorischen und segmentären Differenzierungen auf, die dem Primat der funktionalen Differenzierung folgend aber desartikuliert werden. Das Beispiel des Patentschutzes von Medikamenten[263] etwa ist in dieser Hinsicht frappierend: Die Kollision zwischen wirtschaftlicher und gesundheitlicher oder menschenrechtlicher Rationalität findet nicht im weltgesellschaftlichen Nirgendwo statt, sondern in den Körpern all jener, die pandemischen Situationen schutzlos ausgeliefert sind und keinen Zugang zu den Medikamenten erhalten oder deren gesundheitlichen Bedürfnisse mangels sogenannter Nachfrage, also fehlender Kaufkraft, sprich sozialer Ungleichheit, schlechterdings von den einschlägigen Wirtschaftssektoren unbeachtet bleiben. Die Menschen, die davon betroffen sind, vereinen aber in der Tendenz ganz bestimmte Eigenschaften auf sich. Sie leben überwiegend im Globalen Süden oder sind Teil anderer marginalisierter Gruppen.[264] Die Probleme der Weltgesellschaft manifestieren sich nicht räumlich ungebunden, sondern in ganz konkreten Räumen, in ganz konkreten Körpern, deren Kapazitäten im Umgang mit diesen Problemen massiv divergieren. Die Energien der globalen Funktionssysteme entladen sich eben gerade

aufzugeben sei. Vgl. für eine Kritik an diesem Primat bzw. der damit implizierten Weltgesellschaft aus empirischer Sicht *Holzinger*, Fehlschlüsse, 2014.

261 Vgl. zur Instabilität der funktional differenzierten Gesellschaft vorne Kap. 5.1; sowie zur wohlfahrtstaatlichen Einhegung *Weber*, Simultanität, 2024, S. 42 f.

262 Vgl. auch *Liste*, Colliding geographies, 2016, S. 204, 209 und 215.

263 Vgl. *Fischer-Lescano/Teubner*, Regime-Kollisionen, 2006, S 73 ff.; hierzu bereits vorne Kap. 6.1.2.2.1, Fn. 87.

264 Vgl. zur massiven Ungleichheit hinsichtlich der Lebenserwartung etwa *Therborn*, Killing Fields of Inequality, 2012; *Lessenich*, Sintflut, 2016, S. 178.

nicht, wie Teubner behauptet, »in Sozialräumen jenseits des Nationalstaats«.[265] Diese Beschreibung verschleiert, dass sich die negativen und positiven Seiten der Eigenrationalitätsmaximierung trotz der sich global vollziehenden Ausdifferenzierung an spezifischen Orten manifestieren. Dies geschieht nicht einer evolutorischen Zufälligkeit folgend, sondern entlang bestimmter Strukturprinzipien, die mit der funktionalen Differenzierung und ihren Steigerungsdynamiken zwingend einhergehen, weil die funktional differenzierte Gesellschaft sich nur so stabilisieren lässt.

Eben dies, dass sich die Manifestation gesellschaftlicher Probleme, also sozialer und ökologischer Kosten, in bestimmter Weise räumlich verorten lässt, betont Lessenich mit dem Konzept der Externalisierung.[266] Während die intersystemische Problemverlagerung und damit einhergehende Destabilisierungsdynamiken in den systemtheoretischen Blick geraten,[267] wendet sich dieser von räumlichen – und auch zeitlichen, geschlechtlichen oder rassifizierten – Externalisierungsprozessen ab.[268] Dergestalt wird die zentrale Bedeutung dieser Externalisierungsformen für die Stabilisierung sowohl der funktional differenzierten Gesellschaft als auch ihres fragmentierten Rechts ausgeblendet. Dies macht sich nicht nur in deskriptiver Hinsicht bemerkbar, sondern stellt auch in Frage, ob die in der Fragmentierungsdebatte artikulierten normativen Programme den Herausforderungen gewachsen sind.

Im Rahmen der rechtswissenschaftlichen Rezeption der systemtheoretischen Analyse wurde verschiedentlich eine unzureichende Berücksichtigung der Territorialität bemängelt. So bemerkt etwa Ladeur, dass »Regime-Kollisionen häufig eher Konflikte innerhalb eines Funktionssystems (Wirtschaft) oder Konflikte zwischen unterschiedlichen territorial radizierten Rechtssystemen zum Ausdruck bringen«.[269] Beispielhaft verweist er auf eine Divergenz zwischen Globalem Norden und Globalem Süden hinsichtlich der Beurteilung der Rangordnung von Umweltschutz in der Kollision mit Wirtschaftsinteressen. Damit wird der Konflikt allerdings nicht mehr zwischen Rationalitäten gesucht, sondern als ein Aufeinanderprallen räumlich divergierender Werteordnungen beschrieben.[270] Kollisionslagen werden dergestalt einem methodologischen Nationalismus folgend als territoriales Geschehen interpretiert. Damit wird lediglich das

265 *Teubner*, Verfassungsfragmente, 2012, S. 11 f.

266 *Lessenich*, Sintflut, 2016; vgl. dazu bereits einleitend Kap. 1 sowie hinten Kap. 8.

267 Vgl. hierzu vorne Kap. 5.1.

268 Vgl. bereits *Weber*, Simultanität, 2024, S. 42 f.

269 *Ladeur*, Regime-Kollisionen, 2019, S. 220.

270 Vgl. ähnlich auch *Cottier et al.*, Introduction, 2011, S. 36, welche die systemtheoretische Analyse im Anschluss an Rawls kulturalistisch wenden und unter »clashing systems« keine gesellschaftlichen Sphären, sondern »societies and nations« verstehen.

Primat der funktionalen Differenzierung durch einen Vorrang territorial-segmentärer Differenzierung ersetzt, was ebenso verkürzt erscheint. Wenn vorliegend also dafür plädiert wird, die räumliche Dimension miteinzubeziehen, soll vielmehr das Zusammenspiel verschiedener Differenzierungsformen im Rahmen einer weltgesellschaftlichen Hierarchie beleuchtet werden.

Obschon eine solche Perspektivenänderung über die bestehenden differenztheoretischen Beiträge hinausgeht, kann sie an die systemtheoretische Analyse anschließen: Um eine Beschränkung der destruktiven Eigenrationalitätsmaximierung anzuregen, setzt der gesellschaftliche Konstitutionalismus, wie bereits dargelegt wurde, auf Irritationen von außen, um eine Konstitutionalisierung im Innern zu provozieren. Durch externen Druck soll eine responsive Selbstbeschränkung angeregt und so eine Kompatibilisierung mit anderen Rationalitäten vorgenommen werden.[271] Indes kann nicht davon ausgegangen werden, dass das betroffene Regime zwangsläufig damit reagiere, Responsivität herzustellen. Eine solche Annahme setzte eine hinreichende Konstitutionalisierung, also die Bedingungen, auf deren Schaffung gerade hinzuwirken ist, bereits voraus. Wenn Konflikte mit divergierenden Rationalitäten und Diskursen zu erklären sind, drohen Aufrufe zur Harmonie an den Mauern verselbständigter sozialer Zusammenhänge zu zerschellen. Vermögen sie letztere doch zu überwinden, werden die Irritationen der jeweiligen Logik entsprechend verarbeitet. Weil diese gerade nicht auf die Herstellung responsiver Umweltbeziehungen eingestellt ist, sind alternative Reaktionen in den Blick zu nehmen, also solche, die der jeweiligen Rationalität entsprechen und deren Maximierung dienen.[272] Mit anderen Worten scheint die Gefahr von Ausweichbewegungen im Interesse der Eigenrationalitätsmaximierung nicht hinreichend berücksichtigt zu werden, was insofern überrascht, als gerade diese, also die isolierte Ausrichtung auf die eigene Logik als solche, nicht in Frage gestellt wird.

Eine mögliche Folge externen Drucks, die seitens des gesellschaftlichen Konstitutionalismus nicht in Betracht gezogen wird, besteht wiederum in der räumlichen Externalisierung. Angesichts fehlender generalisierter Demokratisierung, also Konstitutionalisierung, gehen wirksame Irritationen

271 Vgl. die Hinweise in Kap. 6.3.1, Fn. 221.

272 In gewisser Hinsicht scheint Teubner dies denn auch zu befürworten, wenn er eine kommunikationsmediumsspezifische Form des »demokratischen« Selbst-Widerspruchs fordert; vgl. *Teubner*, Quod omnes tangit, 2018, S. 192 f.; *Teubner*, Verfassungsfragmente, 2012, S. 210. Wenig überzeugend erscheint diesbezüglich, aus dem Nutzen der gegenseitigen Einflussnahme einen Anreiz zur responsiven Selbstbeschränkung abzuleiten, wie dies etwa *Viellechner*, Weltgesellschaft, 2013, S. 300, tut. Plausibler dürfte es sein, dass Einflussnahme qua Responsivität nicht zur Selbstbeschränkung, sondern zur Expansion der jeweiligen Rationalität führt.

regelmäßig vom politischen System aus, das weitgehend territorial gebunden operiert.[273] Der gesellschaftliche Konstitutionalismus scheint angesichts der normativ geprägten Zurückweisung der politischen Konstitutionalisierung[274] zu unterschätzen, dass zivilgesellschaftlicher Druck gegenüber anderen gesellschaftlichen Sphären als der institutionalisierten Politik in erster Linie doch vom politischen System abgefangen wird. Wenn aber externe Impulse durch die Politik kanalisiert werden, wirken sich diese entlang der territorialen Binnendifferenzierung des politischen Systems aus, was räumliche Externalisierung als Ausweichstrategie zugänglich macht oder sogar aufdrängt. Indem soziale und ökologische Probleme verlagert werden, wird zwar nicht die krisenhafte Zuspitzung destruktiver Tendenzen, die nach Teubner erst eine Konstitutionalisierungsdynamik auslösen,[275] verhindert, doch verschiebt sich der Ort ihrer Entfaltung. Der gesellschaftliche Druck regt dann keine Selbstbeschränkung an, sondern lediglich eine Ausweichbewegung zulasten der Peripherie.

Dieser Umweg über das territorial differenzierte Politiksystem ist auch deshalb naheliegend, weil die Wirtschaft – wie auch andere Teilsysteme – auf Leistungsbezüge und Hintergrundbedingungen angewiesen ist, die sie selbst nicht herzustellen vermag.[276] Die damit einhergehende Problemverlagerung fordert die Umwelt, namentlich das Gemeinwesen bzw. das politische System und das Recht als dessen Gestaltungsmittel, heraus.[277] Das politische System adressiert diese Probleme dann, zwangsläufig, innerhalb seiner segmentären Binnendifferenzierung in Nationalstaaten. Politische Maßnahmen und die rechtlichen Strukturen, die der Verhinderung, Einhegung und Verminderung von Externalitäten dienen, folgen also der politischen Zweitdifferenzierung. Weil die Wirtschaft aber stärker globalisiert ist, werden mitunter Probleme, die anderswo verursacht worden sind und von der Wirtschaft in die Politik und ins Recht verlagert werden, im Ergebnis auch räumlich externalisiert.

273 Selbst Teubner, der sich dezidiert gegen eine Vorrangstellung der Politik ausspricht (*Teubner*, Verfassungsfragmente, 2012, S. 177 f.), stellt fest, dass Verfassungsprozesse stets im Schatten der Politik stattfinden (ibid., S. 179 ff. und 187) und »gesellschaftliche Eigenverfassungen« mitunter »politisch oktroyiert werden« (ibid., S. 181). Vgl. zu Teubners ambivalenten Haltung bezüglich der Rolle des Rechts vorne Kap. 5.2.3.

274 *Teubner*, Verfassungsfragmente, 2012, S. 49 ff.

275 *Teubner*, Verfassungsfragmente, 2012, S. 130 f. und 188.

276 Vgl. hierzu vorne Kap. 5.1.2 f.

277 Vgl. *Jessop*, Relevanz, 2015, S. 175.

6.4.2 Externalisierung als alternative Konfliktbearbeitung

Nach dem Dargelegten drängt es sich angesichts der Unzulänglichkeit der Fragmentierungsdebatte auf, Externalisierung als alternative Konfliktlösung in den Fokus zu rücken.[278] Normkonflikte ergeben sich nach dem vorliegend zugrunde gelegten Verständnis dort, wo abweichende Vorgaben verschiedener Normen denselben Sachverhalt betreffen. Stimmt das Geschehen, dessen sich verschiedene Normbestände annehmen, nicht zumindest teilweise überein, sind Konflikte ausgeschlossen. Ob ein Konflikt der rechtlichen Artikulation zugänglich ist, hängt folglich davon ab, ob sich eine spezifische Situation überhaupt als Gegenstand divergierender Normierungsvorstellungen beschreiben lässt. Konflikte bleiben der rechtlichen Wahrnehmung zunächst dann verschlossen, wenn das Recht an eine spezifische Situation keine inhaltlichen Anforderungen stellt und diese etwa als menschenrechtlich irrelevant oder unbedenklich taxiert.[279] Darüber hinaus werden Konflikte dann verdrängt statt wahrgenommen, wenn eine Übereinstimmung in räumlicher Hinsicht fehlt. Unterschiedliche Normen schaffen, auch wenn sie an dasselbe soziale Geschehen anknüpfen, ihre je eigene Realität und damit auch ihre spezifische Raumordnung.[280] Nur wenn die vom Recht geschaffenen Realitäten auch räumlich überlappen, wird eine Kollision im Recht artikulierbar und ersichtlich.[281] Weil Normkonflikte damit nur in einem bestimmten Raum auftreten, geht mit der räumlichen Verlagerung

278 Vgl. zum Ganzen bereits *Weber*, Simultanität, 2024, S. 52 ff.

279 Vgl. in diesem Zusammenhang vorne Kap. 5.2.2 sowie die weiteren Hinweise dort.

280 Vgl. hierzu hinten Kap. 9; sowie insb. Fn. 4.

281 Vgl. *Liste*, Colliding geographies, 2016, S. 200 und 215; sowie vorne in Kap. 4.1 bei Fn. 28 f. und in Kap. 5.3 bei Fn. 271 zur Notwendigkeit der Konfliktartikulation. Anders als dies etwa Liste impliziert, hängen Regimekollisionen nicht von divergierenden Raumverständnissen ab. Gewiss müssen die betroffenen Rechtsräume, mit welchen die konfligierenden Normen verwoben sind, zumindest teilweise überlappen. Solche Konstellationen dürften oft mit einer räumlichen Inkongruenz und damit Kollisionen von Raumverständnissen verbunden sein. Auf der inhaltlichen Ebene können Normen jedoch auch bei vollständiger räumlicher Kongruenz kollidieren. Divergierende Raumverständnisse stellen daher keine zwingende Voraussetzung oder Begleiterscheinung von Normkonflikten dar. Zugleich erweisen sich kollidierende Raumverständnisse als unproblematisch, wenn die einschlägigen Normen kompatibel sind. Die zentrale Bedeutung der räumlichen Differenzierung für Normkonflikte ist meines Erachtens nicht in deren Emergenz, sondern ihrer gesellschaftlichen Verarbeitung zu suchen. Eben dies zu beschreiben, erlaubt das Konzept der Externalisierung.

sozialer und ökologischer Probleme, worauf das Konzept der Externalisierung aufmerksam macht, auch eine Verschiebung rechtlicher Kollisionen einher. Ihre Artikulation im Recht wird dadurch erschwert oder verunmöglicht, was das Recht im weltgesellschaftlichen Zentrum – und damit auch am Ort seiner Selbstbeobachtung – stabilisiert.[282] Die Externalisierung ermöglicht nicht nur, ökonomische Kosten oder die politische Verantwortung zu reduzieren, sondern erlaubt auch die Darstellung von Normkonformität, womit die Geltung der Norm symbolisch aufrechterhalten wird.[283] Zugleich werden die rechtsdogmatischen Harmonisierungstechniken, die nach dem Dargelegten wenig Überzeugungskraft genießen, durch die externalisierungsgesellschaftliche Abstraktion von Widersprüchen plausibilisiert.

Die These etwa, dass Menschenrechte einerseits und Immaterialgüterrechte andererseits in einem harmonischen Verhältnis stehen, weil erst der Schutz von Erfindungen einen hinreichenden Anreiz setze, in Forschung und Entwicklung neuer Impfstoffe zu investieren, und dergestalt unerlässlich sei, das Recht auf Gesundheit zu gewährleisten, vermag nur deshalb zu überzeugen, weil die damit einhergehende Versorgungslücke im Globalen Süden klafft.[284] In vergleichbarer Weise zieht die Behauptung, dass der Freihandel die Menschenrechte fördere,[285] seine Plausibilität aus dem Umstand, dass Marktmechanismen die Asymmetrie transnationaler Austauschprozesse verschleiern[286] und die damit einhergehenden Probleme in der Peripherie verortet werden.[287] Die Ideologie der Gegenseitigkeit,[288]

282 Das Recht, das heißt der Konsens der Rechtsinterpret*innen ist die universalisierte Partikularität jener, welche die Hegemonie für sich behaupten können. Auch wenn die Widersprüchlichkeit von gewissen Akteur*innen weiterhin artikuliert wird, wird sie in der hegemonialen Lesart des Rechts nicht wahrgenommen. Vgl. dazu vorne Kap. 5.2.4.2.

283 Vgl. *Krasmann*, Outsourcing Torture, 2008, S. 19 f. und 25; *Gammeltoft-Hansen/Hathaway*, Cooperative Deterrence, 2015, S. 240; *Koskenniemi*, To the Uttermost Parts, 2021, S. 764.

284 Vgl. *Sekalala/Rawson*, Manufacturing Inequality, in: <afronomicslaw.org>, 23.01.2023, S. 5; sowie zur Widerlegung der genannten allgemeinen Annahme *Wright*, Real Utopias, 2010, S. 62 ff.

285 Vgl. dazu vorne Kap. 6.1.2.2.6.

286 *Hornborg*, Anthropocene, 2019, S. 151 ff.; sowie zur genannten Ideologie vorne in Kap. 6.1.2.2. 6 bei Fn. 153 sowie hinten in Kap. 9.1.3 bei Fn. 444 ff.

287 Zugleich besteht eine Wechselwirkung, denn die auch im Recht artikulierte Freihandelsideologie trägt ihrerseits dazu bei, Ungleichheit und Ausbeutung zu verschleiern. Vgl. für ein ähnliches Argument *Ranganathan*, Sea Change, 2021, S. 289, wonach der Mythos der Freiheit der hohen See das ungleiche Operieren des Rechts verdecke.

288 Vgl. dazu hinten in Kap. 9.1.3 bei Fn. 444 ff. und die Verweise dort.

wonach der globale Handel allen Beteiligten nütze, verdeckt dessen Ungleichheit,[289] während soziale und ökologische Probleme, die mit solchen Transaktionen verknüpft sind, als Angelegenheit der jeweiligen Nationalstaaten begriffen werden.

Vor diesem Hintergrund lässt sich die Externalisierung als Modus der verdrängenden Konfliktbearbeitung verstehen, im Zuge dessen Rationalitätskonflikte in ein Spannungsverhältnis zwischen Innen und Außen transformiert werden. Die Konflikte und Probleme, die sich aus der funktionalen Differenzierung ergeben und die Fischer-Lescano und Teubner so prägnant beschreiben, treten erst dann in vollem Ausmaß zu Tage, wenn der Kontingenz räumlicher Ordnung Rechnung getragen wird. Erst wenn das, was sich im Außen abspielt, als Teil des Innen verstanden wird, zeigt sich die Widersprüchlichkeit der gegenwärtigen Vergesellschaftung in ihrer ganzen Dimension. Indem sie Konflikte externalisiert, stabilisieren sich demokratische Gesellschaften auf Kosten der Peripherie.[290]

Eine Verdrängung liegt dabei insofern vor, als die Konflikte gerade nicht entschärft oder gelöst werden, sondern anderen gesellschaftlichen Räumen, ungeachtet der dort vorhandenen Ressourcen zum Umgang mit Kollisionslagen, überlassen werden. Dergestalt entschärft die Externalisierung gesellschaftliche Widersprüche und stabilisiert so bestehende Lebensformen. Auf die Herausforderung, nicht abfangbare Probleme, die aus systemtheoretischer Sicht als Folge der Eigenrationalitätsmaximierung beschrieben wurden,[291] zu vermeiden, scheint die funktional differenzierte Gesellschaft mit Problemverlagerung zu reagieren. Die These der räumlichen Externalisierung weist damit eine Nähe zur Analyse Wolfang Streecks auf.[292] Dieser legt dar, wie der Kompromiss des demokratischen Kapitalismus in der Nachkriegszeit unter Druck geriet und verschiedene Strategien gewählt wurden, um gesellschaftlichen Spannungsverhältnissen zu begegnen und den sozialen Frieden zu gewährleisten. Streeck verweist dabei auf die inflationäre Geldpolitik sowie die Verschuldung der Staaten und der privaten Haushalte, die allesamt Wege darstellten, um Zeit »zu kaufen«. Mit diesen Strategien werden künftige, d. h. erst noch zu erarbeitende Ressourcen zugänglich gemacht, sodass von einer Externalisierung in zeitlicher Hinsicht gesprochen werden kann.[293] Ein weiteres Ventil für den Druck, der sich innerhalb der Räume des demokratischen Kapitalismus – angesichts der Frustration über sinkendes Wachstum, steigende Ungleichheit und demokratische

289 Vgl. *Marks*, Exploitation, 2008, S. 303 f.
290 Vgl. die Hinweise zur Externalisierungsdiagnose im einleitenden Kap. 1.
291 Vgl. vorne Kap. 5.1.4.
292 Vgl. *Streeck*, Gekaufte Zeit, 2013, insb. S. 60 ff.
293 Vgl. auch *Calhoun*, Capitalism, 2013, S. 149.

Defizite – zunehmend aufbaute, stellt die Externalisierung in räumlicher Hinsicht dar.[294] Dabei entlasten sowohl zeitliche als auch räumliche Verlagerungsbewegungen die externalisierenden Gesellschaften mit großer Wahrscheinlichkeit nur temporär und damit wiederum nur scheinbar. Angesichts globaler Interdependenzen und der räumlichen und zeitlichen Verdichtung ist eine Rückkehr der Konflikte, mitunter in anderer Form, nicht ausgeschlossen und kann möglicherweise gar provoziert werden.[295] Was Niklas Luhmann zur funktionalen Externalisierung ausführt, dürfte entsprechend auch auf die Verlagerung von Konflikten entlang der territorialen Zweitdifferenzierung zutreffen: »Externalisierungen können nie endgültige Problemlösungen sein. Die Probleme kehren in veränderter Form [...] zurück.«[296]

Obwohl Externalisierung demnach als Modus der Konfliktbearbeitung betrachtet werden kann, lässt sie sich nicht in die vorne diskutierten Strategien der Problembewältigung einreihen. Die Externalisierung trägt zwar zur Plausibilisierung von Konfliktlösungstechniken bei, ist selbst aber nicht als solche zu begreifen. Gewiss wird teilweise mehr oder weniger offen über die Verleugnung und Verlagerung von Normkonflikten gesprochen. So beispielsweise, wenn die Rechtmäßigkeit der Auslieferung von Terrorverdächtigen bezweifelt[297] oder die Einhegung der Marktkräfte in die alleinige Verantwortung peripherer Staaten gestellt wird[298]. Insofern könnte hier eine argumentative Struktur im Recht herausgearbeitet werden, die sich als Form der Externalisierung beschreiben ließe. Allerdings würde es zu kurz greifen, bloß jene Konstellationen in den Blick zu nehmen, in welchen auf die eine oder andere Weise ein Konflikt tatsächlich adressiert wird. Dies setzte nämlich voraus, dass ein Konflikt überhaupt artikuliert und vom Recht wahrgenommen wird. Eben dies wird nach dem Gesagten durch die Externalisierung gerade verhindert oder erschwert. Zudem äußert sich letztere oftmals in latenten sozialen und ökologischen Problemen und weniger in manifesten Konflikten.[299] Als zentraler Mechanismus zur Stabilisierung der gegenwärtigen Lebensweise im Globalen Norden findet sie damit zunächst außerhalb des Diskurses statt, den das Recht selbst über Regimekonflikte und ihre Bearbeitung führt. Das heißt indes nicht, dass Externalisierung als solche außerhalb des Rechts stattfände.

294 *Kapeller*, Delayed by outsourcing, 2017, S. 547; vgl. bereits *Beck*, Transnationalisierung, 2008, S. 27 f.

295 Vgl. *Lessenich*, Sintflut, 2016, S. 26 f.

296 *Luhmann*, Gesellschaft der Gesellschaft, 1998, S. 89.

297 Vgl. etwa *Vedaschi*, Counter-Terrorism, 2018.

298 Vgl. dazu vorne Kap. 6.1.2.2.6.

299 *Landherr/Graf*, Territoriale Macht, 2021, S. 48.

7 Fazit: Konfliktbewältigung durch Externalisierung

Externalitäten, also soziale und ökologische Probleme, können als Kollisionspunkte beschrieben werden, an denen verschiedene Rechtsregime aneinandergeraten. Solche Normkonflikte, die insbesondere in der Fragmentierungsdebatte adressiert werden, lassen sich auf die funktionale Differenzierung zurückführen, obwohl letztere mit anderen Strukturprinzipien notwendig verknüpft ist und in einem koproduktiven Wechselverhältnis zum Recht steht. Die Konfliktlösungstechniken, von denen sich der rechtswissenschaftliche Diskurs Abhilfe erhofft, erweisen sich als unzulänglich, da sie der Einbettung des Rechts in gesellschaftliche Kräfteverhältnisse nicht entgehen, die ihrerseits als Quelle der Rechtskollisionen zu betrachten sind. Die Fragmentierungsdebatte weist deshalb eine deskriptive Lücke auf, weil sie die Kohärenz des Rechts und die Stabilisierung der Gesellschaft durch das fragmentierte Recht nicht schlüssig zu erklären vermag. Als alternative, real existierende Konfliktlösungstechnik scheint deshalb die Externalisierung – namentlich in räumlicher Hinsicht – von großer praktischer Relevanz. Diese kann somit als Reaktion auf die Herausbildung sozialer Zusammenhänge verstanden werden, die ihre je eigene Rationalität maximieren und dabei zu Problemen in ihrer Umwelt, mithin Externalitäten, führen. Durch deren räumliche Verlagerung treten Normkonflikte in der Peripherie auf, was das Zentrum der funktional differenzierten Gesellschaft und sein fragmentiertes Recht stabilisiert. Sowohl die Fragmentierung des Rechts als auch die Externalisierung als Sicherungsmechanismus stehen aus dieser Perspektive in einem engen Zusammenhang mit der funktionalen Differenzierung.

Dabei gilt es indes zu beachten, dass nicht nur die Externalisierung dem Recht zu Kohärenz verhilft und es dadurch stabilisiert. Umgekehrt scheinen nämlich externalisierende Prozesse nur dadurch möglich, dass Externalitäten, also Normkonflikte, anderswo verortet werden, was divergierende rechtliche Räumlichkeiten voraussetzt. Indem das Recht ein Innen und ein Außen, ein Hier und ein Dort zu konstruieren hilft, legt es das Fundament für Externalisierungen. Diese räumliche Vielfalt im Recht erscheint wiederum nur deshalb möglich, weil das Recht fragmentiert ist und innerhalb voneinander getrennter Regime operiert. Diesen Zusammenhängen, der Rolle also des Rechts der Externalisierungsgesellschaft, wird im Folgenden nachzugehen sein.

Zweiter Teil: Das Recht der Externalisierungsgesellschaft

Im vorangehenden Teil wurde die These eingeführt, dass Externalisierung als Modus der verdrängenden Konfliktbearbeitung zu betrachten ist. Dies ermöglicht, eine Leerstelle in der Fragmentierungsdebatte, nämlich die Frage, wie Konflikte tatsächlich ausgehalten werden, zu adressieren. Auch wenn Externalisierung nicht in erster Linie als rechtliche Konfliktlösungstechnik verstanden wird, also als argumentatives Mittel im Umgang mit der Fragmentierung, stellt sich die Frage, inwiefern sie selbst ins Recht eingebettet ist.

Als Prozess hängt die Externalisierung auch vom Recht und damit von der Entfaltung rechtlicher Argumentation in einer bestimmten Weise, mit einer spezifischen Wirkung ab. Sie wird also durch Argumentationsstrukturen im Recht ermöglicht, legitimiert und plausibilisiert, stellt selbst aber keine solche dar. Dieses Verständnis weicht von anderen kritischen Auseinandersetzungen im Völkerrecht ab. Regelmäßig wird dabei die Struktur rechtlicher Argumentation als solche problematisiert,[1] während der Bezug zum Außerrechtlichen, wenn überhaupt, erst danach hinzutritt. Dies kritisiert etwa Ntina Tzouvala und versucht, die Rechtsstruktur selbst als Manifestation gesellschaftlicher Verhältnisse zu fassen.[2] In eine ähnliche Richtung zielen die nachfolgenden Ausführungen. Ähnlich sind diese deshalb, weil ebenso von der Annahme ausgegangen wird, dass die in der kritischen Völkerrechtswissenschaft betonte Unbestimmtheit des Rechts im konkreten Vollzug nur unter Rückgriff auf das Außerrechtliche erklärt werden kann. Zugleich wird im Folgenden aber nicht davon ausgegangen, dass sich in der Argumentationsstruktur des Rechts selbst zwingend bestimmte Logiken entfalten.[3] Vielmehr wird das konkrete Ergebnis der Argumentation im und durch das Recht als Ausdruck gesellschaftlicher Verhältnisse

1 Vgl. insb. *Koskenniemi*, From Apology to Utopia, 2005; *Kennedy*, Structures, 1987.

2 Vgl. *Tzouvala*, Capitalism as Civilisation, 2020.

3 Nach Tzouvala ist der Zivilisationsstandard, verstanden als Oszillieren zwischen Verbesserungs- und Biologielogik, eine dem Recht inhärente Argumentationsstruktur, der aufgrund der gesellschaftlichen Bedingungen nicht zu entkommen ist (vgl. *Tzouvala*, Capitalism as Civilisation, 2020, u. a. S. 5 f., 16, 40, 168 und 216). Vgl. in diesem Zusammenhang auch vorne Kap. 6.3.2.

verstanden. Wenn das Recht also eine bestimmte Räumlichkeit oder eine spezifische Verteilordnung schafft, dann nicht deshalb, weil dieses Raumverständnis bzw. diese Verteilung im Recht selbst schon angelegt wäre, sondern weil diese das Resultat des gesellschaftlichen Kampfs ums Recht, der Politik im Recht also, darstellt. Damit soll indes nicht in Abrede gestellt werden, dass dem Recht bestimmte Eigendynamiken innewohnen, dass das Recht in gewisser Weise verselbstständigt ist und nicht unmittelbar durchdrungen werden kann. Dass dies so ist, dass also von einer relativen oder relationalen Autonomie[4] oder einer abhängigen Unabhängigkeit[5] des Rechts auszugehen ist, wonach Einbettung und Entbettung zusammenzudenken sind, bedeutet, dass die Politik im Recht anderen Mustern folgt. Recht ist nicht die Politik des politischen Systems, sondern Politik mit anderen Mitteln, Akteur*innen und Folgen.[6]

Die räumliche Verlagerung sozialer und ökologischer Probleme im Rahmen der Externalisierung stellt einen gesellschaftlichen Prozess dar, der seinerseits in weitere Mechanismen aufgeschlüsselt werden kann.[7] Als Prozess basiert Externalisierung sodann sowohl auf gesellschaftlichen Strukturen als auch Praktiken.[8] Diese und das Recht stehen nach den bereits erfolgten Ausführungen in einem wechselseitigen Verhältnis der Koproduktion.[9] Dies wirft die Frage auf, welche Rolle dem Recht in der Externalisierungsgesellschaft zukommt. Inwiefern ist das Recht in Ausbeutung und soziale Schließung involviert? Wie trägt es dazu bei, den einen ein Leben auf Kosten anderer zu ermöglichen? Inwiefern ermöglicht es, gesellschaftliche Widersprüche in ein räumliches Spannungsverhältnis zwischen Innen und Außen zu transformieren?

Die Beschäftigung mit diesen Fragen kann zugleich als Abwendung von den Bemühungen verstanden werden, Recht in erster Linie als Versprechen

4 Vgl. vorne Kap. 2.2, Fn. 26, Kap. 5.1.2, Fn. 49, Kap. 5.2.3, Fn. 173, Kap. 5.2.4.2, Fn. 208 und 246. Auch *Tzouvala*, Capitalism as Civilisation, 2020, entwickelt ein Verständnis relativer Autonomie (vgl. ibid., S. 11 f., 33, 39 f., 41 f., 102 f., 105, 153, 168, 202 und 215).

5 *Wiethölter*, Rechtsstaatliche Demokratie und Streitkultur, 1988, S. 403.

6 *Kennedy*, Three Globalizations of Law and Legal Thought, 2006, S. 72; *Orford*, Social Question, 2020, S. 45; *Crawford*, The Course of International Law, 2014, Ziff. 206; *Pichl*, Rechtskämpfe, 2021, u. a. S. 24 f., 29, 34 f. und 321, der die doppelte Dimension von Kämpfen ums Recht unterstreicht, einerseits als Übersetzung politischer Konflikte und andererseits als Auslegungskämpfe, die aufgrund der relationalen Autonomie des Rechts auf einem »eigenen Kampfterrain« (S. 65) stattfänden.

7 Vgl. dazu sogleich hinten Kap. 8.

8 Vgl. *Lessenich*, Sintflut, 2016, S. 51 ff., insb. 59; *Brand/Wissen*, Imperiale Lebensweise, 2017, S. 48 ff.

9 Vgl. zur gesellschafts-rechtlichen Koproduktion vorne Kap. 5.2.3.

einer – positiv konnotierten – Ordnung zu lesen. Diese seitens der Rechtswissenschaft in elaborierter Art und Weise kultivierte Herangehensweise, mit der sich der voranstehende Teil der vorliegenden Arbeit auseinandergesetzt hat, stellt dabei nicht einfach eine andere Perspektive dar, sondern ist mit der Rolle, die das Recht in der Herstellung globaler Ungleichheit spielt, eng verknüpft. »It is in professional anxiety management practices like these«, bemerkt David Kennedy, »that the role of law in distributive conflict, injustice and structural inequality gets lost.«[10] Der Glaube an das Ordnungsversprechen des Rechts verstellt mit anderen Worten den Blick darauf, wie das Recht in die Produktion von Ungleichheit und Hierarchie sowie in die Verteilung von Wohlstand und Misere involviert ist.[11] Der Begriff der Externalisierungsgesellschaft soll im Folgenden als Ausgangspunkt dazu dienen, dieser Tendenz entgegenzuwirken, den Blick aufs Recht zu weiten und das Selbstbild des Rechts als Rettendes in Frage zu stellen.

Die Fragen nach der Wirkung des Rechts und seiner Rolle in der Externalisierungsgesellschaft verlangen ein deskriptiv-analytisches Vorgehen.[12] Im Anschluss an soziologische und gesellschaftstheoretische Positionen wird unterstellt, dass Externalisierung stattfindet. Ausgehend davon soll aufgezeigt werden, inwiefern das Recht eben dies, also die räumliche Verlagerung von sozialen und ökologischen Problemen ermöglicht. Nachfolgend wird daher nachgezeichnet, wie sich der rechtliche Diskurs innerhalb jener Bereiche entwickelt hat, die für das Externalisierungsgeschehen von besonderer Relevanz sind. Die Rechtsdogmatik wird dabei von außen beobachtet und als Argumentationsfeld verstanden. Es sollen mithin weniger eigene rechtsdogmatische Positionen entwickelt, als vielmehr aufgezeigt werden, wie sich bestimmte Logiken, Vorannahmen und Weltverständnisse im Recht herausbilden. Dabei wird die Relevanz des Rechts für die Externalisierung, die im Folgenden dargestellt wird, nicht als eine von außen zugewiesene Funktion bzw. als eine zwangsläufige Ableitung aus bestimmten, etwa ökonomischen Verhältnissen verstanden,[13] sondern vielmehr als eine Wirkung des Rechts, die das Resultat eines Suchprozesses und Voraussetzung seines Fortbestandes darstellt.[14]

Um die Bedeutung des Rechts für die Externalisierung herauszuarbeiten und insofern in gewisser Weise das Recht der Externalisierung

10 *Kennedy*, Law in Global Political Economy, 2020, S. 142.

11 Vgl. *Kennedy*, Law in Global Political Economy, 2020, S. 135 f. und 145.

12 Vgl. zum Ganzen die einleitenden Bemerkungen zur Methodik in Kap. 2.2.

13 Kritisch zu einem solchen Verständnis etwa *Tzouvala*, Capitalism as Civilisation, 2020, S. 11 f., 25 und 41; sowie *Zarbiyev*, International Legal Reproduction, 2020, S. 1569 f.

14 Vgl. für eine solches Rechtsverständnis *Buckel*, Subjektivierung und Kohäsion, 2015, S. 127, 238 und 243.

darzustellen, ist im Folgenden zunächst die Funktionsweise der Externalisierung näher zu betrachten (Kapitel 8). Auf dieser Grundlage folgt anschließend eine Analyse der Raumordnung des Rechts (Kapitel 9).

8 Funktionsweise der Externalisierung

Werden soziale oder ökologische Probleme externalisiert, findet eine Verlagerung aus dem Innern ins Außen statt.[1] Dort, wo solche als Normkonflikte beschreibbare Externalitäten nun zu Tage treten, also auf Seiten dieses Außens, stellt derselbe Vorgang eine Internalisierung dar.[2] Allerdings muss der Vorgang der Verlagerung hier in einem weiten Sinne verstanden werden: Vorausgesetzt ist nicht, dass beispielsweise ein ökologisches Problem zunächst innen anfällt und als Folge der Externalisierung außen auftritt. Dies kann gewiss der Fall sein, wenn beispielsweise eine umweltbelastende Industrieanlage ins Ausland verlagert wird oder Folterhandlungen außerhalb des eigenen Territoriums durchgeführt werden. Externalisierende Praktiken lassen sich aber nicht auf solche Konstellationen beschränken. Oftmals handelt es sich bei den sozialen oder ökologischen Problemen, die das Externalisierungskonzept in den Blick nimmt, nicht um Vorkommnisse, die tatsächlich im Innern stattgefunden haben. Die Voraussetzungen und Folgen der Externalisierungsgesellschaft fallen mitunter unmittelbar im Außen an. Konflikte und Problemlagen, die sich das weltgesellschaftliche Zentrum erspart, sind dann viel eher in einem übertragenen Sinn verlagert worden. Das heißt, sie hätten sich so oder vermutlich in anderer Gestalt im Innern entfaltet, wären sie nicht im Außen angefallen. Oder umgekehrt: Hätte sich die Externalisierungsgesellschaft nicht in dieser oder jener Weise entwickelt, wäre kein asymmetrischer Zugriff aufs Außen erfolgt. Angesprochen sind hier beispielsweise Konstellationen wie sie im Falle des »Impfnationalismus« oder der Industrialisierung zu beobachten sind. Die Unterversorgung mit Impfstoffen in Folge der immaterialgüterrechtlichen Monopolisierung und damit die Kollision zwischen dem Recht auf Gesundheit einerseits und dem globalen Wirtschaftsrecht andererseits konzentriert sich im Außen, während bei einer gleichmäßigeren Verteilung der Impfstoffe auch das weltgesellschaftliche Zentrum selbst von diesem Konflikt in Mitleidenschaft gezogen worden wäre.[3] Die Industrialisierung wiederum lässt sich nur vor dem Hintergrund des gewaltsamen Zugriffs auf Land und Arbeit in der Peripherie erklären.[4] So konstatierte bereits Karl Marx, dass die Versklavung und Ausplünderung außerhalb Europas »die Morgenröte der kapitalistischen

1 *Lessenich*, Sintflut, 2016, S. 24.

2 Vgl. *Lessenich*, Sintflut, 2016, S. 46.

3 Vgl. hierzu etwa *Sekalala/Rawson*, Manufacturing Inequality, in: <afronomicslaw.org>, 23.01.2023; *Ho*, Intellectual Property Nationalism, 2022; *Brand/Schöninger*, Impfdiplomatie, 2021.

4 *Hickel*, Weniger ist mehr, 2022, S. 67 ff.; *Beckert*, King Cotton, 2015, insb. S. 51 f., 104 f., 136 f. und 156.

Produktionsära« bezeichneten.[5] Auch in diesen Fällen kann von einer Verlagerung vom Innen ins Außen gesprochen werden, obschon kein singulärer Konflikt isoliert werden kann, der als solcher räumlich verschoben wurde.

Die Externalisierung setzt damit auf einer basalen Ebene voraus, dass sich ein Innen, ein Oben, ein Zentrum einerseits und ein Außen, ein Unten, ein Peripheres andererseits gegenüberstehen.[6] Folglich sind externalisierende Praktiken undenkbar ohne Formen der hierarchisierenden Trennung und Grenzziehung – ohne Zweiteilung der Welt[7]. Externalisierung bedingt einen Zugriff über eine Grenze hinweg, ohne letztere selbst zu erodieren. Die zwingend erforderliche Inklusion muss eine partielle sein und insofern von einer Exklusion begleitet werden, die ihrerseits mit einer Abwertung des Außens einhergeht. Um die Funktionsweise der Externalisierung näher zu beleuchten, sind vor diesem Hintergrund im Folgenden sowohl die Gleichzeitigkeit von Inklusion und Exklusion als auch die damit notwendigerweise verbundene hierarchische Differenzierung genauer zu betrachten. Ausgehend von dieser Betrachtung wiederum wird anschließend der Rolle des Rechts für die Externalisierung nachgegangen.

8.1 Simultanität von Inklusion und Exklusion

Als zentrale Mechanismen der Externalisierung bestimmt Stephan Lessenich einerseits Ausbeutung und andererseits soziale Schließung.[8] Im Anschluss an Charles Tilly definiert er Ausbeutung dabei als Form »der einseitigen, entschädigungslosen Vorteilsnahme innerhalb einer sozialen Beziehung«.[9] Darunter fällt somit nicht nur die Mehrwertaneignung innerhalb des Produktionsprozesses, die Karl Marx bekanntlich als Ausbeutung bezeichnet hat,[10] sondern etwa auch die Aneignung von natürlichen Rohstoffen oder unbezahlter Sorgearbeit und die Inanspruchnahme

5 *Marx*, Das Kapital, [1890] 1962, S. 779, vgl. ferner ibid., S. 375, 670 und 779 ff.

6 Vgl. bereits *Weber*, Simultanität, 2024, S. 55.

7 *Beckert*, King Cotton, 2015, S. 51.

8 *Lessenich*, Sintflut, 2016, S. 51 ff., insb. 59; vgl. auch *Biesecker/von Winterfeld*, Extern, 2014, die in ähnlicher Weise aneignende Eingrenzung und abwertende Abspaltung hervorheben; sowie *Biesecker/von Winterfeld*, Externalisierung, 2022, S. 360 f.; ferner dazu vorne Kap. 5.1.3; vgl. zu diesen Mechanismen auch *Weiß*, Ungleichheiten, 2017, S. 31; sowie zu den hier folgenden Ausführungen bereits *Weber*, Simultanität, 2024, S. 55 ff.

9 *Lessenich*, Sintflut, 2016, S. 58; *Tilly*, Inequality, 1998, S. 10 und 117 ff.

10 *Marx*, Das Kapital, [1890] 1962, z. B. S. 350 und 622; vgl. auch einleitend etwa *Heinrich*, Kritik, 2018, u. a. S. 82.

ökologischer Senken.[11] Der Begriff der Externalisierung verweist damit unter anderem auf den ungleichen Tausch, wie er in der Dependenztheorie debattiert wird,[12] dessen Komplementierung durch den ungleichen ökologischen Tausch[13] sowie den Sorge-Extraktivismus[14]. Entschädigungslosigkeit heißt indes nicht, dass gerade marktförmige Beziehungen, innerhalb derer monetäre Gegenleistungen entrichtet werden, nicht angesprochen wären. Der Begriff der Ausbeutung bezieht sich darauf, dass – etwa im Falle der Lohnarbeit – keine vollständige Entschädigung erfolgt und somit ein Anteil der Arbeitsleistung, der Mehrwert, entschädigungslos übergeht.

Als zweiten Mechanismus des Externalisierungsgeschehens bezeichnet Lessenich Formen sozialer Schließung.[15] Der Begriff der Schließung bezeichnet jenen Mechanismus, »der es Gruppenmitgliedern ermöglicht, Nicht-Gruppenmitglieder von Ausbeutungschancen auszuschließen und Ausbeutungsprofite für sich zu monopolisieren«.[16] Die Externalisierung ist zwangsläufig mit der Konzentration des Nutzens aus gesellschaftlicher Produktion und Reproduktion verbunden und impliziert damit den Ausschluss eines mehr oder weniger großen Teils der Weltbevölkerung. Hinsichtlich des an globale Ungleichheiten anknüpfenden Externalisierungsbegriffs stellen die Staatsbürgerschaft und das Mobilitätsregime die zentralen Momente sozialer Schließung dar.[17] Flankiert werden diese im Wesentlichen rechtlich geprägten Institutionen durch die Exklusionswirkung der Menschenrechte.[18]

Die beiden Externalisierungsmechanismen, Ausbeutung und Schließung, sind nun indes eng miteinander verknüpft. Darauf macht bereits das vorangehende Zitat aufmerksam, in dem Ausschluss mit

11 *Lessenich*, Sintflut, 2016, u. a. S. 41, 57 f. und 96 ff.; *Lessenich*, Grenzen, 2019, S. 54 und 74 f.; *Brand/Wissen*, Imperiale Lebensweise, 2017, S. 43 und 63 f.; *Hornborg*, Anthropocene, 2019, S. 151 und 156. Vgl. dazu auch *Biesecker/von Winterfeld*, Externalisierung, 2018, S. 571; *Fraser*, Capital and Care, 2016.

12 Vgl. etwa *Emmanuel*, Unequal Exchange, 1972; *Carchedi/Roberts*, Modern Imperialism, 2021, S. 40 ff. Vgl. für eine Quantifizierung *Hickel* et al., Imperialist appropriation, 2022, S. 6 und 8, wonach sich der Globale Norden etwa einen Viertel seines BIP auf diesem Weg aneigne.

13 Vgl. *Lessenich*, Sintflut, 2016, S. 96 ff.; *Oulu*, Core tenets, 2016; *Hornborg*, Anthropocene, 2019.

14 Vgl. *Hochschild*, Globale Betreuungsketten, 2001; *Schilliger*, Care-Migration, 2013, S. 52.

15 Eine detaillierte Erörterung dieses Aspekts erfolgt in *Lessenich*, Grenzen, 2019, insb. S. 26 ff.

16 *Lessenich*, Sintflut, 2016, S. 58 f.

17 *Lessenich*, Sintflut, 2016, S. 125 ff.; *Lessenich*, Grenzen, 2019, S. 37 und 60 ff.

18 Vgl. dazu ausführlich hinten Kap. 9.2.2.

Ausbeutung in Verbindung gebracht wird. Diese Verknüpfung besteht aber nicht nur insofern, als Schließung der Ausbeutung im Rahmen einer ungleichen Verteilung nachfolgt. Vielmehr geht Ausbeutung mit Schließung einher. Erst wenn etwas zum Außen gemacht und von einem – erst dadurch konstruierbaren – Innen abgespalten wurde, kann es ausgebeutet werden.[19] Zudem enthält der Vorgang der Ausbeutung selbst immer schon ein ausschließendes Moment. Wer ausgebeutet wird, wird zugleich exkludiert, indem etwas vorenthalten wird. Im Falle der Lohnarbeit betrifft dies den Mehrwert, der angeeignet wird. Ähnlich geht mit dem ungleichen ökologischen Tausch, einer anderen Form der Ausbeutung, ein Vorenthalten von Rohstoffen oder »Leistungen« der Natur einher. Darüber hinaus erweist sich der Ausschluss insofern als Voraussetzung der Ausbeutung, als erst die künstliche, also gesellschaftlich geschaffene Knappheit Menschen dazu bringt, sich der Lohnarbeit hinzugeben.[20]

Vor dem Hintergrund dieser engen Verknüpfung von Ausbeutung und Schließung lassen sich diese beiden Mechanismen der Externalisierung weiter abstrahieren, nämlich zum Begriffspaar von Inklusion und Exklusion. Ausschluss als Exklusion zu verstehen, dürfte ohne Weiteres verständlich sein, da es sich um weitgehend identische Begriffe handelt.[21] Dabei ist der Umstand hervorzuheben, dass die externalisierungsgesellschaftliche Exklusion nicht nur verschiedene Grenzen zieht zwischen Menschen, sondern auch zwischen Mensch und Natur.

Ausbeutung als Inklusion zu verstehen, bedingt hingegen eine kurze Begründung: Indem Lessenich Ausbeutung als entschädigungslose Vorteilsannahme bestimmt, schließt er einen ausschließenden Moment in den Ausbeutungsbegriff ein und hebt zugleich den Umstand hervor, dass die damit bezeichnete Beziehung durch eine Asymmetrie geprägt ist.[22] Diese Aspekte sollen im Folgenden gerade stärker getrennt werden: Zentral scheint bei dem, was Lessenich als Ausbeutung beschreibt, dass damit Formen der Inklusion impliziert sind. Ungeachtet der konkreten Gestalt der Ausbeutung setzt diese einen Zugriff, ein Verfügbarmachen voraus.[23] Nur wo ein Zugang zu Arbeit und Land

19 *Biesecker/von Winterfeld*, Extern, 2014, S. 11; *Biesecker/von Winterfeld*, Externalisierung, 2022; *Fraser/Jaeggi*, Kapitalismus, 2020, S. 212 f.; *Federici*, Caliban, [2004] 2022, S. 79 ff.

20 *Hickel*, Weniger ist mehr, 2022, S. 72 ff. und 261 f.; *Foster/Clark*, The Paradox of Wealth, 2009.

21 Vgl. *Weiß*, Ungleichheiten, 2017, S. 27, Fn. 3.

22 *Lessenich*, Sintflut, 2016, S. 34 f.; vgl. auch *Tilly*, Inequality, 1998, S. 129.

23 Vgl. *Biesecker/von Winterfeld*, Extern, 2014, S. 6; *Brand/Wissen*, Imperiale Lebensweise, 2017, S. 49; *Biesecker/von Winterfeld*, Externalisierung, 2022, S. 360; *Moore*, Web of Life, 2015, S. 101 und 206.

besteht, können Mehrwert, Sorgeleistungen oder Rohstoffe angeeignet werden.[24] Mensch und Natur müssen deshalb in die Einflusssphäre der Externalisierungsgesellschaft gelangen und in diese inkludiert werden. Dies kann entweder über marktvermittelte Austauschprozesse oder über andere Formen der rechtlichen oder politischen Enteignung, deren Gewaltförmigkeit mitunter offen zu Tage tritt, geschehen.[25] Zudem sind gewaltförmige Externalisierungsformen und damit Spielarten des Zugriffs zu beobachten, die keinen direkten Bezug zur ökonomischen Sphäre aufweisen, wie etwa das Beispiel der extraterritorialen Folter im »Krieg gegen den Terror« zeigt.[26] Auch dieses räumliche Ausgreifen, das mit dem Begriff der Ausbeutung schwierig zu fassen wäre, kann als eine Form der Inklusion verstanden werden.

Indem die Externalisierungsgesellschaft Inklusion und Exklusion in asymmetrischen Beziehungen verknüpft, impliziert sie eine Trennung zwischen einem Innen und einem Außen. Zugleich ist sie darauf angewiesen, dass dieses Außen erhalten bleibt. Die Lebensform der Externalisierung basiert mithin auf Exklusivität, einer Nichtverallgemeinerbarkeit, was sich in Ausschluss- und Abschottungsbemühungen zeigt.[27] Während das Konzept der Externalisierungsgesellschaft auf Exklusion in räumlicher Hinsicht fokussiert, findet sozialer Ausschluss auch entlang anderer Strukturkategorien statt, wobei verschiedene Trennlinien miteinander verwoben sind und mitunter sowohl abstrakt als auch innerhalb der davon Betroffenen zusammenwirken.[28] Die Exklusion der Peripherie steht beispielsweise in einem Wechselverhältnis zu rassifizierten Differenzierungen, die sich gleichzeitig gegenüber einzelnen Menschen auswirken.

Externalisierung bedingt also eine Gleichzeitigkeit von Inklusion und Exklusion, von Eingrenzung und Ausgrenzung.[29] Der inkludierende Zugriff auf das Außen muss ein partieller bleiben und von Ausschluss begleitet sein, sodass die Beziehung zwischen Zentrum und Peripherie dem

24 Vgl. *Wallerstein*, Welt-System-Analyse, [2004] 2019, S. 91 ff.

25 *Brand/Wissen*, Imperiale Lebensweise, 2017, S. 43 und 49 ff.

26 Dieser »Krieg« kann allgemein als Form der Externalisierung, nämlich als zerstörerische Verarbeitung des Traumas des 11. Septembers im Außen betrachtet werden. Vgl. dazu *Ackerman*, Reign of Terror, 2021.

27 Vgl. *Lessenich*, Sintflut, 2016, S. 79 f.; *Brand/Wissen*, Imperiale Lebensweise, 2017, S. 15 und 95 ff., insb. 122; *Wissen/Brand*, Postkoloniale Verstrickung, 2018, S. 125 f.; ferner *Dorninger* et al., Global Patterns, 2021, S. 10; *Jessop*, Diversity and Variety, 2014, S. 54; *Jessop*, World Market, 2018, S. 218; *Hornborg*, Colonialism, 2019, S. 15 und 20 f.; *Furtado*, Myth, 2020, S. 62 f.

28 Vgl. dazu *Lessenich*, Grenzen, 2019, S. 37, 57 f. und 84; ferner zum Begriff der Intersektionalität, der auf diesen Umstand aufmerksam macht und ihn theoretisiert, grundlegend *Crenshaw*, Mapping the Margins, 1991.

29 *Biesecker/von Winterfeld*, Extern, 2014, S. 6.

Prinzip der Halbdurchlässigkeit folgt.[30] Öffnung muss folglich mit Schließung einhergehen. Das Einbeziehen spaltet zugleich ab.[31] Steffen Mau versucht diese Gleichzeitigkeit mit dem Begriff der Schließungsglobalisierung einzufangen.[32] Mit der Bestimmung dieser Simultanität als Mechanismen der Externalisierung lässt sich zudem an Analysen anschließen, welche die Gleichzeitigkeit von Trennung und Zugriff auf eben dieses Getrennte als zentrales Merkmal kapitalistischer Vergesellschaftung ausmachen. So beschreibt etwa Sonja Buckel, wie die globale Arbeitsteilung als neokolonialer Zugriff auf die Peripherie mit der Stratifizierung von Rechten durch das Grenzregime zusammenwirkt.[33] Und Nancy Fraser wiederum hebt, wie bereits erwähnt, hervor, dass Trennung und Abhängigkeit und damit Exklusion und Inklusion zugleich auftreten.[34]

Die Simultanität von Inklusion und Exklusion sowie das Zusammenwirken verschiedener Ausbeutungs- und Schließungsmechanismen lässt sich nicht nur anhand räumlicher Externalisierungsprozesse beobachten. Ein illustratives Beispiel bietet auch die Reproduktions- oder Care-Arbeit. Inklusion findet dabei über die Ehe und die Familie als Lebensmodell statt, während Exklusion entlang geschlechtlicher Differenzierung funktioniert. Die Inklusionsform der Familie ermöglicht den Zugriff auf unbezahlte Arbeit, die über die Exklusionsform des Geschlechts der weiblichen Sphäre zugeordnet wird.[35] Abspaltung, Abwertung und Aneignung der Reproduktionsarbeit ermöglicht dann wiederum die Lohnarbeit des männlichen Ernährers und folglich die Mehrwertaneignung im Zuge des Produktionsprozesses.[36] Dieses Beispiel zeigt nicht nur, wie Inklusion und Exklusion ineinander verschränkt sind, sondern unterstreicht zugleich, dass Externalisierung die Konstruktion einer Differenz voraussetzt.

Soweit räumliche Externalisierungsprozesse, die vorliegend im Fokus stehen, betroffen sind, bedingt die Gleichzeitigkeit von Öffnung und Schließung eine plurale und insofern inkongruente Räumlichkeit: Während der Vorgang der Inklusion, also des Zugreifens auf das Außen, als Entterritorialisierung beschrieben werden kann, impliziert die Exklusion

30 *Lessenich*, Sintflut, 2016, S. 140 und 180; vgl. auch *Moore*, Web of Life, 2015, S. 102.

31 *Biesecker/von Winterfeld*, Extern, 2014, S. 14; *Biesecker/von Winterfeld*, Externalisierung, 2018, S. 573; *Lessenich*, Grenzen, 2019, S. 75.

32 *Mau*, Sortiermaschinen, 2021, S. 49 f.; vgl. auch *Schroer*, Grenzverhältnisse, 2017.

33 Vgl. *Buckel*, Dirty Capitalism, 2015, S. 39 ff.

34 Vgl. vorne Kap. 1, Fn. 18, Kap. 5.1.3, Fn. 63 ff. und Kap. 8.1, Fn. 19.

35 Vgl. *Adamczak*, Beziehungsweise, 2017, S. 156 f.; *Cooper*, Family Values, 2019.

36 Vgl. *Federici*, Caliban, [2004] 2022, S. 79 ff., insb. 82 und 148; *Lessenich*, Sintflut, 2016, S. 57; *Buckel*, Dirty Capitalism, 2015, S. 35 f.

eine Territorialisierung, da sie gesellschaftliche Prozesse sowie einzelne Menschen lokalisiert und fixiert. Dabei folgt die Exklusion insbesondere dem nationalstaatlichen Raum, der namentlich über das Kriterium der Nationalstaatlichkeit und die Kontrolle der Migration operationalisiert wird. Die Entterritorialisierung wiederum verweist auf eine gegenläufige Räumlichkeit, wie sie gerade in der wirtschaftlichen Sphäre zum Ausdruck kommt. Spätestens seit der Entstehung der kapitalistischen Produktionsweise erweist sich der – oftmals gewaltsame – Zugriff auf das Außen, die Inklusion natürlicher und sozialer Ressourcen andernorts, als essenziell.[37] Der Umstand, dass diese ungleichen Räumlichkeiten zeitgleich bestehen, erlaubt die Simultanität von Inklusion und Exklusion und stellt damit die Basis dessen dar, was vorliegend als Externalisierungsgesellschaft analysiert wird.

Mit dieser räumlichen Gegenläufigkeit von Inklusion und Exklusion, die im Anschluss aus der Perspektive des Rechts in den Fokus zu rücken ist, befasst sich auch die sozialwissenschaftliche Literatur. So stimmt der Befund der inkongruenten Räumlichkeit beispielsweise mit der Analyse überein, wonach eine »territorial non-coincidence« zwischen Staatlichkeit und Weltwirtschaft bestehe, die auf die politische Territorialisierung bei gleichzeitiger ökonomischer und sozialer Globalisierung, mithin Entterritorialisierung, zurückzuführen sei.[38] Auch die Dialektik der Globalisierung, die in diesem Zusammenhang beschrieben wird, hebt die Gleichzeitigkeit gegenläufiger Raumformationen hervor: Die Entterritorialisierung und Globalisierung werden begleitet von gegenläufigen Entwicklungen der Territorialisierung. Globale Prozesse bleiben in nationalstaatliche, territoriale Verhältnisse eingebettet. Sie hängen von konkreten Orten und sozialen – gerade auch rechtlichen – Strukturen ab, die sie zugleich prägen und mitunter in Mitleidenschaft ziehen. Entsprechend führte die Globalisierung zwar zur einer Transformation, aber keiner Abschaffung der Nationalstaaten, von denen namentlich die Weltwirtschaft und damit der zentrale Schauplatz der Inklusion weiterhin

37 Vgl. dazu etwa *Beckert*, King Cotton, 2015, insb. S. 104 f., 136 f. und 397; *Inikori*, Atlantic Slavery, 2020; *Bhambra*, Colonial global economy, 2020; *Kocka*, Geschichte des Kapitalismus, 2017, S. 58 f. und 77; *Hornborg*, Footprints, 2006; *Hornborg*, Colonialism, 2019, S. 10 f.; *Fraser/Jaeggi*, Kapitalismus, 2020, S. 62 f., 94, 111 und 140; *Graf* et al., Abhängigkeit im 21. Jahrhundert, 2020; *Wood*, Origin of Capitalism, [1999] 2017, S. 147 ff., die aber die wesentliche Bedeutung der heimischen Eigentumsverhältnisse unterstreich (u. a. S. 149); *Tzouvala*, Capitalism as Civilisation, 2020, S. 3 f. und 26 ff.; *von Mises*, Gemeinwirtschaft, 1932, S. 476.

38 Vgl. *Murray*, Internationalization, 1971, S. 85 f.; *Lacher*, Beyond Globalization, 2007, u. a. S. 117; *Kennedy*, Law and the Political Economy, 2013, S. 12 f.; *Beckert*, King Cotton, 2015, S. 120 f.; ferner *Foucault*, Biopolitik, 2018 (2004), S. 413 f.

abhängt.[39] Zudem folgt die Globalisierung keinem Determinismus, sondern geht vielmehr mit partiellen Desintegrationsmomenten unterschiedlichen Umfangs einher.[40] Von der weiterhin bestehenden Bedeutung des Territorialen und Lokalen zeugt sodann der Umstand, dass individuelle Schicksale maßgeblich vom Geburts- und Lebensort geprägt werden.[41] Schließlich macht die bereits erwähnte Analyse Maus, der von einer Schließungsglobalisierung spricht, auf das dialektische Verhältnis von räumlicher Inklusion und Exklusion aufmerksam.

8.2 Differenzierung

Vor dem Hintergrund der Bestimmung der Funktionsweise der Externalisierung als Simultanität von Inklusion und Exklusion wird sich der vorliegende zweite Teil der Arbeit damit auseinandersetzen, wie das Recht in die Produktion dieser divergierenden Räumlichkeiten involviert ist. Vorab indes ist es aufschlussreich, auf die Differenzierung als einen weiteren – und bereits angesprochenen – Aspekt der Externalisierung kurz einzugehen.

Die Externalisierung setzt nämlich auf mehreren Ebenen Differenzierungen voraus.[42] Nicht nur die Grenzziehung zwischen Innen und Außen

39 Vgl. zum Ganzen etwa *Osterhammel/Petersson*, Globalisierung, 2019, S. 14, 66, 68 f., 73 und 109 f.; *Gill*, New constitutionalism, 1998, S. 38; *Sassen*, Das Paradox des Nationalen, 2008; *Jessop*, The State, 2016, insb. S. 189 ff.; *Hobson/Ramesh*, Between Agency and Structure, 2002, insb. S. 8 und 10; *Yeung*, Capital, State and Space, 1998, S. 299 ff.; *MacFarlane*, Capital and Space, 2020, S. 384 f.; *Castells*, Netzwerkgesellschaft, 2017, S. 500 ff.; *Borchert/Lessenich*, Critical Theory of the Capitalist State, 2016, insb. S. 23 f. und 115. Vgl. zur fortauernden Relevanz des Nationalstaats mit Blick auf das Recht: *Fischer-Lescano/Teubner*, Regime-Kollisionen, 2006, S. 36 f.; *Muir Watt*, Conflicts of Laws, 2020, S. 650, Fn. 9; *Halliday/Shaffer*, Transnational Legal Orders, 2015, S. 13; *Koskenniemi*, International Legal History, 2017, S. 396; *Luhmann*, Recht der Gesellschaft, 1995, S. 452 ff.; *Jarass*, Einheitsrecht, 2019, S. 86 und 88 ff.; *Ryngaert*, Territory, 2017, S. 65 f.; *Koskenniemi/Leino*, Fragmentation, 2002, S. 557; *Ladeur*, Regime-Kollisionen, 2019, S. 218; *Deakin* et al., Legal institutionalism, 2017, S. 190 f. und 198; *Fitzpatrick*, Modernism, 2001, S. 201; sowie vorne Kap. 5.2.3, hinten Kap. 9.1, insb. bei Fn. 17 ff., in Kap. 9.1.2 bei Fn. 349, in Kap. 9.1.1.2 bei Fn. 400 und in Kap. 9.1.3 bei Fn. 432 ff.

40 *Osterhammel/Petersson*, Globalisierung, 2019, S. 23 f., 88 und 111 f.

41 *Milanovic*, Global Inequality, 2016, S. 132 ff., der von einer Staatsangehörigkeitsprämie und -rente spricht. Vgl. zur Thematik auch *Shachar*, The Birthright Lottery, 2009; *Osterhammel/Petersson*, Globalisierung, 2019, S. 110.

42 Vgl. *Biesecker/von Winterfeld*, Externalisierung, 2022, S. 361; dazu bereits *Weber*, Simultanität, 2024, S. 63 f.

stellt eine solche dar. Auch die mannigfaltigen Formen des Zugriffs und des Ausschlusses werden regelmäßig von Differenzierungen begleitet und bringen diese mit hervor.[43] Differenzierungen dienen der Erklärung und Legitimierung der Trennung zwischen Innen und Außen, der Inklusionsformen, der Exklusionsbemühungen sowie des hierarchisierenden Zusammenspiels von Einbezug und Ausschluss. Externalisierung als asymmetrische Beziehung zwischen Innen und Außen kommt folglich ohne weitere Formen der Differenzierung nicht aus.[44] Entsprechend schlägt sich die Externalisierung in diskursiven Formen der Subordination, der Entwertung, des »Othering« nieder.[45] »The predatory patriarchal division of labour«, stellt Maria Mies mit Blick auf die internationale Arbeitsteilung fest, »is based, from the outset, on a structural separation and subordination of human beings: men are separated from women, whom they have subordinated, the ›own‹ people are separated from the ›foreigners‹ or ›heathens‹.«[46]

Obwohl im Folgenden die rechtliche Strukturierung von Öffnung und Schließung im Zentrum stehen wird, ist es angezeigt, auf die »differenzierende« Rolle des Rechts hinzuweisen. Rechtsdiskurse leisten hinsichtlich jener Differenzierungen, die dem Zusammenspiel von Inklusion und Exklusion zugrunde liegen, wichtige Beiträge. Das Verhältnis zwischen Innen und Außen, Zentrum und Peripherie, und damit die Simultanität von Inklusion und Exklusion war stets getragen von einem Differenzdiskurs. Das Außen musste – und muss – als das Fremde, das Andere auf den Weg der Zivilisierung, des Fortschritts oder der Nachhaltigkeit gebracht werden. Anthony Anghie spricht in diesem Zusammenhang von einer Differenzdynamik, die den völkerrechtlichen Diskurs durchzieht und dabei verschiedene Gestalten annimmt.[47] Nach Ntina Tzouvala bewegt sich das Völkerrecht zwischen einer Verbesserungslogik einerseits und einer

43 Vgl. etwa *Lessenich*, Grenzen, 2019, u. a. S. 29; sowie das vorangehende Kap.

44 Vgl. *Lessenich*, Sintflut, 2016, S. 56; *Biesecker/von Winterfeld*, Externalisierung, 2018, S. 573 ff.; Biesecker/von Winterfeld 2014, Extern?, S. 5 f. und 8; ferner *Tilly*, Inequality, 1998, u. a. S. 7 f.; *Mies*, Patriarchy and Accumulation, [1986] 2014, S. 74 f.; *Lessenich*, Grenzen, 2019, S. 75 f.; *Buckel*, Dirty Capitalism, 2015, insb. S. 42 ff.

45 Vgl. *Fraser/Jaeggi*, Kapitalismus, 2020, S. 106 und 212 f., wonach die Verleugnung und Abwertung des Nichtökonomischen konstitutiv sei für den Kapitalismus; ähnlich zur hierarchisierenden Geschlechtertrennung auch *Federici*, Caliban, [2004] 2022, S. 79 ff., insb. 82, 94 f., 122 f., 127, 148 und 250, sowie 269 ff. zur Entmenschlichung im Zuge der europäischen Expansion.

46 *Mies*, Patriarchy and Accumulation, [1986] 2014, S. 74.

47 *Anghie*, Imperialism, 2005, passim, insb. S. 4, 37, 63, 155 f., 188 f., 193, 203 f., 243 f., 267 f., 274, 309, 311 und 315 f.

rassifizierenden, biologistischen Logik andererseits.[48] Die Rückständigkeit der Peripherie und damit die abwertende Behauptung einer Differenz dient dazu, den namentlich ökonomisch motivierten, normierenden und oftmals gewaltsamen Zugriff auf das Außen als Wohltat zu rechtfertigen.[49] Dabei erweist sich der Differenzdiskurs durchaus kompatibel mit der Anerkennung der Rechtssubjektivität der Fremden, zumindest solange dies den Interessen des weltgesellschaftlichen Zentrums dient.[50] Zugleich legitimieren rassifizierte Differenzierungen die Exklusion sowohl der Menschen als auch ihrer Gesellschaften, die im Zuge der Inklusion als Fremde konstruiert werden.[51] Das Recht wirkte daran unter anderem insofern mit, als es in den Kolonien eine biologistische Hierarchisierung der sozialen Ordnung verankerte.[52] In diesem Sinne trug – und trägt – der Differenzdiskurs auch dazu bei, soziale Ungleichheit und die Schlechterstellung rassifizierter Arbeitskräfte sowie namentlich die Sklaverei zu rechtfertigen.[53] Die mangelhafte Andersartigkeit des Außens stabilisiert sodann die weltgesellschaftliche Ungleichheit insofern, als sie erlaubt, Probleme in der Peripherie auf endogene Ursachen – beispielsweise eine mutmaßliche Demokratieunfähigkeit oder eine unterstellte Gewalttätigkeit – zurückzuführen.[54] Dieser Mechanismus zeigt sich beispielhaft im Zusammenhang mit der territorialisierenden Wirkung des Menschenrechtsregimes. Mit der menschenrechtlichen Raumordnung, auf die im Folgenden ausführlich einzugehen sein wird, geht eine Verantwortungszuschreibung einher, welche die Gesellschaften des

48 *Tzouvala*, Capitalism as Civilisation, 2020, S. 2 und passim.

49 Vgl. *Anghie*, Imperialism, 2005, u. a. S. 22, 30, 96 ff., 156, 162 und 207; *Tzouvala*, Capitalism as Civilisation, 2020, S. 33, 68, 72, 86; *Pahuja*, Corporations, 2019, S. 76 und 83; *Craven*, Unequal Treaties, 2005, S. 47; *Koskenniemi*, To the Uttermost Parts, 2021, u. a. S. 169, 258 ff. und 571; *Mies*, Patriarchy and Accumulation, [1986] 2014, S. 75; *Schneiderman*, Alibis, 2022, S. 26 ff.; sowie hinten Kap. 9.1.1.3.

50 So ging nach Francisco de Vitoria mit der Rechtssubjektivität etwa die Geltung des Naturrechts einher, sodass Indigene verpflichtet waren, das Recht auf Handel zu respektieren. Vgl. dazu *Koskenniemi*, To the Uttermost Parts, 2021, S. 163 ff.; ferner *Anghie*, Evolution, 2006, S. 745; sowie zum Recht auf Handel hinten Kap. 9.1.2.1.

51 *Liebscher*, Rasse im Recht, 2021, S. 67 f. m. w. H.; *Anghie*, Evolution, 2006, S. 741 f.

52 *Liebscher*, Rasse im Recht, 2021, S. 159 ff.

53 Vgl. *Liebscher*, Rasse im Recht, 2021, S. 63 f.; *Weiß*, Ungleichheiten, 2017, S. 250; *Koskenniemi*, To the Uttermost Parts, 2021, S. 492 f. und 546.

54 Vgl. *Anghie*, Imperialism, 2005, S. 268; *Tzouvala*, Capitalism as Civilisation, 2020, S. 183 f. und 204 f.; *Furtado*, Myth, 2020, S. x im Vorwort von Sylla Ndongo Samba; *Kreide*, Gerechtigkeit/Ungerechtigkeit, 2019, S. 640 in der Auseinandersetzung mit John Rawls.

Globalen Südens als mangelhaft, unmenschlich und unfähig erscheinen lässt, während sie das weltgesellschaftliche Zentrum entlastet.[55] Mangel und Leid werden so zu endogenen Probleme, welche die Differenz zwischen Innen und Außen bestätigen und die Exklusion legitimieren. Der Differenzdiskurs schafft damit die Grundlage dafür, die Verantwortung für Missstände in der Peripherie nicht in einem globalen Kontext zu betrachten, sondern als Ausdruck lokaler Rückständigkeit gleichsam zu externalisieren. Zudem stabilisiert die Projektion der Unzulänglichkeit auf das rassifizierte Andere das Selbstbild nicht nur des Individuums als bürgerliches Subjekt, sondern auch des Kollektivs als moderner Nationalstaat.[56] Im Zusammenhang damit dient die Differenz zum Fremden schließlich dazu, den eigenen Wohlstand als selbstgemacht zu rationalisieren und zu plausibilisieren.[57]

55 Vgl. dazu hinten ausführlich Kap. 9.2.2, insb. Kap. 9.2.2.5.5; ferner *Gozzi*, Rights and Civilizations, 2019, S. 273; sowie im verwandten Zusammenhang der humanitären Intervention *Orford*, Intervention, 2003, u. a. S. 133 und 187.

56 Vgl. *Liebscher*, Rasse im Recht, 2021, S. 65 f.

57 Vgl. *Craven*, Unequal Treaties, 2005, S. 45 f.; *Tzouvala*, Capitalism as Civilisation, 2020, 29 f.

9 Raumordnungen des Rechts

Die Externalisierung basiert nach dem Dargelegten auf der Gleichzeitigkeit von Inklusion und Exklusion. Für Externalisierungsprozesse in räumlichen Dimensionen impliziert dies die Simultanität ungleicher Räume, eine inkongruente Räumlichkeit. Nachdem das Recht in dieser Beschreibung bisher erst am Rande in Erscheinung trat, gilt es im Folgenden dessen Rolle genauer zu erörtern. Wie trägt das Recht dazu bei, diese Inkongruenz herzustellen? Welche rechtlichen Strukturen müssen bestehen, um diese Voraussetzung der Externalisierung zu gewährleisten?

Räume – und damit das Außen der Externalisierungsgesellschaft ebenso wie ihr Inneres – sind sozial konstruiert.[1] Verschiedene Raumverständnisse konkurrieren miteinander, sodass Räume das Ergebnis von gesellschaftlichen Kämpfen und Machtverhältnissen darstellen.[2] Gleichzeitig strukturiert der Raum ebendiese Auseinandersetzungen.[3] Dabei spiegelt das Recht nicht nur verschiedene Raumverständnisse wider, sondern trägt dazu bei, Raum als soziales Konstrukt zu schaffen, zu legitimieren und zu stabilisieren.[4] Die räumliche Pluralität der Externalisierungsgesellschaft lebt folglich auch vom Recht. Das Recht ist Teil von umkämpften Prozessen der räumlichen Inklusion und Exklusion, der Transnationalisierung und Entterritorialisierung einerseits und der Territorialisierung andererseits. Um das Recht der Externalisierungsgesellschaft näher zu fassen, wird im Folgenden herausgearbeitet, wie sich differenzierende Inklusions- und die Exklusionslogiken im und durch das Recht entfalten.

9.1 Inklusionsordnung

Wenn Externalisierung voraussetzt, dass das Außen inkludiert wird, so kann dieser Vorgang als Entterritorialisierung, also als Aufhebung oder Überschreiten bestehender räumlicher Schranken verstanden werden. Nur wo Grenzen durchlässig werden und sich namentlich wirtschaftliche

1 *Belina*, Raum, 2017; *Harvey*, Geography of Difference, 1996, S. 210 ff.; vgl. auch *Wallerstein*, Welt-System-Analyse, [2004] 2019, S. 28; *Ryngaert*, Territory, 2017, S. 53.

2 *Wissel*, Transnationalisierung, 2007, S. 135 ff.; vgl. auch *Ryngaert*, Territory, 2017, S. 73.

3 *Wissel*, Transnationalisierung, 2007, S. 135.

4 Vgl. *Blomley*, Geographies of Power, 1994, S. 308; *Santos*, Map of Misreading, 1987, S. 287 f.; *Benda-Beckmann/Turner*, Anthropological Roots, 2020, S. 128 ff.; ferner *Liste*, Colliding geographies, 2016, S. 200 f., 203, 209, 213 und 216; *Schroer*, Räume der Gesellschaft, 2019, S. 11 f. und 15 f.; *Wissel*, Transnationalisierung, 2007, S. 136.

Prozesse vom maßgeblichen Raum lösen können, wird Externalisierung möglich. Sie hängt mithin davon ab, dass neue Räumlichkeiten geschaffen werden. Im Folgenden ist daher der Frage nachzugehen, inwiefern das Recht diese räumliche Praxis ermöglicht, stabilisiert und legitimiert.

Die Annahme, dass das Recht wesentlich zur Auflösung, Dynamisierung und Bildung neuer räumlicher Verhältnisse beiträgt und dadurch als Inklusionsmechanismus wirkt, ist weit verbreitet. So wurde verschiedentlich der Umstand beobachtet, dass das Recht einen globalen Raum etabliert, der insbesondere transnationalen Wirtschaftsbeziehungen dient. B. S. Chimni beschreibt etwa einen »borderless global economic space«, auf den das Recht letztlich abziele.[5] Dieser globale Raum werde von einem Netzwerk von Institutionen getragen, die zusammen einen »nascent global state« bildeten.[6] Der globale Kapitalismus wird nach Katharina Pistor in Abwesenheit eines Weltstaats durch ein dezentrales »Imperium des Rechts« ermöglicht.[7] Ein »Imperium des Privatrechts« wiederum beschreibt Martti Koskenniemi und hebt damit hervor, dass sich extraterritoriale Machtausübung nicht auf das Handeln souveräner Staaten beschränken lässt, sondern sich regelmäßig auch in privatrechtlichen Formen vollzieht.[8]

Diese Stimmen legen nahe, dass sich das Recht als globale Inklusionsordnung beschreiben lässt. Die inklusive Wirkung des Rechts ist dabei auf zahlreiche verschiedene Institutionen, Narrative und Diskurse zurückzuführen. Heute wird der Zugriff aufs Außen im Wesentlichen über den Markt vermittelt, dem eine extensive, globale Räumlichkeit zugrunde liegt. Dabei basiert der globale Markt in maßgeblicher Weise auf rechtlicher Infrastruktur. Die Rolle des Rechts beschränkt sich

5 *Chimni*, International Law, 2017, S. 507; vgl. auch *Chimni*, Jurisdiction, 2022, insb. S. 44 und 48; *Chimni*, Imperial Global State, 2004, u. a. S. 7 und 9 f.

6 *Chimni*, Imperial Global State, 2004, S. 6 ff. Chimni schwebt damit nicht vor, dass die Nationalstaaten kurz davor stünden, obsolet zu werden. Und ebenso wenig behauptet er, es sei ein Weltstaat im Entstehen begriffen, der den zentralisierten Nationalstaat auf höherer Ebene kopiere. Vielmehr geht es Chimni darum, herauszuarbeiten, wie internationale Institutionene den Nationalstaat funktional ergänzen, ihn teilweise ersetzen und Demokratie sowie Souveränität dadurch erodieren (*Chimni*, Imperial Global State, 2004, S. 5 ff., 19 f., 22 f. und 28).

7 *Pistor*, Code des Kapitals, 2020, S. 26 f., 46 und 211 ff.; vgl. bereits *Teubner*, Globale Bukowina, 1996, der indes ein »globales Imperium des Rechts« (S. 280) beschreibt, das »jeglichen Halt in irgendeiner [staatlichen] Rechtsordnung« verloren habe (S. 274 f.).

8 *Koskenniemi*, Empire and International Law, 2011, insb. S. 28; *Koskenniemi*, Globalization, 2013, S. 822; vgl. auch *Koskenniemi*, From Apology to Utopia, 2005, S. 607 zum »empire of civil society«.

indes nicht etwa darauf, eine Weltwirtschaftsordnung, wie sie heute unter dem Dach der WTO besteht, zu fundieren. Die Vielgestaltigkeit des Rechts als Inklusionsordnung wird im Folgenden anhand dreier Formen der Entterritorialisierung dargestellt: Diese findet erstens im und durch den Nationalstaat selbst statt, indem dessen Grenzen neu und weiter gezogen werden.[9] Mit der Expansion des Nationalstaats weitet sich der Raum wirtschaftlicher Interaktionen. Dies stellte denn auch regelmäßig ein zentrales Motiv dafür dar, Hoheit im und über das Außen zu beanspruchen. Eine Entterritorialisierung geht zweitens mit der Universalisierung des Nationalstaats und damit eines bestimmten Gesellschaftsmodell einher.[10] Daraus folgt eine rechtliche Harmonisierung, die ebenfalls eine neue Rechtsräumlichkeit schafft. Die dritte, bereits erwähnte Form der Entterritorialisierung besteht schließlich in der Gestalt des Marktes.[11] Ob naturrechtlich behauptet oder durch einen Staatenkonsens legitimiert, impliziert der Markt eine globale Räumlichkeit.

Diesen drei Inklusionsformen gemeinsam ist zunächst, dass sie mit einer Rechtsvereinheitlichung einhergehen, diese unmittelbar bezwecken oder voraussetzen. Die Harmonisierung des Rechts begünstigt transnationale Wirtschaftstransaktionen und damit den Zugriff aufs Außen.[12] Wirtschaftliche Prozesse setzen ein Mindestmaß an Sicherheit und Effizienz voraus und bedingen daher gewisse Regeln und Institutionen.[13] Aus dem Bedürfnis nach Rechtssicherheit wiederum folgen Anreize für die Rechtsvereinheitlichung, weil der in der transnationalen Konstellation bestehende Rechtspluralismus stets Unsicherheit und deshalb höhere Transaktionskosten nach sich zieht.[14] Aus dieser Perspektive stellt die Gewährleistung der Rechtsharmonisierung denn auch ein Motiv für die nationalstaatliche Expansion, die Universalisierung des Nationalstaats und die Konstituierung eines globalen Marktes dar. Für das Kapital, das profitgetrieben über Grenzen hinwegschreitet, »ist es keineswegs gleichgültig, wem dieses oder jenes Gebiet gehört, denn für die Möglichkeit und Sicherheit der Anlage ist die politische Herrschaft von ausschlaggebender Bedeutung.« Dies konstatierte der Sozialanthropologe Heinrich Cunow – den europäischen Kolonialismus vor Augen – an der Wende zum 20. Jahrhundert.[15] Spätestens mit der Dekolonisierung

9 Vgl. hinten Kap. 9.1.1.1.

10 Vgl. hinten Kap. 9.1.1.2.

11 Vgl. hinten Kap. 9.1.2.

12 Vgl. *Pistor*, Code des Kapitals, 2020, S. 214.

13 *Dejung/Petersson*, Introduction, 2013, S. 4 ff.

14 Vgl. hierzu *Jarass*, Einheitsrecht, 2019, S. 15 ff.; ferner *Ohler*, Schutz privaten Eigentums, 2006, S. 877; *Fidler*, Gentler System of Capitulations, 2000, S. 391.

15 *Cunow*, Expansionspolitik, 1899–1990, S. 239; vgl. dazu auch *Altvater*, Kapitalismus, 2005, S. 67.

mussten neue Wege gefunden werden, um das Recht zu vereinheitlichen. So prägte die Suche nach postkolonialen Formen der extraterritorialen Jurisdiktion denn auch die Geschichte des Völkerrechts.[16]

Zugleich sind die drei Formen der Inklusion eng miteinander verknüpft: Marktwirtschaftliche Prozesse finden zu einem wesentlichen Teil auf nationalstaatlicher Ebene und innerhalb des vom nationalen Recht gesetzten Rahmens statt. Obschon mitunter ein staatsfreier Markt imaginiert wird, ist der Markt als Inklusionsform ohne den Staat nicht zu denken. Märkte setzen stets Rahmenbedingungen voraus, die nur mit politischen Mitteln hergestellt werden können.[17] Weil der Markt insofern vom Staat abhängt, wirken sich Expansion und Universalisierung des letzteren auch auf ersteren aus. Doch der Einfluss des Territorialstaats ist nicht auf nationale Märkte beschränkt. Auch transnationale Wirtschaftsbeziehungen werden maßgeblich von nationalstaatlichem Handeln getragen. Im Zusammenhang mit der Dialektik der Globalisierung wurde denn auch erläutert, dass die Transnationalisierung keine entstaatlichende Entwicklung ist und die Bedeutung der Territorialität nicht aufhebt, sondern lediglich zu einem neoliberalen Ideal hin verschiebt.[18] Die Entterritorialisierung bleibt auf den Nationalstaat in einer spezifischen Form angewiesen. Der Zugriff aufs Außen nämlich ging mit der Verbreitung des Nationalstaats einher, was im Folgenden als eine Inklusionsform noch näher betrachtet wird. Zudem basieren die Impulse der Entterritorialisierung im Nationalstaat selbst. »Die Globalisierung der Ökonomie«, schreiben etwa Renate Mayntz und Fritz Scharpf, »war schließlich kein über die westlichen Nationalstaaten hereinbrechendes Naturereignis, sondern wurde von ihnen politisch gewollt und gefördert.«[19] Der globale Wirtschaftsraum ist zudem auf die staatlichen Organe als dezentralisierte Instrumente der Global Governance angewiesen.[20] Indem der Nationalstaat das Privateigentum schützt, die Arbeitskräfte diszipliniert und die gesellschaftliche Integration gewährleistet, erweist er sich als unabdingbare Voraussetzung des globalen Kapitalismus.[21] Gleichwohl – oder gerade deshalb – ist der Handlungsspielraum staatlicher

16 *Chimni*, Outline, 2008, S. 75; vgl. auch Chimni 2022, Jurisdiction, S. 37 f.; *Altvater*, Kapitalismus, 2005, S. 70.
17 *Kocka*, Geschichte des Kapitalismus, 2017, S. 121. Vgl. auch *Zhang/Morley*, Rise of the Business Corporation, 2023; sowie bereits vorne Kap. 5.2.3.
18 Vgl. vorne in Kap. 8.1 bei Fn. 39 und die Hinweise dort.
19 *Mayntz/Scharpf*, Politische Steuerung, 2005, S. 239. Vgl. auch *Kennedy*, Law in Global Political Economy, 2020, S. 150; *Sassen*, Das Paradox des Nationalen, 2008, u. a. S. 366, 372 f., 612 und 642.
20 *Chimni*, Imperial Global State, 2004, S. 3 und 5.
21 *Gerstenberger*, Fixierung und Entgrenzung, 2007, S. 187, 189, 190 und 193; *Went*, Enigma of Globalization, 2002, S. 107 f.; sowie die Hinweise in Kap. 9.1.3, Fn. 434.

Institutionen beschränkt.[22] Das Verhältnis zwischen Markt und Staat ist nämlich ein wechselseitiges, der Staat untersteht einem starken Einfluss durch den Markt. Die Marktkräfte wirken disziplinierend auf die nationalstaatliche Ebene zurück und fördern die Universalisierung einer bestimmten, marktkompatiblen Staatlichkeit.[23] Vor diesem Hintergrund nimmt der Nationalstaat denn auch eine paradoxe Rolle ein: Er erweist sich als eine Bedingung der Inklusion und damit der Entterritorialisierung, während er und die durch ihn verankerte Territorialisierung zugleich eine zentrale Rolle für die Exklusion spielen.[24]

Sowohl das Inklusionsgeschehen als auch die Rolle des Rechts als ein fundierendes Element werden durch die drei erwähnten Inklusionsformen gewiss nicht umfassend dargestellt. Sie belegen aber die Vielgestaltigkeit der Art und Weise, wie das Recht in die Inklusion involviert ist, und erlauben daher, das Recht als Inklusionsordnung zu begreifen. Im Folgenden sollen daher einige Schlaglichter auf die Expansion und die Universalisierung des Nationalstaats sowie das Recht des globalen Marktes geworfen werden.

9.1.1 Nationalstaat

Das Inklusionsgeschehen basiert in zweifacher Hinsicht auf einer Ausbreitung des Nationalstaats. Zunächst strebten – und streben – Staaten regelmäßig ein räumliches Wachstum, also eine Expansion ihrer selbst an.[25] Zudem haben sich Nationalstaaten insofern ausgebreitet, als sich die Nationalstaatlichkeit als spezifische Form der gesellschaftlichen Organisation global durchgesetzt hat.[26] Diesen zwei Aspekten der Inklusion und ihrer Verstrickung mit dem Recht wird im Folgenden nachgegangen.

9.1.1.1 Expansion des Nationalstaats

Der souveräne Nationalstaat kann zunächst insofern als Teil der Inklusionsstruktur begriffen werden, als er als Akteur, der sich expansiv im Raum verhält, zur Entterritorialisierung beiträgt. Strategien, welche die wirtschaftliche Inklusion durch die Expansion staatlicher Machtausübung sicherstellen, nehmen entweder territoriale oder extraterritoriale Formen an. Während durch die territoriale Expansion das staatliche

22 *Chimni*, Imperial Global State, 2004, S. 6 f. und 22 f.

23 Vgl. hierzu hinten Kap. 9.1.1.2.2.

24 Vgl. zur Rolle des Nationalstaats im Exklusionsregime hinten Kap. 9.2.1.

25 Vgl. sogleich Kap. 9.1.1.1.

26 Vgl. hinten Kap. 9.1.1.2.

Hoheitsgebiet selbst eine Ausdehnung erfährt, wird bei extraterritorialer Rechtsanwendung lediglich der Geltungsbereich des Rechts erweitert, sodass dieses auch außerhalb des jeweiligen Territoriums Wirkung entfaltet. Diese Unterscheidung impliziert indes nicht zwingend eine bestimmte Intensität der Einflussnahme. Die Inanspruchnahme territorialer Hoheit kann stark beschränkt und von lokalen Machtstrukturen abhängig sein. Umgekehrt vermag auch die extraterritoriale Jurisdiktion, welche die territoriale Souveränität nur beschränkt und nicht aufzuheben strebt, das Außen mitunter tiefgreifend zu beeinflussen.

Sowohl die territoriale als auch die nicht-territoriale oder extraterritoriale Expansion sind formalisiert, erscheinen also unmittelbar in rechtlichen Strukturen. Davon zu unterscheiden sind informelle Wege der Machtausübung, der Einflussnahme und des Zwangs. In der einschlägigen Debatte ist denn regelmäßig auch vom informellen Imperialismus die Rede.[27] Dieser umfasst zwar teilweise die Ausübung extraterritorialer Jurisdiktion. Zugleich werden damit aber Verhaltensweisen in den Fokus gerückt, die sich gerade nicht unmittelbar im Recht der territorialen oder extraterritorialen Expansion niederschlagen. Derartige Umstände werden im vorliegenden Kapitel nicht berücksichtigt, werden aber mitunter weiter hinten im Zusammenhang mit der Universalisierung des Nationalstaats und der Etablierung des globalen Marktes aufgegriffen. Zu betonen ist jedenfalls, dass die genannten Verhaltensweisen einen wesentlichen Aspekt von Inklusionsvorgängen darstellen, auch wenn Sie im Folgenden aufgrund des Fokus der Arbeit bisweilen in den Hintergrund geraten.

Expansion und Inklusion sind Vorgänge, die nicht ausschließlich von Europa ausgegangen sind.[28] Dennoch fokussieren die nachfolgenden Ausführungen auf die europäische Expansion, da diese nicht nur historisch von herausragender Bedeutung war und die Basis der Externalisierungsgesellschaft legte, sondern auch den Rechtsdiskurs bis heute maßgeblich geprägt hat. So resümiert Wolfgang Reinhard, es gebe »keinen Teil der Erdoberfläche, der nicht irgendwann unter europäischer Kolonialherrschaft stand, unter europäischer Hegemonie geriet […] oder mindestens europäisch-amerikanischem Einfluss ausgesetzt war«.[29] Ein wichtiges Ergebnis dieses Einflusses war nicht zuletzt die Universalisierung des modernen Nationalstaats,[30] worauf im nächsten Kapitel einzugehen sein wird.

27 Vgl. etwa *Osterhammel/Jansen*, Kolonialismus, 2017, S. 24 ff.; *Mann*, Economic and Military Imperialism, 2013, S. 214 ff.

28 *Kämmerer*, Colonialism, 2018, Rz. 4.

29 *Reinhard*, Geschichte des modernen Staates, 2007, S. 108; vgl. zum Ganzen auch *Reinhard*, Die Unterwerfung der Welt, 2020.

30 *Reinhard*, Geschichte des modernen Staates, 2007, S. 108.

Nicht nur gegen Innen erweist sich der Nationalstaat als Garant wirtschaftlicher Freiheiten und kapitalistischer Entwicklung.[31] Mit seinem räumlichen Ausgreifen schafft der Nationalstaat auch die Grundlage für expansive Wirtschaftsprozesse und damit den asymmetrischen Zugriff des weltgesellschaftlichen Zentrums auf die Peripherie.[32] Dem modernen Nationalstaat gelang es mit anderen Worten, die Voraussetzungen sowohl für die Etablierung des kapitalistischen Systems im Innern als auch für dessen Expansion zu schaffen, während er zugleich selbst von der Entfaltung der wirtschaftlichen Kräfte abhing, die der Kapitalismus entfesselte.[33] Mit welchen rechtlichen Mitteln die staatliche Expansion eine neue Rechtsräumlichkeit herstellt, wird im Folgenden ausgeführt.

9.1.1.1.1 Territoriale Expansion

Die territoriale Expansion stellt historisch eine überaus bedeutsame Strategie dar, um auf Ressourcen und Arbeit andernorts zuzugreifen. Das Recht legitimiert und reguliert diesen Zugriff und schafft so eine expansive Raumordnung. Die Praxis, territoriale Souveränität über ein Gebiet zu beanspruchen, ohne dieses und die ansässige Bevölkerung vollständig in die eigene Staatsorganisation zu integrieren, wird üblicherweise als Kolonialismus bezeichnet.[34]

Jörg Fisch unterscheidet hinsichtlich der europäischen Expansion das Völkerrecht in Übersee vom Völkerrecht in Bezug auf Übersee. Dabei umfasst ersteres die Beziehungen zwischen europäischen und überseeischen Staatswesen, während letzterem jene Regelungen zwischen den expandierenden europäischen Staaten angehören, die sich auf die Übersee beziehen.[35] Diese Kategorisierung zeigt bereits, dass der Rechtsdiskurs der territorialen Expansion zu einem wesentlichen Teil ein innereuropäischer war. Im Völkerrecht in Bezug auf Übersee kommt denn auch der ausgesprochene Anspruchscharakter der europäischen Expansion deutlich

31 Vgl. *Chimni*, Imperial Global State, 2004, S. 7; *Beckert*, King Cotton, 2015, S. 155 ff.

32 Vgl. *Lessenich*, Sintflut, 2016, S. 37 ff.

33 Vgl. *Grewe*, Epochs of International Law, 2000, S. 168 f.; *Chimni*, Jurisdiction, 2022, S. 41; *Beckert*, King Cotton, 2015, u. a. S. 224 ff.

34 *Kämmerer*, Colonialism, 2018, Rz. 8.

35 *Fisch*, Europäische Expansion, 1984, S. 18 f. Aus damaliger Perspektive scheint es hingegen fraglich, den Begriff des Völkerrechts für jene Normbestände zu verwenden, welche die Beziehung zwischen europäischen Staaten und außereuropäischen Gemeinschaften regelten, da letzteren die Völkerrechtssubjektivität gerade abgesprochen wurde. Vor diesem Hintergrund zählt *Nuzzo*, Construction of the Colonial Space, 2017, S. 284, das Kolonialrecht nicht zum Völkerrecht.

zum Ausdruck: Die europäischen Staaten verfügten in diesem Rahmen untereinander über Gebiete im Außen, die sie für sich beanspruchten.[36] Es handelt sich mithin um ein Recht der europäischen Mächte, das indes globale räumliche Geltung beansprucht.[37] Fehlt diese Differenzierung, kann der Eindruck entstehen, dass das Recht der europäischen Expansion in erster Linie auf Verträgen basierte und ihm grundsätzlich die Anerkennung der Souveränität außereuropäischer Gemeinschaften zugrunde lag.[38] Als innereuropäisch ist zudem eine dritte Rechtskategorie zu qualifizieren, nämlich das innerstaatliche Recht der Kolonialmächte. Dieses trat insofern an die Stelle des Völkerrechts in Übersee, als die Gemeinwesen im Außen nicht (mehr) in der Lage waren, zumindest einen Teil ihrer äußeren Souveränität zu behaupten.[39]

Für den vorliegenden Zusammenhang scheint die Unterscheidung zweier Funktionen des Rechts aufschlussreich: Einerseits dient es dazu, die territoriale Expansion als solche zu legitimieren. Andererseits reguliert es den alltäglichen Zugriff auf das Außen, indem es die wirtschaftliche Inklusion erleichtert. Das eine Recht, das als Recht der Kolonisierung oder als Recht zur Expansion bezeichnet werden könnte, lässt sich auf einer übergeordneten, im weiteren Sinne zwischenstaatlichen Ebene verorten. Nach der soeben erwähnten Kategorisierung von Fisch wären Teile davon, etwa Protektoratsverträge oder die sogenannten ungleichen Verträge, dem Völkerrecht in Übersee zuzuordnen, während andere Aspekte, etwa Zivilisierungsdiskurse oder die Okkupationstheorie, Völkerrecht in Bezug auf Übersee darstellen. Das andere Recht, das als Kolonialrecht bezeichnet werden kann, adressiert innere Angelegenheiten der einmal etablierten extraterritorialen Besitzungen und den alltäglichen Vollzug der Beziehung zwischen Zentrum und Peripherie.[40] Es diente entsprechend dazu, fremde Gebiete auszubeuten und die lokale Bevölkerung zu disziplinieren.[41] Dabei handelt es sich in erster Linie um innerstaatliches Recht, zum Teil aber auch Völkerrecht in sowie in Bezug auf Übersee.[42] In einem weiteren Sinn lässt sich überdies indigenes Gewohnheitsrecht zum Kolonialrecht zählen, stellt dieses doch ein Produkt der

36 *Fisch*, Europäische Expansion, 1984, S. 19.

37 *Fisch*, Europäische Expansion, 1984, S. 478 und 499.

38 So tendenziell etwa *Hébié*, Original Titles, 2018, insb. S. 85 f. und *Hébié*, Derivative Titles, 2018, S. 87.

39 *Fisch*, Europäische Expansion, 1984, S. 19. Die europäischen Staaten bedienten sich aber durchaus auch dem lokalen Recht, um den Zugriff auf die Peripherie zu regulieren. Vgl. dazu *Fisch*, Law as a Means, 1992, u. a. S. 32.

40 Vgl. hierzu etwa *Kämmerer*, Colonialism, 2018, Rz. 18 ff.; *Koskenniemi*, Colonial Laws, 2016.

41 *Koskenniemi*, Colonial Laws, 2016, S. 251.

42 *Koskenniemi*, Colonial Laws, 2016, spricht von einem hybriden Charakter zwischen Völkerrecht und Verwaltungsrecht.

europäischen Intervention dar, das kolonial-wirtschaftlichen Interessen dienen sollte.[43] Sowohl das Recht der Kolonisierung als auch das Kolonialrecht variieren stark und nahmen zahlreiche Formen an. Ungeachtet der verwendeten Begrifflichkeiten scheint überdies zentral, dass es sich beim Recht der europäischen Expansion stets um ein Sonderrecht gehandelt hat, das vom übrigen Recht – sei es innerstaatlicher, zwischenstaatlicher oder naturrechtlicher Art – getrennt operierte und damit die Gleichzeitigkeit ungleicher Beziehungsweisen, die Exklusion bei gleichzeitiger Inklusion, sicherstellte.[44]

Die folgenden Ausführungen sollen kein umfassendes Bild der territorialen Expansion zeichnen.[45] Viel eher soll anhand einzelner Episoden und Kategorisierungen ein Verständnis für die rechtliche Absicherung und Legitimierung des staatlich-territorialen Zugriffs aufs Außen geschaffen werden. Deshalb liegt der Fokus auf dem Recht der Kolonisierung, während das meist innerstaatliche Kolonialrecht nicht näher betrachtet wird.[46] Es sollen Schlaglichter auf jene Institutionen, Figuren und Thesen geworfen werden, welche den genannten Zugriff untermauerten.

Im Völkerrechtsdiskurs wurden verschiedene Theorien entwickelt, um den territorialen Zugriff auf das Außen, die einseitige Inanspruchnahme der weltgesellschaftlichen Peripherie, zu rechtfertigen.[47] So wurden Titel für den Rechtserwerb formuliert und es wurde die Verteilung der Welt – oder einzelner Gebiete – unter den europäischen Mächten geregelt. Dabei divergierten sowohl die Praxis als auch die Theorie in regionaler und in zeitlicher Hinsicht stark. Obwohl gewisse Entwicklungen und Dynamiken auszumachen sind, hingen die rechtlichen Antworten auf die Herausforderungen der europäischen Expansion wesentlich von den Kräfteverhältnissen auf innerstaatlicher und zwischenstaatlicher Ebene ab.[48] Je dichter beispielsweise die Präsenz europäischer Mächte vor Ort war, desto besser musste die Herrschaft rechtlich begründet werden, um

43 *Snyder*, Customary Law, 1984, S. 35; *Benda-Beckmann/Turner*, Anthropological Roots, 2020, S. 85.

44 Vgl. *Nuzzo*, Construction of the Colonial Space, 2017, Territoriy, S. 284; *Nuzzo*, Kolonialrecht, 2011, insb. Ziff. 9 ff. und 29 f.; *Koskenniemi*, Colonial Laws, 2016, u. a. S. 273 f.

45 Vgl. hierfür etwa *Fisch*, Europäische Expansion, 1984; Crawford 2006, Creation, insb. S. 257 ff., 282 ff. und 565 ff.

46 Gewisse Aspekte, die mitunter zum Kolonialrecht gezählt werden, sind indes Gegenstand der Ausführungen zur extraterritorialen Expansion; vgl. dazu das nachfolgende Kap. 9.1.1.1.2.

47 *Fisch*, Europäische Expansion, 1984, insb. S. 475, 484 f. und 497 f. Von Einseitigkeit spricht Fisch dann, wenn die Expansion nicht im Völkerrechtsverkehr zwischen Europa und der Peripherie abgesichert wurde (ibid., S. 9 f.).

48 *Fisch*, Europäische Expansion, 1984, S. 12 f. und 87.

rivalisierenden Ansprüchen zuvorzukommen.[49] Deshalb setzte sich in der Staatenpraxis denn auch keine einheitliche Doktrin durch. Vielmehr beriefen sich die expandierenden Staaten auf jene Rechtstitel, die ihrer Interessenlage in der konkreten Situation am besten dienten.[50]

Um die europäische Expansion rechtlich zu fundieren, wurden sowohl universelle als auch partikulare Rechtstitel geltend gemacht.[51] Universelle Zugriffsrechte zeichnen sich dadurch aus, dass sie – zumindest theoretisch – allen Staaten zukommen könnten. Dazu ist insbesondere das Eroberungsrecht zu zählen.[52] Partikulare Rechtstitel demgegenüber können nur bestimmte Akteur*innen beanspruchen, da sie an spezifische Eigenschaften anknüpfen.[53] Es handelt sich mithin um Sonderrechte, die eine Differenz voraussetzen zwischen jenen, die sich durch diese Eigenschaft auszeichnen, und anderen, die über diese (noch) nicht verfügen. Partikularen Rechtstiteln wohnt folglich stets ein Differenzierungsmoment inne.[54] Dieser Umstand kann als Ausdruck dessen verstanden werden, was Anthony Anghie als Differenzdynamik des völkerrechtlichen Diskurses beschrieben hat und ein wesentliches Element des externalisierungsgesellschaftlichen Funktionsmechanismus darstellt.[55]

9.1.1.1.1.1 Päpstliche Verleihung

Unter die Kategorie der Sonderrechte fallen zunächst religiöse Weltherrschaftsansprüche, wie sie namentlich im Islam und im Christentum verbreitet waren. Beide Religionen erwiesen sich als wirkmächtige Treiberinnen expansiver Politiken, doch hat letztlich nur das Christentum

49 *Fisch*, Europäische Expansion, 1984, S. 12, 16 und 87.
50 *Fisch*, Europäische Expansion, 1984, S. 87.
51 Diese Unterscheidung folgt derjenigen von *Fisch*, Europäische Expansion, 1984, S. 14 ff. und 484 ff., der indes von Sonderrechten statt von partikularen Rechten spricht. Diese beiden Kategorien ordnet Fisch auf einer höheren Ebene den allgemeinen Rechten zu, die er von situativen Rechten unterscheidet (ibid., S. 13 f.). Situative Zugriffsrechte folgen aus den konkreten Verhältnissen vor Ort und erscheinen meist als rechtmäßige Reaktion auf eine Unrechtshandlung (ibid., S. 13).
52 *Fisch*, Europäische Expansion, 1984, insb. S. 14 und 485 f., der auch die humanitäre Intervention sowie das Recht auf Niederlassung und Handel zu dieser Kategorie hinzuzählt, aber darauf hinweist, dass diese beiden Rechtstitel meist als Sonderrechte interpretiert wurden (ibid., S. 486 und 488). Vgl. hinten zum Recht auf Handel Kap. 9.1.2.1 sowie zur Eroberung Kap. 9.1.1.1.1.4.
53 *Fisch*, Europäische Expansion, 1984, S. 14 f. und 486.
54 *Fisch*, Europäische Expansion, 1984, S. 486.
55 Vgl. insb. *Anghie*, Imperialism, 2005; sowie vorne Kap. 8.2.

eine globale Ausbreitung erreicht.[56] Dem christlichen Weltherrschaftsanspruch zufolge, wie er im Spätmittelalter vertreten wurde, sollten alle nichtchristlichen Gebiete der Verfügungsgewalt des Papstes unterstehen.[57] Umstritten war lediglich, ob die faktische Verwirklichung des christlichen Anspruchs weiterer Gründe – wie etwa die Behinderung der Mission – bedurfte oder nicht und die christliche Herrschaft damit von vornherein bestand.[58] So oder anders legitimierte diese Theorie eine hierarchische Beziehung zum Außen und den gewaltsamen Zugriff auf die Peripherie. So sollte vor dem Hintergrund des absoluten Wahrheitsanspruchs des Christentums den anderen Religionen gerade kein Missionsrecht zukommen, das erforderlichenfalls auch kriegerisch durchgesetzt werden durfte.[59]

Die Ansicht, wonach dem Christentum a priori ein Weltherrschaftsanspruch zukommt, zeigt sich namentlich in den päpstlichen Bullen des Spätmittelalters. Diese Investituredikte[60] dienten den europäischen Mächten der Legitimierung ihrer Expansionsbestrebungen. Zudem sollten sie Einflusssphären etablieren und gegenüber der europäischen Konkurrenz absichern.[61] Ausgehend vom christlichen Universalanspruch verliehen die Bullen den weltlichen Herrschern unmittelbar – oder vermittelt über ein exklusives Aneignungsrecht[62] – die Souveränitätsrechte über jene Gebiete, die nicht bereits anderen christlichen Mächten zustanden, und das Recht, die nichtchristlichen Gemeinschaften hierfür

56 *Fisch*, Europäische Expansion, 1984, S. 183 f.

57 *Fisch*, Europäische Expansion, 1984, S. 14 f. und 486 f.; *Grewe*, Epochs of International Law, 2000, S. 230; vgl. auch *Craven*, Colonialism and Domination, 2012, S. 866.

58 *Fisch*, Europäische Expansion, 1984, S. 486 f. und ausführlicher zu den theoretischen Grundlegungen im 13. Jahrhundert von Papst Innozenz IV. einerseits und Henricus de Segusio (Hostiensis) andererseits S. 187 ff. Diese Frage prägte denn auch die theologischen Debatten in Spanien im 16. Jahrhundert. Vgl. hierzu etwa *Grewe*, Epochs of International Law, 2000, S. 241 ff.; *Hébié*, Original Titles, 2018, S. 53 ff., der darauf hinweist, dass die Herrschaftsausübung über andere Gemeinschaften auch im mittelalterlichen Christentum von deren sozio-politischem Entwicklungsniveau abhängig gemacht wurde.

59 *Fisch*, Europäische Expansion, 1984, S. 189 zur Lehre des Papstes Innozenz IV.; *Koskenniemi*, To the Uttermost Parts, 2021, S. 166.

60 Vgl. zur Rechtsnatur der päpstlichen Verleihungen *Grewe*, Epochs of International Law, 2000, S. 231 f.; *Hébié*, Original Titles, 2018, S. 45 ff., insb. 57.

61 *Fisch*, Europäische Expansion, 1984, S. 47 f. Vgl. zur Frage der zweifelhaften rechtlichen Verbindlichkeit der Bullen ibid., S. 48 und 52 ff.

62 *Hébié*, Original Titles, 2018, S. 47, 50 und 85 f., wonach der mittelbare Souveränitätserwerb, der eine Okkupation, eine Eroberung oder eine Vereinbarung mit den lokalen Gemeinschaften voraussetzte, die Regel darstellte.

zu bekriegen und der politischen Herrschaft zu unterwerfen.[63] Darüber hinaus wurden die europäischen Mächte teilweise berechtigt, die Ungläubigen zu enteignen und zu versklaven.[64] Zumindest zeitweise sprachen die päpstlichen Bullen den nichtchristlichen Bevölkerungen jegliche Rechte ab.[65]

Erwähnenswert sind etwa die Bulle Aeternis regis vom 21. Juni 1481 und die Bulle Inter caetera vom 4. Mai 1493, welche die Interessensphären Portugals und Kastiliens gegeneinander abgrenzten und die Welt gleichsam unter den iberischen Mächten aufteilte.[66] Die Bulle Aeternis regis bestätigte die Aufteilung der Interessensphären wie sie der Vertrag von Alcáçovas vorsah, der 1479 den kastilischen Erbfolgekrieg beendete. Demnach wurden die kanarischen Inseln Kastilien zugeschlagen, während der Raum diesseits und jenseits dieser Inseln und im Gebiet von Guinea an Portugal ging.[67] Dass diese Aufteilung, die aus portugiesischer Sicht einen Weltherrschaftsanspruch verankern sollte, viele Fragen offen ließ, zeigte sich spätestens mit der kastilischen »Entdeckung« Amerikas durch Christoph Kolumbus. Während Portugal die entdeckten Gebiete für sich beanspruchte, ließ sich Spanien durch mehrere päpstliche Bullen, insbesondere die genannte Bulle Inter caetera, das Gebiet westlich des Azorenmeridians zusichern.[68] Diese Zweiteilung der Welt in eine kastilianische bzw. spanische Sphäre einerseits und eine portugiesische andererseits wurde schließlich im Vertrag von Tordesillas 1494 nachvollzogen, wobei die Grenze etwas weiter westlich angesetzt wurde.[69] Fortan sollten die iberischen Mächte damit in ihren jeweiligen Sphären über exklusive Rechte auf Handel, Schifffahrt

63 *Fisch*, Europäische Expansion, 1984, S. 206 ff. sowie 235 ff. zur divergierenden Interpretation der päpstlichen Bullen durch Bartolomé de Las Casas, wonach die Bekehrung der Beherrschung vorauszugehen habe; *Grewe*, Epochs of International Law, 2000, S. 240; *Hébié*, Original Titles, 2018, S. 48 f.

64 *Fisch*, Europäische Expansion, 1984, S. 51 und 206 ff.; *Grewe*, Epochs of International Law, 2000, S. 230 und ferner S. 238 f. zum Requerimiento, das die kastilischen Truppen beim ersten Kontakt mit Indigenen verlasen.

65 *Fisch*, Europäische Expansion, 1984, S. 51 und 207.

66 Vgl. für den Wortlaut der Bullen und der nachfolgend erwähnten Verträge von Alcáçovas, Tordesillas und Saragossa *Davenport*, European Treaties, 1917, S. 33 ff., 56 ff., 71 ff., 84 ff. und 169 ff.

67 *Fisch*, Europäische Expansion, 1984, S. 52.

68 *Fisch*, Europäische Expansion, 1984, S. 53 m. w. H. Vgl. zur Bulle Inter caetera ferner *Hébié*, Original Titles, 2018, S. 50 ff.

69 *Fisch*, Europäische Expansion, 1984, S. 53; *Koskenniemi*, To the Uttermost Parts, 2021, S. 155 f. Erst 1529 wurde diese Zweiteilung im Vertrag von Saragossa insofern vollendet, als auf der gegenüberliegenden Seite des Globus' eine zweite Linie gezogen wurde.

und Gebietserwerb verfügen.[70] Diese Monopolsphären, die sich über den gesamten Globus erstreckten, wurden von den anderen europäischen und insbesondere protestantischen Staaten freilich in Frage gestellt. So postulierten Frankreich, England und die Niederlande die freie Konkurrenz als gegenläufiges Ordnungsprinzip, womit sie sich im 17. Jahrhundert denn auch durchsetzten.[71]

Der christliche Weltherrschaftsanspruch, der in den päpstlichen Bullen zum Ausdruck kommt, sollte später sein säkularisiertes Pendant in den Konzessionen, Patenten und Instruktionen für die Handelskompanien finden, die mitunter ebenfalls ermächtigt wurden, Souveränität über periphere Gebiete auszuüben.[72] Hier wie dort nahmen sich imperiale Mächte das Recht, über das Außen zu verfügen, um den gewaltsamen Zugriff rechtlich zu fundieren.

9.1.1.1.1.2 Entdeckung

Partikulare Zugriffsrechte ergeben sich sodann aus der Okkupation und der Entdeckung. Letzterer wird rückblickend wenig praktische Relevanz oder rechtliche Bedeutung zugeschrieben.[73] Nach Mamadou Hébié wurde sie nur gegen Ende des 15. Jahrhunderts und hinsichtlich unbewohnter Gebiete als Rechtstitel anerkannt.[74] Demgegenüber weist Jörg Fisch darauf hin, dass zumindest bezüglich Nordamerikas das Entdeckungsrecht noch im 19. Jahrhundert eine zentrale Stellung eingenommen hat. Andere Rechtsfiguren wären nämlich nicht geeignet gewesen, den umfassenden Gebietsanspruch der englischen Kolonien und der Vereinigten Staaten zu rechtfertigen.[75] Der Umstand, dass die Entdeckung meist nicht als Grundlage von Souveränitätsansprüchen anerkannt wurde, ist indes nicht als restriktives Moment des Rechts der europäischen Expansion zu verstehen. Vielmehr gründet die Skepsis gegenüber der Entdeckung darin, dass diese ein Hindernis für die Kolonisation darstellte.

70 *Fisch*, Europäische Expansion, 1984, S. 53.

71 *Fisch*, Europäische Expansion, 1984, S. 49 f. und 82 ff.; vgl. auch *Grewe*, Epochs of International Law, 2000, S. 240 und 244 f. Nach *Hébié*, Original Titles, 2018, S. 44 f., verloren die päpstlichen Bullen bereits ab Mitte 16. Jahrhunderts ihre rechtliche Anerkennung.

72 *Fisch*, Europäische Expansion, 1984, S. 209; *Huppé*, Souveraineté européenne au Canada, 2009, S. 167 ff.; *Koskenniemi*, To the Uttermost Parts, 2021, S. 508 ff. und 600. Vgl. zu den Handelskompanien hinten Kap. 9.1.1.1.2.4.

73 *Fitzmaurice*, Discovery, Conquest, and Occupation, 2012, S. 841 ff.

74 *Hébié*, Original Titles, 2018, S. 65 ff., insb. 69 und 71 f.

75 *Fisch*, Europäische Expansion, 1984, S. 337 ff. und 497; vgl. auch *Fitzmaurice*, Discovery, Conquest, and Occupation, 2012, S. 843 ff.

Hätten sich Ansprüche auf große Gebiete aus deren bloßen Sichtung ergeben, hätte dies die Expansionsmöglichkeiten konkurrierender Mächte stark reduziert.[76] Beansprucht ein Staat, führte Johann Caspar Bluntschli in dieser Hinsicht aus, unermessliche, unbewohnte oder nur von Wilden bewohnte Länder und vermag er diese weder zu kultivieren noch zu regieren, laufe dies der Natur und Bestimmung des Menschengeschlechts zuwider und es werde sein Fortschritt verhindert, indem andere Nationen gehindert würden, sich anzusiedeln und zivilisierend einzurichten.[77] Territoriale Rechtstitel, so zumindest die Meinung im Schrifttum, mussten höheren Anforderungen genügen und bedurften denn auch mehr als bloß symbolischer Akte der Inbesitznahme.[78] Diese Überzeugung floss in die Doktrin der effektiven Okkupation ein. Die Entdeckung sollte dabei, wenn überhaupt, nur einen ersten Schritt darstellen.[79]

9.1.1.1.1.3 Okkupation

Die Okkupation bezeichnet die tatsächliche Inbesitznahme eines Gebiets, das sich durch eine als minderwertig qualifizierte Besiedelung – oder deren gänzliche Absenz – auszeichnet. Auch hier spielt mithin die Differenz zwischen dem Eigenen und dem Fremden eine zentrale Rolle. Im Rahmen der Okkupationstheorie wurde der religiös fundierte Weltherrschaftsanspruch des Christentums indes insofern abgelöst und säkularisiert, als das Zugriffsrecht nunmehr an den Zivilisationsbegriff anknüpfte.[80] Der Zivilisierungsstand bestimmte das Ausmaß der Souveränität. Je geringer letztere eingestuft wurde, desto eher war die Okkupation möglich.[81] Ohne Souveränität, so der Gedanke, sei das betreffende Gebiet herrenlos – eine res, ein territorium oder eine terra nullius[82]

76 *Fitzmaurice*, Discovery, Conquest, and Occupation, 2012, S. 843 und 846.

77 *Bluntschli*, Das moderne Völkerrecht, 1868, S. 167, der diesbezüglich auf England in Nordamerika und in Australien, Spanien und Portugal in Südamerika und die Niederlande auf den Inseln des Pazifiks verweist und weiter ausführt, dass nur die »wahrhafte und dauernde Besetzung [...] als wirkliche Occupation zu betrachten« sei (ibid.). Vgl. auch *Fitzmaurice*, Discovery, Conquest, and Occupation, 2012, S. 846.

78 *Hébié*, Original Titles, 2018, S. 79 ff.; *Fisch*, Europäische Expansion, 1984, S. 276.

79 So insb. *de Vattel*, Le Droit des Gens, 1758, Livre I, § 207 f.; vgl. auch *Fitzmaurice*, Discovery, Conquest, and Occupation, 2012, S. 844 ff.

80 Vgl. dazu bereits kritisch *Salomon*, Occupation, 1889, S. 193 ff.

81 *Fisch*, Europäische Expansion, 1984, S. 298 f.

82 Vgl. zu den Begrifflichkeiten *Fitzmaurice*, Discovery, Conquest, and Occupation, 2012, S. 856 ff., insb. 859; ausführlicher sodann *Fitzmaurice*, Sovereignty, Property and Empire, 2014, S. 256 ff.

– und daher frei okkupierbar.[83] Das Okkupationsrecht war folglich – je nach Formulierung – auf europäische Staaten oder zumindest auf jene Gemeinwesen beschränkt, deren Aufbau demjenigen europäischer Staaten entsprach.[84]

Umgekehrt waren gerade jene Gebiete, die keine territoriale Souveränität im Sinne der europäischen Nationalstaatlichkeit ausgebildet hatten und insofern auf personaler Souveränität basierten, Objekte der Okkupation.[85] Emer de Vattel beispielsweise stellte in dieser Hinsicht fest, dass nicht kultiviertes Land von anderen Staaten okkupiert werden dürfe.[86] Es liefe der Natur zuwider, so Vattel, wenn wilde Völker mehr Land beanspruchen könnten als sie selbst nutzten, während die europäischen Völker auf ihre Stammlande eingegrenzt blieben.[87] Während bei Vattel die Frage der Bewirtschaftung im Zentrum stand, konzentrierte sich der Diskurs später unmittelbar auf die Organisationsform der lokalen Gemeinschaften. John Westlake ging etwa davon aus, dass nur ein originärer Gebietserwerb in Frage komme, wenn keine Zivilisation, d. h. »a government under the protection of which [people of European race] may carry on the complex life to which they have been accustomed in their homes« vorhanden sei.[88] Auch wenn die Okkupationstheorie nicht ohne Kritik blieb[89] und der Gebietserwerb oftmals zusätzlich durch Verträge abgesichert wurde, wurde sie im Laufe der Zeit zur wichtigsten Rechtfertigungsstrategie der europäischen Expansion.[90]

83 *Nuzzo*, Construction of the Colonial Space, 2017, S. 274 f.

84 Vgl. *Fisch*, Europäische Expansion, 1984, S. 268 ff., 304 ff. und 490.

85 *Fitzmaurice*, Sovereignty, Property and Empire, 2014, S. 6 f., 239, 253 f., 280, 285 f. und 289 f.

86 *De Vattel*, Le Droit des Gens, 1758, Livre I, § 209, und etwas differenzierter Livre II, § 97, wonach unabhängige Familien, die keine politische Gemeinschaft bilden, zwar ohne deren Zustimmung nicht unterworfen werden dürfen, der von ihnen nicht fest bewohnte und kaum benutzte Landesteil aber okkupiert werden könne. Vgl. zum Argument der fehlenden Bewirtschaftung mit weiteren Hinweisen auch *Nuzzo*, Construction of the Colonial Space, 2017, S. 274 f.

87 *De Vattel*, Le Droit des Gens, 1758, Livre I, § 209.

88 *Westlake*, Principles, 1894, S. 141 f. und 144 f.

89 Vgl. etwa die Hinweise bei *Fitzmaurice*, Discovery, Conquest, and Occupation, 2012, S. 855 ff. und 860; sowie *Nuzzo*, Construction of the Colonial Space, 2017, S. 274.

90 *Fitzmaurice*, Discovery, Conquest, and Occupation, 2012, S. 852; vgl. zurückhaltender vor dem Hintergrund der Staatenpraxis *Hébié*, Original Titles, 2018, S. 78 und 84; *Alexandrowicz*, Partition of Africa, 2017, S. 256 f.

9.1.1.1.1.4 Eroberung

Eine weitere Figur im völkerrechtlichen Diskurs zur Legitimation der europäischen Expansion stellt die Eroberung dar. Als Eroberung sollte jener Zugriff gerechtfertigt sein, der in einer kriegerischen Reaktion auf die Verletzung von naturrechtlichen Positionen, etwa eines Rechts auf Handel oder eines Rechts auf Missionierung, bestand. Ungerechtfertigte Kriegshandlungen wurden demgegenüber nicht als geeignet betrachtet, Souveränitätsansprüche zu begründen.[91] Zwar äußerte sich die Lehre über die Jahrhunderte zunehmend skeptisch zum Vorschlag, die Eroberung als legitimen Rechtstitel zu betrachten.[92] Dennoch wurde davon ausgegangen, dass ein einst erobertes Gebiet im Laufe der Zeit – etwa durch Ersitzung oder durch das Stillschweigen der anderen Staaten – zu einer rechtmäßigen Besitzung werden konnte.[93] Zudem wurde hinsichtlich der westindischen Besitzungen Spaniens die Ansicht vertreten, dass die in der Zwischenzeit erfolgte Christianisierung die Weiterführung der Herrschaft rechtfertige.[94] Der gewaltsame Gebietserwerb wurde damit im Nachhinein legalisiert, was die Rolle des Rechtsdiskurses für die Inklusion der Peripherie unterstreicht.

9.1.1.1.1.5 Kolonialverträge

Daneben – und oftmals in Verbindung mit den genannten einseitigen Erwerbstiteln – bestanden vertragliche und damit formell auf Gegenseitigkeit beruhende Instrumente, um die Herrschaft in der Peripherie zu begründen. Es ist umstritten, inwiefern die europäische Expansion mit Verträgen rechtlich effektiv legitimiert wurde. In einer Reihe von Arbeiten hat insbesondere Charles Henry Alexandrowicz die Vertragspraxis der europäischen Staaten in Asien und Afrika als völkerrechtliches Vorgehen analysiert.[95] Der IGH ging 1975 im Gutachten zu Westsahara davon aus,

91 *Hébié*, Derivative Titles, 2018, S. 107.

92 *Fitzmaurice*, Discovery, Conquest, and Occupation, 2012, S. 847 ff.; *Hébié*, Derivative Titles, 2018, S. 112 f.; vgl. auch *Fisch*, Europäische Expansion, 1984, S. 14, 485 f. und 490, wonach das Eroberungsrecht außerhalb Amerikas wenig praktische Relevanz entwickelte. *Hébié*, Derivative Titles, 2018, S. 142, geht demgegenüber davon aus, dass die Eroberung neben der Zession über weite Strecken die einzige rechtswirksame Erwerbsform gewesen ist.

93 *Fitzmaurice*, Discovery, Conquest, and Occupation, 2012, S. 850 f.; *Hébié*, Derivative Titles, 2018, 113 ff.

94 *Hébié*, Derivative Titles, 2018, S. 106.

95 Vgl. insb. *Alexandrowicz*, Relations between European and South Asian Powers, 1960; *Alexandrowicz*, Law of Nations in the East Indies, 1967;

dass die Staatenpraxis im Allgemeinen und Spaniens Vorgehen bezüglich Westsahara im Besonderen die Überzeugung zum Ausdruck bringe, dass Gebiete, deren Bevölkerung sozial und politisch organisiert waren, nicht durch Okkupation, sondern Zessionsverträge erworben worden seien.[96] Ebenfalls mit Blick auf die weitverbreitete Staatenpraxis, Verträge mit Indigenen zu schließen, geht etwa Mamadou Hébié davon aus, dass der derivative Gebietserwerb über weite Strecken die bedeutendere Grundlage der kolonialen Expansion darstellte als originäre Erwerbstitel.[97] Demgegenüber weisen andere Stimmen darauf hin, dass der Abschluss von Verträgen zwar gegenüber einem unilateralen Vorgehen bevorzugt wurde, dies aber keineswegs die rechtliche Überzeugung zum Ausdruck brachte, dass derartiges Handeln völkerrechtlich wirksam sei.[98] Die Anerkennung eines rechtlich verbindlichen Vertrages hätte denn auch das Eingeständnis vorausgesetzt, dass zwei souveräne und formal gleichberechtigte Parteien beteiligt sind, was weitverbreiteten Überzeugungen widersprach.[99] Zudem stellte die Annahme, es handle sich um (teilweise) souveräne Völker, die Okkupation als Erwerbstitel fundamental in Frage, setzte diese doch gerade die Abwesenheit von Souveränität voraus.[100] Letztlich waren die europäischen Staaten jeweils dann bereit, die Souveränität der anderen Partei oder zumindest deren Kompetenz, Rechte abzutreten, anzuerkennen, wenn sie selbst davon profitierten und ihre territorialen Ansprüchen damit untermauern konnten.[101] Entsprechend wurde Wert darauf gelegt, dass in den Verträgen die Unabhängigkeit und Souveränität der nichteuropäischen Vertragspartei explizit festgehalten wurde.[102]

Alexandrowicz, Afro-Asian World, 1968; *Alexandrowicz*, European-African Confrontation, 1973; sowie verschiedene kürzere, in *Armitage/Pitts* (Hrsg.), The Law of Nations in Global History, 2017, abgedruckte Beiträge.

96 IGH, Western Sahara 1975, S. 80 ff., wobei die Rechtsnatur und die Rechtswirkung von Verträgen zwischen einem europäischen Staat und lokalen Herrschern offengelassen wurde.

97 *Hébié*, Derivative Titles, 2018, insb. S. 142 ff.; ferner *Hébié*, Original Titles, 2018, S. 85 f.; vgl. auch *Alexandrowicz*, Partition of Africa, 2017, S. 243, 245 und 256 f.; *Shaw*, Title to Territory, 1986, S. 33, 37 und 45.

98 *Kämmerer*, Colonialism, 2018, Rz. 13 f.; *Anghie*, Imperialism, 2005, S. 80; *Nuzzo*, Construction of the Colonial Space, 2017, S. 281.

99 Vgl. *Anghie*, Imperialism, 2005, S. 71 sowie 75 ff. zu den Bemühungen der Lehre, die Vertragspraxis über einen abgestuften Souveränitätsbegriff, der an den Zivilisationsstand anknüpfte, rechtlich zu fundieren.

100 Vgl. hierzu ausführlich *Fisch*, Europäische Expansion, 1984, S. 334 ff.; *Koskenniemi*, Gentle Civilizer, 2001, S. 136 ff.; *Nuzzo*, Construction of the Colonial Space, 2017, S. 281.

101 *Anghie*, Imperialism, 2005, S. 78 f.; *Kämmerer*, Colonialism, 2018, Rz. 14 f.

102 *Alexandrowicz*, Partition of Africa, 2017, S. 241 ff.

Obschon Kolonialverträge formell auf Gegenseitigkeit beruhten, waren sie eingebettet in einen Kontext, der sich durch ein massives ökonomisches und militärisches Machtgefälle, eine ausgeprägte Gewaltbereitschaft und eine damit einhergehende Ungleichheit auszeichnete.[103] Zwar unterstellten die Kolonialmächte meistens, dass ihre eigenen Verträge auf einer freien und informierten Zustimmung beruhten.[104] Gleichwohl bestand die Überzeugung, dass Zwang nicht verboten und dessen Ausübung der Gültigkeit eines Vertrags keinen Abbruch tut.[105] Hinzu kommt, dass die – von europäischer Seite zugeschriebene – Bedeutung der Verträge den indigenen Vertragsparteien oftmals nicht bekannt war.[106]

Der Zugriff auf die Peripherie wurde aber nicht nur mit indigenen Parteien, sondern auch zwischen europäischen Staaten vertraglich geregelt. In bilateralen und multilateralen Abkommen und Friedensverträgen verfügten die Kolonialstaaten über das Außen, indem sie Einflusssphären definierten oder Gebiete direkt der Souveränität eines europäischen Staates zuwiesen.[107] Ein prominentes Beispiel eines solchen Vertrages stellt die Schlussakte der Berliner Kongokonferenz 1884 und 1885 dar.[108] Zwar wurden darin – abgesehen vom Freistaat Kongo – keine klaren Grenzen gezogen.[109] Die Schlussakte diente aber dazu, die Aufteilung Afrikas in geregelte Bahnen zu lenken, indem die Voraussetzungen des Gebietserwerbs definiert werden sollten.[110] Zudem ermächtigten sich die

103 *Anghie*, Imperialism, 2005, S. 72 ff. Vgl. zu den ungleichen Verträgen, die regelmäßig die Inklusion der Peripherie ohne Gebietserwerb sicherstellten, hinten in Kap. 9.1.1.1.2.1 bei Fn. 150 ff.

104 *Hébié*, Derivative Titles, 2018, S. 134.

105 *Hébié*, Derivative Titles, 2018, S. 135; *Anghie*, Imperialism, 2005, S. 72. Die Ausübung von politischem oder ökonomischem Zwang stellt indes bis heute kein völkerrechtswidriges Vorgehen dar und verstößt insb. nicht gegen die VRK. Vgl. dazu hinten in Kap. 9.1.1.1.2.1, Fn. 152; zudem *Kattan*, Persistence of partition, 2022, S. 11 ff. m. w. H.

106 *Kämmerer*, Colonialism, 2018, Rz. 14; vgl. auch *Anghie*, Imperialism, 2005, S. 74.

107 *Huppé*, Souveraineté européenne au Canada, 2009, S. 179 ff.; *Nuzzo*, Construction of the Colonial Space, 2017, S. 283 f.; *Kattan*, Persistence of partition, 2022, insb. S. 7; *Alexandrowicz*, Partition of Africa, 2017; *Fisch*, Europäische Expansion, 1984, S. 54 ff.; vgl. dazu zudem sogleich unten in Kap. 9.1.1.1.1.6 bei Fn. 124 ff.

108 Verfügbar unter <https://archiv.diplo.de/arc-de/das-politische-archiv/generalakte-2683776> (letztmals besucht am 18.01.2025).

109 *Reinhard*, Die Unterwerfung der Welt, 2020, S. 949.

110 Vgl. insb. Art. 34 f. zur Okkupation, die indes viele Fragen offenließen. Vgl. zum Ganzen auch *Anghie*, Imperialism, 2005, S. 92 ff.; *Fisch*, Europäische Expansion, 1984, S. 87 ff. und 106 ff.

europäischen Staaten gegenseitig, Protektoratsgebiete einseitig und entgegen des Wortlauts der jeweiligen Schutzverträge zu annektieren.[111] Ferner wurde sichergestellt, dass den Kolonialstaaten möglichst wenig Verantwortung für die jeweiligen Gebiete aufgebürdet würde.[112] Für die konkrete Grenzziehung wichtiger waren auch hier aber wiederum bilaterale Verträge, die im Nachgang an die Konferenz geschlossen wurden, um Interessenssphären der europäischen Mächte zu definieren.[113] Dieses Vorgehen lässt sich als früher Anwendungsfall internationaler Verfügungsgewalt bezeichnen, wie sie später im Rahmen der Völkerbundmandate sowie der Treuhandgebiete und selbst der Dekolonisierung ausgeübt werden sollte.[114] Zugleich knüpft die Vertragspraxis insofern an die päpstlichen Verleihungen und staatlichen Konzessionen an, als bereits damals über das Außen verfügt wurde und dergestalt ein Verfügungsrecht, mithin Souveränität über das Außen, gleichsam ex nihilo, beansprucht wurde.[115] Völkerrechtliche Verträge schufen damit eine rechtliche Basis des Zugriffs aufs Außen.

9.1.1.1.1.6 Regionale Differenzen

Im Völkerrechtsdiskurs lässt sich insofern eine regionale Differenzierung feststellen, als das europäische Ausgreifen nach Amerika, Asien und Afrika im Rahmen unterschiedlicher Theorien erklärt wurde. In Amerika stützte sich die einseitige Inanspruchnahme namentlich auf den Erwerbstitel der Entdeckung und die Verleihung von Souveränitätsrechten durch den Papst.[116] Obwohl die europäischen Mächte und die nordamerikanischen Siedler*innen mit den indigenen Gemeinschaften Verträge über den Gebietserwerb schlossen und diesen damit faktisch eine gewisse Souveränität einräumten, galt der amerikanische Kontinent theoretisch als

111 *Alexandrowicz*, Partition of Africa, 2017, S. 250 f.; vgl. auch *Lindley*, Acquisition and Government, 1926, S. 186 f.

112 *Koskenniemi*, Gentle Civilizer, 2001, S. 126, der in diesem Aspekt den wichtigsten Beitrag der Schlussakte ausmacht; vgl. auch *Anghie*, Imperialism, 2005, S. 94.

113 *Koskenniemi*, Gentle Civilizer, 2001, S. 125; *Reinhard*, Die Unterwerfung der Welt, 2020, S. 949.

114 Vgl. zu den »international dispositive powers« *Crawford*, Creation of States, 2006, S. 503 ff. und 564 ff.; zur Dekolonisierung als Neuaufteilung *Kattan*, Persistence of partition, 2022, S. 9 ff.

115 Vgl. *Hébié*, Original Titles, 2018, S. 55, der die päpstlichen Verleihungen als »early version of international trusteeship« bezeichnet; *Huppé*, Souveraineté européenne au Canada, 2009, S. 180; *Kattan*, Persistence of partition, 2022, S. 5 ff.

116 *Fisch*, Europäische Expansion, 1984, S. 180, 476 f., 481 f., 484 und 497.

herrenlos. Er stand de jure bereits den Kolonialmächten zu und wurde ab einem gewissen Zeitpunkt unter diesen sowie den nachfolgenden unabhängigen Staaten Amerikas definitiv aufgeteilt.[117]

Innerhalb des in Asien bestehenden hierarchischen Beziehungssystems verbesserten die europäischen Staaten ihre eigene Position erst mit der Zeit und erhoben in der Regel keine Gebietsansprüche ohne vorangehenden Erwerbsakt.[118] Letzteres geschah im Rahmen von Eroberungen oder Zessionen.[119] Da die Souveränität der asiatischen Gemeinwesen zumindest teilweise anerkannt wurde, spielte die Okkupation als Rechtfertigung der Expansion europäischer Hoheit keine Rolle.[120] Ohnehin strebten die europäischen Staaten in Asien zunächst kaum nach territorialer Expansion. Vielmehr waren sie am Fernhandel interessiert.[121] Der Zugriff auf asiatische Gebiete erfolgte aus diesen Gründen denn auch vermehrt über die Konsularjurisdiktion, worauf nachfolgend noch einzugehen sein wird. Mit der Zeit nahmen indes gerade die Niederlande und Großbritannien insofern eine Sonderstellung im Rechtsverkehr mit asiatischen Gemeinwesen ein, als ihre Beziehungen einseitig geprägt waren und die Befehlsgewalt faktisch diesen beiden Kolonialmächten zukam.[122]

Die europäische Expansion in Afrika setzte erst im 19. Jahrhundert verstärkt ein.[123] Dabei unterstellte die Theorie und die innereuropäische Praxis, dass der afrikanische Kontinent herrenlos und folglich okkupierbar sei.[124] Gestützt darauf verfügten die europäischen Mächte untereinander über Afrika, was insbesondere in der zuvor bereits erwähnten Kongoakte von 1885 und in weiteren Verträgen zum Ausdruck kam, mittels derer der Kontinent in Interessensphären aufgeteilt wurde.[125] Die Schlussakte der Berliner Kongokonferenz von 1884 und 1885 definierte die Okkupation als reguläre Form des Gebietserwerbs in Afrika. Die praktische Relevanz der Okkupation war in der Folge aber gering. Die Aufteilung zwischen den europäischen Mächten erfolgte regelmäßig

117 *Fisch*, Europäische Expansion, 1984, S. 40 ff. und 385 ff., insb. 387, sowie 391, 476 f. und 481.

118 *Fisch*, Europäische Expansion, 1984, S. 37 ff., 476, 482 und 484.

119 *Fisch*, Europäische Expansion, 1984, S. 180, 476.

120 *Fisch*, Europäische Expansion, 1984, S. 476. Vgl. aber zur Position der USA im Palmas-Schiedsverfahren ibid., S. 444 f.; sowie *Bjorge*, Island of Palmas, 2017, S. 111 f.

121 *Fisch*, Europäische Expansion, 1984, S. 38.

122 *Fisch*, Europäische Expansion, 1984, S. 38.

123 *Reinhard*, Die Unterwerfung der Welt, 2020, S. 903 ff.; *Fisch*, Europäische Expansion, 1984, S. 477.

124 *Fisch*, Europäische Expansion, 1984, S. 477, 481 und 484.

125 *Fisch*, Europäische Expansion, 1984, S. 481; vgl. bereits im vorangehenden Kap. 9.1.1.1.1.5 bei Fn. 109 ff. zur Schlussakte der Kongokonferenz.

durch Verträge, die Einflusssphären definierten und Grenzen zogen.[126] Zudem ließ sich vor Ort ein reger Völkerrechtsverkehr beobachten.[127] In der Lehre wurde denn auch davon ausgegangen, dass die Okkupation durch Verträge zu ergänzen sei.[128] Insofern vermischte sich die Okkupationsdoktrin mit dem Institut der Schutzverträge.[129] Mit der zunehmenden Vormachtstellung der europäischen Mächte büsste der vertragliche Gebietserwerb auch hier an Bedeutung ein. Stattdessen erfolgte der Zugriff vermehrt in einseitiger Weise, womit die Praxis den theoretischen Standpunkt der europäischen Mächte in gewisser Hinsicht nachvollzog.[130]

9.1.1.1.2 Extraterritoriale Expansion

Mit der territorialen Expansion geht die Ausbreitung des Rechtssystems der Kolonialstaaten einher: Verleihungen, Konzessionen und Verträge zwischen den europäischen Staaten über das Außen zeigen dies exemplarisch. Aber auch die dogmatische Fundierung von originären Erwerbstiteln ist eine Anwendung des eigenen Rechts auf das Außen. Dies gilt auch für die Inkorporierung neuer Besitzungen in die metropolitane Staatsorganisation, selbst wenn dieser Vorgang in der Regel unvollständig blieb und insofern im Rahmen der Inklusion meist eine partielle Exklusion aufrechterhalten wurde.[131] Entsprechend der kolonialen Motivation erstreckte sich die Inklusion – gerade auch in rechtlicher Hinsicht – aber zumindest auf jene Bereiche, die den wirtschaftlichen Zugang sicherstellten: Das Kolonialrecht und damit die rechtliche Durchdringung der Peripherie im Zuge der territorialen Expansion sollte insbesondere die optimale Ausbeutung fremder Gebiete ermöglichen.[132]

Die Anwendung des eigenen Rechts auf das Außen stellt folglich einen wesentlichen Bestandteil der territorialen Expansion dar.[133] Ihr liegen mithin Formen der extraterritorialen Jurisdiktion zugrunde. Weder die

126 *Fisch*, Europäische Expansion, 1984, S. 90 f.; vgl. auch vorne in Kap. 9.1.1.1.5 bei Fn. 113.

127 *Fisch*, Europäische Expansion, 1984, S. 477 und 481. Vgl. hierzu auch die Feststellungen des IGH, Western Sahara 1975, Ziff. 81, zur spanischen Kolonisierung der Westsahara.

128 *Fitzmaurice*, Discovery, Conquest, and Occupation, 2012, S. 857 f.; *Nuzzo*, Construction of the Colonial Space, 2017, 281.

129 Vgl. *Fitzmaurice*, Discovery, Conquest, and Occupation, 2012, S. 858; *Fitzmaurice*, Sovereignty, Property and Empire, 2014, S. 286 f.; *Nuzzo*, Construction of the Colonial Space, 2017, S. 282 f.

130 Vgl. *Fisch*, Europäische Expansion, 1984, S. 477 und 497 f.

131 Vgl. hierzu etwa *Koskenniemi*, Colonial Laws, 2016, S. 273 f.

132 *Koskenniemi*, Colonial Laws, 2016, S. 251.

133 Vgl. auch *Huppé*, Souveraineté européenne au Canada, 2009, S. 193.

inkludierende Inanspruchnahme rechtlicher Hoheit außerhalb des eigenen Staatsgebiets noch das Ausgreifen auf die Peripherie im Allgemeinen erschöpfen sich indes in der territorialen Expansion. Die europäischen Staaten waren vielmehr darum bemüht, die Inklusion des Außens auch außerhalb der formellen Kolonisierung sicherzustellen. Folglich lässt sich die extraterritoriale Jurisdiktion, die Anwendung des eigenen Rechts im Außen, auch dann beobachten, wenn auf das Außen zugegriffen wurde, ohne dieses ins eigene Territorium zu inkludieren. Die Inklusion des Außens basiert mit anderen Worten nicht nur auf der territorialen Expansion des Nationalstaats, sondern auch auf seiner extraterritorialen Ausbreitung, die sich ebenfalls auf das Recht als Legitimationsressource abstützt und sich dem Recht als Medium der Expansion bedient.

Diese »Jurisdiktion ohne Territorium«[134] ist insofern als extraterritoriale Expansion zu bezeichnen, als Nationalstaaten in diesem Rahmen nicht ihr Territorium erweitern, sondern Hoheit gerade extraterritorial beanspruchen. Dies geschah und geschieht auf verschiedenen Wegen, auf die im Folgenden eingegangen wird: Im Rahmen der sogenannten Konsularjurisdiktion wurde das eigene Recht unmittelbar extraterritorial angewandt. Eine indirekte Form der Extraterritorialität stellt sodann die Herrschaftsausübung durch Private wie insbesondere Handelskompanien dar. Jurisdiktion ohne Territorium besteht überdies dann, wenn periphere Staaten als Protektorate, Mandats- oder Treuhandgebiete durch andere Staaten oder internationale Organisationen verwaltet werden. Bis heute bestehen Formen der extraterritorialen nationalstaatlichen Expansion fort, weshalb nachfolgend auch die gegenwärtige Extraterritorialität ein Augenmerk verdient.

9.1.1.1.2.1 Konsularjurisdiktion

Eine wichtige Form der rechtlichen Absicherung des Zugangs zur Peripherie stellte die Konsularjurisdiktion dar, also die unmittelbare Anwendung des eigenen Rechts auf eigene Staatsangehörige und deren Eigentum im extraterritorialen Raum.[135] Während heute das Wiener Übereinkommen über konsularische Beziehungen eine Schrumpfform der Konsularjurisdiktion verankert, war letztere lange Zeit eine weitverbreitete Technik der Absicherung und Begünstigung wirtschaftlicher Inklusion.[136] Indem Staaten das eigene Recht im Außen angewendet haben,

134 *Chimni*, Jurisdiction, 2022, S. 36.

135 *Miles*, The Origins of International Investment Law, 2013, S. 26; *Milanov*, L'Extraterritorialité avant la territorialisation, 2022, S. 163 ff.

136 Ein Zweck des gegenwärtigen Konsularrechts besteht zwar noch immer in der Entwicklung wirtschaftlicher Beziehungen (Art. 5 lit. b f. WÜK).

trugen sie zur Harmonisierung des Rechts bei und erleichterten damit den Fernhandel.[137]

Dabei basierte die Konsularjurisdiktion zunächst nicht zwingend auf ungleichen Machtverhältnissen.[138] Sie diente der Erleichterung von Handelsbeziehungen, indem Kaufleute ihrem eigenen Recht folgen konnten.[139] Eine eigenständige Gerichtsbarkeit zur Anwendung des eigenen Rechts an weit entfernten Orten drängte sich deshalb auf, weil lokale Institutionen, die für den Fernhandel erforderlich waren, fehlten oder stark variierten.[140] Die Entfaltung des eigenen Rechts war aber ebenso wenig unabhängig von öffentlicher – oder kirchlicher – Gewalt wie die heutige Schiedsgerichtsbarkeit.[141] Sowohl am Ursprungs- als auch am Zielort kaufmännischer Tätigkeiten war eine Zusammenarbeit mit der lokalen Herrschaft regelmäßig Voraussetzung grenzüberschreitender Handelsgeschäfte.[142] Nicht nur das Recht, eine eigene Gerichtsbarkeit zu betreiben, sondern auch Handelsmonopole mussten gewährt – oftmals erkauft oder erkämpft – werden.[143] An der Gewährung von Privilegien hatten

Allerdings ist das WÜK reziprok ausgestaltet und geht inhaltlich deutlich weniger weit. So ist bspw. die Wahrnehmung der konsularischen Aufgaben in zentralen Punkten nur im Rahmen des Landesrechts des jeweiligen Empfangsstaats zulässig (Art. 5 lit. f–j und m WÜK). Andere völkerrechtliche Institute führen zudem die inhaltliche Logik der Konsularjurisdiktion weiter; vgl. dazu hinten Kap. 9.1.1.1.3 und 9.1.1.2.2.

137 *Fidler*, Gentler System of Capitulations, 2000, S. 390 ff.; *Miles*, The Origins of International Investment Law, 2013, S. 26; *Nuzzo*, Construction of the Colonial Space, 2017, S. 267 und 271; *Chimni*, Jurisdiction, 2022, S. 43 f.

138 *Özsu*, Ottoman Empire, 2016, S. 129.

139 *Ogilvie*, Institutions and European Trade, 2011, S. 251 ff.; *Weindl*, Handelsverträge, 2008, Rz. 38 und 52; vgl. auch *Grewe*, Epochs of International Law, 2000, S. 150.

140 *Ogilvie*, Institutions and European Trade, 2011, S. 258, die hervorhebt, dass die erfolgreichsten Handelsorte jene waren, die auf eine öffentliche Gerichtsbarkeit setzten; *Kocka*, Geschichte des Kapitalismus, 2017, S. 33; *Weindl*, Handelsverträge, 2008, Rz. 38.

141 *Ogilvie*, Institutions and European Trade, 2011, S. 258 f. und 264; ferner *Kadens*, The Medieval Law Merchant, 2015, u. a. S. 282; *Hammel-Kiesow*, The Early Hanse, 2015, u. a. S. 31. Vgl. in diesem Zusammenhang auch Kap. 5.2.3; sowie die Hinweise in Kap. 9.1.2.2, Fn. 400 zur Rückbindung der Marktsphäre an die öffentliche Gewalt bzw. den Nationalstaat.

142 Die Hanse beispielsweise entwickelte sich denn auch von einer Gemeinschaft von Kaufleuten zu einem Zusammenschluss von Städten; vgl. *Hammel-Kiesow*, The Early Hanse, 2015, S. 53 ff.

143 Vgl. etwa zur Hanse, die sich stets auch unter Rückgriff auf militärische Macht Handelsprivilegien sicherte, so etwa in der Folge von Kriegen gegen Dänemark im Stralsunder Frieden von 1370, *Sarnowsky*, Golden Age, 2015, S. 74.

aber die Herrschenden vor Ort ebenfalls ein eigenes Interesse.[144] Diesen waren die Kaufleute denn auch oftmals subordiniert und das Privileg des eigenen Rechts wurde zunächst nicht als Souveränitätseingriff interpretiert.[145] So fand die Konsularjurisdiktion insbesondere Verbreitung im Osmanischen Reich.[146] Dieses integrierte die europäischen Kaufleute ab dem 15. Jahrhundert mittels sogenannter Kapitulationen in das bestehende pluralistische Rechtssystem, was eine gewisse rechtliche Autonomie und Selbstregulierung ermöglichte, sodass die Kaufleute entweder der Gerichtsbarkeit der Levant Company oder eines anderen Vertreters aus den eigenen Reihen unterstanden.[147] Überdies wurden den Kaufleuten ein Niederlassungsrecht und Steuerbefreiungen gewährt.[148] Erst in einem zweiten Schritt beanspruchten westliche Staaten, gleichsam unilateral, die Hoheit über ihre eigenen Bürger*innen und übten fortan extraterritoriale Jurisdiktion aus.[149]

Später bildete sich im Verhältnis zu weiteren Staaten der Semi-Peripherie mit den sogenannten ungleichen Verträgen ein eigentlicher Vertragstypus heraus, der die extraterritoriale Jurisdiktion, wie bereits im Verhältnis zum Osmanischen Reich, mit der Öffnung für den Handel und der Festlegung von Importzöllen kombinierte. Regelmäßig enthielten ungleiche Verträge auch die Meistbegünstigungsklausel, sodass allen europäischen Staaten der gleiche Marktzugang zu gewähren war. Zudem gewährten sie teilweise Konzessionen, Navigationsfreiheit und Schutz christlicher Missionar*innen.[150] Auf diese Weise öffneten ungleiche Verträge Staaten wie China, Japan und Siam für den Fernhandel mit

144 *Hammel-Kiesow*, The Early Hanse, 2015, S. 31, 35 und 49; *Weindl*, Handelsverträge, 2008, Rz. 37.

145 *Fisch*, Law as a Means, 1992, S. 22 f.; vgl. auch *Alexandrowicz*, Partition of Africa, 2017, S. 253 f. und 257; *Özsu*, Ottoman Empire, 2016, S. 129 f.

146 Vgl. etwa *Özsu*, Ottoman Empire, 2016. Selbstverwaltung, eigene Gerichtsbarkeiten und Konsularjurisdiktion waren aber, wie das Beispiel der Hanse zeigt, nicht auf Handelsbeziehungen mit Regionen außerhalb Europas beschränkt.

147 *Kayaoğlu*, Legal Imperialism, 2010, S. 41 f.

148 *Nuzzo*, Construction of the Colonial Space, 2017, S. 270; *Kayaoğlu*, Legal Imperialism, 2010, S. 45 und 171.

149 *Kayaoğlu*, Legal Imperialism, 2010, S. 42 f.; *Koskenniemi*, To the Uttermost Parts, 2021, S. 588 ff. u. a. zu den Privilegien, welche der Levant Company eingeräumt wurden. Vierzehn europäische Staaten übten auf diese Weise Jurisdiktion im Osmanischen Reich aus, wobei das System der Konsularjurisdiktion erst 1923 aufgehoben wurde (*Kayaoğlu*, Legal Imperialism, 2010, S. 1 und 3).

150 Vgl. zum Inhalt dieser Verträge m. w. H. *Craven*, Unequal Treaties, 2005, S. 343 f.

dem Westen.[151] Dabei erfolgte diese Öffnung und Gewährung von Privilegien stets einseitig zugunsten der westlichen Vertragspartei. Neben der fehlenden Reziprozität verweist die Qualifizierung als ungleich auf den Umstand, dass der eine Vertragsstaat zugunsten des anderen seine territoriale Souveränität einschränkt, sowie auf das oft durch Zwangslagen gekennzeichnete Zustandekommen.[152] Damit wandelte sich die Konsularjurisdiktion zu einem Rechtsinstitut des imperialen Zugriffs, obwohl es ursprünglich keinen deutlichen Bezug zur territorialen oder rechtlichen Expansion aufwies.[153] Auch im Verhältnis zum Osmanischen Reich, das die Konsularjurisdiktion zunächst einseitig gewährte, offenbarte sich spätestens im Zuge des Pariser Friedens von 1856, dass die Anwendung des eigenen Rechts in peripheren Staaten deren Souveränität beschränkt und auf ungleichen Machtverhältnissen beruht. So setzte der Pariser Frieden trotz Opposition des Osmanischen Reichs das System der Extraterritorialität, das inzwischen in Staatsverträgen verrechtlicht worden war, nicht außer Kraft.[154]

Die Konsularjurisdiktion stellt ein koloniales Instrument dar, das auch Staaten beanspruchten, die wie die Schweiz selbst keine Kolonien hatten.[155] Im Freundschaft- und Handelsvertrag vom 6. Februar 1864 hielten Japan und die Schweiz fest, dass sich Schweizer Bürger*innen in gewissen japanischen Städten und Meerhäfen niederlassen können, um Handel zu treiben (Art. 3).[156] Dabei wurden sämtliche Streitigkeiten, die die Person oder das Eigentum von Schweizer Staatsangehörigen untereinander betrafen »der Jurisdiktion der in Japan eingesetzten schweizerischen Behörde unterstellt« (Art. 5). Lediglich als klagende, nie jedoch als zivil- oder strafrechtlich beklagte Partei waren die Schweizer Bürger*innen fortan den »oft sehr willkürlichen Verfahren der asiatischen

151 *Craven*, Unequal Treaties, 2005, S. 343, 345 und 347; *Miles*, The Origins of International Investment Law, 2013, S. 25 und 27.

152 Vgl. *Craven*, Unequal Treaties, 2005, S. 350 ff.; *Fidler*, Gentler System of Capitulations, 2000, S. 397. Im gegenwärtigen Völkervertragsrecht sind diese Umstände nicht mehr geeignet, die Autorität und Legitimität von Verträgen in Frage zu stellen, weil Souveränität flexibel verstanden wird (ibid., S. 360), ökonomischer Zwang die Geltung nicht beeinträchtigt (ibid., S. 373 ff.) und Reziprozität keine Geltungsvoraussetzung darstellt (ibid., S. 378). Dadurch wird eine Kritik an ungleichen Verträgen erschwert und imperiale Kontinuitäten verdrängt (ibid. S. 381 f.). Vgl. ferner *Peters*, Unequal, 2018, Rz. 5.

153 Vgl. *Fisch*, Law as a Means, 1992, S. 22 f.; *Milanov*, L'Extraterritorialité avant la territorialisation, 2022, S. 151 ff.

154 *Nuzzo*, Construction of the Colonial Space, 2017, S. 269 ff.

155 Vgl. dazu auch hinten Kap. 9.1.1.2.1.1, Fn. 279.

156 Freundschafts- und Handelsvertrag zwischen dem Schweizerischen Bundesrate und Seiner Majestät dem Taïkun von Japan, 06.02.1864, BBl 1864 II 209.

Behörden in Gerichtssachen […] ausgesetzt«.[157] Auch dieser Vertrag war – trotz der Anrufung wechselseitiger Vorteile in der Präambel – keineswegs reziprok. Der Bundesrat hielt in der Botschaft denn auch unumwunden fest, dass der Schweiz durch den Vertrag »mehr gegeben wird, als wir unsererseits zugestehen, indem uns für die von Japan zugesicherten Begünstigungen keine Gegenleistungen von Belang verlangt werden«, weshalb er darauf schloss, dass die »Verzichtleistung auf Reziprozität […] den Hauptcharakterzug dieses Vertrages« bilde.[158] Der Vertragsschluss, den »die japanische Regierung immer wieder in die Ferne zu rücken suchte«,[159] kam nur unter Druck zustande, zu deren Ausübung die Schweiz auf Unterstützung einflussreicher europäischer Staaten und insbesondere der Niederlande angewiesen war.[160] Dieses Zusammenwirken westlicher Staaten zeigt denn auch, dass das System der Konsularjurisdiktion zwar auf bilateralen Verträgen basierte, aber im Wesentlichen einen multilateralen Charakter hatte.[161]

Die Konsularjurisdiktion stellte mithin ein wichtiges Element in den Bemühungen westlicher Staaten dar, Handelshindernisse zu beseitigen und einen globalen Raum wirtschaftlichen Austausches zu schaffen. Indem die Angehörigen europäischer Staaten dem Zugriff des Territorialstaats entzogen wurden, wurden sie gleichsam entterritorialisiert.[162] Es entstanden eigentliche Enklaven im Interesse der wirtschaftlichen Erschließung, weshalb in dieser Praxis denn auch eine Vorläuferin des Investitionsschutzrechts zu erkennen ist.[163] Die extraterritoriale Expansion mittels Konsularjurisdiktion wurde dabei stets von einem orientalistischen

157 *Bundesrat*, Botschaft Handelsvertrag mit Japan, 27.06.1864, S. 203. Vgl. für die in diesem Sinne geteilte Jurisdiktion in zivilrechtlichen Sachen Art. 5 Abs. 2 und 3 sowie für die strafrechtliche Kompetenz Art. 6. Auch Widerhandlungen gegen den Handelsvertrag selbst waren der Schweizer Konsularbehörde unterstellt, die allfällige Bußgelder der japanischen Regierung abzugeben hatte (Art. 7).

158 *Bundesrat*, Botschaft Handelsvertrag mit Japan, 27.06.1864, S. 200. Eine vollständige Reziprozität wäre für die Schweiz bereits verfassungsrechtlich ausgeschlossen gewesen, weil Art. 41 BV die Niederlassung von Nicht-Christen ausgeschlossen hatte.

159 *Bundesrat*, Botschaft Handelsvertrag mit Japan, 27.06.1864, S. 203.

160 Vgl. *Bundesrat*, Botschaft Handelsvertrag mit Japan, 27.06.1864, S. 199; *Reinfried*, Japan, 2012, S. 2.

161 Vgl. *Fidler*, Gentler System of Capitulations, 2000, S. 396 f.

162 *Nuzzo*, Construction of the Colonial Space, 2017, S. 271.

163 *Sornarajah*, The International Law on Foreign Investment, 2021, S. 28; *Miles*, The Origins of International Investment Law, 2013, S. 25 ff.; *Alter*, From colonial to multilateral, 2021, S. 41 f. Eine andere Parallele, nämlich zu Strukturanpassungsprogrammen, zieht *Fidler*, Gentler System of Capitulations, 2000, insb. S. 406 ff.

Diskurs begleitet und legitimiert: Zwar wurden Staaten wie China oder Japan nicht als gänzlich barbarisch qualifiziert oder die Souveränität vollständig abgesprochen, wie dies gegenüber anderen Gebieten getan wurde, was sich auch darin äußerte, dass Konsularjurisdiktion teilweise auch unilateral, ohne vertragliche Grundlage ausgeübt wurde[164]. Die Staaten der Semi-Peripherie wurden jedoch als lediglich »halb-zivilisiert« betrachtet, was sich insbesondere in einem mangelhaften Rechtswesen ausgedrückt haben soll. Um europäische Handelsleute vor »unmenschlichem« Recht oder religiösem Fanatismus zu bewahren, sei eine Konsularjurisdiktion erforderlich.[165] Auch hier zeigt sich folglich, dass Differenzierung und Herabsetzung der Anderen mit der Marktexpansion eng verknüpft war.

9.1.1.1.2.2 Schutzgebiete, Mandate und Treuhandgebiet

Eine weitere Form des Zugriffs und seiner rechtlichen Legitimation stellen Protektorate oder Schutzgebiete dar. Strebte ein Kolonialstaat nicht nach vollständiger Kontrolle, was durchaus mit Nachteilen wie etwa größerer Verantwortung einhergehen konnte, und war zugleich eine bloße Okkupation nicht möglich oder zumindest rechtlich nicht vertretbar, stellten Protektorate eine willkommene Inklusionsstrategie dar.[166] Obschon sie regelmäßig auf Verträgen basierten, wurden Protektorate teilweise durch bloße unilaterale Proklamation begründet, wenn dem betroffenen Gebiet bzw. der jeweiligen Gemeinschaft jegliche Verfügungsfähigkeit abgesprochen wurde.[167]

Der Begriff des Protektorats verweist darauf, dass sich ein Gebiet unter den Schutz einer Kolonialmacht begibt, damit letztere seine Interessen in geopolitischen Konflikten wahrt.[168] Entsprechend trennte das Protektorat – indes nur theoretisch – die äußere von der inneren Souveränität und übertrug erstere dem europäischen Staat. Tatsächlich wurde aber regelmäßig auch in innere Angelegenheiten eingegriffen, indem unter anderem Konsularjurisdiktion ausgeübt wurde.[169] Zwischen bloß

164 *Heathcote*, Models and Methods of Western Colonisation, 2022, S. 65 f. und 68.

165 Vgl. *Mérignhac*, Traité de droit public international, 1907, S. 68 und 98; *Peters*, Unequal, 2018, Rz. 24; sowie bereits in Kap. 9.1.1.1.2.1 bei Fn. 157 zur Haltung der Schweizer Behörden zur japanischen Justiz.

166 *Nuzzo*, Construction of the Colonial Space, 2017, S. 282 f.

167 *Heathcote*, Models and Methods of Western Colonisation, 2022, S. 66 und 78.

168 *Alexandrowicz*, European-African Confrontation, 1973, S. 62.

169 *Alexandrowicz*, Partition of Africa, 2017, S. 244 und 253 ff.; *Heathcote*, Models and Methods of Western Colonisation, 2022, 79; *Anghie*, Imperialism, 2005, S. 87 f.; *Crawford*, Creation of States, 2006, S. 287.

punktueller Vertretung in auswärtigen Angelegenheiten und einer weitreichenden Aufhebung innerer Souveränität, die zu einer de facto Kolonisierung führte, bestanden unzählige Formen des Protektorats.[170] Die vollständige Übertragung der Souveränität war damit aber insofern nicht verbunden, als das Gebiet nicht formeller Teil des Territoriums des europäischen Staates wurde.[171] Gleichwohl stellten Protektorate oft Zwischenschritte hin zum Souveränitätserwerb dar und dienten auch dazu, anderen Kolonialmächten gegenüber weitergehende Rechtsansprüche zu signalisieren.[172] Obwohl die rechtliche Verbindlichkeit von den europäischen Staaten – soweit ihre eigenen Pflichten betroffen waren – in Abrede gestellt wurde, griffen sie denn auch häufig auf dieses Instrument zurück, um eine Okkupation zu belegen bzw. vorzunehmen.[173] Zu diesem Zweck waren Protektorate insbesondere in Afrika weitverbreitet, wo die europäischen Staaten tausende derartige Verträge abschlossen.[174] Aber auch in Asien und namentlich in Indien bestanden zeitweise Protektorate.[175] Schließlich kontrollierte Großbritannien einen Großteil des Gebiets am Persischen Golf als »protected states«.[176]

Der Umstand, dass formell keine Souveränität erworben wurde, ging mit dem Vorteil einher, keine Verantwortung für die Verhältnisse vor Ort und die beträchtlichen Kosten einer umfassenden Kolonialverwaltung nicht tragen zu müssen.[177] So erlaubte das Institut des

170 Es werden denn, je nach Ausprägung, auch das koloniale vom internationalen Protektorat und vom »protected state« unterschieden. Letzterer büße seine Unabhängigkeit nicht ein, weil er eine gewisse Kontrolle selbst über seine äußeren Angelegenheiten bewahre. Vgl. hierzu *Crawford*, Creation of States, 2006, S. 286 ff.; ferner *Hammoudi*, International Law of Informal Empire, 2020, S. 130 ff.; *Heathcote*, Models and Methods of Western Colonisation, 2022, S. 80.

171 *Heathcote*, Models and Methods of Western Colonisation, 2022, S. 78. Nach deutscher Sicht begründeten Schutzverträge indes die Inkorporation in die Völkerrechtspersönlichkeit des Deutschen Reiches, womit ein weitergehendes Verständnis vertreten wurde, als dies andernorts üblich war. Vgl. *Kämmerer*, Colonialism, 2018, Rz. 17.

172 *Lindley*, Acquisition and Government, 1926, S. 182 und 186; *Alexandrowicz*, Partition of Africa, 2017, S. 250 f.; *Heathcote*, Models and Methods of Western Colonisation, 2022, S. 78.

173 *Fisch*, Terra nullius, 1988, S. 366 f.

174 *Hammoudi*, International Law of Informal Empire, 2020, S. 130.

175 *Hammoudi*, International Law of Informal Empire, 2020, S. 129; *Heathcote*, Models and Methods of Western Colonisation, 2022, S. 75 ff.

176 *Hammoudi*, International Law of Informal Empire, 2020, S. 132 f. Betroffen waren Kuwait, Bahrain, Katar, die »trucial states« (also die heutigen Vereinigten Arabischen Emirate), sowie mit einer besonderen Stellung Oman.

177 *Anghie*, Imperialism, 2005, S. 88 f. und 90; *Heathcote*, Models and Methods of Western Colonisation, 2022, S. 66 und 80; *Crawford*, Creation of

Protektorats etwa Großbritannien, in Betschuanaland, dem heutigen Botswana, die Sklaverei aufrechtzuerhalten, nachdem diese offiziell abgeschafft worden war.[178] Protektorate machen mithin deutlich, dass im Zuge der kolonialen Expansion oftmals ein Zugriff ohne Verantwortung angestrebt wurde. Dieses Vorgehen zeichnete denn auch den informellen bzw. Freihandelsimperialismus aus, wie ihn gerade das britische Reich verfolgte.[179] Dabei diente der Zugriff ohne Verantwortung sowohl der wirtschaftlichen Inklusion als auch der geopolitischen Absicherung des eigenen Einflussgebiets im Wettstreit zwischen den imperialen Staaten.[180] Schließlich zeigt der Umgang mit Souveränität im Außen, in welchem Ausmaß die Staaten bereit waren, zentralen völkerrechtlichen Ideen ein flexibles Verständnis zugrunde zu legen, wenn es ihren Interessen diente.[181]

Mit den Mandats- und Treuhandgebieten wurden im Völkerbund und in der UNO Formen des extraterritorialen Zugriffs internationalisiert, die Ähnlichkeiten zu den Protektoraten aufgewiesen haben und ebenfalls als Ausdruck von Inklusionsbemühungen zu betrachten sind.[182] Im Nachgang an den ersten Weltkrieg wurden die Kolonien Deutschlands sowie einige Gebiete des Osmanischen Reiches an den Völkerbund übertragen, wobei die Verwaltung den Siegermächten zukam.[183] So wurde etwa der Irak dazu verpflichtet, sein Rechtssystem entsprechend den britischen Vorstellungen zu reformieren.[184] Zudem wurden mit Blick auf den Wegfall der Immunitäten und Privilegien, die zuvor im Osmanischen Reich anwendbar waren,[185] für ausländische Staatsangehörige,

States, 2006, S. 286; *Hammoudi*, International Law of Informal Empire, 2020, S. 135.

178 *Koskenniemi*, Gentle Civilizer, 2001, S. 124 f.

179 *Gallagher/Robinson*, The Imperialism of Free Trade, 1953, S. 13; *Anghie*, Imperialism, 2005, S. 90; *Heathcote*, Models and Methods of Western Colonisation, 2022, S. 65 f. und 80.

180 *Hammoudi*, International Law of Informal Empire, 2020, insb. S. 135, 139 und 150.

181 *Anghie*, Imperialism, 2005, S. 89.

182 Vgl. *Chimni*, Jurisdiction, 2022, S. 36 und 47.

183 Teile des Osmanischen Reichs sowie die Kolonien Deutschlands wurden im Nachgang an den 1. Weltkrieg als Mandat in die Obhut verschiedener Siegerstaaten gelegt. Vgl. dazu Art. 22 Völkerbundsvertrag.

184 *Tzouvala*, Capitalism as Civilisation, 2020, S. 100. Der Irak wurde als sog. A-Mandat Großbritannien unterstellt. Das Verhältnis zwischen den beiden Staaten wurde in vier konsekutiven bilateralen Verträgen geregelt.

185 Art. 28 Traité de Paix, signé à Lausanne le 24 Juillet 1923: »Les Hautes Parties contractantes déclarent accepter chacune en ce qui la concerne, l'abolition complète des Capitulations en Turquie à tous les points de vue.«

Unternehmen sowie religiöse und humanitäre Organisationen weitgehende Sonderbestimmungen vorgesehen.[186] Sowohl in zivil- als auch strafrechtlichen Angelegenheiten mussten britische Rechtsexperten zugezogen und soweit »customary by international usage« ausländisches Recht angewendet werden.[187] Im Moment also, als die Konsularjurisdiktion gegenüber der Türkei aufgehoben wurde, wurden vergleichbare Zugriffe auf ehemalige Gebiete des Osmanischen Reichs fortgesetzt. Überdies wurde im Völkerbundsvertrag explizit das Prinzip der Offenen Tür verankert.[188] Während auch diese Form der Inklusion als Regelung im Interesse der Mandatsbevölkerung – als geheiligte Aufgabe der Zivilisation – verteidigt wurde,[189] war bereits damals ersichtlich, dass die wirtschaftliche Öffnung die Völkerbundsmitglieder begünstigen sollte.[190]

9.1.1.1.2.3 Fremdenrechtlicher Eigentumsschutz

Die Entterritorialisierung eigener Staatsangehöriger im Außen, welche die Konsularjurisdiktion bewirkte, fand ab dem 19. Jahrhundert auch gestützt auf die Behauptung universeller Mindeststandards der Behandlung fremder Staatsangehöriger statt.[191] Das völkergewohnheitsrechtliche Fremdenrecht ist mit Blick auf dessen Durchsetzungsmechanismus auch als diplomatischer Schutz bekannt.[192] Es verbietet Staaten namentlich, Angehörige anderer Staaten willkürlich und entschädigungslos zu enteignen oder das Eigentum enteignungsgleich zu

186 Art. 9 Treaty of Alliance between Great Britain and Irak, 10.10.1922 (Treaty Series 017/1925 Cmd. 2370, <https://treaties.fcdo.gov.uk/awweb/awarchive?item=64124> [zuletzt besucht 18.01.2025]).

187 Art. 2 und 4 Judicial Agreement made under Article 9 of the Treaty of Alliance between Great Britain and Irak, 25.03.1924 (Treaty Series 017/1925 Cmd. 2370, <https://treaties.fcdo.gov.uk/awweb/awarchive?item=64124> [zuletzt besucht 18.01.2025]).

188 Vgl. Art. 22 Völkerbundsvertrag. Der Völkerbundsvertrag sah den glechberechtigten Marktzugang für die Völkerbundsstaaten nur für die B-Mandate vor. Die Mandatssatzungen erstreckten diese »open door policy« dann auch auf A-Mandate. Vgl. etwa Art. 18 des Mandats für Palästina (wiedergegeben in UN-Doc. A/292, 18.04.1947, <https://docs.un.org/en/A/292> [zuletzt besucht am 17.01.2025]).

189 Vgl. Art. 22 Völkerbundsvertrag; IGH, South-West Africa 1950, S. 132.

190 *Abendroth*, B- und C-Mandate, 1936, S. 119.

191 Vgl. *Crawford*, Brownlie's Principles, 2019, S. 595 f.; *Miles*, The Origins of International Investment Law, 2013, S. 47; *Linarelli/Salomon/Sornarajah*, Misery, 2018, S. 159 f.

192 Vgl. dazu allgemein etwa *Kind*, Der diplomatische Schutz, 2014.

beschränken.[193] Zudem ist ein diskriminierungsfreier Zugang zu staatlichen Gerichten zu gewähren.[194] Damit entzieht das Fremdenrecht das Eigentum ausländischer Staatsangehöriger dem Zugriff durch die lokalen Institutionen und sichert grenzüberschreitende Wirtschaftsbeziehungen ab.

Als Mittel der extraterritorialen Expansion erweist sich das Fremdenrecht aber nicht nur, weil es den Zugriff aufs Außen schützt. Als gewohnheitsrechtliches Postulat beansprucht das Fremdenrecht nämlich universelle Geltung, obwohl es einem partikularen, der wirtschaftlichen Expansion verpflichteten Rechtsverständnis entspringt und die Anliegen des Kapitals und der kapitalexportierenden Staaten höher gewichtet als die Interessen der Gaststaaten.[195] Zudem liegt insofern eine staatliche Expansion vor, als die Verletzung eines Mindeststandards den Herkunftsstaat einer ausländischen Person trifft, während das betroffene Individuum nur mittelbar tangiert wird. Im Rahmen des diplomatischen Schutzes ist es denn auch der Herkunftsstaat, der auf eine Verletzung reagieren darf.[196] Damit dehnten Staaten im Gleichschritt mit den grenzüberschreitenden Aktivitäten ihrer Staatsangehörigen die Sphäre ihres völkerrechtlich legitimierten Einflusses aus. Die entsprechende – auch militärische – Interventionspraxis war insbesondere in informell imperialen Beziehungen von Bedeutung, wo das Wirtschaften der eigenen Staatsangehörigen nicht im Rahmen des kolonialen Rechtssystems abgesichert werden konnte.[197]

Vor dem Hintergrund, dass der fremdenrechtliche Eigentumsschutz Interventionen kapitalexportierender Staaten legitimierte, überrascht es kaum, dass gerade Schwellenländer derartige Mindeststandards kritisierten. Insbesondere lateinamerikanische Staaten postulierten, ausländische Staatsangehörige seien landesrechtlichen Regeln zu unterstellen.[198] Diese als Calvo-Doktrin bekannte Position vermochte sich aber gegen den Widerstand westlicher Staaten, der sich sowohl auf rechtlicher als auch politischer und militärischer Ebene abspielte, nicht als Völkergewohnheitsrecht durchzusetzen.[199] Mit dem Scheitern der Havanna-Charta, die

193 *Ohler*, Schutz privaten Eigentums, 2006, S. 878; *Miles*, The Origins of International Investment Law, 2013, S. 48.

194 *Ohler*, Schutz privaten Eigentums, 2006, S. 879.

195 Vgl. *Miles*, The Origins of International Investment Law, 2013, u. a. S. 48, 56 und 69 f., die einen »dual process of assertion and creation« völkergewohnheitsrechtlicher Normen ausmacht.

196 *Miles*, The Origins of International Investment Law, 2013, S. 47 f.

197 *Sornarajah*, The International Law on Foreign Investment, 2021, S. 27 ff.; *Miles*, The Origins of International Investment Law, 2013, S. 55.

198 Vgl. etwa *Crawford*, Brownlie's Principles, 2019, S. 597.

199 *Miles*, The Origins of International Investment Law, 2013, S. 50 ff., insb. 69 f.; vgl. auch *Kau*, Völkerrechtssubjekte, 2019, Rz. 15 und 288.

zur Gründung der Internationalen Handelsorganisation geführt hätte, vermochte sich der Ansatz, Landesrecht auf ausländische Investitionen anzuwenden, ebenso wenig auf multilateraler Ebene durchzusetzen.[200]

9.1.1.1.2.4 Handelskompanien

Staatliche und private Initiativen der Inklusion waren oftmals eng verwoben. Das zeigt sich exemplarisch an den Handelskompanien, die als eigentliche public-private partnerships[201] sowohl den wirtschaftlichen als auch den territorialen Zugriff maßgeblich geprägt und begünstigt haben. Lindley bezeichnet die Kompanien denn auch als ein Mittel, »by which enormous areas have been brought under the dominion of the States under whose auspices they were created«.[202] Insofern lassen sich Handelskompanien auch als Form der extraterritorialen Jurisdiktion beschreiben.[203] Den Kompanien wurde das Recht eingeräumt, Souveränität über Gebiete zu erlangen oder es wurde ihnen direkt Souveränitätsrechte zugesprochen.[204] Die entsprechenden Rechtsakte – Charters, Patente, Konzessionen – glichen in dieser Hinsicht den päpstlichen Bullen.[205] Um die Tätigkeit der Handelskompanien zu fördern und angesichts der wirtschaftlichen Risiken überhaupt erst zu ermöglichen, erhielten sie zudem regelmäßig Handelsmonopole und andere Privilegien.[206] Im Rückblick stellte die Erschließung durch Kompanien sodann regelmäßig einen Zwischenschritt zur direkten Kontrolle und eigentlichen Kolonisierung dar.[207] Neben der Rückbindung an die öffentliche Gewalt und der Teilhabe daran im Außen ist aber der private Charakter der Handelskompanie ebenfalls bedeutsam. So gelang es ihnen insbesondere, umfassend Kapital für die europäische Expansion zu mobilisieren, sodass sie bis weit ins 19. Jahrhundert hinein ein wichtiges kolonialpolitisches Instrument blieben.[208]

200 *Alter*, From colonial to multilateral, 2021, S. 40.
201 *Koskenniemi*, Colonial Laws, 2016, S. 251, 264 und 271 f.
202 *Lindley*, Acquisition and Government, 1926, S. 91.
203 *Chimni*, Jurisdiction, 2022, S. 31 und 36.
204 *Anghie*, Imperialism, 2005, S. 68; *Huppé*, Souveraineté européenne au Canada, 2009, S. 167 ff.; *Alexandrowicz*, Partition of Africa, 2017, S. 244 und 250; *Reinhard*, Die Unterwerfung der Welt, 2020, S. 786.
205 Vgl. dazu auch vorne in Kap. 9.1.1.1.1.1 bei Fn. 72.
206 *Huppé*, Souveraineté européenne au Canada, 2009, insb. S. 161 und 178; *Koskenniemi*, To the Uttermost Parts, 2021, ca. S. 599 ff. und 764 f.; *Reinhard*, Die Unterwerfung der Welt, 2020, S. 185, 208 und 234; *Lindley*, Acquisition and Government, 1926, S. 91 ff.
207 *Anghie*, Imperialism, 2005, S. 69.
208 *Reinhard*, Die Unterwerfung der Welt, 2020, S. 188 und 205 f.

Handelskompanien spielten in Nordamerika, Afrika und insbesondere in Asien eine maßgebliche Rolle.[209] Die eindrücklichsten Beispiele stellen in dieser Hinsicht die niederländische und die britische Ostindienkompanien dar.[210] Letztere wurde anfangs des 17. Jahrhunderts gegründet und kontrollierte auf ihrem Höhepunkt den größten Teil des heutigen Indiens, Pakistans und Bangladeschs.[211] Vor Ort basierte die Hoheit der Kompanie zwar auf Privilegien, die der Mogul gewährte.[212] Dank militärischer Erfolge sowohl gegen indische Herrscher als auch europäische Konkurrenten erlangte die Ostindienkompanie aber eine dominante Stellung auf dem Subkontinent.[213] Gestützt auf zahlreiche Charters der britischen Könige übte die Ostindienkompanie legislative, judikative und exekutive Funktionen aus.[214] Nachdem Bemühungen, lokale Rechtsquellen zu erschließen, wenig erfolgreich waren, wurde westliches Recht nach Indien importiert, um die Eigentumsverhältnisse und Handelsbeziehungen zu stärken.[215] Großbritannien beanspruchte lange keine Souveränität über Indien, sodass die britische Herrschaft als eine Form informellen Imperialismus betrachtet werden kann.[216] Aus zeitgenössischer Sicht fand dabei nicht nur keine Expansion britischer Souveränität statt. Überhaupt lag keine zwischenstaatliche, mithin völkerrechtliche Beziehung vor.[217] Ab 1773 setzte indes eine verstärkte Kontrolle der Kompanie durch den britischen Staat ein.[218] Dieser Prozess, in dem die staatliche und die private Sphäre zunehmend noch stärker verschmolzen, mündete 1858 im Nachgang zum indischen Aufstand gegen die Kolonialherrschaft der Ostindienkompanie in der Übernahme der indischen Regierung durch die britische Krone und der Einsetzung eines Vizekönigs.[219] 1876 schließlich wurde Königin Victoria durch Beschluss des Parlaments des Vereinigten Königreichs offiziell zur »Empress of India« ernannt.[220]

209 Vgl. mit Blick auf Asien *Reinhard*, Die Unterwerfung der Welt, 2020, S. 233.

210 Vgl. *Lindley*, Acquisition and Government, 1926, S. 94; zur niederländischen Ostindienkompanie etwa *Reinhard*, Die Unterwerfung der Welt, 2020, S. 179 ff.; *Brandon*, Between Company and State, 2017.

211 *Kohli*, Imperialism and the Developing World, 2020, S. 37.

212 *Reinhard*, Die Unterwerfung der Welt, 2020, S. 273; *Koskenniemi*, To the Uttermost Parts, 2021, 767 f.

213 Vgl. *Reinhard*, Die Unterwerfung der Welt, 2020, S. 262 ff.

214 *Koskenniemi*, To the Uttermost Parts, 2021, S. 765 f.; *Roy*, British Rule, 2019, S. 40.

215 *Roy*, British Rule, 2019, S. 40.

216 Vgl. *Koskenniemi*, Gentle Civilizer, 2001, S. 110 ff.

217 *Koskenniemi*, Gentle Civilizer, 2001, S. 114 f. und 121.

218 *Reinhard*, Die Unterwerfung der Welt, 2020, S. 273, 281 und 786; *Grewe*, Epochs of International Law, 2000, S. 467.

219 *Reinhard*, Die Unterwerfung der Welt, 2020, S. 276 und 783.

220 *Cannon*, Royal Titles Act, 2015.

9.1.1.1.3 Expansive Kontinuitäten

Obschon Kolonien, Konsularjurisdiktion, Protektorate und andere Formen der Expansion inzwischen weitgehend der Vergangenheit angehören, besteht das Phänomen der nationalstaatlichen Expansion fort. Staaten üben weiterhin direkt oder indirekt Hoheit im Außen aus und bringen ihr eigenes Recht oder ihre eigenen Rechtsvorstellungen extraterritorial zur Geltung. Mit diesem rechtlichen Zugriff wird eine Rechtsharmonisierung bewirkt, die letztlich der wirtschaftlichen Erschließung dient. Vor dem Hintergrund dieser Kontinuität der Expansion erscheint denn auch die Beobachtung angebracht, dass die formelle Unabhängigkeit im Zuge der Dekolonisierung mit einer neuen Art von »mehr oder weniger kollektivem Imperialismus der führenden Mächte« einherging.[221]

Zunächst verfolgen Staaten weiterhin unilaterale Strategien, um auf das Außen zuzugreifen oder zumindest das eigene Rechtsdenken zur Anwendung zu bringen. Im Vordergrund stehen dabei Formen der extraterritorialen Jurisdiktion, während territoriale Expansionsbestrebungen nur selten zu beobachten sind. Zwar finden etwa Okkupationen – wenn auch in anderer Form als zur Zeit der kolonialen Unterwerfung der Welt – noch heute statt. Und sie werden weiterhin völkerrechtlich erfasst. So bestehen Regeln, um die de facto-Gewalt infolge einer kriegerischen Besetzung einzugrenzen.[222] Zudem bietet insbesondere das Recht auf Selbstverteidigung die Grundlage für Rechtfertigungsbemühungen seitens der Besatzungsmächte.[223] Wichtiger indes sind neue Formen der extraterritorialen Expansion. Namentlich amerikanische und europäische Behörden und Gerichte beanspruchen Hoheit über Sachverhalte im Ausland, die insbesondere der wirtschaftlichen oder militärischen Sphäre zuzuordnen sind.[224] So wird etwa im Zusammenhang mit der völkerrechtlichen Jurisdiktion ein Wirkungsprinzip angenommen, das ausgehend von den USA Verbreitung fand. Nach dieser »effects doctrine« sollen nationale Gerichte dann zuständig und es soll nationales Recht dann anzuwenden sein, wenn die fraglichen Handlungen einen Einfluss auf das Marktgeschehen im Inland

221 *Reinhard*, Geschichte des modernen Staates, 2007, S. 118 f.

222 *Bothe*, Friedenssicherung und Kriegsrecht, 2019, Rz. 82; vgl. zur Praxis der kriegerischen Besetzung seit dem 2. Weltkrieg etwa *Dinstein*, Belligerent Occupation, 2019, S. 10 ff.

223 Art. 51 UN-Charta; vgl. dazu *Bothe*, Friedenssicherung und Kriegsrecht, 2019, Rz. 19 sowie ff. zu weiteren Strategien zur Rechtfertigung von Gewalt.

224 *Kayaoğlu*, Legal Imperialism, 2010, S. 195 f.; *Chimni*, Jurisdiction, 2022, S. 45. Vgl. zur Immunisierung von militärischem Personal durch die USA *Kirs*, Bilateral Immunity Agreements, 2019.

haben.[225] Dieser Rechtsprechung ist der EuGH weitgehend gefolgt und sie findet in der Lehre zumindest grundsätzlich Anerkennung.[226] Insbesondere im Wettbewerbsrecht scheint sich dieses Anknüpfungskriterium weitgehend etabliert zu haben.[227] Auch die globale Finanzwirtschaft wird sodann weitreichend durch die USA und die EU reguliert, wobei etwa Bankdienstleistungen in US-Dollar als hinreichender Anknüpfungspunkt betrachtet werden.[228] Aufgrund der Bedeutung des europäischen Marktes und der Schwierigkeit, unternehmerische Tätigkeiten verschiedenen Standards anzupassen, setzen sich europäische Standards global durch.[229] Zwar besteht in solchen Konstellationen oft ein Bezug zum Territorium, weshalb Joanne Scott etwa vorgeschlagen hat, die Praxis der »territorial extension« von jener der Extraterritorialität zu unterscheiden.[230] Allerdings findet trotz territorialer Anknüpfung eine räumliche Erweiterung des Geltungsbereichs des europäischen Rechts statt. Dies hat eine rechtliche Gleichförmigkeit zur Folge und stellt eine unilaterale Regulierungsstrategie dar, die in gewisser Hinsicht eine Expansion des Nationalstaats bzw. der EU darstellt. Vor dem Hintergrund, dass regelmäßig territoriale Bezüge ins Feld geführt werden, beschreibt Nico Krisch denn auch eine Entgrenzung der Jurisdiktionspraxis unter dem Deckmantel der dogmatischen Kontinuität.[231]

Allerdings ist nicht nur die Regulierung und damit die Einhegung globaler Sachverhalte und insbesondere wirtschaftlicher Transaktionen als

225 *Buxbaum*, Extraterritoriality, 2022, S. 28 ff.; *Buxbaum*, Territory, 2009, S. 637 ff.; *Vučić*, Extraterritorial Regulation, 2022, S. 867 ff.; *Simma/Müller*, Jurisdiction, 2012, S. 140 f.

226 Vgl. *Simma/Müller*, Jurisdiction, 2012, S. 140 f.; *von Arnauld*, Völkerrecht, 2023, Rz. 352; *Buxbaum*, Extraterritoriality, 2022, S. 30; differenzierend *Scott*, Extraterritoriality and Territorial Extension, 2014, S. 95 f.; *Vučić*, Extraterritorial Regulation, 2022, S. 869 f., der zudem auf eine ähnliche, an der EU oder den USA orientierte Praxis in China, Indien, Japan, Singapur und Kanada hinweist.

227 *Peters/Petrig*, Völkerrecht, 2020, Kap. 3 Rz. 17.

228 *Buxbaum*, Extraterritoriality, 2022, S. 25; *Vučić*, Extraterritorial Regulation, 2022, S. 871 ff.; *Fleury Graff*, (Il)licéités et (dé)mesures de l'extraterritorialité, 2022, S. 93 ff.; *Krisch*, Jurisdiction Unbound, 2022, S. 491 f.; vgl. auch *Brummer*, Soft Law and the Global Financial System, 2015, der zwischen einer de facto-Internationalisierung nationaler Standards (S. 34 ff.) und direkter extraterritorialer Regulierung (S. 39 ff.) unterscheidet.

229 Vgl. *Bradford*, Brussels effect, 2020; *Ryngaert*, Territory, 2017, S. 67 f.; *Buxbaum*, Extraterritoriality, 2022, S. 27 f.

230 *Scott*, Extraterritoriality and Territorial Extension, 2014, wonach sich die EU vorwiegend der territorialen Erweiterung bediene, nur selten auf Extraterritorialität und »effects-based jurisdiction«, die sie als dritte Kategorie behandelt, zurückgreife (ibid., insb. S. 94 ff.).

231 *Krisch*, Jurisdiction Unbound, 2022, insb. S. 485, 498 und 512.

Expansion nationalen Rechts zu beschreiben. Wichtiger noch erscheint der Umstand, dass nationales Recht die globale Wirtschaft maßgeblich konstituiert. Dank völkerrechtlicher Verträge werden privatrechtliche Vereinbarungen, juristische Personen, Vermögenswerte und Schiedssprüche weltweit anerkannt und durchgesetzt.[232] Gestützt darauf hat sich namentlich das englische Recht und das Recht des Staates New York zur Grundlage des globalen Kapitalismus entwickelt.[233] Nationalstaatliches Recht, das ungehindert expandiert, stellt mithin das Rückgrat globaler Wirtschaftsbeziehungen dar.[234] Besonders ausgeprägt ist diese Form der extraterritorialen Einflussnahme, wenn Staaten Anleihen nach ausländischem Recht emittieren. Insbesondere für wirtschaftlich weniger stabile Staaten bestehen dahingehende Anreize.[235] In der Folge ist es möglich, dass wenige nationalstaatliche Jurisdiktionen zentrale Entscheidungen für die Regulierung von Staatsschulden und allfällige Umschuldungen treffen und gegebenenfalls auch über Rechtsstreitigkeiten befinden.[236] Letzteres droht etwa dann, wenn sogenannte Geierfonds (vulture funds) sich der Umschuldung widersetzen und auf eine Rückzahlung pochen, wobei die jeweiligen Gerichte in der Beurteilung dieser extraterritorialen Streitigkeiten den Vorbringen der betroffenen Staaten bislang relativ wenig Gewicht beimaßen.[237]

Gerade dort, wo Prozesse auf multilateraler Ebene ins Stocken geraten, bestehen Anreize, transnationale Sachverhalte unilateral durch eine extraterritoriale Regulierung zu erfassen.[238] Die expansive nationalstaatliche Jurisdiktion wird denn auch als notwendiges Übel betrachtet.[239] Dieser Sichtweise entgeht tendenziell aber, dass eine unilaterale extraterritoriale Regulierung nur für einflussreiche Staaten eine valable Option darstellt, die damit multilaterale Foren umgehen. Vor diesem Hintergrund bringen expansive unilaterale Rechtspraktiken die globalen Machtverhältnisse zum Ausdruck und lassen sich als imperiale Kontinuität beschreiben.[240]

232 Vgl. zum Internationalen Privatrecht etwa *Kren Kostkiewicz*, Schweizerisches Internationales Privatrecht, 2018.

233 *Pistor*, Code des Kapitals, 2020, insb. S. 26 f., 211 ff., 265, 278 und 283; *Günther/Randeria*, Globalisierung, 2001, S. 39.

234 Vgl. *Pistor*, Code des Kapitals, 2020, S. 41, 214 und 283.

235 Vgl. *Chamon/Schumacher/Trebesch*, Foreign-law bond, 2018.

236 Vgl. dazu *Schwarcz*, Sovereign Debt Restructuring, 2017.

237 Vgl. dazu etwa *Bohoslavsky/Goldmann*, Sovereign Debt Restructuring, 2016, S. 27 ff.

238 *Ryngaert*, Territory, 2017, S. 67; *Krisch*, Jurisdiction Unbound, 2022, S. 513; *Chimni*, Jurisdiction, 2022, S. 46 f.; vgl. auch *Knox*, Hegemony, 2019, S. 347 f.

239 *Vučić*, Extraterritorial Regulation, 2022, S. 899; vgl. ähnlich auch *Ryngaert*, Jurisdiction, 2015, S. 231.

240 *Chimni*, Jurisdiction, 2022, S. 37 f., 45, 49 f. und 54; *Krisch*, Jurisdiction Unbound, 2022, insb. S. 498, 504 f. und 512 f.; *Pistor*, Code des Kapitals,

Dabei lässt sich dem Völkerrecht keine klare Antwort auf die Frage entnehmen, ob moderne Formen der Extraterritorialität rechtmäßig sind.[241] Im Lotus-Entscheid führte der Ständige Internationale Gerichtshof 1927 indes aus: »Far from laying down a general prohibition to the effect that States may not extend the application of their laws and the jurisdiction of their courts to persons, property and acts outside their territory, [international law] leaves them in this respect a wide measure of discretion which is only limited in certain cases by prohibitive rules; as regards other cases, every State remains free to adopt the principles which it regards as best and most suitable.«[242] Damit wird den Staaten ein beträchtlicher Spielraum belassen, um extraterritoriale Sachverhalte rechtlich zu erfassen und ihre Interessen auf diesem Weg im Außen zur Geltung zu bringen.[243] Unilaterale Strategien der rechtlichen Expansion werden folglich kaum eingeschränkt oder dann lediglich mit dem Ziel, die Handelsfreiheit sicherzustellen.[244]

Die völkerrechtliche Lehre wiederum befasst sich in einseitiger Weise mit unilateralen Expansionsbestrebungen: Selbst wenn sie – wie etwa Nico Krisch dies tut – einen kritischen Ton annimmt, wird das Recht meist nur als das Regulierende und damit das potenziell oder zumindest der Zwecksetzung nach Einhegende begriffen.[245] Damit wird die Rolle des Rechts auf die Lösung von Problemen reduziert, die sich aus transnationalen Wirtschaftsprozessen ergeben. Letztere werden dabei jedoch selbst nicht als Folge rechtlicher Gestaltung begriffen, was die Existenz eines globalen Marktes naturalisiert und entpolitisiert. Inwiefern das Recht auch in dieser Hinsicht konstituierend wirkt, ergibt sich nicht

2020, S. 26, 211 f., 232 und 252 ff.; vgl. auch *Alter*, From colonial to multilateral, 2021, S. 14.

241 *Fleury Graff*, (Il)licéités et (dé)mesures de l'extraterritorialité, 2022, S. 75 ff. und 125.

242 StIGH, Lotus, S. 19. Anders als die hier angesprochene normative – d. h. legislative oder judikative – ist die exekutive Jurisdiktion zu beurteilen, denn, so der StGH, »the first and foremost restriction imposed by international law upon a State is that – failing the existence of a permissive rule to the contrary – it may not exercise its power in any form in the territory of another State« (ibid., S. 19). Darin ist die Verschleierung von Machtverhältnissen in anderen Jurisdiktionsformen bereits angelegt.

243 *Fleury Graff*, (Il)licéités et (dé)mesures de l'extraterritorialité, 2022, S. 76; vgl. auch *Assogba*, Outil de politique extérieure, 2022, S. 314.

244 Vgl. ISGH, Norstar 2019, insb. Ziff. 224 und 226, wonach der Flaggenstaat grundsätzliche exklusive Jurisdiktion genießt und die extraterritoriale Regulierung eines anderen Staats die Freiheit der Hohen See gemäss Art. 87 Abs. 1 UN-SRÜ verletzt; vgl. dazu *Fleury Graff*, (Il)licéités et (dé)mesures de l'extraterritorialité, 2022, S. 77 ff.

245 *Krisch*, Jurisdiction Unbound, 2022, insb. S. 484, 496 und 512.

nur aus der soeben erwähnten Anerkennung und Vollstreckung ausländischen Rechts. Die bisherigen Ausführungen zur territorialen und extraterritorialen Expansion des Nationalstaats – sowie die Erörterungen im ersten Teil der Arbeit[246] – legen ebenso nahe, dass die wirtschaftliche Erschließung der Welt stets auch auf dem Recht basierte. Mit dem Markt als globalem Inklusionsmechanismus, der maßgeblich durch das Recht getragen wird, wird sich sodann das nachfolgende Kapitel auseinandersetzen.

Neben unilateralen Strategien können schließlich auch bilaterale und multilaterale Normierungen als eine Expansion bestimmter Nationalstaaten betrachtet werden, die eine inkludierende Rechtsharmonisierung zur Folge haben. Völkervertragsrecht entsteht nicht losgelöst von globalen Hierarchien und bringt somit tendenziell das Rechtsverständnis und die Gestaltungsideale mächtiger Staaten und insbesondere des Globalen Nordens zum Ausdruck.[247] Multilateralismus geht regelmäßig mit einem Souveränitätsverlust einher, weil die unmittelbaren Gestaltungsmöglichkeiten eingeschränkt werden. Allerdings geht die Souveränitätserosion primär zu Lasten des Globalen Südens, dessen Partizipationsmöglichkeiten faktisch beschränkt sind und mitunter auch rechtlich zurückgebunden werden.[248] Diesbezüglich kann insbesondere auf das Welthandelsrecht und das zu weiten Teilen bilaterale Investitionsschutzrecht verwiesen werden.[249] Während vormals die Anwendung von oder die Drohung mit militärischer Gewalt oftmals Teil des Entstehungskontextes zwischenstaatlicher Vereinbarungen darstellte, kommt inzwischen

246 Vgl. insb. Kap. 5.2.3.

247 Vgl. *Alter*, From colonial to multilateral, 2021, S. 62; *Fitzpatrick*, Modernism, 2001, S. 202; *Pahuja*, Decolonising International Law, 2011, u. a. S. 2; *Orford*, Intervention, 2003, S. 118; *Anderson*, Non-market mechanisms, 2023, S. 30; *Gowan*, Neoliberal Cosmopolitanism, 2001; vgl. ferner *Shaikh*, Globalization and the myth of free trade, 2007, S. 50 ff.; sowie allgemein zur eurozentrischen Prägung des Rechtsdiskurses *Bönnemann/Pichl*, Postkoloniale Rechtstheorie, 2020, S. 359 und 364 f.

248 *Chimni*, Imperial Global State, 2004, S. 6 f. und 19 ff.; *Faundez*, Between Bandung and Doha, 2017, S. 507; *Kreuter-Kirchhof*, Wirtschaft und Kultur, 2019, Rz. 14.

249 *Chimni*, Jurisdiction, 2022, S. 45 f.; *Sassen*, Territory and Territoriality, 2000, S. 382, die namentlich IWF, Weltbank und GATT als Medien erwähnt, mittels derer eine spezifische Sichtweise verbreitet oder aufgezwungen wurde; *Schneiderman*, Alibis, 2022, S. 38 ff., der imperiale Kontinuitäten im investitionsschutzrechtlichen Diskurs hervorhebt; vgl. auch *Poulsen*, Bounded Rationality, 2015, der die Muster nachzeichnet, innerhalb derer die Logik des Investitionsschutzregimes im globalen Süden verbreitet wurden; vgl. auch *Bönnemann/Pichl*, Postkoloniale Rechtstheorie, 2020, S. 370 f.

dem strukturellen Zwang eine größere Bedeutung zu.[250] So haben insbesondere die USA die Nachkriegsordnung maßgeblich geprägt.

Wo das Recht nicht kodifiziert wurde, führte die Dogmatik des Völkergewohnheitsrechts zu ähnlichen Ergebnissen.[251] Und auch in der alltäglichen Rechtspraxis werden Machtungleichgewichte reproduziert und das Wissen des Globalen Nordens strukturell begünstigt.[252] Schließlich liegen auch nichtstaatlichen Regulierungsformen westliche Konzepte zugrunde.[253] Mithilfe des Rechts wird mithin die Weltauffassung einer spezifischen Zeit und eines bestimmten Ortes als universell institutionalisiert.[254]

Im Ergebnis kommt in der gegenwärtigen Weltrechtsordnung eine Kontinuität extraterritorialer Einflussnahme zum Ausdruck, die – nicht nur, aber zu einem wesentlichen Teil – der wirtschaftlichen Inklusion dient. Insofern scheint die Beobachtung B.S. Chimnis gerechtfertigt, wonach das zeitgenössische Völkerrecht als Versuch gelesen werden kann, den Machtverlust im Zuge der Dekolonisierung zu kompensieren.[255]

9.1.1.2 Universalisierung des Nationalstaats

Externalisierung setzt die Inklusion der Peripherie voraus. Als wesentlich hierfür hat sich der Nationalstaat mit Blick auf seine territoriale und extraterritoriale Expansion erwiesen. Diese entterritorialisierende

250 *Chimni*, Jurisdiction, 2022, S. 46.

251 Vgl. dazu *Chimni*, Customary International Law, 2018, insb. S. 4 ff. und 14 ff., wonach das Völkergewohnheitsrecht den globalen Kapitalismus in Abwesenheit eines Weltstaats und ausgehend von westlichen Wertvorstellungen maßgeblich fundiert.

252 Vgl. zum Klimaschutzrecht *Mason-Case*, Production of international climate law, 2019, insb. S. 21 f.; zur Konditionalitätspolitik des IWF *Kentikelenis/Babb*, The Making of Neoliberal Globalization, 2019; sowie unten in Kap. 9.1.1.2.2 bei Fn. 305 ff.; zum Welthandelsrecht *Lang*, After Neoliberalism, 2011, S. 166 f., der die Bedeutung der Auslegung betont, die sich mitunter nach eigener Logik vollziehe; zur Auslegung des Völkerrechts im Allgemeinen *Peat*, Comparative Reasoning in International Courts and Tribunals, 2019, u. a. S. 218 f.; sowie mit Blick auf die Rolle der lokalen Elite *Kennedy*, Three Globalizations of Law and Legal Thought, 2006, S. 28 ff., 46 ff. und 68 ff.

253 *Sassen*, Territory and Territoriality, 2000, S. 382; *Fitzpatrick*, Modernism, 2001, S. 206 f.; vgl. auch *Calliess*, Transnationales Verbrauchervertragsrecht, 2004, S. 251.

254 Vgl. *Kennedy*, Law and the Political Economy, 2013, S. 37.

255 *Chimni*, International Law, 2017, S. 507; vgl. zudem bereits in Kap. 9.1.1.1.3 bei Fn. 221; sowie *Pahuja*, Decolonising International Law, 2011, die eine »ever-expanding sphere of intervention in the Third World« ausmacht (S. 3).

Wirkung ergibt sich allerdings nicht nur aus dem Expansionsstreben einzelner Staaten. Vielmehr hat sich der bürgerliche Nationalstaat als generische Form der gesellschaftlichen Organisation global durchgesetzt und damit eine gewisse Gleichförmigkeit hergestellt, die ihrerseits inkludierend wirkt. Entgegen seiner territorialen Gestalt erweist sich der Nationalstaat folglich als Schlüsselmoment der Entterritorialisierung. Deren dialektische Natur, dass also Entterritorialisierung stets vom Territorialen abhängig ist,[256] wird gleichsam durch den souveränen Nationalstaat verkörpert.

Die Aufteilung der Welt in souveräne Nationalstaaten geht mit einer spezifischen Form der Vergesellschaftung einher. Der Nationalstaat beschränkt sich nicht darauf, einen Rahmen politischer Selbstorganisation bereitzustellen, innerhalb dessen gesellschaftliche Verhältnisse frei gestaltet werden könnten. Vielmehr impliziert das Modell des modernen Nationalstaats eine bestimmte Struktur der Gesellschaft selbst, und zwar eine, die der funktional differenzierten, kapitalistischen Gesellschaft entspricht.[257] Dieses Modell wurde im und durch das Recht mit hervorgebracht und stellt im Ergebnis einen zentralen Baustein der entterritorialisierten Sphäre wirtschaftlicher Beziehungen dar.

Die Anerkennung als souveräner Staat war und ist bis heute maßgeblich davon abhängig, ob die jeweilige Gesellschaft Strukturen ausgebildet hat, die der modernen Staatlichkeit entsprechen, wie sie sich in Europa entwickelt hat.[258] Dabei ging und geht es regelmäßig darum, gewisse Elemente westlichen Rechts zu übernehmen, die der Marktintegration und der kapitalistischen Expansion zuträglich sind.[259] Verbreitung fanden so die Rechtsinstitutionen des Vertrages und des Privateigentums, der mit

256 Vgl. dazu vorne zur Dialektik der Globalisierung in Kap. 8.1 bei Fn. 39 ff.

257 Vgl. etwa *Tzouvala*, Capitalism as Civilisation, 2020, S. 195 f.; *Rosenberg*, Empire of Civil Society, 1994, S. 123 ff.; *Clark*, Conceptual History of Recognition, 2017; ferner *Pahuja*, Decolonising International Law, 2011, u. a. S. 92 f. zur Akzeptanz der Trennung einer wirtschaftlichen von einer politischen Sphäre im Zuge der Dekolonisierung.

258 Vgl. *Tzouvala*, Capitalism as Civilisation, 2020, passim; *Anghie*, Imperialism, 2005, u. a. S. 86, 99 ff., 104, 107 f., 117 ff., 135 f., 145 f., 148 f., 185 f., 203, 215 und 242 f.; *Craven/Parfitt*, Statehood, Self-Determination and Recognition, 2018, S. 220 f. Vgl. sodann zur inhärent unbestimmten – und daher – politischen Souveränitäts- und Anerkennungslehre etwa etwa *Koskenniemi*, From Apology to Utopia, 2005, S. 282; *Parfitt*, Theorizing Recognition, 2016, insb. S. 590 ff.; *Grzybowski*, Ontological Predicament, 2017, insb. S. 417, 419 und 431 f.

259 *Tzouvala*, Capitalism as Civilisation, 2020, S. 86 f.; *Parfitt*, International Legal Reproduction, 2019, S. 8 und 154 ff., insb. 202 f. und 219; *Craven/Parfitt*, Statehood, Self-Determination and Recognition, 2018, S. 204; *Orford*, Hammarskjöld, 2016, S. 188; *Eslava/Pahuja*, The State, 2019, S. 131 f.

subjektiven Rechten einhergehende Individualismus, der bürokratische Zentralstaat sowie Vorstellungen der Trennung zwischen öffentlicher und privater Sphäre, die der westlichen Moderne entsprechen.[260] Dieser Anpassungsdruck wurde im Laufe der Zeit über verschiedene Wege ausgeübt und war stets eng mit dem Zivilisierungsnarrativ verbunden, das in veränderter Gestalt bis heute fortbesteht.[261] Als zivilisiert galt – und gilt – es, jene Rechtsstrukturen zu übernehmen, die der jeweiligen politökonomischen Hegemonie entsprechen. Während zunächst der Schutz des Privateigentums und der vertraglichen Beziehungen westlicher Kaufleute im Zentrum standen, traten später auch wohlfahrtstaatliche Elemente und schließlich Prämissen neoliberaler Staatsreformen hinzu.[262]

Die europäischen Staaten, die sich selbst als gleiche und souveräne Staaten anerkannten, haben sich gegenüber der nicht-europäischen Welt regelmäßig in eine Beziehung der Ungleichheit gesetzt und dabei spezifische Anforderungen gestellt, die Aspekte der wirtschaftlichen Integration umfassten.[263] Diesen Prozess, innerhalb dessen neue Völkerrechtssubjekte geschaffen und später durch etablierte Mitglieder der internationalen Staatengemeinschaft diszipliniert werden, hat Rose Parfitt als »international legal reproduction« beschrieben.[264] Die damit einhergehende Disziplinierung nicht-europäischer Gemeinwesen wird im Folgenden anhand verschiedener Episoden der Dekolonisierung illustriert. Während in diesen Fällen die Unabhängigkeit nur zugestanden wurde, wenn bestimmte Kriterien der wirtschaftlichen Rationalität erfüllt waren, lassen sich auch heute Disziplinierungsformen ausmachen, welche die Kontinuität kapitalistischer Inklusion sicherstellen. Zugleich knüpft die Universalisierung des Nationalstaats an Vorstellungen an, die bereits im Zuge der europäischen Expansion vertreten wurden. So wurde insbesondere ein Recht auf Handel postuliert, dessen Nichtbeachtung eine gewaltsame Intervention rechtfertigen würde. Daher hing der Bestand nicht-europäischer Souveränität bereits im Kolonialismus von der Akzeptanz wirtschaftlicher Inklusion ab.[265]

260 *Tzouvala*, Capitalism as Civilisation, 2020, S. 58 ff. und 86 f.; *Parfitt*, International Legal Reproduction, 2019, S. 154 ff.

261 *Tzouvala*, Capitalism as Civilisation, 2020, welche den Zivilisierungsstandard als eine flexible Argumentationsstruktur versteht, die etwa im »Krieg gegen den Terror« und der »unable or unwilling«-Doktrin ihren heutigen Ausdruck findet.

262 *Tzouvala*, Capitalism as Civilisation, 2020, S. 60, 90, 118, 174 f., 179 f., 204 und 213; *Parfitt*, Theorizing Recognition, 2016, insb. S. 587 f. und 592.

263 Vgl. dazu auch vorne in Kap. 9.1.1.1.1 bei Fn. 53 ff. zur Kategorie der partikularen Rechtstitel der territorialen Expansion.

264 *Parfitt*, International Legal Reproduction, 2019, S. 12.

265 *Anghie*, Imperialism, 2005, S. 212. Vgl. dazu auch hinten Kap. 9.1.2.1 zum Recht auf Handel; sowie vorne Kap. 9.1.1.1.1.3 zur Okkupation.

9.1.1.2.1 Dekolonisierung

Im Zuge der territorialen und extraterritoriale Expansion des Nationalstaats wurde ein bestimmtes Gesellschaftsmodell global verbreitet, indem die europäischen Mächte ihr Rechts- und Weltverständnis der Peripherie aufzwangen.[266] Dieses im Kolonialrecht verkörperte Rechtsdenken war fundamental der wirtschaftlichen Integration verpflichtet.[267] Es überdauerte die Dekolonisierung und stellt als postkoloniales Recht bis heute die Gleichförmigkeit des Rechts als Inklusionsfaktor sicher.[268] Allerdings erweist sich die Dekolonisierung selbst als Vorgang, der den kontinuierlichen Zugriff auf das Außen gewährleistete.

Obwohl dem Völkerrecht der Nachkriegszeit keine antiimperialistische Haltung zugrunde lag, fanden die Emanzipationsbewegungen des globalen Südens darin ein Vokabular, um ihre Bestrebungen zu artikulieren.[269] Mit dem Rückgriff auf das Völkerrecht als Sprache für antikoloniale Kämpfe ging indes erneut eine Einhegung einher: Nationalstaatlichkeit war die einzige Form von Unabhängigkeit, die verständlich artikuliert werden konnte.[270] Im selben Zug, indem das Recht die Emanzipation ermöglichte, schränkte es deren Horizont wieder ein.[271] Der Universalismus des Rechts war folglich unzertrennlich mit eurozentrischem Partikularismus verknüpft.[272] Die Dekolonisierung kann denn auch als endgültige Durchsetzung der europäischen Herrschaft begriffen werden.[273] Dies gilt nicht nur mit Blick darauf, dass sich etwa in Nordamerika oder Australien Siedlungskolonien zu Lasten indigener Gemeinschaften durchsetzten und sich Europa gleichsam im Außen verdoppelte.[274] Ebenso sind die Staaten, die im 20. Jahrhundert neu

266 Vgl. etwa *Koskenniemi*, To the Uttermost Parts, 2021, S. 504 und 507.

267 Vgl. *Hopkins*, Property Rights, 1980; *Snyder*, Customary Law, 1984, u. a. S. 35; sowie allgemein zum Kolonialrecht vorne in Kap. 9.1.1.1.1 bei Fn. 40 ff. und die Hinweise dort.

268 Vgl. *Chanock*, The Law Market, 1992, S. 279; sowie *Mommsen*, Introduction, 1992, S. 13 f.

269 *Pahuja*, Decolonising International Law, 2011, S. 45; *Tzouvala*, Capitalism as Civilisation, 2020, S. 131 ff. Vgl. dazu auch UN-GV, Declaration on the granting of independence to colonial countries and peoples, Resolution 1514 (XV), 14.12.1960, UN-Doc. A/RES/1514(XV), Ziff. 1, wonach jede fremde Herrschaft gegen die UN-Charta verstoße.

270 *Pahuja*, Decolonising International Law, 2011, S. 45 ff., insb. 45 f. und 92.

271 *Tzouvala*, Capitalism as Civilisation, 2020, S. 133 f.; *Pahuja*, Decolonising International Law, 2011, S. 45 und 93.

272 *Pahuja*, Decolonising International Law, 2011, u. a. S. 2, 4 und 6 f.

273 Vgl. *Fisch*, Europäische Expansion, 1984, S. 477 f.

274 *Fisch*, Europäische Expansion, 1984, S. 91.

entstanden sind, häufig Konstruktionen der europäischen Kolonialpolitik.[275] Schließlich wurde die Unabhängigkeit selbst regelmäßig von der Übernahme westlicher Rechts- und Staatsverständnisse abhängig gemacht. Das zeigt sich gerade dort, wo eine kolonialrechtliche Prägung mangels formeller Kolonisierung nicht bereits stattgefunden hatte. Daher wird im Folgenden auf zwei Episoden, nämlich die Aufhebung der Konsularjurisdiktion und die Beendigung der Mandate des Völkerbunds, exemplarisch eingegangen.

9.1.1.2.1.1 Aufhebung der Konsularjurisdiktion

Am Beispiel der Aufhebung der Konsularjurisdiktion zeigt sich eindrücklich, dass die Anerkennung souveräner Gleichheit von der Übernahme westlicher Rechtsvorstellungen und damit der Sicherstellung der wirtschaftlichen Inklusion abhing.[276] Mit Vehemenz haben die westlichen Staaten daran festgehalten, extraterritoriale Jurisdiktion über ihre eigenen Staatsbürger*innen in China, Japan, Siam oder dem Osmanischen Reich auszuüben. Die Aufhebung dieser Inklusionsform wurde davon abhängig gemacht, dass die jeweiligen »halb-zivilisierten« Staaten selbst Gewähr dafür bieten, dass die Voraussetzungen kapitalistischen Wirtschaftens gegeben sind.[277] Die Trennung zwischen Staat und Ökonomie, Privateigentum und wirtschaftliche Freiheiten sowie eine unabhängige Justiz stellten etwa zentrale Forderungen dar, die China gegenüber erhoben wurden, als dieses forderte, die Praxis der Extraterritorialität zu beenden.[278] Die Konditionalität der Aufhebung der Konsularjurisdiktion kommt auch im Freundschaftsvertrag von 1918 zwischen China und der Schweiz zum Ausdruck. »Sobald China seine Gerichtsorganisation wird abgeändert haben«, hält dieser Vertrag fest, »wird die Schweiz im Verein mit den andern Mächten bereit sein, auf das Konsularjurisdiktionsrecht in China zu verzichten.«[279]

275 *Fisch*, Europäische Expansion, 1984, S. 477 f.

276 Vgl. zur Konsularjurisdiktion vorne Kap. 9.1.1.1.2.1.

277 *Tzouvala*, Capitalism as Civilisation, 2020, S. 77 ff.; *Chimni*, Jurisdiction, 2022, S. 44; vgl. auch *Craven*, Unequal Treaties, 2005, S. 348 f.; *Özsu*, Ottoman Empire, 2016, S. 132 f.; *Fidler*, Gentler System of Capitulations, 2000, S. 391.

278 *Tzouvala*, Capitalism as Civilisation, 2020, S. 54 und 77 f.; *Craven*, Unequal Treaties, 2005, S. 348 f.; vgl. auch *Seizelet*, European Law and Tradition in Japan, 1992, u. a. S. 64 f.; *Kayaoğlu*, Legal Imperialism, 2010, u. a. S. 11 f., 41, 102, 147 und 195.

279 Freundschaftsvertrag zwischen der Schweiz und der Republik China vom 13. Juni 1918 (SR 0.142.112.491), Erklärung zur Extraterritorialität (BS 11 604). Vgl. auch den Notenaustausch vom 13. März 1946 über den Verzicht

Um sich gegen die Einschränkung der eigenen Souveränität zur Wehr zu setzen, haben sich die betroffenen Staaten des westlichen Vokabulars bedient und darauf verweisen, dass sie bereits hinreichend »zivilisiert« seien und damit Gewähr für ein Aufrechterhalten wirtschaftlicher Beziehungen böten.[280] Die Fortdauer der Inklusion, die der Westen als Voraussetzung des Rückzugs der Konsularjurisdiktion stellte, wurde mithin von den nicht-westlichen Staaten selbst vorangetrieben. Dies kann einerseits als Ausdruck von Ausweglosigkeit verstanden werden. Andererseits steht es in enger Verbindung zu den Interessen der lokalen Eliten, die sich des Zivilisationsnarrativs nicht nur bedienten, um sich selbst von westlicher Extraterritorialität zu befreien, sondern auch zur Stärkung der eigenen innerstaatlichen wie extraterritorialen Machtausübung.[281] Die Sicherstellung der wirtschaftlichen Integration von Zentrum und Peripherie erweist sich damit als ein ambivalenter Vorgang, der sich erst vor dem Hintergrund der Heterogenität der involvierten Gesellschaften erschließt.[282]

9.1.1.2.1.2 Beendigung der Mandate des Völkerbunds

Dass die Aufhebung extraterritorialer Herrschaftsausübung von der Gewährleistung wirtschaftlicher Inklusion und der dafür nötigen rechtlichen Infrastruktur abhängig gemacht wurde, lässt sich auch am Beispiel der Mandate des Völkerbunds beobachten.[283] Die Frage, unter welchen Bedingungen ein Mandat beendigt werden kann, stellte sich erstmals und – wie sich später ergeben würde – letztmals im Fall des Iraks.[284] Großbritannien selbst drängte darauf, sein Mandat zu beenden. Dieses erregte

auf die Exterritorialitätsrechte in China (SR 0.142.112.491.1), der eine Besitzstandsgarantie enthält.

280 *Tzouvala*, Capitalism as Civilisation, 2020, S. 79 ff.; *Kayaoğlu*, Legal Imperialism, 2010, u. a. S. 41.

281 *Tzouvala*, Capitalism as Civilisation, 2020, S. 73, 79 und 81 ff.; vgl. dazu auch *Pedersen*, Getting Out of Iraq, 2010, S. 977.

282 Vgl. dazu auch die Hinweise vorne in Kap. 1, Fn. 45 zur Rolle interner Differenzen und Widersprüche, die es in gegenwärtigen Zentrum-Peripherie-Beziehungen ebenso zu berücksichtigen gilt.

283 Vgl. dazu auch vorne Kap. 9.1.1.1.2.2.

284 Alle anderen Mandate überdauerten den Völkerbund. Ihr rechtliches Schicksal stellte für die Staatengemeinschaft eine Herausforderung dar, die erst durch deren Unabhängigkeit gelöst wurde. Zwar wäre es möglich gewesen, diese in Treuhandgebiete der Vereinten Nationen zu überführen, doch wurde dies den Mandatarstaaten überlassen (vgl. Art. 77 UN-Charta; IGH, South-West Africa 1950, S. 144). Einer Pflicht zur Überführung widersetzten sich insb. Frankreich und Großbritannien, was in der Folge die Lösung der Südwestafrika-Frage gewiss nicht erleichterte. Vgl. zur langwierigen

nicht nur innerhalb der britischen Bevölkerung Widerstand, sondern insbesondere auch im Irak, wo der Mandatarstaat mit massiver Gewalt Proteste unterdrückte.[285] Im Völkerbund stieß dieser Vorstoß indes auf Skepsis. Es wurde vermutet, Großbritannien wolle sich in erster Linie der internationalen Aufsicht entledigen und informell weiterhin Einfluss ausüben, was sich denn auch bestätigen sollte.[286] Trotz Bedenken sowohl innerhalb des Völkerbunds als auch aus der Minderheitsbevölkerung auf dem Mandatsgebiet, wurde der Irak schließlich im Jahr 1932 in den Völkerbund aufgenommen.[287] Anlässlich dieser Bestrebungen erarbeitete die Ständige Mandatskommission des Völkerbunds allgemeine Grundsätze für die Beendigung von Mandaten.[288] Die Voraussetzungen bezogen sich einerseits auf tatsächliche Umstände, welche die Fähigkeit belegen sollten, sich selbst zu regieren, und andererseits auf vertragliche Zusicherungen.[289] Zwar stellten die Friedenssicherung und der Schutz von Minderheiten wichtige Anliegen dar.[290] Insgesamt zielten die Bedingungen aber

Auseinandersetzung um das spätere Namibia *Tzouvala*, Capitalism as Civilisation, 2020, S. 129 ff.

285 *Natarajan*, Creating and Recreating Iraq, 2011, S. 807.

286 *Wright*, The Proposed Termination, 1931, S. 442; *Pedersen*, Getting Out of Iraq, 2010, S. 975 f. und 989 f.; *Tzouvala*, Capitalism as Civilisation, 2020, S. 110. Großbritannien gelang es, mit dem Anglo-Irakischen Vertrag von 1930 die Kontrolle in militärischer Hinsicht und über wichtige Ölfelder zu erhalten (vgl. Art. 5 f. Treaty of Alliance between His Majesty in respect of the United Kingdom and His Majesty the King of Iraq, 30.06.1930 [Treaty Series 015/1931 Cmd. 3797, <https://treaties.fcdo.gov.uk/data/Library2/pdf/1931-TS0015.pdf>, zuletzt besucht am 19.01.2025]; sowie dazu *Pedersen*, Getting Out of Iraq, 2010, S. 985).

287 Vgl. zum Ganzen *Pedersen*, Getting Out of Iraq, 2010.

288 Diese »General Conditions which must be fulfilled before the Mandate Regime can be brought to an End in respect of a Country placed under that Regime« wurden 1931 vom Rat des Völkerbunds in einer Resolution verabschiedet; vgl. League of Nations Official Journal, 1931, S. 2056 ff. (nachfolgend: General Conditions). Vgl. dazu detailliert *Evans*, Termination of a Mandate, 1932; ferner *Tzouvala*, Capitalism as Civilisation, 2020, S. 110 ff.

289 *Evans*, Termination of a Mandate, 1932, S. 748 und passim.

290 *Evans*, Termination of a Mandate, 1932, u. a. S. 741. Namentlich die assyrische und kurdische Minderheit sahen ihre Interessen übergangen und sprachen sich gegen die Beendigung des Mandats in dieser Form, das heißt ohne Sicherung ihrer eigenen Autonomie, aus; vgl. *Wright*, The Proposed Termination, 1931, S. 443; *Pedersen*, Getting Out of Iraq, 2010, S. 992 ff. Zahlreiche Artikel der Erklärung, die von der irakischen Regierung verlangt wurde, betrafen denn auch den Minderheitenschutz (vgl. Draft Declaration, League of Nations Official Journal, 1932, S. 1347 ff.). Die Befürchtungen der Minderheiten wurden wenig später bestätigt und es zeigte sich, dass diese Zusicherungen offensichtlich keinen ausreichenden Schutz gegen einen

vor allem darauf ab, einen modernen Territorialstaat zu etablieren und die weltwirtschaftliche Inklusion sicherzustellen.[291]

Diesbezüglich wurden etwa eine Gesetzgebung und eine gerichtliche Organisation vorausgesetzt, die westlichen Rechtsvorstellungen entsprechen und dadurch Gewähr für einen funktionierenden Markt bieten sollten.[292] Zusätzlich wurden in dieser Hinsicht explizite Zusicherungen verlangt. So war vorgesehen, dass alle unter dem Mandatsregime erworbenen Rechte garantiert werden müssen.[293] Zudem sollte zugesichert werden, dass die Interessen der ausländischen Staatsangehörigen in Zivil- und Strafverfahren gewahrt werden.[294] Zu diesem Zweck sahen die Grundsätzen zur Mandatsbeendigung eine erneute Anwendung der Privilegien und Immunitäten vor, wie sie etwa im Rahmen der Konsularjurisdiktion und der Kapitulationen bestanden hatten.[295] Im Falle des Iraks wurde darauf indes letztlich verzichtet: Die extraterritoriale Jurisdiktion wurde zwar formell beendet und durch ein einheitliches Gerichtswesen ersetzt, das sowohl für irakische als auch ausländische Staatsangehörige zuständig war. Praktisch änderte sich dadurch aber sehr wenig. Der Irak sicherte umfassenden Rechtsschutz zu, ausländische Staatsangehörige besetzten weiterhin zentrale Positionen innerhalb der irakischen Judikative, was eine faktische Kontrolle über deren Tätigkeit verschaffte, und internationalprivatrechtliche Regelungen sahen unter Umständen die Vollstreckung ausländischer Urteile sowie die Anwendung ausländischen Rechts vor.[296]

Staat boten, der nur einen Teil der Bevölkerung repräsentierte und dessen Legitimität soeben von der Staatengemeinschaft bekräftigt worden war.

291 *Tzouvala*, Capitalism as Civilisation, 2020, S. 111, wonach die betroffenen Gebiete »some core features of the modern capitalist state« aufweisen mussten; vgl. auch *Pedersen*, Getting Out of Iraq, 2010, Getting Out, S. 998, wonach der Minderheitenschutz hinter das Anliegen zurücktrat, die Privilegien der eigenen Staatsangehörigen und deren Zugang zu Ressourcen zu gewährleisten; ferner *Menon*, Negotiating Subjection, 2021, S. 182.

292 Vgl. Ziff. I lit. e General Conditions (Kap. 9.1.1.2.1.2, Fn. 288): »It must possess laws and a judicial organisation which will afford equal and regular justice to all.« Vgl. dazu *Tzouvala*, Capitalism as Civilisation, 2020, S. 111 f.

293 Vgl. Ziff. II lit. f General Conditions (Kap. 9.1.1.2.1.2, Fn. 288): »Rights of every kind legally acquired under the mandate regime«; sowie Art. 14 Abs. 1 Draft Declaration (Kap. 9.1.1.2.1.2, Fn. 290), wonach die irakische Regierung erklärt, dass »all rights of whatever nature acquired before the termination of the mandatory regime by individuals, associations or juridical persons shall be respected«.

294 Vgl. Ziff. II lit. c General Conditions (Kap. 9.1.1.2.1.2, Fn. 288).

295 Vgl. Ziff. II lit. b General Conditions (Kap. 9.1.1.2.1.2, Fn. 288).

296 Vgl. Art. 12 Draft Declaration (Kap. 9.1.1.2.1.2, Fn. 290); Judicial Agreement between His Majesty, in respect of the United Kingdom, and the King of »Iraq« 04.03.1931 (Treaty Series 033/1931 Cmd. 3933, <https://treaties.

Vor diesem Hintergrund war Großbritannien überzeugt, dass die Interessen der ausländischen Staatsangehörigen mindestens ebenso wirksam geschützt seien wie bisher.[297]

Sodann wurde besonderes Gewicht auf die Garantie der wirtschaftlichen Gleichheit und damit auf das Meistbegünstigungsprinzip gelegt, in dessen Genuss alle Völkerbundsstaaten kommen sollten.[298] Der neue Staat sollte fähig sein, so der portugiesische Vertreter in der Ständigen Mandatskommission, »to exert itself smoothly under the present political, economic, commercial and other conditions of the modern world«.[299] »Reciprocity and the open door«, proklamierte der italienische Vertreter im Rat des Völkerbunds, seien die zwei »fundamental bases on which the new countries should establish their economic independance«.[300] Die Meistbegünstigung, führte er weiter an, »was naturally to the advantage of all the States Members«. Darin resonierte die ökonomische Lehre der allseitigen Begünstigung und es zeichneten sich Markt und Wettbewerb als Regulierungsmechanismen einer neuen Weltordnung souveräner Staaten ab.[301]

fcdo.gov.uk/awweb/awarchive?type=file&item=64367> [zuletzt besucht am 19.01.2025]); Note on the draft new judical agreement (League of Nations Official Journal, 1930, S. 1604), wonach die jüngst erlassene internationalprivatrechtliche Gesetzgebung »of considerable value to foreign commercial undertakings« sein dürfte.

297 Gegenüber dem Rat des Völkerbunds hielt Großbritannien u. a. fest: Die neue Regelung, die unter anderem vorsah, das Präsidium des Court of Appeal and Cassation, also des höchsten irakischen Gerichts, britisch zu besetzen, »will place the British element in the judiciary on a firmer basis than it enjoys under the existing agreement«; »foreign interests stand to gain rather than lose by the provisions of the new agreement«; »any case beyond a mere contravention arising in the three vilayets of Bagdad, Basrah and Mosul in which a foreigner is involved is certain to be brought to the cognisance of a British judge« (Note on the draft new judical agreement, League of Nations Official Journal, 1930, S. 1603). Die Ständige Mandatskommission teilte diese Einschätzung (League of Nations Official Journal, 1931, S. 180 f.).

298 *Evans*, Termination of a Mandate, 1932, S. 748 f. und 753 f. Dieses Anliegen fand denn auch Eingang in die Erklärung des Iraks, vgl. Art. 11 Draft Declaration (Kap. 9.1.1.2.1.2, Fn. 290).

299 Report by Count de Penha Garcia, Permanent Mandates Commission, Minutes, 20th Session, 1931, S. 206 ; vgl. dazu auch *Tzouvala*, Capitalism as Civilisation, 2020, S. 113.

300 League of Nations Official Journal, 1931, S. 2050. Auch Italien war nebst egalitärer Rhetorik bemüht, sich einen privilegierten Zugriff auf den Irak und namentlich dessen Öl zu sichern. Dies gelang denn auch über eine Beteiligung an der British Oil Development Company, der 1932 eine Konzession gewährt wurde (vgl. Pedersen 2010, Getting out of Iraq, S. 989 f.).

301 *Pedersen*, Getting Out of Iraq, 2010, S. 990; vgl. zu dieser Ideologie der Gegenseitigkeit auch hinten in Kap. 9.1.3 bei Fn. 444 ff.

Die anhaltende wirtschaftliche Dominanz des Mandatarstaats vermochte diese marktliberale Rhetorik indes nicht zu verhindern.[302] Großbritannien setzte sich faktisch durch und konnte seinen privilegierten Zugriff auf das irakische Öl trotz Beendigung des Mandats aufrechterhalten.[303] Gleichwohl konvergierten die unterschiedlichen Interessen der Völkerbundsstaaten in einem wichtigen Punkt: Unabhängigkeit war nur zum Preis des wirtschaftlichen Zugriffs zu haben.[304] Ein moderner Territorialstaat, ein westliches Rechtssystem, der Schutz erworbener Rechte, die »open door«-Politik, der Zugriff auf Ressourcen: Um ein Mandat zu beenden, musste im Ergebnis gewährleistet werden, dass die wirtschaftliche Inklusion aufrechterhalten wird. Unabhängigkeit ging folglich zwangsläufig mit Marktintegration einher.

9.1.1.2.2 Universalisierung heute

Die Verbreitung des Nationalstaats ist nach dem Gesagten eng mit der Dekolonisierung verknüpft. Obschon diese inzwischen – zumindest formell – weit fortgeschritten ist, erweist sich die Universalisierung eines hegemonialen Gesellschaftsmodells als ein bis heute anhaltender Prozess, in den das Recht nach wie vor involviert ist.

Heute findet die Universalisierung des Nationalstaats namentlich im Rahmen der Entwicklungspolitik statt. Die Entwicklungsfinanzierung dient als Mittel der Global Governance dazu, Staaten des Globalen Südens zu disziplinieren.[305] Zwar garantiert das Prinzip kollektiver Autonomie als Ausdruck souveräner Gleichheit die Autonomie über die innere Ordnung.[306] In der Realität erweist sich dies aber als kontrafaktischer Maßstab der Entwicklungszusammenarbeit.[307] Was im Süden

302 Vgl. zu den entsprechenden Befürchtungen der anderen Völkerbundsstaaten *Evans*, Termination of a Mandate, 1932, S. 748 und 753 f.; *Pedersen*, Getting Out of Iraq, 2010, S. 988.

303 Über Konzessionen an die britische Iraq Petroleum Company (IPC) und Staatsverträge sicherte sich Großbritannien einen weitgehenden Zugriff auf irakisches Öl; vgl. dazu *Pedersen*, Getting Out of Iraq, 2010, Getting out, S. 977 und 988 f.

304 Vgl. *Tzouvala*, Capitalism as Civilisation, 2020, S. 111; sowie *Pedersen*, Getting Out of Iraq, 2010, S. 998: »In exchange for economic concessions, in other words, Iraq was free to run its internal administration [bzgl. der Minderheiten] much as it liked.«

305 *Tan*, Governance through Development, 2011; vgl. auch *Murray/Overton*, Peripheries, 2016, S. 430 f.

306 *Dann*, The Law of Development Cooperation, 2013, S. 238 ff., insb. 257 und 296.

307 *Dann*, The Law of Development Cooperation, 2013, S. 257.

als »developmental state« implementiert wurde, stellt eine Verbindung von autoritärer Herrschaft und neoliberalem Widerstand gegen staatliche Planung und Umverteilung dar.[308] Ausgehend von der Annahme, dass Mangel und Leid in der Peripherie hausgemachte Probleme seien, wird die internationale Unterstützung von internen Reformen abhängig gemacht.[309] Im Rahmen der Strukturanpassungsprogramme treiben die Weltbank und der Internationale Währungsfonds die Expansion eines spezifischen, marktgetriebenen Entwicklungsmodells voran und wirken dabei als Treiberinnen der kapitalistischen Expansion und der wirtschaftlichen Inklusion.[310] Ursprünglich übte der IWF eine gewisse Zurückhaltung, verlangte primär geldpolitische Maßnahmen und äußerte sich nicht zur Außenhandels- oder Industriepolitik. Erst in den 1980er-Jahren ging er, geprägt von den USA, zu einem invasiveren Konditionalitätsregime über und verlangte fortan strukturelle Anpassungen, wie namentlich Privatisierungen, Deregulierungen und Handelsliberalisierungen.[311] Steuerreformen, Liberalisierungen des Arbeitsmarkts und die Öffnung für Welthandel und ausländische Investitionen sollten Wachstum fördern – und gerade dadurch legitimiert sein.[312] Während der völkerrechtliche Diskurs zu Entwicklung lange um die Struktur der internationalen Ordnung kreiste, verschob sich dessen Fokus spätestens seit dem Ende des Kalten Krieges auf das Recht und die Institutionen des Nationalstaats.[313] Dabei wurde die Rolle des Staates dahingehend umrissen, dass dieser Märkte zu liberalisieren und Eigentumsrechte zu stärken habe statt Armut zu bekämpfen, Ressourcen umzuverteilen oder eine importsubstituierende Industriepolitik zu verfolgen.[314]

Besonders ausgeprägte Formen der externen Gestaltung von staatlichen Institutionen sind in Regionen zu beobachten, in denen militärische

308 *Orford*, Hammarskjöld, 2016, S. 188; *Koskenniemi*, Global Governance, 2017, S. 203.

309 So etwa *Kreuter-Kirchhof*, Wirtschaft und Kultur, 2019, Rz. 43 und ferner 115. Diese Position verkennt freilich, dass Staaten des Globalen Südens von der Weltordnung, die sie kaum beeinflussen können, übermäßig geprägt werden; vgl. *Pogge*, Divided against itself, 2012, S. 385.

310 *Orford*, Intervention, 2003, S. 113; *Fidler*, Gentler System of Capitulations, 2000, S. 399 f.; *Pahuja*, Decolonising International Law, 2011, S. 166 ff. und 190 ff.; *Hickel* et al., Imperialist appropriation, 2022, S. 9.

311 *Kentikelenis/Babb*, The Making of Neoliberal Globalization, 2019, S. 1730 f., welche die inkrementelle Ausweitung und Neoliberalisierung des IWF nachzeichnen; vgl. auch *Rittich*, International Law and Development, 2016, S. 823 f.

312 *Kentikelenis/Babb*, The Making of Neoliberal Globalization, 2019, S 1745.

313 *Rittich*, International Law and Development, 2016, S. 824.

314 *Rittich*, International Law and Development, 2016, S. 824 f., 832 f. und 836.; vgl. zum Ganzen auch *Murray/Overton*, Peripheries, 2016.

Konflikte ausgetragen wurden. So werden insbesondere im Rahmen der internationalen Territorialverwaltung Staaten des Globalen Südens weiterhin von außen geprägt, reformiert und ihre Integration in die globalisierte Welt sichergestellt.[315] Dabei müssen die betroffenen Staaten – etwa Bosnien-Herzegowina, Kosovo oder Osttimor – derart umfassende und unmittelbare Eingriffe in ihre Souveränität hinnehmen, dass darin ein neokoloniales Arrangement zu erkennen ist, das an das Mandatssystem erinnert und dem Zivilisierungsdiskurs verpflichtet ist.[316] Auch im Krieg gegen den Terror lässt sich sodann die Verbreitung eines bestimmten Nationalstaatsmodells, das der wirtschaftlichen Inklusion dient, nachzeichnen. Dies stellt nämlich einen wichtigen Aspekt der völkerrechtswidrigen Intervention im Jahr 2003 im Irak dar.[317] Freier Kapitalverkehr, Steuersenkungen, Schrumpfung des öffentlichen Sektors und Entpolitisierung der Geldpolitik – mit diesen Elementen der amerikanischen Besatzungspolitik wurde ein Staat etabliert, der den zentralen Prämissen neoliberaler Wirtschaftspolitik entspricht.[318] Nicht nur die Besatzungsmächte, auch der UN-Generalsekretär erachtete es als zwingend, den Irak von einer »centrally planned economy« in eine »market economy« zu transformieren.[319] Diese Reformen stellten letztlich Voraussetzung dar, um sich von der Zuschreibung des »Schurkenstaats« zu entledigen und die Souveränität zurückzuerlangen.[320] 70 Jahre nachdem sich die Großbritannien formell zurückgezogen hatte, wurde der Irak damit erneut zur Gestaltungsmasse westlicher Vorstellungen von Nationalstaatlichkeit. Die westliche Besatzung ging auch dieses Mal mit der Öffnung der irakischen Wirtschaft, der Sicherstellung des Zugriffs auf Öl und damit der Integration der Peripherie in den globalen Markt einher.

Eine disziplinierende und insofern den Staat gestaltende Wirkung geht schließlich vom globalen Wirtschaftsrecht aus.[321] Das Welthandelsrecht etwa beschränkt sich nicht darauf, zwischenstaatliche Handelsbeziehungen zu regulieren, sondern zielt auf eine fundamentale Umgestaltung und Disziplinierung des Nationalstaats.[322] Indem das Freihandelsparadigma

315 *Chimni*, Jurisdiction, 2022, S. 36 und 47 f.

316 *Orford*, Intervention, 2003, u. a. S. 140 f.; *Wilde*, International Territorial Administration, 2008; *Chimni*, Jurisdiction, 2022, S. 36 und 47.

317 Vgl. zur Rechtswidrigkeit bzw. fragwürdigen Rechtfertigung der Intervention etwa *Bothe*, Irak-Krieg, 2003.

318 *Tzouvala*, Capitalism as Civilisation, 2020, S. 174 ff. und 179 ff.

319 UN-SR, Report of the Secretary-General Pursuant to Paragraph 24 of Security Council Resolution 1483 (2003), 17.07.2003, UN-Doc. S/2003/715, Ziff. 84.

320 *Tzouvala*, Capitalism as Civilisation, 2020, S. 171 und 175 f.

321 Vgl. *Cutler*, Judicialization, 2018, S. 64 f. m. w. H.; sowie zum Ganzen auch hinten Kap. 9.1.2.2 f.

322 *Orford*, Theorizing Free Trade, 2016, u. a. S. 707 f., 731 und 734; *Orford*, Food Security, 2015, S. 68; *Orford*, Social Question, 2020, S. 29.

die Trennung und damit die Definition von Staat und Markt, von öffentlicher und privater Sphäre adressiert, legt es die Rolle des Staates fest.[323] Das wirtschaftsvölkerrechtliche Instrumentarium zielt darauf ab, den Markt vor der Demokratie zu schützen.[324] Im Interesse der möglichst weitgehenden Freisetzung wirtschaftliche Kräfte in globalem Maßstab wird die private Sphäre von Produktion und Akkumulation dem nationalstaatlichen Zugriff entzogen.[325] Dabei wird eine sich selbst verstärkende Dynamik in Gang gebracht, weil der Freihandel dank des globalen Wettbewerbs eine disziplinierende Wirkung auf den Nationalstaat entfaltet.[326]

Universalisiert wurde mithin nicht irgendein Staatsverständnis, sondern eines, das dem Wachstum, dem Weltmarkt, der wirtschaftlichen Inklusion verpflichtet ist.[327] Der neoliberale Staat wurde mithin zur Norm.[328] Bis heute handelt es sich bei diesem Univeralisierungsprozess um einen Vorgang, der mit Gewalt und Autorität über andere verbunden ist.[329]

9.1.1.3 Entterritorialisierende Apologie des Rechtsdiskurses

Das Recht – oder zumindest Diskurse, die diesem rückblickend zuzurechnen sind – erweist sich nach dem Dargelegten als eng verknüpft mit der Expansion und der Universalisierung des Nationalstaats. Diese Entwicklungen und die damit einhergehende Inklusion der Peripherie wird bis heute maßgeblich vom Recht getragen und legitimiert. Dabei hat der Rechtsdiskurs die Überzeugung gestärkt, dass Expansion und Universalisierung nicht nur eine wirtschaftliche oder strategische Herausforderung sind, sondern eine moralische Pflicht gegenüber der Menschheit darstellen.[330] Im Recht wurde der Rahmen des Möglichen abgesteckt

323 *Orford*, Food Security, 2015, S. 32; *Orford*, Intervention, 2003, S. 118.

324 *Slobodian*, Globalists, 2018, u. a. S. 13 ff., der insofern von einem »encasement« des Marktes spricht; *Gill/Cutler*, Introduction, 2014, S. 5 und 11; *Gill*, New constitutionalism, 1998. Vgl. dazu hinten in Kap. 9.1.2.2 bei Fn. 412.

325 *Chimni*, Imperial Global State, 2004, S. 7, 9 und 22 f.

326 Vgl. zur dahingehenden Konzipierung durch die neoliberalen Vordenker *Slobodian*, Globalists, 2018, insb. S. 101 ff., 113, 155 f, 185, 220, 236, 241 f., 267 und 270 ff.

327 Vgl. *Hickel* et al., Imperialist appropriation, 2022, S. 9.

328 *Chimni*, Imperial Global State, 2004, S. 15 f.; vgl. auch *Cutler*, Judicialization, 2018, S. 64.

329 *Pahuja*, Laws of encounter, 2013, S. 94.

330 Vgl. *Koskenniemi*, Gentle Civilizer, 2001, S. 116; sowie *Kumm*, Geschichte und Theorie, 2019, S. 129, der in der »Universalisierung der Staatlichkeit

und oftmals erweitert.[331] Vor diesem Hintergrund kann dem Recht ein raumwirksamer Charakter attestiert werden: Mit dem Ausgreifen des Nationalstaats hat es die Welt gleichsam entterritorialisiert.

Der völkerrechtliche Diskurs übte zwar teilweise Kritik an den Exzessen der europäischen Expansion und zielte auf deren Milderung.[332] In der Regel war die Theorie indes darum bemüht, den Zugriff aufs Außen zu rechtfertigen und damit die Inklusion der Peripherie abzusichern.[333] Nicht selten zielten Positionen im Schrifttum sodann auf eine Verschärfung der expansiven Praktiken.[334] Selbst wenn der ursprüngliche Zugriff kritisiert wurde, wie dies etwa spanische Theologen in der zweiten Hälfte des 16. Jahrhunderts hinsichtlich der Eroberungen auf dem amerikanischen Kontinent taten, wurde zumindest die Aufrechterhaltung der europäischen Präsenz nicht in Frage gestellt.[335] So hat Vitoria zwar den päpstlichen Weltherrschaftsanspruch zurückgewiesen und den Indigenen zugestanden, Rechte an sich selbst und an Eigentum zu haben. Das spanische Kolonialregime als solches stellte er letztlich aber nicht in Frage.[336]

Ähnliches lässt sich mit Blick auf das Schrifttum im 19. Jahrhundert feststellen. Der französische Jurist Charles Salomon etwa kritisierte zwar den Zivilisierungsdiskurs als Heuchelei.[337] Fitzmaurice führt Salomons Haltung denn auch als Beleg für die Breite und Offenheit des liberalen Rechtsdiskurses an.[338] Doch auch Salomon richtete sich nicht gegen Bestrebungen, das Außen zu kolonisieren, sondern forderte lediglich, die europäische Souveränität ins Außen zu erstrecken, um die Exzesse des rein kommerziellen Zugriffs einzudämmen.[339] Entsprechend sollten etwa nicht Handelskompanien Souveränität erwerben können, sondern lediglich Staaten.[340] Es gehe nicht an, so Salomon, eine »colonisation anonyme« zu betreiben, »sans frais et sans responsabilité, soustraire de vastes territoires à l'action civilisatrice d'autres puissances pour les livrer

eine Errungenschaft« erkennt, ohne auf die disziplinierende Gewalt derselben einzugehen.

331 Vgl. *Fitzmaurice*, Sovereignty, Property and Empire, 2014, S. 7.

332 *Fisch*, Europäische Expansion, 1984, S. 496 und 498; *Fitzmaurice*, Discovery, Conquest, and Occupation, 2012, S. 860.

333 *Fisch*, Europäische Expansion, 1984, S. 489 und 495 ff., insb. 497 f.; *Fitzmaurice*, Sovereignty, Property and Empire, 2014, S. 287; *Koskenniemi*, Gentle Civilizer, 2001, S. 130 und 166.

334 *Fisch*, Europäische Expansion, 1984, S. 498.

335 *Koskenniemi*, To the Uttermost Parts, 2021, S. 168 ff.

336 *Grewe*, Epochs of International Law, 2000, S. 241 ff., insb. 243.

337 *Salomon*, Occupation, 1889, S. 194 ff.

338 *Fitzmaurice*, Sovereignty, Property and Empire, 2014, S. 291 ff. und 300.

339 *Koskenniemi*, Gentle Civilizer, 2001, S. 106 f.

340 *Salomon*, Occupation, 1889, S. 186 f. und 288.

à l'action de Compagnies privées qui ne poursuivent d'autre but qu'un enrichissement personnel et immédiat«.[341] Den Gebietserwerb durch Private qualifizierte er aber nicht als unwirksam. Vielmehr rechnete er private Erwerbsakte dem jeweiligen Staat zu und erwähnt die Möglichkeit, dass im Laufe der Zeit auch aus einem bloßen Eigentumstitel ein Souveränitätsrecht entspringt.[342] Auch seine Ansicht zur Okkupation zeigt, dass er die Expansion als solche nicht in Frage stellte: Zwar schließe, so Salomon, jeder Ansatzpunkt einer politischen Organisation die Möglichkeit aus, ein Gebiet zu okkupieren. Dies gelte aber gerade dann nicht, wenn der Okkupation ein Vertragsschluss vorausgehe.[343]

Diese Linie der beschränkten Kritik, die im Ergebnis den entterritorialisierenden Zugriff auf das Außen rechtfertigt, lässt sich bis heute weiterziehen. Nico Krisch beispielsweise kritisiert die gegenwärtige Jurisdiktionspraxis, beschränkt sich aber weitgehend darauf, jene Praktiken in den Blick zu nehmen, mit denen Staaten explizit Jurisdiktion beanspruchen, um Probleme im Außen zu lösen.[344] Während bei Krisch das Recht und dessen extraterritoriale Entfaltung der Problemlösung dient, gerät dessen Beitrag zur Problemgenese aus dem Fokus.[345] Indem Krisch überdies die Entgrenzung der Jurisdiktionspraxis als neue Entwicklung darstellt, erscheint Extraterritorialität rückblickend als Ausnahme, was deren anhaltende und substanzielle Präsenz in der Geschichte der Peripherie negiert.[346]

9.1.2 Markt

Vorangehend wurde herausgearbeitet, dass staatliche Souveränität ein zentrales Mittel darstellt, um Inklusion zu ermöglichen: Territoriale Expansion, extraterritoriale Jurisdiktion und die Universalisierung des

341 *Salomon*, Occupation, 1889, S. 186 und ferner S. 197, wonach die Kolonisierung mittels privater Unternehmen lediglich der Bereicherung der eigenen Bevölkerung auf Kosten der Schwächsten diene.

342 *Salomon*, Occupation, 1889, S. 186 f. und 188.

343 *Salomon*, Occupation, 1889, S. 200; vgl. zur Okkupation und zu ihrer vertraglichen Gestalt auch vorne Kap. 9.1.1.1.1.3 und 9.1.1.1.1.5, insb. bei Fn. 96.

344 *Krisch*, Jurisdiction Unbound, 2022, insb. S. 484, 496 und 512. Vgl. dazu bereits vorne in Kap. 9.1.1.1.3 bei Fn. 245.

345 Vgl. für eine weitergehende Kritik der völkerrechtlichen Jurisdiktiondogmatik *Chimni*, Jurisdiction, 2022, insb. S. 37 f., 41 f. und 54. Ob es zielführend ist, den Jurisdiktionsbegriff, wie dies Chimni vorschlägt, auszudehnen, um die vielfältige, tiefgreifende und umfassende Praxis der rechtlichen Inklusion zu beschreiben, sei dahingestellt.

346 Vgl. insofern kritisch *Chimni*, Jurisdiction, 2022, S. 42.

Nationalstaats gewährleisten den Zugriff auf das Außen. Heute erfolgt die für externalisierende Praktiken erforderliche Inklusion indes hauptsächlich über den Markt und losgelöst von der direkten Einverleibung von Territorien. In der Wirkung sind diese beiden Wege, die eng miteinander verknüpft sind, indes vergleichbar.[347] Die Institutionalisierung von Märkten, welche die wirtschaftlichen Räume unabhängiger Nationalstaaten in einen Gesamtzusammenhang bringen, erlaubt, den Zugriff auf die Peripherie und deren Ausbeutung als die Entfaltung moralisch neutraler Marktmechanismen zu kaschieren. Auf diese Weise werden unter dem Begriff der Globalisierung imperiale Praktiken fortgeführt.[348] Die Integration in einen gemeinsamen Markt, die zunächst oft durch kriegerische Gewalt und später häufig dank strukturellen Zwangs herbeigeführt und aufrechterhalten wurde, erweist sich daher als eine wesentliche Voraussetzung der Externalisierung.

Dass ein wesentlicher Bestandteil – und eine zentrale Voraussetzung für das Erlangen – von staatlicher Souveränität darin besteht, wirtschaftliche Austauschprozesse zu ermöglichen, d. h. Märkte zu schaffen und zu verbinden, wurde bereits verschiedentlich erwähnt. Im Folgenden gilt es deshalb den Markt selbst als Inklusionsmedium zu beschreiben. Der Markt ist keine naturwüchsige Institution, sondern ein gesellschaftlich Geschaffenes, wobei namentlich das Recht dazu beiträgt, die Sphäre wirtschaftlicher Interaktionen zu konstituieren.[349] Das Recht, das die Expansion und den Bestand des Marktes fundiert, stellt folglich einen Teil der rechtlichen Inklusionsordnung dar. Bevor im Folgenden auf das Recht eingegangen wird, das heute den globalen Markt konstituiert und damit die Inklusion des Außens ermöglicht, soll aufgezeigt werden,

347 *Hornborg*, Global Magic, 2016, S. 54: »[M]arkets can provide means of appropriation which are just as compelling – although less apparent and less demanding in terms of coercive infrastructure – as the political incorporation of exploited territories.«

348 *Hornborg*, Colonialism, 2019, S. 12; vgl. auch *Britton-Purdy* et al., Law-and-Political-Economy Framework, 2020, u. a. S. 1813 f. und 1833 f.; sowie zur erwähnten Kontinuität auch *Craven*, Unequal Treaties, 2005, S. 42, 45 und 82.

349 Vgl. etwa *Alter*, From colonial to multilateral, 2021, S. 4, 16, 17, 52 und 59; *Frerichs*, Transnational Law and Economic Sociology, 2021, insb. S. 75 und 83; *Britton-Purdy* et al., Law-and-Political-Economy Framework, 2020, insb. S. 1792 und 1818 ff.; *The IGLP Law and Global Production Working Group*, GVC manifesto, 2016, S. 59 f.; *Pistor*, Code des Kapitals, 2020, insb. S. 26 f., 211, 214, 265, 278 und 283; *Eller*, Transnational Contract Law, 2021, S. 522; sowie in historischer Perspektive auch *Beckert*, King Cotton, 2015, S. 224 ff.; vgl. zum Ganzen bereits vorne Kap. 5.2.3, insb. bei Fn. 154, sowie in Kap. 8.1 bei Fn. 39, in Kap. 9.1 bei Fn. 17 ff., und hinten in Kap. 9.1.2.2 bei Fn. 400, in Kap. 9.1.3 bei Fn. 432 ff.

inwiefern der Markt und insbesondere die Behauptung eines Rechts auf Handel bereits während der Phase der territorialen Expansion der Nationalstaaten eine zentrale Rolle im Rechtsdiskurs einnahmen.

9.1.2.1 Recht auf Handel

Der Markt als Vermittler des Zugriffs auf das Außen setzt rechtliche Institutionen voraus. Dazu zählen nicht nur das Privateigentum und ein Vertragsrecht, das auf Privatautonomie basiert, sondern auch die staatliche Infrastruktur, mittels derer dingliche und obligatorische Ansprüche abgesichert und durchgesetzt werden.[350] Bestehen diese Institutionen noch nicht oder schließen sie potenzielle Marktakteur*innen aus, sind sie zunächst zu etablieren, anzupassen oder für Außenstehende zugänglich zu machen. Dieser Prozess der Bildung oder Öffnung von Märkten ist seinerseits bereits rechtlich fundiert. Die Marktöffnung basierte nämlich regelmäßig auf der Behauptung eines universellen Rechts auf Handel. Dieses Recht wurde sowohl gegenüber anderen europäischen Mächten, die ihrerseits Handelsmonopole beanspruchten,[351] als auch hinsichtlich des Kontaktes mit indigenen Gemeinschaften in Stellung gebracht. Indem ein naturrechtliches und damit universelles Recht auf Handel postuliert wurde, naturalisierte und legitimierte der Rechtsdiskurs ein globales Wirtschaftssystem und den Zugriff des weltgesellschaftlichen Zentrums auf die Peripherie.[352]

Seit fünfhundert Jahren wird im Völkerrechtsdiskurs ein universelles Recht auf Handel postuliert. Im Zusammenhang mit der Lehre vom gerechten Krieg wurde argumentiert, dass die Verweigerung des Handels und Eingriffe in das Privateigentum Krieg rechtfertigten. Diese Position vertraten bereits die spanischen Spätscholastiker um Francisco de Vitoria im 16. Jahrhundert in der Auseinandersetzung mit der Eroberung Lateinamerikas. Vitoria ging von einem universellen Recht auf Reisen und Handel aus, sodass alle Staaten zur Gastfreundschaft gegenüber Fremden verpflichtet seien und den wirtschaftlichen Austausch tolerieren müssten.[353]

350 Vgl. hinten die Hinweise zum Begriff des transnationalen bzw. globalen Wirtschaftsrecht 1169 ff.

351 Vgl. zu diesem Konflikt zwischen den iberischen Mächten einerseits und den anderen europäischen Staaten andererseits *Fisch*, Europäische Expansion, 1984, S. 45 ff, insb. 49 f., 77 f. und 102, ferner S. 480.

352 Vgl. etwa *Anghie*, Imperialism, 2005, S. 21.

353 *Vitoria*, On the American Indians, 1991, Question 3, Article 1, S. 278 ff.; vgl. dazu etwa *Fisch*, Europäische Expansion, 1984, S. 216 f.; *Anghie*, Imperialism, 2005, S. 20 ff. und 251 ff.; *Koskenniemi*, Empire and International Law, 2011, S. 26; *Fitzmaurice*, Discovery, Conquest, and Occupation, 2012, S. 847 f.

Im Ergebnis skizzierten die Spätscholastiker ein internationales Handelssystem, das auf dem Privateigentum von Kaufleuten basierte und eine globale Sphäre individueller – insbesondere wirtschaftlicher – Freiheit zum Ausdruck brachte.[354] Dieses »Imperium privater Rechte« und das daraus abgeleitete Recht auf Handel sollte insofern universell durchsetzbar sein, als deren Verletzung einen gerechten Kriegsgrund darstellte.[355] Staaten wurde demnach das Recht zugesprochen, die Handelsfreiheit global zur Geltung zu bringen. In der Spätscholastik wurde mit anderen Worten das Fundament dafür gelegt, Natur und Arbeit in der Peripherie anzueignen und als Privateigentum in globale Marktbeziehungen zu integrieren.[356]

Spätere Autoren wie Hugo Grotius und Alberico Gentili kritisierten zwar das Ausmaß der spanischen Expansion und stellten in Abrede, dass die Durchsetzung des Handels die Unterwerfung und Kolonisierung rechtfertigte.[357] Die Annahme indes, dass ein universelles Recht auf Handel besteht, das auch gewaltsam durchgesetzt werden darf, wurde kaum in Frage gestellt.[358] Diese Überlegung legte Grotius denn auch dem »Kommentar über das Prisenrecht«, seiner Verteidigungsschrift für die Niederländische Ostindienkompanie (VOC) zugrunde. Diese hatte 1603 ein portugiesisches Schiff, die Santa Catarina, in Südostasien gekapert und später verkauft.[359] Das Recht dazu leitete Grotius daraus ab, dass das Monopol, das Portugal beanspruchte, das Recht der VOC, selbst Handel zu treiben, und das diesem zugrunde liegende Privateigentum verletze.[360] Grotius ging von einem Recht auf transnationalen Handel aus, das die göttliche Gerechtigkeit verwirkliche, dass eine Nation die Bedürfnisse einer anderen befriedige.[361] Was in einer Region produziert

354 *Koskenniemi*, Empire and International Law, 2011, S. 26 ff.; *Koskenniemi*, To the Uttermost Parts, 2021, S. 181 ff., insb. 183, 186 und 196; vgl. dazu auch *Seelmann*, Theologie und Jurisprudenz, 1997, S. 15 ff.

355 *Koskenniemi*, Empire and International Law, 2011, S. 28 f. und 32; *Koskenniemi*, To the Uttermost Parts, 2021, S. 203.

356 *Porras*, Appropriating Nature, 2022, S. 117.

357 Ob Vitoria indes im konkreten Fall der spanischen Eroberung die Durchsetzung des Handels als Rechtsgrund anerkannte, ist umstritten. Vgl. *Fitzmaurice*, Discovery, Conquest, and Occupation, 2012, S. 847 f.

358 Vgl. *Fitzmaurice*, Discovery, Conquest, and Occupation, 2012, S. 848 ff.; *Fisch*, Europäische Expansion, 1984, S. 245 ff.; *Porras*, Appropriating Nature, 2022, S. 122; ferner *Koskenniemi*, To the Uttermost Parts, 2021, u. a. S. 222 f., 260, 450, 617 und 639 f.

359 *Reinhard*, Die Unterwerfung der Welt, 2020, S. 188; *Koskenniemi*, To the Uttermost Parts, 2021, S. 299 f.

360 *Koskenniemi*, Empire and International Law, 2011, S. 32.

361 *Grotius*, De Iure Praedae Commentarius, 1950, S. 218. Vgl. zum Recht auf Handel nach Grotius auch *Porras*, Constructing International Law, 2006, S. 756 ff.

werde, so Grotius, sei als Produkt einer jeden Region zu betrachten.[362] Nicht nur Staaten, sondern auch Private seien alsdann berechtigt, dem Recht auf Handel mit Gewalt zum Durchbruch zu verhelfen.[363] Nach diesem Verständnis erhält das Recht auf Handeln die Konturen eines Rechts, auf die Peripherie zuzugreifen, womit ihm eine entterritorialisierende Wirkung zukommt.

Die Ansicht, wonach Mangel an einem Ort durch den Überfluss andernorts auszugleichen sei, weshalb ein Recht bestehen müsse, Handel zu treiben, diente nicht nur für Grotius als einen wichtigen Ausgangspunkt. Dass Handel als friedliche Ausgleichsmaßnahme zwischen Knappheit und Überfluss der göttlichen Vorsehung entspricht, stellt eine Konstante des völkerrechtlichen Diskurses dar.[364] Dabei wird Handel als Vorgang interpretiert, der nicht nur der universellen Natur des Menschen entspricht, sondern auch mit beidseitigem Vorteil verbunden sei.[365] »[A]nyone who abolishes this system of exchange«, führte Grotius aus »abolishes also the highly prized fellowship in which humanity is united. He destroys the opportunities for mutual benefactions. In short, he does violence to nature herself.«[366] Emer de Vattel verfasste seine Studie zum Völkerrecht zwar 150 Jahre nach Grotius, vertrat aber weitgehend ähnliche Vorstellungen. Obwohl Vattel das Recht akzeptierte, den Zugang zu verweigern,[367] ging er von einer Verpflichtung aus, Handel zu kultivieren[368]. Wie bereits Grotius und zuvor schon Vitoria interpretierte Vattel den Handel als Vorgang, um die unterschiedliche Verteilung von Ressourcen grenzüberschreitend auszugleichen, sodass der Handel gleichsam eine Auflösung

362 *Grotius*, De Iure Praedae Commentarius, 1950, S. 218; *Grotius*, The Rights of War and Peace, 2005, S. 444; vgl. dazu auch *Koskenniemi*, To the Uttermost Parts, 2021, S. 334; *Porras*, Appropriating Nature, 2022, S. 126.

363 *Grotius*, De Iure Praedae Commentarius, 1950, S. 216 ff.; vgl. dazu *van Ittersum*, Profit and Principle, 2006, S. 20 ff. und 43 ff., insb. 28 f. und 44 f.; *Koskenniemi*, To the Uttermost Parts, 2021, S. 302, 310 f. und 322 f.; *Koskenniemi*, Empire and International Law, 2011, S. 34 f.

364 *Porras*, Appropriating Nature, 2022, S. 118 ff.; *Porras*, Providential Function of Commerce, 2017.

365 *Porras*, Appropriating Nature, 2022, insb. S. 112, 125 und 131 f.; vgl. hierzu auch hinten in Kap. 9.1.3 bei Fn. 444 ff. zur Ideologie der Gegenseitigkeit.

366 *Grotius*, De Iure Praedae Commentarius, 1950, S. 182.

367 *De Vattel*, Le Droit des Gens, 1758, Livre I, § 90 ff., insb. 92 und 99, sowie Livre II, § 94 und 100. Dieses Recht bedingte bei Vattel aber insofern einen bestimmten gesellschaftlichen Entwicklungsstand, als ein Gebiet, das nicht bewirtschaftet wurde, okkupiert werden durfte (vgl. dazu vorne in Kap. 9.1.1.1.3 bei Fn. 86).

368 *De Vattel*, Le Droit des Gens, 1758, Livre I, § 87 f. und 94, wonach denn auch nur ernsthafte und wichtige Gründe erlaubten, Handel zu unterbinden.

des Spannungsverhältnisses zwischen den Verpflichtungen, sich selbst zu erhalten und anderen beizustehen, bewirken sollte.[369]

Auch im 19. und zu Beginn des 20. Jahrhunderts wurde ein Recht darauf, Handel zu treiben und sich im Außen niederzulassen, im Schrifttum explizit vertreten oder zumindest in der Okkupationstheorie vorausgesetzt.[370] Die Rechtfertigungsstrategien erinnern dabei mitunter an die Ansichten, wie sie bereits Jahrhunderte zuvor dem Recht auf Handel zugrunde gelegt wurden. Frederick Lugard etwa, ein britischer Kolonialbeamter, ging in seinem einflussreichen Werk über die Verwaltung der Kolonien und zur Verteidigung des formellen Imperialismus von einem Menschenrecht auf tropische Produkte aus und fragte rhetorisch: »Who can deny the right of the hungry people of Europe to utilise the wasted bounties of nature, or that the task of developing these resources was, as Mr Chamberlain expressed it, a ›trust for civilisation‹ and for the benefit of mankind?«[371] Dass Lugard den kolonialen Zugriff vehement verteidigte, erstaunt kaum. Im engeren völkerrechtlichen Diskurs indes wurden fast identische Positionen vertreten. So postulierte beispielsweise George Scelle 1932 in seinem Standardwerk, dass keine Gemeinschaft das Recht habe, sich vom internationalen Handel abzusondern. Die Verfügung über den Boden und seine natürlichen Reichtümer habe die Verpflichtung zur Folge, ihn in Übereinstimmung mit den Bedürfnissen der internationalen Solidarität auszubeuten. Wo dies nicht geschehe, obliege es der internationalen Gemeinschaft, diese rückständigen Gebiete auf den Weg des Fortschritts zu führen.[372] Die Ansicht, dass alle Staaten berechtigt seien, Handel zu treiben und auf Rohstoffe andernorts zuzugreifen, fand anschließend auch Eingang in die Atlantik-Charta von 1941, mit der die politische Führung der USA und Großbritanniens die Prinzipien der Nachkriegsordnung skizzierten.[373]

Dieser kursorische ideengeschichtliche Rückblick zeigt, mit welcher Vehemenz der marktvermittelte Zugriff auf das Außen verteidigt wurde.

369 *Porras*, Appropriating Nature, 2022, S. 129 f.

370 Vgl. *Fisch*, Europäische Expansion, 1984, S. 290 und 308; *Anghie*, Imperialism, 2005, S. 67.

371 *Lugard*, The Dual Mandate in British Tropical Africa, 1922, S. 606 und (zitiert) 615, vgl. auch S. 60 f. Joseph Chamberlain propagierte als Kolonialminister die Idee, dass die Kolonialstaaten und insb. Großbritannien ihre Besitzungen im Interesse der Zivilisation und zum allseitigen Vorteil verwalteten (vgl. ibid., insb. S. 60). Als »sacred trust of civilisation« wurden dann das Mandatssystem des Völkerbunds gerechtfertigt (vgl. vorne Kap. 9.1.1.1.2.2, Fn. 189).

372 *Scelle*, Précis, [1932] 1984, Bd. 1, S. 143 mit Bezug auf die Völkerbundmandate. Vgl. dazu auch *Fisch*, Europäische Expansion, 1984, S. 360 f.

373 So das 4. Prinzip der Atlantikcharta. Vgl. dazu auch *Anghie*, Imperialism, 2005, S. 212.

Die Ermöglichung und Absicherung des Handels wurde indes auch in der völkerrechtlichen Praxis angestrebt. Sowohl innerhalb Europas als auch mit überseeischen Gebieten wurde der Marktzugang vertraglich geregelt.[374] So stellte die Marktöffnung ein zentrales Motiv der ungleichen Verträge dar.[375] Im Nachgang zu den Opiumkriegen Mitte des 19. Jahrhunderts etwa ließen sich Großbritannien und weitere westliche Mächte von China zunächst den Zugang zu gewissen Häfen und zunehmend weitreichende Niederlassungs- und Handelsfreiheiten vertraglich zusichern.[376] Auch für die Völkerbundmandate wurde sodann die Marktöffnung verankert.[377] Verträge zur Sicherung des Handels wurden auch innerhalb Europas abgeschlossen. Insgesamt entwickelte sich das innereuropäische Recht indes gerade gegenläufig zur Entwicklung der Beziehungen zur Peripherie. Während ungleiche Verträge darauf abzielten, die Konsularjurisdiktion und damit die extraterritoriale Anwendung des eigenen Rechts zu ermöglichen sowie einseitige Privilegien zu erlangen, löste innerhalb Europas das Territorialitätsprinzip zunehmend das Personalitätsprinzip ab, sodass alle Fremden dem jeweils eigenen Recht unterstellt wurden.[378] Zudem war die innereuropäische Praxis vom Ringen um Gegenseitigkeit geprägt, wobei jeder Staat entsprechend des vom 16. bis zum 18. Jahrhundert vorherrschenden Merkantilismus viel eher nach einer positiven Handelsbilanz als nach Freihandel strebte.[379] Diese wirtschaftstheoretische Überzeugung fand ihren Niederschlag auch im völkerrechtlichen Diskurs, wie sich etwa bei Vattel zeigt, der in merkantilistisch motivierten Zöllen »rien [...] de très sage et de très juste« erkannte.[380]

9.1.2.2 Globales Wirtschaftsrecht

Die völkervertragliche Absicherung des Marktzugangs erlangte vor dem Hintergrund der Dekolonisierung eine noch größere Bedeutung. Die Öffnung der Märkte in der weltgesellschaftlichen Peripherie erfolgte zu einem wesentlichen Teil im Gleichschritt mit der Ausbreitung staatlicher Souveränität, der territorialen oder extraterritorialen Expansion

374 Vgl. zur Handelsvertragspraxis seit dem Mittelalter etwa *Weindl*, Handelsverträge, 2008; *Senti*, Geschichte, 2022, S. 5 ff.

375 Vgl. vorne in Kap. 9.1.1.1.2.1 bei Fn. 151.

376 *Anghie*, Imperialism, 2005, S. 72 f. und 85; *Grewe*, Epochs of International Law, 2000, S. 478 ff.; *Reinhard*, Die Unterwerfung der Welt, 2020, S. 828.

377 Vgl. vorne Kap. 9.1.1.1.2.2, Fn. 188; ferner *Anghie*, Imperialism, 2005, S. 143 f. und 157.

378 *Weindl*, Handelsverträge, 2008, Rz. 40 und 52.

379 *Weindl*, Handelsverträge, 2008, Rz. 45; *Senti*, Geschichte, 2022, S. 12 f.

380 *De Vattel*, Le Droit des Gens, 1758, Livre I, § 99.

des europäischen Nationalstaats.[381] Wo Staaten keine Souveränität über nichteuropäische Gebiete erlangten, drängten sie oftmals im Rahmen der ungleichen Verträge auf Handelsliberalisierungen, mithin die Einführung des Prinzips der offenen Tür.[382] Mit der Dekolonisierung musste der Marktzugang auch hinsichtlich jener Gebiete neu abgesichert werden, die zuvor mehr oder weniger formelle Besitzungen der europäischen Mächte waren. Der Wegfall alter Strategien der nationalstaatlichen Expansion verlangte mithin neue Wege, um den Zugriff auf Rohstoffe und Arbeitskräfte im Außen zu gewährleisten.

Die Vereinten Nationen haben im Zuge der Dekolonisierung nicht nur die formelle Unabhängigkeit der Staaten sichergestellt, sondern auch den Zugang zu Ressourcen, der in Zeiten des formellen Imperialismus etabliert worden war.[383] Bereits der UN-Charta liegt das Konzept des freien Wirtschaftsverkehrs zugrunde.[384] Diesem Ziel ist auch der wirtschaftsvölkerrechtliche Rahmen verpflichtet, der nach dem Zweiten Weltkrieg geschaffen wurde. Das gegenwärtige Welthandelsregime wurde parallel zu den Vereinten Nationen erschaffen, nachdem die Gründung einer Internationalen Handelsorganisation im Rahmen des Wirtschafts- und Sozialrats der UN scheiterte.[385] 1948 trat das Allgemeine Zoll- und Handelsabkommen (General Agreement on Tariffs and Trade, GATT) in Kraft, das von 23 Staaten unterzeichnet und bereits 1944 anlässlich der Bretton-Woods-Konferenz ausgehandelt worden war. Erst 1994 überführten die damals 128 Vertragsparteien das GATT in revidierter Form zusammen mit weiteren multilateralen Handelsübereinkommen, die in der Zwischenzeit vereinbart worden waren, in die Welthandelsorganisation.[386] Inzwischen zählt die WTO 168 Mitgliedstaaten.[387] Zusätzlich zum multilateralen WTO-Recht wurden zahlreiche bilaterale und multilaterale Freihandelsabkommen abgeschlossen, während im Rahmen von Zollunionen noch weitergehende Integrationsbestrebungen verfolgt werden.[388] Das WTO-Recht widmet sich nicht nur der Liberalisierung des Güter- und Dienstleistungsverkehrs. Mit dem Abkommen über handelsbezogene Aspekte der Rechte an geistigem Eigentum (TRIPS) wurde im Rahmen der WTO-Gründung auch ein wesentlicher Baustein des

381 Vgl. dazu vorne Kap. 9.1.1.1.

382 Vgl. *Grewe*, Epochs of International Law, 2000, S. 477 ff.; vorne in Kap. 9.1.1.1.2.1 bei Fn. 150 f.

383 *Orford*, International legal method, 2013, S. 197; vgl. auch *Orford*, Intervention, 2003.

384 *Kreuter-Kirchhof*, Wirtschaft und Kultur, 2019, Rz. 12.

385 Vgl. etwa *Senti*, Geschichte, 2022, S. 90 f.

386 Vgl. WTO-Abkommen.

387 Vgl. zur Anzahl Vertrags- bzw. Mitgliedsstaaten: *WTO*, The 128 countries that had signed GATT by 1994; *WTO*, Members and Observers.

388 *Herdegen*, Principles, 2016, S. 20, 214 ff. und 319 ff.

globalen Eigentumsschutzes geschaffen.[389] Zu diesem ist auch das Investitionsschutzregime zu zählen, dessen Rückgrat aus unzähligen bilateralen und multilateralen Abkommen besteht.[390] Wichtige Institutionen der wirtschaftsvölkerrechtlichen Ordnung sind sodann der Internationale Währungsfonds (IWF) und die Weltbankgruppe. Diese sollen die Währungen stabilisieren und die wirtschaftliche Entwicklung fördern.[391]

Die wirtschaftsvölkerrechtliche Ordnung zielt auf eine Öffnung des nach wie vor nicht gänzlich freien Welthandels und zeichnet sich durch einige Grundprinzipien aus: zwischenstaatliche Handelsströme sollen privatrechtlich gesteuert werden, Währungen sollen im Interesse der Kapitalmobilität frei konvertibel sein, Märkte sollen sich durch Angebot und Nachfrage selbst regulieren und die Marktakteur*innen sollen nach dem Grundsatz der Nichtdiskriminierung behandelt werden.[392] Das nach dem Zweiten Weltkrieg geschaffene Welthandelsregime wurde weitgehend nach Wertvorstellungen und Bedürfnissen des Westens geprägt.[393] Es bringt einen klassenübergreifenden Konsens zum Ausdruck, der darauf zielt, die Vorzüge der geopolitischen und ökonomischen Asymmetrien des Kolonialismus aufrechtzuerhalten.[394] Vor diesem Hintergrund lässt sich die Ausbreitung des Marktes und seiner Logik, die zu Marginalisierung und Unterdrückung führt, denn auch als Ersatz für eigentliche, als solche erkennbare Zwangsmittel beschreiben.[395] Daran ändert der Umstand nichts, dass innerhalb der auf Liberalisierung ausgerichteten wirtschaftsvölkerrechtlichen Ordnung mitunter für Entwicklungsländer günstigere Marktzugangsbedingungen und Ausnahmeregelungen vorgesehen sind.[396]

Um das Recht zu fassen, das heute den marktvermittelten Zugriff auf die Peripherie sicherstellt, ist indes der Blick über das Wirtschaftsvölkerrecht hinaus zu richten. Es wäre verkürzt, das auf multi- und bilateralen Staatsverträgen basierende Welthandels- und Investitionsschutzrecht als das Recht globaler ökonomischer Verhältnisse zu begreifen.[397]

389 Vgl. Anhang 1C WTO-Abkommen.

390 *Herdegen*, International Economic Law, 2020, Rz. 7; *Sornarajah*, The International Law on Foreign Investment, 2021, S. 209 ff.; *Kreuter-Kirchhof*, Wirtschaft und Kultur, 2019, Rz. 50.

391 *Kreuter-Kirchhof*, Wirtschaft und Kultur, 2019, Rz. 12 und 114 ff.; vgl. zum internationalen Währungsrecht auch *Herdegen*, Principles, 2016, S. 501 ff.

392 *Kreuter-Kirchhof*, Wirtschaft und Kultur, 2019, Rz. 13 und 69; *Ohler*, Schutz privaten Eigentums, 2006, S. 879 ff.; *Herdegen*, Principles, 2016, S. 65 ff.; ferner auch *Chimni*, International Law, 2017, S. 509 ff.

393 *Kreuter-Kirchhof*, Wirtschaft und Kultur, 2019, Rz. 14.

394 *Lessenich*, Grenzen, 2019, S. 89 f.

395 Vgl. *Dirlik*, Postcolonial Aura, 1994, S. 351.

396 Vgl. zu diesen Ausnahmen *Herdegen*, Principles, 2016, S. 69 ff.

397 *Kennedy*, Law and the Political Economy, 2013, S. 38; vgl. auch *Koskenniemi*, Globalization, 2013, S. 821 f.

Das Wirtschaftsvölkerrecht ist nämlich nur ein Teil dessen, was als globales oder transnationales Wirtschaftsrecht bezeichnet werden kann.[398] Dieses kaum überschaubare Feld besteht aus öffentlich-rechtlichen und privatrechtlichen Regelungen zwischenstaatlicher und innerstaatlicher Natur sowie aus privaten Rechtsschöpfungsbemühungen.[399] Ein breites Begriffsverständnis drängt sich namentlich deshalb auf, weil das Globale und das Nationale, das Private und das Öffentliche, Markt und Staat keine streng getrennten Sphären darstellen, sondern konstitutiv aufeinander bezogen sind.[400] Angesichts dieser Verwobenheit muss das nationale Recht als Teil globaler Phänomene berücksichtigt werden, womit globales – oder eben transnationales – immer auch nationales Recht umfasst. Gemeinsam verwirklichen diese Normierungen ein Modell wirtschaftlicher Verflechtung, das Koskenniemi in anderem Zusammenhang als Imperium privater Rechte bezeichnet hat.[401] Erst das globale Wirtschaftsrecht in seiner Gesamtheit garantiert die Kontinuität der Integration weltwirtschaftlicher Zusammenhänge und damit die für die Externalisierungsgesellschaft essenzielle Inklusion.[402]

398 Vgl. *Alter*, From colonial to multilateral, 2021, S. 2; sowie zum Begriff des transnationalen Rechts *Jessup*, Transnational Law, 1956, S. 2, 70 und 106.

399 Vgl. *Alter*, From colonial to multilateral, 2021, S. 13 f. und 65; *Cotula*, Global Resource Governance, 2020, S. 432 und 436 f.; *Dejung/Petersson*, Introduction, 2013, S. 7 und 17; *Kreuter-Kirchhof*, Wirtschaft und Kultur, 2019, Rz. 10 f.; *The IGLP Law and Global Production Working Group*, GVC manifesto, 2016, S. 58; Vgl. zu den verschiedenen Elementen des vorliegend als transnational bezeichneten Wirtschaftsrecht etwa *Herdegen*, Principles, 2016, S. 60 ff. und 349 ff.; sowie zum transnationalen Vertragsrecht etwa *Eller*, Transnational Contract Law, 2021; *Saage Maaß*, Transnational Alliances, 2021, S. 30 f.

400 Vgl. *Sassen*, Das Paradox des Nationalen, 2008, u. a. S. 360 ff., insb. 367, sowie 430 ff., insb. 436 f.; *Yeung*, Capital, State and Space, 1998; *Deakin* et al., Legal institutionalism, 2017, insb. S. 190 f. und 198; *Halliday/Shaffer*, Transnational Legal Orders, 2015, S. 6, 13 ff. und 19; *Cutler*, Judicialization, 2018, insb. S. 66 f. und 92 ff.; *Peukert*, Nationalism, 2022, S. 93 f. Vgl. zur Rückbindung der globalen Wirtschaft an den Nationalstaat auch vorne in Kap. 8.1, Fn. 39, in Kap. 9.1 bei Fn. 17 ff. und in Kap. bei Fn. 349 sowie hinten in Kap. 9.1.3 bei Fn. 432 ff., ferner Kap. 5.2.3. Dem Ausgeführten scheint ein Verständnis des transnationalen Rechts kaum gerecht zu werden, das dieses als post-etatistische »dritte Kategorie von autonomen Rechtssystemen jenseits der traditionellen Kategorien des staatlichen nationalen und internationalen Rechts« versteht (*Calliess*, Transnationales Verbrauchervertragsrecht, 2004, S. 254 und 252; vgl. daran anschließend *Fischer-Lescano/Teubner*, Regime-Kollisionen, 2006, S. 43).

401 Vgl. vorne Kap. 9.1, Fn. 8 und Kap. 9.1.2.1, Fn. 355.

402 Vgl. *Feichtner*, Law of Natural Resource Extraction, 2020, S. 160.

Das transnationale Wirtschaftsrecht hat die Stärkung des Marktes zur Folge und wurde insbesondere in Abgrenzung zu Regulierungsansätzen entwickelt, die unter dem Stichwort der Neuen Weltwirtschaftsordnung[403] verhandelt wurden und auf globale Verteilungsgerechtigkeit sowie eine Demokratisierung der Wirtschaft und der Verfügung über natürliche Ressourcen ausgerichtet waren.[404] So stellt etwa die Kapitalmobilität, die unter anderem durch den Integrationsprozess im Rahmen der WTO sichergestellt wurde, eine wichtige Hürde dar, um Staaten des Globalen Südens die adäquate Beteiligung am eigenen Ressourcenreichtum zu ermöglichen.[405] Im Zuge der Durchsetzung neoliberaler Ordnungsvorstellungen wurde der Markt als Verteilungs- und Regulierungsinstanz gefestigt und wirtschaftliche Zusammenhänge dadurch weitgehend entpolitisiert.[406] Dabei basiert die Entpolitisierung zu einem wichtigen Teil darauf, dass das internationale Recht und seine Institutionen als neutrale und unabhängige Ordnung dargestellt werden.[407] Indem zugunsten internationaler Institutionen der Staat und mit ihm die demokratische Gestaltung gesellschaftlicher Verhältnisse in Schranken gewiesen wird, soll der Markt befreit und die Wirtschaft global integriert werden.[408] Dergestalt gehen der Schutz des Marktes und die Disziplinierung der Nationalstaaten Hand in Hand.[409] Dies zeigt wiederum das Beispiel der Kapitalmobilität, die dem globalen Markt erst zum Durchbruch verhilft und zugleich disziplinierend

403 Vgl. zur New International Economic Order (NIEO) UN-GV, Declaration on the Establishment of a New International Economic Order, Resolution 3201 (S-VI), 01.05.1974, UN-Doc. A/RES/S-6/3201; UN-GV, Programme of Action on the Establishment of a New International Economic Order, Resolution 3202 (S-VI), 01.05.1974, UN-Doc. A/RES/S-6/3202; UN-GV, Charter of Economic Rights and Duties of States, Resolution 3281 (XXIX), 12.12.1974; sowie etwa *Bedjaoui*, New international economic order, 1979; *Anghie*, Legal Aspects of the NIEO, 2015.

404 *Feichtner*, Law of Natural Resource Extraction, 2020, S. 160 f. und 172; vgl. auch *Faundez*, Between Bandung and Doha, 2017; *Özsu*, Neoliberalism, 2017, S. 339 ff.; *Pahuja*, Corporations, 2019, S. 90; *Pahuja/Saunders*, Rival Worlds, 2019. Vgl. dazu auch hinten in Kap. 9.2.2.6.3 bei Fn. 1288 ff.

405 *Feichtner*, Law of Natural Resource Extraction, 2020, S. 172; vgl. auch *Chimni*, International Law, 2017, S. 509.

406 *Feichtner*, Law of Natural Resource Extraction, 2020, S. 159 ff., 172 und 174; vgl. auch *Orford*, Social Question, 2020, S. 9 und 40 f.

407 Vgl. *Orford*, Social Question, 2020, S. 34, 36, 40 und 44.

408 Vgl. insofern zur Dezentrierung des Nationalstaats, die in der neoliberalen Theorie als Föderalismus gedacht wird *Biebricher*, Politische Theorie des Neoliberalismus, 2021, u. a. S. 90, 98 f. und 116.

409 Vgl. dazu bereits vorne Kap. 9.1.1.2.2; ferner *Orford*, Social Question, 2020, S. 26 f.

wirkt.[410] Dieser doppelseitige Vorgang wird denn etwa als Isolierung[411] oder »encasement«[412] des Marktes beschrieben. Dabei geht es im Wesentlichen darum, die Wirtschaft als ein von anderen gesellschaftlichen Sphären getrenntes System abzusichern und sowohl inhaltlich – also gerade im Hinblick auf andere Gesellschaftsbereiche – als auch geografisch auszuweiten.[413] So führt beispielsweise das Investitionsschutzregime dazu, dass wirtschaftliche Beziehungen zwischen Gaststaaten, ausländischen Investor*innen und lokalen Gemeinschaften aus dem politischen Umfeld, in dem sie stattfinden, entbettet werden.[414]

Die Konstitutionalisierung des Weltmarkts, seine Abschottung von demokratischer Einflussnahme und die damit einhergehende Absicherung des Zugriffs auf das Außen wurde und wird dabei wiederum mit dem Argument gerechtfertigt, dass dieses Ordnungsmodell letztlich im Interesse aller Beteiligten sei.[415] Noch immer basierte die rechtliche Gestaltung der Beziehung zwischen Zentrum und Peripherie auf dem Narrativ der Verschmelzung von Eigeninteresse und Altruismus.[416] Beachtlich ist zudem, dass die Isolierung des Marktes und die Disziplinierung nationalstaatlicher Politik im Interesse der wirtschaftlichen Inklusion eng miteinander verknüpft sind. Die scheinbare Entpolitisierung des Marktes untermauert nämlich seine Naturalisierung, was Marktbeziehungen wiederum von Kritik abschottet und die These plausibilisiert, dass soziale und ökologische Probleme in erster Linie auf nationale Fehlentscheide

410 Vgl. *Harmes*, New constitutionalism and multilevel governance, 2014, S. 145 f.; *Biebricher*, Politische Theorie des Neoliberalismus, 2021, S. 97 f.; *Sassen*, Das Paradox des Nationalen, 2008, S. 419 ff.; ferner *Kennedy*, Three Globalizations of Law and Legal Thought, 2006, S. 57 f.; sowie differenzierend zur progressiven Natur von Kapitalverkehrskontrollen *Alami*, Capital Controls, 2019.

411 *Gill*, New constitutionalism, 1998, insb. S. 23, 25, 30 und 37 f.; *Linarelli/Salomon/Sornarajah*, Misery, 2018, u. a. S. 159 f.

412 *Slobodian*, Globalists, 2018, S. 13 ff. und passim; vgl. auch *Britton-Purdy* et al., Law-and-Political-Economy Framework, 2020, insb. S. 1807 und 1821 f.

413 Vgl. *Harmes*, New constitutionalism and multilevel governance, 2014, S. 144 ff.; *Orford*, Social Question, 2020, S. 25 ff., insb. 27; ferner bereits vorne Kap. 5.2.3, insb. bei Fn. 154.

414 *Orford*, Social Question, 2020, S. 42; vgl. auch *Hofmann*, Modern International Investment Law, 2012, S. 439 f. und 460.

415 *Feichtner*, Law of Natural Resource Extraction, 2020, S. 160; vgl. auch *Kreuter-Kirchhof*, Wirtschaft und Kultur, 2019, Rz. 14; *Herdegen*, Principles, 2016, S. 66 und 69, wonach darin die Solidarität mit den Entwicklungsländern zum Ausdruck komme. Vgl. zur Ideologie der Gegenseitigkeit, die sich hier erneut manifestiert, hinten in Kap. 9.1.3 bei Fn. 444 ff.

416 Vgl. *Pahuja*, Corporations, 2019, S. 83.

zurückzuführen seien.[417] Die Verantwortung für Mangel und Leid im Globalen Süden wird dadurch abgeschoben, gleichsam externalisiert. Zugleich wird die Notwendigkeit von Strukturanpassungsmaßnahmen nahegelegt und damit die Disziplinierung der Peripherie gestärkt.[418]

9.1.2.3 Eigendynamik

Der für das Externalisierungsgeschehen wesentliche Zugriff auf das Außen erfolgt zu einem erheblichen Teil über wirtschaftliche Prozesse und damit im Rahmen des Weltmarktes. Dieser ist weder eine naturgegebene noch neutrale Institution. Vielmehr ist der Markt ein gesellschaftlich und namentlich rechtlich geschaffenes Konstrukt, das in globale Machtverhältnisse und hegemoniale Kämpfe eingebettet ist.[419] Indem das Recht den globalen Markt mit hervorbringt, nimmt es den Charakter einer Inklusionsordnung an. Dies lässt sich aktuell etwa am Beispiel der Ausbeutung des Tiefseebodens beobachten, die eine spezifische rechtliche Infrastruktur voraussetzt.[420]

Dem globalen Wirtschaftsrecht liegt die Tendenz zugrunde, Märkte zu liberalisieren und zu deregulieren; es diszipliniert Nationalstaaten und schränkt deren Regulierungsspielraum ein. Allerdings strebt das Recht diese Wirkung nicht nur direkt an. Sie ergibt sich zugleich aus der Eigendynamik globalisierter Märkte, worauf an dieser Stelle kurz einzugehen ist, um sowohl die Relevanz des Marktes als auch seiner rechtlichen Fundierung hinreichend zu erfassen. Mit der Internationalisierung von Angebot und Nachfrage gehen Strukturveränderungen nationaler Wirtschaftsräume einher. Beispielsweise werden inländische Produktionskapazitäten verlagert oder kleinbäuerliche Strukturen zurückgedrängt. Dies schafft Abhängigkeiten, derer sich weder die Länder des Globalen Südens noch Industriestaaten entledigen können. Innerhalb dieser Abhängigkeiten setzt der Konkurrenzdruck des entfesselten globalen Wettbewerbs Anreize, theoretisch bestehende Regulierungsspielräume nicht auszuschöpfen und etwa Umwelt- und Arbeitsstandards zu senken oder

417 Vgl. etwa *Dünnwald*, Investment Treaties and Environmental Norms and Measures, 2015, S. 397, wonach der fehlende Schutz lokaler Interessen keine Konsequenz des Investitionsschutzregimes seien, sondern auf strukturelle und gesellschaftliche Probleme innerhalb des Gaststaats verweisen würden.

418 Vgl. *Faundez*, Between Bandung and Doha, 2017, S. 507; zum Ganzen auch vorne die Kritik der subordinierenden Harmonisierung in Kap. 6.1.2.2.6; sowie zur entsprechenden Ausrichtung der Entwicklungspolitik in Kap. 9.1.1.2.2 bei Fn. 309.

419 Vgl. hierzu hinten in Kap. 9.1.3 bei Fn. 432 und die Verweise dort.

420 Vgl. etwa *Ranganathan*, Ocean Floor Grab, 2019; *Feichtner*, Mining for Humanity, 2019; *Feichtner*, Riches of the Sea, 2019.

solche tief zu halten. Dies wiederum verstärkt den Druck auf andere Regulierungsräume, sodass sich eine Eigendynamik entwickelt, die das Bild eines »race to the bottom« evoziert.[421] Daher überrascht es denn auch wenig, dass sich Staaten des Globalen Südens beispielsweise gegen die Verknüpfung von Umweltschutz und Handelspolitik aussprechen.[422] Aus denselben Gründen dürften Appelle an den umweltpolitischen Gestaltungswillen der Nationalstaaten weitgehend verhallen.[423]

In diesem Zusammenhang ist schließlich hervorzuheben, dass sich nicht nur der externe Druck, der direkt von internationalen Institutionen oder indirekt vom globalen Standortwettbewerb ausgeht, auf die bestehenden Verhältnisse auswirkt und einer Verbesserung von Arbeitsbedingungen und Umweltschutzvorgaben im Weg steht. Äussere Anreize werden oft ergänzt durch innere Motive. Eingebettet in globale Konkurrenzverhältnisse profitieren meist auch lokale Eliten von Ausbeutung und Naturzerstörung.[424] Zudem wird ein Wirtschafts- und Entwicklungsmodell, das auf den Rohstoffexport und damit verbundene extraktivistische Praktiken ausgerichtet ist, schließlich oftmals als einziger Weg betrachtet.[425] So konnte etwa in lateinamerikanischen Ländern mit progressiven Regierungen auch die Situation breiter Bevölkerungskreise durch die Einnahmen aus dem Rohstoffabbau verbessert werden.[426]

9.1.3 Das Recht als Inklusionsordnung

Die vorangehenden Ausführungen zum Nationalstaat und zum Markt zeigen, dass rechtliche Diskurse über Jahrhunderte die Inklusion

421 Vgl. etwa *Altvater*, Kapitalismus, 2005, S. 64; *Sassen*, Territory and Territoriality, 2000, S. 380; *Chimni*, Imperial Global State, 2004, S. 23. Dies wird auch seitens der OECD anerkannt; vgl. etwa *OECD*, Tax Challenges, 2019, Ziff. 90.

422 Vgl. zu dieser Opposition ferner *Neumayer*, Greening Trade and Investment, 2001, S. 15 ff.

423 Vgl. etwa *Dünnwald*, Investment Treaties and Environmental Norms and Measures, 2015, S. 400: »It thus depends on the will of the states to enhance the relevance of environmental considerations in investment law.«

424 Vgl. etwa *Beckert*, King Cotton, 2015, S. 377 mit Bezug zu China Anfang 20. Jahrhundert; ferner zur wirtschaftlichen Entwicklung ohne Wohlstandsgewinne *Hürtgen*, Strukturelle Heterogenität, 2015, die auf die Verallgemeinerung dieses Zustands hinweist; sowie dazu auch vorne in Kap. 9.1.1.2.1.1 bei Fn. 282.

425 Vgl. *Svampa*, Commodities Consensus, 2015, u. a. S. 74, die in diesem Zusammenhang den Begriff des Rohstoffkonsenses verwendet.

426 Vgl. zu den Pathologien des Extraktivismus *Acosta/Brand*, Alternativen, 2018, S. 33 ff.; vgl. ferner *Peters*, Rentengesellschaften, 2019.

gerechtfertigt, strukturiert und stabilisiert haben. Das Recht trägt damit dazu bei, einen globalen Raum zu schaffen, in dem sich insbesondere wirtschaftliche Prozesse weitgehend frei entfalten können.[427] Dank rechtlicher Strukturen vermochte sich indes nicht nur die Wirtschaft, sondern in gewisser Hinsicht auch die Politik zu entterritorialisieren, wodurch sich eine funktional differenzierte Ökonomie erst global durchsetzen konnte, in deren Rahmen das weltgesellschaftliche Zentrum auf Menschen und Natur in der Peripherie zugreifen kann. Vor diesem Hintergrund lässt sich das Recht, wie eingangs vorgeschlagen, als Inklusionsordnung beschreiben, die geschaffen hat, was sowohl Apologet*innen als auch Kritiker*innen des Kapitalismus als dessen Rahmenbedingung vorgeschlagen oder als seine Begleiterscheinung beschrieben haben: Als quasi-weltstaatliche Ersatzordnung[428] bewirkt das Recht die »Unterwerfung aller Räume unter ein gemeinsames Regelwerk von globaler Gültigkeit, das für die Freiheit der globalen Aneignung auf freien Märkten sorgt«[429]. Dabei soll weder hier noch mit dem Vorangehenden unterstellt werden, dass das Recht und die weltgeschichtliche Entwicklung einem Determinismus folgten.[430] Die inklusive Räumlichkeit des Rechts wurde und wird stellen- und zeitweise immer wieder von Brüchen durchzogen. Und dennoch sind die expansive Geschichte des Nationalstaats und die Etablierung eines globalen Marktes keine bloßen Zufälle, sondern Ausdruck weltgesellschaftlicher Machtverhältnisse.[431]

An dieser Stelle drängt es sich abschließend auf, einige Verbindungen und Eigenheiten hervorzuheben, die das Recht als Inklusionsordnung prägen. Erwähnt sei zunächst das Zusammenwirken von Staat und Markt.[432] Nicht nur sind beide Träger der Inklusion, sie bedingen sich auch gegenseitig. Der Markt ist kein Projekt globalen Laissez-Faires, sondern ein Produkt permanenter Intervention.[433] Im Bereich des Rechts zeigt sich dies etwa daran, dass private Rechtspositionen stets von der staatlichen Durchsetzung abhängen.[434] Bereits das Geld, das die Verschleierung von asymmetrischen Austauschbeziehungen erst

427 Vgl. bereits vorne Kap. 9.1, Fn. 5 ff.

428 *Röpke*, Internationale Ordnung, 1951, S. 275.

429 *Altvater*, Kapitalismus, 2005, S. 70; vgl. auch *Chimni*, International Law, 2017, S. 509.

430 Vgl. auch *Osterhammel/Petersson*, Globalisierung, 2019, S. 23 f. und 111 f.

431 Vgl. *Marks*, False Contingency, 2009.

432 Vgl. vorne Kap. 5.2.3 sowie die Ausführungen in Kap. 8.1 bei Fn. 39, in Kap. 9.1 bei Fn. 17 ff., in Kap. 9.1.2, Fn. 349 und in Kap. 9.1.2.2, Fn. 400.

433 *Foucault*, Biopolitik, 2018 (2004), S. 188 f.

434 *Orford*, Social Question, 2020, S. 41; *Herdegen*, Principles, 2016, S. 61; *Kadens*, The Medieval Law Merchant, 2015, S. 280; sowie vorne in Kap. 9.1 bei Fn. 21.

ermöglicht,[435] basiert auf staatlicher Gewalt.[436] Zugleich werden Staaten durch den globalen Markt und das ihm zugrunde liegende Recht auf eine Weise geprägt, welche die Inklusion begünstigt.[437]

Sowohl der Nationalstaat als auch der Markt als Formen der Inklusion zeichnen sich sodann dadurch aus, was als Zugriff ohne Verantwortung beschrieben werden kann und damit in gewisser Weise die Externalisierungsdiagnose bereits vorwegnimmt.[438] Oftmals wurde im Zuge der Expansion des Nationalstaats kein Gebietserwerb angestrebt, um die damit einhergehenden Lasten zu vermeiden.[439] Regelmäßig beschränkten sich die Kolonialstaaten zudem darauf, nur die notwendigsten Institutionen zu schaffen, die für die wirtschaftliche Erschließung erforderlich waren.[440] Schließlich lässt sich der Rückgriff auf Handelskompanien ebenso als Ausdruck dieser Strategie verstehen.[441] Dabei erweisen sich transnationale Unternehmen auch in dieser Hinsicht als Erben der Handelskompanien.[442] So beschränkt sich das globale Wirtschaftsrecht im Wesentlichen darauf, ihre Tätigkeit abzusichern und ausländische Investitionen zu schützen, ohne die Unternehmen selbst in die Pflicht zu nehmen.[443]

Schließlich werden beide Inklusionsformen – die des Nationalstaats und jene des Marktes – von einer Ideologie der Gegenseitigkeit, einem Narrativ der gegenseitigen Begünstigung getragen.[444] Während diese Erzählung lange die Gestalt des Zivilisierungsdiskurses annahm[445] und zahlreichen koloniale Initiativen eingeschrieben war[446], wurde sie später zum Kern

435 *Hornborg*, Anthropocene, 2019, insb. S. 152 f., 169 und 175 f.

436 Vgl. *Feichtner*, Law of Natural Resource Extraction, 2020, S. 152 und 176 m. w. H.; *Suter*, Koloniale Währungen, 2023.

437 Vgl. zur disziplinierenden Eigendynamik des Marktes vorne Kap. 9.1.2.3.

438 Vgl. dazu vorne in Kap. 9.1.1.1.2.2 bei Fn. 179 f.

439 Vgl. *Heathcote*, Models and Methods of Western Colonisation, 2022, S. 64 f. und 80; *Koskenniemi*, Gentle Civilizer, 2001, S. 124 f. und 127; *Koskenniemi*, Colonial Laws, 2016, S. 249 und 274.

440 Vgl. *Reinhard*, Geschichte des modernen Staates, 2007, S. 56 und 108; *Koskenniemi*, Colonial Laws, 2016, S. 249 und 274.

441 Vgl. *Lindley*, Acquisition and Government, 1926, S. 91; *Reinhard*, Die Unterwerfung der Welt, 2020, S. 233.

442 Vgl. *Saage-Maaß*, Transnational Alliances, 2021, S. 29 f.

443 Vgl. *Pahuja*, Corporations, 2019, S. 90. Zur Frage der Verantwortlichkeit von transnationalen Unternehmen vgl. auch hinten Kap. 9.2.2.6.2.

444 Vgl. zum Begriff *Marks*, Exploitation, 2008, S. 302 ff.; ferner *Lessenich*, Sintflut, 2016, S. 37, der eine »Ideologie eines globalisierten ›gleichen Tausches‹« ausmacht.

445 Vgl. dazu etwa *Anghie*, Imperialism, 2005, S. 252; *Anand*, Sovereign Equality, 2008, S. 51 f.

446 Vgl. etwa *Craven*, Berlin Conference, 2015, S. 56.

wirtschaftsvölkerrechtlicher Argumentation.[447] Die Vorstellung, dass die Intensivierung ökonomischer Beziehungen und damit Wachstum letztlich allen dient oder gar die einzig vertretbare Handlungsoption darstellt, um allen zu dienen, das heißt Solidarität zu üben,[448] liegt denn auch der Strategie zugrunde, wonach Normkonflikte durch eine Harmonisierung von Rechtsregimen zu lösen seien.[449] Dabei übersieht der Glaube an die gegenseitige Begünstigung, dass Marktbeziehungen in historisch gewachsene Verhältnisse eingebettet sind, die sich durch eine ungleiche Verteilung von Macht auszeichnen. Diese Ungleichheit wird durch die Ideologie der Gegenseitigkeit, die namentlich dem Freihandelsideal zugrunde liegt, perpetuiert.[450]

9.2 Exklusionsordnung

Ein gänzliches anderes Raumverständnis begegnet uns, wenn wir den Blick auf den Nationalstaat als politische Ordnung sowie die Menschenrechte richten.[451] Der Nationalstaat stellt das Gefäß jener wohlfahrtsstaatlicher Institutionen dar, die gesellschaftliche Konflikte verwalten und deren Aufgabe darin gesehen wird, den Zentrifugalkräften der funktionalen Differenzierung entgegenzuwirken.[452] Dieses Ziel findet in den Grund- und Menschenrechten insofern eine Basis, als diese dem Schutz der menschlichen Integrität dienen und die freie Entfaltung aller sozialen Sphären sicherstellen sollen.[453] Das Raumverständnis sowohl des Nationalstaats als auch des Menschenrechtsregimes ist dem staatlichen Territorium verpflichtet. Diese Räumlichkeit bewirkt jene Exklusion, welche zusammen mit der zuvor betrachteten Inklusion die Grundvoraussetzung externalisierenden Praktiken sicherstellt.[454]

447 Vgl. vorne in Kap. 6.1.2.2.6 bei Fn. 153, in Kap. 9.1.1.2.1.2., Fn. 301, in Kap. 9.1.2.1, Fn. 365 f. und in Kap. 9.1.2.2, Fn. 415 f.; *Orford*, Social Question, 2020, S. 44. Das Narrativ der gegenseitigen Begünstigung wirkt sich freilich ebenso im Menschenrechtsregime aus; vgl. hierzu hinten in Kap. 9.2.2.5.11 bei Fn. 1208 und in Kap. 9.2.2.6.3, Fn. 1338.

448 Vgl. zur Vorstellung von Wachstum als und statt Sozialpolitik *Foucault*, Biopolitik, 2018 (2004), S. 205 und 322 f.; *Marks*, Poverty, 2022, S. 631 f.; dazu auch vorne in Kap. 6.1.2.2.6 bei Fn. 155.

449 Vgl. dazu vorne Kap. 6.1.2.2.6.

450 Vgl. *Koskenniemi*, Social Justice, 2023, S. 279.

451 Diese einleitenden Gedanken wurden teilweise bereits in *Weber*, Simultanität, 2024, S. 61, dargelegt.

452 Vgl. *Schimank*, Prekarität funktionaler Differenzierung, 2020, S. 79 und 90 f.; *Stichweh*, Inklusion und Exklusion, 2016, S. 234 f.; sowie *Weber*, Simultanität, 2024, S. 42 f. und 61.

453 Vgl. für letztere Lesart insb. *Luhmann*, Grundrechte als Institution, 1965.

454 Vgl. dazu vorne Kap. 8.

Der Wohlfahrtsstaat basiert auf einem Ausschluss der Nichtstaatsangehörigen. Angesichts der engen Verknüpfung von sozialen Rechten einerseits und Staatsangehörigkeit andererseits bezeichnet ihn Étienne Balibar als »national-sozialen« Staat.[455] Diese Qualifizierung rechtfertigt sich insbesondere vor dem Hintergrund des Mobilitätsregimes: Die innerhalb Europas bestehende Liberalisierung des Personenverkehrs, die mit einer beginnenden europäischen Wohlfahrtsstaatlichkeit einhergeht, wird begleitet von einem weitgehenden Ausschluss der sogenannten Drittstaatsangehörigen.[456] Die Nationalstaatlichkeit einerseits, die sich unter anderem durch die Staatsangehörigkeit auszeichnet, und das Migrationsregime andererseits stellen daher zwei zentrale Pfeiler dessen dar, was im Folgenden als Exklusionsordnung beschrieben werden soll. Dabei zeigt sich, dass der Nationalstaat und das Recht, das ihn konstituiert, nicht nur Teil der Inklusionsordnung sind, wie dies im vorangehenden Kapitel dargelegt wurde, sondern ebenfalls einen wesentlichen Beitrag zur Exklusion leisten.

Die Wirkung des Ausschlusses vom nationalstaatlichen Territorium und den wohlfahrtsstaatlichen Kompensationsmechanismen wird durch die menschenrechtliche Raumordnung abgesichert und verstärkt. Wie bereits erwähnt, wird die Erfahrungen von Mangel und Leid erst vor dem Hintergrund der Menschenrechte als Problem oder Externalität beschreibbar.[457] Die Menschenrechte erlauben also, diese Umstände in der Sprache des Rechts zu artikulieren und auf deren Bekämpfung hinzuwirken. Sie spielen daher im Externalisierungsgeschehen eine zentrale Rolle, die sich angesichts ihres Raumverständnisses akzentuiert. Menschenrechtliche Garantien sind nämlich, was näher auszuführen sein wird, bis heute und trotz gewisser gegenläufiger Bemühungen wesentlich auf das jeweilige staatliche Territorium beschränkt.

Im Folgenden sollen einige rechtliche Aspekte der Staatsangehörigkeit und des Migrationsregimes betrachtet werden, die dem Nationalstaat seinen exkludierenden Charakter verleihen. Zwar handelt es sich dabei um einen wesentlichen Beitrag des Rechts zum globalen Externalisierungsgeschehen, was einige Ausführungen dazu aufdrängt, doch dürfte dies insofern augenfällig sein, als der Ausschluss zwangsläufig mit diesen Institutionen einhergeht, gewissermaßen deren Zweck darstellt. Dies würde vom Menschenrechtsregime demgegenüber kaum behauptet werden. Viel eher geht es diesem darum, Menschen zu schützen und ihnen grundlegende Rechtsansprüche zu verleihen.[458] Deshalb werden sich die

455 *Balibar*, Grenzen der Demokratie, 1993, S. 151 und 163.
456 Vgl. etwa *Buckel*, Welcome to Europe, 2013.
457 Vgl. vorne Kap. 4.1, insb. bei Fn. 28 und Kap. 4.2 sowie hinten in Kap. 9.2.2 bei Fn. 536 und Kap. 9.2.2.1.
458 Vgl. *Kälin/Künzli*, Menschenrechtsschutz, 2019, Rz. 2.2; sowie dazu hinten Kap. 9.2.2.1.

nachfolgenden Ausführungen schwergewichtig mit der Erläuterung befassen müssen, weshalb die Menschenrechte als Teil der Exklusionsordnung zu betrachten sind.

9.2.1 Nationalstaat

Der Nationalstaat stellt insofern den Angelpunkt der Externalisierungsdiagnose dar, als diese an Ungleichheiten und Relationalitäten anknüpft, die zwischen Staaten bestehen. Ihm kommt aber auch analytisch eine wichtige Rolle zu, denn er verkörpert die Gleichzeitigkeit von Inklusion und Exklusion. Einerseits ist der Nationalstaat ein zentraler Bestandteil der rechtlichen Inklusionsordnung. Die Erschließung der Peripherie erfolgte entweder direkt durch Staaten oder an diese zurückgebunden, während die Universalisierung des Nationalstaats die Voraussetzungen der globalwirtschaftlichen Inklusion gewährleistet.[459] Andererseits zeichnet sich der Nationalstaat durch seine exkludierende Wirkung aus, was im Folgenden in den Fokus zu rücken ist.

Im Völkerrecht wird der Nationalstaat üblicherweise durch drei oder vier Elemente definiert.[460] Vorausgesetzt wird ein Staatsgebiet, ein Staatsvolk und eine Staatsgewalt. Diesen drei Elementen, die auf Georg Jellineks Staatstheorie zurückgehen,[461] wird teilweise die Fähigkeit, mit anderen Staaten in Beziehung zu treten,[462] oder die Souveränität[463] als viertes Kriterium hinzugefügt. Auch wenn die praktische Relevanz dieser Definition mit Blick auf Theorie und Praxis zur Staatenanerkennung fraglich ist,[464] bringen die Elemente des Staates seinen exkludierenden Charakter zum Ausdruck. Sowohl dem Staatsgebiet als auch dem Staatsvolk liegt eine Differenzierung zwischen Innen und Außen, zwischen Eigenem und Fremdem zugrunde. Was nicht als Teil des eigenen Staatsgebiets gilt und wer nicht dem eigenen Staatsvolk angehört, ist definitionsbedingt nicht Teil des Nationalstaats, wird mithin aus diesem ausgeschlossen. Dieser Ausschluss wird durch die Migrationskontrolle abgesichert und verstärkt. Im Folgenden soll dargelegt werden, wie das Recht diese exkludierende Wirkung des Nationalstaats fundiert.

459 Vgl. vorne Kap. 9.1.1.

460 Vgl. etwa *Crawford*, Brownlie's Principles, 2019, S. 117 ff.; *Kau*, Völkerrechtssubjekte, 2019, Rz. 76 ff.; *Ziegler*, Völkerrecht, 2020, Rz. 406 ff.; *Forteau/Miron/Pellet*, Droit international public, 2022, Ziff. 374 ff.; *Craven/Parfitt*, Statehood, Self-Determination and Recognition, 2018, S. 190 ff.

461 *Jellinek*, Allgemeine Staatslehre, 1914, S. 394 ff., 406 ff. und 427 ff.

462 Art. 1 Konvention von Montevideo (16.12.1933; 165 LNTS 19).

463 *Forteau/Miron/Pellet*, Droit international public, 2022, Ziff. 374 und 387.

464 Vgl. hierzu die Hinweise in Kap. 9.1.1.2, Fn. 258.

9.2.1.1 Staatsgebiet

Die Territorialstaatlichkeit bildete sich in der Auseinandersetzung mit Kirche und Feudalismus und in wechselseitiger Abhängigkeit von ökonomischen Entwicklungen heraus.[465] Im Unterschied zu anderen politischen Organisationsformen wie der Kirche, dem Feudalismus oder dem Kaiserreich verlangt der Nationalstaat eine klare territoriale Grenzziehung.[466] Insofern ist die Staatsgrenze denn auch eng verknüpft mit der Idee der souveränen Gleichheit. »Pour éloigner tout sujet de discorde, toute occasion de querelle«, mahnte bereits Vattel an, »on doit marquer avec clarté et précision les limites des territoires.«[467] Mit der Universalisierung des Nationalstaats ging die Aufteilung der Welt in räumlich klar umrissene Zuständigkeits- und Verantwortlichkeitssphären einher. Die theoretische Klarheit des Staatsgebiets als Element des Staatsbegriffs wird in der Praxis indes erheblich getrübt, denn Staatsgewalt wird regelmäßig auch außerhalb des eigenen Staatsgebiets, mithin extraterritorial ausgeübt.[468] Dessen ungeachtet stellt die Territorialität, also der Bezug zum jeweiligen Staatsgebiet, nach wie vor das zentrale Argument dar, um sowohl die Ausübung öffentlicher Gewalt als auch staatliches Untätigsein zu rechtfertigen.[469]

Letzteres manifestiert sich insbesondere in der menschenrechtlichen Raumordnung, die sich nach wie vor am Territorium orientiert. Darauf wird noch ausführlicher einzugehen sein.[470] Vergleichbare Grenzen wie das Menschenrechtsregime prägen jedoch auch das Umweltvölkerrecht, obwohl sich dieses in gewisser Hinsicht durch einen entterritorialisierenden Charakter auszeichnet. Das Umweltvölkerrecht geht auf Bemühungen zurück, grenzüberschreitende Umweltbeeinträchtigungen zu regulieren sowie bestimmte Tierarten auch in Nichtstaatsgebieten und in Lebensräumen zu schützen, die über Staatsgrenzen hinausreichen.[471] Dennoch ist auch das Umweltvölkerrecht stark in der Territorialität verankert.[472] Das Schädigungsverbot und das Präventionsgebot dienen in erster Linie dazu, die territorialen Souveränitätsansprüche verschiedener Staaten in einen Ausgleich zu bringen.[473] Zudem knüpfen sie an

465 Vgl. *Sassen*, Das Paradox des Nationalen, 2008, S. 55 ff.

466 *Sassen*, Das Paradox des Nationalen, 2008, S. 78 f.

467 *De Vattel*, Le Droit des Gens, 1758, Livre II, § 92; vgl. zum Ganzen auch *Grewe*, Epochs of International Law, 2000, S. 321 ff.

468 Vgl. vorne Kap. 9.1.1.1.2.

469 Vgl. *Krisch*, Jurisdiction Unbound, 2022, S. 495; *Simma/Müller*, Jurisdiction, 2012, S. 137 ff., insb. 141 f.; ferner *Staker*, Jurisdiction, 2018, S. 296 ff.

470 Vgl. hinten Kap. 9.2.2.

471 Vgl. *Proelß*, Raum und Umwelt, 2019, Rz. 92 und 94.

472 Vgl. hierzu ausführlicher hinten Kap. 9.2.2.5.4, insb. bei Fn. 849 ff.

473 Vgl. *Proelß*, Raum und Umwelt, 2019, Rz. 92.

einen physischen Schädigungszusammenhang an, was sich bereits aus dem Begriff der Umweltverschmutzung ergibt.[474] Entsprechend werden nur jene grenzüberschreitenden Einwirkungen erfasst, die im fraglichen Staatsgebiet ihren materiellen Ursprung finden. Wirtschaftspolitisches Handeln und Unterlassen eines Staates sowie private Tätigkeiten, die sich nicht direkt in der natürlichen Umwelt auswirken, werden dadurch ausgeblendet. Das Umweltvölkerrecht folgt daher in jenem Bereich, der für das Externalisierungsgeschehen besonders relevant ist, den nationalstaatlichen Grenzen.

9.2.1.2 Staatsvolk

Die exkludierende Wirkung des Nationalstaats geht wie erwähnt nicht nur auf das Definitionselement des Staatsgebiets zurück, sondern ergibt sich auch aus dem Begriff des Staatsvolks, mithin der Staatsangehörigkeit. Diese trennt zwischen jenen, die einen Anspruch darauf haben, sich in einen Staat zu begeben und sich dort aufzuhalten, und anderen, die nur unter gewissen migrationsrechtlichen Voraussetzungen Zugang zu einem Territorium erhalten.[475] Jeder Staat kann nach eigenem Ermessen seine Staatsangehörigen bestimmen, also die Regeln für den Erwerb und den Verlust der Staatsangehörigkeit festlegen.[476] Die Staatsangehörigkeit, die Verleihung und der Entzug der Staatsbürgerschaft, gilt bis heute im Wesentlichen als Domaine réservé.[477] Zwar bestehen inzwischen zahlreiche völkerrechtliche Bestimmungen, welche die Staatsangehörigkeit zumindest teilweise betreffen, sodass von einem unbeschränkten nationalstaatlichen Ermessen kaum mehr die Rede sein kann.[478] Im Kern indes bleiben die Staaten bis heute weitgehend frei, die Grenzen des Staatsvolks zu bestimmen.

Der Internationale Gerichtshof konstatierte in Nottebohm, es liege in der Kompetenz jedes souveränen Staats, »to settle by its own legislation the rules relating to the acquisition of its nationality«.[479] In ähnlicher Weise statuiert das Europäische Übereinkommen über die Staatsangehörigkeit,

474 Vgl. zur Begriffsdefinition *Proelß*, Raum und Umwelt, 2019, Rz. 106; sowie zur Thematik hinten in Kap. 9.2.2.5.4 insb. bei Fn. 860 f.

475 Vgl. Art. 12 Ziff. 4 UN-Pakt II; *von Rütte*, Citizenship, 2022, S. 38 f. und 337 f.; *Perruchoud*, State sovereignty, 2012, S. 126 ff., insb. 129.

476 *Crawford*, Brownlie's Principles, 2019, S. 496 f. und 508 f.; *Kau*, Völkerrechtssubjekte, 2019, Rz. 102.

477 *Von Rütte*, Citizenship, 2022, S. 68 ff.

478 IAGMR, Naturalization provision 1984, Ziff. 32; *von Rütte*, Citizenship, 2022, insb. S. 75 und 209 f.; vgl. auch *Kau*, Völkerrechtssubjekte, 2019, Rz. 102.

479 IGH, Nottebohm 1955, S. 20.

jeder Staat bestimme seinen Gesetzen entsprechend, wer zu seinen Staatsangehörigen zählt.[480] Und mit Verweis auf den IGH hielt auch der EGMR 2015 fest: »The choice of the criteria for the purposes of a naturalisation procedure is not, in principle, subject to any particular rules of international law and the States are free to decide on individual naturalisation.«[481] Davon geht schließlich auch der Menschenrechtsausschuss aus.[482]

Daran ändert der Umstand nichts, dass nicht nur der Entzug, sondern auch die Verweigerung der Staatsangehörigkeit in äußerst engen Grenzen unzulässig sein kann. So ist es beispielsweise völkergewohnheitsrechtlich verboten, die Staatsangehörigkeit in einer willkürlichen Weise zu entziehen.[483] Weiter ist etwa von einem – auch völkergewohnheitsrechtlichen – Anspruch eines Kindes auf die Staatsangehörigkeit des Geburtsstaats auszugehen, wenn es andernfalls staatenlos wäre.[484] Darüber hinaus nimmt der EGMR an, Art. 8 EMRK könne verletzt sein, wenn die Staatsangehörigkeit willkürlich verweigert wird.[485] Zudem bestehen gewisse Anforderungen, die das Verfahren selbst betreffen und sich etwa aus dem Willkür- und dem Diskriminierungsverbot ergeben.[486]

So wichtig diese Vorgaben im Einzelfall für die Betroffenen auch sein können, eine wesentliche Einschränkung staatlichen Ermessens, die im vorliegenden Zusammenhang von Relevanz wäre, stellen sie nicht dar. Auch wenn ein Recht auf Staatsangehörigkeit verschiedentlich postuliert wird und selbst völkervertraglich verankert ist[487] – ein Anspruch, der gegenüber einem bestimmten Staat geltend gemacht werden könnte, ein individuelles Recht also auf Einbürgerung in einem konkreten Staat, fehlt gerade.[488] Insgesamt zeigt sich damit, dass das Institut der Staatsangehörigkeit

480 Art. 3 Ziff. 1 Europäische Übereinkommen über die Staatsangehörigkeit, 06.11.1997, SEV-Nr. 166.

481 EGMR, Petropavlovskis 2015, Ziff. 80.

482 MRA, Borzov 2004, Ziff. 7.4; MRA, Q 2015, Ziff. 7.3.

483 *Crawford*, Brownlie's Principles, 2019, S. 508; *Kau*, Völkerrechtssubjekte, 2019, Rz. 111; *von Rütte*, Citizenship, 2022, S. 208 f.; vgl. auch EGMR, Ramadan 2016, Ziff. 85; EGMR, Usmanov 2020, Ziff. 53.

484 *Von Rütte*, Citizenship, 2022, S. 131 f., 148 ff., 207 f. und 210. Völkervertraglich ergibt sich dies auch aus Art. 1 des Übereinkommens zur Verminderung der Staatenlosigkeit (30.08.1961; 989 UNTS 175) sowie Art. 20 AMRK.

485 EGMR, Slivenko GK 2002, Ziff. 77; EGMR, Genovese 2011, Ziff. 30.

486 Vgl. Art. 1 Ziff. 3 RDK; MRA, Borzov 2004, Ziff. 7.4; MRA, Q 2015, Ziff. 7.2 ff.; IAGMR, Girls Yean and Bosico 2005, Ziff. 140 f.; RDA, General Recommendation 30, Ziff. 13; *von Rütte*, Citizenship, 2022, S. 239 f. und 267 ff.; *Kälin/Künzli*, Menschenrechtsschutz, 2019, Rz. 12.15.

487 Art. 24 Ziff. 3 UN-Pakt II; Art. 7 KRK; Art. 15 AEMR.

488 *Von Rütte*, Citizenship, 2022, S. 213, 266 f., 270, 329 und 387; *Kau*, Völkerrechtssubjekte, 2019, Rz. 112; vgl. auch *Crawford*, Brownlie's Principles,

als fundamentaler Baustein der Exklusionsordnung völkerrechtlich stabil abgesichert ist.

Die exkludierende Wirkung der Staatsangehörigkeit beschränkt sich indes nicht auf die Frage der Anwesenheit. Nur jene Menschen, die sich auf einem Staatsgebiet aufhalten und auch über die entsprechende Staatsangehörigkeit verfügen, sind effektiv in der Lage, in den vollständigen Genuss sämtlicher Menschenrechte zu kommen oder zumindest jenes Schutzniveau zu erreichen, das grundsätzlich in einem bestimmten Staat verwirklicht wird.[489] So verstoßen etwa rechtliche Ungleichbehandlungen, die an die Staatsangehörigkeit anknüpfen, per se nicht gegen das Diskriminierungsverbot, wie es der Rassendiskriminierungskonvention zugrunde liegt.[490] Auch wenn sich andere Diskriminierungsverbote auf die Staatsangehörigkeit als Differenzierungsmerkmal erstrecken und der Spielraum für daran anknüpfende Ungleichbehandlungen eng definiert wird, sind weitreichende Differenzierungen möglich und die praktischen Folgen des Diskriminierungsverbots schwierig zu bestimmen.[491]

2019, S. 496 f. Vor diesem Hintergrund plädiert *von Rütte*, Citizenship, 2022, S. 329 ff., für ein Recht auf eine bestimmte Staatsangehörigkeit und stellt hierfür auf die vorbestehende Verbindung zwischen einem Staat und einem Menschen, das ius nexi, ab. Das exkludierende Moment der Staatsangehörigkeit würde damit zwar eingeschränkt, bliebe aber gerade gegenüber jenen bestehen, die noch keinen hinreichenden Bezug zu einem bestimmten Staat herstellen konnten.

489 Vgl. *von Rütte*, Citizenship, 2022, S. 40 f.

490 Vgl. Art. 1 Ziff. 1 f. RDK; IGH, Application of the International Convention on the Elimination of All Forms of Racial Discrimination 2021, Ziff. 88 und 105 zur Tragweite von Art. 1 Ziff. 1 RDK sowie Ziff. 100 f. zur Abgrenzung eines weitergehenden Verständnisses durch den Antirassismusausschuss.

491 Vgl. *Chetail*, Transnational movement of persons, 2014, S. 65 ff., insb. 70; *Cinnéide*, Discrimination at Borders, 2021, insb. S. 365 f.; sowie etwa EGMR, Andrejeva GK 2009, Ziff. 87; EGMR, Savickis and Others GK 2022, Ziff. 183 und 193. In *Savickis and Others* hielt der EGMR fest, dass die Frage, ob »very weighty reasons« vorliegen, vom Kontext abhänge, sodass mitunter auch ein weiter Ermessensspielraum bestehen könne (ibid., Ziff. 204 ff., insb. 206 und 213). Hierfür sprach für die Mehrheit der Grossen Kammer auch der Umstand, dass die Staatsangehörigkeit ein »element of personal choice« darstellte (ibid., Ziff. 183 und 215). Dieses Argument stieß auf eine dezidierte Kritik einer Minderheit von drei Richter*innen. Sie führten unter anderem aus: »We wonder to what other non-immutable prohibited grounds the majority would be prepared to extend this reasoning. It appears to us to be a dangerous and slippery slope« (ibid., Joint Dissenting Opinion of Judges O'Leary, Grozev and Lemmens, Ziff. 18). Vgl. aber auch EGMR, Ponomaryovi 2011, Ziff. 63; sowie EGMR, Dhabi 2014, Ziff. 53 f., wo der Gerichtshof eine Verletzung von Art. 14 (i.V.m. Art. 8) EMRK

So schafft das Staatsangehörigkeitsrecht im Verbund mit anderen, etwa migrationsrechtlichen und arbeitsrechtlichen Bestimmungen selbst im Landesinnern rechtsräumliche Differenzierungen.[492]

9.2.1.3 Migrationsregime

An der Schnittstelle zwischen Staatsvolk und Staatsgebiet liegt die Frage, wie mit der Anwesenheit von fremden Staatsangehörigen auf dem eigenen Territorium – und an der Grenze zu diesem – umzugehen ist. Die Beschränkung und die Kontrolle von Migration sind zumindest im Globalen Norden allgegenwärtig. Dies stellt indes keine Selbstverständlichkeit dar, denn vor dem 20. Jahrhundert bestand eine weitgehende Bewegungsfreiheit. So wurde etwa die »Tatsache einer überaus lebhaften, im Grossen und Ganzen form- und zwangfreien internationalen Zirkulation von Land zu Land, von Meer zu Meer, über die ganze bewohnte Erde hin« beschrieben.[493] Manche Staaten verankerten im 19. Jahrhundert die offene Haltung gegenüber Migrant*innen sogar mit einem verfassungsrechtlichen Anspruch auf Einreise.[494] Zugleich wurde die Migration durch zahlreiche Niederlassungsverträge abgesichert.[495] Insofern lässt sich feststellen, dass sich die Nationalstaatlichkeit und damit die territoriale Souveränität ohne gleichzeitige räumliche Schließung entwickelte.[496] Erst ab dem Ende des 19. Jahrhunderts vollzog sich eine fundamentale Wende hin zu einer restriktiven Migrationspolitik.[497] Dies geschah zunächst aus rassistischen Motiven.[498] In den USA und in den Siedlerkolonien des britischen Imperiums richteten sich erste Beschränkungen gegen die Einwanderung von Chines*innen, während sich Großbritannien zu Beginn des 20. Jahrhunderts bemühte, jüdische Immigrant*innen aus Osteuropa fernzuhalten.[499] Auf dem

feststellte, weil die Verweigerung einer wohlfahrtsstaatlichen Leistung an die Nationalität und den Aufenthaltsstatus anknüpfte.

492 Vgl. *Bak McKenna/Grasten*, Legal borderlands, 2022.

493 *Overbeck*, Niederlassungsvertrag, 1912/1913, S. 515.

494 *Chetail*, Transnational movement of persons, 2014, S. 30, Fn. 162.

495 *Hertig Randall/Thürer*, Einleitung, 2022, Rz. 1.21; *Achermann/Caroni*, Einfluss des Völkerrechts, 2022, Rz. 7.6 f.

496 *Chetail*, Transnational movement of persons, 2014, S. 29.

497 *Wolman*, Departure States, 2019, S. 2 f.; *Chetail*, Transnational movement of persons, 2014, S. 29 ff.; *Nafziger*, Admission of Aliens, 1983, S. 815 f.

498 Vgl. zur kontinuierlichen rassistischen Prägung der Schweizer Migrationspolitik *Schär*, Rassismus, 2024, Ziff. 5.

499 *Chetail*, Transnational movement of persons, 2014, S. 30 f.; *Nafziger*, Admission of Aliens, 1983, S. 816 sowie 824 ff. zur diesbezüglichen US-amerikanischen und britischen Rechtsprechung.

europäischen Kontinent hatte daraufhin insbesondere der Erste Weltkrieg weitreichende Einschränkungen der grenzüberschreitenden Mobilität zur Folge, die anschließend angesichts der ökonomischen Krise verstetigt wurden.[500]

Auf völkerrechtlicher Ebene wird der Migrationskontrolle seit Langem mit einer gewissen Ambivalenz begegnet. Einerseits wird davon ausgegangen, dass mit der territorialen Souveränität das Recht einhergeht, ausländischen Staatsangehörigen die Einreise und den Aufenthalt zu verbieten. Dieser exkludierenden Wirkung der Nationalstaatlichkeit werden andererseits gewisse Ausnahmen entgegengestellt. Die Grenze zwischen dem Recht, den Zugang zum eigenen Staatsgebiet einzuschränken, und der Pflicht, Angehörigen anderer Staaten die Einreise zu gestatten, wurde im Laufe der Zeit unterschiedlich gezogen und blieb oftmals wenig klar bestimmt. Vor dem Hintergrund der europäischen Expansion gingen etwa Vitoria und Grotius von einem weitreichenden Anspruch aus, Zugang zu fremden Gebieten zu erhalten.[501] Später wurde demgegenüber das Recht der Staaten ins Zentrum gerückt, die Migration zu regulieren und zu beschränken. So führte Vattel aus: »Le Souverain peut défendre l'entrée de son territoire, soit en général à tout étranger, soit en certain cas, ou à certaines personnes, ou pour quelques affaires en particulier, selon qu'il le trouve convenable au bien de l'État.«[502] Mit dem Staatswohl wird in dieser Formulierung bereits angezeigt, dass Ausnahmen denkbar sind. Diese begründet Vattel dann insbesondere mit dem Anliegen, Menschen in der Not – »ceux que la tempête, ou quelque nécessité contraignait de se présenter à la frontière« – aufzunehmen.[503] Wenn aber, so Vattel, seitens des Staats ebenfalls eine Notwendigkeit und mithin eine Gefahr für diesen besteht, geht das Wohl des Staats vor.[504] »La charité doit sans-doute commencer par soi-même.«[505]

500 *Chetail*, Transnational movement of persons, 2014, S. 31 f.; *Hertig Randall/Thürer*, Einleitung, 2022, Rz. 1.22 f.; *Vuilleumier*, Ausländer, 2015, insb. Ziff. 5.

501 Vgl. mit Hinweisen *Verdross*, Traitement des étrangers, 1931, S. 338 f.; *Chetail*, Transnational movement of persons, 2014, S. 10 f.

502 *De Vattel*, Le Droit des Gens, 1758, Livre II, § 94, der an dieser Stelle lediglich den folgenden Vorbehalt anbrachte: »pourvu que l'on ne refusât point les secours de l'humanité à ceux que la tempête, ou quelque nécessité contraignait de se présenter à la frontière«. Vgl. auch ibid., Livre I, § 230, mit einer etwas engeren Formulierung, wonach die Verweigerung der Einreise eine offensichtliche Gefahr für den Staat voraussetze.

503 *De Vattel*, Le Droit des Gens, 1758, Livre II, § 94 (zit.) sowie § 123.

504 *De Vattel*, Le Droit des Gens, 1758, Livre II, § 123 und Livre I, § 230.

505 *De Vattel*, Le Droit des Gens, 1758, Livre II, § 123.

Eine Gegenposition dazu hat in gewisser Hinsicht das Institut de droit international eingenommen. Dieses statuierte 1892 eine grundsätzliche Pflicht, die Einreise von ausländischen Personen zu gestatten.[506] Ausgangspunkt dieses Postulats stellte indes die territoriale Souveränität dar, dessen logische und notwendige Konsequenz das Recht sei, Ausländer*innen nicht oder nur unter Bedingungen zuzulassen und diese wegzuweisen.[507] Zugangsbeschränkungen seien nur zulässig »à raison de l'intérêt public et de motifs extrêmement graves, par exemple à raison d'une différence fondamentale de mœurs ou de civilisation, ou à raison d'une organisation ou accumulation dangereuse d'étrangers qui se présenteraient en masse«.[508] Das Institut de droit international näherte sich demnach der Ambivalenz zwischen Migrationskontrolle und Bewegungsfreiheit zwar von der anderen Seite an als Vattel – im Ergebnis hängt aber dieses Postulat ebenso vom Verständnis ab, das den Einschränkungsmotiven zugrunde gelegt wird.[509] Bereits damals war überdies klar, dass die Definition der staatlichen Interessen, die eine Beschränkung der Einreise zulassen, wiederum den Staaten selbst überlassen bleiben.[510] Damit erweist sich dieser Vorschlag letztlich auch mit Vattels Ansicht vereinbar, dass im Konfliktfall das Eigeninteresse des Staats den Vorrang genießen soll.

Daran hat sich bis heute im Wesentlichen nichts geändert. Abgesehen von einigen Ausnahmen hat das Primat nationalstaatlicher Interessen und damit das Recht zur Exklusion im internationalen Migrationsrecht nach wie vor Bestand. Das Recht zur Regulierung der Migration wird weiterhin aus der territorialen Souveränität abgeleitet und zur Domaine reservée gezählt.[511] Der Grundsatz, dass Staaten frei darüber entscheiden können, ob und wie lange sich ausländische Staatsangehörige auf

506 *Institut de droit international*, Règles internationales sur l'admission et l'expulsion des étrangers, 09.09.1892, Art. 6.

507 *Institut de droit international*, Règles internationales sur l'admission et l'expulsion des étrangers, 09.09.1892, Abs. 1 der Präambel.

508 *Institut de droit international*, Règles internationales sur l'admission et l'expulsion des étrangers, 09.09.1892, Art. 6 sowie ferner Art. 12.

509 Vgl. *Verdross*, Traitement des étrangers, 1931, S. 342. Ebenso ist etwa der Vorschlag von *Nafziger*, Admission of Aliens, 1983, zu beurteilen, der eine »duty to admit aliens when they pose no danger to the public safety, security, general welfare, or essential institutions of a recipient state« postuliert (insb. S. 805 und 845 f.) und zugleich einräumt, dass auch damit eine »expansive discretion« einherginge (S. 805 und 846).

510 Vgl. *Verdross*, Traitement des étrangers, 1931, S. 342 f.

511 *Achermann/Caroni*, Einfluss des Völkerrechts, 2022, Rz. 7.1; *Kälin/Künzli*, Menschenrechtsschutz, 2019, Rz. 18.12; *Perruchoud*, State sovereignty, 2012, S. 124 f. und 150; vgl. auch *ILC*, Draft articles on expulsion with commentaries, 2014, Art. 3, Ziff. 1.

dem eigenen Territorium aufhalten dürfen, ist unbestritten.[512] So unterstreicht etwa der Europäische Gerichtshof für Menschenrechte regelmäßig, dass Staaten »as a matter of well-established international law« das Recht hätten, »to control the entry, residence and expulsion of aliens«.[513] Umgekehrt ist damit ein individuelles Recht auf Einreise und Aufenthalt grundsätzlich ausgeschlossen.[514]

Gleichwohl sind gewisse Einschränkungen der Souveränität ebenso anerkannt. In dieser Hinsicht konstatierte bereits Verdross, dass das Recht, ausländischen Staatsangehörigen den Zugang zum eigenen Staatsgebiet zu verweigern, nicht willkürlich ausgeübt werden dürfe.[515] Zu beachten ist ebenso das Diskriminierungsverbot.[516] Indes tangiert dieses gerade die Zulassungsfrage nur marginal.[517] So stellt es weder die Grundsatzunterscheidung zwischen Staatsangehörigen und Nichtstaatsangehörigen in Frage noch steht das Diskriminierungsverbot einer Ungleichbehandlung von Freizügigkeitsberechtigten und Drittstaatsangehörigen entgegen.[518] Zudem haben sich spezifische völkerrechtliche Vorgaben – teilweise gewohnheitsrechtlicher, oft zumindest auch völkervertraglicher Natur – herausgebildet, welche der nationalstaatlichen Souveränität Grenzen setzen. Dazu zählt zunächst das Prinzip des Non-Refoulement, wie es unter anderem in der Genfer Flüchtlingskonvention und in Menschenrechtsverträgen verankert ist.[519] In der Strassburger

512 *Forteau/Miron/Pellet*, Droit international public, 2022, Ziff. 437 und 630; *Ziegler*, Völkerrecht, 2020, Rz. 490; *Overbeck*, Niederlassungsvertrag, 1912/1913, S. 516; MRA, GC 27 1999, Ziff. 4.

513 EGMR, Hirsi Jamaa GK 2012, Ziff. 113 und 179; EGMR, Jeunesse GK 2014, Ziff. 100; EGMR, Paposhvili GK 2016, Ziff. 172; EGMR, Savran GK 2021, Ziff. 124 und 133; EGMR, Khasanov and Rakhmanov GK 2022, Ziff. 93; EGMR, S.H. 2022, Ziff. 76; vgl. ebenso etwa EGMR, Abdulaziz et al. Plenum 1985, Ziff. 67 i.f.; EGMR, Üner GK 2006, Ziff. 54; EGMR, Nada GK 2012, Ziff. 164; EGMR, M.N. GK 2020, Ziff. 124; EGMR, M.A. GK 2021, Ziff. 131. Darauf verweist auch das Bundesgericht regelmäßig, etwa in BGE 144 I 266 E. 3.2.

514 So etwa explizit EGMR, Üner GK 2006, Ziff. 54; EGMR, Jeunesse GK 2014, Ziff. 100; EGMR, M.A. GK 2021, Ziff. 131; vgl. auch *Perruchoud*, State sovereignty, 2012, S. 129.

515 *Verdross*, Traitement des étrangers, 1931, S. 343 f. und 347.

516 *Perruchoud*, State sovereignty, 2012, S. 131; *Achermann/Caroni*, Einfluss des Völkerrechts, 2022, Rz. 7.98 ff.

517 Vgl. *Cinnéide*, Discrimination at Borders, 2021, insb. S. 363; *Orgad*, Immigration Selection, 2021, insb. S. 346 f.

518 Vgl. EGMR, Moustaquim 1991, Ziff. 49; EGMR, C. 1996, Ziff. 38; ferner EGMR, Abdulaziz et al. Plenum 1985, Ziff. 84 ff.

519 Vgl. insb. Art. 33 GFK; Art. 3 FoK; ferner *Achermann/Caroni*, Einfluss des Völkerrechts, 2022, Rz. 7.52 ff.; *Kälin/Künzli*, Menschenrechtsschutz, 2019, Rz. 18.21 ff.; *Chetail*, Transnational movement of persons, 2014, S. 35 ff.

Rechtsprechung stellen entsprechend Art. 2 und 3 EMRK wichtige Einschränkungen des Rechts auf Migrationskontrolle dar, auch wenn das Recht auf Leben und das Verbot der unmenschlichen Behandlung hohe Hürden setzen.[520] Auch der Schutz des Privat- und Familienlebens kann unter gewissen Umständen, namentlich in Nachzugskonstellationen, einen Anspruch auf Aufenthalt vermitteln.[521] Von praktischer Relevanz ist diesbezüglich insbesondere Art. 8 EMRK. Ein Recht von Familien, ihren gemeinsamen Lebensort frei zu wählen, ergibt sich indes aus dieser Norm gerade nicht.[522] Vielmehr müssen strenge Anforderungen erfüllt werden. Dies gilt insbesondere bei Personen, die sich nicht bereits rechtmäßig auf dem jeweiligen Staatsgebiet aufhalten.[523] Eine positive Verpflichtung eines Staates, in solchen Fällen die Einreise und den Aufenthalt zu gestatten, kommt regelmäßig nur in Betracht, wenn ein ausgeprägter Bezug zum fraglichen Staat vorliegt.[524] Ist dieser Bezug besonders eng, kann eine nichtstaatsangehörige Person gemäß Menschenrechtsausschuss gestützt auf Art. 12 Abs. 4 UN-Pakt II allenfalls sogar ein individuelles Recht beanspruchen, in das betroffene Land als ihr »eigenes« einzureisen bzw. dort weiterhin anwesend zu sein.[525]

Trotz gewisser Einschränkungen der territorialen Souveränität verbleibt demnach aus völkerrechtlicher Perspektive ein sehr weiter

520 Vgl. etwa EGMR, Hirsi Jamaa GK 2012, insb. Ziff. 114; EGMR, F.G. GK 2016, insb. Ziff. 110 f.; EGMR, J.K. and Others GK 2016, insb. Ziff. 79; EGMR, Paposhvili GK 2016, insb. Ziff. 173; EGMR, Savran GK 2021, insb. Ziff. 124 und 133; EGMR, Khasanov and Rakhmanov GK 2022, insb. Ziff. 93; EGMR, S.H. 2022, insb. Ziff. 76; sowie hierzu auch hinten in Kap. 9.2.2.6.1 bei Fn. 1237 f.

521 Vgl. insb. Art. 17 UN-Pakt II; Art. 16 KRK; Art. 8 EMRK. Auch andere Bestimmungen äußern sich zur Familienzusammenführung, räumen aber keinen diesbezüglichen Anspruch ein; vgl. etwa Art. 44 Übereinkommen zum Schutz der Wanderarbeitnehmer und ihrer Familienangehörigen (18.12.1990; 2220 UNTS 3); Art. 19 Abs. 6 ESC bzw. ESCr. Vgl. zum Ganzen *Achermann/Caroni*, Einfluss des Völkerrechts, 2022, Rz. 7.75 ff.; *Kälin/Künzli*, Menschenrechtsschutz, 2019, Rz. 12.77 ff.; *Chetail*, Transnational movement of persons, 2014, S. 41 ff.

522 EGMR, Abdulaziz et al. Plenum 1985, Ziff. 68; EGMR, Jeunesse GK 2014, Ziff. 107; EGMR, Biao GK 2016, Ziff. 117; EGMR, M.A. GK 2021, Ziff. 132.

523 Vgl. zur Abgrenzung zwischen positiven und negativen Pflichten aus Art. 8 EMRK etwa EGMR, Jeunesse GK 2014, 104 f.

524 Vgl. die zusammenfassende Darstellung in EGMR, M.A. GK 2021, Ziff. 134 ff.

525 MRA, Nystrom 2011, Ziff. 7.4 f.; MRA, Warsame 2011, Ziff. 8.4 f.; MRA, GC 27 1999, Ziff. 20; vgl. auch Bundesgericht, 2C_397/2024 2025, E. 1.7 und 3; *Perruchoud*, State sovereignty, 2012, S. 130.

Ermessensspielraum.[526] Davon geht beispielsweise auch das Schweizerische Bundesgericht aus und bringt dies mit der Erwägung zum Ausdruck, dass es »in erster Linie Sache des Gesetzgebers« sei, »im Rahmen einer demokratischen und pluralistischen Auseinandersetzung darüber zu befinden, inwiefern und unter welchen Voraussetzungen es sich im Rahmen der Ausländer- und Einwanderungspolitik rechtfertigt, Bewilligungsansprüche einzuräumen«.[527] Dabei ist es zumindest zweifelhaft, inwiefern die politische Debatte – angesichts des Ausschlusses all jener, die nicht bereits Teil des Staatsvolks sind – tatsächlich diesen Kriterien entspricht.[528] Im Ergebnis jedenfalls sind Staatsgrenzen meist unüberwindbare Hindernisse für die überwältigende Mehrheit der Menschen, die weder bereits in einer nahen Beziehung zu einem bestimmten Staat stehen noch die enge Definition des Flüchtlingsbegriffs oder die Voraussetzungen eines allgemeinen Non-Refoulementverbots erfüllen. Entsprechend hängt etwa der Zugang nach bzw. der Aufenthalt in Europa maßgeblich von wirtschaftspolitischen Eigeninteressen der Staaten ab.[529] Dies gilt zu einem gewissen Maß selbst dann, wenn das Recht auf Privat- und Familienleben betroffen ist. Laut EGMR stellt nämlich auch »[t]he general interests of the economic well-being« eines Staates ein legitimes Eingriffsmotiv dar.[530] Dies hat unter anderem zur Folge, dass all jenen Menschen, die vor Prekarität und Perspektivlosigkeit oder den zerstörerischen Folgen der Klimakatastrophe fliehen, der Globale Norden in aller Regel verschlossen bleibt.[531] Damit könnte Vattels Diktum, wonach die Wohltätigkeit bei sich selbst beginne, aktueller kaum sein.[532]

Das völkerrechtlich fundierte nationalstaatliche Recht auf Exklusion trägt wesentlich zu einer Ungleichverteilung von Bewegungsfreiheit[533] und damit dazu bei, dass die Trennung zwischen Innen und Außen und folglich die Externalisierungsgesellschaft als solche erhalten bleibt. Dabei wird strukturell ausgeblendet, dass auch jene Menschen, deren Bewegungsfreiheit stark beschränkt wird, zumindest seit der kolonialen

526 Vgl. im Übrigen zu verfahrensrechtlichen Einschränkungen und Garantien *Chetail*, Transnational movement of persons, 2014, S. 49 ff.

527 BGE 144 I 266 E. 3.2 m. w. H.

528 Vgl. in diesem Zusammenhang *Achiume*, Migration as Decolonization, 2019, insb. S. 1547 ff.

529 Vgl. exemplarisch Art. 18 lit. a und b, Art. 20, Art. 21 und Art. 23 Abs. 3 Bundesgesetz über die Ausländerinnen und Ausländer und über die Integration (Ausländer- und Integrationsgesetz, AIG; 16.12.2005; SR 142.20).

530 EGMR, Biao GK 2016, Ziff. 117.

531 Vgl. auch *Achiume*, Migration as Decolonization, 2019, S. 1524; *Natarajan*, Measuring the immeasurable, 2021, S. 68 f.

532 Vgl. vorne Kap. 9.2.1.3, Fn. 505.

533 *Achiume*, Migration as Decolonization, 2019, S. 1530 f.; vgl. auch *Lessenich*, Sintflut, 2016, S. 125 ff.

Expansion Europas Teil derselben Weltgesellschaft, also zugleich auch Inkludierte sind, was deren Exklusion gerade fragwürdig erscheinen lässt.[534]

9.2.2 Menschenrechte

Die exkludierende Wirkung des Nationalstaats setzt sich, wie im Folgenden dargelegt wird, im Menschenrechtsregime fort, weil das hier dominierende Raumverständnis beständig an das nationalstaatliche Territorium anknüpft. Dies spielt für den vorliegenden Zusammenhang insofern eine zentrale Rolle, als die Menschenrechte das hegemoniale Vokabular der Gerechtigkeit darstellen[535] und damit als jene Rechte verstanden werden können, welche am ehesten in der Lage sind, die genannten Probleme – mithin Externalitäten – zu adressieren.[536] Vor dem Hintergrund der Externalisierungsfrage soll im Folgenden das räumliche Verständnis und Wirken der Menschenrechte dargestellt werden. Dass auch die Räumlichkeit der Menschenrechte ambivalent ist, soll dabei nicht unterschlagen, sondern vertieft betrachtet werden.

Angesichts der Territorialität der Menschenrechte können diese als Instrument der Exklusion beschrieben werden. Trotzdem ist nicht zu bestreiten, dass Menschenrechte in gewisser Weise universell gelten. Im Fokus steht im Folgenden indes nicht die Frage der globalen Akzeptanz und Durchsetzung der Menschenrechte als politisches wie auch rechtliches Vokabular. Vielmehr geht es darum, wie menschenrechtliche Probleme lokalisiert und einzelnen Staaten zugeschrieben werden. Der Universalismus der Menschenrechte – so umstritten und unzulänglich er auch ist – stand einer Territorialisierung und damit exkludierenden Wirkung der Menschenrechte bisher kaum im Weg.

9.2.2.1 Menschenrechte als Integritätsschutz

Menschenrechte sollen die Integrität der grundlegenden Aspekte des Menschen schützen. Was genau indes Schutz verdient und wer in dessen Genuss kommen soll, war und ist Gegenstand von Auseinandersetzungen

534 Vgl. weiterführend zu diesem Argument *Achiume*, Migration as Decolonization, 2019, S. 1533 ff.

535 Vgl. *Moyn*, Utopia, 2012; *Moyn*, Not Enough, 2018, S. 163 und 180; *Linarelli/Salomon/Sornarajah*, Misery, 2018, S. 231.

536 Vgl. in diesem Zusammenhang bereits vorne Kap. 4.1, insb. bei Fn. 28, Kap. 4.2, und in Kap. 9.2 bei Fn. 457 sowie sogleich hinten Kap. 9.2.2.1; sowie *Teubner*, Anonyme Matrix, 2006, S. 171.

nicht nur auf rechtlichem, sondern auch politisch-gesellschaftlichem Terrain. Dies gilt selbst für den Mensch der Menschenrechte, also das eigentliche Menschenrechtssubjekt oder die Rechtsträger*in.[537] Verschränkt mit der Definition der Menschenrechte stellen sich die ebenso umstrittenen Fragen, welche Grundlage sie besitzen und welcher Genealogie sie entspringen. Im vorliegenden Zusammenhang müssen einige Verweise zu diesen Fragen genügen,[538] denn zentral ist vielmehr die Stoßrichtung des Menschenrechtsregimes, die Integrität des Menschen, wie auch immer erstere und letzterer definiert werden, abzusichern. In diesem Sinne dienen Menschenrechte auch dazu, negative soziale und ökologische Voraussetzungen und Folgen globalen Wirtschaftens zu verhindern, zu beseitigen oder zu mildern. Wie weit dieser Anspruch der Menschenrechte reicht, ist freilich umstritten. So kann dem Menschenrechtsregime denn auch der Vorwurf gemacht werden, seine Bemühungen zum Schutz grundlegender Erscheinungen des menschlichen Lebens würden zu kurz greifen. Indem es sich auf die schlimmsten Auswüchse gesellschaftlicher Machtverhältnisse beschränke, lasse es letztere selbst unangetastet und trage gar zu deren Legitimation bei.

Auf diese Kritik wird später nochmals eingegangen.[539] An dieser Stelle steht nämlich vielmehr der Umstand im Vordergrund, dass gegenwärtig zumindest die Menschenrechte das Vokabular zur Verfügung stellen, um Ungerechtigkeiten zu adressieren.[540] Es sind folglich die Menschenrechte, die soziale und ökologische Probleme, mithin Externalitäten, rechtlich beschreiben lassen. Die Menschenrechte erlauben also, etwas in der Sprache des Rechts zu problematisieren und auf die Bekämpfung dieser Umstände hinzuwirken.[541] Ihnen wird daher etwa die Fähigkeit zugeschrieben, die negativen Folgen der Ausbeutung natürlicher Ressourcen zu adressieren,[542] den Klimawandel zu bekämpfen[543] und Armut zu beseitigen[544].

Diese Umstände rücken die Menschenrechte und deren Räumlichkeit in eine zentrale Position innerhalb der rechtlichen Architektur der

537 Vgl. hierzu etwa *Mignolo*, Who speaks, 2013.

538 Vgl. etwa *Wheatley*, Idea, 2019, S. 17 ff.; *Golder*, Genealogies of Human Rights, [im Erscheinen]; *Hoffmann*, Geschichte der Menschenrechte, 2023; *Alston*, Origins of Human Rights, 2013.

539 Vgl. hinten Kap. 9.2.2.6.3.

540 Vgl. vorne in Kap. 9.2.2 bei Fn. 535 f.

541 Vgl. hierzu die Ausführungen zum Verständnis von Normkonflikten und zur Bedeutung von Menschenrechten zur Artikulation von Externalitäten vorne Kap. 4.1, insb. bei Fn. 28, und Kap. 4.2 sowie vorangehend in Kap. 9.2 bei Fn. 457.

542 Vgl. etwa *Gilbert*, Natural Resources and Human Rights, 2018.

543 Vgl. etwa *Rajamani*, Climate Change, 2022; *Atapattu*, Human rights approaches to climate change, 2018.

544 Vgl. etwa *Skogly*, Right not to be poor, 2002; *Marks*, Poverty, 2022.

Externalisierungsgesellschaft. Indem die Menschenrechte als Gerechtigkeitsvokabular und Integritätsschutz fungieren, d.h. Achtung, Schutz und Gewährleistung vermitteln,[545] ermöglichen sie, Externalitäten und Externalisierung fassbar zu machen. Die Frage, welche Raumordnung den Menschenrechten zugrunde liegt, erweist sich daher als maßgeblich für die Exklusion im globalen Recht und die Verlagerung von Konflikten.

9.2.2.2 Jurisdiktion als Ausgangspunkt und Leerformel

Die räumliche Ordnung, die das Menschenrechtsregime schafft und damit über Ein- und Ausschluss in dessen Schutzwirkung entscheidet, hängt vom örtlichen Geltungsbereich der Menschenrechtsinstrumente ab. Dieser knüpft in der Regel an die Jurisdiktion der Nationalstaaten als Menschenrechtsadressaten an. So sind die im UN-Pakt II anerkannten Rechte durch die Vertragsstaaten allen in ihrem jeweiligen »Gebiet befindlichen« und ihrer »Herrschaftsgewalt unterstehenden Personen« zu gewährleisten (Art. 2 Abs. 1).[546] Die Kinderrechtskonvention (KRK) schützt nach Art. 2 jedes der vertragsstaatlichen »Hoheitsgewalt unterstehende Kind«, während sich die Antifolterkonvention (FoK) und die Antirassismuskonvention (RDK) auf alle der »Hoheitsgewalt unterstehenden Gebiete« erstrecken (u. a. Art. 2 bzw. Art. 3 und 6)[547]. Gemäß Art. 1 EMRK garantieren die Vertragsparteien »allen ihrer Hoheitsgewalt unterstehenden Personen« die entsprechenden Rechte und Freiheiten. Dabei können die Begriffe der Herrschaftsgewalt und Hoheitsgewalt angesichts der authentischen Fassungen mit demjenigen der Jurisdiktion gleichgesetzt werden.[548] Den Bezug zur Jurisdiktion stellen auch Art. 1 der Amerikanischen Menschenrechtskonvention (AMRK) und Art. 3 Abs. 1 der Arabischen Charta der Menschenrechte (ArCMR) explizit her und sprechen die verbrieften Rechte und Freiheiten »all persons subject to their jurisdiction« zu.

545 Vgl. zur Trias von Achtungs-, Schutz- und Gewährleistungspflichten etwa *Kälin/Künzli*, Menschenrechtsschutz, 2019, Rz. 3.67 ff.

546 Vgl. zur Ambivalenz, die sich aus der gleichzeitigen Nennung von Gebiet und Herrschaftsgewalt (bzw. »territory« und »jurisdiction«) ergibt, hinten in Kap. 9.2.2.4.1 bei Fn. 584. Ebenfalls auf die Jurisdiktion verweist Art. 1 FP1 UN-Pakt II.

547 Vgl. in diesem Zusammenhang aber auch die Strafverfolgungspflicht nach Art. 5 FoK.

548 Im UN-Pakt II werden etwa »jurisdiction« und »jurisdicción«, aber auch »compétence« verwendet. Die KRK nennt auch in der französischen Fassung »juridiction«. Die Originaltexte der EMRK sprechen von »juridiction« bzw. »jurisdiction«.

Keine vergleichbaren Bestimmungen enthalten demgegenüber der UN-Pakt I, die Behindertenrechtskonvention (BRK), die Frauendiskriminierungskonvention (FDK), zahlreiche ILO-Übereinkommen[549] sowie die Afrikanische Charta der Rechte der Menschen und Völker (AfCRMV). Fehlt eine explizite oder implizite Bestimmung des räumlichen Anwendungsbereichs, hält Art. 29 VRK eine Regelung bereit. Staatsverträge binden nach dieser Bestimmung – vorbehaltlich abweichender Absicht – »jede Vertragspartei hinsichtlich ihres gesamten Hoheitsgebiets«. Unter den Begriff des Territoriums, den die authentischen Fassungen an dieser Stelle verwenden,[550] fällt das Gebiet, über welches der jeweilige Vertragsstaat Souveränität ausübt.[551] Der Rückgriff auf Art. 29 VRK scheint vorliegend indes nicht zielführend. Dieser Artikel regelt ausschließlich die Geltung innerhalb des Territoriums des jeweiligen Vertragsstaats. Der Versuch, »to deal with all the delicate problems of extraterritorial competence« hielt die Völkerrechtskommission für »inappropriate and inadvisable«.[552] So wird die extraterritoriale Geltung durch diese Bestimmung weder vorgesehen noch ausgeschlossen.[553] Auch extraterritoriale Regelungsgegenstände, die etwa bei Verträgen über die Antarktis oder den Weltraum vorliegen[554] und ebenso bei transnationalen Wirtschaftsbeziehungen konstruiert werden können, werden von Art. 29 VRK nicht adressiert.[555] Die Frage, welche räumlichen Ordnungen Menschenrechtsverträgen zugrunde liegen, die sich dazu nicht explizit äußern, bleibt folglich auch unter Rückgriff auf diese Bestimmung der VRK unbeantwortet. Mit Blick auf das völkerrechtliche Konsensprinzip, das bereits in der Präambel der VRK hervorgehoben wird, kann sodann argumentiert werden, Staaten müssten sich explizit zur extraterritorialen Beachtung verpflichten, wenn sie dies wollten. Umgekehrt legt eine

549 Vgl. etwa ILO-Übereinkommen Nr. 182, das in Art. 8 eine Kooperationspflicht enthält, die jener von Art. 2 Abs. 1 UN-Pakt I gleicht.

550 So heißt es: »l'ensemble de son territoire«, »entire territory«, und »la totalidad de su territorio«.

551 *Von der Decken*, VCLT Commentary, Art. 29, 2018 N 21 f.

552 *ILC*, Draft articles on the law of treaties with commentaries, 1966, Art. 25, Ziff. 5.

553 *Von der Decken*, VCLT Commentary, Art. 29, 2018, N 34 und 36; *Karagiannis*, Treaties and Territory, 2020, S. 309 und 327.

554 Vgl. Antarktis-Vertrag (The Antarctic Treaty, 01.12.1959, 402 UNTS 71); Weltraumvertrag (Vertrag über die Grundsätze zur Regelung der Tätigkeiten von Staaten bei der Erforschung und Nutzung des Weltraums einschließlich des Mondes und anderer Himmelskörper, 27.01.1967, SR 0.790, 610 UNTS 205).

555 Vgl. *von der Decken*, VCLT Commentary, Art. 29, 2018, N 15 und 18 f.; sowie mit gleichem Ergebnis *Karagiannis*, Treaties and Territory, 2020, S. 322 und 330.

teleologische Perspektive, die sich etwa auf Art. 31 Abs. 1 VRK abzustützen vermag, die Geltung jenseits des Staatsgebiets nahe. Die räumliche Ordnung des UN-Pakts I und anderer Instrumente ohne explizite Jurisdiktionsbestimmung bleibt damit in der Unbestimmtheit zwischen Apologie und Utopie der Völkerrechtsordnung gefangen.[556]

Allerdings lassen auch die erwähnten Jurisdiktionsklauseln vieles offen. Die Jurisdiktion ist wörtlich das Sprechen von Recht. Recht spricht nicht nur, wer urteilt, sondern auch, wer Recht setzt und durchsetzt. So wird denn mit dem Begriff der Jurisdiktion üblicherweise die – meist staatliche – Zuständigkeit verstanden, Hoheitsakte zu erlassen und durchzusetzen, mithin Hoheitsgewalt auszuüben.[557] Jurisdiktion ist damit Ausdruck staatlicher Souveränität.[558] Dabei können entsprechend den Staatsgewalten die legislative, exekutive und judikative Jurisdiktion unterschieden werden.[559] Jurisdiktion und damit die Zuständigkeit, rechtsförmig zu handeln, haben nicht nur Nationalstaaten als solche, sondern bezeichnet beispielsweise auch die Kompetenzen internationaler Organe sowie nationaler Gerichte. Auch hier verweist die Jurisdiktion unter anderem auf den Raum, über den Recht gesprochen wird, mithin die örtliche Zuständigkeit.

Im vorliegenden Kontext kommt dem Begriff der Jurisdiktion eine besondere Bedeutung zu, weil menschenrechtliche Jurisdiktion weniger ein Recht als vielmehr eine Pflicht umschreibt.[560] Jurisdiktion bezeichnet daher nicht nur den Umstand, dass staatliche Souveränität ausgeübt und insbesondere Recht gesprochen wird, sondern auch die Pflicht, Recht zu sprechen, also Hoheit auszuüben. Entsprechend stellt die Jurisdiktion als Kriterium der Bestimmung des Wirkungsbereichs von Menschenrechten eine Leerformel dar. Sie postuliert nichts Weiteres, als dass zuständig oder in der Pflicht sei, wer zuständig ist – oder sein soll. Überraschen dürfte diese Ausgangslage kaum, ist sie doch Beleg für die Unbestimmtheit und Formbarkeit des Rechts, denen demnach auch jene Menschenrechtsverträge nicht entgehen, die eine Jurisdiktionsklausel enthalten.[561]

556 Vgl. *Koskenniemi*, From Apology to Utopia, 2005; hierzu auch vorne Kap. 6.2.

557 *Peters/Petrig*, Völkerrecht, 2020, Kap. 3, Rz. 1; *Shany*, Extraterritorial Application, 2020, S. 31.

558 StIGH, Lotus, S. 19: Der staatliche Anspruch, »to exercise jurisdiction rests in its sovereignity« bzw. »se trouve dans sa souveraineté«. Vgl. auch *Peters/Petrig*, Völkerrecht, 2020, Kap. 3, Rz. 2.

559 Vgl. *Simma/Müller*, Jurisdiction, 2012, S. 147; *Peters/Petrig*, Völkerrecht, 2020, Kap. 3, Rz. 1 und 5 ff.; *von Arnauld*, Völkerrecht, 2023, Rz. 351.

560 Vgl. dazu hinten Kap. 9.2.2.5.3.

561 Vgl. *Simma/Müller*, Jurisdiction, 2012, S. 147 und 156; *Ryngaert*, Territory, 2017, u. a. S. 70; *Raible*, Extraterritoriality, 2020, S. 13 ff.

Diese Unbestimmtheit äußert sich exemplarisch im Umstand, dass sowohl das Vorhandensein als auch das Fehlen der expliziten Nennung von »Jurisdiktion« in den Menschenrechtsverträgen als Grund für die extraterritoriale Geltung vorgebracht wird. So spricht für den Sozialausschuss das Fehlen einer Jurisdiktionsklausel für die Extraterritorialität.[562] Demgegenüber nennt etwa Karagiannis gerade das Vorhandensein von »Jurisdiktion« als Anknüpfungspunkt der Extraterritorialität.[563] Diese Gleichsetzung scheint auch der Erwägung des Internationalen Gerichtshofs zugrunde zu liegen, wonach die Absenz des Jurisdiktionsbegriffs im Sozialpakt mit der territorialen Natur der WSK-Rechte erklärt werden könne.[564] Dieser widersprüchliche Umgang mit dem Jurisdiktionsbegriff zeigt, dass erst ein Blick auf die Rechtspraxis Schlüsse über die räumliche Ordnung der Menschenrechte zulässt.

Im Menschenrechtsdiskurs stehen sich im Umgang mit dieser – impliziten oder expliziten – Leerformel, auf deren Grundlage der Wirkungsbereich der Menschenrechte bestimmt wird, zwei Positionen gegenüber, die im Folgenden betrachtet werden. Auf der einen Seite wird versucht, den menschenrechtlichen Geltungs- und Gestaltungsanspruch auf das staatliche Territorium zu beschränken. Dieser territorialen Logik, die als Grundsatz weitgehend anerkannt ist, widersprechen jene, die für eine expansive Raumordnung der Menschenrechte eintreten und mithin für deren extraterritoriale Wirkung streiten. Dabei wurden in der Praxis diverse Konzepte entwickelt, um grenzüberschreitenden Zusammenhängen Rechnung zu tragen. Diese Jurisdiktionsverständnisse, die dem Menschenrechtsregime eine expansive Raumordnung zugrunde legen, sind indes ihrerseits von Bemühungen um Grenzziehung geprägt. Die Expansion der Menschenrechte erweist sich daher, wie im Folgenden dargelegt wird, als äußerst prekäres Unterfangen.

9.2.2.3 Territorialität als Grundsatz

Die menschenrechtliche Jurisdiktion wird grundsätzlich als territoriales Konzept verstanden. Nur in Ausnahmefällen erkennen Menschenrechtsorgane eine extraterritoriale Geltung an. Dies unterstreicht nicht nur der EGMR regelmäßig, sondern auch andere Menschenrechtsorgane,

562 WSKA, GC 24 2017, Ziff. 27. Vgl. auch *Tams*, Art. 1, 2014, N 37, wonach die fehlende Jurisdiktionsklausel die expansive Auslegung der Präventionspflicht rechtfertige.

563 *Karagiannis*, Treaties and Territory, 2020, S. 329.

564 IGH, Construction of a Wall 2004, Ziff. 112; vgl. zudem IGH, Policies and Practices of Israel in the Occupied Palestinian Territory 2024, Ziff. 101, wonach die Verweise auf die Jurisdiktion in der RDK gegen die territoriale Beschränkung ihrer Anwendbarkeit spreche.

die mitunter ein extensiveres Jurisdiktionsverständnis vertreten, betonen den Grundsatz der Territorialität.

Bereits in *Soering v. the United Kingdom* hob der Gerichtshof hervor, dass Art. 1 EMRK insbesondere eine räumliche Grenzziehung vornehme.[565] Seither sind zahlreiche Entscheide ergangen, in denen Jurisdiktion als »essentially« oder »primarily territorial« umschrieben wurde.[566] Folglich geht der EGMR von der Vermutung aus, dass außerhalb des eigenen Staatsgebiets keine Jurisdiktion besteht.[567] Extraterritorialität stellt mithin die Ausnahme dar, die einer besonderen Begründung bedarf. »[A]cts of the Contracting States performed, or producing effects, outside their territory«, hält der EGMR in diesem Sinne fest, »can only in exceptional circumstances amount to the exercise by them of their jurisdiction within the meaning of Article 1.«[568] Gleichsam programmatisch führte er jüngst aus, »the exercise of extraterritorial jurisdiction [...] must remain exceptional«.[569] Die Territorialität der Menschenrechte und der damit einhergehende Ausnahmecharakter extraterritorialer Jurisdiktion stellt auch der IAGMR nicht in Abrede.[570] Ebenso attestierte der Internationale Gerichtshof den Garantien des UN-Pakt I, also den wirtschaftlichen, sozialen und kulturellen Rechten, »pour l'essentiel une portée territoriale«.[571]

Indem die Territorialität zum Grundsatz erhoben wird, wird die Extraterritorialität als Ausnahme bestimmt. Violeta Moreno-Lax spricht vor diesem Hintergrund von einer »exceptionalization« extraterritorialer Jurisdiktion.[572] Der internationale Menschenrechtsschutz ist folglich einer territorialen Logik verpflichtet, die einen Ausschluss all jener Menschenrechtsträger*innen zur Folge hat, die sich außerhalb des jeweiligen Staatsgebiets befinden. Auf den ersten Blick erweist sich der Menschenrechtsschutz damit als Exklusionsordnung. Ob diese Beschreibung angesichts der in den letzten Jahren äußerst dynamischen Debatte zur Extraterritorialität der Menschenrechte weiterhin zutrifft, gilt es im Folgenden zu untersuchen. Im nächsten Schritt soll daher jenen dogmatischen Figuren nachgegangen werden, die eine expansive Geltung

565 EGMR, Soering Plenum 1989, Ziff. 86.

566 Statt vieler EGMR, Banković GK 2001, Ziff. 59 und 61; EGMR, Medvedyev GK 2010, Ziff. 64; EGMR, Al-Skeini GK 2011, Ziff. 131; EGMR, Güzelyurtlu GK 2019, Ziff. 178; EGMR, Ukraine Dec. GK 2020, Ziff. 345. Ein wesentliches Begründungselement dafür stellt jeweils die Parallele zum völkerrechtlichen Jurisdiktionsbegriff dar; vgl. dazu hinten Kap. 9.2.2.5.3.

567 EGMR, Ukraine and the Netherlands Dec. GK 2023, Ziff. 553.

568 EGMR, Georgia II GK 2021, Ziff. 128 m. w. H.

569 EGMR, Duarte Agostinho dec. GK 2024, Ziff. 170 sowie auch Ziff. 201.

570 IAGMR, Environment and Human Rights 2017, Ziff. 81, 93 und 104 lit. e.

571 IGH, Construction of a Wall 2004, Ziff. 112.

572 *Moreno-Lax*, Functional Jurisdiction, 2020, S. 399.

menschenrechtlicher Garantien nach sich ziehen und damit eine Entterritorialisierung der Menschenrechte zur Folge haben könnten.

9.2.2.4 Ansätze extraterritorialer Jurisdiktion

In der Praxis internationaler und regionaler Menschenrechtsorgane haben sich in erster Linie zwei Konzepte extraterritorialer menschenrechtlicher Jurisdiktion herausgebildet, ein persönliches und ein räumliches Modell. Wegleitend war in dieser Hinsicht der Europäische Gerichtshof für Menschenrechte, der in den letzten dreißig Jahren bemüht war, eine eigentliche Dogmatik der Extraterritorialität zu entwerfen. Diesem Unterfangen schlossen sich aber auch andere Menschenrechtsorgane sowie nationalstaatliche Instanzen an. Es waren insbesondere diese Organe, die zusätzlich zu den beiden genannten Konzepten weitergehende Grundlagen der räumlichen Geltung entwickelt haben, sodass heute die Herausbildung der sogenannten kausalen Jurisdiktion beobachtet werden kann. Im Folgenden werden diese drei Jurisdiktionsverständnisse – das persönliche, das räumliche sowie das kausale – einzeln betrachtet, bevor im anschließenden Kapitel der Frage der Stabilität dieses räumlichen Ausgreifens nachgegangen wird.

9.2.2.4.1 Persönliche Jurisdiktion

Die Frage, ob menschenrechtliche Jurisdiktion auch außerhalb des jeweiligen Staatsgebiets bestehen kann, wurde in der Praxis erstmals von der Europäischen Menschenrechtskommission (EKMR) im Jahr 1965 im Zusammenhang mit diplomatischen und konsularischen Handlungen gegenüber eigenen Staatsangehörigen adressiert und grundsätzlich bejaht.[573] Seither stellt diese Form des extraterritorialen Wirkens einen konstanten Anwendungsfall der Extraterritorialität dar. Wirkt diplomatisches oder konsularisches Personal im Rahmen seiner amtlichen Befugnisse gegenüber Staatsangehörigen oder deren Eigentum oder übt es physische Macht und Kontrolle über bestimmte Personen im Ausland aus, kann dies Jurisdiktion im Sinne von Art. 1 EMRK begründen.[574] Zum gleichen Schluss kam der Menschenrechtsausschuss 1982 hinsichtlich der Ausstellung eines Passes.[575]

573 EKMR, X 1965, S. 6.

574 Vgl. etwa EGMR, Ukraine and the Netherlands Dec. GK 2023, Ziff. 566; EGMR, M.N. GK 2020, Ziff. 106 und 117 ff.; EGMR, Al-Skeini GK 2011, Ziff. 134.

575 MRA, Vidal Martins 1982, Ziff. 7; sowie MRA, Lichtensztejn 1983, Ziff. 6.1; MRA, Pereira Montero 1983, Ziff. 5.

Inzwischen versteht der Straßburger Gerichtshof die Kontrolle staatlicher Organe über Einzelpersonen, d. h. die »State agent authority and control«, als eines der beiden Modelle zur Erfassung extraterritorialer Bezüge und bezeichnet dieses als persönliches Jurisdiktionskonzept.[576] Neben dem Handeln diplomatischer und konsularischer Vertreter*innen ordnet der EGMR dieser Kategorie nunmehr allgemein die Ausübung von physischer Kontrolle und Zwangsgewalt durch staatliche Organe zu, wenn sie in konkreten Einzelfällen auftritt. So kam die Europäische Menschenrechtskommission bereits 1975 zum Schluss, die Jurisdiktion der Türkei und damit ihre potenzielle Verantwortlichkeit sei dadurch gegeben, dass türkisches Militär die Kontrolle über Personen und Sachen in Nordzypern ausübte.[577] Es geht folglich nicht um eine generalisierte Kontrolle, zu der sich später mit dem Konzept der effektiven Kontrolle ein zweites Jurisdiktionsmodell herausgebildet hat.[578] Obschon in Nordzypern gerade eine Situation bestand, die nicht bloß isolierte Einzelfälle umfasste, sondern als territoriale Kontrolle erkennbar war,[579] begründete die EKMR die extraterritoriale Jurisdiktion der Türkei damals mit dem Umstand, dass einzelne Personen oder Sachen kontrolliert wurden. Dies kommt im EKMR-Bericht aus dem Jahr 1976 zum Ausdruck, indem im Anschluss an den zuvor erwähnten Zulässigkeitsentscheid die extraterritoriale Jurisdiktion jeweils einzeln mit Verweis auf die Vertreibung, die Einschränkung der Bewegungsfreiheit, die Inhaftierung sowie die Verhinderung der Rückkehr der Zyperngriech*innen bejaht wurde.[580]

Im Anschluss an ihre Zypernrechtsprechung zog nach Ansicht der EKMR auch eine extraterritoriale Inhaftierung die Geltung der EMRK nach sich. Dies stellte die Menschenrechtskommission hinsichtlich einer Person fest, die in Costa Rica an italienische Sicherheitskräfte überstellt und anschließend in einem Militärflugzeug nach Italien überführt worden war.[581] Als maßgebliches Kriterium für das Vorliegen extraterritorialer Jurisdiktion in Gewahrsamsfällen bezeichnet der EGMR später »the

576 EGMR, Georgia II GK 2021, Ziff. 115; EGMR, Carter 2021, Ziff. 125; EGMR, Ukraine and the Netherlands Dec. GK 2023, Ziff. 559; EGMR, Mamasakhlisi 2023, Ziff. 310; EGMR, Duarte Agostinho dec. GK 2024, Ziff. 170; EGMR, Narayan 2023, Ziff. 58 und 86.

577 EKMR, Cyprus Dec. 1975, Ziff. 8 und 10.

578 Vgl. hierzu sogleich Kap. 9.2.2.4.2.

579 Vgl. EKMR, Cyprus Report 1976, Separate Opinion Ermacora, Ziff. 5, sowie Dissenting Opinion Daver, S. 191, wonach die Türkei eine »de facto jurisdiction over this part of the territory of Cyprus« etabliert habe bzw. sei »the northern part of the island [...] under the de facto jurisdiction« der Türkei.

580 EKMR, Cyprus Report 1976, Ziff. 203 f., 233 und 282.

581 EKMR, Freda Dec. 1980, Ziff. 3; vgl. anschließend auch EKMR, Reinette Dec. 1989, Ziff. 2; EKMR, Sánchez Ramirez Dec. 1996; EGMR, Ilaşcu 2004, Ziff. 384; EGMR, Öcalan GK 2005, Ziff. 91; EGMR, Al-Saadoon

exercise of physical power and control over the person in question«.[582] Zum Schluss, dass ein staatlicher Gewahrsam die menschenrechtliche Bindung ungeachtet davon nach sich zieht, wo dieser stattfindet, gelangte wenig später auch der Menschenrechtsausschuss. Dieser hielt fest, dass der UN-Pakt II auf die Inhaftierung durch uruguayische Sicherheitskräfte in Argentinien anwendbar sei.[583] Die Formulierung in Art. 2 Abs. 1 UN-Pakt II, wonach die Vertragsstaaten die Paktrechte »allen in seinem Gebiet befindlichen und seiner Herrschaftsgewalt unterstehenden Personen« zu gewährleisten sind, enthält nach der Interpretation des MRA damit zwei alternative Voraussetzungen.[584] Der Begriff der Jurisdiktion, führte der MRA aus, verweise nicht auf den Ort, an dem eine Menschenrechtsverletzung auftrete, sondern auf die Beziehung zwischen einem Individuum und dem Staat im Zusammenhang mit diesem Rechtsbruch, wo auch immer dieser geschehen sei.[585] Es wäre schließlich »unconscionable to so interpret the responsibility under article 2 of the Covenant as to permit a State party to perpetrate violations of the Covenant on the territory of another State, which violations it could not perpetrate on its own territory«.[586] Dieser Begründung pflichtete später auch der EGMR bei und konstatierte, »Article 1 of the Convention cannot be interpreted so as to allow a State party to perpetrate violations of the Convention on the territory of another State, which it could not perpetrate on its own territory«.[587]

Mit Blick auf das Handeln des US-amerikanischen Militärs anlässlich der Intervention in Grenada im Jahr 1983 befand sodann auch die Interamerikanische Kommission für Menschenrechte (IAKMR), dass eine

Dec. 2009, Ziff. 88; EGMR, Medvedyev GK 2010, Ziff. 67; EGMR, Hassan GK 2014, Ziff. 76.

582 EGMR, Al-Skeini GK 2011, Ziff. 136; EGMR, Hassan GK 2014, Ziff. 76.

583 MRA, Lopez Burgos 1981, Ziff. 12; MRA, Celiberti de Casariego 1981, Ziff. 10; vgl. auch MRA, GC 36 2018, Ziff. 63.

584 MRA, Lopez Burgos 1981, Ziff. 12; MRA, Celiberti de Casariego 1981, Ziff. 10. Dieser Ansicht schloss sich der IGH später an (IGH, Construction of a Wall 2004, Ziff. 109 und 111). Sie stößt nach wie vor auf Kritik. Vgl. etwa *Karagiannis*, Treaties and Territory, 2020, S. 328 f. m. w. H.; *Dennis*, Application of Human Rights Treaties, 2005, S. 122 ff., dessen Kritik sich insb. gegen die Anwendung im Falle einer Besetzung und insofern den IGH-Entscheid zu Israel und Palästina richtet; *United States of America*, Fifth report CCPR, 2021, Ziff. 14 ; *Israel*, Fifth report CCPR, 2019, Ziff. 22 und 24.

585 MRA, Lopez Burgos 1981, Ziff. 12.2 bezogen auf den Jurisdiktionsbegriff in Art. 1 FP1 UN-Pakt II; MRA, Celiberti de Casariego 1981, Ziff. 10.2.

586 MRA, Lopez Burgos 1981, Ziff. 12.3.

587 EGMR, Issa 2004, Ziff. 71; EGMR, Ben El Mahi Dec. 2006; EGMR, Solomou 2008, Ziff. 45; EGMR, Carter 2021, Ziff. 128; EGMR, Ukraine and the Netherlands Dec. GK 2023, Ziff. 570.

Inhaftierung auf fremdem Staatsgebiet Jurisdiktion begründe. Grundsätzlich seien weder die Nationalität noch die geographische Verortung ausschlaggebend, sondern vielmehr die Frage, ob eine Person der Autorität und Kontrolle eines Staates unterstehe.[588] Die »exercise of physical power and control« bezeichnete auch der Interamerikanische Gerichtshof als entscheidendes Moment zur Bestimmung extraterritorialer Jurisdiktion, als er sich mit der Festnahme einer Person in Afghanistan durch die Vereinigten Staaten auseinandersetzte.[589] Zum gleichen Ergebnis gelangte der Antifolterausschuss, obwohl sich dessen textliche Basis nicht ohne Weiteres für eine expansive Raumordnung anbietet. Art. 2 Abs. 1 FoK, wonach jeder Vertragsstaat Folterungen »in allen seiner Hoheitsgewalt unterstehenden Gebieten« – »any territory under its jurisdiction« – zu verhindern habe, könnte den Eindruck erwecken, lediglich eine territoriale Kontrolle vermöge menschenrechtliche Jurisdiktion zu vermitteln. Einem solchen Verständnis aber widerspricht der Antifolterausschuss: Der Begriff des Gebiets oder Territoriums »includes all areas where the State party exercises, directly or indirectly, in whole or in part, de jure or de facto effective control, in accordance with international law«.[590] Ein solches Gebiet bzw. eine solche »area« sollen aber bereits kleinste räumliche Einheiten darstellen, nämlich etwa militärische Einrichtungen oder Haftanstalten, sodass namentlich auch inhaftierte Menschen der folterkonventionsrechtlichen Jurisdiktion unterstehen.[591] Entsprechend bejahte der Antifolterausschuss etwa die spanische Jurisdiktion hinsichtlich der Festhaltung von Migrant*innen auf einem Schiff und in einem Fabrikgebäude in Mauretanien.[592]

Zum persönlichen Jurisdiktionsmodell zählt der EGMR schließlich auch Konstellationen, in denen mit der Zustimmung des Territorialstaats oder »in accordance with custom, treaty or other agreement« öffentliche Gewalt ausgeübt wird.[593] So habe Großbritannien als Besatzungsmacht im Irak die Sicherheit gewährleistet und die zivile Verwaltung unterstützt, sodass Personen, die im Rahmen militärischer Einsätze getötet wurden, unter britischer Jurisdiktion standen.[594]

588 IAKMR, Coard 1999, Ziff. 37.
589 IAKMR, Djamel Ameziane Admissibility 2012, Ziff. 31.
590 FoA, GC 2 2008, Ziff. 16.
591 FoA, GC 2 2008, Ziff. 16.
592 FoA, J.H.A. 2008, Ziff. 8.2; vgl. ferner FoA, Sonko 2011, Ziff. 10.3.
593 EGMR, Al-Skeini GK 2011, Ziff. 135. Vgl. bereits EKMR, X. and Y. 1977 Plenum, Ziff. 2. Vorausgesetzt ist indes, dass das fragliche Handeln nicht dem Territorialstaat zuzurechnen ist. Ist Letzteres der Fall, wird bereits die Zuständigkeit ratione personae verneint (vgl. EGMR, Drozd and Janousek Plenum 1992; EGMR, Gentilhomme 2002, Ziff. 20).
594 EGMR, Al-Skeini GK 2011, S. 144 ff. Vgl. daran anschließend auch EGMR, Jaloud GK 2014, Ziff. 139 ff., insb. 149 und 152 f.

9.2.2.4.2 *Räumliche Jurisdiktion*

Neben Konstellationen, die sich durch die Kontrolle einer Einzelperson auszeichnen und vom persönlichen Jurisdiktionsmodell erfasst werden, stellt die Besetzung im Kontext bewaffneter Konflikte ein weitgehend anerkannter Fall der Anwendung menschenrechtlicher Verpflichtungen außerhalb des Staatsgebiets dar[595]. Prominent in dieser Hinsicht ist zunächst die Stellungnahme des Internationalen Gerichtshofs zur Frage der Rechtmäßigkeit diverser Grenzanlagen um bzw. in Palästina. Um dies zu verneinen, musste vorab geklärt werden, ob die von Israel ratifizierten Menschenrechtsverträge, die UN-Pakte I und II sowie die Kinderrechtskonvention, in den besetzten palästinensischen Gebieten zur Anwendung kommen. Im Anschluss an den Menschenrechtsausschuss, der die extraterritoriale Jurisdiktion mit Blick auf den staatlichen Gewahrsam bereits 1981 bejahte,[596] stellte der IGH fest, dass der UN-Pakt II anwendbar sei »in respect of acts done by a State in the exercise of its jurisdiction outside its own territory«.[597] Auch der UN-Pakt I sei, so der IGH in Übereinstimmung mit dem WSK-Ausschuss, von Israel in der Ausübung seiner Kompetenzen als Besatzungsmacht zu beachten.[598] Damit bestätigte der Gerichtshof, was der Sonderberichterstatter zur menschenrechtlichen Situation des irakisch besetzten Kuwaits bereits 1992 unter Verweis darauf postulierte, dass dem Sozialpakt eine explizite Eingrenzung auf das Staatsgebiet fehle.[599] Schließlich ließ der IGH keine Zweifel daran, dass die besetzten Gebiete unter die Jurisdiktionsklausel des Art. 2 KRK fallen.[600] Auffällig hinsichtlich der Frage der menschenrechtlichen Jurisdiktion ist hier insbesondere, dass der IGH Wert darauf zu legen schien, dass die extraterritoriale Geltung der Menschenrechtsverträge der Ausübung von Kompetenzen bzw. Befugnissen folgt, die sich insbesondere aus der Stellung als Besatzungsmacht ergeben. Damit nähert sich das Jurisdiktionsverständnis demjenigen des allgemeinen Völkerrechts an, worauf

595 Vgl. *Shany*, Extraterritorial Application, 2020, S. 102 ff., insb. 104.

596 Vgl. MRA, Lopez Burgos 1981, Ziff. 12; MRA, Celiberti de Casariego 1981, Ziff. 10. Vgl. hierzu auch vorne in Kap. 9.2.2.4.1 bei Fn. 538.

597 IGH, Construction of a Wall 2004, Ziff. 111; vgl. daran anschließend auch IGH, Policies and Practices of Israel in the Occupied Palestinian Territory 2024, Ziff. 99 f.

598 IGH, Construction of a Wall 2004, Ziff. 112; WSKA, CO Israel 1998, Ziff. 8; WSKA, CO Israel 2019, Ziff. 8 ff.; IGH, Policies and Practices of Israel in the Occupied Palestinian Territory 2024, Ziff. 100.

599 *Kälin*, Report on Kuwait, 16.01.1992, Ziff. 51.

600 IGH, Construction of a Wall 2004, Ziff. 113; vgl. sodann IGH, Policies and Practices of Israel in the Occupied Palestinian Territory 2024, Ziff. 101 zur Anwendbarkeit der RDK; ferner zur Menschenrechtsgeltung in den israelisch besetzten Gebieten auch *Ben-Naftali/Shany*, Living in Denial, 2003.

später noch zurückzukommen sein wird. Dass die Besatzung mit der Geltung menschenrechtlicher Pflichten einhergeht, bestätigte der IGH später im Urteil betreffend die militärischen Aktivitäten Ugandas in der Demokratischen Republik Kongo.[601] Darin hielt der Gerichtshof zudem ausdrücklich fest, dass die Verpflichtungen der Besatzungsmacht sowohl Achtungs- als auch Schutzpflichten umfassten.

Auch verschiedene Menschenrechtsorgane gehen im Falle militärischer Besetzungen und anderer Formen militärischer Gewaltverhältnisse, die sich durch eine allgemeine Kontrolle auszeichnen, von extraterritorialer menschenrechtlicher Jurisdiktion aus. So setzt nach der Ansicht des Menschenrechtsausschusses Jurisdiktion »power or effective control« voraus, was nicht an das jeweilige Territorium gebunden sei.[602] Dies sei beispielsweise bei staatlichen Kräften gegeben, die Teil einer internationalen Friedensmission seien,[603] oder im Falle einer Besetzung[604]. Verfügt ein Staat über die effektive Kontrolle eines Gebiets, sei er verpflichtet, die Menschenrechte zu respektieren und zu schützen.[605] Dies gilt gemäß MRA auch dann, wenn lokale Kräfte in einer Weise beeinflusst werden, die einer effektiven Kontrolle entspricht.[606] Der Ausschuss gegen Folter geht ebenfalls davon aus, dass jede Form effektiver Kontrolle die Jurisdiktionsklausel von Art. 2 Ziff. 1 FoK erfülle. Daher seien namentlich bei Besetzungen und Friedensmissionen die Konventionsrechte zu berücksichtigen.[607]

Die militärische Besetzung anerkannte grundsätzlich auch der EGMR als hinreichende Voraussetzung, um die EMRK außerhalb des Territoriums des jeweiligen Vertragsstaats anzuwenden. So hielt der Gerichtshof schon 1995 mit Blick auf Nordzypern fest, die Ansprüche aus der Menschenrechtskonvention seien auch in jenen Gebieten zu wahren, die der effektiven Kontrolle eines Vertragsstaat unterstehen, »whether it be exercised directly, through its armed forces, or through a subordinate local administration«.[608] Damit definierte der EGMR das zentrale

601 IGH, Armed Activities Congo 2005, Ziff. 178 f. Vgl. dazu mit gleichem Ergebnis bereits ACHPR, Democratic Republic of Congo 2003.

602 MRA, GC 31 2004, Ziff. 10; MRA, GC 36 2018, Ziff. 63.

603 MRA, GC 31 2004, Ziff. 10; vgl. ferner m. w. H. *Kälin/Künzli*, Menschenrechtsschutz, 2019, Rz. 4.53, Fn. 104 f.

604 MRA, GC 36 2018, Ziff. 63. Bereits 1991 ging der Menschenrechtsausschuss, ohne sich indes mit Art. 2 Abs. 1 UN-Pakt II auseinanderzusetzen, davon aus, dass der Irak im Rahmen der Besetzung Kuwaits an die Menschenrechte gebunden sei. Vgl. MRA, CO Iraq 1991, Ziff. 652. Übereinstimmend damit und fundierter äußerte sich dann *Kälin*, Report on Kuwait, 16.01.1992, Ziff. 55 ff.

605 MRA, GC 36 2018, Ziff. 63, bezüglich des Rechts auf Leben.

606 MRA, CO Russia 2015, Ziff. 6.

607 FoA, GC 2 2008, Ziff. 7 und 16.

608 EGMR, Loizidou 1995, Ziff. 62.

Kriterium dessen, was er später als räumliches Jurisdiktionskonzepts bezeichnen sollte und die zweite Grundkategorie extraterritorialer Geltung der EMRK darstellt.[609] Die Abgrenzung gegenüber dem persönlichen Jurisdiktionskonzept ist insofern von großer Tragweite, als im Rahmen konkreter Gewaltverhältnisse lediglich die in der jeweiligen Situation einschlägigen Menschenrechtspflichten und damit in erster Linie Achtungspflichten zu beachten sind.[610] Demgegenüber begründet die effektive Kontrolle über ein Gebiet die Pflicht, die Konventionsrechte grundsätzlich vollumfänglich zu gewährleisten, selbst dann, wenn eine detaillierte Kontrolle über menschenrechtswidrige Geschehnisse fehlt.[611]

Obschon der EGMR die direkte, durch eigene Streitkräfte ausgeübte effektive Kontrolle als erste Variante erwähnt, war in der Rechtsprechung bisher in der Regel die zweite Konstellation einer »subordinate local administration« einschlägig.[612] Eine solche indirekte räumliche

609 Vgl. EGMR, Carter 2021, Ziff. 125; EGMR, Georgia II GK 2021, Ziff. 115; EGMR, Ukraine and the Netherlands Dec. GK 2023, Ziff. 559; EGMR, Mamasakhlisi 2023, Ziff. 310; EGMR, Matkava 2023, Ziff. 90; EGMR, O.J. and J.O. 2023, Ziff. 54; EGMR, Narayan 2023, Ziff. 58.

610 Vgl. EGMR, Al-Skeini GK 2011, Ziff. 137; EGMR, H.F. GK 2022, Ziff. 186. Die Konventionsrechte können demnach, anders noch als im Banković-Urteil unterstellt, geteilt und angepasst werden. Vgl. zur räumlichen Differenzierung auch hinten Kap. 9.2.2.6.1.

611 EGMR, Loizidou 1996 GK, Ziff. 56; EGMR, Cyprus GK 2001, Ziff. 77; EGMR, Ilaşcu 2004, Ziff. 315; EGMR, Al-Skeini GK 2011, Ziff. 138; EGMR, Catan 2012 GK, Ziff. 106; EGMR, Chiragov GK 2015, Ziff. 157 und 217; EGMR, Ukraine Dec. GK 2020, Ziff. 335; EGMR, Georgia II GK 2021, Ziff. 200, 214 und 248; EGMR, Ukraine and the Netherlands Dec. GK 2023, Ziff. 561, 564 und 697; EGMR, Matkava 2023, Ziff. 96 und 104. Umgekehrt reduzieren sich die Menschenrechtspflichten des Territorialstaats auf gewisse positive Obliegenheiten bezüglich jenes Teilgebiets, das nicht mehr unter seiner Autorität steht. Vgl. etwa EGMR, Ilaşcu 2004, Ziff. 335 ff.; EGMR, Mozer GK 2016, Ziff. 99; sowie differenzierter EGMR, Ioannides 2025, Ziff. 78 f. und 102. Eine Menschenrechtsbindung nach Maßgabe des Kontrollumfangs impliziert auch IGH, Construction of a Wall 2004, Ziff. 112; sowie WSKA, CO Israel 2019, Ziff. 11. Schutzpflichten bezüglich des Handelns nichtstaatlicher Akteure sind dadurch gerade nicht ausgeschlossen; vgl. IGH, Armed Activities Congo 2005, Ziff. 179 f.

612 Dies ist nicht darauf zurückzuführen, dass dem Gerichtshof keine geeigneten Sachverhalte vorgelegt würden, sondern vielmehr der Espace juridique-Doktrin geschuldet. Vgl. hierzu hinten Kap. 9.2.2.5.5. Von einer Form der direkten Kontrolle dürfte der EGMR bezogen auf die Krim ausgegangen sein, zumal die subordinierte lokale Verwaltung von Russland eingesetzt und vollständig abhängig war; vgl. EGMR, Ukraine Dec. GK 2020, insb. Ziff. 51, 335 und 349. Dieser Fall zeigt denn auch, dass die Kategorien in der Praxis mitunter verschwimmen.

Kontrolle bejahte der Gerichtshof nicht nur mit Blick auf Nordzypern und die Türkei,[613] sondern auch etwa hinsichtlich Russlands Stellung in Transnistrien,[614] Südossetien und Abchasien[615] und im Donbass[616] sowie schließlich bezüglich Armeniens Einfluss in Bergkarabach[617]. Das jurisdiktionsbegründende Subordinationsverhältnis, in dessen Rahmen die effektive räumliche Kontrolle ausgeübt wird, zeichnet sich in der Rechtsprechung des Gerichtshofs dadurch aus, dass der Konventionsstaat die lokale Verwaltung durch militärische, ökonomische und politische Unterstützung am Leben erhält.[618]

Hilfreich dafür, dass sich die Anerkennung extraterritorialer Jurisdiktion im Fall einer kriegerischen Besatzung – zumindest in der Praxis der Menschenrechtsorgane – durchgesetzt hat, dürfte insbesondere die Parallele zum humanitären Völkerrecht gewesen sein.[619] Einerseits stellt die Besatzung eine Grundlage extraterritorialer Jurisdiktion im Sinne des allgemeinen Völkerrechts dar,[620] sodass sich unter der Prämisse des einheitlichen Jurisdiktionsbegriffs auch die Geltung der Menschenrechte für die Besatzungsmacht aufdrängt.[621] Andererseits verpflichtet das humanitäre Völkerrecht Besatzungsmächte unter

613 EGMR, Loizidou 1995, Ziff. 62 ff.; EGMR, Loizidou 1996 GK, Ziff. 56.

614 EGMR, Ilaşcu 2004, Ziff. 392 ff.; EGMR, Ivanţoc 2011, Ziff. 116 ff.; EGMR, Catan 2012 GK, Ziff. 114 ff., insb. 121 ff.; EGMR, Mozer GK 2016, Ziff. 110 f.

615 EGMR, Georgia II GK 2021, Ziff. 174; EGMR, Mamasakhlisi 2023, Ziff. 339 f.; EGMR, Georgia (IV) Dec. 2023, Ziff. 44 f.; EGMR, Matkava 2023, Ziff. 96; EGMR, O.J. and J.O. 2023, Ziff. 61.

616 EGMR, Ukraine and the Netherlands Dec. GK 2023, Ziff. 695 f.

617 EGMR, Chiragov GK 2015, Ziff. 186.

618 EGMR, Cyprus GK 2001, Ziff. 77; EGMR, Ilaşcu 2004, Ziff. 316 und 386 ff., insb. 392; EGMR, Catan 2012 GK, Ziff. 107 und 114 ff., insb. 121 f.; EGMR, Chiragov GK 2015, Ziff. 169 ff., insb. 186; EGMR, Mozer GK 2016, Ziff. 101 ff., insb. 110; EGMR, Georgia II GK 2021, Ziff. 164 ff., insb. 174; EGMR, Ukraine and the Netherlands Dec. GK 2023, Ziff. 560 und 613 ff.; EGMR, Mamasakhlisi 2023, Ziff. 339. Ähnlich argumentierte der IGH mit Blick auf die Schutzpflicht gemäß Genozidkonvention, indem er – freilich nicht bezüglich der Jurisdiktionsfrage, sondern im Rahmen der materiellen Prüfung der Schutzpflicht, deren räumliche Geltung implizit vorausgesetzt wurde – insb. auf die umfassenden »political, military and financial links« verwies; vgl. IGH, Bosnien-Herzegowina 2007, Ziff. 434; sowie dazu auch hinten in Kap. 9.2.2.4.3.1 bei Fn. 675.

619 Vgl. in diesem Zusammenhang EKMR, Cyprus Report 1976, Disenting Opinion of Sperduti, Ziff. 6, wonach die HLKO Anhaltspunkte für die Anwendung der Derogationsklausel (Art. 15 EMRK) biete.

620 Vgl. etwa *Forteau/Miron/Pellet*, Droit international public, 2022, Ziff. 446.

621 Vgl. dazu insb. EGMR, Banković GK 2001, Ziff. 59 ff. und 71; sowie hinten Kap. 9.2.2.5.3.

anderem zur Einhaltung gewisser Mindeststandards, die sich mit menschenrechtlichen Verpflichtungen decken, und knüpft hierzu an ähnliche Voraussetzungen an, wie sie sich in der Menschenrechtspraxis herausgebildet haben. So gilt nach der Haager Landkriegsordnung aus dem Jahr 1907 ein Gebiet als besetzt, wenn es sich »tatsächlich in der Gewalt« bzw. »sous l'autorité« des feindlichen Staates befindet und diese Autorität effektiv ausgeübt werden kann.[622] Aus dem Umstand einer solchen effektiven Ausübung hoheitlicher Gewalt folgt unter anderem, dass die Besatzungsmacht für Schutz und Wohlfahrt der Bevölkerung des besetzten Gebiets verantwortlich ist.[623] Damit etablierte das humanitäre Völkerrecht gewisse Vorgaben, die dem menschenrechtlichen Diskurs als Stütze gedient haben dürften, um seinerseits Erwartungen an Besatzungsmächte zu formulieren und das Fundament eines zentralen Konzeptes der extraterritorialen Jurisdiktion zu legen. Der Begriff der effektiven Kontrolle etwa steht nicht nur im Zentrum des räumlichen Jurisdiktionskonzepts des Menschenrechtsregimes, sondern dient auch dem humanitären Völkerrecht als Referenzpunkt, indem er als Synonym der tatsächlichen Gewalt betrachtet wird, die als Kriterium der Besatzung vorausgesetzt wird.[624]

Das Kriterium der effektiven Kontrolle wird aber im Kontext der menschenrechtlichen Jurisdiktion zumindest in zweifacher Hinsicht weiter verstanden als im Bereich des humanitären Völkerrechts.[625] Einerseits können die Menschenrechte auch dann Geltung beanspruchen, wenn das Zwangselement fehlt, das kriegerische Besetzungen auszeichnet.[626] Stimmt etwa der betroffene Territorialstaat einer militärischen Intervention zu oder findet diese als internationale Friedensmission gestützt auf eine Resolution des UN-Sicherheitsrats statt, kommt das Besatzungsrecht grundsätzlich nicht zur Anwendung.[627] Andererseits scheint mitunter ein entscheidender Einfluss auf die lokalen Kräfte zu genügen, um

622 Art. 42 HLKO. Vgl. dazu etwa *Dinstein*, Belligerent Occupation, 2019, S. 42 ff.

623 Vgl. Art. 43 ff. HLKO; Art. 47 ff. GA-IV; *Bothe*, Friedenssicherung und Kriegsrecht, 2019, Rz. 82; *Dinstein*, Belligerent Occupation, 2019, S. 99 ff., 160 ff., 194 ff. und 243 ff.

624 *Dinstein*, Belligerent Occupation, 2019, S. 48; vgl. auch EGMR Chiragov 2015, Ziff. 96.

625 Die umfassendere Geltung des internationalen Menschenrechtsschutzes, aufgrund derer die Menschenrechte Schutzlücken des humanitären Völkerrechts zu füllen vermag, ist sodann auch dem Umstand zu verdanken, dass weitere Jurisdiktionsmodelle entwickelt wurden. Vgl. *Shany*, Extraterritorial Application, 2020, S. 111 m. w. H.

626 Vgl. dazu *Dinstein*, Belligerent Occupation, 2019, S. 38 f.

627 MRA, GC 31 2004, Ziff. 10; *Shany*, Extraterritorial Application, 2020, S. 107 und 109; *Dinstein*, Belligerent Occupation, 2019, S. 41.

menschenrechtliche Jurisdiktion zu begründen,[628] während im Kriegsrecht davon ausgegangen wird, dass in einer Stellvertretungskonstellation die Voraussetzungen einer Besatzung nur dann erfüllt werden, wenn das lokale Regime als eigenes Staatsorgan qualifiziert werden kann[629].

9.2.2.4.3 Herausbildung kausaler Jurisdiktion

Während sich der Europäische Gerichtshof für Menschenrechte in erster Linie auf das räumliche und das persönliche Jurisdiktionskonzept stützt, haben sich sowohl in der Straßburger Praxis als auch in den Verlautbarungen anderer Menschenrechtsorgane und insbesondere in der Lehre Verständnisse der räumlichen Geltung herausgebildet, welche über die genannten Konzepte hinausreichen.[630] Diese zeichnen sich dadurch aus, dass der Fokus auf den Wirkungszusammenhang gelegt wird und damit einhergehend der Gegenstand der Kontrolle, soweit an diesem Begriff festgehalten wird, eine Verschiebung erfährt.[631]

Im Folgenden soll die Herausbildung dieser meist als funktionale oder kausale Jurisdiktion bezeichneten Verständnisse nachgezeichnet werden, um zu beurteilen, inwiefern sich hier tatsächlich ein Paradigmenwechsel abzeichnet,[632] der eine Entterritorialisierung des Menschenrechtsschutzes

628 Vgl. vorne Kap. 9.2.2.4.2, Fn. 618.

629 *Dinstein*, Belligerent Occupation, 2019, S. 50 f. Wann eine lokale Gruppierung ein De-facto-Organ darstellt, ist indes umstritten. Der ICTY, Prosecutor v. Duško Tadic 1999, Ziff. 137 und 156, verlangte eine »overall control«, wohingegen der IGH, Bosnien-Herzegowina 2007, Ziff. 403 ff., einen strengeren Maßstab anlegte. Unterstützung alleine ließ aber auch der ICTY (ibid.) nicht genügen. Vgl. zum Ganzen auch *Kalandarishvili-Mueller*, Occupation by Proxy, in: <justsecurity.org>, 22.02.2022.

630 Vgl. nebst den nachfolgenden Kap.n und der dort betrachteten Spruchpraxis etwa *Skogly*, Global human rights obligations, 2022, insb. S. 34; *Salomon*, Global Responsibility, 2007, insb. S. 76 und 186 f.; *Mallory*, Human Rights Imperialists, 2020, S. 204 ff.; *Moreno-Lax*, Functional Jurisdiction, 2020; *Berkes*, Cross-border pollution, 2022, insb. S. 40; *Milanovic*, Foreign Surveillance, 2015, insb. S. 119; *De Schutter* et al., Maastricht Principles Commentary, 2012, insb. S. 1104 f.

631 Insofern ist denn auch von einer »control over rights doctrine« die Rede. Vgl. *Çalı*, Control over rights doctrine, in: <ejiltalk.org>, 21.07.2020; sowie ferner zu diesem Zusammenhang *von Bernstorff*, Extraterritoriale Staatenpflichten, 2011, S. 55 f.; *Askin*, Extraterritoriale Anwendbarkeit des UN-Sozialpakts, 2024, S. 198 ff., 230, 281 und 286, die von einer Vorverlagerung des jurisdiktionsauslösenden Kriteriums spricht.

632 Vgl. *Askin*, Extraterritorial Application, 2019, Rz. 22 mit Hinweis; ferner *Yassine*, Extraterritorialité comme outil de protection, 2022, S. 675, die von

zur Folge hätte. Während der Begriff der kausalen Jurisdiktion darauf verweist, dass die Kausalität zum ausschlaggebenden Kriterium erhoben wird,[633] verdient die nicht einheitlich verwendete Bezeichnung der funktionalen Jurisdiktion kurz erläutert zu werden.

Im Sondervotum zum *Al-Skeini*-Entscheid plädierte Giovanni Bonello für eine prinzipiengeleitete Jurisdiktionspraxis, die an den fundamentalen Funktionen der Konvention auszurichten sei.[634] Die EMRK bezwecke, so Bonello, die universelle Suprematie der Menschenrechte. Dazu hätten sich die Staaten verpflichtet, fünf »basic minimum functions« wahrzunehmen, nämlich die Achtung der Menschenrechte sowie die Prävention, die Untersuchung, die Verfolgung und die Wiedergutmachung von Menschenrechtsverletzungen.[635] Jurisdiktion sei nun gegeben, »whenever the observance or the breach of any of these functions is within its authority and control«.[636] »Jurisdiction arises«, so Bonello weiter, »from the mere fact of having assumed those obligations and from having the capability to fulfil them (or not to fulfil them).«[637] Maßstab der räumlichen Geltung der Menschenrechte soll damit die Möglichkeit sein, menschenrechtliche Pflichten zu erfüllen und damit einen kausalen Einfluss auszuüben. Auch nach Yuval Shany sind entsprechend dem funktionalen Ansatz jene Staaten im extraterritorialen Verhältnis in die Pflicht zu nehmen, die hierzu in der Lage sind, mithin die funktionale Kapazität dazu haben.[638] Anders, aber mit derselben Intention, soll nach Sarah Joseph und Barrie Sanders funktionale Jurisdiktion dort gegeben sein, »where [the state] undertakes functions that adversely affect the human rights of individuals in a direct and reasonably foreseeable manner, or exercises control over activities that are causally linked to the violation of such rights«.[639]

Letztere Definition scheint den Begriff der Funktion dem staatlichen Handeln als solchen anzunähern,[640] während Bonellos Funktionalismus

einem »renversement de la présomption contre l'application extraterritoriale« ausgeht.

633 Vgl. zum Begriff der kausalen Jurisdiktion etwa die Nachweise in Kap. 9.2.2.5.6.1, Fn. 903.

634 EGMR, Al-Skeini GK 2011, Concurring opinion of Judge Bonello, Ziff. 8.

635 EGMR, Al-Skeini GK 2011, Concurring opinion of Judge Bonello, Ziff. 10.

636 EGMR, Al-Skeini GK 2011, Concurring opinion of Judge Bonello, Ziff. 11.

637 EGMR, Al-Skeini GK 2011, Concurring opinion of Judge Bonello, Ziff. 13.

638 *Shany*, Functional Approach, 2013, S. 65 f.; vgl. ebenso an das Sondervotum von Bonello anschliessend *Askin*, Extraterritoriale Anwendbarkeit des UN-Sozialpakts, 2024, insb. S. 73 f. und 168 f.

639 *Joseph/Sander*, Scope of application, 2022, S. 125.

640 Vgl. für ein Begriffsprägung, die explizit an Ausübung öffentlicher Gewalt anknüpft, etwa *Moreno-Lax*, Functional Jurisdiction, 2020, S. 402 f.

direkt auf die normative Ordnung der Menschenrechte verweist[641]. Eine begriffliche Klärung des Funktionsbegriffs, die auch das Schrifttum soweit ersichtlich schuldig bleibt, ist für den vorliegenden Zusammenhang nicht erforderlich. Mit Blick auf den Kern der als funktional bezeichneten Ansätze – nämlich Einflussnahme und Einflussmöglichkeit – sollen diese im Folgenden synonym zur kausalen Jurisdiktion verstanden werden. Dass Vertreter*innen des funktionalen Verständnisses mitunter anmahnen, Grenzen zu ziehen,[642] rechtfertigt angesichts dessen, dass auch der Begriff der Kausalität in der Regel qualifiziert wird,[643] für den vorliegenden Zweck keine Differenzierung.

9.2.2.4.3.1 Recht auf Leben

Eine erste Spur eines Jurisdiktionsverständnis, das einzig auf einen Wirkungszusammenhang abstellt, lässt sich in jener Spruchpraxis finden, die sich mit der extraterritorialen, mithin extralegalen Tötung auseinandersetzt. Im Bericht zur Menschenrechtslage in Chile führte die Interamerikanische Kommission für Menschenrechte im Jahr 1985 zwei Anschläge durch chilenische Staatsorgane als Verletzungen des Rechts auf Leben auf, die außerhalb des eigenen Staatsgebiets, nämlich in den USA bzw. in Argentinien, stattgefunden hatten.[644] Damit bejahte – wenn auch bloß implizit und folglich ohne Begründung – die IAKMR die extraterritoriale Jurisdiktion Chiles für Tötungen im Ausland.[645] Übereinstimmend damit erachtete die IAKMR beim gezielten Abschuss eines Flugzeuges im internationalen Luftraum die Jurisdiktion Kubas als gegeben, denn die Insassen seien dadurch unter die Autorität kubanischer Staatsorgane gelangt.[646]

Denselben Schluss zog der EGMR hinsichtlich der gezielten Tötung von Schmuggler*innen im iranisch-türkischen Grenzgebiet ausgehend von einem türkischen Helikopter. Weil die Türkei nicht bestritt, dass die betroffenen Personen aus einem ihrer Helikopter erschossen worden waren, betrachtete der Gerichtshof den genauen Ort des Vorfalls als irrelevant.[647] Mit anderen Worten wurde gleichsam ungeachtet einer räumlichen

641 Das tut im Übrigen auch *Besson*, Extraterritoriality, 2012, S. 863, die indes unter dem funktionalen Ansatz ein Verständnis von Jurisdiktion entwirft, das sich nach deren Funktion richtet, die darin bestehe, normative und praktische Anwendungsvoraussetzungen aufzustellen.

642 Vgl. etwa die Abgrenzungsbemühung von *Shany*, Functional Approach, 2013, S. 66 f.

643 Vgl. hierzu hinten Kap. 9.2.2.5.9.

644 IAKMR, Report Chile 1985, Ziff. 29 und 80 ff.

645 Vgl. auch *Melzer*, Targeted Killing in International Law, 2009, S. 126 f.

646 IAKMR, Alejandre 1999, Ziff. 23 ff., insb. 25.

647 EGMR, Pad Dec. 2007, Ziff. 54 f.

Bestimmung die menschenrechtliche Jurisdiktion aus dem Umstand der effektiven Ausübung physischer Gewalt abgeleitet. In Übereinstimmung damit verneinte der EGMR bereits zuvor in einem Fall die extraterritoriale Jurisdiktion der Türkei, weil nicht belegt war, dass türkisches Militär für die Tötung und Verstümmelung einer Gruppe von Schafhirten im Nordirak verantwortlich war.[648] Die Frage der faktischen physischen Kontrolle von Personen war für den Gerichtshof ebenfalls direkt ausschlaggebend, um die türkische Jurisdiktion bezüglich mehrerer Vorfälle auf Zypern zu bejahen: Anastasios Isaak, ein zyperngriechischer Demonstrant, wurde in der UN-Pufferzone auf Zypern zu Tode geprügelt und zwei weitere Personen, Solomos Solomou sowie Georgia Andreou, wurden im Kontext der Beerdigung Isaaks in Nordzypern erschossen bzw. ausgehend von Nordzypern im südlichen Teil Zyperns angeschossen.[649] In *Solomou v. Turkey* führte der EGMR etwa aus, dass der Betroffene »under the authority and/or effective control, and therefore within the jurisdiction, of the respondent State« gekommen sei, »as a result of the acts of the Turkish and ›TRNC‹ soldiers and/or officials«.[650]

Obwohl damit, wie in der bereits erwähnten Praxis der IAKMR, terminologisch auf etablierte Jurisdiktionsmodelle Bezug genommen wird,[651] kommt in dieser Passage ein Jurisdiktionsverständnis zum Ausdruck, das sich gänzlich von räumlichen Bindungen zu lösen scheint und lediglich eine Kausalität zwischen staatlichem Handeln und fraglicher Menschenrechtsverletzung verlangt. Ein Ansatz also, der ausschließlich den faktischen Wirkungszusammenhang, das Verhältnis von »cause and effect« betrachtet.[652] Ein solches Verständnis brachte die Europäische Menschenrechtskommission bereits im Eintretensentscheid *Cyprus v. Turkey* im Jahr 1975 zum Ausdruck. Sofern Staatsorgane, »by their acts or omissions«, so die EKMR, »affect [...] persons or property, the responsibility of the State is engaged«.[653] In vergleichbarer Weise stützte sich der Gerichtshof im *Andreou*-Entscheid einzig auf den Umstand, dass das Schießen türkischer und/oder türkischzypriotischer Organe »the direct and immediate cause« der Verletzung darstellte, welche die

648 EGMR, Issa 2004, Ziff. 81 f.

649 EGMR, Isaak dec. 2006, S. 21; EGMR, Solomou 2008, Ziff. 48 ff.; EGMR, Andreou Dec. 2008, S. 11.

650 EGMR, Solomou 2008, Ziff. 49.

651 Vgl. zum persönlichen Jurisdiktionsmodell vorne in Kap. 9.2.2.4.1 insb. bei Fn. 576.

652 Vgl. für eine ähnliche Beobachtung zur Annäherung an einen »cause-and-effect view« der extraterritorialen Jurisdiktion EGMR, Georgia II GK 2021, Partly dissenting opinion of judge Pinto de Albuquerque, Ziff. 7 f.; *Keller/Heri*, Climate Cases, 2022, S. 160.

653 EKMR, Cyprus Dec. 1975, Ziff. 8 und 10; vgl. ebenso EKMR, M. Dec. 1985, Ziff. 25.

Betroffene erlitt, sodass sich letztere – ungeachtet ihres Aufenthaltsortes außerhalb des türkisch kontrollierten Gebiets – innerhalb der Jurisdiktion der Türkei befand.[654]

Reduziert sich, wie in diesen Entscheiden angedeutet, die Jurisdiktionsfrage auf das Kausalitätskriterium, wird die Notwendigkeit physischer Präsenz[655] im Ausland und damit die Territorialität der Menschenrechte in Frage gestellt. Dies gilt insbesondere für das *Andreou*-Urteil, dem ein Konstellation zugrunde lag, in der keine türkischen Organe auf dem Gebiet anwesend waren, innerhalb dessen die Menschenrechtsverletzung eintrat. Wird extraterritoriale Jurisdiktion dergestalt von der Anwesenheit im Ausland unabhängig, zeichnet sich ein Bruch mit der Territoriallogik der Menschenrechte ab. Erwähnenswert ist ferner, dass die Straßburger Richter*innen im ersten dieser drei Fälle zum Schluss gelangten, dass türkische Kräfte nicht nur Achtungspflichten missachtet, sondern zudem ihre Schutzpflicht aus Art. 2 EMRK außerhalb des türkisch kontrollierten Gebiets verletzt hatten.[656]

Die soeben erwähnten Fälle, in denen die Verantwortlichkeit der Türkei in Frage stand, spielten sich jeweils im türkischen bzw. türkisch kontrollierten Grenzgebiet ab.[657] In der Sache *Carter v. Russia* stellte der Gerichtshof daran anschließend klar, dass auch mit größerer räumlicher Distanz bei »extrajudicial targeted killings« – konkret ging es um die tödliche Vergiftung von Aleksandr Valterovich Litvinenko durch russische Staatsorgane in Großbritannien – extraterritoriale Jurisdiktion gegeben sei.[658] Zur Begründung wurde darauf verwiesen, dass russische Staatsorgane »physical power and control over his life in a situation of proximate targeting« ausgeübt hätten.[659] Bedeutend an dieser Formulierung ist zunächst, dass das Näheverhältnis, das der Gerichtshof bereits in *Georgia v. Russia (II)* als Unterscheidungskriterium ausmachte, den

654 EGMR, Andreou Dec. 2008, S. 11.

655 Vgl. zum Primat physischer Präsenz hinten Kap. 9.2.2.5.2.

656 EGMR, Isaak v. Turkey, 44587/98 (2008), Ziff 119 f. Eine Passage zu Schutzpflichten oder genauer zur Zurechenbarkeit von Menschenrechtsverletzungen durch Private findet sich bereits im Zulässigkeitsentscheid (vgl. EGMR, Isaak dec. 2006), wo indes keine genaue Abgrenzung zwischen persönlicher und räumlicher Jurisdiktion vorgenommen wird und die genannten Ausführungen im Kontext des räumlichen Jurisdiktionskonzeptes erfolgen. Diesbezüglich sind Schutzpflichten grundsätzlich anerkannt (vgl. hierzu vorne Kap. 9.2.2.4.2, Fn. 610 sowie hinten Kap. 9.2.2.6.1). Dies im Unterschied zum persönlichen Jurisdiktionsmodell, in dessen Rechtsprechungslinie der Kammerentscheid zu verorten ist.

657 Vgl. ähnlich auch EGMR, Matkava 2023.

658 EGMR, Carter 2021, Ziff. 170; vgl. auch EGMR, Matkava 2023, Ziff. 99.

659 EGMR, Carter 2021, Ziff. 150, 161 und 171; vgl. auch EGMR, Matkava 2023, Ziff. 98 f.; EGMR, Narayan 2023, Ziff. 86, 88 und 106 ff.

Umstand zu kompensieren vermochte, dass nicht die Person als Ganzes unter der Kontrolle des handelnden Staates stand, wie dies üblicherweise im Rahmen des persönlichen Jurisdiktionskonzeptes der Fall ist, das namentlich auf Situationen staatlichen Gewahrsams ausgerichtet ist.[660] Zudem – und damit zusammenhängend – bildete der Gerichtshof diesen kompensatorischen Effekt des Näheverhältnisses insofern in der zitierten Formulierung ab, als er konsequent von einer Kontrolle über das Leben der betroffenen Person sprach.[661] Während zuvor jeweils stets geprüft wurde, ob eine »exercise of physical power and control over the persons in question« vorgelegen hatte,[662] scheint der Gerichtshof im *Carter*-Entscheid eine Verschiebung des Objekts staatlicher Kontrolle vorzunehmen, von einer persönlichen zu einer garantiespezifischen Kontrolle. Dies kann als weitere Annäherung an das kausale Jurisdiktionsverständnis gelesen werden.[663] Wenn die Kontrolle einer menschenrechtlich geschützten Position ausreicht, um Jurisdiktion zu begründen, dann dürfte eine maßgebliche Einflussnahme und damit letztlich eine Kausalität genügen.

Einer ähnlichen Interpretation ist das Urteil des EGMR zugänglich, das zu *Stephens v. Malta* ergangen ist. Die Auslieferungshaft, in welcher sich der Beschwerdeführer »under the control and authority« spanischer Behörden befand, habe sich, so der EGMR, mit Blick auf Art. 5 EMRK einzig im Rahmen der extraterritorialen Jurisdiktion Maltas abgespielt. Die Inhaftierung habe nämlich »its sole origin in the measures taken exclusively by the Maltese authorities« gehabt, sodass diese Malta zuzurechnen sei, obschon sie von spanischen Behörden ausgeführt worden war.[664] Auch wenn hier nicht das Recht auf Leben tangiert ist, scheint der Argumentation des Gerichtshofs in derartigen Fällen – sowie in weiteren Entscheidungen zu Rechtshilfefragen[665] – ebenfalls eine garantiespezifische Konzeption des Jurisdiktionsbegriffs gemäß Art. 1 EMRK zugrunde zu liegen.

Ein Jurisdiktionsverständnis, das die räumliche Geltung anhand der Kausalität bestimmt, also einzig auf das Verhältnis von Ursache und

660 EGMR, Carter 2021, Ziff. 129; EGMR, Georgia II GK 2021, Ziff. 131 f. Das Näheverhältnis stellt indes nicht nur eine Brücke zur Extraterritorialität, sondern auch eine Schranke dar. Vgl. dazu ausführlicher hinten Kap. 9.2.2.5.7.

661 EGMR, Carter 2021, Ziff. 150, 158, 160, 161 und 171.

662 EGMR, Georgia II GK 2021, Ziff. 130; EGMR, Jaloud GK 2014, Ziff. 139 i. f.; EGMR, Al-Skeini GK 2011, Ziff. 136 i. f.

663 Vgl. *Milanovic*, Litvinenko, in: <ejiltalk.org>, 23.09.2021; *Tzevelekos/Berkes*, Concealed Metamorphosis, in: <echrblog.com>, 09.11.2021; *Joseph/Sander*, Scope of application, 2022, S. 118.

664 EGMR, Stephens 2009, Ziff. 51 f.; vgl. auch EGMR, Vasiliciuc 2017, Ziff. 23 f.; EGMR, Gilanov 2022, Ziff. 42 f.

665 Vgl. EGMR, J. Paul Getty Trust 2024, Ziff. 237 ff. Zu diesem Fall auch hinten Kap. 9.2.2.4.3.2, Fn. 686.

Wirkung abstellt und sich zugleich von der Vorstellung distanziert, dass Jurisdiktion die Kontrolle eines Gebietes oder einer Person als Ganzes impliziert, kommt auch in der Praxis des Menschenrechtsausschusses zum Ausdruck. Ein Staat erlangt gemäß General Comment Nr. 36 über all jene Personen menschenrechtliche Jurisdiktion, über deren Genuss des Rechts auf Leben Macht oder effektive Kontrolle ausgeübt wird.[666] Dies umfasse auch jene Menschen, deren Recht auf Leben durch militärische oder sonstige Handlungen »in a direct and reasonably forseeable manner« beeinflusst werde.[667] In diesem Zusammenhang verwies der Ausschuss auf seine Bemerkungen zur gezielten Tötung durch Drohnen und damit auf eine Situation physischer Gewaltanwendung.[668] Überdies ließ er die unmittelbare und vorhersehbare Einflussnahme auch in weiteren Kontexten genügen, wie etwa der Regulierung transnationaler Unternehmen.[669] Damit geht der Ausschuss über die zuvor betrachtete Praxis des EGMR hinaus und öffnet das kausale Jurisdiktionsmodell auch für Schutzpflichten.[670] Solche waren denn auch einschlägig in den Verfahren *A.S. et al. v. Italy* und *A.S. et al. v. Malta* betreffend ein Schiffsunglück auf dem Mittelmeer, bei dem über 200 Personen ihr Leben verloren. Mit Blick auf das zögerliche Handeln der italienischen Behörden konstatierte der Menschenrechtsausschuss im Anschluss an den soeben erwähnten General Comment, dass »the individuals on the vessel in distress were directly affected by the decisions taken by the Italian authorities in a manner that was reasonably foreseeable in the light of the relevant legal obligations of Italy, and that they were thus subject to the State party's jurisdiction for the purposes of the Covenant«.[671] Zu diesem Schluss kam der Ausschuss ungeachtet des Umstandes, dass das betroffene Schiff in der maltesischen Such- und Rettungszone Schiffbruch erlitt und daher bereits die menschenrechtliche Jurisdiktion Maltas bejaht worden war. Letzteres begründete

666 MRA, GC 36 2018, Ziff. 63 m. V. a. MRA, GC 31 2004, Ziff. 10, wonach indes gerade die Person selbst – und nicht bloß deren Rechtsgenuss – der staatlichen Kontrolle unterstehen müsse. Nichts anderes ergibt sich zudem aus der zweiten angegebenen Quelle, nämlich MRA, CO UK 2008, Ziff. 14.

667 MRA, GC 36 2018, Ziff. 63. Vgl. ähnlich auch ACHPR, GC 3 2015, Ziff. 14.

668 MRA, GC 36 2018, Ziff. 63; MRA, CO USA 2014, Ziff. 9.

669 MRA, GC 36 2018, Ziff. 22; MRA, Yassin 2017, Ziff. 6.5. Vgl. auch WSKA, GC 24 2017, Ziff. 27 f. und 32; IAGMR, Environment and Human Rights 2017, Ziff. 101 ff. und 120; sowie ACHPR, GC 3 2015, Ziff. 14 und 18. Vgl. ausführlicher zu transnationalen Wirtschaftsbeziehungen hinten Kap. 9.2.2.4.3.5.

670 Vgl. aber zu einem dahingehenden Ansatzpunkt in der Strassburger Praxis vorne in Kap. 9.2.2.4.3.1 bei Fn. 656.

671 MRA, A.S. v. Italy 2021, Ziff. 7.8.

der Menschenrechtsausschuss im parallelen Verfahren zu Malta damit, dass dieser Staat die effektive Kontrolle über die Rettungsaktion ausgeübt habe, was potenziell eine »direct and reasonably foreseeable causal relationship between the States parties' acts and omissions and the outcome of the operation« nach sich gezogen habe.[672] Der Menschenrechtsausschuss legt demnach kein großes Gewicht darauf, was nun genau staatlich kontrolliert wird. Vielmehr scheint es zu genügen, wenn eine kausale Beziehung zwischen staatlichem Handeln oder Unterlassen einerseits und der Verletzung menschenrechtlicher Positionen andererseits besteht.

Während die Verletzung von Achtungspflichten im Rahmen kausaler Jurisdiktionsmodelle danach beurteilt wird, ob eine tatsächliche Einflussnahme stattfand, steht bezüglich positiver Pflichten die Frage der Einflussmöglichkeit im Zentrum.[673] Dies kommt in den beiden Verfahren zu *A.S. et al.* des MRA nicht klar zum Ausdruck, weil er auf die »decisions taken by the Italian authorities« abstellt und damit die Unterlassung als Handeln konzipiert. Deutlicher ist insofern die Entscheidung des Kinderrechtsausschusses zur Frage der Repatriierung von Kindern, die in Nordsyrien unter lebensbedrohlichen Bedingungen inhaftiert sind. So bejahte der KRA in *L.H. et al. v. France* die Jurisdiktion im Sinne der KRK, denn Frankreich habe »the capability and the power to protect the rights of the children in question«.[674]

Eine extraterritoriale Schutzpflicht, die von der Einflussmöglichkeit abhängt, nahm schließlich auch der Internationale Gerichtshof in *Bosnia and Herzegovina v. Serbia and Montenegro* mit Blick auf Art. 1 Genozidkonvention an. Ohne sich mit der Frage der Jurisdiktion als solcher auseinanderzusetzen, beschränkte sich der IGH, nachdem er die direkte Beteiligung des beklagten Staates am Genozid in Srebrenica verneint hatte, darauf, die Präventionspflicht von zwei Voraussetzungen abhängig zu machen. Es bedürfe einer Möglichkeit, auf die involvierten Akteur*innen Einfluss zu nehmen; zudem müsse das Risiko eines Genozids bekannt sein.[675] Damit wurde – im Anschluss an den Eintretensentscheid, in dem der Gerichtshof festgestellt hatte, dass die Präventionspflicht territorial

672 MRA, A.S. v. Malta 2021, Ziff. 6.7.

673 Vgl. zur Einflussmöglichkeit als Maßstab der kausalen Jurisdiktion auch hinten Kap. 9.2.2.5.9.2 bei Fn. 1084 ff.

674 KRA, L.H. 2020, Ziff. 9.7 f.

675 IGH, Bosnien-Herzegowina 2007, Ziff. 430 f., 434 und 438. Um zu begründen, dass der beklagte Staat tatsächlich eine Schutzpflicht verletzt hatte, verwies der Gerichtshof insb. auf die umfassenden »political, military and financial links« zwischen Serbien-Montenegro und serbischen Separatisten (ibid., Ziff. 434). Damit besteht eine Nähe zum Subordinationsverhältnis, das in der Rechtsprechung des EGMR zum räumlichen Jurisdiktionskonzept im Vordergrund steht (vgl. dazu vorne in Kap. 9.2.2.4.2 bei Fn. 618).

nicht beschränkt sei[676] – eine räumliche Eingrenzung verworfen. Unabhängig davon, wo ein Genozid droht, sind die Vertragsstaaten demnach dazu verpflichtet, diesen zu verhindern. Auch wenn sich dieses Ergebnis nicht explizit auf ein expansives Jurisdiktionsverständnis stützt, erscheint der Umstand beachtlich, dass hier eine global geltenden Schutzpflicht angenommen wird, deren Bestand von der Einflussmöglichkeit und damit von eben jener Voraussetzung abhängig gemacht wird, die im Zentrum kausaler Jurisdiktion steht.

9.2.2.4.3.2 Schutz von Eigentum und Daten

Ein Jurisdiktionsverständnis, das an den Umstand anknüpft, dass ein Staat eine bestimmte menschenrechtlich geschützte Position beeinflusst, kann auch in der Praxis zum Eigentums- und Datenschutz ausgemacht werden. Die mit der Einflussnahme oder der Einflussmöglichkeit einhergehende Kontrolle erweist sich hier, wie bereits mit Blick auf den *Carter*-Entscheid beobachtet, als eine garantiespezifische. Nicht das Subjekt der Menschenrechte, die individuelle Menschenrechtsträger*in, gerät hier unter die staatliche Kontrolle, sondern das Objekt menschenrechtlicher Garantien. Das Schutzobjekt der Menschenrechte wird mithin zum Kontrollobjekt.

In *Bosphorus Hava Yolları Turizm v. Ireland* beurteilte der EGMR, ob die Festhaltung eines Flugzeuges, das von einem Unternehmen mit Sitz in der Türkei geleast worden war und sich zur Wartung in Irland befand, gegen Art. 1 EMRK-Protokoll 1 verstiess. Weil der irische Staat auf seinem eigenen Territorium handelte, habe sich auch das betroffene Unternehmen in dessen Jurisdiktion befunden.[677] Sodann befasst sich der EGMR in *Minasyan and Semerjyan v. Armenia* mit der Enteignung und dem anschließenden Abriss einer Wohnung in Jerewan.[678] Obwohl die beschwerdeführenden Eigentümerinnen in den USA lebten, setzte sich der Gerichtshof nicht mit der Frage der Jurisdiktion auseinander. Damit genügte auch hier die territorial vermittelte Kontrolle über das fragliche Eigentums- und Schutzobjekt, um menschenrechtliche Jurisdiktion zu begründen. Dies war – ebenfalls ohne explizite Erörterung – bereits in *Prince Hans-Adams II of Liechtenstein* der Fall, als die Herausgabe eines Gemäldes in Frage stand, das sich in Deutschland befand.[679] In *Zouboulidis c. Grèce* äußerte sich der EGMR ebenso wenig zur Jurisdiktion,

676 IGH, Bosnia and Herzegovina 1996 Preliminary Objections, Ziff. 31.
677 EGMR, Bosphorus GK 2005, Ziff. 137.
678 EGMR, Minasyan and Semerjyan 2009, Ziff. 8 ff.
679 EGMR, Prince Hans-Adam II of Liechtenstein GK 2001, Ziff. 78 ff. zur fehlenden Verletzung von Art. 1 EMRK-Protokoll 1.

obschon der Beschwerdeführer in Prag wohnhaft war.[680] Dieser wehrte sich gegen eine Verjährungsvorschrift, die sich nachteilig auf arbeitsvertragliche Ansprüche auswirkte.[681] Demnach war selbst die Gestaltung vertraglicher Ansprüche, die im Unterschied zu körperlichen Gegenständen und insbesondere Immobilien keinen direkten territorialen Bezug aufweisen, geeignet, Jurisdiktion zu begründen. Eine vergleichbare Konstellation lag zuvor bereits dem Urteil *Kovačić and Others v. Slovenia* zugrunde. Darin bejahte der EGMR die Jurisdiktion Sloweniens hinsichtlich gesperrter Bankguthaben, die sich auf Bankkonten einer Filiale einer slowenischen Bank in Kroatien befanden.[682] Die Einfrierung der Fremdwährungsguthaben nahm die slowenische Bank im Zuge der Bekämpfung der Hyperinflation vor und stützte sich auf entsprechende slowenische Rechtsgrundlagen. Obwohl sich diese Gesetzgebung auf Bankguthaben auswirkte, die außerhalb Sloweniens eröffnet worden waren, bejahte der Gerichtshof die slowenische Jurisdiktion.[683] Keine Jurisdiktionsprobleme scheinen sodann vermögensrechtliche Ansprüche von Personen außerhalb des staatlichen Territoriums aufzuwerfen, wenn es sich um sozialversicherungsrechtliche Leistungen handelt. In *Gueye et al. v. France* beurteilte der Menschenrechtsausschuss Renten französischer Soldaten mit senegalesischer Staatsangehörigkeit unter dem Gesichtspunkt des Diskriminierungsverbots.[684] Der Umstand, dass die Betroffenen im Senegal lebten, stellte auch hier kein Hindernis dar. Für die implizit vorausgesetzte räumliche Anwendbarkeit des UN-Pakt II scheint die bloße Gestaltung sozialversicherungsrechtlicher Ansprüche und die damit zusammenhängende Ungleichbehandlung genügt zu haben. In der Praxis des EGMR werden derartige Fragestellungen ebenfalls ohne Behandlung der Jurisdiktionsfrage beurteilt.[685] Schließlich ließ der Gerichtshof in *The J. Paul Getty Trust v. Italy* in Anlehnung an die Rechtsprechung zu Auslieferungssachverhalten die bloß rechtshilfeweise Beeinträchtigung von Eigentumsrechten, nämlich die Anordnung der Beschlagnahme eines Kunstwerks, genügen, um die extraterritoriale Jurisdiktion explizit zu bejahen, ungeachtet dessen, dass die sich Bronzestatue in den USA befand und der Eigentümer auch dort seinen Sitz hatte.[686]

Obschon in den vorgenannten Fällen die Menschenrechtsträger*innen jeweils weder unter einer räumlichen noch einer persönlichen

680 EGMR, Zouboulidis 2009, Ziff. 4 und 22.

681 EGMR, Zouboulidis 2009, Ziff. 30 ff.

682 EGMR, Kovačić (Dec.) 2004.

683 EGMR, Kovačić (Dec.) 2004, S. 52.

684 MRA, Gueye 1989.

685 Vgl. etwa EGMR, Tarnopolskaya 2009; EGMR, British Gurkha Welfare Society and Others 2016.

686 EGMR, J. Paul Getty Trust 2024, Ziff. 239 f. Vgl. zur Auslieferung vorne in Kap. 9.2.2.4.3.1 bei Fn. 664 f.

extraterritorialen Kontrolle standen, scheint sich der EGMR bzw. der MRA mit dem Umstand begnügt zu haben, dass das staatliche Handeln einen maßgeblichen Einfluss auf die Eigentumsgarantie oder auf andere mit vermögensrechtlichen Ansprüchen in Zusammenhang stehenden Menschenrechtsgarantien hatte. Zwar mag es bei materiellen Gütern, die sich auf dem jeweiligen Territorium befinden, naheliegen, die Jurisdiktion zu bejahen. Gleichwohl erweckt die Rechtsprechung mitunter den Anschein, dass jedes territoriale Handeln Jurisdiktion begründet, unabhängig davon, wo sich die betroffene Person aufhält. Damit zog in gewisser Hinsicht die bloß kausale Einwirkung auf einen – zu einem wesentlichen Teil – extraterritorialen Sachverhalt die räumliche Geltung des konventionsrechtlichen Eigentumsschutzes nach sich.

Auch im Kontext des Datenschutzes bzw. der Cyberüberwachung bestehen Beispiele in der Rechtsprechung, die ein kausales Jurisdiktionsverständnis nahelegen. In *Liberty and Others v. the United Kingdom* setzte sich der EGMR mit Großbritanniens Zugriff auf Kommunikationsvorgänge auseinander, die über Funkverbindungen liefen und von Personen im Ausland ausgingen oder an solche gerichtet waren.[687] Auch hier fühlte sich der EGMR nicht bemüssigt, sich mit der Frage der Extraterritorialität auseinanderzusetzen. Es liegt indes nahe, dass der Umstand für die Jurisdiktionsfrage ausschlaggebend war, dass der physische Zugriff auf die Kommunikationsvorgänge innerhalb des britischen Territoriums erfolgte.[688] Diese Überlegung legte der Gerichtshof dem Urteil zu *Wieder and Guarnieri v. the United Kingdom* explizit zugrunde und zog dabei auch die Parallele zur Rechtsprechung zum Eigentumsschutz: Der Eingriff in das Privatleben finde klarerweise dort statt, wo die Kommunikation abgefangen, durchsucht, analysiert und verwendet werde.[689] Da die britischen Geheimdienste im eigenen Staatsgebiet operierten, habe auch die Beeinträchtigung von Art. 8 EMRK innerhalb der territorialen Jurisdiktion stattgefunden.[690] Der Einwand des Vereinigten Königreichs, wonach die Überwachungsmaßnahmen lediglich am Aufenthaltsort der Betroffenen und somit außerhalb des eigenen Staatsgebiets Beeinträchtigungen zur Folge gehabt hätten, wurde entsprechend zurückgewiesen.[691]

Während nach Ansicht des EGMR demnach in *Wieder and Guarnieri* – ähnlich wie in *Minasyan and Semerjyan* – territoriales Handeln in Frage stand, ging das Bundesverfassungsgericht im Kontext der transnationalen Kommunikationsüberwachung noch einen Schritt weiter, indem es

687 EGMR, Liberty 2008.

688 Vgl. EGMR, Liberty 2008, Ziff. 64.

689 EGMR, Wieder and Guarnieri 2023, Ziff. 94.

690 EGMR, Wieder and Guarnieri 2023, Ziff. 91 und 95; vgl. daran anschließend auch EGMR, A.L. et E.J. Dec. 2024, Ziff. 99 ff.

691 EGMR, Wieder and Guarnieri 2023, Ziff. 92; vgl. auch EGMR, A.L. et E.J. Dec. 2024, Ziff. 100 i.f.

eine Achtungspflicht auch außerhalb deutschen Gebiets anerkannte. Nachdem in einem Entscheid im Jahr 1999 der Bezug zum deutschen Staatsgebiet – ähnlich wie in der soeben betrachteten EGMR-Rechtsprechung – noch ausschlaggebend war,[692] ging das BverfG in der Auseinandersetzung mit der *Ausland-Ausland-Fernmeldeaufklärung* davon aus, dass »jedenfalls für die Grundrechte als Abwehrrechte gegenüber Überwachungsmassnahmen« kein territorialer Bezug erforderlich sei.[693] Damit wurde gleichsam ein globales Freiheitsrecht angenommen.[694] Ob der Staat hoheitlich auftritt oder nicht, spielt dabei ebenso wenig eine Rolle wie die körperliche Anwesenheit staatlicher Organe im Ausland.[695] Der bloße Zugriff auf Daten, also das menschenrechtliche Schutzobjekt, im Ausland zieht demnach die räumliche Geltung der Grundrechte nach sich. Vom Bestehen einer extraterritorialen Achtungspflicht scheint schließlich auch der Menschenrechtsausschuss in verschiedenen Staatenberichtsverfahren auszugehen, obwohl er diese weder dogmatisch herleitet noch konzeptionell einbettet.[696]

9.2.2.4.3.3 Prozedurale Garantien

Ein weiterer Bereich menschenrechtlicher Ansprüche, hinsichtlich derer die Rechtsprechung die räumliche Geltung der Menschenrechte auch ohne persönliche oder räumliche Jurisdiktion anerkennt, stellen

692 BVerfG, Verbrechensbekämpfungsgesetz 1999, Ziff. 176.

693 BVerfG, Ausland-Ausland-Fernmeldeaufklärung 2020, Ziff. 88 und 104. Ähnlich wie das BVerfG scheint auch der Bundesrat in der Botschaft zum Nachrichtendienstgesetz davon auszugehen, dass räumliche bzw. territoriale Jurisdiktion bei Datenbeschaffungsmaßnahmen im Inland den Grundrechtsschutz nach sich zieht (vgl. BBl 2014 2105, S. 2230). Zudem führte der Bundesrat aus, dass die Grundrechte gegenüber Personen im Ausland stets zu berücksichtigen seien (ibid., S. 2229), wobei unklar ist, inwiefern er »das Eindringen in Computersysteme und -netzwerke, die sich im Ausland befinden« (ibid., S. 2230) davon ausnehmen oder bloß eine räumliche Differenzierung anzeigen wollte. Vgl. zum Ganzen auch *Milanovic*, Expansive Approach, in: <ejiltalk.org>, 21.03.2024, der hervorhebt, dass im Ergebnis die räumliche Geltung nach dem Maßstab des BVerfG mit jenem, der *Wieder and Guarnieri* zugrunde liegt, übereinstimmt.

694 Vgl. *Vogt*, Auslandstelekommunikationsüberwachung, 2023, S. 326.

695 BVerfG, Ausland-Ausland-Fernmeldeaufklärung 2020, Ziff. 90 f. Vgl. zur Frage, ob »die Staatsgewalt [...] durch Organwalter körperlich anwesend sein« muss bereits BVerfG, Verbrechensbekämpfungsgesetz 1999, Ziff. 173 und 176.

696 MRA, CO USA 2014, Ziff. 22; MRA, CO UK 2015, Ziff. 24; MRA, CO France 2015, Ziff. 12; MRA, CO New Zealand 2016, Ziff. 16; MRA, CO Norway 2018, Ziff. 21. Vgl. auch *Milanovic*, Surveillance, 2022, S. 370. Vgl. sodann für einen garantiespezifischen Kontrollbegriff im Kontext von Art. 17 UN-Pakt II etwa *Bignami/Resta*, Human Rights Extraterritoriality, 2018, S. 362 f.

prozedurale Garantien und Schutzgehalte dar. In *Markovic and Others v. Italy* stellte der EGMR fest, dass im Falle eines bestehenden landesrechtlichen Rechtsweges, der sachlich von Art. 6 EMRK abgedeckt ist, die Parteien eines zivilrechtlichen Verfahrens unabhängig ihres ansonsten bestehenden Bezugs zum fraglichen Staat in dessen menschenrechtliche Jurisdiktion bezüglich der Ansprüche aus Art. 6 EMRK gelangen.[697] Auch dem prozeduralen Gehalt des Rechts auf Leben hat der EGMR ein expansives Raumverständnis zugrunde gelegt. Wenn entweder der Staat von sich aus strafrechtliche Untersuchungen eines Todesfalls anstrengt oder »special features«, also besondere Umstände vorliegen, fließt aus Art. 2 EMRK eine »detachable obligation [...] capable of binding the State even when the death occurred outside its jurisdiction«.[698] Kommt einer geschädigten Person Parteistellung zu, so geht der Ausschuss gegen Folter ebenso von einer extraterritorialen, auf Verfahrensrechte bezogenen Jurisdiktion aus.[699]

Im Laufe der Zeit verdichtete der EGMR seine Rechtsprechung in diesem Zusammenhang und er begann, die prozedurale Jurisdiktion als drittes Modell neben das persönliche und räumliche Konzept zu stellen.[700] In der jüngsten Rechtsprechung scheint nun der Gerichtshof von diesem prozeduralen Konzept insofern einen Teil in ein weiteres Jurisdiktionskriterium abzuspalten, als er das Vorliegen von »special features« nicht nur als Grundlage von extraterritorialen prozeduralen Pflichten versteht, sondern als eine Art Sammelkategorie, deren Konturen noch wenig klar bestimmt sind.[701] Das prozedurale

697 EGMR, Markovic GK 2006, Ziff. 53 f. Diesem Verfahren lag der gleiche Sachverhalt wie dem *Banković*-Urteil zugrunde, nämlich die Bombardierung einer Rundfunkstation in Belgrad. Vgl. ähnlich bereits EGMR, Gentilhomme 2002, Ziff. 16 und 20, wonach ausschließlich bezüglich Art. 6 EMRK eingetreten wurde.

698 EGMR, Ukraine and the Netherlands Dec. GK 2023, Ziff. 573 ff. Vgl. insb. auch EGMR, Güzelyurtlu GK 2019, Ziff. 178 ff., wo eine ausführliche Auseinandersetzung mit der bis dahin ergangenen Rechtsprechung erfolgt (Ziff. 181 ff.) und die genannten alternativen Grundlagen hervorgehoben werden (Ziff. 188 ff.); sowie ferner EGMR, Rantsev 2010, Ziff. 243 f.; EGMR, Hanan GK 2021, Ziff. 136 ff.

699 FoA, Guengueng 2006, Ziff. 6.3; FoA, H.B.A. 2016, Ziff. 9.8.

700 EGMR, Ukraine and the Netherlands Dec. GK 2023, Ziff. 559 und 573 ff.; EGMR, H.F. GK 2022, Ziff. 188; sowie ähnlich bereits EGMR, M.N. GK 2020, Ziff. 107. Vgl. hierzu aber hinten Kap. 9.2.2.5.10.

701 EGMR, H.F. GK 2022, Ziff. 197 ff.; EGMR, Duarte Agostinho dec. GK 2024, Ziff. 173 ff. und 184 ff. Teilweise werden auch sämtliche Formen der Extraterritorialität als Folge von »special features« verstanden; vgl. insofern etwa EGMR, H.F. GK 2022, Ziff. 185 und 190; sowie EGMR, M.N. GK 2020, Ziff. 102.

Jurisdiktionskonzept hingegen ist etwas deutlicher erkennbar. Es zeichnet sich insbesondere dadurch aus, dass die staatliche Kontrolle sich auf den Genuss einzelner, mit einer bestimmten Verfahrensstellung einhergehender Rechtsansprüche bezieht. Damit ist die für kausale Jurisdiktionsverständnisse typische Verschiebung des Kontrollgegenstands zu beobachten.

Letzteres zeigt sich bei einer Sonderkonstellation der prozeduralen Jurisdiktion, nämlich bei der Überprüfung privater Schiedssprüche durch staatliche Gerichte, mit besonderer Deutlichkeit. In *Semenya v. Switzerland* leitete die Kammer des EGMR die Jurisdiktion nicht nur aus dem Umstand ab, dass ein zivilrechtliches Verfahren vor dem Bundesgericht geführt wurde.[702] Zusätzlich stellte der Gerichtshof, wie bereits in *Mutu und Pechstein* sowie *Platini*,[703] darauf ab, dass die Schweiz einem Schiedsspruch des Internationalen Sportgerichtshofs (CAS) Rechtskraft verliehen und sie sich damit die potenzielle Konventionswidrigkeit in gewissem Sinne zu eigen gemacht habe.[704]

9.2.2.4.3.4 Kontrolle über Emissionsquellen

Ein funktionales oder kausales Jurisdiktionsverständnis hat auch der Interamerikanische Gerichtshof für Menschenrechte in seiner Auseinandersetzung mit grenzüberschreitender Umweltverschmutzung entwickelt. Auch ihm diente das Recht auf Leben und die persönliche Integrität als Rahmen, doch legte er in der viel beachteten *Advisory Opinion OC-23/17 zu Umwelt und Menschenrechten* nahe, dass andere Schutzgehalte – inklusive wirtschaftliche, soziale, kulturelle und umweltbezogene Rechte – gleich zu beurteilen wären.[705] Auf Ersuchen Kolumbiens äußerte sich der IAGMR zur Frage, inwiefern bezüglich grenzüberschreitender Umweltverschmutzungen menschenrechtliche Achtungs- und Schutzpflichten bestehen.[706] Entsprechend musste sich der Gerichtshof insbesondere mit der Frage der Jurisdiktion im Sinne von Art. 1 Abs. 1 AMRK auseinandersetzen.

Die Territorialität der Menschenrechte und der damit einhergehende Ausnahmecharakter extraterritorialer Jurisdiktion stellt der IAGMR

702 EGMR, Semenya Kammer 2023, Ziff. 104.

703 Vgl. indes ohne explizite Erörterung der räumlichen Jurisdiktion EGMR, Mutu and Pechstein 2018, insb. Ziff. 62 ff.; EGMR, Platini dec. 2020, insb. Ziff. 37 f.

704 EGMR, Semenya Kammer 2023, Ziff. 105 f. und 110. Davon distanzierte sich die große Kammer und zog die Jurisdiktion deutlich enger; vgl. EGMR, Semenya GK 2025, insb. Ziff. 140 ff.

705 IAGMR, Environment and Human Rights 2017, Ziff. 69.

706 IAGMR, Environment and Human Rights 2017, Ziff. 32 ff.

nicht in Abrede.[707] Gleichwohl scheint der Gerichtshof unter Berufung auf das Gebot der systematischen Auslegung[708] im Anschluss an umweltvölkerrechtliche Konzeptionen wie das Schädigungsverbot und den Vorsorgegrundsatz[709] eine transnationale Räumlichkeit zu konstruieren. Mit dem Ausgangspunkt, wonach Schädigungen, die außerhalb des jeweiligen Territoriums eintreten, dann in die menschenrechtliche Jurisdiktion fallen, wenn ein Staat über die geschädigte Person Autorität oder effektive Kontrolle ausübt, bleibt der Gerichtshof noch auf festem dogmatischen Grund.[710] Im Falle grenzüberschreitender Umweltschäden erachtet der IAGMR nun indes – unabhängig von der faktischen Kontrolle über die geschädigte Person – die menschenrechtliche Jurisdiktion jenes Staates als gegeben, unter dessen Jurisdiktion oder Kontrolle die schädigende Aktivität stattfand.[711] Dieser Staat habe die effektive Kontrolle über die fraglichen Aktivitäten und damit die Möglichkeit, die Schädigung zu verhindern. Diese Einflussmöglichkeit hinsichtlich der Schadensursache begründe die Verantwortlichkeit und folglich die menschenrechtliche Jurisdiktion über die geschädigte Person.[712] Weil die angesicht der »jurisdiction or control« über die schädliche Aktivität bestehenden »obligation to prevent transboundary damage« verletzt werde, bestehe auch konventionsrechtlich Jurisdiktion.[713] Wo ein Staat also umweltvölkerrechtlich, im Sinne des Präventionsgrundsatzes, verantwortlich ist – was im Rahmen der Sorgfaltspflicht zumindest die Möglichkeit der Einflussnahme voraussetzt – soll er dies auch menschenrechtlich sein.[714] Der

707 IAGMR, Environment and Human Rights 2017, Ziff. 81, 93 und 104 lit. e.

708 Vglzur Auslegungsmethodik IAGMR, Environment and Human Rights 2017, Ziff. 81, 116 und 126.

709 IAGMR, Environment and Human Rights 2017, insb. Ziff. 97 ff. Diese Grundsätze zog der IAGMR anschließend ebenso als materielle Maßstäbe heran (ibid., Ziff. 127 ff.).

710 IAGMR, Environment and Human Rights 2017, Ziff. 81 (»exercising authority over that person or when that person is under its effective control«) sowie 73, 93 und 95.

711 IAGMR, Environment and Human Rights 2017, Ziff. 101 sowie etwa auch Ziff. 147 und 151; vgl. daran anschließend auch IAGMR, Climate Emergency 2025, Ziff. 277 und 296; sowie ebenso bereits *Viñuales*, A Human Rights Approach to Extraterritorial Environmental Protection? An Assessment, 2016, S. 219; ferner *Boyd*, Safe climate, 15.07.2019, Rz. 66.

712 IAGMR, Environment and Human Rights 2017, Ziff. 102 f. und 104 lit. h.; vgl. auch IAGMR, Climate Emergency 2025, Ziff. 278.

713 Vgl. IAGMR, Environment and Human Rights 2017, Ziff. 101 f. (insb. Fn. 195).

714 Tatsächlich setzt der IAGMR, Environment and Human Rights 2017, etwas unvermittelt zum Sprung von umweltvölkerrechtlichen Prinzipien zu menschenrechtlicher Jurisdiktion an (Ziff. 100 f.). In einer zentralen Erwägung

Gerichtshof leitet mithin die menschenrechtliche Jurisdiktion – die nach dem etablierten persönlichen Jurisdiktionsverständnis von der effektiven Kontrolle über die geschädigte Person abhinge – von der effektiven Kontrolle über die schädigende Aktivität ab.[715] Die bloße Möglichkeit, auf den Umstand der Emission Einfluss auszuüben, wird folglich ausschlaggebend. Zugleich wird damit der Gegenstand, über den Kontrolle ausgeübt wird, verschoben, gleichsam territorialisiert, mit dem paradoxen Effekt, dass eine Entterritorialisierung des Menschenrechtsschutzes eintritt. Oder umgekehrt formuliert: Die Entterritorialisierung der Menschenrechte gelingt, indem ein territorialer Anknüpfungspunkt gesucht wird. Wo und unter wessen Herrschaft sich eine geschädigte Person befindet, wird irrelevant. Stattdessen wird einzig auf den Ort der schädigenden Aktivität fokussiert. Damit wird der Begriff der effektiven Kontrolle aus seinem Ursprungszusammenhang genommen, der sich durch extraterritoriale Gewaltanwendung auszeichnet, und in einen neuen Kontext gestellt.

Während der IAGMR sich mit grenzüberschreitenden Umweltverschmutzungen im Allgemeinen auseinandersetzte, knüpfte der Kinderrechtsausschuss in *Sacchi et al. v. Argentina* und parallelen Verfahren gegen andere Staaten an die Jurisdiktionsdogmatik des IAGMR an und wendete dieses potenziell extensive Raumverständnis explizit auf die Klimakrise an.[716] Kinder seien folglich unter der Jurisdiktion jenes Staates, »on whose territory the emissions originated [...] if there is a causal link between the acts or omissions of the State in question and the negative impact on the rights of children located outside its territory, when the State of origin exercises effective control over the sources of the emissions in question«.[717] Angesichts der staatlichen Regulierungmöglichkeiten bejahte der Ausschuss die effektive Kontrolle über die

scheint nämlich eine menschenrechtliche und völkervertragsrechtliche Argumentation im Vordergrund zu stehen (Ziff. 100 m. V. a. Ziff. 94). Gleichwohl wird gerade auch der umweltvölkerrechtlichen Fundierung großes Gewicht beigemessen (vgl. Ziff. 103 und 81, ferner Ziff. 104 lit. f und h). Vgl. für den Beizug des Schädigungsverbots – im Zusammenhang mit Klimaschäden – auch *Keller/Heri*, Climate Cases, 2022, Future, S. 162.

715 Nach der hier vertretenen Lesart findet also keine Abkehr vom Kriterium der effektiven Kontrolle statt, wie dies in der Lehre gelegentlich festgestellt wird (vgl. etwa *Abello-Galvis/Arevalo-Ramirez*, Advisory Opinion OC-23/17, 2019, S. 220 m. w. H.), sondern eine Reformulierung desselben.

716 KRA, Sacchi et al. v. Argentina 2021, Ziff. 10.7. Die Erwägungen hinsichtlich der Jurisdiktionsfrage stimmen in den verschiedenen Verfahren überein, weshalb hier und nachfolgend stellvertretend der Beschluss betreffend Argentinien zitiert wird. Vgl. zur KRK anschließend auch KRA, GC 26 2023, insb. Ziff. 84 sowie – potenziell weitergehend – Ziff. 88 und 108.

717 KRA, Sacchi et al. v. Argentina 2021, Ziff. 10.7.

klimaschädigenden Emissionen.[718] Obwohl die Individualbeschwerde materiell nicht behandelt wurde, weil der innerstaatliche Instanzenzug nicht erschöpft worden sei, bejahte der Kinderrechtsausschuss im Ergebnis die extraterritoriale Jurisdiktion der betroffenen Staaten.[719] Nachdem der KRA folglich an die Emissionen, die von einem bestimmten Staatsgebiet ausgehen, anknüpfte, um die räumliche Geltung der Kinderrechtskonvention zu bestimmten, hielt er in vergleichbarer Weise im General Comment Nr. 26 zu Umwelt und Klimawandel fest, dass sich auch die Pflicht zur internationalen Kooperation im Sinne von Art. 4 KRK im Kontext der Klimakrise an den historischen und aktuellen Emissionen orientieren solle.[720] In vergleichbarer Weise stellte schließlich auch der Interamerikanische Gerichtshof fest, dass seine umweltbezogene Jurisidiktionsrechtsprechung ebenso auf Schädigungen anwendbar sei, die auf den Klimawandel zurückzuführen seien.[721]

9.2.2.4.3.5 Regulierung von transnationalen Unternehmen

Ein kausales Jurisdiktionsverständnis kommt sodann seit einiger Zeit hinsichtlich der Regulierung von transnationalen Unternehmen und insbesondere in der Praxis zu den wirtschaftlichen, sozialen und kulturellen Rechten zum Ausdruck. Der WSK-Ausschuss hielt bereits im General Comment Nr. 14 zum Recht auf Gesundheit fest: »States parties have to respect the enjoyment of the right to health in other countries, and to prevent third parties from violating the right in other countries, if they are able to influence these third parties.«[722] Die bloße Möglichkeit, transnationale Unternehmen zu beeinflussen, stellte auch in späteren Verlautbarungen des WSKA[723] und anderer UN-Vertragsorgane die

718 KRA, Sacchi et al. v. Argentina 2021, Ziff. 10.9.

719 KRA, Sacchi et al. v. Argentina 2021, insb. Ziff. 10.18 und 10.21 zum Instanzenzug. Zwar hielt der KRA nicht explizit fest, dass die Jurisdiktion gegeben sei, doch bejahte er die hierfür – nebst der effektiven Kontrolle – festgelegten Kriterien, d. h. die Vorhersehbarkeit (ibid., Ziff. 10.11 und 10.14) sowie die Kausalität, wobei sich letztere aus dem Zusammenspiel von geteilter Verantwortung (Ziff. 10.10) und hinreichender Schwere der Schädigung zu ergeben scheint (Ziff. 10.12 und 10.14). Vgl. hierzu auch hinten Kap. 9.2.2.5.9.3.

720 KRA, GC 26 2023, Ziff. 91.

721 IAGMR, Climate Emergency 2025, Ziff. 296.

722 WSKA, GC 14 2000, Ziff. 39. Eine extraterritoriale Regulierungspflicht postulierte zuvor bereits die Lehre. Vgl. etwa *Alston*, Human Right to Food, 1984, S. 44 f.; *Craven*, International Covenant, 1995, S. 148.

723 WSKA, GC 15 2003, Ziff. 31 und 33; WSKA, GC 19 2007, Ziff. 54; WSKA, GC 23 2016, Ziff. 70.

Voraussetzung menschenrechtlicher Pflichten dar. So nimmt etwa der Kinderrechtsausschuss im General Comment Nr. 16 jeweils dann extraterritoriale Pflichten an, wenn ein »reasonable link« zum Vertragsstaat besteht.[724] Dies sei der Fall, »when a business enterprise has its centre of activity, is registered or domiciled or has its main place of business or substantial business activities in the State concerned«.[725]

Was hier lediglich impliziert war, brachte der WSK-Ausschuss im General Comment Nr. 27, in dem er sich umfassend mit transnationalen Wirtschaftsbeziehungen auseinandersetzte, explizit zum Ausdruck und definierte die Einflussmöglichkeit als einschlägiger Maßstab der räumlichen Geltung menschenrechtlicher Pflichten: »Extraterritorial obligations arise when a State party may influence situations located outside its territory [...] by controlling the activities of corporations domiciled in its territory and/or under its jurisdiction, and thus may contribute to the effective enjoyment of economic, social and cultural rights outside its national territory.«[726] Die Pflicht, Paktverletzungen im Außen zu verhindern und wiedergutzumachen, erstrecke sich auf jedes Unternehmen, »over which States parties may exercise control«.[727]

Die Annahme einer extraterritorialen Schutzpflicht hinsichtlich transnationaler Unternehmen ist indes nicht auf WSK-Rechte beschränkt.

724 KRA, GC 16 2013, Ziff. 43; vgl. auch KRA, GC 26 2023, Ziff. 88 und 108.

725 KRA, GC 16 2013, Ziff. 43. In vergleichbarer Weise postulierten auch andere UN-Vertragsorgane eine extraterritoriale Schutz- bzw. Regulierungspflicht. Vgl. etwa RDA, CO USA 2022, Ziff. 46; FDA/WSKA/WAA/KRA/BRA, Joint Statement 2019, Ziff. 12; FDA, GR 37 2018, Ziff. 49; MRA, CO Italy 2017, Ziff. 37; MRA, CO Canada 2015, Ziff. 6; FDA, GR 28 2010, Ziff. 36; RDA, CO USA 2008, Ziff. 30. Vgl. ferner auch ACHPR, GC 3 2015, Ziff. 14 und 18. Der extraterritorialen Schutzpflicht kommt sodann auch im Entwurf eines »legally binding instrument to regulate, in international human rights law, the activities of transnational corporations and other business enterprises« ein zentrale Rolle zu, wo in Art. 6 (Updated draft legally binding instrument [clean version], Juli 2023, verfügbar über <https://www.ohchr.org/en/hr-bodies/hrc/wg-trans-corp/igwg-on-tnc> [zuletzt besucht am 25.01.2025]) auf »all business enterprises within their territory, jurisdiction, or otherwise under their control« verwiesen wird (vgl. auch Art. 9). Vgl. hierzu etwa *Krajewski*, Duty to Protect, 2018, S. 31 f.

726 WSKA, GC 24 2017, Ziff. 28; vgl. auch WSKA, GC 26 2022, Ziff. 43. In den Staatenberichtsverfahren gehört die Empfehlung extraterritorialer Regulierung wirtschaftlicher Aktivitäten inzwischen zum Standard. Vgl. etwa WSKA, CO Finland 2021, Ziff. 7 und 26; WSKA, CO Belgium 2020, Ziff. 12; WSKA, CO Norway 2020, Ziff. 8 f.; WSKA, CO Switzerland 2019, Ziff. 11 und 15; WSKA, CO Denmark 2019, Ziff. 19.

727 WSKA, GC 24 2017, Ziff. 31; vgl. auch WSKA, GC 26 2022, Ziff. 42, von »influence« statt »control« die Rede ist, was eine weitere Senkung der Hürde anzeigen könnte.

Auch der Menschenrechtsausschuss geht, wie bereits erwähnt, davon aus, »that there are situations where a State party has an obligation to ensure that rights under the Covenant are not impaired by extraterritorial activities conducted by enterprises under its jurisdiction«.[728] Diese Ansicht wiederholte der MRA in seinem General Comment Nr. 36 zum Recht auf Leben, wonach die Staaten verpflichtet seien, sicherzustellen, dass »all activities taking place in whole or in part within their territory and in other places subject to their jurisdiction«, die sich extraterritorial Auswirken, den Vorgaben von Art. 6 UN-Pakt II entsprechen.[729]

In der Praxis der UN-Vertragsorgane zu transnationalen Unternehmen wird folglich die Geltung der Menschenrechte an die Möglichkeit geknüpft, auf die Ursache der Verletzung von Menschenrechten Einfluss zu nehmen.[730] Diese Möglichkeit wird über den Umstand vermittelt, dass die Quelle der Menschenrechtsverletzung, also transnationale Unternehmen, der Jurisdiktion des jeweiligen Staates unterstehen. Mit anderen Worten geht auch hier die kausale, auf eine bloße Einflussmöglichkeit reduzierte Raumkonzeption mit einer Verschiebung des Kontrollgegenstands einher.[731] Dieser Umstand dürfte nach der Konzeption des MRA und des KRA, ähnlich wie dies der IAGMR hinsichtlich grenzüberschreitender Emissionen explizit ausführte, dafür ausreichen, um das Erfordernis der menschenrechtlichen Jurisdiktion zu erfüllen.[732] Demgegenüber subsumiert der WSK-Ausschuss sein entterritorialisiertes Raumverständnis explizit nicht unter den Begriff der Jurisdiktion. Extraterritoriale Pflichten seien gerade deshalb zu beachten, weil der UN-Pakt I keine Jurisdiktionsklausel enthalte.[733] Gegen eine räumliche Anwendungsschwelle und eine entsprechende territoriale Begrenzung spreche sodann der Verweis in Art. 2 Abs. 1 UN-Pakt I auf die internationale Hilfe und Zusammenarbeit.[734] Zudem weise Art. 56 UN-Charta in dieselbe

728 MRA, Yassin 2017, Ziff. 6.5; vgl. dazu bereits vorne in Kap. 9.2.2.4.3.1 bei Fn. 669.

729 MRA, GC 36 2018, Ziff. 22.

730 Vgl. auch Maastricht Principle 24 f.

731 Vgl. hingegen MRA, Yassin 2017, Opinion Individuelle de Olivier de Frouville et Yadh Ben Achour, Ziff. 7 f., die von einer effektiven Kontrolle über die betroffene Person ausgehen, die durch den Einfluss auf die handelnde Akteur*in vermittelt wird und daher indirekter Natur sei.

732 Vgl. IAGMR, Environment and Human Rights 2017, Ziff. 102 f. und 104 lit. h; IAGMR, Climate Emergency 2025, Ziff. 345 ff., insb. 347 f.; sowie dazu vorne Kap. 9.2.2.4.3.4.

733 WSKA, GC 24 2017, Ziff. 27.

734 WSKA, GC 24 2017, Ziff. 27; vgl. auch die Hinweise in Kap. 9.2.2.4.3.6, Fn. 742 ff. Die in der genannten Pakt-Bestimmung enthaltene Kooperationspflicht nimmt auch im Schrifttum eine zentrale Stelle hinsichtlich der Begründung extraterritorialer Menschenrechtspflichten ein. Vgl. etwa

Richtung, wonach sich die Mitgliedstaaten verpflichten, »gemeinsam und jeder für sich mit der Organisation zusammenarbeiten«, um die Ziele der UNO auf wirtschaftlichem und sozialem Gebiet zu erreichen, wozu nach Art. 55 lit. c UN-Charta namentlich »die allgemeine Achtung und Verwirklichung der Menschenrechte und Grundfreiheiten« zählt.[735]

Wie bei den anderen erwähnten Menschenrechtsorganen spielt allerdings selbst beim WSK-Ausschuss der Jurisdiktionsbegriff insofern eine Rolle, als er jene Unternehmen zu bestimmen hilft, deren Handeln extraterritoriale Pflichten nach sich ziehen. Diesbezüglich rekurriert der WSKA auf den Kontrollbegriff, wie er sonst im Kontext der etablierten Jurisdiktionsverständnisse verwendet wird. Ein Staat sei dann menschenrechtlich gebunden, wenn sich eine Akteur*in »under its control or authority« befinde, weil sie ihren Sitz »in its territory and/or under its jurisdiction« habe.[736] Wohin sich die Menschenrechtsgeltung räumlich erstreckt, bestimmt sich im Anschluss aber gerade nicht nach Maßgabe menschenrechtlicher Jurisdiktion. Vielmehr folgen extraterritoriale Pflichten – nicht nur jene aus dem UN-Pakt I, sondern etwa auch bürgerliche und politische sowie Kinderrechte – den Aktivitäten transnationaler Unternehmen und reproduzieren deren entterritorialisiertes Operieren in der Raumordnung der Menschenrechte. Die daraus resultierenden Pflichten finden nach diesem Verständnis ihre einzige Schranke in der territorialen Souveränität anderer Staaten und insofern im völkerrechtlichen Jurisdiktionskonzept.[737]

9.2.2.4.3.6 Weitere Formen der Einflussnahme und Einflussmöglichkeit in wirtschaftlichen Kontexten

In der Praxis der UN-Vertragsorgane wird im Bereich der Wirtschaft indes nicht nur eine Pflicht postuliert, das extraterritoriale Handeln transnationaler Unternehmen zu regulieren. Vielmehr erstreckt sich die in diesem Kontext entworfene räumliche Ordnung auch auf Achtungs- und Gewährleistungspflichten. So sollen Staaten zunächst dann an extraterritoriale Achtungspflichten gebunden sein, wenn sie selbst, etwa

Salomon, Global Responsibility, 2007, S. 75 f., 177, 181 und 190; *Skogly*, Global human rights obligations, 2022, S. 27 ff.; zurückhaltend *Karimova*, International Assistance and Cooperation, 2014, S. 163 und 169. Vgl. hierzu hinten in Kap. 9.2.2.5.11 bei Fn. 1183 ff.

735 WSKA, GC 24 2017, Ziff. 27; vgl. hierzu auch hinten in Kap. 9.2.2.4.3.6 bei Fn. 745. Auch auf diese Vorgaben rekurriert die Lehre regelmäßig (vgl. wiederum die Hinweise in der vorangehenden Fn.).

736 WSKA, GC 24 2017, Ziff. 27 sowie zur Ausübung von Kontrolle auch Ziff. 31.

737 Vgl. WSKA, GC 24 2017, Ziff. 31.

als Eigentümer oder bei der öffentlichen Beschaffung, als transnationale Wirtschaftsakteure auftreten.[738] Wirken Staaten in internationalen Organisationen und Organen mit, beispielsweise im Kontext von Kreditvergabe und Strukturanpassungsmaßnahmen, sollen sie die Menschenrechte ebenso berücksichtigen.[739] Weiter sind die Vertragsstaaten gemäß UN-Vertragsorganen verpflichtet, keine völkerrechtlichen Verträge im Bereich des Handels-, Investitionsschutz- und Steuerrechts abzuschließen, die andere Staaten daran hindern, ihre eigenen Menschenrechtspflichten zu erfüllen.[740] Auch hinsichtlich wirtschaftlicher Sanktionen sind die menschenrechtlichen Positionen der davon Betroffenen einzubeziehen.[741] Obwohl die Praxis in diesem Kontext die Frage nicht adressiert, wann genau und in welchem Umfang solche Pflichten zu beachten sind, scheint ihr die Annahme zugrunde zu liegen, dass extraterritoriale Pflichten auch im weiteren Zusammenhang globaler wirtschaftlicher Beziehungen dann einschlägig sind, wenn tatsächlich auf die menschenrechtliche Situation im Außen Einfluss genommen wird.

Bezüglich wirtschaftlicher, sozialer und kultureller Rechte werden schließlich auch extraterritoriale Gewährleistungspflichten angenommen. Die Kooperationspflicht, die in Art. 2 Abs. 1 UN-Pakt I enthalten ist, gelte für alle Staaten und insbesondere jene, die »in a position to assist« seien, hielt der WSK-Ausschuss bereits 1990 fest.[742] Wer »in a position to assist« sei, sei insbesondere gehalten, Entwicklungsländer bei der Gewährleistung der Kernverpflichtungen zu unterstützen.[743] Allgemein sollen Staaten, »depending on the availability of resources«, der Verwirklichung der WSK-Rechte auch extraterritorial zum Durchbruch verhelfen.[744] Mit dem Beitritt zur Kinderrechtskonvention, so der KRA in vergleichbarer Weise unter Berufung auf die Kooperationspflicht in Art.

738 WSKA, GC 23 2016, Ziff. 69; WSKA, GC 26 2022, Ziff. 41 und 44.

739 WSKA, GC 2 1990, insb. Ziff. 9; WSKA, GC 14 2000, Ziff. 39; WSKA, GC 15 2003, Ziff. 36; WSKA, GC 19 2007, Ziff. 58; KRA, GC 16 2013, Ziff. 47 f. WSKA, GC 23 2016, Ziff. 71; WSKA, GC 26 2022, Ziff. 45; KRA, GC 26 2023, Ziff. 93. Vgl. auch *Craven*, International Covenant, 1995, S. 148.

740 WSKA, GC 24 2017, Ziff. 29 und 37; WSKA, GC 23 2016, Ziff. 72; WSKA, GC 22 2016, Ziff. 51; WSKA, GC 15 2003, Ziff. 35; WSKA, GC 19 2007, Ziff. 57; WSKA, GC 14 2000, Ziff. 39.

741 WSKA, GC 8 1997, Ziff. 11 ff.; KRA, GC 19 2016, Ziff. 39.

742 WSKA, GC 3 1990, Ziff. 14. Vgl. auch Maastricht Principle 9 lit. c; sowie bereits vorne zur Kooperationspflicht als Anknüpfungspunkt in Kap. 9.2.2.4.3.5 bei Fn. 734 f.

743 WSKA, GC 14 2000, Ziff. 45; WSKA, GC 15 2003, Ziff. 38; WSKA, GC 19 2007, Ziff. 61.

744 WSKA, GC 14 2000, Ziff. 39; WSKA, GC 15 2003, Ziff. 34; WSKA, GC 19 2007, Ziff. 55; WSKA, GC 23 2016, Ziff. 66 f.; WSKA, GC 22 2016, Ziff. 50; Maastricht Principles 31 und 33.

4 KRK und Art. 55 f. UN-Charta, hätten die Vertragsstaaten die Pflicht auf sich genommen, »to contribute, through international cooperation, to global implementation«.[745] Überdies wird von den Staaten erwartet, dass sie die strukturellen Ursachen von Menschenrechtsverletzungen aktiv angehen und eine »enabling environment« schaffen, was sich auch in der völkervertragsrechtlichen Praxis, wiederum etwa im Bereich des Wirtschaftsvölkerrechts, niederschlagen solle.[746]

Die Vorgabe, Menschenrechte »durch internationale Hilfe und Zusammenarbeit« zu verwirklichen, wird von den Vertragsorganen mithin als Grundlage einer extraterritorialen Gewährleistungspflicht betrachtet, die ihrerseits davon abhängt, ob entsprechende Ressourcen vorhanden sind. Ist dies der Fall und besteht insofern die Möglichkeit, die Verwirklichung der Menschenrechte im Außen zu erleichtern, ergeben sich nach diesem Verständnis dahingehende Pflichten. Mit anderen Worten richtet sich auch die räumliche Geltung der Gewährleistungsdimension nach der Einflussmöglichkeit.[747] Obschon Jurisdiktion in diesem Zusammenhang gerade kein Erfordernis darstellt,[748] erweist sich erneut jenes Kriterium als einschlägig, das dem kausalen Jurisdiktionsverständnis zugrunde liegt. Zudem ist eine weitere Überschneidung zu kausalen Ansätzen, nämlich eine Verschiebung des Kontrollgegenstands zu beobachten: Zwar spielt der Kontrollbegriff im Kontext der soeben betrachteten extraterritorialen Achtungs-, Schutz- und Gewährleistungspflichten keine Rolle. Menschenrechtliche Verpflichtungen ergeben sich hier nicht dadurch, dass Personen direkt, das heißt persönlich, oder indirekt, also vermittelt über einen räumlichen Bezug, der Kontrolle eines Staates unterstehen. Doch geht es mit der Frage nach der Einflussnahme und der Einflussmöglichkeit um die – allenfalls auch bloß hypothetische – Kontrolle über Strukturen und Situationen, die Menschenrechtsverletzungen nach sich ziehen bzw. solche umfassen.

745 KRA, GC 5 2003, Ziff. 7 und 60; vgl. auch KRA, GC 19 2016, Ziff. 35; KRA, GC 26 2023, Ziff. 91.

746 Vgl. WSKA, GC 24 2017, Ziff. 37; WSKA, World Food Crisis Statement 2008, Ziff. 12 f.; Maastricht Principle 29; Art. 28 AEMR; Limburg Principle 30. Auf eine »enabling environment« zielen auch Erwägungen, wonach die Vertragsstaaten sicherstellen sollen, dass den WSK-Rechten »due attention in international agreements« zu Teil wird; vgl. etwa WSKA, GC 19 2007, Ziff. 56; WSKA, GC 14 2000, Ziff. 39; WSKA, GC 12 1999, Ziff. 36.

747 Vgl. hierzu etwa auch *Vandenhole*, Division of Labour, 2020, S. 227; *Skogly*, Global human rights obligations, 2022, S. 33 ff.; *Salomon*, Global Responsibility, 2007, S. 193.

748 Vgl. auch *den Heijer/Lawson*, Jurisdiction, 2012, S. 184; demgegenüber Maastricht Principle 9 lit. c.

9.2.2.5 Prekarität expansiver Raumverständnisse

Dem Grundsatz der Territorialität stehen nach dem Gesagten zahlreiche Beispiele extraterritorialer Jurisdiktion gegenüber. Zeichnet sich vor diesem Hintergrund ein Paradigmenwechsel ab, der eine Entterritorialisierung der Menschenrechte und insofern die Herausbildung eines globalen Menschenrechtsraumes anzeigt? Davon ist bis auf Weiteres nicht auszugehen. Vielmehr erweist sich die Expansion der Menschenrechte als zaghaft und prekär: Es sind zahlreiche Vorbehalte und Einschränkungen auszumachen, die nicht nur das persönliche und das räumliche Jurisdiktionsmodell, sondern auch kausale Verständnisse betreffen. Im Folgenden sollen jene Momente des Jurisdiktionsdiskurses ausgemacht werden, die darauf hindeuten, dass das Menschenrechtsregime trotz voranschreitender Extraterritorialitätspraxis auf die Exklusion jener Menschen ausgerichtet bleibt, die sich nicht auf dem jeweiligen staatlichen Territorium befinden.

Einschränkende Tendenzen lassen sich insbesondere in der Straßburger Praxis nachzeichnen. Da diese aber eine besondere Strahlkraft besitzt und die Urteile des EGMR im Unterschied zu den Stellungnahmen der UN-Vertragsorgane rechtlich verbindlich sind,[749] kommen diesen Bemühungen um Grenzziehung auch ein besonderes Gewicht zu. Dies schlägt sich in den nachfolgenden Ausführungen nieder. Beachtung finden dort aber auch die Ansichten anderer Menschenrechtsorgane.

Wer den Grenzen der Extraterritorialitätspraxis nachgeht, stößt auch heute noch unweigerlich auf die *Banković*-Entscheidung. Der Straßburger Gerichtshof kam darin zum Schluss, dass jene Mitgliedstaaten, die unter der Ägide der NATO 1999 im Zuge wochenlanger Luftangriffe auf Jugoslawien unter anderem eine Radio- und Fernsehstation in Belgrad bombardierten, keine Jurisdiktion über die davon betroffenen Menschen ausübten.[750] Auch heute noch ist das Unverständnis über diesen Entscheid groß. Allzu oft wird er indes als überholt betrachtet.[751] Dies trifft auf einige Aspekte oder Nuancen zwar zu, doch bei Weitem nicht auf sämtliche Argumente, die der Gerichtshof vorbrachte. Zutreffend ist, dass der EGMR seine Rechtsprechung weiterentwickelt hat und inzwischen etwa das Konzept des »espace juridique« präzisiert und die Möglichkeit, Konventionsrechte räumlich zu differenzieren, akzeptiert hat.

749 Vgl. zur fehlenden Verbindlichkeit der »views« bzw. »decisions« und »general comments« *van Alebeek/Nollkaemper*, Legal status, 2012, S. 382 ff.; *Keller/Grover*, General Comments of the Human Rights Committee and their legitimacy, 2012, S. 128 ff.; *Takata/Hamamoto*, General Comments, 2023, Rz. 49 f.

750 EGMR, Banković GK 2001, Ziff. 82.

751 Vgl. etwa *Joseph/Sander*, Scope of application, 2022, S. 117.

Trotz dieser Weiterentwicklung wäre es indes zu kurz gegriffen, *Banković* pauschal als überholt zu betrachten.[752] Dagegen spricht bereits der Umstand, dass der Gerichtshof selbst in ständiger Rechtsprechung an dieses Urteil anknüpft und folglich mit Nachdruck unterstreicht, dass er an zentralen Vorgaben darin weiterhin festhält.[753] Das gilt insbesondere für die eigentümliche Parallele, die der EGMR zwischen dem menschenrechtlichen Jurisdiktionsbegriff und jenem des allgemeinen Völkerrechts zieht, sowie für die Ablehnung einer kausalitätsbasierten Jurisdiktion.[754] Überwunden ist zudem ebenso wenig die Espace juridique-Doktrin, während die Akzeptanz der räumliche Differenzierung – des Umstands also, dass Konventionsrechte »geteilt und zugeschnitten« werden können – eine ambivalente Entwicklung darstellt.[755] Auf diese Aspekte wird in der Folge noch näher eingegangen.

Die Praxis weist zahlreiche weitere Brüche auf, die Zweifel an der Entterritorialisierung aufkommen lassen und insofern als Ausdruck der Bemühung gelesen werden können, die räumliche Ordnung der Menschenrechte auf das staatliche Territorium einzuschränken. Dazu zählt der Umstand, dass der physischen Präsenz staatlicher Organe ein großes Gewicht bei der Beurteilung der Jurisdiktionsfrage zukommt.[756] Einschränkungen können sich sodann aus dem Beizug anderer Normbestände im Zuge der systematischen Auslegung ergeben.[757] Weiter fällt in der menschenrechtlichen Praxis auf, dass regelmäßig ein Näheverhältnis vorausgesetzt wird und – damit zusammenhängend – komplexe Sachverhalte und weite Kausalitätsketten oft ein Hindernis für die Geltung der Menschenrechte darstellen.[758] Mit Blick auf die Spezifizität gewisser Rechtsprechungslinien, die als Ausdruck eines kausalen Jurisdiktionsverständnisses interpretiert werden können, ist sodann zu beachten, dass sich diese kaum verallgemeinern lassen.[759] Soweit wirtschaftliche, soziale und kulturelle Rechte betroffen sind, verweisen insbesondere die fragwürdige Normativität und die Unbestimmtheit jener Konzepte, die zur Fundierung der Extraterritorialität herangezogen werden, auf die Prekarität expansiver Raumverständnisse.[760] Dabei fällt auch ins Gewicht, dass dem Menschenrechtsdiskurs die Tendenz zugrunde liegt, strukturelle Ursachen zu übersehen und stattdessen lediglich systemkonforme

752 Vgl. auch *Milanovic*, Surveillance, 2022, S. 369.
753 Vgl. etwa EGMR, M.N. GK 2020, Ziff. 98 f.; EGMR, Georgia II GK 2021, Ziff. 128 und 136.
754 Vgl. nachfolgend Kap. 9.2.2.5.3 bzw. Kap. 9.2.2.5.6.
755 Vgl. hinten Kap. 9.2.2.5.5 bzw. Kap. 9.2.2.6.1.
756 Vgl. nachfolgend Kap. 9.2.2.5.2.
757 Vgl. hinten Kap. 9.2.2.5.4.
758 Vgl. hinten Kap. 9.2.2.5.7, Kap. 9.2.2.5.8 bzw. Kap. 9.2.2.5.9.
759 Vgl. hinten Kap. 9.2.2.5.10.
760 Vgl. hinten Kap. 9.2.2.5.11.

Symptombekämpfung betreiben zu wollen.[761] Dies und der Umstand, dass die menschenrechtliche Verpflichtungsstruktur es erschwert, Gefährdungen durch andere als staatliche Akteur*innen zu erfassen,[762] trägt zur Konsolidierung der Territorialitätslogik bei. Vor dem Hintergrund dieser Momente des Menschenrechtsdiskurses, die im Folgenden zu betrachten sind, zeichnet sich die Extraterritorialitätsdogmatik weiterhin dadurch aus, dass eine Anwendungsschwelle zu überschreiten ist.

9.2.2.5.1 Grenzziehung im Zuge der Konkretisierung

Ein erster Hinweis auf die Prekarität der Extraterritorialität ergibt sich aus der Notwendigkeit, abstrakte Jurisdiktionsprinzipien zu konkretisieren. Aussagen zur Jurisdiktion, die weitreichend verstanden werden können, erfahren bei ihrer Anwendung nämlich regelmäßig Einschränkungen. Selbst Stellungnahmen, die als vollmundige Plädoyers für funktionale Ansätze erscheinen, sind oftmals mit Vorbehalten behaftet. Diese Grenzziehung im Rahmen der Konkretisierung abstrakter Vorgaben legt die Einsicht nahe, dass die Extraterritorialität ein prekäres dogmatisches Konstrukt ist.

So postulierten die Straßburger Richter*innen im Anschluss an den Menschenrechtsausschuss schon mehrfach, die Jurisdiktionsklausel »cannot be interpreted so as to allow a State party to perpetrate violations of the Convention on the territory of another State, which it could not perpetrate on its own territory«.[763] Diese scheinbar klare Ansage wird in der Lehre als Beleg einer expansiven Praxis angeführt.[764] Tatsächlich verwendet der EGMR diese Passage indes im Kontext des persönlichen Jurisdiktionskonzepts. Daher vermag das Zitat eine Expansion der menschenrechtlichen Raumordnung kaum zu belegen, die über jenes Konzept hinausreicht. So folgt die Vorstellung, auf fremdem Territorium seien Menschenrechtsverletzungen zu unterlassen, etwa dem Primat physischer Präsenz, worauf im Folgenden noch eingegangen wird.

Prominenter noch tritt im Menschenrechtsdiskurs eine Stelle aus *Drozd and Janousek* in Erscheinung, wonach »acts of their authorities producing effects outside their own territory« die Verantwortlichkeit

761 Vgl. hinten Kap. 9.2.2.6.3.

762 Vgl. hinten Kap. 9.2.2.6.2.

763 EGMR, Issa 2004, Ziff. 71; EGMR, Ben El Mahi Dec. 2006; EGMR, Solomou 2008, Ziff. 45; EGMR, Carter 2021, Ziff. 128; EGMR, Ukraine and the Netherlands Dec. GK 2023, Ziff. 570. Vgl. dazu bereits vorne in Kap. 9.2.2.4.1 bei Fn. 587.

764 Vgl. etwa *Keller/Heri*, Climate Cases, 2022, S. 160.

bzw. die menschenrechtliche Jurisdiktion nach sich ziehen könne.[765] Auch diese Passage wird als Hinweis auf eine großzügige Extraterritorialitätspraxis verstanden und soll eine jurisdiktionsdogmatische Kategorie intraterritorialer Akte mit extraterritorialen Auswirkungen zum Ausdruck bringen.[766] Wie noch aufzuzeigen sein wird, erscheinen beide Schlüsse mit Blick auf die Urteile, in welchen die genannte Passage erscheint, wenig plausibel.[767] In *Al-Skeini* mahnt die Große Kammer denn auch zur Vorsicht: Die Passage aus *Drozd and Janousek* »states merely that the Contracting Party's responsibility ›can be involved‹ in these circumstances«. Bestimmende Kriterien seien aus der Einzelfallpraxis abzuleiten.[768]

Ein weiteres Beispiel, das dazu verleiten mag, in der Rechtsprechung eine allgemeine expansive Dynamik auszumachen, stellen die Ausführungen des IGH zur extraterritorialen Schutzpflicht im Urteil zur Anwendung der Genozidkonvention dar.[769] Die weitgefasste Schutzpflicht, die der IGH hinsichtlich des Genozids in Srebrenica verletzt sah, vermag die lückenhafte Raumordnung der Menschenrechte nur begrenzt zu kompensieren, handelte es sich dort doch in vielerlei Hinsicht um einen extremen Einzelfall.[770] Der Gerichtshof betonte denn auch bereits einleitend, dass er keineswegs ein Fundament für die Extraterritorialität von Menschenrechten zu legen beabsichtige. Er habe nicht vor, so der IGH, »to establish a general jurisprudence applicable to all cases where a treaty instrument, or other binding legal norm, includes an obligation for States to prevent certain acts«.[771] Die Raumordnung der Genozidkonvention stellt vor diesem Hintergrund viel eher eine Ausnahme zur Regel der menschenrechtlichen Territorialität dar und ist insofern als deren Bestätigung zu interpretieren.[772]

Diese drei Passagen zeigen, dass expansive Raumverständnisse nur mit Vorbehalt als Ausdruck einer allgemeinen Tendenz gelesen werden

765 EGMR, Drozd and Janousek Plenum 1992, Ziff. 91. Vgl. ähnlich danach auch EGMR, Andreou Dec. 2008, S. 9 und 10 f.

766 Vgl. wiederum *Keller/Heri*, Climate Cases, 2022, S. 160; sowie hinten in Kap. 5.2.2.5.2, Fn. 787.

767 Vgl. hinten Kap. 9.2.2.5.2.

768 EGMR, Al-Skeini GK 2011, Ziff. 133.

769 Vgl. vorne Kap. 9.2.2.4.3.1; sowie *Ryngaert*, Reasonableness, 2012, S. 203, wonach »the principles set out by the ICJ could readily be extrapolated to preventing ESC rights violations abroad«.

770 Vgl. zur Schutzpflicht IGH, Bosnien-Herzegowina 2007, Ziff. 428 ff.

771 IGH, Bosnien-Herzegowina 2007, Ziff. 429.

772 Die UN-Völkerrechtskommission beispielsweise bleibt im Entwurf über Verbrechen gegen die Menschlichkeit denn auch einem territorialen Jurisdiktionsverständnis verpflichtet. Vgl. Art. 4 lit. a ILC-Articles on Crimes Against Humanity; *ILC*, Draft articles on Crimes Against Humanity with

können. Mitzuberücksichtigen sind stets die Zusammenhänge und die konkreten Umstände, vor deren Hintergrund sich die Rechtsprechung zu großzügigen Verlautbarungen hinreißen lässt. Darauf machen sowohl der EGMR als auch der IGH selbst aufmerksam und unterstreichen damit die Prekarität der Extraterritorialität.

9.2.2.5.2 *Primat physischer Präsenz*

Macht, Kontrolle, Autorität oder Hoheit – wie auch immer im menschenrechtlichen Diskurs Jurisdiktion umschrieben wird, meist knüpft diese maßgeblich an die physische Präsenz staatlicher Organe und die Kontrolle der Menschenrechtsträger*innen an. Sowohl im räumlichen als auch im persönlichen Jurisdiktionskonzept lässt sich diese Tendenz deutlich nachzeichnen. Dies ist deshalb relevant, weil nur diese beiden Konzepte als etabliert betrachtet werden können, insbesondere in der Straßburger Praxis.

Das persönliche Jurisdiktionskonzept setzt in der Praxis regelmäßig die »exercise of physical power and control« voraus.[773] Entsprechend kommt Jurisdiktion ohne die örtliche Anwesenheit staatlicher Organe kaum in Frage. Dies auch deshalb, weil Macht und Kontrolle in umfassender Form ausgeübt werden müssen.[774] Mit Verweis auf die Praxis betreffend diplomatische und konsularische Geschäfte könnte argumentiert werden, die Rechtsprechung lasse auch eine Kontrolle von geringer Intensität genügen, die ohne physische Präsenz auskommt. Dass staatliche Organe diesfalls nicht zwingend anwesend sein müssen, trifft theoretisch zu. Gleichwohl scheint der EGMR die Anwesenheit vorauszusetzen, wenn er in diesem Zusammenhang »agents, who are present on foreign territory«, erwähnt.[775] Dessen ungeachtet kann auch deshalb nicht von einer geringen Kontrollintensität gesprochen werden, weil sich die betroffenen Personen als Staatsangehörige in einem Abhängigkeitsverhältnis befinden, aufgrund dessen sie sich dem staatlichen Handeln oder Unterlassen nicht entziehen können.[776] Letzteres gilt auch hinsichtlich extralegaler Tötungen, die nicht im Rahmen

commentaries, 2019, Art. 4, Ziff. 12; sowie *Murphy*, Fourth report on crimes against humanity, 2019, Ziff. 111 f.

773 Vgl. vorne Kap. 9.2.2.4.1.

774 Vgl. hinten Kap. 9.2.2.5.6.

775 EGMR, Al-Skeini GK 2011, Ziff. 134. In der zitierten Passage fährt der Gerichtshof mit den Worten »in accordance with provisions of international law« fort. Sollte dies als Qualifizierung der zuvor erwähnten Anwesenheit zu verstehen sein, würde die extraterritoriale Jurisdiktion weiter eingeschränkt werden.

776 Vgl. hinten Kap. 9.2.2.5.7.

einer Inhaftierung stattfindet.[777] Die fehlende physische Präsenz erweist sich demnach lediglich – wenn überhaupt – als Ausnahme, die mit kompensierenden Begleitumständen einhergeht und daher kaum verallgemeinerbar ist.

Einen Schwerpunkt auf die physische Präsenz legt ebenso das räumliche Jurisdiktionskonzept, welches mit Blick auf militärische Besetzungen und die Unterstützung separatistischer Bewegungen Form angenommen hat.[778] Dass die direkte räumliche Kontrolle auf die Anwesenheit staatlicher Organe, d. h. der jeweiligen Streitkräfte, angewiesen ist, ergibt sich von selbst. Damit ist aber noch wenig darüber gesagt, in welcher Form diese Präsenz gegeben sein muss. Im Anschluss an das Recht der kriegerischen Besatzung geht der EGMR davon aus, dass Bodentruppen unabdingbar sind.[779] Luft- und Seestreitkräfte, welche den Luftraum bzw. die See kontrollieren, genügten hingegen nicht.[780] Auch in *Banković* ließ sich der EGMR trotz weitgehender Lufthoheit nicht davon abbringen, die Jurisdiktion zu verneinen.[781]

Während die physische Präsenz als Voraussetzung der militärischen Besetzung wenig überrascht, ist es bemerkenswert, dass dies selbst bei der indirekten Kontrolle der Fall ist. So hat der EGMR wiederholt die über die bloße Unterstützung hinausgehende eigenen militärischen Präsenz und deren Stärke als primäres Kriterium betrachtet.[782] In einem jüngst ergangenen Entscheid zu Abchasien betonte der Gerichtshof mehrfach die vorrangige Bedeutung der Präsenz eigener Truppen und setzte einen militärischen Einfluss voraus, der »›dissuasive‹ and as such decisive in practice« sein müsse.[783] Von entsprechend geringer

777 Vgl. vorne Kap. 9.2.2.4.3.1 sowie hinten Kap. 9.2.2.5.10.

778 Vgl. vorne Kap. 9.2.2.4.2

779 EGMR, Chiragov GK 2015, Ziff. 96; EGMR, Sargsyan 2015, Ziff. 94; vgl. auch *Dinstein*, Belligerent Occupation, 2019, S. 50.

780 EGMR, Chiragov GK 2015, Ziff. 96; EGMR, Sargsyan 2015; Ziff. 94.

781 EGMR, Banković GK 2001, Ziff. 52 und 76.

782 EGMR, Loizidou 1996 GK, Ziff. 56; EGMR, Issa 2004, Ziff. 75; EGMR, Al-Skeini GK 2011, Ziff. 139; EGMR, Catan 2012 GK, Ziff. 107; EGMR, Chiragov GK 2015, Ziff. 169; EGMR, Mozer GK 2016, Ziff. 98; EGMR, Georgia II GK 2021, Ziff. 164; EGMR, Ukraine and the Netherlands Dec. GK 2023, Ziff. 560 und 579 ff.; EGMR, Mamasakhlisi 2023, Ziff. 311, 320 und 338; vgl. auch EGMR, Ilaşcu 2004, Ziff. 387. Vgl. hingegen *Altwicker*, Transnationalizing Rights, 2018, der festhält, dass die physische Präsenz keine Jurisdiktionsvoraussetzung im Rahmen des räumlichen Modells sei (S. 589), um anschließend dennoch zu konkludieren, dass die bestehenden Modelle Situationen mit geringer oder fehlender physischer Präsenz nicht zu erfassen vermögen (S. 590).

783 EGMR, Mamasakhlisi 2023, Ziff. 311, 320 und 338 sowie zum Maßstab der Abschreckung Ziff. 329 (zit.) und 339.

praktischer Relevanz erscheint mitunter die Abgrenzung zwischen indirekter und direkter Kontrolle, wie dies etwa im Entscheid zur Krim zum Ausdruck kommt.[784]

Vor diesem Hintergrund sträubt sich Staatshandeln ohne extraterritoriale Präsenz, also solches, das sich einzig innerhalb des jeweiligen Territoriums abspielt, aber extraterritoriale Auswirkungen zeitigt, zwangsläufig gegen eine menschenrechtliche Erfassung. Obwohl der EGMR bereits 1992 ausführte, dass »responsibility can be involved because of acts of their authorities producing effects outside their own territory«[785], und noch heute feststellt, dass »acts of the States Parties performed, or producing effects, outside their territories can constitute an exercise of jurisdiction«[786], umfasst die Straßburger Jurisdiktionsdogmatik gegenwärtig keine Kategorie intraterritorialer Akte mit extraterritorialen Auswirkungen[787]. Vielmehr werden derartige Fälle entweder dem persönlichen[788] oder dem räumlichen[789] Jurisdiktionskonzept unterstellt. Damit geht eine Unterordnung unter das Primat physischer Präsenz einher. Mit anderen Worten müssen, nach der EGMR-Rechtsprechung, intraterritoriale Akte mit extraterritorialen Auswirkungen von sich aus eine hinreichende persönliche oder räumliche Kontrolle nach sich ziehen bzw. in Begleitumstände eingebettet sein, aufgrund derer eine solche Kontrolle gegeben scheint.

Auf dem Primat physischer Präsenz wird ebenso in der Lehre insistiert. So sprechen sich etwa Kälin und Künzli dagegen aus, Unterstützung allein als hinreichende Voraussetzung extraterritorialer räumlicher

784 Vgl. EGMR, Ukraine Dec. GK 2020, wonach angesichts der militärischen Präsenz (Ziff. 315 ff.) eine effektive räumliche Kontrolle Russlands bestanden habe (Ziff. 335 und 349), wobei offengelassen wurde, ob diese Kontrolle direkter oder indirekter Natur war.

785 EGMR, Drozd and Janousek Plenum 1992, Ziff. 91 m. w. H. Vgl. zur fehlende Verallgemeinerbarkeit dieser Passage vorne in Kap. 9.2.2.5.1 bei Fn. 765 ff.

786 EGMR, Ukraine and the Netherlands Dec. GK 2023, Ziff. 555.

787 Dies wird in der Lehre teilweise unterstellt. Vgl. etwa *Augenstein/Kinley*, »Responsibilities« become »duties«, 2013, S. 284; *Augenstein*, Home-state regulation, 2022, S. 286; ferner *Kälin/Künzli*, Menschenrechtsschutz, 2019, Rz. 4.63 f.

788 Vgl. EGMR, Al-Skeini GK 2011, Ziff. 133; EGMR, Georgia II GK 2021, Ziff. 115.

789 Vgl. EGMR, Chiragov, 2015, Ziff. 167, wo lediglich ein Grundsatz postuliert wird, der die Darstellung der räumlichen Kontrolle einleitet. Interessant ist in diesem Zusammenhang auch Rantsev, wo der EGMR indirekt auf Drozd verweist (Ziff. 204), die Jurisdiktion bzgl. Schutz- und Untersuchungspflicht dann aber ähnlich wie in den Auslieferungsfällen auf die territoriale Souveränität abstützt (Ziff. 208).

Jurisdiktion anzuerkennen.[790] Zudem setzen die Vorgenannten zumindest für die Annahme einer extraterritorialen Schutzpflicht eine physische Präsenz voraus.[791] Eine ähnliche Ansicht, wonach positive Pflichten grundsätzlich nur im Rahmen einer räumlichen Kontrolle, nicht hingegen gestützt auf das persönliche Jurisdiktionskonzept, in Betracht zu ziehen sind, vertritt auch Milanovic.[792] Die Mehrheit der Expert*innen, die an der Ausarbeitung des *Tallinn manual 2.0* beteiligt waren, ging sodann davon aus, dass allgemein nur physische Kontrolle menschenrechtliche Jurisdiktion zu begründen vermag.[793] Erwähnenswert ist im vorliegenden Zusammenhang schließlich das Sondervotum von Zimmermann in *A.S. et al. v. Malta.* Zur Frage, ob Malta menschenrechtliche Jurisdiktion über schiffbrüchige Menschen in der maltesischen Seenotrettungszone ausgeübt hatte, führte Zimmermann aus, dass erst die Rettung selbst, mit anderen Worten die Herstellung physischer Kontrolle, Jurisdiktion begründet hätte.[794]

Die physische Präsenz nimmt nach dem Gesagten sowohl im räumlichen als auch im persönlichen Jurisdiktionskonzepten eine zentrale Position ein. Vom Ansatz her oder im Ergebnis erfordern beide Modelle die Anwesenheit eigener staatlicher Organe. Vor diesem Hintergrund sind gerade Konstellationen, die mit dem Konzept der Externalisierungsgesellschaft angesprochen werden, schwierig zu erfassen.[795] Dies gilt insbesondere für die EMRK, da sich die Straßburger Praxis weitgehend darauf beschränkt, Extraterritorialitätsfragen innerhalb der beiden genannten Jurisdiktionskonzepte zu beurteilen.

9.2.2.5.3 *Völkerrechtliches Jurisdiktionsverständnis*

Die vielbeachtete Eingrenzung, die der Europäische Gerichtshof für Menschenrechte in *Banković* vorgenommen hat, stützte sich an zentraler Stelle auf die Parallele zwischen menschenrechtlicher und völkerrechtlicher Jurisdiktion. In Anlehnung an den Jurisdiktionsbegriff des allgemeinen Völkerrechts postulierte der Gerichtshof, dass extraterritoriales Handeln nur ausnahmsweise Jurisdiktion begründe.[796] Die »gewöhnliche Bedeutung« der Jurisdiktion, wie sie Art. 31 Abs. 1 VRK als

790 *Kälin/Künzli*, Menschenrechtsschutz, 2019, Rz. 4.52.

791 *Kälin/Künzli*, Menschenrechtsschutz, 2019, Rz. 4.40 und 4.64.

792 *Milanovic*, Extraterritorial Application, 2011, S. 209 ff.; vgl. dazu auch hinten in Kap. 9.2.2.6.1 bei Fn. 1234.

793 *Schmitt* (Hrsg.), Tallinn Manual 2.0 on the International Law Applicable to Cyber Operations, 2017, S. 185.

794 MRA, A.S. v. Malta 2021, Ziff. 7.

795 Vgl. auch *Augenstein*, Home-state regulation, 2022, S. 286.

796 EGMR, Banković GK 2001, Ziff. 61 und 67. Vgl. ferner Kap. 9.2.2.3.

ein Auslegungsziel bestimmt, erschließe sich aus der Perspektive des allgemeinen Völkerrechts.[797] Daher sei Jurisdiktion auch im Kontext von Art. 1 EMRK primär territorial zu verstehen und es liege nur ausnahmsweise extraterritoriale Jurisdiktion vor.[798] Diese verlange eine besondere Rechtfertigung – der Gerichtshof erwähnt denn auch anerkannte völkerrechtliche Anknüpfungspunkte wie das Personalitäts-, das Flaggenstaats-, das Schutz- und das Weltrechtsprinzip – und werde bestimmt und begrenzt durch die souveränen Rechte anderer Staaten.[799] Ein Staat könne daher auf fremdem Territorium ohne Zustimmung des anderen Staates keine Jurisdiktion ausüben, es sei denn, es liege eine Besatzung vor.[800] In Übereinstimmung mit dieser dogmatischen Weichenstellung kommt der EGMR vor dem Hintergrund einer Analyse der eigenen Rechtsprechung in *Banković* zum Schluss, dass die Ausnahme der extraterritorialen Jurisdiktion einerseits dann gegeben sei, wenn ein Staat öffentliche Gewalt, das heißt im Rahmen der effektiven räumlichen Kontrolle als Besatzungsmacht oder durch Zustimmung der lokalen Regierung, »all or some of the public powers normally to be exercised by that Government« ausübe.[801] Andererseits könne Extraterritorialität beim Handeln diplomatischer und konsularischer Organe oder gestützt auf das Flaggenstaatsprinzip bejaht werden.[802] Mit dieser konsequenten Gleichsetzung von menschenrechtlicher und völkerrechtlicher Jurisdiktion folgten die Straßburger Richter*innen weitgehend und einstimmig der Argumentation der involvierten Mitgliedstaaten. Diese hatten ebenfalls den Standpunkt vertreten, dass der Jurisdiktionsbegriff in Art. 1 EMRK jenem des allgemeinen Völkerrechts entspreche.[803] Deshalb impliziere die Ausübung von Jurisdiktion »the assertion or exercise of legal authority« und umfasse »some form of structured relationship normally existing over a period of time«.[804]

Mit dieser terminologischen Gleichsetzung unterläuft dem EGMR ein Kategorienfehler, wie dies etwa Milanovic zu Recht kritisiert.[805] Der

797 EGMR, Banković GK 2001, Ziff. 59.
798 EGMR, Banković GK 2001, Ziff. 59, 61 und 67.
799 EGMR, Banković GK 2001, Ziff. 59 und 61.
800 EGMR, Banković GK 2001, Ziff. 60.
801 EGMR, Banković GK 2001, Ziff. 71.
802 EGMR, Banković GK 2001, Ziff. 73.
803 EGMR, Banković GK 2001, Ziff. 36.
804 EGMR, Banković GK 2001, Ziff. 36.
805 *Milanovic*, Extraterritorial Application, 2011, S. 40 und 53; *Milanovic*, Surveillance, 2022, S. 368. Vgl. zur Differenz der Jurisdiktionsbegriffe bzw. kritisch zu deren Vermischung auch *Moor/Simpson*, Ghosts of Colonialism, 2006, S. 123; *Besson*, Extraterritoriality, 2012, S. 868 f.; *den Heijer/Lawson*, Jurisdiction, 2012, S. 163 ff.; *Grabenwarter/Pabel*, Europäische Menschenrechtskonvention, 2021, § 17 Ziff. 14; *Banda*, Regime Congruence, 2019, S. 1918; *Askin*, Extraterritorial Application, 2019, Rz. 18; *Besson*, La

Jurisdiktionsbegriff des allgemeinen Völkerrechts definiert die räumliche Reichweite von staatlichen Rechten und orientiert sich dabei an der Betroffenheit der fraglichen Staaten.[806] Es geht mithin gerade nicht darum, den Geltungsbereich staatlicher Pflichten zu bestimmen, was die Funktion der Jurisdiktion im menschenrechtlichen Sinn darstellt, treten die Staaten im Menschenrechtsschutz doch in erster Linie als Verpflichtete auf. Gewiss könnte argumentiert werden, ein einheitlicher Jurisdiktionsbegriff vermeide es, Staaten Pflichten aufzuerlegen, deren Erfüllung mangels völkerrechtlicher Jurisdiktion nicht in ihrer Macht liege.[807] Abgesehen davon, dass ein solches Argument die Frage des Bestands einer menschenrechtlichen Pflicht mit den Modalitäten ihrer Erfüllung und damit die Ebenen von Zweck und Mittel vermischt, liegt ihm immerhin die Einsicht zugrunde, dass zwischen der Begründung menschenrechtlicher Pflichten und der Einräumung völkerrechtlicher Kompetenzen zu differenzieren ist. Bereits diese Einsicht scheint dem *Banković*-Urteil gerade fern zu sein.

Trotz dezidierter Kritik[808] und obschon der Gerichtshof in gewissen Konstellationen betont, dass es keine Rolle spiele, ob ein Staat rechtmäßig oder rechtswidrig außerhalb des eigenen Staatsgebiets tätig werde,[809] was als Abweichung vom einheitlichen Jurisdiktionsbegriff verstanden werden könnte,[810] scheint der EGMR an der eigentümlichen Parallelität von völkerrechtlicher und menschenrechtlicher Jurisdiktion festzuhalten. In einer langen Reihe von Urteilen, die bis in die jüngste Straßburger Praxis reicht und mehrere Judikate der Großen Kammer umfasst, wird explizit die Ansicht vertreten, dass der Begriff der Jurisdiktion im Sinne von Art. 1 EMRK jenen des allgemeinen Völkerrechts widerspiegle.[811]

due diligence, 2020, S. 364; *Raible*, Extraterritoriality, 2020, S. 163; *Askin*, Extraterritoriale Anwendbarkeit des UN-Sozialpakts, 2024, S. 148 ff.; differenziert dazu auch *Stoyanova*, Positive Obligations, 2023, S. 275 ff.

806 Vgl. etwa *Crawford*, Brownlie's Principles, 2019, S. 440; *Simma/Müller*, Jurisdiction, 2012, insb. S. 135 und 149.

807 Eine solche Überlegung liegt etwa dem Urteil des Bundesverfassungsgerichts zum Klimaschutz zugrunde, wonach extraterritoriale Schutzpflichten keine Anpassungsmassnahmen verlangten, weil dem deutschen Staat die Kompetenz fehle, solche im Ausland vorzunehmen. Vgl. BVerfG, Klimaschutz 2021, Ziff. 178 und 181; sowie dazu hinten in Kap. 9.2.2.6.1 bei Fn. 1227. Vgl. auch IAGMR, Environment and Human Rights 2017, Ziff. 90.

808 Vgl. die Hinweise in Kap. 9.2.2.5.3, Fn. 805.

809 Vgl. etwa EGMR, Al-Skeini GK 2011, Ziff. 138 betreffend effektive räumliche Kontrolle; sowie EGMR, Issa 2004, Ziff. 71 betreffend persönliche Jurisdiktion.

810 Vgl. dazu tendierend *Kälin/Künzli*, Menschenrechtsschutz, 2019, Rz. 4.43; *den Heijer/Lawson*, Jurisdiction, 2012, S. 164.

811 EGMR, Gentilhomme 2002, Ziff. 20; EGMR, Assanidze GK 2004, Ziff. 137 sowie 139; EGMR, Ilaşcu 2004, Ziff. 312; EGMR, Issa 2004, Ziff. 67;

Dabei wird indes der Umstand nicht reflektiert, dass der völkerrechtliche Jurisdiktionsbegriff ebenfalls einem Wandel unterliegt und sich selbst in gewissem Umfang entgrenzt.[812]

Auch die erwähnten Schlüsse, die der EGMR in *Banković* aus der Parallelität der Jurisdiktionsbegriffe zieht, treten in der nachfolgenden Praxis wiederholt auf. So werden regelmäßig das Handeln von diplomatischem und konsularischem Personal sowie Vorfälle an Bord eines Flugzeuges oder eines Schiffes, das unter der Flagge des fraglichen Staates fährt, als Fallgruppen der Extraterritorialität behandelt.[813] Dies ergibt gerade vor dem Hintergrund des völkerrechtlichen Jurisdiktionsbegriffs Sinn. Erwähnenswert ist diese Praxis aus einem weiteren Grund. Sie zeugt nicht nur von der Parallelität der Jurisdiktionsbegriffe, sondern bindet die Extraterritorialität in einem weiteren Sinn an das Staatsgebiet, denn sowohl Schiffe als auch Botschaften galten lange als eigentliches Territorium des Flaggen- bzw. Entsendestaats.[814] Insofern kommt in der Extraterritorialität indirekt ein territoriales Verständnis zum Ausdruck.

Zudem hat der Gerichtshof im Anschluss an *Banković* wiederholt auf die Ausübung öffentlicher Gewalt oder hoheitlicher Kompetenzen, die üblicherweise von einer Regierung ausgeübt werden, abgestellt.[815] Die Orientierung an staatlichen Funktionen belegt die Nähe zum

EGMR, Bosphorus GK 2005, Ziff. 136; EGMR, Ben El Mahi Dec. 2006; EGMR, Rantsev 2010, Ziff. 206; EGMR, Mozer GK 2016, Ziff. 97 sowie 100; EGMR, Güzelyurtlu GK 2019, Ziff. 178; EGMR, N.D. and N.T. GK 2020, Ziff. 109; EGMR, M.N. GK 2020, Ziff. 98 ff.; EGMR, Ukraine Dec. GK 2020, Ziff. 344; EGMR, H.F. GK 2022, Ziff. 184; EGMR, Duarte Agostinho dec. GK 2024, Ziff. 209 sowie ferner Ziff. 206 (vgl. Kap. 9.2.2.5.5, Fn. 891).

812 Vgl. etwa *Chimni*, Jurisdiction, 2022; *Krisch*, Jurisdiction Unbound, 2022; *Simma/Müller*, Jurisdiction, 2012, S. 140 f.; sowie dazu vorne Kap. 9.1.1.1.3.

813 Vgl. im Anschluss an EGMR, Banković GK 2001, Ziff. 73, etwa: EGMR, Medvedyev GK 2010, Ziff. 65; EGMR, Hirsi Jamaa GK 2012, Ziff. 75 ff.; EGMR, H.F. GK 2022, Ziff. 186. Die Praxis betreffend konsularisches und diplomatisches Handeln geht freilich weiter zurück; vgl. vorne Kap. 9.2.2.4.1.

814 Vgl. StIGH, Lotus, Opinion dissidente de M. Weiss, S. 45 f.: »Ces navires et leurs équipages ne relèvent que de la loi du fiavillon, ce que l'on exprime souvent en disant, avec plus ou moins d'exactitude, que lesdits navires sont une portion détachée et flottante du territoire national«; *Kau*, Völkerrechtssubjekte, 2019, Rz. 74.

815 EGMR, Banković GK 2001, Ziff. 71; sowie anschließend EGMR, Al-Skeini GK 2011, Ziff. 135 und 149; EGMR, Chiragov GK 2015, Ziff. 168; EGMR, M.N. GK 2020, Ziff. 104; EGMR, Big Brother Watch GK 2021, Ziff. 272 i.f.; EGMR, H.F. GK 2022, Ziff. 186. Demgegenüber betont etwa das BVerfG gerade, dass die Ausübung von Hoheitsbefugnissen für die

Jurisdiktionsbegriff des allgemeinen Völkerrechts und kleidet die Relationalität der Menschenrechte in ein hoheitliches Gewand. Dieses umhüllt den Territorialstaat und schirmt ihn von menschenrechtlichen Ansprüchen ab, die in der Sphäre privater Interaktionen und insbesondere transnationaler wirtschaftlicher Aktivitäten gründen. Mit anderen Worten zeichnet sich eine menschenrechtliche Raumordnung ab, die exklusiv auf hoheitliche Beziehungen zwischen Staat und Individuum ausgerichtet ist.[816] Damit reproduziert die Jurisdiktionsdogmatik den Territorialstaat und dessen räumliche Grenzen als paradigmatischen Fall menschenrechtlicher Geltung.

Äußerungen, die einen einheitlichen Jurisdiktionsbegriff nahelegen, sind indes nicht auf die Europäische Menschenrechtskonvention beschränkt. So zieht etwa der Interamerikanische Gerichtshof für Menschenrechte – unter Hinweis auf *Banković* – ebenfalls explizit eine Parallele zum allgemeinen Völkerrecht.[817] Der IGH wiederum konstatierte im Zusammenhang mit Israels Besatzungspolitik, dass der Zivilpakt auf staatliches Handeln in der Ausübung bestehender Jurisdiktion außerhalb des eigenen Territoriums anwendbar sei.[818] Für das Ergebnis, also die Bejahung extraterritorialer menschenrechtlicher Jurisdiktion, wäre dies irrelevant, wenn die räumliche Geltung der Menschenrechte nicht aus dem allgemeinen Völkerrecht abzuleiten wäre. Eine ähnliche Passage findet sich in älteren Stellungnahmen des Menschenrechtsausschusses. Dieser hielt fest, dass die Ausstellung eines Passes an Staatsangehörige »clearly a matter within the jurisdiction of the Uruguayan authorities« darstelle und sich die Beschwerdeführerin »for that purpose« in der Jurisdiktion im Sinne von Art. 2 Abs. 1 des UN-Pakts II befinde.[819] Anders als die Rechtsprechung des EGMR hat sich die Praxis des MRA inzwischen indes von einer engen Anlehnung an das allgemeine Völkerrecht gelöst.

Die Parallelität zum völkerrechtlichen Jurisdiktionsbegriff findet schließlich auch im Schrifttum ihren Niederschlag. Zwar wird die menschenrechtliche Jurisdiktion nur selten explizit am allgemeinen Völkerrecht ausgerichtet.[820] Hingegen lässt sich bei mehreren Autor*innen insofern eine gewisse Annäherung beobachten, als die menschenrechtliche

extraterritoriale Grundrechtsbindung nicht erforderlich sei (BVerfG, Ausland-Ausland-Fernmeldeaufklärung 2020, Ziff. 88 und 90 f.).

816 Vgl. dazu auch hinten Kap. 9.2.2.6.2.

817 IAGMR, Environment and Human Rights 2017, Ziff. 90; vgl. auch IAGMR, Children in the context of migration 2014, Ziff. 61.

818 IGH, Construction of a Wall 2004, Ziff. 111 sowie 109, ferner auch Ziff. 112, wo bezüglich des Sozialpakts auf die Kompetenzen als Besatzungsmacht verwiesen wird.

819 MRA, Vidal Martins 1982, Ziff. 7; sowie MRA, Lichtensztejn 1983, Ziff. 6.1; MRA, Pereira Montero 1983, Ziff. 5.

820 Vgl. etwa *Fastenrath*, Art. 1, N 77 f., 111 und 118.

Jurisdiktion in Beziehung zur territorialen Souveränität gesetzt wird. In die Nähe des Jurisdiktionsbegriffs des allgemeinen Völkerrechts gelangen so etwa Samantha Besson unter Verweis auf ein relationales Menschenrechtsverständnis sowie Lea Raible mit einem spezifischen Begriff politischer Macht. Obwohl Besson betont, dass menschenrechtliche und völkerrechtliche Jurisdiktion unterschiedliche Kategorien seien,[821] hält sie im Ergebnis an einem engen Jurisdiktionsverständnis fest. Kontrolle oder Zwang begründeten erst im Rahmen einer legitimen rechtlichen und politischen Autoritätsbeziehung Jurisdiktion.[822] Dies erinnert einerseits an die Ansicht der NATO-Staaten, die vor dem EGMR geltende machten, es bedürfe in Übereinstimmung mit dem völkerrechtlichen Jurisdiktionsbegriff einer »legal authority« basierend auf einer »structured relationship«.[823] Andererseits verweist Besson selbst auf die Passagen in der Straßburger Praxis, wonach die Ausübung von »public powers«, also der zuvor erwähnten öffentlichen Gewalt bzw. hoheitlichen Kompetenzen, für die Extraterritorialitätsfrage relevant sei, und erachtet diese als Beleg ihres politischen Jurisdiktionsverständnisses.[824]

Eine vergleichbare Tendenz lässt sich in Raibles Extraterritorialitätstheorie ausmachen, obwohl auch sie die Differenz der Jurisdiktionsbegriffe hervorhebt[825]. Jurisdiktion bedinge, so Raible, politische Macht, die sich in der Anwendung von Regeln ausdrücke und aus der sich Kontrolle und damit die Möglichkeit ergebe, die Gleichheit von Menschen bezüglich bestimmter Schutzgehalte zu gewährleisten.[826] Gegenüber Menschen, deren Gleichheit Staaten nicht garantieren können, sollen demgegenüber keine Pflichten bestehen.[827] Vorkommnisse reiner Gewalt, ohne Regelanwendung, wie dies bei *Banković* der Fall gewesen sei, hätten keine Jurisdiktion zur Folge.[828] Indem Raible einen entsprechend strengen Kontrollmaßstab anlegt, dürfte im Ergebnis eine beträchtliche Nähe zum völkerrechtlichen Jurisdiktionsverständnis resultieren, weil außerhalb jener Sphäre, die sich aus letzterem ergibt, Gleichheit kaum gewährleistet werden kann.[829]

821 *Besson*, Extraterritoriality, 2012, S. 868 f.; *Besson*, La due diligence, 2020, S. 364.

822 Vgl. *Besson*, Extraterritoriality, 2012, insb. S. 860, 863 ff. und 872 f.; ferner zur spezifischen relationalen Natur der Menschenrechte *Besson*, La due diligence, 2020, insb. S. 346 und 356 ff.

823 EGMR, Banković GK 2001, Ziff. 36 und 50.

824 *Besson*, Extraterritoriality, 2012, S. 873.

825 *Raible*, Extraterritoriality, 2020, S. 159 ff., insb. 163 und 166.

826 *Raible*, Extraterritoriality, 2020, S. 102 ff., insb. 127, 142 ff. und 157.

827 *Raible*, Extraterritoriality, 2020, S. 134 f.

828 *Raible*, Extraterritoriality, 2020, S. 146 ff.

829 Raible *Raible*, Extraterritoriality, 2020, S. 214 f. bezeichnet ihren Ansatz denn auch selbst als »seemingly narrow« und verweist als Kompensation

Die Insistenz auf einer qualifizierten Beziehung zwischen Menschenrechtsadressierten und Menschenrechtsträger*innen, die in den erwähnten Entwürfen zum Ausdruck kommt, tendiert dazu, die Räumlichkeit bestehender politischer Entitäten, nämlich der Territorialstaaten, als Leitlinie für das Menschenrechtsregime zu setzen.[830] Die Territorialität der Nationalstaaten, die auch dem völkerrechtlichen Jurisdiktionsbegriff zugrunde liegt, wird dadurch im und für das menschenrechtliche Raumverständnis reproduziert, ungeachtet davon, dass dies im Rahmen einer Konzeption geschieht, die als »funktional« bezeichnet wird.[831] Besson ruft denn auch dazu auf, das Staatsmodell territorialer Souveränität – und damit, wie ergänzt werden könnte, die Exklusionsordnung des Nationalstaats – nicht vorschnell in Frage zu stellen.[832]

9.2.2.5.4 Ambivalenz der systematischen Auslegung

Die Bemühungen im Menschenrechtsdiskurs, über das räumliche und das persönliche Jurisdiktionsverständnis hinauszugehen, stützen sich regelmäßig auf Prinzipien anderer Rechtsregime. Die systematische Auslegung soll dergestalt als Brücke hin zur Expansion der menschenrechtlichen Raumordnung dienen.[833] Weil indes die Territorialitätslogik nicht auf das Menschenrechtsregime beschränkt, sondern auch andernorts stark verankert ist, kann sich der Beizug regimeexterner Vorgaben auch als Schranke erweisen.

hierfür auf alternative Ansätze zur Verwirklichung globaler Gerechtigkeit im Recht.

830 Vgl. nebst Besson und Raible etwa auch *Stoyanova*, Positive Obligations, 2023, S. 219 ff.; *Ollino*, Effects-Based Extraterritoriality, 2022, S. 632 und 643; sowie – allerdings ohne dahingehenden Stellungsbezug – *Bhuta*, Frontiers of Extraterritoriality, 2016, insb. S. 18 f.

831 Vgl. zur Einordnung als funktionales Verständnis *Besson*, Extraterritoriality, 2012, S. 863 und 876; sowie *Raible*, Extraterritoriality, 2020, S. 95. Während Besson (ibid., S. 874) die Parallele zwischen ihrem menschenrechtlichen Jurisdiktionsverständnis und dem »all-subjected principle« der politischen Theorie zieht, ließe sich aus letzterer Perspektive auch Kritik üben. Als »Platzhalter demokatischer Autonomie«, so etwa *Brunkhorst*, Solidarität, 2002, S. 107 ff., könnten gerade die Menschenrechte als Mittel betrachtet werden, die demokratisch nicht legitimierte Herrschaft zu kompensieren. Vgl. zum konträren »all-affected principle« auch *Fraser*, Scales, 2008, S. 24 f.

832 *Besson*, Extraterritoriality, 2012, S. 884. Vgl. kritisch auch *Peters*, Social Dimension, 2018, S. 303 f. und insb. Fn. 136, wonach dieser Ansatz Jurisdiktion als Platzhalter für Souveränität verstehe; sowie *Milanovic*, Extraterritorial Application, 2011, S. 108 zur Rückbindung an die Staatsangehörigkeit (dazu auch ibid., S. 67 ff.).

833 Vgl. etwa *Bellinkx* et al., Addressing Climate Change, 2021, insb. S. 15 f.

Die Nähe zum völkerrechtlichen Jurisdiktionsverständnis stellt das wohl einflussreichste Beispiel einer systematischen Auslegung dar, die eine exkludierende Wirkung zur Folge hat.[834] In dem sich der EGMR in *Banković* auf die »gewöhnliche Bedeutung« des Jurisdiktionsbegriffs beruft, ist er offensichtlich zugleich bemüht, der Vorgabe von Art. 31 Abs. 3 lit. c VRK nachzukommen. So hielt er einleitend denn auch fest, dass die EMRK nicht in einem Vakuum auszulegen und anzuwenden sei. Vielmehr soll dies »in harmony with other principles of international law of which it forms part« geschehen.[835] Doch nicht nur in der Bezugnahme auf das allgemeine Völkerrecht kommt die Ambivalenz der systematischen Auslegung zum Ausdruck. Diese zeigt sich auch beim humanitären Völkerrecht und beim Umweltvölkerrecht.

Das humanitäre Völkerrecht postuliert gewisse Standards bezüglich des Verhaltens gegenüber der von einer Besetzung betroffenen Bevölkerung.[836] Dieser Umstand dürfte es erleichtert haben, kriegerische Besetzungen in der Jurisdiktionsdogmatik abzubilden. Hinsichtlich des räumlichen Jurisdiktionskonzeptes wirkt sich die Nähe zum humanitären Völkerrecht indes auch einschränkend aus.[837] So gilt die Anwesenheit von Bodenstreitkräften als conditio sine qua non der Besatzung, womit dem humanitären Völkerrecht ein Primat physischer Präsenz zugrunde liegt.[838] Dieses schlägt sich im Menschenrechtsdiskurs nun allerdings auch in Stellvertretungskonstellationen nieder, wenn betont wird, dass selbst ein maßgeblicher Einfluss durch eigene militärische Kräfte abgesichert sein müsse.[839]

Eine weitere restriktive Parallele lässt sich mit Blick auf die Substitution hoheitlicher Gewalt nachzeichnen. Letztere stellt ein wesentliches Kriterium der effektiven Kontrolle im Besatzungsrecht dar.[840] In vergleichbarer Weise wird die Ausübung öffentlicher Gewalt regelmäßig im Zuge der Beurteilung der menschenrechtlichen Jurisdiktion ins Spiel

834 Vgl. dazu das vorangehende Kap.

835 EGMR, Banković GK 2001, Ziff. 57; vgl. auch EGMR, Hassan GK 2014, Ziff. 77.

836 Vgl. dazu vorne in Kap. 9.2.2.4.2 bei Fn. 619 ff.

837 Vgl. für ein weiteres Beispiel, das nicht die Jurisdiktion, sondern den materiellen Schutzgehalt betrifft hinten Kap. 9.2.2.6.1, Fn. 1220 ff. Hinsichtlich des Kooperationsgebots (vgl. dazu hinten Kap. 9.2.2.5.11) sei sodann erwähnt, dass das humanitäre Völkerrecht zumindest nicht in der Lage ist, die normative Schwäche zu kompensieren und insofern die Unbestimmtheit dieses Prinzips untermauert; vgl. *Karimova*, International Assistance and Cooperation, 2014, S. 184 ff., insb. 186, sowie 192.

838 Vgl. die Hinweise in EGMR, Chiragov GK 2015, Ziff. 96; sowie EGMR, Sargsyan 2015, Ziff. 94.

839 Vgl. vorne Kap. 9.2.2.5.2 bei Fn. 782 f.

840 *Dinstein*, Belligerent Occupation, 2019, S. 48 f.

gebracht.[841] Der Verweis auf die fehlende oder unzureichende Substitution staatlicher Autorität dient mithin als Argument gegen die Geltung der Menschenrechte. Das humanitäre Völkerrecht erweist sich vor diesem Hintergrund nicht nur als argumentatives Reservoir der extraterritorialen Erweiterung der menschenrechtlichen Wirkungssphäre. Vielmehr scheint der Menschenrechtsdiskurs zugleich die territorial-staatliche Fixierung, die dem Recht der kriegerischen Besatzung zugrunde liegt, zu reproduzieren. Das humanitäre Völkerrecht erweist sich damit nicht nur als Stütze, sondern auch als Hindernis in der Extraterritorialitätsfrage.

Das Umweltvölkerrecht stellt ein weiteres Rechtsregime dar, das dem Menschenrechtsschutz im Rahmen systematischer Auslegung als Quelle expansiver Raumverständnisse dient.[842] Insbesondere der IAGMR hat sich in der *Advisory Opinion zu Umwelt und Menschenrechten* ausführlich damit auseinandergesetzt und sich wesentlich auf eine Analogie zum Präventionsgebot und Schädigungsverbot gestützt.[843] Dabei ist zunächst erwähnenswert, dass es umstritten ist, wie weit die völkergewohnheitsrechtliche Geltung dieser Grundsätze außerhalb des umweltvölkerrechtlichen Kontextes reicht.[844] Obwohl dies eine systematische Auslegung nicht ausschließt, schwächt es deren Basis. Zudem erscheint es denkbar, dass die Argumentationslinie, die sich auf die genannten Prinzipien bezieht, an jene Grenzen stoßen wird, die bereits das Umweltvölkerrecht zieht. Dies betrifft einerseits Anforderungen, welche anschließend im Zusammenhang mit dem Kausalitätsbegriff betrachtet werden.[845] Andererseits geht der IAGMR dem Umweltvölkerrecht folgend von einer Verhaltenspflicht – und keiner Erfolgshaftung – aus.[846] Tritt ein Schaden ein, kommt eine Verantwortlichkeit des Ursprungsstaates nur in Betracht,

841 Vgl. hierzu vorne in Kap. 9.2.2.5.3 bei Fn. 815.

842 Nebst dem Nachfolgenden zeigt sich dies etwa bei *Boyd*, Safe climate, 15.07.2019, Rz. 66; *Boyd*, Healthy biosphere, 15.07.2020, Rz. 73; EGMR, Duarte Agostinho Communiquée 2020, S. 2 und 4 mit Bezug auf das Pariser Übereinkommen; BVerfG, Klimaschutz 2021, Ziff. 84; *Augenstein*, Home-state regulation, 2022, S. 288. Vgl. zurückhaltend demgegenüber EGMR, Duarte Agostinho dec. GK 2024, Ziff. 209 ff.

843 IAGMR, Environment and Human Rights 2017, Ziff. 95 ff. und 127 ff.; vgl. dazu vorne Kap. 9.2.2.4.3.4.

844 Vgl. *Brunnée*, Sic utere, 2010, Rz. 16.

845 Vgl. hinten Kap. 9.2.2.5.9.3.

846 IAGMR, Environment and Human Rights 2017, Ziff. 118 ff., 123 ff., 143 sowie die einzelnen Bestandteile der menschenrechtlichen Achtungs- und Gewährleistungspflichten in Ziff. 127 ff., die sich wiederum weitgehend an umweltvölkerrechtlichen Vorgaben orientieren. Von einer Verhaltenspflicht geht auch der IGH, Bosnien-Herzegowina 2007, Ziff. 430, aus. Vgl. ebenso *Altwicker*, Transnationalizing Rights, 2018, S. 604; sowie zur umweltvölkerrechtlichen Perspektive etwa *Duvic-Paoli/Viñuales*, Prevention of

wenn die Vorsorgepflicht verletzt wurde. Wurden hingegen sämtliche erforderlichen Präventionsmaßnahmen ergriffen, greift gemäß IAGMR zwar eine Pflicht, diesen Schaden zu begrenzen. Für den Ursprungsstaat beschränkt sich diese im transnationalen Verhältnis indes darauf, die anderen potenziell betroffenen Staaten umgehend zu informieren, während allfällige Maßnahmen von letzteren selbst zu treffen sind.[847] Eine Verantwortlichkeit für extraterritoriale Schäden ist damit ausgeschlossen, wenn das Vorsorgeprinzip erfüllt wurde. Dies mag für die Frage der Jurisdiktion zweitrangig sein, hat aber potenziell weitreichende Wirkungen auf den materiellen Schutzgehalt.[848]

Beachtlich ist sodann der Umstand, dass das Schädigungsverbot und dessen Weiterentwicklung zum Präventionsgebot in eigentümlicher Weise dem Territorium verpflichtet sind. Das »no-harm principle« bringt die Maxime *sic utere tuo ut alienum non laedas*[849] zum Ausdruck und verweist damit auf die Auswirkungen der Art und Weise, wie die eigenen Rechte ausgeübt und das eigene Territorium verwendet werden.[850] Die Schädigungsquelle ist mithin im Landesinnern zu verorten und mit der territorialen Souveränität verknüpft, während bloß der Schaden außerhalb anfällt. Dieser wiederum besteht in der Verletzung der territorialen Integrität des geschädigten Staates. Um zu beurteilen, ob eine Verletzung des Schädigungsverbots vorliegt, gilt es diese beiden entgegenstehenden territorialen Ansprüche abzuwägen.[851] So spricht das Schädigungsverbot denn auch ein zwischenstaatliches Verhältnis an.[852]

Unter Bezugnahme auf die – rechtlich nicht verbindlichen – Erklärungen von Stockholm[853] und Rio[854] erkannte auch der Internationale Gerichtshof im *Nuklearwaffen-Fall* »the general obligation of States to ensure that activities within their jurisdiction and control respect the

Environmental Harm, 2020, S. 305 f.; sowie *Proelß*, Raum und Umwelt, 2019, Rz. 108.

847 IAGMR, Environment and Human Rights 2017, Ziff. 172, wiederum m. V. a. umweltvölkerrechtliche Vorgaben. Auch hinsichtlich der Kooperationspflicht erkennt der Gerichtshof keine weitergehenden, etwa finanziellen Verpflichtungen (vgl. ibid., Ziff. 181 ff.). Vgl. zur materiellen Schwäche der Informationspflicht *Proelß*, Raum und Umwelt, 2019, Rz. 110.

848 Vgl. hierzu auch *Methven O'Brien*, Duty to Regulate, 2018, S. 70.

849 Die Maxime kann wie folgt übersetzt werden: Verwende deinen Grund und Boden bzw. das Deinige so, dass du fremdes Gut und Eigentum nicht schädigst.

850 *Hinds*, Sic utere, 1992, S. 298 f.

851 *Hinds*, Sic utere, 1992, S. 299.

852 Vgl. zur in diesem Sinne zwischenstaatlichen Natur auch EGMR, Duarte Agostinho dec. GK 2024, Ziff. 212.

853 Principle 21 Stockholm Declaration.

854 Principle 2 Rio Declaration.

environment of other States or of areas beyond national control« als Teil des umweltvölkerrechtlichen Regelungsstands an.[855] Der IGH zeigt damit zugleich an, dass nicht nur die Souveränitätsrechte eines anderen Staates geschützt werden und löst das Schädigungsverbot auf Seiten der Geschädigten insofern von der territorialen Souveränität.[856] Aufrechterhalten bleibt hingegen der Umstand, dass sich die Schadensquelle im jeweiligen Territorium befinden muss.[857]

Diese Beschränkung auf Aktivitäten innerhalb der eigenen völkerrechtlichen Jurisdiktion haben sowohl der Interamerikanische Gerichtshof für Menschenrechte als auch der Kinderrechtsausschuss rezipiert.[858] Schädigungen, die indirekter Natur sind, also etwa durch ansässige transnationale Unternehmen außerhalb des jeweiligen Staatsgebiets verursacht werden, sind damit gerade nicht zu erfassen, wie dies etwa der WSK-Ausschuss suggeriert.[859] Vielmehr scheinen das Schädigungsverbot und das Vorsorgeprinzip nicht anwendbar auf Schädigungen staatlicher oder privater Akteur*innen, die lediglich durch eine »policy decision« verursacht wurden.[860] Davon ist auch mit Blick auf die *Draft Articles on the Prevention of Transboundary Harm from Hazardous Activities* aus dem Jahr 2001 auszugehen. Die Völkerrechtskommission beschränkte die Kodifikation des Präventionsgrundsatzes gemäß Art. 1 auf Aktivitäten, deren physischen Konsequenz zu Schäden führen können. Nicht erfasst wird damit »transboundary harm which may be caused by State policies in monetary, socioeconomic or similar fields«.[861]

855 IGH, Nuclear Weapons 1996, Ziff. 27 und 29; vgl. auch IGH, Gabčíkovo-Nagymaros 1997, Ziff. 53. Vgl. demgegenüber die älteren Judikate, denen das no-harm principle zugrunde gelegt wurde: StSH, Island of Palmas 1928, S. 839; Arbitral Tribunal, Trail Smelter 1941, S. 1965; IGH, Corfu Channel 1949, S. 22.

856 Teilweise wird diese Loslösung von der Souveränität, die mit einer Zuwendung zur Umwelt als Schutzobjekt an sich einhergeht, als Charakteristikum des Präventionsgrundsatzes betrachtet. Vgl. *Sands/Peel*, Principles, 2018, S. 212; *Duvic-Paoli/Viñuales*, Prevention of Environmental Harm, 2020, S. 300.

857 Vgl. auch IGH, Pulp Mills 2010, Ziff. 101; sowie IGH, Costa Rica 2015, Ziff. 104.

858 Vgl. dazu hinten in Kap. 9.2.2.5.10 bei Fn. 1131 ff. Vgl. aber potenziell weiterreichend KRA, GC 19 2016, Ziff. 43; KRA, GC 26 2023, Ziff. 108.

859 Vgl. WSKA, GC 24 2017, Ziff. 27; sowie auch *De Schutter* et al., Maastricht Principles Commentary, 2012, S. 1095; *Krajewski*, Duty to Protect, 2018, S. 24 f.; *Augenstein*, Home-state regulation, 2022, S. 288.

860 *Bartels*, Extraterritorial Effects, 2014, S. 1082 f.; sowie *Methven O'Brien*, Duty to Regulate, 2018, S. 72.

861 *ILC*, Draft articles on Transboundary Harm with commentaries, 2001, Art. 1, Ziff. 16. Die ILC begründet diese Einschränkung damit, dass sie bemüht gewesen sei, »to bring this topic within a manageable scope«. Auch wenn

Lorand Bartels erwähnt einen weiteren Grund, weshalb der Rückgriff auf die Pflicht, das eigene Territorium nicht zur Schädigung anderer Staaten zur Verfügung zu stellen, kaum in der Lage ist, ein expansives Jurisdiktionsverständnis zu fundieren: Das Schädigungsverbot setzt eine Pflicht voraus, die Menschenrechte der Bevölkerung anderer Staaten zu achten. Es anerkennt mithin dieses Recht des betroffenen Staates – wie dies auch hinsichtlich der territorialen Souveränität der Fall ist – begründet dieses aber nicht aus sich selbst heraus.[862] Extraterritoriale Jurisdiktion stellt demnach viel eher eine Voraussetzung eines menschenrechtlichen Schädigungsverbots als dessen Folge dar.[863] Wäre das Gegenteil der Fall, würde also der Schaden selbst ausreichen, um eine Menschenrechtsverletzung zu begründen, würde eine völkerrechtliche Kausalhaftung vorliegen. Eine solche besteht aber gerade nicht.[864] Vor diesem Hintergrund erscheint es wenig aussichtsreich, mit Verweis auf das Umweltvölkerrecht ein Jurisdiktionsmodell zu begründen, das auf eben dies, also eine Kausalhaftung, hinausliefe.[865]

Wenn demnach die oft angerufenen umweltvölkerrechtlichen Prinzipien auf das Territorium als Ausgangspunkt einer physischen Schädigung fokussieren und zumindest das Schädigungsverbot der territorialen Integrität und dem Staat als Geschädigten verpflichtet ist, bestehen reichlich Anknüpfungspunkte für eine systematische Auslegung, die einer engen menschenrechtlichen Raumordnung verpflichtet ist. Mit anderen Worten verschafft das Schädigungsverbot gerade keinen festen Grund, um etwa extraterritoriale Schutzpflichten zu begründen. Mit Blick auf die

folglich aus der Beschränkung auf physische Konsequenzen nicht zwingend geschlossen werden kann, dass andere Zusammenhänge vom völkergewohnheitsrechtlichen Präventionsgrundsatz gänzlich ausgeschlossen sind (vgl. *Duvic-Paoli/Viñuales*, Prevention of Environmental Harm, 2020, S. 299 und 204), legt die Zurückhaltung der zumindest ILC nahe, dass diesbezüglich andere Regeln gelten bzw. hätten ausgearbeitet werden müssen.

862 *Bartels*, Extraterritorial Effects, 2014, S. 1082; sowie *Methven O'Brien*, Duty to Regulate, 2018, S. 72.

863 Dies ist denn auch ein Aspekt, den Besson in ihrer Untersuchung der Sorgfaltspflicht, wiederholt hervorhebt. Vgl. *Besson*, La due diligence, 2020, u. a. S. 247 f., 344, 346 und 356 ff., die unterstreicht, dass die völkerrechtliche Sorgfaltspflicht als solche weder Jurisdiktion noch eine spezifische Beziehung zwischen dem verpflichteten Staat und der begünstigten Person voraussetzt.

864 *Forteau/Miron/Pellet*, Droit international public, 2022, Ziff. 1211. Liegt eine Präventionspflicht vor und wurde die gebotene Sorgfalt nicht eingehalten, stellt dies eine Verletzung der Präventionspflicht – nicht aber jener Rechtsansprüche dar, deren Schutz die Sorgfaltspflicht reflexiv bezweckt; vgl. ibid., Ziff. 1216.

865 Vgl. zur Frage der Kausalhaftung insb. auch hinten Kap. 9.2.2.5.6.

systematische Auslegung ist dieses Fazit allgemein angezeigt. Diese kann gewiss hilfreich sein und Argumente für expansive Raumverständnisse bereitstellen. Nach dem Dargelegten ist dies aber nicht selbstverständlich. Der Beizug anderer Normbestände kann Bemühungen der Entterritorialisierung der Menschenrechte ebenso gut dienen, wie er die Jurisdiktionsdogmatik in die Enge anderer Rechtsregime treiben kann.

9.2.2.5.5 Espace juridique

Ein Argument, das ein expansives räumliches Verständnis fundamental in Frage stellt, ist die Idee eines – mitunter kulturell begründeten – besonderen Rechtsraumes, der gegen außen klar begrenzt ist. Der im Innern garantierte menschenrechtliche Schutz soll jenseits dieser Grenze nicht gelten. Was also außerhalb dieses besonderen Rechtsraumes geschieht, soll menschenrechtlich irrelevant sein. Insbesondere in der Rechtsprechung des EGMR spielt dieses Argument immer wieder eine wichtige Rolle und ist, trotz gegenteiliger Annahmen, auch heute noch nicht überwunden.

Der Straßburger Gerichtshof versteht die EMRK als »constitutional instrument of *European* public order«.[866] Daraus leitet er den Grundsatz ab, dass innerhalb des europäischen Rechtsraumes kein Schutzvakuum entstehen soll.[867] Ausdruck davon ist das räumliche Jurisdiktionskonzept, das die umfassende Weitergeltung der Konvention nach sich zieht, wenn ein Gebiet unter die direkte oder indirekte Kontrolle eines anderen Staates gelangt.[868] Die Betonung des europäischen Ordre public dient demnach der Konsolidierung des Schutzes im Innern. Darüber

866 EGMR, Banković GK 2001, Ziff. 80 (Herv. i. O.); EGMR, Loizidou 1995, Ziff. 75 und 93; EGMR, N.D. and N.T. GK 2020, Ziff. 110; vgl. auch hinten in Kap. 9.2.2.5.5 bei Fn. 881.

867 Vgl. die Hinweise in der vorangehenden Fn. Ähnlich argumentierte der IAGMR: Die Bejahung extraterritorialer Jurisdiktion stützte sich in der Advisory Opinion auch auf die Überlegung, wonach Achtungs- und Schutzpflichten verlangten, dass Staaten andere Vertragsstaaten nicht daran hinderten, ihre Pflichten aus der AMRK zu erfüllen. IAGMR, Environment and Human Rights 2017, Ziff. 94 und 101. *Rooney*, Extraterritorial Corporate Liability, 2019, S. 162, schließt daraus, dass nur jenen Menschen in den Genuss entsprechender Ansprüche kommen, die sich auf dem Gebiet einer Vertragspartei befinden. Diesfalls wäre auch die AMRK durch eine Art Espace juridique-Doktrin beschränkt. Vgl. zur Rolle der Schutzlücke betreffend Art. 1 EMRK auch die divergierenden Standpunkte der Kammer und der Grossen Kammer in den *Semenya*-Entscheiden (Kammer 2023, Ziff. 111 bzw. Grosse Kammer 2025, Ziff. 150).

868 EGMR, Cyprus GK 2001, Ziff. 78; EGMR, Al-Skeini GK 2011, Ziff 61.

hinaus leitete der Gerichtshof in *Banković* daraus die Beschränkung der Schutzwirkung auf eben diesen Raum ab. Der Konvention liege eine »essentially regional vocation« zugrunde und sie operiere »in an essentially regional context and notably in the legal space (espace juridique) of the Contracting States«.[869] Im Außen müsse kein Schutzvakuum verhindert werden, denn die EMRK »was not designed to be applied throughout the world, even in respect of the conduct of Contracting States«.[870] Das kommt nicht zuletzt in der Kolonialklausel zum Ausdruck, an deren Relevanz der EGMR trotz ihrer historischen Last festhält.[871]

Die Doktrin eines europäischen Rechtsraumes stieß in der Lehre auf dezidierte Kritik.[872] Und tatsächlich schien der Gerichtshof in *Al-Skeini* diese Ansicht in Frage zu stellen: Das Anliegen, ein Schutzvakuum zu verhindern, »does not imply, a contrario, that jurisdiction under Article 1 of the Convention can never exist outside the territory covered by the Council of Europe member States«.[873] Angesichts dieser Feststellung und weiterer Entscheide, die der Gerichtshof nach *Banković* fällte, wurde in der Lehre eine Abkehr von der Espace juridique-Doktrin konstatiert.[874] Diese Beobachtung scheint allerdings – obwohl der EGMR seine Dogmatik tatsächlich differenziert hat – verfrüht.

Zutreffend ist, dass der Gerichtshof, wie soeben erwähnt, die Geltung der EMRK außerhalb Europas nicht mehr pauschal verneinte und die Theorie des europäischen Rechtsraumes insofern nuancierte. Die Idee einer räumlichen Grenze wurde aber als solche nicht verworfen. Die Öffnung in *Al-Skeini* war mit der Einsicht verknüpft, dass die Konventionsgarantien einer räumlichen Differenzierung und Teilung zugänglich sind.[875] Eine umfassende Geltung der EMRK indes, wie es bei einer räumlichen Kontrolle der Fall wäre, dürfte es außerhalb des europäischen Rechtsraumes nicht geben. Diese Haltung kommt in *Al-Skeini* erst implizit zum Ausdruck. Der EGMR vermied es in diesem Urteil nämlich,

869 EGMR, Banković GK 2001, Ziff. 80.

870 EGMR, Banković GK 2001, Ziff. 80.

871 EGMR, Chagos Islanders Dec. 2012, Ziff. 74: »Anachronistic as colonial remnants may be, the meaning of Article 56 is plain on its face and it cannot be ignored merely because of a perceived need to right an injustice. Article 56 remains a provision of the Convention which is in force and cannot be abrogated at will by the Court in order to reach a purportedly desirable result.«

872 Vgl. etwa *Milanovic*, Extraterritorial Application, 2011, S. 83 ff. und 108 f.

873 EGMR, Al-Skeini GK 2011, Ziff. 142.

874 *Kälin/Künzli*, Menschenrechtsschutz, 2019, Rz. 4.44; *Shany*, Extraterritorial Application, 2020, S. 64 ff. und insb. S. 68; *Besson*, Extraterritoriality, 2012, S. 881.

875 Vgl. EGMR, Georgia II GK 2021, Ziff. 114 m. V. a. EGMR, Al-Skeini GK 2011, Ziff. 137 und 142.

die Frage der räumlichen Jurisdiktion separat zu prüfen, obschon unbestritten war, dass eine militärische Besatzung vorgelegen und das Vereinigte Königreich »some of the public powers normally to be exercised by a sovereign government« ausgeübt sowie die »authority and responsibility for the maintenance of security« in einem Gebiet wahrgenommen hatte.[876] Stattdessen bemühte sich der EGMR, den Grund für die extraterritoriale Geltung im Rahmen einzelner Sicherheitsoperationen zu suchen und damit – ohne dies indes klar zu deklarieren – das persönliche Jurisdiktionsmodell anzuwenden.[877] Indem der Gerichtshof die Frage der räumlichen Kontrolle nicht explizit ansprach und sie implizit verneinte, konnte er die mitunter unbequeme Schlussfolgerung umgehen, dass das Vereinigte Königreich im Rahmen der militärische Besetzung die vollständige Gewährleistung der Konventionsrechte zu verantworten gehabt hätte.[878] Damit bestätigte der Gerichtshof implizit die Bedenken der Vorinstanzen, wonach es »utterly unreal« und »manifestly absurd« sei, anzunehmen, das Vereinigte Königreiche hätte allen Menschen die Garantien der EMRK gewährleisten müssen.[879]

876 Vgl. EGMR, Al-Skeini GK 2011, Ziff. 149. Der Umstand, dass »all or some of the public powers normally to be exercised by [a] government« ausgeübt werden, scheint dem EGMR dann relevant, wenn dies »through the consent, invitation or acquiescence of the government of that territory« geschieht (vgl. die nachfolgenden Hinweise). Dass auch die effektive Kontrolle einer Besatzungsmacht regelmäßig mit der Ausübung solcher staatlichen Funktionen einhergeht bzw. umgekehrt die Ausübung öffentlicher Gewalt Jurisdiktion nach sich zieht, hielt der EGMR zwar teilweise fest (EGMR, Banković GK 2001, Ziff. 71; EGMR, Chiragov GK 2015, Ziff. 168). Mehrheitlich und insb. in der jüngeren Rechtsprechung wird das räumliche Jurisdiktionskonzept, das umfassende menschenrechtliche Pflichten nach sich zieht, indes nicht mehr explizit mit der Ausübung von öffentlicher Gewalt in Verbindung gebracht (vgl. EGMR, Ilaşcu 2004, Ziff. 314; EGMR, Al-Skeini GK 2011, Ziff. 135 und 138; EGMR, H.F. GK 2022, Ziff. 186 f.; sowie weitere Urteile, die *Al-Skeini* pauschal zitieren, wie z. B. EGMR, Georgia II GK 2021, Ziff. 81). Unklar ist vor diesem Hintergrund, ob die Ausübung öffentlicher Gewalt eine notwendige Voraussetzung effektiver Kontrolle darstellt und, falls dies der Fall ist, in welchem Umfang diese vorliegen muss. Die britischen Gerichte zumindest gingen in der Sache *Al-Skeini* von einer solchen Voraussetzung aus. So hielt der Court of Appeal, Al-Skeini 2005, Ziff. 124, fest, es bedürfe einer umfassenden zivilen Verwaltung. Vgl. kritisch dazu etwa *Wilde*, Human rights imperialism, 2010, S. 337 ff., der u. a. darauf hinweist, dass diese Ansicht dem Recht auf Selbstbestimmung zuwiderläuft (ibid., S. 343 ff.).

877 EGMR, Al-Skeini GK 2011, Ziff. 149 f.

878 Vgl. auch die Kritik bei EGMR, Georgia II GK 2021, Partly Dissenting Opinion of Judge Pinto de Albuquerque, Ziff. 12.

879 Court of Appeal, Al-Skeini 2005, Ziff. 124; bzw. House of Lords, Al-Skeini 2007, Ziff. 78. Vgl. demgegenüber Court of Appeal, Al-Skeini 2005,

Ohne dies ausdrücklich festzuhalten, scheint *Al-Skeini* nach dem Gesagten die Annahme zugrunde zu liegen, dass das räumliche Jurisdiktionsmodell außerhalb Europas nicht zur Anwendung kommt. Diese Interpretation und damit das Festhalten an der Idee eines europäischen Rechtsraumes, an dessen Grenzen ein menschenrechtlicher Abgrund klafft, bestätigte der Gerichtshof in *Ukraine and the Netherlands v. Russia*. Obwohl er nie gesagt habe, räumliche Kontrolle könne ausschließlich innerhalb des Staatsgebiets einer Vertragspartei vorliegen, stelle eben dies die inhärente Logik seiner Rechtsprechung dar, wonach das räumliche Jurisdiktionskonzept eine umfassende Geltung der Konvention impliziere.[880] Würde das genannte Jurisdiktionsmodell auch außerhalb des Rechtsraumes der EMRK zur Anwendung kommen, bedeutete dies, den Charakter der EMRK in Frage zu stellen. Diese sei nämlich als ein »constitutional instrument of European public order« zu verstehen und regle als solches weder das Handeln von Staaten, die selbst nicht Partei sind, noch verlange es von den Vertragsparteien, anderen Staaten die Standards der Konvention aufzudrängen.[881] Entsprechend wies der Gerichtshof denn auch darauf hin, dass räumliche Jurisdiktion bisher stets nur innerhalb des europäischen Rechtsraums, im Unterschied dazu aber persönliche Jurisdiktion auch außerhalb des Gebiets der Vertragsparteien anerkannt worden sei.[882]

Damit macht der Straßburger Gerichtshof den Umfang der Geltung der Menschenrechte davon abhängig, ob sich die staatliche Kontrolle innerhalb oder außerhalb des europäischen Rechtsraumes entfaltet. Die Abgrenzung gegenüber dem nichteuropäischen Außen spielt indes nicht nur hinsichtlich des räumlichen Jurisdiktionskonzepts eine Rolle. Unlängst hat der EGMR festgehalten, dass auch die prozedurale Jurisdiktion außerhalb des Espace juridique nur eingeschränkt zu beachten sei. Prozedurale Jurisdiktion ergibt sich gemäß Rechtsprechung entweder aus der Eröffnung eines – insbesondere strafrechtlichen – Verfahrens oder aus dem Vorliegen besonderer Umstände.[883] In *Hanan* schränkte der EGMR dieses Jurisdiktionskonzept insofern ein, als er die Verfahrenseröffnung nur dann als alleinig hinreichenden Umstand für die räumliche Geltung der prozeduralen Rechte akzeptierte, wenn der fragliche Vorfall innerhalb des Rechtsraums der Konvention stattfand.[884]

Ziff. 196, wonach eine umfassende Geltung der EMRK auch differenzierte Pflichten nach sich ziehen könne.

880 EGMR, Ukraine and the Netherlands Dec. GK 2023, Ziff. 562.

881 EGMR, Ukraine and the Netherlands Dec. GK 2023, Ziff. 562.

882 EGMR, Ukraine and the Netherlands Dec. GK 2023, Ziff. 563 und 571.

883 Vgl. zu diesem Jurisdiktionskonzept vorne Kap. 9.2.2.4.3.3 sowie hinten in Kap. 9.2.2.5.8 bei Fn. 1042 ff.

884 EGMR, Hanan GK 2021, Ziff. 135. Diese Einschränkung weicht von der bis dahin erfolgten Rechtsprechung ab; vgl. EGMR, Güzelyurtlu GK 2019, Ziff. 188 und 191.

Die »special features«-Doktrin sollte demgegenüber auch außerhalb Europas zur Anwendung gelangen.[885] Diese »Verfeinerung«[886] des prozeduralen Jurisdiktionsmodells wurde explizit im Interesse jener Länder vorgenommen, die sich an militärischen Operationen beteiligen, und sollte dazu beitragen, den Geltungsbereich der Konvention nicht »exzessiv« zu erweitern.[887] Einen solchen Exzess erkannte indes eine Minderheit von drei Richter*innen selbst dann, wenn besondere Umstände vorliegen. Das Konzept der prozeduralen Jurisdiktion diene lediglich dazu, ein Schutzvakuum zu vermeiden und sei daher schlicht nicht anwendbar auf Vorfälle außerhalb des konventionellen Rechtsraumes, so das Minderheitsvotum.[888] Auch wenn sich diese Minderheit nicht durchsetzte, zeigt deren Haltung sowie der Entscheid der Mehrheit, dass die prozedurale Jurisdiktion nicht als Durchbruch eines kausalen Jurisdiktionsverständnisses verstanden werden kann.

Inzwischen hat die Frage des Schutzvakuums – und damit indirekt die Idee eines europäischen Rechtsraums – auch Eingang in die klimabezogene Rechtsprechung des EGMR gefunden.[889] Dabei lassen die entsprechenden Ausführungen des EGMR ebenfalls auf das Fortbestehen eines europäischen Espace juridique schließen. In *Duarte Agostinho and Others* zeigte sich der Gerichtshof überzeugt davon, dass sein Jurisdiktionsverständnis dem Menschenrechtsschutz keinen Abbruch tue. Es bestehe »no risk of a vacuum in the protection of Convention rights, nor can there be impunity by any of the respondent States in this context«.[890] Diese Aussage ergibt indes nur vor dem Hintergrund einer binneneuropäischen Perspektive Sinn, weil hier stets die territoriale Jurisdiktion irgendeines Konventionsstaats einschlägig ist. Würde der Blick demgegenüber auf Menschen außerhalb Europas gerichtet werden, könnte von einer effektiven Verwirklichung der Konventionsrechte und davon, dass die »Straffreiheit« der beschwerdegegnerischen Staaten vermieden werde, keine Rede sein. Indem der Gerichtshof eine extraterritoriale Jurisdiktion im Zusammenhang mit der Klimakrise ablehnt, nimmt er zugleich in Kauf, dass Menschen außerhalb Europas keinen Schutz durch das Konventionssystem erfahren. Dabei handelt sich allerdings nicht um

885 EGMR, Hanan GK 2021, Ziff. 136.

886 Vgl. insofern diese Einschränkung bestätigend EGMR, Ukraine and the Netherlands Dec. GK 2023, Ziff. 574.

887 EGMR, Hanan GK 2021, Ziff. 135.

888 EGMR, Hanan GK 2021, Joint partly dissenting opinion of judges Grozev, Ranzoni and Eicke, Ziff. 7 ff.

889 Einen expliziten und positiv konnotierten Rückgriff auf den Espace juridique nahm hingegen das European Network of National Human Rights Institutions in einer Stellungnahme zu Handen des Gerichtshofs vor; vgl. EGMR, Duarte Agostinho dec. GK 2024, Ziff. 145.

890 EGMR, Duarte Agostinho dec. GK 2024, Ziff. 202.

eine unbeabsichtigte Nebenwirkung des Anliegens, klare Zuständigkeiten zu definieren. Vielmehr entspricht es der ausdrücklichen Absicht der Straßburger Richter*innen, zu vermeiden, dass »almost anyone adversely affected by climate change wherever in the world he or she might feel its effects« in den Geltungsbereich der EMRK gelangt.[891]

Die Vorstellung eines Espace juridique européen ist Ausdruck der Bemühung, den Geltungsbereich der Menschenrechte in räumlicher Hinsicht einzuschränken. Dieses Anliegen rechtfertigte der EGMR unter anderem damit, dass dem außereuropäischen Raum keine Normen aufgezwungen werden sollen.[892] Die Espace juridique-Doktrin wird denn auch als Reaktion auf den Vorwurf eines Menschenrechtsimperialismus interpretiert.[893] Die Annahme scheint indes berechtigt, dass diese Rechtfertigungsstrategie kaum mehr als einen Vorwand darstellt, um die eigene Verantwortlichkeit zu vermeiden.[894] Zudem fällt auf, dass dem Einwand, es gelte europäische Menschenrechte nicht im Außen anzuwenden, eine orientalistische Sichtweise zugrunde liegt. Ein Aufdrängen von normativen Standards im Außen impliziert, dass dort gerade andere Normen herrschen. Dies unterstellten denn auch die britischen Gerichte, die sich mit der Sache *Al-Skeini* befassten und, wie erwähnt, eine Geltung der EMRK als unvorstellbar erachteten. So wurde etwa die Verbreitung des »common spiritual heritage« der Mitgliedstaaten des Europarats in einem »predominantly Muslim country« in Frage gestellt und festgehalten, es sei ohnehin »unlikely [...] to find certain of the Convention rights [...] reconcilable with the customs of the resident population«.[895] Eine umfassende Bindung des Vereinigten Königreichs an die EMRK »in the utterly different society of southern Iraq«, sei »manifestly absurd«.[896] Ungeachtet des Umstandes, dass der Irak selbst den UN-Pakt II, der weitgehend deckungsgleiche Garantien enthält, ratifiziert hat

891 EGMR, Duarte Agostinho dec. GK 2024, Ziff. 206, wonach ein Jurisdiktionskonzept, das dies zur Folge hätte, künstlich und schwierig zu rechtfertigen sei. Auch hier scheint sich eine Nähe zum völkerrechtlichen Jurisdiktionsverständnis zu manifestieren (vgl. dazu vorne Kap. 9.2.2.5.3).

892 EGMR, Ukraine and the Netherlands Dec. GK 2023, Ziff. 562; EGMR, Al-Skeini GK 2011, Ziff. 141; EGMR, Medvedyev GK 2010, Ziff. 63.

893 House of Lords, Al-Skeini 2007, Ziff. 78; *Besson*, Extraterritoriality, 2012, S. 881.

894 Vgl. kritisch zum Vorwurf des Menschenrechtsimperialismus bzw. zur Strategie, die Begrenzung der Extraterritorialität als emanzipatorischen Akt darzustellen, namentlich EGMR, Al-Skeini GK 2011, Concurring opinion of Judge Bonello, Ziff. 37 f. Vgl. auch *Seck*, Imperialism or Subaltern Resistance, 2008; sowie allgemein zur Thematik LOICK, Juridismus, 2017, S. 249.

895 Court of Appeal, Al-Skeini 2005, Ziff. 126; bzw. House of Lords, Al-Skeini 2007, Ziff. 129.

896 House of Lords, Al-Skeini 2007, Ziff. 78.

und Muslim*innen in vielen Mitgliedstaaten des Europarats – mitunter auch in überwiegender Zahl – leben, stellte ein britisches Gericht damit in Frage, dass die Werte der EMRK zu muslimischen Menschen passten.[897] Mit Blick auf diese Rechtfertigungsstrategie erweist sich die Idee eines europäischen Rechtsraumes demnach auch auf einer übergeordneten Ebene als eine Abgrenzungs- und Ausschließungsbewegung: Weil die Peripherie den europäischen Werten nicht entspricht und grundlegend anders sei, sollen die Menschenrechte dort keine Geltung beanspruchen. In der Espace juridique-Doktrin verbinden sich damit Differenzierungs- und Exklusionslogiken des Rechts in exemplarischer Weise.

9.2.2.5.6 Ablehnung eines kausalen Jurisdiktionskonzepts

Sowohl in der Rechtsprechung als auch in der Lehre bestehen erhebliche Vorbehalte gegenüber einer kausalen Jurisdiktionskonzeption. Dies ergibt sich zunächst aus den bisher erwähnten Aspekten der Prekarität: Das Primat physischer Präsenz, die Anlehnung an den völkerrechtlichen Jurisdiktionsbegriff sowie die Idee eines europäischen Rechtsraumes stehen einem kausalen Verständnis diametral entgegen. Letzteres steht aber auch mit weiteren Aspekten des Menschenrechtsdiskurses, auf die in den folgenden Kapiteln noch eingegangen wird, in einem Spannungsverhältnis. Darüber hinaus wird das kausale Jurisdiktionskonzept auch als solches abgelehnt. Dies gilt insbesondere für den EGMR, der sich diesbezüglich wiederholt und prononciert geäußert hat. An dieser Stelle ist daher zunächst die explizite Ablehnung der kausalen Jurisdiktion in Straßburger Praxis zu verfolgen, bevor anschließend auf weitere, teilweise bloß implizite, Stellungnahmen wider das genannte Raumverständnis eingegangen wird. Dabei wird die Skepsis gegenüber einem kausalen Jurisdiktionsbegriff im Zusammenhang mit der Regulierung transnationaler Unternehmen spezifisch betrachtet. Schließlich zeigt ein Blick in die rechtswissenschaftliche Lehre, dass die Zurückhaltung über die Praxis der Menschenrechtsorgane hinausreicht.

9.2.2.5.6.1 Im Allgemeinen

Ein Aspekt, der im *Banković*-Entscheid eine zentrale Stelle einnimmt und seither sowohl Rechtsprechung als auch Lehre wiederholt beschäftigt hat, ist die Ablehnung dessen, was im Anschluss als »instantaneous extraterritorial act« bezeichnet wurde. Die Beschwerdeführenden hatten vorgebracht, menschenrechtliche Pflichten seien »proportionate

897 Vgl. zum Ganzen auch *Wilde*, Human rights imperialism, 2010, S. 329 ff.

to the level of control«, richteten sich also nach dem Ausmaß staatlicher Einflussmöglichkeit.[898] Einen solchen Ansatz wiesen die betroffenen Staaten als »cause-and-effect«-Jurisdiktionsbegriff zurück.[899] Dieser Skepsis schloss sich der Gerichtshof an. Art. 1 EMRK sei andernfalls »superfluous and devoid of any purpose«.[900] Ein zentrales Argument des EGMR stellte in dieser Hinsicht die Prämisse dar, dass die Pflichten der Konvention weder geteilt noch zugeschnitten werden könnten.[901] Obschon diese Annahme inzwischen revidiert wurde – was indes ebenfalls Einschränkungen der menschenrechtlichen Geltung nach sich ziehen kann, worauf anschließend noch einzugehen sein wird[902] – nutzte der EGMR seit der *Banković*-Entscheidung wiederholt die Gelegenheit, darauf hinzuweisen, dass isolierte Einzelakte keine extraterritoriale Jurisdiktion begründeten und der Konvention ein »cause-and-effect«-Ansatz bzw. eine »conception causale de la notion de ›juridiction‹« fern liege.[903]

In *Medvedyev* unterstrich er dies, indem er den Umstand hervorhob, dass Frankreich eine vollständige Kontrolle über ein Schiff auf hoher See in einer »continuous and uninterrupted manner« ausgeübt habe, nachdem französische Einheiten dieses und die Besatzung in ihre Gewalt brachten und in einen französischen Hafen schleppten.[904] Im Anschluss daran anerkannte der Gerichtshof in *Hirsi Jamaa* die extraterritoriale Jurisdiktion Italiens hinsichtlich geretteter, in Seenot geratener Migrant*innen, weil sich diese unter der kontinuierlichen und exklusiven Kontrolle des italienischen Militärs und Grenzschutzes befunden hätten.[905]

Dass die faktische Gewaltausübung von zusätzlichen Umständen begleitet werden muss, hob der EGMR nicht nur für Konstellationen auf hoher See hervor. Auf eine Skepsis gegenüber isolierten Einzelakten deuten vielmehr auch jene Entscheide hin, in welchen im Rahmen des persönlichen Jurisdiktionsmodells eine über den Einzelfall hinausgehende

898 EGMR, Banković GK 2001, Ziff. 46 und 75.

899 EGMR, Banković GK 2001, Ziff. 40 und 75.

900 EGMR, Banković GK 2001, Ziff. 75.

901 EGMR, Banković GK 2001, Ziff. 75: »[T]he wording of Article 1 does not provide any support for the applicants' suggestion that the positive obligation in Article 1 to secure ›the rights and freedoms defined in Section I of this Convention‹ can be divided and tailored in accordance with the particular circumstances of the extra-territorial act in question.«

902 Vgl. hinten Kap. 9.2.2.6.1.

903 Vgl. EGMR, Medvedyev GK 2010, Ziff. 64; EGMR, Hirsi Jamaa GK 2012, Ziff. 73; EGMR, Georgia II GK 2021, Ziff. 124 und 134; EGMR, Ukraine and the Netherlands Dec. GK 2023, Ziff. 557; EGMR, Duarte Agostinho dec. GK 2024, Ziff. 212 i.f.

904 EGMR, Medvedyev GK 2010, Ziff. 67.

905 EGMR, Hirsi Jamaa GK 2012, Ziff. 81 f., ferner insb. Ziff. 73 und 76; vgl. zudem auch EGMR, Bryan 2023, Ziff. 37.

und räumlich vermittelte Kontrolle herangezogen wurde, um die EMRK zur Anwendung zu bringen. So begründete der Gerichtshof die extraterritoriale Jurisdiktion der Niederlande und Großbritanniens im Irak sowie Russlands in der moldauischen Region Transnistrien auch damit, dass die betroffenen Staaten einen Checkpoint kontrollierten und hoheitliche Sicherheitsaufgaben ausübten.[906] Außerdem hob der EGMR – wie im Übrigen auch der Interamerikanische Gerichtshof für Menschenrechte – mitunter hervor, das die Jurisdiktion über inhaftierte Personen durch die umfassende und exklusive Kontrolle über die Haftanstalt vermittelt sei.[907] Dies erinnert wiederum an die Argumentation des Antifolterausschusses, welche die extraterritoriale Jurisdiktion vor dem Hintergrund des Wortlauts der Antifolterkonvention stets über eine räumliche Einheit herzustellen versucht.[908] Eine solche Argumentationsstrategie mag im Einzelfall das gewünschte Ergebnis schlüssig begründen, doch reproduziert sie zugleich eine Raumordnung, die der Territoriallogik verpflichtet ist. Jurisdiktion bleibt damit nämlich von der räumlichen Kontrolle abhängig, die eine tatsächliche Anwesenheit eigener Staatsorgane vorauszusetzen scheint. Damit wird das Primat der physischen Präsenz untermauert und einem territorialen Jurisdiktionsverständnis Vorschub geleistet.

Der Widerstand gegen das kausale Jurisdiktionskonzept kommt sodann auch in der Rechtsprechung bezüglich migrationsrechtlicher Entscheide über Personen zum Ausdruck, die sich im Ausland aufhalten. »[T]he mere fact«, so die Große Kammer in *M.N. and Others*, »that decisions taken at national level had an impact on the situation of persons resident abroad is […] not such as to establish the jurisdiction of the State concerned over those persons outside its territory.«[909] Zuvor hielt der EGMR bereits in *Chagos Islanders* fest: »The ultimate decision-making authority of politicians or officials within the United Kingdom is not a sufficient ground on which to base competence under the

906 EGMR, Jaloud GK 2014, Ziff. 152; EGMR, Al-Skeini GK 2011, Ziff. 149 f.; EGMR, Pisari 2015, Ziff. 33. Vgl. hierzu auch *den Heijer/Lawson*, Jurisdiction, 2012, S. 180.

907 EGMR, Al-Saadoon Dec. 2009, Ziff. 88; IAKMR, Djamel Ameziane Admissibility 2012, Ziff. 32; vgl. bereits EKMR, Hess 1975; sowie zudem EGMR, Hirsi Jamaa GK 2012, Ziff. 73, wo die Kontrolle über eine Haftanstalt ebenfalls als Beispiel erwähnt wird. Keine Jurisdiktion ergibt sich indes aus der administrativen Kontrolle über die Liegenschaft, auf der sich eine Botschaft befindet (vgl. EGMR, M.N. GK 2020, Ziff. 119).

908 Vgl. hierzu vorne in Kap. 9.2.2.4.1 bei Fn. 590 ff.

909 EGMR, M.N. GK 2020, Ziff. 112; vgl. dazu auch EGMR, Georgia II GK 2021, Ziff. 124 und 135; sowie EGMR, Duarte Agostinho dec. GK 2024, Ziff. 169 und 188, wo der Gerichtshof eine entterritorialisierende Interpretation von *M.N. and Others* zurückweist.

Convention for an area otherwise outside the Convention space.«[910] Auch wenn diese Ausführung im Kontext der Prüfung einer territorialen Jurisdiktion erfolgte und daher primär die Frage der Verschiebung des Kontrollgegenstands beschlägt,[911] ergibt sich daraus klar, dass die bloße Entscheidungsgewalt keine extraterritoriale Jurisdiktion begründet.

Den bloßen Einfluss also auf eine Person im Ausland sowie die Möglichkeit, Einfluss auszuüben, lassen die Straßburger Richter*innen gerade nicht genügen. Dies gilt auch im Falle unterlassener Bemühungen, eigene Staatsangehörige, die unmenschlicher oder erniedrigender Behandlungen ausgesetzt sind, zu unterstützen, obwohl eine »capacity to repatriate« vorgelegen hätte, wie der Gerichtshof in *H.F. and Others* ausführte.[912] Dieses Urteil dürfte entsprechend als Rückweisung eines kausalen Jurisdiktionsverständnisses zu lesen sein und damit insbesondere auch entgegengesetzte Interpretationen von Ausführungen des EGMR in *Carter* in Frage stellen.[913] Bereits in *El Mahi* vermochte der Umstand, dass Dänemark die Religionsfreiheit von Menschen im Außen, deren Glaube durch satirische Karikaturen verhöhnt wurde, möglicherweise hätte schützen können, keine Jurisdiktion zu begründen.[914]

Dass aus dem Einfluss – oder der Einflussmöglichkeit – keine Jurisdiktion im Sinne von Art. 1 EMRK folgt, stellte der Gerichtshof auch in seiner klimabezogenen Rechtsprechung klar.[915] In *Duarte Agostinho and Others* räumte er ein, dass gewisse kausale Beziehungen zwischen Treibhausgasemissionen durch öffentliche und private Aktivitäten auf einem bestimmten Territorium einerseits und Beeinträchtigungen von Menschen und ihren Rechten außerhalb des jeweiligen Territoriums andererseits bestehen.[916] Auch hob er hervor, dass der Klimawandel ein globales Problem existenzieller Natur darstelle, für dessen Lösung alle Staaten verantwortlich seien.[917] Diese Umstände aber genügten nicht, so der EGMR, um neue Grundlagen der extraterritorialen Jurisdiktion zu entwickeln oder die bestehenden zu erweitern.[918]

Die Ablehnung eines kausalen Jurisdiktionsverständnisses kommt sodann in der Praxis zu Auslieferungsfällen zum Ausdruck. Während die extraterritoriale Jurisdiktion bejaht wird, sobald eine inhaftierte Person

910 EGMR, Chagos Islanders Dec. 2012, Ziff. 65.

911 Vgl. entsprechend hinten Kap. 9.2.2.5.10.

912 EGMR, H.F. GK 2022, Ziff. 199 f. und 203.

913 Vgl. *Pijnenburg*, Duty to Repatriate, in: <ejiltalk.org>, 13.10.2022; sowie hierzu auch hinten Kap.Kap. 9.2.2.5.7 insb. bei Fn. 983 ff.

914 EGMR, Ben El Mahi Dec. 2006.

915 EGMR, Duarte Agostinho dec. GK 2024, Ziff. 184 und 199.

916 EGMR, Duarte Agostinho dec. GK 2024, Ziff. 193.

917 EGMR, Duarte Agostinho dec. GK 2024, Ziff. 193 f.

918 EGMR, Duarte Agostinho dec. GK 2024, Ziff. 195 und – bezüglich der geteilten Verantwortung – Ziff. 202. Vgl. zu Letzterem hinten Kap. 9.2.2.5.8.

im Ausland in den Gewahrsam des Konventionsstaats gelangt, wird die Geltung der EMRK für allfällige Vorfälle vor der Überstellung zugleich ausgeschlossen.[919] Etwas anderes ergibt sich denn auch nicht aus dem Urteil in der Sache *Stephens v. Malta*, in dem der EGMR zwar die extraterritoriale Jurisdiktion des ersuchenden Staates für die Auslieferungshaft, wie vorne bereits erwähnt, bejahte. Der Gerichtshof betonte nämlich, dass diese Feststellung lediglich die Garantien von Art. 5 EMRK betreffe.[920] Zudem dürfte in diesem Kontext das völkervertragliche Arrangement eine nicht unerhebliche Rolle gespielt haben: Einzig Malta war verpflichtet, die Rechtskonformität des Auslieferungsbegehrens sicherzustellen, während Spanien wiederum völkervertraglich verpflichtet war, die Festnahme vorzunehmen.[921] Damit bleibt mindestens fraglich, ob nach Straßburger Ansicht etwa Vorfälle im Rahmen der Unterbringung oder Anhörung dem ersuchenden Staat zuzurechnen wären. Folglich stellt sich hier die Rechtslage in gewisser Weise gegenteilig zu Konstellationen dar, in denen Personen aus Europa an einen Drittstaat ausgeliefert werden.[922] In letzteren Fällen ist nämlich insofern eine zeitliche Vorwirkung – und damit räumliche Expansion – zu beobachten, als Auslieferungen dann konventionswidrig sind, wenn im Empfangsstaat eine Verletzung von Art. 2 oder 3 EMRK droht.[923] Mitgliedstaaten der EMRK müssen sich also indirekt das konventionswidrige Verhalten anderer Staaten anrechnen lassen, wenn sie Menschen an diese überstellen. Dies gilt bei Auslieferungsfällen in der Gegenrichtung gerade nicht: Der Schutz der EMRK erstreckt sich grundsätzlich nicht darauf, was vor der Auslieferung an den Mitgliedstaat geschieht.

Ein weiterer Beleg für die Skepsis des EGMR hinsichtlich kausaler Jurisdiktion lässt sich der Rechtsprechung zur Cyberüberwachung und zum Eigentumsschutz entnehmen. Der Gerichtshof scheint bereit, in solchen Fällen von der physischen Präsenz bzw. der physischen Kontrolle der Person abzusehen und stattdessen jene Sache als Gegenstand der Kontrolle zu betrachten, über welche eine menschenrechtlich geschützte Verfügungsfreiheit besteht. Allerdings stellt diese Verschiebung des

919 EKMR, Freda Dec. 1980, Ziff. 3; vgl. auch EKMR, Reinette Dec. 1989, Ziff. 2; EKMR, Sánchez Ramirez Dec. 1996 ; EGMR, Öcalan GK 2005, Ziff. 90 und 93 ff.

920 EGMR, Stephens 2009, Ziff. 50 f. und 54. Vgl. daran anschließend auch EGMR, Vasiliciuc 2017, Ziff. 23 f.; EGMR, Gilanov 2022, Ziff. 42 f.

921 EGMR, Stephens 2009, Ziff. 52. Vgl. aber zur beschränkten Überprüfungspflicht in anderen Rechtshilfekonstellationen EGMR, Shorazova 2022, Ziff. 111.

922 Vgl. dazu auch hinten in Kap. 9.2.2.5.6.2 bei Fn. 933 ff.

923 Vgl. etwa die Hinweise zum Refoulementverbot vorne in Kap. 9.2.1.3, Fn. 520 und hinten in Kap. 9.2.2.6.1, Fn. 1237 f.; sowie zur jurisdiktionsdogmatischen Einordnung sogleich hinten in Kap. 9.2.2.5.6.2 bei Fn. 935 ff.

Kontrollgegenstands, die vorne als mögliches Indiz einer expansiven Weiterentwicklung der Straßburger Extraterritorialitätsdogmatik diskutiert wurde,[924] lediglich einen Nachvollzug des Umstands dar, dass sich gewisse menschenrechtliche Ansprüche auf etwas – eigentliche Sachen, vermögenswerte Ansprüche, Daten oder auch die Unverletzlichkeit der Wohnung – beziehen, das örtlich von der Menschenrechtsträger*in getrennt sein kann.[925] Es ist wenig plausibel, in solchen Fällen den Beleg einer generalisierbaren »control over rights doctrin« oder einer Schutzobjektstheorie und damit eine Hinwendung zu einem kausalen Jurisdiktionsverständnis zu sehen.[926] Der Gerichtshof selbst scheint in diesen Konstellationen die Extraterritorialitätsfrage nämlich gerade zu umgehen: Sowohl in *Bosphorus* als auch in *Big Brother Watch and Others* sowie in *Wieder and Guarnieri* beurteilte der EGMR die Frage der räumlichen Geltung gestützt auf die territoriale Jurisdiktion.[927] Auch wenn dies insofern fragwürdig ist, als die Beschwerdeführenden sich zumindest im letzteren Verfahren außerhalb des britischen Staatsgebiets befanden,[928] lässt sich dies als Absicht lesen, mit der Rechtsprechung zum Datenschutz keine Ausweitung der Extraterritorialitätspraxis vorzunehmen. Dafür spricht denn auch die unmissverständliche Erwägung in *Duarte Agostinho and Others*, wonach eine »control over the applicants' Convention interests« keine extraterritoriale Jurisdiktion begründe, sondern die Person selbst unter der staatlichen Kontrolle stehen müsse.[929]

9.2.2.5.6.2 Hinsichtlich der Regulierung transnationaler Unternehmen

Im Kontext der vorliegenden Arbeit, die sich mit dem Recht der Externalisierungsgesellschaft auseinandersetzt, scheint an dieser Stelle sodann

924 Vgl. vorne Kap. 9.2.2.4.3.2.

925 Vgl. EGMR, Wieder and Guarnieri 2023, Ziff. 93; sowie *Milanovic*, Surveillance, 2022, S. 368; *Golghalyani*, Schutz vor geheimdienstlicher Überwachung, 2022, S. 164.

926 Vgl. aber *Çalı*, Control over rights doctrine, in: <ejiltalk.org>, 21.07.2020; bzw. *Golghalyani*, Schutz vor geheimdienstlicher Überwachung, 2022, S. 163 ff.

927 EGMR, Bosphorus GK 2005, Ziff. 137; EGMR, Big Brother Watch GK 2021, insb. Ziff. 272; EGMR, Wieder and Guarnieri 2023, Ziff. 95. Vgl. auch *Milanovic*, Surveillance, 2022, S. 369, En. 2.

928 Vgl. *Milanovic*, Expansive Approach, in: <ejiltalk.org>, 21.03.2024.

929 EGMR, Duarte Agostinho dec. GK 2024, Ziff. 205, wobei die Rechtsprechung zum Eigentums- und Datenschutz – im Unterschied zur Praxis zu Art. 2 EMRK – gerade nicht als Ausnahme erwähnt wird. Vgl. ebenso EGMR, Semenya GK 2025, Ziff. 149.

ein Blick auf die Frage der extraterritorialen Regulierungspflicht angebracht. Diese knüpft maßgeblich an die Einflussmöglichkeit der Sitzstaaten transnationaler Unternehmen an und impliziert damit ein kausales Jurisdiktionsverständnis.[930] Die Ablehnung eines solchen Verständnisses richtet sich damit auch gegen das Postulat einer menschenrechtlichen Pflicht, wirtschaftliches Handeln im Außen zu regulieren. Besonders deutlich wird dies etwa aus den zitierten Entscheiden des EGMR in *M.N. and Others* sowie *Ben El Mahi*.[931] Wenn demnach selbst der Umstand bzw. die Möglichkeit, mittels hoheitlichen Handelns direkt Einfluss zu nehmen, für sich genommen keine Rolle zu spielen vermag, scheint die Annahme wenig plausibel, dass das extraterritoriale Handeln transnationaler Unternehmen und die damit höchstens indirekte Ausübung staatlicher Gewalt als Grundlage der Menschenrechtsgeltung herangezogen würde. Das von einem Staatsgebiet ausgehende Handeln und Unterlassen in der privaten Sphäre wirtschaftlicher Interaktionen dürfte damit weit davon entfernt sein, in der räumlichen Ordnung der Menschenrechte abgebildet zu werden. Dies hat der EGMR bezogen auf den Klimawandel erst jüngst klargestellt.[932]

Etwas anderes lässt sich denn auch kaum aus anderen Judikaten herauslesen, die hinsichtlich der menschenrechtlichen Einhegung transnationaler Unternehmen jeweils als Beleg einer kausalen Jurisdiktion angeführt werden. Dies gilt etwa für die zuvor bereits erwähnte Rechtsprechung zu Auslieferungen und Ausschaffungen.[933] Entgegen gewisser Lehrmeinungen[934] interpretiert etwa der EGMR diese Konstellationen in der Regel als Anwendungsfall territorialer Jurisdiktion und lehnt eine Übertragung auf andere Sachverhalte ab.[935] Außerdem mag es auf den ersten Blick zutreffen, dass Refoulement-Fälle im Rahmen eines kausalen Jurisdiktionsverständnissen erfasst werden könnten. So ließe sich denn auch eine Erwägung des Menschenrechtsausschusses in *Munaf v. Romania* lesen.[936] Unter Bezugnahme auf die eigene Non-Refoulement-Praxis führte der MRA aus, »that a State party may be responsible for

930 Vgl. vorne Kap. 9.2.2.4.3.5.

931 Vgl. vorne in Kap. 9.2.2.5.6.1, Fn. 909und 914.

932 Vgl. EGMR, Duarte Agostinho dec. GK 2024, Ziff. 192 ff.

933 Vgl. vorne in Kap. 9.2.2.5.6.1 bei Fn. 922.

934 Vgl. *Shany*, Extraterritorial Application, 2020, S. 128; *Keller/Heri*, Climate Cases, 2022, S. 160 bei Fn. 42.

935 Vgl. EGMR, Banković GK 2001, Ziff. 68 und 77; EGMR, M.N. GK 2020, Ziff. 120; ferner *Methven O'Brien*, Duty to Regulate, 2018, S. 71; sowie *Augenstein*, Home-state regulation, 2022, S. 286.

936 Dass diese Lesart, wie sich aus dem Folgenden ergibt, wenig überzeugt, hat den MRA nicht davon abgehalten, eine ebensolche in zwei jüngeren Stellungnahmen zu implizieren; vgl. MRA, A.S. v. Italy 2021, Ziff. 7.5 i.f.; MRA, A.S. v. Malta 2021, Ziff. 6.5 i.f.

extra-territorial violations of the Covenant, if it is a link in the causal chain that would make possible violations in another jurisdiction«.[937] Dass die Kausalität hier eine Rolle spielt, ist offensichtlich. Sie tut dies allerdings nicht als Jurisdiktionskriterium, sondern als Eingriffsvoraussetzung. Die Jurisdiktion wiederum muss viel eher vorbestehen. Eine Ausschaffung oder Auslieferung setzt nämlich ein Verhältnis von Macht und Kontrolle voraus, das sich entweder aus der territorialen Jurisdiktion und der physischen Präsenz der betroffenen Person ergibt oder unter das persönliche Jurisdiktionsmodell subsumieren lässt.[938] Nur wenn ein Individuum in einem derartigen Kontrollverhältnis zu einem Staat steht, ist dieser praktisch in der Lage, ein Refoulementverbot zu verletzen. Dass Jurisdiktion – unabhängig von der Kausalität – vorbestehen muss und als ein von der Kausalität getrennt zu beurteilendes Kriterium betrachtet wird, ergibt sich entsprechend deutlich aus der Praxis des MRA. In *Ng v. Canada* hielt der Ausschuss fest, eine Paktverletzung sei möglich, »if a State party takes a decision relating to a person within its jurisdiction, and the necessary and foreseeable consequence is that this person's rights under the Covenant will be violated in another jurisdiction«.[939] Auch später münzte der MRA das Non-Refoulement-Gebot auf Personen »within its territory and subject to its jurisdiction« und umschrieb diese Vorgabe als »obligation not to extradite, deport, expel or otherwise remove a person from their territory«.[940] Die Vorhersehbarkeit oder das Risiko einer Paktverletzung stellt demgegenüber eine Eingriffsvoraussetzung dar und dient dazu, die zeitliche Vorwirkung zu ermöglichen.[941] Einen Einfluss auf die Jurisdiktionsfrage hat die Kausalität damit gerade nicht. Das Handeln eines Staates muss also, wie es der Ausschuss in *Munaf* ausführte, ein Glied in der Kausalitätskette darstellen, doch begründete dies keine Jurisdiktion. Die Non-Refoulement-Praxis erweist sich vor diesem Hintergrund als schwache Stütze eines kausalen Jurisdiktionsverständnisses.[942]

937 MRA, Munaf 2009, Ziff. 14.2.

938 In der nachfolgen zitierten Praxis des MRA ist denn auch häufiger von Territorium statt Jurisdiktion die Rede. Das persönliche Jurisdiktionsmodell kommt bei Pushbacks zur Anwendung, die durch Staatsorgane außerhalb des eigenen Territoriums, also etwa auf hoher See, vorgenommen werden; vgl. etwa EGMR, Hirsi Jamaa GK 2012, Ziff. 75 ff.

939 MRA, Ng 1993, Ziff. 6.2.

940 MRA, A. R. J. 1997, Ziff. 6.9; bzw. MRA, GC 31 2004, Ziff. 12; sowie MRA, Judge 2002, Ziff. 10.4; MRA, Teitiota 2019, Ziff. 9.3.

941 Vgl. die Hinweise in der vorangehenden Fn. sowie besonders instruktiv MRA, Ng 1993, Ziff. 6.2: »The foreseeability of the consequence would mean that there was a present violation by the State party, even though the consequence would not occur until later on.«

942 Vgl. hierzu auch *Besson*, La due diligence, 2020, S. 347, wonach das Refoulementverbot eine spezifische Sorgfaltspflicht darstelle.

Einen weiteren fragwürdigen Ansatz, um eine extraterritoriale Regulierungspflicht zu begründen, stellt sodann die Praxis des EGMR zum Eigentumsschutz dar. Auch hier operiert der Gerichtshof, wie erwähnt, innerhalb des Territorialitätsprinzips. Selbst *Kovačić and Others* fügt sich in diese Lesart ein.[943] Dafür spricht auch der Umstand, dass seither soweit ersichtlich kein Entscheid ergangen ist, der sich auf die jurisdiktionsrelevanten Erwägungen des vorgenannten Urteils bezieht. Selbst wenn der EGMR in diesem Urteil beabsichtigt haben sollte, ein expansives Jurisdiktionsverständnis zu entwickeln, spricht *Kovačić and Others* vor dem Hintergrund der darauffolgenden Praxis vielmehr gegen als für die Annahme, der EGMR wolle sich als Vertreter eines kausalen Jurisdiktionsmodells hervortun.

Nicht nur die Rechtsprechung des EGMR stellt den Bestand einer extraterritorialen Regulierungspflicht in Frage. Eine vergleichbare Haltung lässt sich auch in anderen, mitunter expliziten, Positionsbezügen finden. Ein Beispiel hierfür stellen die Guiding Principles on Business and Human Rights (UNGP) dar, welche vom Sonderbeauftragten des Generalsekretärs erarbeitet und anschließend vom Menschenrechtsrat bestätigt wurden.[944] Sie beschränken sich darauf, den Staaten zu empfehlen, eine klare Erwartung an transnationale Unternehmen zu formulieren, Menschenrechte in allen ihren Tätigkeiten zu respektieren.[945] Im entsprechenden Kommentar führt Ruggie aus, Staaten seien »[a]t present […] not generally required under international human rights law to regulate the extraterritorial activities of businesses domiciled in their territory and/or jurisdiction«.[946] Im Unterschied also zu den UN-Vertragsorganen, die, einem kausalen Jurisdiktionsansatz verpflichtet, eine Einflussmöglichkeit genügen lassen und entsprechend zumindest teilweise eine extraterritoriale Pflicht zur Regulierung transnationaler

943 Vgl. das expansive Potenzial ebenfalls in Frage stellend *Methven O'Brien*, Duty to Regulate, 2018, S. 66. Vgl. demgegenüber *Augenstein/Kinley*, »Responsibilities« become »duties«, 2013, S. 287 f.; *Kaufmann* et al., Extraterritorialität im Bereich Wirtschaft und Menschenrechte, 2016, Rz. 134.

944 *Menschenrechtsrat*, Transnational corporations, 16.06.2011, Ziff. 1.

945 *Ruggie*, Guiding Principles, 21.02.2011, 2. Prinzip: »States should set out clearly the expectation that all business enterprises domiciled in their territory and/or jurisdiction respect human rights throughout their operations.« Dieser Aufforderung sind einige Staaten mit dem Erlass der revidierten OECD-Leitsätze für multinationale Unternehmen (Kap. IV., Menschenrechte) nachgekommen. Ob damit die Anerkennung einer über die UNGP hinausgehenden extraterritorialen Regulierungspflicht verbunden ist, scheint zweifelhaft. Vgl. hinsichtlich der OECD-Leitsätze auch die kritische Evaluierung von *Daniel* et al., Remedy Remains Rare, 2015.

946 *Ruggie*, Guiding Principles, 21.02.2011, Kommentar zum 2. Prinzip; vgl. auch *von Bernstorff*, Extraterritoriale Staatenpflichten, 2011, S. 56.

Unternehmen befürworten,[947] folgt das zentrale Papier des Diskurses über Business and Human Rights der menschenrechtlichen Territorialitätslogik. Mit Blick auf die verschiedenen Urheberschaften kann daraus, dass die UN-Leitprinzipien früher verabschiedet wurden als die einschlägigen Stellungnahmen der Vertragsorgane, noch keine allgemeine Entwicklungsrichtung abgeleitet werden.[948] Dafür spricht nicht nur die anhaltende Skepsis in der Lehre gegenüber extraterritorialen Regulierungspflichten.[949] Auch innerhalb der Staatengemeinschaft stoßen diese auf Widerstand. Deutschland beispielsweise erachtet den Erlass des Lieferkettensorgfaltspflichtgesetzes nicht als Erfüllung einer rechtlichen Pflicht.[950] Derweil genießen die Bemühungen, ein völkervertragliches »legally binding instrument« zu schaffen, nur einen prekären Rückhalt. Die Resolution des Menschenrechtsrats, die eine »open-ended intergovernmental working group on transnational corporations and other business enterprises with respect to human rights« ins Leben rief, wurde von 20 Staaten befürwortet. 14 Staaten, insbesondere jene des Globalen Nordens, waren dagegen, 13 Staaten enthielten sich der Stimme.[951] Dass diese Resolution derart umstritten war, überrascht insofern, als ihr Text keine extraterritoriale Regulierungspflicht erwähnt und die Arbeitsgruppe lediglich anweist, einen Menschenrechtsvertrag zur Regulierung der Tätigkeiten transnationaler Unternehmen auszuarbeiten. Zwar dürfte ein Grund für die Ablehnung des

947 Vgl. vorne Kap. 9.2.2.4.3.5. Eine schwache Formulierung findet sich etwa in FDA, GR 37 2018, Ziff. 49: Die Vertragsstaaten »should regulate the activities of non-State actors within their jurisdiction, including when they operate extraterritorially«.

948 Vgl. so aber *Joseph/Sander*, Scope of application, 2022, S. 122 f.

949 *Kälin/Künzli*, Menschenrechtsschutz, 2019, Rz. 4.40 und 4.64; sowie die im folgenden Kap. erwähnten Autor*innen. Vgl. außerdem die vorliegende Beobachtung bestätigend und insofern ebenfalls deskriptiv *Methven O'Brien*, Duty to Regulate, 2018; *Krajewski*, Duty to Protect, 2018, S. 33 ff. und 39, der seinerseits indes für eine solche Pflicht plädiert und die hierfür nötigen dogmatischen Grundlagen als gegeben erachtet; sowie *Askin*, Extraterritorial Application, 2019, Rz. 16, wonach die Maastricht Principles über bestehendes Recht hinausgingen. Viele Stimmen im Schrifttum bejahen allerdings bereits de lege lata eine extraterritoriale Regulierungspflicht. So bezeichnet etwa *Gibney*, Historical development, 2022, S. 14, 21 und 23, die Maastricht Principles als geltendes Recht. Eine Tendenz zur Verschiebung von soft law zu hard law konstatiert etwa *Shany*, Extraterritorial Application, 2020, S. 127, der indes die Zurückhaltung des EGMR erwähnt (S. 129). Auch *Augenstein*, Home-state regulation, 2022, S. 285 und 295, beobachtet die Herausbildung eines neuen Konsenses betreffend Wirtschaft und Menschenrechte.

950 *Jahn*, Gesellschaftsbezug multinationaler Unternehmen, 2022, S. 548 f.

951 *Menschenrechtsrat*, Legally binding instrument, 26.06.2014.

Globalen Nordens auch darin bestanden haben, dass die Staaten des weltgesellschaftlichen Zentrums andere Foren, wie etwa die WTO, die OECD oder die EU bevorzugen, um das Thema der Vereinbarkeit von Wirtschaft und Menschenrechten zu bearbeiten.[952] Doch auch dies deutet auf eine Skepsis gegenüber den Bemühungen hin, Staaten im Interesse des transnationalen Menschenrechtsschutzes wirksam in die Pflicht zu nehmen. Der Umstand also, dass grenzüberschreitende Tätigkeiten von Unternehmen derzeit vermehrt verbindlich reguliert werden,[953] lässt nicht ohne Weiteres auf den Bestand einer dahingehenden Pflicht und einer entsprechenden jurisdiktionsdogmatischen Entwicklung schließen.

Zurückhaltung gegenüber der extraterritorialen Regulierungspflicht äußerte mit dem IAGMR im Übrigen ausgerechnet jenes Menschenrechtsorgan, das gerne als Vorreiter eines kausalen Jurisdiktionsverständnisses angeführt wird. Die Jurisdiktionsdogmatik, die der IAGMR entwickelt und der sich der Kinderrechtsausschuss anschloss, beschränkt sich darauf, Emissionsquellen im Inland zu erfassen. Die Möglichkeit, auf Menschenrechte im Außen regulierenden Einfluss zu nehmen, genügt folglich nicht, um Jurisdiktion zu begründen.[954] Entsprechend wurde in der *Advisory Opinion zu Umwelt und Menschenrechten* offengelassen, ob Sitzstaaten verpflichtet sind, extraterritoriale Aktivitäten von Unternehmen zu regulieren.[955]

9.2.2.5.6.3 Ambivalenzen in der Lehre

Schließlich lassen sich im Schrifttum zahlreiche Stimmen vernehmen, die ein Jurisdiktionsverständnis ablehnen, wonach bereits die tatsächliche Einwirkung auf Menschen im Ausland die räumliche Geltung der Menschenrechte nach sich zieht. Nach Besson begründe etwa die bloße »capability to respect human rights for others« keine Jurisdiktion.[956] Diese sei nur bei einer umfassenden Kontrolle gegeben, die »over a large number of interdependent stakes, and not one time only and over a singlematter only« ausgeübt werden müsse.[957] Eine extraterritoriale

952 Vgl. zur EU-CSDDD hinten in Kap. 9.2.2.6.2 bei Fn. 1279 ff.

953 Vgl. hierzu auch vorne in Kap. 6.1.2.2.1 bei Fn. 90.

954 Vgl. die insofern überschießende Interpretation bei *Burbano-Herrera/Haeck*, Inter-American human rights, 2022, S. 123; sowie bei *Rooney*, Extraterritorial Corporate Liability, 2019, S. 162.

955 IAGMR, Environment and Human Rights 2017, Ziff. 151. Vgl. hierzu ausführlicher hinten in Kap. 9.2.2.5.10 bei Fn. 1132.

956 *Besson*, Extraterritoriality, 2012, S. 859 und 868; *Besson*, La due diligence, 2020, u. a. S. 248 und 358.

957 *Besson*, Extraterritoriality, 2012, S. 872 f.

Regulierungspflicht, die an die Kontrolle über ein transnationales Unternehmen anknüpft, lehnt Besson dezidiert ab. Kausale Jurisdiktionsverständnisse, die eine Verschiebung des Kontrollgegenstands vornehmen, würden Gefahr laufen, die Menschenrechte selbst zu schädigen. Die derart vorgeschlagene Ausweitung extraterritorialer Schutzpflichten drohten, die normative Struktur der Menschenrechte zu erodieren »et d'affaiblir ce régime dans son entier«.[958] Auf dem Spiel stehe nichts weniger als »la capacité du droit international des droits de l'homme à protéger ces derniers«.[959] Das Problem verortet Besson dabei in der Verwechslung von den Voraussetzungen einer Sorgfaltspflicht einerseits, nämlich der Kontrolle über die Ursache oder die Quelle der Schädigung, und der zentralen Anforderung an menschenrechtliche Jurisdiktion andererseits, also der Kontrolle über Menschenrechtsträger*innen.[960] Jeder Ansatz, der sich von der so verstandenen Jurisdiktionsbeziehung entferne, »transformerait une simple capacité de nuire à quelqu'un […] en un devoir de ne pas nuire à cette personne et, en retour, en un droit de cette personne à ne pas être lésée«.[961]

Dass vom Können nicht auf ein Müssen zu schließen sei, unterstreicht aber auch Shany, der einen funktionalen Ansatz vertritt, einen »unbounded functionalism« sowie »pure cause and effect« aber ablehnt.[962] Vielmehr sei eine »relationship of power or effective control« als einschränkenden Faktor zu berücksichtigen, aufgrund derer eine legitime Schutzerwartung bestehe.[963] Ein rein kausales Jurisdiktionsverständnis hätte unhaltbare Konsequenzen und zöge etwa die Pflicht der USA nach sich, die hungernde Bevölkerung Nordkoreas zu ernähren, bloß weil sie es könnten.[964] Die bloße Möglichkeit, Einfluss zu üben, lehnte Shany denn auch im Sondervotum, das er mit zwei weiteren Mitgliedern des Menschenrechtsausschusses

958 *Besson*, La due diligence, 2020, S. 344 und 357.

959 *Besson*, La due diligence, 2020, S. 362.

960 *Besson*, La due diligence, 2020, S. 357 f., 361 f. und 364. Anders als Besson erachtet *Peters*, Social Dimension, 2018, S. 326, Jurisdiktion als irrelevante Kategorie für den Bestand von due diligence Pflichten, obwohl sie ebenfalls davon ausgeht, dass es eine Beschränkung bzw. eine Anwendungsschwelle brauche.

961 *Besson*, La due diligence, 2020, S. 358.

962 *Shany*, Extraterritorial Application, 2020, S. 149 sowie u. a. S. 92.

963 *Shany*, Extraterritorial Application, 2020, S. 149 sowie 50, 86 und 91 f.; vgl. ähnlich bereits *Shany*, Functional Approach, 2013, S. 67 ff. Zu diesen einschränkenden Kriterien vgl. auch das folgende Kap. 9.2.2.5.7.

964 *Shany*, Extraterritorial Application, 2020, S. 149; sowie *Shany*, Functional Approach, 2013, S. 68 ff., wo im Unterschied zur zuvor zitierten Stelle als zweite beispielhafte Konsequenz eine menschenrechtliche Pflicht treibhausgasemittierender Staaten, »to refrain from harming individuals residing in small island states that may be adversely affected by global warming«.

in *A.S. et al. v. Italy* verfasste, als hinreichende Grundlage extraterritorialer Jurisdiktion ab.[965] Damit reduziert sich das Anwendungsfeld kausaler Jurisdiktion auf Achtungspflichten, wofür etwa auch Milanovic plädiert, wenn er positive extraterritoriale Pflichten von territorialer Kontrolle abhängig macht.[966] Unter dem Titel eines »functional-impact model« widerspricht sodann Giuffré ebenfalls der Annahme, die bloße Schutzmöglichkeit begründe Jurisdiktion, wenn eine tatsächliche Ausübung öffentlicher Gewalt fehle.[967] Zum selben Schluss gelangt ferner Lea Raible, indem sie verlangt, dass das Handeln eines Staates nicht nur zur Situation beiträgt, sondern die garantiespezifische Lebenslage einer Person umfassend bestimmt.[968] Vor dem Hintergrund der Ansätze zur Herausbildung eines kausalen Jurisdiktionsverständnisses im Zusammenhang mit der Regulierung transnationaler Unternehmen warnt Bernstorff sodann vor einer »dogmatisch uferlosen Ausdehnung der Schutzpflicht auf praktisch kaum beeinflussbare Vorgänge im Ausland«.[969] In seiner Studie zum Recht der Entwicklungszusammenarbeit lehnt auch Dann ein derartige menschenrechtliche Raumordnung ab. Beide UN-Pakte verlangten eine bestimmte Form der Kontrolle über die betroffenen Personen, sodass etwa eine extraterritoriale Gewährleistungspflicht mangels Jurisdiktion grundsätzlich nur vermittels des Beihilfeverbots im Sinne von Art. 16 ILC-DARS und vor dem Hintergrund eines bereits etablierten Entwicklungszusammenarbeitsverhältnis in Betracht komme.[970] Insbesondere spreche, so Dann, auch das völkerrechtliche Souveränitätsprinzip gegen die Annahme derartiger Unterstützungspflichten, garantiere dieses doch die autonome Verfügung über staatliche Ressourcen.[971]

965 MRA, A.S. v. Italy 2021, Joint opinion of Committee members Yuval Shany, Christof Heyns and Photini Pazartzis (dissenting), Ziff. 2 und 6. Vgl. ähnlich auch MRA, A.S. v. Malta 2021, Ziff. 5 und 7, wonach auch die seerechtliche Verpflichtung, rettend zu intervenieren, also Einfluss zu üben, keine menschenrechtliche Jurisdiktion nach sich ziehe. Ein Jurisdiktionsverständnis, das ausschließlich auf die (hypothetische) Kausalität abstellt, liegt aber selbst der Entscheidung der Mehrheit in *A.S. et al.* nicht zugrunde (vgl. in Kap. 9.2.2.5.7 bei Fn. 989 f. sowie dazu auch bei Fn. 1014).

966 *Milanovic*, Extraterritorial Application, 2011, S. 209 ff.; *Milanovic*, Drowning Migrants, in: <ejiltalk.org>, 16.03.2021; vgl. bereits vorne in Kap. 9.2.2.5.2 bei Fn. 792 sowie hinten in Kap. 9.2.2.6.1 bei Fn. 1234.

967 *Giuffré*, Functional-impact model, 2021, S. 76 f.

968 *Raible*, Extraterritoriality, 2020, S. 207. Zu diesem Schluss gelangt Raible im Anwendungsfall, d. h. bei der Beurteilung der Frage, ob Exportsubventionen Jurisdiktion nach sich ziehen können, obschon sie nicht von einem exklusiven Kontrollbegriff ausgeht (ibid., insb. S. 133 f. und 157).

969 *Von Bernstorff*, Extraterritoriale Staatenpflichten, 2011, S. 57.

970 *Dann*, The Law of Development Cooperation, 2013, S. 279 sowie 264 f.

971 *Dann*, The Law of Development Cooperation, 2013, S. 257 und 279.

9.2.2.5.7 Näheverhältnis

Ein weiterer Aspekt, der für die Prekarität expansiver Raumverständnisse spricht, stellt die Annahme dar, dass transnationale Menschenrechtsverletzungen in ein Verhältnis eingebettet sein müssen, das sich durch eine tatsächliche oder rechtliche Nähe auszeichnet. Dieses Näheverhältnis stellt ebenfalls, wie die im vorangehenden Kapitel bereits erwähnten Punkte, einen Umstand dar, der als Ablehnung dessen zu betrachten ist, was als kausales Jurisdiktionskonzept beschrieben werden kann. Das »element of proximity«, das der EGMR in seine Jurisdiktionsdogmatik aufnahm, erlaubte ihm zwar, gewisse Formen extraterritorialen Handelns ausnahmsweise zu erfassen. Zugleich begrenzt dieses Element jedoch die Extraterritorialität sowohl in der Rechtsprechung des EGMR als auch in der Praxis anderer Menschenrechtsorgane, die sich vergleichbarer Figuren bedienen.[972]

Mit der Ablehnung des »instantaneous acts« und eines Jurisdiktionsverständnisses, das sich auf die bloße Einflussnahme beschränkt,[973] begab sich der EGMR offensichtlich in ein Spannungsverhältnis sowohl zur Praxis anderer Menschenrechtsorgane als auch zur eigenen Rechtsprechung. In mehreren Urteilen betreffend die Türkei vermochten nämlich isolierte Ereignisse, die nicht von einer kontinuierlichen und umfassenden Kontrolle, wie sie namentlich in Haftsituationen auftreten, begleitet waren, die extraterritoriale Menschenrechtsgeltung zu begründen. Wie bereits erwähnt, scheint diesen Urteilen – *Issa*, *Isaak*, *Pad*, *Andreou* und *Solomou* – gerade ein »cause-and-effect«-Ansatz zugrunde zu liegen.[974] Diese Unstimmigkeit ist auch dem EGMR nicht entgangen.[975] Zu Erklärung derselben verwies dieser indes auf das Näheverhältnis, welches die vorgenannten Fälle ausgezeichnet habe. Die dort zu beurteilenden isolierten Einzelakte umfassten, so die Große Kammer in der Sache *Georgia v. Russia (II)*, ein »element of proximity«.[976] Dieses war dann auch ausschlaggebend dafür, dass gemäß *Carter* die Vergiftung Litvinenkos in die extraterritoriale Jurisdiktion Russlands fiel: Extralegale, gezielte Tötungen seien ebenfalls als spezifische Handlungen zu qualifizieren, die einen Aspekt der Nähe umfassten.[977] Demnach dient das »element of proximity« dem EGMR dazu, Ausnahmen von der restriktiven

972 Vgl. für einen Vorschlag, der auf die Nähe als maßgebliches Jurisdiktionskriterium abstellt, *Ryngaert*, Reasonableness, 2012, insb. S. 198 und 200.

973 Vgl. das vorangehende Kap. 9.2.2.5.6.

974 Vgl. vorne in Kap. 9.2.2.4.3.1 bei Fn. 647 ff. und insb. 652.

975 Vgl. EGMR, Georgia II GK 2021, Ziff. 124 und 131.

976 EGMR, Georgia II GK 2021, Ziff. 132.

977 EGMR, Carter 2021, Ziff. 129 f. Dabei präzisierte der Gerichtshof in Abgrenzung zur *Georgia-II*-Entscheidung, dass dies leidglich außerhalb militärischer Operationen gelte (ibid. Ziff. 130). Vgl. dahingehend auch EGMR,

Haltung gegenüber »instantaneous acts« und dem kausalitätsbasierten Jurisdiktionsverständnis zu ermöglichen.[978]

In der Folge basiert die Extraterritorialität indes gerade nicht auf einer Loslösung von territorialen Verhältnissen, was mit Blick auf die Annäherung an das Kausalitätskonzept konkludiert werden könnte. Vielmehr gründet das Näheverhältnis, dessen sich der EGMR bedient, auf der physischen Präsenz staatlicher Organe. Obwohl der Gerichtshof selbst ausführt, dass in den Türkei-Fällen das persönliche Jurisdiktionskonzept auf »scenarios going beyond physical power and control«[979] angewandt worden sei, scheint im Ergebnis weiterhin die »exercise of physical power and control over the person in question«[980] entscheidend zu sein. Die Art der Beziehung zwischen Menschenrechtsträger*innen und Menschenrechtsadressat*innen, auf welche das »element of proximity« abzielt, bedingt grundsätzlich eine physische Präsenz und erinnert insofern stark an das Verhältnis, wie es üblicherweise innerhalb des eigenen Staatsgebiets auftritt. Dies zeigt sich auch darin, dass der EGMR das Kriterium des Näheverhältnisses mitunter als allgemeinen Maßstab der Kausalität zu verstehen scheint, sodass die Konvention komplexe extraterritoriale oder transnationale Sachverhalte kaum abzudecken vermag.[981] Auch wenn sich mithin der Begriff des Näheverhältnisses von einem geographischen Verständnis löst und gerade auf Verhältnisse »beyond physical power and control« gemünzt scheint, folgen aus diesem Kriterium Anforderungen an die Kausalität, die ohne das aktive Handeln physisch anwesender Staatsorgane kaum zu erfüllen sind.[982] Damit reproduziert der Gerichtshof im Zuge der Extraterritorialitätsrechtsprechung erneut das Primat physischer Präsenz und die Territorialitätslogik der EMRK. Das Näheverhältnis, das als Brücke zur Ausweitung der räumlichen Geltung verstanden werden kann, erweist sich bei näherer

Narayan 2023, Ziff. 109 f., wonach die versuchte Gegenwehr eines armenischen Soldaten die Jurisdiktion Aserbaidschans ausschließe.

978 Vgl. auch EGMR, Ukraine and the Netherlands Dec. GK 2023, Ziff. 570; EGMR, Matkava 2023, Ziff. 98 f.; EGMR, Narayan 2023, Ziff. 86 und 102.

979 EGMR, Georgia II GK 2021, Ziff. 131.

980 EGMR, Al-Skeini GK 2011, Ziff. 136 i.f.; EGMR, Georgia II GK 2021, Ziff. 117 und 130; EGMR, Ukraine and the Netherlands Dec. GK 2023, Ziff. 571.

981 Vgl. dazu die sogleich nachfolgenden Ausführungen und insb. EGMR, Shavlokhova Dec. 2021, Ziff. 32.

982 Vgl. insofern auch *Besson*, La due diligence, 2020, S. 359, wonach eine Verbindung »de nature juridique ou institutionnelle«, vermittelt etwa über die regulierende Kontrolle ansässiger Unternehmen, im Vergleich zu einer solchen »d'un type plus ›pratique‹, comme dans le cas du commandement d'opérations militaires« kaum hinreichend sei.

Betrachtung zugleich als Schranke einer extensiven Menschenrechtsräumlichkeit.

Eine Überwindung der limitierenden und insofern territorialisierenden Wirkung des »element of proximity« kann sodann auch nicht in *Carter v. Russia* gesehen werden. Wie bereits erwähnt, legte der Gerichtshof dieser Entscheidung einen garantiespezifischen Kontrollbegriff zugrunde.[983] Die physische Macht und Kontrolle musste sich in Carter nicht, wie sonst üblich, auf die Person, sondern auf das Leben des Betroffenen erstrecken.[984] Mit dieser Verschiebung des Kontrollgegenstands hin zum Schutzobjekt übernahm der EGMR einen wesentlichen Aspekt kausaler Jurisdiktionsverständnisse und setzte zugleich zur Überwindung der einschränkenden Wirkung des Näheverhältnisses an: Wenn bereits der bestimmende Einfluss auf den Genuss einer spezifischen Garantie Jurisdiktion begründet, dann könnte das Näheverhältnis, das die Beziehung zwischen Staat und Menschenrechtsträger*in qualifiziert, auch ohne umfassenden Zugriff auf eine Person gegeben sein. Vor dem Hintergrund der seither erfolgten Entwicklung der Rechtsprechung und der konsequenten Ablehnung kausaler Jurisdiktion durch den EGMR erscheint eine solcher Schluss indes kaum angezeigt.[985]

Zusammenfassend lässt sich festhalten, dass der EGMR bereit ist, kausale Einflussnahmen genügen zu lassen, wenn diese in ein enges Verhältnis physischer Nähe eingebettet sind. Die Idee, einen Staat nur dann in die Pflicht zu nehmen, wenn er zusätzlich zur kausalen Einwirkung in einem besonderen Näheverhältnis zu den betroffenen Personen steht, kommt indes auch in anderen Zusammenhängen und in der Praxis anderer Menschenrechtsorgane zum Ausdruck.

Im Urteil zur Anwendung der Genozidkonvention qualifizierte der IGH seinen hinsichtlich der Schutzpflicht kausalen Jurisdiktionsansatz insofern, als er die Einflussmöglichkeit von der geografischen Distanz, der Stärke der politischen Verbindungen und »links of all other kinds, between the authorities of that State and the main actors in the events« abhängig machte.[986] Mit Blick auf den Umfang der »political, military and financial links« habe Serbien-Montenegro über einen Einfluss verfügt, der eine im Vergleich zu allen anderen Vertragsstaaten besondere Position nach sich zog.[987] Mit anderen Worten war das besondere Abhängigkeits- bzw. Näheverhältnis ausschlaggebend dafür, eine hinreichende Einflussmöglichkeit und damit eine extraterritoriale Schutzpflicht zu bejahen. Das Näheverhältnis qualifizierte damit einen Wirkungszusammenhang

983 Vgl. vorne Kap. 9.2.2.4.3.1.
984 EGMR, Carter 2021, u. a. Ziff. 161.
985 Vgl. vorne in Kap. 9.2.2.5.6.1 bei Fn. 913 sowie hinten Kap. 9.2.2.5.10.
986 IGH, Bosnien-Herzegowina 2007, Ziff. 430.
987 IGH, Bosnien-Herzegowina 2007, Ziff. 434 und 438.

und begründete folglich die menschenrechtliche Verantwortlichkeit. Im Umkehrschluss ist davon auszugehen, dass die extraterritoriale Schutzpflicht jene Vertragsstaaten, die gerade nicht in einer qualifizierten Nähe zu den fraglichen Vorfällen stehen, nicht treffen dürfte.[988]

Während der IGH nur indirekt die Beziehung zwischen Menschenrechtsträger*innen und jenem Staat adressiert, dessen menschenrechtliche Verantwortlichkeit in Frage steht, fokussiert der Menschenrechtsausschuss, ähnlich wiederum wie der EGMR, direkt auf das Verhältnis zwischen Staat und Individuum. In *A.S. and Others v. Italy* knüpft der Menschenrechtsausschuss die extraterritoriale Jurisdiktion Italiens an eine »special relationship of dependency«, in deren Rahmen sich die Entscheidungen der italienischen Behörden kausal auf die Situation der in Seenot geratenen Personen auswirkten.[989] Dieses besondere Abhängigkeitsverhältnis ergibt sich nach Ansicht des MRA aus tatsächlichen und rechtlichen Elementen. So wurden insbesondere der Erstkontakt, die räumliche Nähe des italienischen Schiffs und die anhaltende Mitwirkung Italiens bei der Rettungsaktion sowie die seerechtlichen Vorgaben berücksichtigt, welche die Rettung und die Kooperation zu diesem Zweck verlangen.[990] Auch wenn der Menschenrechtsausschuss das Abhängigkeitsverhältnis und die Jurisdiktion Italiens bejahte, sollte diese Verlautbarung nicht darüber hinwegtäuschen, dass nach seinem – grundsätzlich kausalen – Jurisdiktionsverständnis die bloße Möglichkeit der Einflussnahme insofern zu qualifizieren ist, als die Geltung des UN-Pakts II ein Näheverhältnis voraussetzt.[991]

Nach dem Gesagten berücksichtigt der MRA nicht nur tatsächliche, sondern auch rechtliche Umstände, die das menschenrechtlich relevante Verhältnis auszeichnen. Im Zusammenhang mit dem Jurisdiktionsbegriffs des allgemeinen Völkerrechts wurde bereits hervorgehoben, dass regelmäßig eine rechtlich qualifizierte Beziehung zwischen Menschen und Staaten erforderlich ist, um letztere menschenrechtlich in die Pflicht zu nehmen.[992] Der Blick in die Praxis zeigt nun, dass mitunter hohe

988 Zugleich werden inhaltlich keine hohen Anforderungen an die Einflussmöglichkeit gestellt. Der IGH begreift die Schutzpflichtsverletzung nicht als conditio sine qua non. Vielmehr genügt es, wenn der fragliche Staat einen Beitrag dazu leisten könnte, die Begehung eines Genozids in irgendeiner Weise einzuschränken. Vgl. IGH, Bosnien-Herzegowina 2007, Ziff. 430 und 461; sowie dazu hinten in Kap. 9.2.2.5.8 bei Fn. 1052 ff., in Kap. 9.2.2.5.9.1, Fn. 1077 f. und in Kap. 9.2.2.5.9.2, Fn. 1092.

989 MRA, A.S. v. Italy 2021, Ziff. 7.8.

990 MRA, A.S. v. Italy 2021, Ziff. 7.6 ff., insb. 7.8.

991 Das Erfordernis einer gewissen Nähe ergibt sich überdies aus den Voraussetzungen der Unmittelbarkeit und der Voraussehbarkeit; vgl. dazu hinten Kap. 9.2.2.5.9, insb. die Ausführungen zu *Yassin et al. v. Canada* bei Fn. 1089 ff.

992 Vgl. vorne Kap. 9.2.2.5.3.

Anforderungen an diese Beziehung gestellt werden, was ein weiteres Moment der Prekarität expansiver Raumverständnisse darstellt. Dass sich Konstellationen, die als Anhaltspunkte für die Herausbildung eines kausalen Jurisdiktionsverständnisses betrachtet werden können,[993] durch ein rechtliches Näheverhältnis auszeichnen, lässt daran zweifeln, dass sich diese Ansätze verallgemeinern werden.

Sozialversicherungsrechtliche Ansprüche beispielsweise sind Teil einer relativ engen Beziehung zwischen den Betroffenen und dem jeweiligen Staat, basieren mithin auf einem direkten rechtlichen Band, sodass es schwerfällt, in dieser Praxis einen überzeugenden Beleg für expansive Raumverständnisse zu sehen.[994] Gleiches gilt hinsichtlich der prozeduralen Jurisdiktion: Die betroffenen Personen müssen sich in einer spezifischen verfahrensrechtlichen Position befinden, deren Herbeiführung weitgehend in der Macht des jeweiligen Staates liegt.[995] Dieser leitet entweder selbst eine Strafuntersuchung ein, schafft einen zivilrechtlichen Rechtsweg oder hindert den Territorialstaat am Tätigwerden. Die Betroffenen hingegen können, abgesehen von allfälligen Zivilverfahren, durch eigene Anstrengung keine prozedurale Jurisdiktion provozieren.[996] Selbst die Staatsangehörigkeit schafft allein keine hinreichende Nähe, um eine Untersuchungspflicht nach sich zu ziehen.[997]

Auch in anderen Extraterritorialitätskonstellationen spielt die Staatsangehörigkeit eine besondere Rolle. Sie schafft eine rechtliche Nähe, die geeignet ist, menschenrechtliche Jurisdiktion zu begründen.[998] So wird etwa das konsularische Handeln im Ausland gegenüber eigenen Staatsangehörigen und deren Eigentum menschenrechtlich erfasst.[999] Fehlt

993 Vgl. vorne Kap. 9.2.2.4.3.

994 Vgl. dazu vorne Kap. 9.2.2.4.3.2.

995 Vgl. vorne Kap. 9.2.2.4.3.3.

996 Vgl. EGMR, M.N. GK 2020, Ziff. 121 ff.; EGMR, Khan 2014, Ziff. 28; EGMR, Ali Riza 2021, Opinion partiellement dissidente et partiellement concodrante du Juge Lemmens, Ziff. 5; kritisch hingegen EGMR, Georgia II GK 2021, Partly dissenting opinion of Judge Pinto de Albuquerque, Ziff. 22 ff.

997 EGMR, Rantsev 2010, Ziff. 244.

998 Mitunter wird die Staatsangehörigkeit gar zum bestimmenden Faktor. Vgl. hierzu vorne Kap. 9.2.2.5.3. Insb. in der US-amerikanischen Grundrechtspraxis spielt die Staatsangehörigkeit eine vergleichsweise große Rolle; vgl. *Milanovic*, Extraterritorial Application, 2011, S. 67 ff.

999 MRA, Vidal Martins 1982, Ziff. 7 (sowie Kap. 9.2.2.5.3, Fn. 819), wonach nicht nur der Jurisdiktionsbegriff entsprechend weit auszulegen sei, sondern mit Art. 12 Abs. 2 UN-Pakt II auch eine materiell-rechtliche Bindung des Staats, dessen Staatsangehörigkeit eine Person hat, einher geht (vgl. auch MRA, GC 27 1999, Ziff. 9); EGMR, Al-Skeini GK 2011, Ziff. 136; EGMR, Ukraine and the Netherlands Dec. GK 2023, Ziff. 118; vgl. auch *Shany*, Extraterritorial Application, 2020, S. 150.

hingegen die Staatsangehörigkeit und damit die rechtliche Nähe, haben konsularische oder diplomatische Aktivitäten keine menschenrechtliche Jurisdiktion zur Folge.[1000] Das Näheverhältnis erweist sich also auch hier als Brücke und Schranke zugleich.[1001] Eine Verbindung zum extraterritorialen Geschehen vermag die Staatsangehörigkeit aber auch abgesehen von der prozeduralen Jurisdiktion oft nicht herzustellen.[1002] So zeigt sich am Beispiel der Repatriierung die enge rechtliche Verbindung und die damit einhergehende rechtliche Nähe, die der EGMR mitunter für extraterritoriale Verpflichtungen voraussetzt. Anders als im Falle einer Auslieferung lehnt es der Gerichtshof ab, einen Bezug zwischen dem Staat, der seine eigenen Staatsangehörigen nicht repatriiert, und der menschenrechtswidrigen Behandlung, die eben diese Personen im Ausland erfahren, herzustellen.[1003] Die Gefährdungslage im Ausland, die als »direct consequence«[1004] des staatlichen Untätigseins identifiziert werden kann, zieht keine Geltung der EMRK nach sich. Die rechtliche Verbindung in der Form der Staatsangehörigkeit ist in diesem Kontext lediglich geeignet, im Falle außerordentlicher Umstände prozedurale Pflichten zu begründen.[1005] Während demnach die Staatsangehörigkeit keine hinreichende Nähe schafft, um Jurisdiktion zu begründen, ergibt sich letztere gemäß EGMR ebenso wenig aus der bloßen Möglichkeit, Einfluss zu üben. Dies hielt der Gerichtshof in *M.N. and Others* und *Chagos Islanders* unmissverständlich fest, worauf bereits hinsichtlich der Ablehnung eines kausalen Jurisdiktionsverständnis hingewiesen wurde.[1006]

Selbst der Kinderrechtsausschuss, der eine extraterritoriale Schutzpflicht gegenüber eigenen Staatsangehörigen bejahte, tat dies ausdrücklich vor dem Hintergrund der konkreten Begleitumstände.[1007] Erst diese – nämlich die Beziehung Frankreichs zu den kurdischen Behörden, die

1000 EGMR, M.N. GK 2020, Ziff. 117 ff.

1001 Vgl. insofern auch *Milanovic*, Repatriating, in: <ejiltalk.org>, 10.11.2020, der die Staatsangehörigkeit als Anknüpfungspunkt kritisiert, weil er willkürlich den menschenrechtlichen Schutz einschränkt.

1002 Vgl. auch EGMR, Duarte Agostinho dec. GK 2024, Ziff. 200, wonach auch die EU-Bürgerschaft keine hinreichende Nähe herstelle.

1003 EGMR, H.F. GK 2022, Ziff. 203.

1004 EGMR, Soering Plenum 1989, Ziff. 91; EGMR, Al-Adsani 2001, Ziff. 39. Vgl. zur Anwendung des Territorialitätsprinzips bei Auslieferungsfällen sowie zur Rolle der Kausalität in diesem Zusammenhang vorne in Kap. 9.2.2.5.6.2 bei Fn. 935 ff.

1005 EGMR, H.F. GK 2022, Ziff. 260 f., 264 ff. und 272 ff.

1006 Vgl. EGMR, Chagos Islanders Dec. 2012, Ziff. 65; EGMR, M.N. GK 2020, Ziff. 112; sowie vorne Kap. 9.2.2.5.6.1, insb. bei Fn. 909 f.

1007 KRA, L.H. 2020, Ziff. 9.7 sowie 8.8. Vgl. ferner *Ní Aoláin/Callamard*, Children and their guardians, 2020, Ziff. 35 f.

Kooperationsbereitschaft letzterer sowie der Umstand, dass bereits Kinder mit französischer Staatsangehörigkeit repatriiert wurden – dürften die Einflussmöglichkeit und damit menschenrechtliche Jurisdiktion nach sich gezogen haben. Die Staatsangehörigkeit allein stellte folglich keine hinreichende Voraussetzung einer extraterritorialen Schutzpflicht dar, sondern begründete erst im Kontext weiterer Umstände eine Schutzpflicht.[1008] Umgekehrt dürften »the capability and the power to protect the rights of the children in question« ebenso wenig hinreichend gewesen sein, um die Anforderungen an das kausale Jurisdiktionsverständnisse des Kinderrechtsausschusses zu erfüllen. Als wesentlich erweist sich damit auch für den KRA das Zusammenspiel rechtlicher und tatsächlicher Umstände, die eine besondere Nähe zum Vertragsstaat schaffen.

In der menschenrechtlichen Praxis im Kontext der Klimakrise lässt sich mit dem zeitlichen Aspekt eine weitere Form tatsächlicher Näheverhältnisse beobachten, die eine exkludierende und territorialisierende Wirkung zur Folge hat, auch wenn nicht unmittelbar die Jurisdiktionsfrage betroffen ist. In *Teitiota v. New Zealand* hielt der Menschenrechtsausschuss zwar fest, dass Klimawandelfolgen in Aufnahmestaaten an sich geeignet sein können, ein Refoulementverbot im Rahmen von Art. 6 oder Art. 7 UN-Pakt II zu begründen.[1009] Die Anforderungen indes, welche der Ausschuss formulierte, um eine solche Pflicht anzunehmen, erweisen sich als sehr hoch. Im konkreten Fall, in dem die betroffene Person nach Kiribati ausgeschafft wurde, erkannte der Ausschuss keine tatsächliche, persönliche und unmittelbare Gefährdung.[1010] Die Maßnahmen, die Kiribati hinsichtlich des Klimawandels und vor dem Hintergrund, dass die Inseln innerhalb der nächsten 10 bis 15 Jahre unbewohnbar werden dürften, ergriffen habe und mit Hilfe der internationalen Gemeinschaft ergreifen könne, gewährten einen ausreichenden Schutz des Rechts auf Leben.[1011] Auch wenn nach dem Gesagten die Tür zum Non-Refoulement-Gebot offen steht, was einen progressiven Schritt darstellt, erscheint es fraglich, ob diese Praxis mit Blick auf die notorische Unzulänglichkeit staatlichen Handelns bezüglich der Risiken des Klimawandels einen effektiven Schutz vulnerabler Personen ermöglicht. Indem der Menschenrechtsausschuss mit der fehlenden Unmittelbarkeit der Bedrohung eine zeitliche Distanz hervorhebt, verhindert er einen konsequenten Menschenrechtsschutz im transnationalen Verhältnis und

1008 *Pijnenburg*, Duty to Repatriate, in: <ejiltalk.org>, 13.10.2022; vgl. auch *Milanovic*, Repatriating, in: <ejiltalk.org>, 10.11.2020.
1009 MRA, Teitiota 2019, Ziff. 9.11.
1010 MRA, Teitiota 2019, Ziff. 9.7 und 9.9.
1011 MRA, Teitiota 2019, Ziff. 9.12.

prekarisiert die Bemühungen, die Menschenrechtsräumlichkeit expansiv auszulegen.[1012]

Schließlich wird das Erfordernis eines besonderen Näheverhältnisses auch im Schrifttum hervorgehoben. So verlangt etwa Shany bei positiven Pflichten eine räumliche Nähe, ein Abhängigkeitsverhältnis oder ein besonderes Rechtsverhältnis.[1013] Der Umstand indes, dass Shany gemeinsam mit zwei weiteren Mitgliedern des Menschenrechtsausschusses in *A.S. et al. v. Italy* gegen die menschenrechtlichen Jurisdiktion Italiens votierte, lässt darauf schließen, dass er sehr hohe Anforderungen an ein solches vorbestehendes Näheverhältnis stellt.[1014] Der Bestand eines rechtlichen oder tatsächlichen Bandes und damit einer besonderen Nähe identifizieren sodann auch Kälin und Künzli als Kriterium extraterritorialer Jurisdiktion.[1015] Auch nach Askin bedarf es einer Nähebeziehung faktischer oder normativer Natur, um vor dem Hintergrund der Fähigkeit, menschenrechtlicher Verpflichtungen wahrzunehmen, eine dahingehende Pflicht auszulösen.[1016] Ferner verlangt Raible eine spezifische rechtliche Nähe, wenn sie Jurisdiktion davon abhängig macht, dass die Einflussnahme im Rahmen einer politischen und insofern eben rechtlichen Beziehung stattfindet, und voraussetzt, dass das Recht, welches das staatliche Handeln fundiert, unmittelbar auf die davon betroffenen Individuen anwendbar ist.[1017] Daher befürwortet sie nicht nur das *Banković*-Verdikt,[1018] sondern erachtet auch die Auswirkungen von Exportsubventionen als

1012 Vgl. in diesem Zusammenhang auch die zeitliche Nähe, die sowohl für die Opfereigenschaft gemäß Art. 34 EMRK als auch für die Schutzbereiche von Art. 2, 3 und 8 EMRK relevant sind: EGMR, Verein Klimaseniorinnen Schweiz and Others GK 2024, Ziff. 470, 487 f., 513, 520 und 533; sowie Kap. 9.2.2.6.1, Fn. 1238.

1013 *Shany*, Extraterritorial Application, 2020, S. 150; *Shany*, Functional Approach, 2013, 66 ff.

1014 MRA, A.S. v. Italy 2021, Joint opinion of Committee members Yuval Shany, Christof Heyns and Photini Pazartzis (dissenting), insb. Ziff. 2, wonach die Mehrheit es versäumt habe, zwischen der bloßen Möglichkeit, Individuen unter die effektive Kontrolle zu bringen, einerseits und der tatsächlichen effektiven Kontrolle andererseits zu differenzieren. Vgl. dazu bereits vorne in Kap. 9.2.2.5.6.3 bei Fn. 965.

1015 *Kälin/Künzli*, Menschenrechtsschutz, 2019, Rz. 4.63 und 4.65. Vgl. ähnlich auch *den Heijer/Lawson*, Jurisdiction, 2012, S. 190.

1016 *Askin*, Extraterritoriale Anwendbarkeit des UN-Sozialpakts, 2024, S. 72, 169 f., 171 und 174 ff.

1017 *Raible*, Extraterritoriality, 2020, S. 102 ff. zur politischen Macht als Basis der Jurisdiktion.

1018 *Raible*, Extraterritoriality, 2020, S. 146: »The pilots in *Banković* may have acted in accordance with the laws applicable to them, but the application of the ensuing principles and rules were not meant to be applied to the individuals on the ground […].« Vgl. ferner ibid., S. 86.

menschenrechtlich irrelevant, weil die subventionsrechtlichen Bestimmungen lediglich auf Akteur*innen im Inland anwendbar seien und nicht auf die davon negativ betroffenen Menschen im Ausland[1019].

In zahlreichen Konstellationen verlangen Rechtsprechung und Lehre demnach ein Näheverhältnis, das sich durch tatsächliche oder rechtliche Faktoren auszeichnet. Sowohl in Situationen, die im Rahmen des persönlichen Jurisdiktionsmodells abgehandelt werden, als auch in Fällen, die mittels eines kausalen Jurisdiktionsverständnisses menschenrechtlich erfasst werden, werden mitunter hohe Anforderungen an die Anerkennung einer hinreichenden Nähe gestellt. Das Näheverhältnis in der Rechtsprechung des EGMR erscheint zunächst als Ausnahme, Extraterritorialität trotz fehlender persönlicher oder räumlicher Kontrolle, also hinsichtlich isolierter Einzelakte, zu begründen, und wird erst auf den zweiten Blick als einschränkendes Konzept erkennbar. Diese zweite Funktion, die räumliche Geltung einzuschränken, steht demgegenüber dort im Vordergrund, wo kausale oder funktionale Ansätze vertreten werden. Hier wird die spezifische Nähe gleichsam in die Definition extraterritorialer Jurisdiktion aufgenommen. Das Näheverhältnis erscheint damit insgesamt eher als Hindernis der Extraterritorialität, was die Wahrscheinlichkeit einer Generalisierung der erwähnten Fallkonstellationen und des kausalen Jurisdiktionsmodells im Allgemeinen in Frage stellt.

9.2.2.5.8 Kontexte des Chaos und geteilte Verantwortung

Die menschenrechtliche Praxis bekundet verschiedentlich Mühe im Umgang mit komplexen Verhältnissen. Exemplarisch erweist sich in dieser Hinsicht der Umgang des EGMR mit aktiven Phasen während kriegerischen Auseinandersetzungen. Die Skepsis gegenüber unklaren Verhältnissen kommt indes auch in weiteren Rechtsprechungslinien zum Ausdruck. Die Zurückhaltung, die in diesem Zusammenhang ersichtlich wird, dürfte in jenen Konstellationen von erheblicher Tragweite sein, die im Kontext der Externalisierungsgesellschaft besonders relevant sind und etwa einen Bezug zum Klimawandel oder zu transnationalen Wirtschaftsbeziehungen aufweisen.

Vor dem Hintergrund, dass die extraterritoriale Gewaltanwendung im Rahmen eines Näheverhältnisses Jurisdiktion begründet, wäre es naheliegend, von der Geltung der EMRK während militärischen Auseinandersetzungen auszugehen. Dies verneinte der EGMR aber gerade mit Blick auf die Phase aktiver Kampfhandlungen im russisch-georgischen Krieg im Jahr 2008. Es habe diesfalls gerade kein isolierter Einzelakt,

1019 *Raible*, Extraterritoriality, 2020, S. 207 f.

der ein »element of proximity« umfasst, vorgelegen.[1020] Im Gegensatz zum kausalen Jurisdiktionsmodell verlange Art. 1 EMRK eine über den bloßen Wirkungszusammenhang hinausgehende Kontrolle.[1021] Eine solche bestehe während aktiver Kampfhandlungen nicht, strebten die Widersacher dabei doch gerade danach, diese zu etablieren. Weder räumliche noch persönliche Kontrolle sei daher in diesem »context of chaos« gegeben.[1022] Mit Blick auf die große Zahl mutmaßlicher Opfer und umstrittener Vorfälle, den Umfang des Beweismaterials, die Schwierigkeit, den Sachverhalt festzustellen, und den Umstand, dass derartige Situationen vorwiegend durch andere Rechtsnormen, namentlich das humanitäre Völkerrecht, geregelt würden, sah sich der Gerichtshof nicht in der Lage, »to develop its case-law beyond the understanding of the notion of ›jurisdiction‹ as established to date«, und er verneinte folglich die Jurisdiktion.[1023] Vor dem Hintergrund dieser unübersichtlichen Verhältnisse hielt der EGMR in einem weiteren Verfahren bezüglich der georgischen Verantwortlichkeit zudem fest, es sei »impossible to track either direct and immediate cause or even sufficiently close proximity between the actions of the Georgian army proper and the effects produced on the applicants«.[1024] Ob ein Näheverhältnis vorliegt, richtete sich demnach nicht nur nach der physischen Distanz zwischen den handelnden staatlichen Akteur*innen einerseits und den Menschenrechtsträger*innen andererseits, sondern scheint auch davon abhängig, ob dank hinreichend klarer Verhältnisse eine ebensolche Kausalitätslage besteht.[1025] Entsprechend bejahte der EGMR denn auch in *Ukraine and the Netherlands*, dass die räumliche Jurisdiktion Russlands den Absturz des Fluges MH17 mitumfasste. Obschon jenes Flugzeug im Rahmen aktiver Kampfhandlungen abgeschossen wurde, habe sich das Chaos, das auf dem Boden bestanden haben möge, nicht auf den Luftraum erstreckt, zumal der EGMR »a great deal of clarity as to the circumstances in which flight MH17 was downed« ausmachte.[1026] Offensichtliche Kausalketten vermögen mit-

1020 EGMR, Georgia II GK 2021, Ziff. 132 f.

1021 EGMR, Georgia II GK 2021, Ziff. 134 ff. m. V. a. EGMR, Medvedyev GK 2010, Ziff. 64, und EGMR, M.N. GK 2020, Ziff. 112.

1022 EGMR, Georgia II GK 2021, Ziff. 137 und 126. Vgl. präzisierend EGMR, Ukraine and the Netherlands Dec. GK 2023, Ziff. 558; sowie ähnlich, aber bezogen auf einen Einzelfall EGMR, Narayan 2023, Ziff. 109, wonach angesichts des gegenseitigen Schusswechsels – im Unterschied zur Situation, in der die Opfer überrascht wurden und sich nicht zur Wehr setzen konnten (ibid., Ziff. 108) – keine effektive Kontrolle bestanden habe.

1023 EGMR, Georgia II GK 2021, Ziff. 141 f.

1024 EGMR, Shavlokhova Dec. 2021, Ziff. 32.

1025 Vgl. diesbezüglich auch *Raible*, Extraterritoriality, 2020, S. 147 f., die innerhalb ihrer eigenen Jurisdiktionskonzeption diese Stoßrichtung teilt.

1026 EGMR, Ukraine and the Netherlands Dec. GK 2023, Ziff. 703 ff.

hin selbst während aktiver Konfliktphasen Jurisdiktion zu begründen. Umgekehrt schließen komplexe Sachverhalte mit anderen Worten ein Näheverhältnis und damit eine jurisdiktionsbegründende Kontrolle aus. Das »element of proximity« erlangt dergestalt, wie im vorangehenden Kapitel bereits erwähnt, die Funktion einer allgemeinen Kausalitätsregel.[1027] Dass der EGMR daran mit dem materiellen Entscheid in der Sache *Ukraine and the Netherlands* etwas ändern wollte, erscheint fraglich. Den Begriff des Chaos jedenfalls lehnte er darin nicht ab, sondern er verneinte, dass ein solches in der Ukraine vorgelegen habe.[1028]

Die Zurückhaltung gegenüber komplexen Verhältnissen findet eine Bestätigung in Passagen der Straßburger Rechtsprechung, die sich mit Situationen unvollständiger Kontrolle und geteilter Verantwortung auseinandersetzen. So führt der EGMR mitunter aus, die Konvention verlange von den Vertragsstaaten nicht, von anderen Staaten menschenrechtliche Standards einzufordern.[1029] Stattdessen verpflichte die EMRK die Staaten in jenen Situationen, in welchen sie selbst eine vollständige und exklusive Kontrolle ausübten.[1030] Die Anforderung der Exklusivität, die bereits im Zusammenhang mit der Ablehnung des isolierten Einzelaktes erwähnt wurde,[1031] läuft darauf hinaus, dass Konstellationen geteilter Verantwortung der räumlichen Geltung der Menschenrechte entgegenstehen.[1032] Davon ging der EGMR auch in zwei älteren Entscheiden aus, als er sich mit der Geltung der Konvention in Andorra einerseits und im besetzten Berlin andererseits auseinandersetzte. In *Drozd and Janousek* schloss sich der Gerichtshof der Feststellung der Kommission an, wonach

1027 Vgl. vorne in Kap. 9.2.2.5.7 bei Fn. 981.

1028 EGMR, Ukraine and the Netherlands GK 2025, Ziff. 361. Das Argument des EGMR, wonach die Art und Weise, räumliche Kontrolle zu erlangen, zu einer Form persönlicher Jurisdiktion geführt habe, dürfte auf diesen Spezialfall gemünzt und nicht ohne Weiteres verallgemeinerbar sein. Vgl. dazu, dass dieses Urteil Spielraum für Doppelstandards offen lässt *Milanovic*, As Good as It Gets, in: <ejiltalk.org>, 10.07.2025.

1029 EGMR, Medvedyev GK 2010, Ziff. 63; EGMR, Ukraine and the Netherlands Dec. GK 2023, Ziff. 562; vgl. bereits EGMR, Soering Plenum 1989, Ziff. 86.

1030 EGMR, Medvedyev GK 2010, Ziff. 67; vgl. auch EGMR, Hirsi Jamaa GK 2012, Ziff. 73, 77 und 81.

1031 Vgl. vorne in Kap. 9.2.2.5.6.1 bei Fn. 904 f.

1032 Eine Ausnahme davon scheint im Rahmen des räumlichen Jurisdiktionskonzepts möglich, wenn ein anderer Staat menschenrechtswidrige Handlungen auf dem eigenen Territorium vollzieht. So bejahte der EGMR, Abu Zubaydah 2018, Ziff. 586, die litauische Jurisdiktion, obwohl die fraglichen Handlungen durch die US-amerikanische Geheimdienste erfolgten. Vgl. auch EGMR, Al Nashiri 2018, Ziff. 601; sowie EGMR, El-Masri GK 2012, Ziff. 206.

»neither France nor Spain had jurisdiction of their own to act on behalf of the Principality«, und verneinte auch daher die Jurisdiktion Frankreichs und Spaniens.[1033] Obwohl die EKMR in *Hess* festhielt, »that there is in principle, from a legal point of view, no reason why acts of the British authorities in Berlin should not entail the liability of the United Kingdom under the Convention«, sah sich die Kommission gezwungen, die britische Jurisdiktion zu verneinen, weil Großbritannien die Kontrolle über das Kriegsverbrechergefängnis Spandau in Berlin mit den anderen alliierten Besatzungsmächten teilte.[1034]

Der EGMR lehnt die Idee einer geteilten Verantwortung zwar nicht ab, was er in seiner Klimarechtsprechung erst jüngst hervorgehoben hat.[1035] So genüge ein Beitrag zu einem Gesamtgeschehen und die damit verbundene Handlungsmöglichkeit durchaus, um Staatenverantwortlichkeit zu begründen.[1036] Nur folge aus der geteilten Verantwortung selbst keine Jurisdiktion; diese müsse vielmehr vorbestehen, was getrennt und entsprechend der etablierten Jurisdiktionsdogmatik zu beurteilen sei.[1037] Dabei ist der Gerichtshof bemüht, der Komplexität der Verhältnisse Rechnung zu tragen: Im Kontext der Klimakrise spreche unter anderem der Umstand gegen die extraterritoriale Jurisdiktion, dass die Wirkungskette, die den schädigenden Auswirkungen von Treibhausgasemissionen zugrunde liegen, komplex und unvorhersehbar seien.[1038]

Betreffend Haftkonstellationen scheint auch der Menschenrechtsausschuss einen zumindest bestimmenden Einfluss vorauszusetzen. Hinsichtlich der menschenrechtswidrigen Haftbedingungen eines australischen

1033 EGMR, Drozd and Janousek Plenum 1992, Ziff. 87 und 89.
1034 EKMR, Hess 1975.
1035 EGMR, Verein Klimaseniorinnen Schweiz and Others GK 2024, Ziff. 443; EGMR, Duarte Agostinho dec. GK 2024, Ziff. 202.
1036 EGMR, Verein Klimaseniorinnen Schweiz and Others GK 2024, Ziff. 441 ff. und 571; EGMR, Duarte Agostinho dec. GK 2024, Ziff. 202.
1037 Vgl. EGMR, Verein Klimaseniorinnen Schweiz and Others GK 2024, Ziff. 443; EGMR, Duarte Agostinho dec. GK 2024, Ziff. 178 und 202 f. Zur Trennung von Jurisdiktion und Verantwortlichkeit vgl. bereits EGMR, Loizidou 1995, Ziff. 61; EGMR, Catan 2012 GK, Ziff. 115; EGMR, Jaloud GK 2014, Ziff. 154; EGMR, Mozer GK 2016, Ziff. 102; EGMR, Georgia II GK 2021, Ziff. 162; EGMR, Ukraine and the Netherlands Dec. GK 2023, Ziff. 549 und 564. Abgerückt ist der EGMR in der Zwischenzeit von der dogmatischen Kongruenz der beiden Konzepte, wie sie in EGMR, Loizidou 1996 GK, Ziff. 52 und 56, zum Ausdruck kommt. Eine gewisse Nähe besteht aber insofern weiterhin, als die gleichen Umstände nach ähnlichen Maßstäben geprüft werden. Vgl. hierzu etwa *Milanovic*, Extraterritorial Application, 2011, S. 51 f.
1038 EGMR, Duarte Agostinho dec. GK 2024, Ziff. 207.

Staatsangehörigen in Guantanamo konstatierte er, dass die bloße Möglichkeit Australiens, auf die Situation Einfluss zu nehmen, keine Ausübung von Macht oder effektiver Kontrolle über den Betroffenen darstellte, zumal sich letzterer innerhalb eines Gebiets befand, das von den USA kontrolliert und weder unter australischer Souveränität noch Jurisdiktion stand.[1039] Entsprechend verneinte der MRA die menschenrechtliche Jurisdiktion.[1040] Zwar bedienen sich diese Erwägungen der etablierten Jurisdiktionskonzepte, doch scheint es fraglich, ob der kausale Ansatz, zu dem der MRA etwas später im General Comment Nr. 36 tendierte, eine räumliche Geltung der Paktrechte in einem solchen Fall zur Folge hätte. Davon, dass Australien Macht oder effektive Kontrolle über den Genuss der Paktrechte ausübte, kann nämlich keine Rede sein.[1041] Dieses Beispiel zeigt, dass mit der Verschiebung des Kontrollgegenstands, die ein wesentliches Element kausaler Jurisdiktionsverständnisse darstellt, mit Blick auf multifaktoriell bedingte Menschenrechtsverletzungen noch nicht zwingend viel gewonnen ist.

Exklusivität stellt nach der Straßburger Praxis sodann im Kontext der prozeduralen Jurisdiktion einen zentralen Aspekt dar. Als »special feature«, das die extraterritoriale Geltung der prozeduralen Dimension von Art. 2 EMRK nach sich zieht, wurde wiederholt der Umstand hervorgehoben, dass ausschließlich der fragliche Staat aus rechtlichen oder faktischen Gründen in der Lage ist, die Strafuntersuchung vorzunehmen.[1042] Ein Staat muss demnach – regelmäßig gestützt auf einen direkten Bezug zum eigenen oder kontrollierten Territorium, womit wiederum das Primat physischer Präsenz unterstrichen und an ein Näheverhältnis angeknüpft wird – exklusiv über die Möglichkeit der Strafverfolgung verfügen, um hierzu auch verpflichtet zu sein. Ist demgegenüber jener Staat, auf dessen Gebiet ein tödlicher Vorfall geschah, weder in rechtlicher noch in tatsächlicher Hinsicht gehindert, selbst eine Untersuchung einzuleiten, scheint die Annahme einer extraterritorialen prozeduralen Jurisdiktion ausgeschlossen zu sein.[1043] Ein Staat ist denn auch nicht verpflichtet, Todesfälle eigener Staatsangehöriger im Ausland

1039 MRA, Hicks 2016, Ziff. 4.5.

1040 MRA, Hicks 2016, Ziff. 4.6.

1041 Vgl. die entsprechende, auf das Recht auf Leben bezogene Formulierung in MRA, GC 36 2018, Ziff. 63.

1042 EGMR, Güzelyurtlu GK 2019, Ziff. 194 (Anwesenheit der Verdächtigen im Gebiet unter effektiver Kontrolle); EGMR, Hanan GK 2021, Ziff. 138 und 142 (exklusive Strafjurisdiktion gemäß ISAF-Stationierungsabkommen, vgl. ibi. Ziff. 75); EGMR, Carter 2021, Ziff. 134 (landesrechtliches Auslieferungsverbot eigener Staatsangehöriger); EGMR, Georgia II GK 2021, Ziff. 331 (Anwesenheit der Verdächtigen im eigenen Staatsgebiet oder Gebiet unter effektiver Kontrolle).

1043 EGMR, Toledo Polo Dec. 2020, Ziff. 194.

zu untersuchen, wenn keine anderen »special features« vorhanden sind.[1044]

Schließlich zeichnen sich die Konstellationen betreffend Eigentum und Datenschutz regelmäßig dadurch aus, dass der fragliche Staat eine bestimmende, gleichsam exklusive Kontrolle über die jeweiligen Schutzgehalte ausübt.[1045] Dies ist selbstredend dort der Fall, wo Immobilien und andere Sachen betroffen sind, die sich auf dem jeweiligen Staatsgebiet befinden. Aber auch eine Sache, auf die rechtshilfeweise zugegriffen wird, steht unter der Kontrolle des ersuchenden Staates, wenn der ersuchte Staat völkerrechtlich gebunden ist, dem Ersuchen Folge zu leisten. Sodann hängen vertragsrechtliche und sozialversicherungsrechtliche Ansprüche vollständig von der jeweiligen Rechtsordnung ab, obwohl sie nicht in einem körperlichen Sinne an das Staatsgebiet gebunden sind. Dies gilt im Übrigen auch für Daten, deren Verarbeitung stets mit einer – wenn auch auf die jeweilige Information beschränkte – umfassende Kontrolle einhergeht.

Indem sich der Europäische Gerichtshof für Menschenrechte auf die chaotischen Verhältnisse und die Exklusivität der Möglichkeit, Menschenrechte zu gewährleisten, abstützt, legt er einen Maßstab an, dessen Anwendung in anderen Konstellationen weitreichende Folgen haben könnte.[1046] Die Komplexität, angesichts derer die Richter*innen von einer Anwendung der Konvention zurückschrecken, dürfte in Situationen, die im vorliegenden Zusammenhang von Interesse sind, nochmals deutlich gesteigert sein. Die Gefährdung wirtschaftlicher, sozialer und kultureller Rechte im Rahmen transnationaler Wirtschaftsbeziehungen und die systematische Zerstörung der natürlichen Lebensgrundlagen zeichnen sich durch ein überaus chaotisches Zusammenspiel unzähliger sowohl staatlicher als auch nichtstaatlicher Akteur*innen aus, die im Rahmen verschiedener Rechtsregime tätig werden.[1047] Auch hier handelt es sich mithin um »situations [that] are predominantly regulated by legal norms other than those of the Convention«.[1048] Und ebenso wenig scheinen in diesen Bereichen Näheverhältnisse oder einfache Kausalitäten vorzuliegen, wie sie der Gerichtshof zu verlangen scheint.[1049]

Offener als die Rechtsprechung des EGMR erscheint die Haltung des WSK-Ausschusses. Im General Comment Nr. 24 führte er mit Blick auf

1044 EGMR, Rantsev 2010, Ziff. 244.

1045 Vgl. vorne Kap. 9.2.2.4.3.2.

1046 Vgl. dazu – wenn auch beschränkt auf das Feld kriegerischer Konflikte – *Dzehtsiarou*, Georgia II, 2021, S. 293.

1047 Vgl. hierzu und namentlich zur Klimakrise auch hinten Kap. 9.2.2.5.9.3.

1048 EGMR, Georgia II GK 2021, Ziff. 141.

1049 Vgl. EGMR, Shavlokhova Dec. 2021, Ziff. 32, wo zur Abgrenzung auf die *Solomou-* und *Andreou*-Entscheide verwiesen wurde, denen vergleichsweise einfache Sachverhalte mit sehr engen Kausalitätsketten zugrunde

die extraterritoriale Schutzpflicht aus, dass sich Staaten verantwortlich machten, wenn sie angemessene Maßnahmen nicht ergreifen, »even if other causes have also contributed to the occurrence of the violation«.[1050] Was dies im Einzelfall genau bedeutet, ist indes unklar. Der Ausschuss belegte seine Ansicht mit einem Verweis auf den Entscheid des Internationalen Gerichtshofs zur Anwendung der Genozidkonvention. Abgesehen davon, dass der IGH nicht beabsichtigte, eine allgemeine Dogmatik extraterritorialer Schutzpflichten zu entwickeln,[1051] lassen seine Ausführungen einige Fragen offen. An den vom WSK-Ausschuss zitierten Stellen wird zwar einerseits ausgeführt, dass eine Schutzpflichtsverletzung keine conditio sine qua non der Menschenrechtsverletzung darstellen müsse.[1052] Vielmehr auferlege die Genozidkonvention all jenen Staaten eine Präventionspflicht, in deren Macht es stehe, »to contribute to restraining in any degree the commission of genocide«.[1053] Andererseits knüpfte der IGH die Schutzpflicht sowohl abstrakt als auch im konkreten Fall an eine effektive Einflussmöglichkeit, die von der geographischen Nähe und den politischen, finanziellen und militärischen Verbindungen zu den Akteur*innen abhängt.[1054] Stehen einem Vertragsstaat »means likely to have a deterrent effect on those suspected of preparing genocide« zur Verfügung, ist er verpflichtet, diese im Interesse der Verhinderung eines Genozids zu nutzen.[1055] Im Kontext globaler Wirtschaftsbeziehungen mag ein solches Näheverhältnis zwischen einem Sitzstaat und transnationalen Unternehmen allenfalls noch feststellbar sein.[1056] Dass aber auch hier mitunter höhere Anforderungen bestehen, als der WSK-Ausschuss insinuierte, zeigt die Entscheidung des Menschenrechtsausschusses in *Yassin et al. v. Canada*.[1057] Ganz offensichtlich genügte dem MRA die Möglichkeit, »to contribute to restraining in any degree« die in Frage stehende,

lagen (vgl. dazu vorne in Kap. 9.2.2.5.7 bei Fn. 981 und in Kap. 9.2.2.5.8, Fn. 1024). Vgl. auch *Methven O'Brien*, Duty to Regulate, 2018, S. 55 f. und 66 zur erheblichen Differenz zwischen den Konstellationen, die einem Großteil der Extraterritorialitätsrechtsprechung zugrunde liegen, und den Sachverhalten, die mittels einer extraterritorialen Regulierungspflicht erfasst werden sollen.

1050 WSKA, GC 24 2017, Ziff. 32 m. V. a. IGH, Bosnien-Herzegowina 2007, Ziff. 430 und 461.

1051 Vgl. vorne in Kap. 9.2.2.5.1 bei Fn. 771 f.

1052 IGH, Bosnien-Herzegowina 2007, Ziff. 430 und 461.

1053 IGH, Bosnien-Herzegowina 2007, Ziff. 461.

1054 IGH, Bosnien-Herzegowina 2007, Ziff. 430, 434 und 438. Vgl. hierzu vorne Kap.Kap. 9.2.2.5.7 und insb. bei Fn. 986 ff.

1055 IGH, Bosnien-Herzegowina 2007, Ziff. 431.

1056 Vgl. insofern WSKA, GC 24 2017, Ziff. 32, wo denn auch als Beispiel Sorgfaltspflichten hinsichtlich der Rohstoffextraktion erwähnt werden.

1057 Vgl. hierzu hinten Kap. 9.2.2.5.9.1.

potenziell menschenrechtswidrige Geschäftstätigkeit nicht, um Jurisdiktion anzunehmen. Werden sodann Verwerfungen auf den globalen Finanz- und Rohstoffmärkten, transnationale makroökonomische Dynamiken im Zuge spezifischer geldpolitischer Maßnahmen[1058] oder etwa die exkludierende Wirkung der gewinnorientierten Pharmaindustrie betrachtet,[1059] scheint eine hinreichende Nähe noch schwieriger zu etablieren zu sein.[1060]

9.2.2.5.9 *Kausalität*

Vorbehalte gegenüber der Annahme einer konsequenten räumlichen Expansion des Menschenrechtsregimes sind außerdem mit Blick auf das Kriterium der Kausalität angezeigt. Dies gilt sowohl für jene Positionen, welche menschenrechtliche Jurisdiktion einzig an der Kausalität ausrichten wollen oder gänzlich auf die Jurisdiktion als Anwendungsschwelle verzichten, als auch für Verständnisse, die zusätzliche Voraussetzungen aufstellen.

Letztere Konzeption ergibt sich insbesondere aus der Praxis des EGMR. Dieser weist nach dem Gesagten ein kausales Jurisdiktionsverständnis zurück, verlangt also mehr als ein bloßes Einwirken.[1061] Zugleich stellt der Straßburger Gerichtshof grundsätzlich hohe Anforderungen an die Kausalität, sofern er sich mit dieser im Kontext der Jurisdiktion auseinandersetzt. So muss etwa physische Gewalt gleichsam in einer isolierten, spezifischen und gezielten Menschenrechtsverletzung, einer »targeted violation«, kulminieren, um die räumliche Geltung der EMRK zu begründen.[1062] Auch hat sich gezeigt, dass die Beeinflussung extraterritorialer Verhältnisse regelmäßig in ein Näheverhältnis rechtlicher oder faktischer Natur eingebettet sein muss, während zugleich eine erhöhte Komplexität der Verhältnisse der menschenrechtlichen Jurisdiktion entgegensteht.[1063] Gegen die Annahme der Jurisdiktion sprach in *Shavlokhova* für den EGMR ferner der Umstand, dass eine »direct and immediate cause« nicht auszumachen war.[1064] Dies führt im Ergebnis dazu, dass

1058 Vgl. *Balakrishnan/Heintz/Elson*, Rethinking Economic Policy for Social Justice, 2016, S. 109 ff.
1059 Vgl. dazu vorne in Kap. 6.1.2.2.1 bei Fn. 87 und in Kap. 6.1.2.2.6, Fn. 178.
1060 Vgl. auch *Skogly*, Causality, 2012, S. 257 f.
1061 Vgl. vorne Kap. 9.2.2.5.6.
1062 EGMR, Carter 2021, Ziff. 128 sowie 129 f.; sowie EGMR, Georgia II GK 2021, Ziff. 132; EGMR, Ukraine and the Netherlands Dec. GK 2023, Ziff. 570; vgl. auch EGMR, Matkava 2023, Ziff. 98 f.; EGMR, Narayan 2023, Ziff. 86, 88 und 106 ff.
1063 Vgl. hierzu vorne Kap. 9.2.2.5.7 und Kap. 9.2.2.5.8.
1064 EGMR, Shavlokhova Dec. 2021, Ziff. 32; vgl. auch EGMR, Andreou Dec. 2008.

extraterritoriales Handeln nur in begrenztem Umfang bejaht wird – bei klarer Kausalität, die ohne direktes Handeln physisch anwesender Staatsorgane kaum denkbar ist.[1065] Insofern trifft es zu, wenn in der Lehre davon ausgegangen wird, dass extraterritoriale Jurisdiktion vom Bestehen eines unmittelbaren faktischen oder rechtlichen Bandes abhängt.[1066] Selbst wenn mithin eine Hinwendung zu einem kausalen oder funktionalen Verständnis tatsächlich vorläge, was nach dem Gesagten wenig plausibel erscheint, wäre damit für die räumliche Geltung der EMRK nicht zwingend viel gewonnen. Wird nämlich ein Kausalitätsbegriff angelegt, der insofern qualifiziert wird, als eine ausgeprägte Nähe, also eine besonders enge Kausalitätskette, sowie klare Verhältnisse vorliegen müssen, dürfte eine hinreichende Kausalität nur ausnahmsweise bejaht werden. Einen anderen Umgang mit der Kausalität und ihrer Bedeutung für die Jurisdiktion wählte der EGMR allerdings in seiner klimabezogenen Rechtsprechung. Darauf wird im Folgenden noch einzugehen sein.[1067]

Anforderungen, die direkt oder indirekt die Kausalität betreffen, können sodann auch jene Jurisdiktionskonzepte einschränken, die sich gerade damit begnügen, einen Wirkungszusammenhang zu verlangen. Angesichts dieser reduzierten Jurisdiktionsvoraussetzung erweisen sich diese qualifizierenden Umstände als besonders relevant und zeigen, dass auch das kausale Jurisdiktionsmodell bloß eine prekäre Grundlage für die räumliche Expansion der Menschenrechte bietet. Sofern kausale Jurisdiktionskonzepte nicht ohnehin abgelehnt werden,[1068] erfahren diese zunächst eine wesentliche Einschränkung dadurch, dass auch in diesem Zusammenhang regelmäßig ein Näheverhältnis vorausgesetzt wird: Die konkrete Menschenrechtsverletzung muss in Begleitumstände eingebettet sein, die von einer bestimmten Nähe zeugen.[1069] Zudem erschweren komplexe Verhältnisse auch die Geltungsbegründung im Rahmen kausaler Jurisdiktionsverständnisse.[1070] Folglich scheint hier ebenso eine Tendenz zu klaren, übersichtlichen und daher relativ kurzen Kausalzusammenhängen zu bestehen. Hinsichtlich kausaler Jurisdiktionsverständnisse wird eine derartige Qualifizierung des Kausalitätserfordernisses explizit über Begriffe wie Unmittelbarkeit und Vorhersehbarkeit vorgenommen.[1071] Dies und die damit einhergehenden Schwierigkeiten

1065 Vgl. zum Primat physischer Präsenz vorne Kap 9.2.2.5.2.

1066 *Kälin/Künzli*, Menschenrechtsschutz, 2019, Rz. 4.63 und 4.65; vgl. dazu bereits im Zusammenhang mit dem Näheverhältnis vorne in Kap. 9.2.2.5.7 bei Fn. 1015.

1067 Vgl. Kap. 9.2.2.5.9.3.

1068 Vgl. vorne Kap. 9.2.2.5.6.

1069 Vgl. vorne Kap. 9.2.2.5.7.

1070 Vgl. vorne Kap. 9.2.2.5.8.

1071 Zumindest die Unmittelbarkeit kann auch auf ein Näheverhältnis hindeuten, unterscheidet sich von letzterem aber darin, dass dieses ungeachtet

im Zusammenhang mit Menschenrechtsverletzungen, die auf strukturelle Ursachen oder Unterlassungen zurückzuführen sind, werden sogleich näher betrachtet.

9.2.2.5.9.1 Unmittelbarkeit und Vorhersehbarkeit

Die Achtungs-, Schutz- und Gewährleistungspflichten aus dem Recht auf Leben erstreckten sich, so der Menschenrechtsausschuss im General Comment Nr. 36, auf »reasonably foreseeable threats«.[1072] Die Schutzpflicht erfasse auch private Aktivitäten unter der jeweiligen Jurisdiktion, die einen »direct and reasonably foreseeable impact« außerhalb des eigenen Staatsgebiets haben.[1073] Die Kriterien der Unmittelbarkeit und Vorhersehbarkeit qualifizieren damit die kausale, von räumlicher oder persönlicher Kontrolle losgelöste Jurisdiktion.[1074] Diese zweifache Funktion – Begründung und Beschränkung der Jurisdiktion – der Unmittelbarkeit und der Vorhersehbarkeit kommt auch in *A.S. et al. v. Italy* zum Ausdruck. Zu beurteilen war in diesem Fall ein Sachverhalt, dem ein Unterlassen der italienischen Seenotrettung zugrunde lag. Die Betroffenen, so der MRA, »were directly affected by the decisions taken by the Italian authorities in a manner that was reasonably foreseeable in the light of the relevant legal obligations of Italy, and [...] they were thus subject to the State party's jurisdiction«.[1075]

Auf das Kriterium der Vorhersehbarkeit greift sodann der WSK-Ausschuss zur Bestimmung extraterritorialer Schutzpflichten zurück. So müsse ein Staat eine Menschenrechtsverletzung nicht vorausgesehen haben, solange diese vernünftigerweise vorhersehbar gewesen sei.[1076] Einen vergleichbaren Ansatz legte bereits der IGH der Pflicht zugrunde, Genozid zu verhindern. Neben der Einflussmöglichkeit, die sich wie erwähnt aus einem Näheverhältnis zu speisen scheint, setzt er die Kenntnis des

des konkreten Wirkungszusammenhangs besteht. Die durch eine Unmittelbarkeit ausgezeichnete Kausalkette ist viel eher in das Näheverhältnis eingebettet.

1072 MRA, GC 36 2018, Ziff. 7, 18 und 21.

1073 MRA, GC 36 2018, Ziff. 22 und 63.

1074 Vgl. auch MRA, Munaf 2009, Ziff. 14.2 und 14.4, wonach die extraterritoriale Paktverletzung eine »necessary and foreseeable consequence« darstellen müsse.

1075 MRA, A.S. v. Italy 2021, Ziff. 7.8. Die hypothetische Kausalität zog indes lediglich im Rahmen einer »special relationship of dependency« Jurisdiktion nach sich. Vgl. dazu vorne Kap. 9.2.2.5.7.

1076 WSKA, GC 24 2017, Ziff. 32. Vgl. auch *Krajewski*, Duty to Protect, 2018, S. 27, wonach eine Menschenrechtsverletzung »predictable and preventable« sein müsse.

Risikos und damit die Vorhersehbarkeit eines Genozids voraus.[1077] Die tragischen Ereignisse in Srebrenica, führte der Gerichtshof zum konkreten Fall aus, »could not have been foreseen with certainty, might at least have been surmised«.[1078] Sodann legte der Kinderrechtsausschuss in *L.H. et al. v. France* im Zusammenhang mit der Repatriierung inhaftierter Kinder Wert darauf, dass Frankreich über die prekäre Situation der eigenen Staatsangehörigen im Bilde war.[1079]

9.2.2.5.9.2 Strukturelle Ursachen und Unterlassungen

Als Kriterien zur Bestimmung der Kausalität tragen die Unmittelbarkeit und die Vorhersehbarkeit zumindest im Rahmen kausaler Jurisdiktionsverständnisse wesentlich dazu bei, die räumliche Geltung der Menschenrechte zu definieren und damit – im Zusammenspiel mit weiteren Kriterien wie dem Näheverhältnis – zu beschränken.[1080] Die Beurteilung, ob eine Menschenrechtsverletzung »direct and reasonably foreseeable« verursacht wurde, ist dann besonders schwierig, wenn die Beeinträchtigung auf strukturelle Ursachen oder eine Unterlassung zurückzuführen ist. Strukturelle oder systemische Ursachen erschweren die Feststellung eines Kausalzusammenhangs, was insbesondere bezüglich wirtschaftlicher, sozialer und kultureller Rechte bedeutsam ist[1081] und sich exemplarisch an den schädigenden Auswirkungen des Klimawandels aufzeigen lässt[1082]. Hier wie dort beruhen Menschenrechtsverletzungen regelmäßig auf einem Zusammenwirken unzähliger Handlungen und Unterlassungen und können letztlich als Ausdruck der Eigenrationalitätsmaximierung der wirtschaftlichen Sphäre betrachtet werden.[1083]

Soweit Unterlassungen betroffen sind, ist die Kausalität nicht zwischen einer effektiven Einflussnahme und der Menschenrechtsverletzung herzustellen, sondern verlangt eine Beurteilung der hypothetischen Frage, ob ein

1077 IGH, Bosnien-Herzegowina 2007, Ziff. 430, 434 und 438 zur Einflussmöglichkeit sowie Ziff. 431 und 438 zur Kenntnis des Risikos. Vgl. zum Näheverhältnis vorne Kap. 9.2.2.5.7 bei Fn. 986.

1078 IGH, Bosnien-Herzegowina 2007, Ziff. 438.

1079 KRA, L.H. 2020, Ziff. 9.7.

1080 Vgl. entsprechend auch die Definition bei *Joseph/Sander*, Scope of application, 2022, S. 125; *Busco*, Search and Rescue, in: <opiniojuris.org>, 02.03.2021.

1081 *Skogly*, Causality, 2012, S. 235 und 257 f.; *Peters*, Social Dimension, 2018, S. 305 und 327; *Askin*, Extraterritorial Application, 2019, Rz. 41; *Askin*, Extraterritoriale Anwendbarkeit des UN-Sozialpakts, 2024, S. 202 f.; vgl. auch *Koskenniemi*, Social Justice, 2023, S. 277.

1082 Vgl. sogleich Kap. 9.2.2.5.9.3.

1083 Vgl. dazu vorne Kap. 5.1.4.

staatliches Handeln möglich gewesen wäre, das den Sachverhalt beeinflusst hätte.[1084] So liegt gemäß WSK-Ausschuss eine Paktverletzung vor, wenn das menschenrechtswidrige Verhalten privater Akteur*innen »a failure by the State to take reasonable measures that could have prevented the occurrence of the event« erkennen lässt.[1085] Kriterium der hypothetischen Kausalität ist damit die Einflussmöglichkeit, also das Potenzial, die Menschenrechtslage positiv zu beeinflussen. Dies heben Frouville und Ben Achour im Sondervotum zu *Yassin* hervor, wonach menschenrechtliche Jurisdiktion die effektive Regulierungsfähigkeit sowie die Kenntnis der unternehmerischen Aktivität und ihrer notwendigen und vorhersehbaren Konsequenzen voraussetze.[1086] Auch extraterritoriale Gewährleistungspflichten scheinen gemäß WSKA lediglich von der Möglichkeit abzuhängen, Einfluss zu nehmen, worauf mit der »position to assist« und der Ressourcenverfügbarkeit aufmerksam gemacht wird.[1087] Wenn nun die Kenntnis des Risikos und eine Einflussmöglichkeit genügten, würde vom bloßen Können auf ein Müssen geschlossen werden. Extraterritoriale Schutz- und Gewährleistungspflichten wären dann potenziell unbeschränkt, denn es ist kaum eine Menschenrechtsverletzung vorstellbar, die nicht durch irgendein Handeln eines beliebigen Staates hätte verhindert oder zumindest gemildert werden können. Es überrascht kaum, dass ein solches Verständnis nicht nur in der Lehre, sondern auch in der Praxis auf Widerstand stößt.[1088]

In *Yassin et al. v. Canada* adressiert der Menschenrechtsausschuss zwar nicht explizit die Kausalität oder die Unmittelbarkeit und die Vorhersehbarkeit, doch nimmt er sinngemäß auf diese Fragen Bezug. Die Verbindung zwischen Kanada als Sitzstaat und den geschädigten Palästinenser*innen seien gemäß Menschenrechtsausschuss nicht hinreichend eng gewesen und überdies nur unzureichend substanziiert worden.[1089] Die fraglichen Unternehmen hatten ihren Sitz lediglich aus steuerrechtlichen

1084 Insofern kann auch von einer hypothetischen Kontrolle gesprochen werden; vgl. *Busco*, Search and Rescue, in: <opiniojuris.org>, 02.03.2021.
1085 WSKA, GC 24 2017, Ziff. 32.
1086 MRA, Yassin 2017, Opinion Individuelle de Olivier de Frouville et Yadh Ben Achour, Ziff. 10.
1087 Vgl. vorne Kap. 9.2.2.4.3.6.
1088 Vgl. hierzu Kap. 9.2.2.5.6.3; MRA, A.S. v. Italy 2021, Joint opinion of Committee members Yuval Shany, Christof Heyns and Photini Pazartzis (dissenting), Ziff. 2 und 6, wonach das »potential to place under effective control«, also die bloße Einflussmöglichkeit und eine rein hypothetische Kausalität keine Jurisdiktion zu begründen vermöge; vgl. ferner auch *Milanovic*, Repatriating, in: <ejiltalk.org>, 10.11.2020; sowie eingehend *Stoyanova*, Positive Obligations, 2023, S. 219 ff.
1089 MRA, Yassin 2017, Ziff. 6.7; vgl. zudem das bereits erwähnte, zustimmende Sondervotum ibid., Opinion Individuelle de Olivier de Frouville et Yadh Ben Achour, Ziff. 10.

Gründen nach Kanada verlegt und dort keine Vermögenswerte.[1090] Der Menschenrechtsausschuss verneinte die Jurisdiktion folglich gerade auch deshalb, weil das Handeln eines Unternehmens keine hinreichende Verbindung zum Sitzstaat aufgewiesen habe, der lediglich als steuerrechtlicher Zufluchtsort diente. Dabei bezweifelte der MRA die Vorhersehbarkeit, indem er auf das Fehlen eines gesicherten Wissens Bezug nahm. Zudem schien er davon auszugehen, es habe mangels hinreichend enger Beziehung keine relevante Einflussmöglichkeit bestanden.

Der MRA bestätigt damit implizit, dass nicht jede Regulierungsmöglichkeit, welche die Ansässigkeit eines Unternehmens theoretisch vermittelt, Jurisdiktion zu begründen vermag.[1091] Vielmehr verlangt der MRA unter dem Gesichtspunkt der hypothetischen Kausalität einen gesicherten und erheblichen Einfluss, womit er etwa hinter dem IGH zurückbleibt, der eine irgendwie geartete Verbesserung der Situation genügen zu lassen scheint.[1092] Indem der MRA demnach die Einflussmöglichkeit als das zentrale Kriterium der hypothetischen Kausalität qualifiziert, prekarisiert er das expansive Potenzial seines kausalen Jurisdiktionskonzeptes. Zugleich offenbart die Stellungnahme in *Yassin*, auf die der Menschenrechtsausschuss im erwähnten General Comment Nr. 36 an zentraler Stelle verweist,[1093] die Schwierigkeit des Menschenrechtsregimes, systemische Zusammenhänge zu erfassen. Wenn der MRA in der Zurverfügungstellung gesellschaftsrechtlicher Formen und der Aneignung extraterritorialer Produktivität als Steueroase keinen hinreichend direkten Beitrag zur menschenrechtlichen Situation im Außen erkennt, erscheint es unwahrscheinlich, dass beispielsweise geldpolitische Entscheide, die sich auf die Verfügbarkeit öffentlicher Ressourcen in der Peripherie auswirken, oder Landwirtschaftssubventionen, die Verdrängungsprozesse im Außen zur Folge haben, als jurisdiktionsbegründende Einflussnahmen betrachtet würden.[1094]

1090 MRA, Yassin 2017, Ziff. 4.6 und 6.6.

1091 Vgl. so *Methven O'Brien*, Duty to Regulate, 2018, S. 70 f.; sowie die Hinweise in Kap. 9.2.2.5.9.2, Fn. 1088.

1092 Vgl. IGH, Bosnien-Herzegowina 2007, Ziff. 430. Eine Eingrenzung ergibt sich dann aber mit Blick auf das Näheverhältnis; vgl. dazu vorne Kap. 9.2.2.5.7 bei Fn. 986 ff. Inwiefern ein Unterschied zum WSK-Ausschuss besteht, der eine extraterritoriale Schutzplicht bei multifaktoriellen Verletzungen nicht ausschließt, ist unklar. Vgl. dazu ebenfalls vorne in Kap. 9.2.2.5.8 bei Fn. 1050 ff. Vgl. zum Ganzen sodann *Salomon*, Duty Among Multiple States, 2015, S. 381 f., die sich betreffend WSK-Rechte dem vorzitierten Diktum des IGH anschließt; sowie ferner bereits *Salomon*, Global Responsibility, 2007, S. 76 und 186 f., wonach das Kausalitätserfordernis gänzlich abzulehnen sei.

1093 MRA, GC 36 2018, Ziff. 22, En. 70.

1094 Vgl. bereits vorne in Kap. 9.2.2.5.8 bei Fn. 1057 ff.; *Peters*, Social Dimension, 2018, S. 305; *Askin*, Extraterritoriale Anwendbarkeit des

9.2.2.5.9.3 Kausalität in der Klimakrise

Dass die Kausalität Fragen aufwirft, zeigt sich auch hinsichtlich der menschenrechtlichen Erfassung der Klimakrise. Im Umgang mit diesen Fragen lassen sich verschiedene Strategien beobachten, die teilweise stark divergieren, deren Folgen für die menschenrechtliche Räumlichkeit im Ergebnis indes weitgehend vergleichbar sind.

Der Interamerikanische Gerichtshof für Menschenrechte und der Kinderrechtsausschuss qualifizierten ebenfalls anhand der Vorhersehbarkeit und Unmittelbarkeit die Kausalität zwischen der Aktivität, über die umweltvölkerrechtliche Jurisdiktion besteht, und der Umweltschädigung außerhalb des eigenen Territoriums sowie der daraus folgenden Menschenrechtsverletzung.[1095] Die Schädigung, so der KRA, »needs to have been reasonably foreseeable to the State party at the time of its acts or omissions«.[1096] Damit ein jurisdiktionsbegründender Kausalzusammenhang bejaht werden könne, müsse die Schädigung überdies hinreichend erheblich, also bedeutsam sein.[1097] Indem ein »real detrimental effect« verlangt wird,[1098] wird auch hier eine hinreichend klare und mithin unmittelbare Kausalitätskette vorausgesetzt. Die International Law Commission, auf die sich der IAGMR und der KRA in diesem Zusammenhang beziehen, hielt diesbezüglich Folgendes fest: »In carrying out lawful activities within their own territories, States have impacts on each other. These mutual impacts, so long as they have not reached the level of ›significant‹, are considered tolerable.«[1099] Folglich muss nicht nur die Menschenrechtsverletzung, die mitverursacht wird, bedeutend sein, sondern auch der konkrete Beitrag des fraglichen Staates.[1100] Diese Voraussetzung

UN-Sozialpakts, 2024, S. 204 ff., insb. 231, 348 und 350 f., die in diesem Zusammenhang auf den Begriff des mittelbaren Eingriffs in menschenrechtliche Schutzgehalte abstellt und daran anschließend extraterritoriale Achtungspflichten weitgehend ausschließt.

1095 Vgl. grundsätzlich zur Kausalitätskette IAGMR, Environment and Human Rights 2017, Ziff. 101 und 103; KRA, Sacchi et al. v. Argentina 2021, Ziff. 10.12 f.

1096 KRA, Sacchi et al. v. Argentina 2021, Ziff. 10.7 (zit.) sowie 10.11 und 10.14. Weniger Gewicht kommt der Vorhersehbarkeit in der Advisory Opinion des IAGMR zu, vgl. aber immerhin IAGMR, Environment and Human Rights 2017, Ziff. 136.

1097 IAGMR, Environment and Human Rights 2017, Ziff. 102 und 134 ff.; KRA, Sacchi et al. v. Argentina 2021, Ziff. 10.12 und 10.14.

1098 IAGMR, Environment and Human Rights 2017, Ziff. 136; KRA, Sacchi et al. v. Argentina 2021, Ziff. 10.12.

1099 *ILC*, Draft articles on Transboundary Harm with commentaries, 2001, Art. 2, Ziff. 5.

1100 Vgl. für eine ähnliche Lesart *Peters*, Social Dimension, 2018, S. 326 f.

wirft – auch bezüglich anderer komplexer Verhältnisse – Fragen auf. Während die Klimakrise nämlich offensichtlich massive Beeinträchtigungen fundamentaler Rechtspositionen nach sich zieht, erweist es sich als schwierig, eine konkrete Verletzung staatlichem Handeln oder Unterlassen zuzuordnen und folglich von einer kausalen Beziehung auszugehen.[1101]

Der Kinderrechtsausschuss dürfte für die Problematik insofern einen Ausweg gefunden haben, als er die Kausalitätsschwelle mit Verweis auf die geteilte Verantwortung sehr niedrig anzusetzen scheint.[1102] Auch der Menschenrechtsausschuss erkannte im Verfahren betreffend die »*Torres Strait Islanders*« in der Komplexität des Ursachenzusammenhangs von Klimawandel und damit einhergehenden Menschenrechtsverletzungen kein Hindernis für die menschenrechtliche Verantwortlichkeit. Mit Blick auf den Entwicklungsstand Australiens und den bedeutenden Umfang australischer Treibhausgasemissionen hielt der Ausschuss hinsichtlich der Emissionsminderung fest, dass die vorgebrachten Handlungen und Unterlassungen die Jurisdiktion begründeten.[1103] Zur Frage der geteilten Verantwortung und der Kausalität nahm schließlich auch das Bundesverfassungsgericht Stellung. Dass ein Staat alleine das Problem des Klimawandels angesichts seines bloß kleinen Beitrags zum Gesamtgeschehen nicht lösen könne, ändere nichts am Umstand, dass die Klimaschutzmaßnahmen eines Staates als Teil globaler Bemühungen geeignet seien, das Ende des Klimawandels herbeizuführen.[1104] Der Umstand, dass das isolierte Handeln Deutschlands »offensichtlich nicht umfänglich kausal« sei, stehe einer grundrechtlichen Schutzpflicht nicht entgegen.[1105] Ob eine solche im transnationalen Verhältnis besteht, ließ das Gericht offen, weil sie ohnehin nicht verletzt sei.[1106] Eine extraterritoriale

1101 Vgl. zur Schwierigkeit, den Umfang von Schädigungen und Kausalitäten festzulegen, im Zusammenhang mit Klimawandelfolgen etwa *Natarajan*, Measuring the immeasurable, 2021, S. 5 ff. und 12 ff.; *Berkes*, Cross-border pollution, 2022, S. 35 ff.; zur Vorhersehbarkeit und Kausalität auch Mallory 2020, Imperialists, S. 206.

1102 KRA, Sacchi et al. v. Argentina 2021, Ziff. 10.7 ff. Ob ein hinreichender Beitrag, der die Annahme der Kausalität rechtfertigte, besteht, führt der KRA nicht explizit aus. Zwar erwähnte er das Prinzip der gemeinsamen, aber unterschiedlichen Verantwortung (Ziff. 10.10), doch widmet er sich erst anschließend der Kausalität und beschränkt sich dabei auf die Frage, ob eine hinreichende Schädigung eingetreten ist (Ziff. 10.12), die er wiederum im Zusammenhang mit der Opfereigenschaft beantwortet. (Ziff. 10.13 f.). Vgl. zu diesem Entscheid auch vorne Kap. 9.2.2.4.3.4.

1103 MRA, Billy 2022, Ziff. 7.8.

1104 BVerfG, Klimaschutz 2021, Ziff. 199 f. und 202.

1105 BVerfG, Klimaschutz 2021, Ziff. 202 f. sowie 149.

1106 Vgl. dazu hinten Kap. 9.2.2.6.1.

Schutzpflicht sei aber jedenfalls durch die komplexe Ursachenzusammenwirkung nicht ausgeschlossen.[1107] Diese Aussage ist auch deshalb beachtlich, weil das BVerfG einem kausalen Jurisdiktionsverständnis folgend als möglichen Anknüpfungspunkt einer transnational wirksamen Schutzpflicht den Umstand bezeichnete, dass die Beeinträchtigungen durch den Klimawandel »zu einem, wenngleich geringen, Teil auch durch von Deutschland ausgehenden Treibhausgasemissionen verursacht sind«.[1108] Derweil äußerte sich der IGH zur Jurisdiktions- und Kausalitätsfrage im Klimakontext jüngst im Ergebnis zurückhaltend: Zwar hielt er in der *Advisory Opinion zum Klimawandel* fest, dass die bisherige Rechtsprechung hinreichend flexibel sei, um zwischen der Verletzung einer klimavölkerrechtlichen Pflicht einerseits und der Schädigung eines Staates eine Kausalität anzunehmen. Ob dies tatsächlich der Fall sei, hänge indes von den Umständen des Einzelfalls ab.[1109] Unklar ist überdies, welche Rolle diese Flexibilität in der Kausalitätsfrage für die Annahme einer extraterritorialen menschenrechtlichen Jurisdiktion spielen könnte. Hinsichtlich der räumlichen Geltung der Menschenrechte beschränkte sich der IGH nämlich darauf, seine eigene Rechtsprechung wiederzugeben. Ohne eine Weiterentwicklung anzudeuten, bemerkte er, es hänge vom jeweiligen Vertrag ab, ob ein Staat extraterritoriale Jurisdiktion ausübe.[1110]

Ob diese Rechtsprechung auf eine wirksame Entterritorialisierung des Menschenrechtsschutzes im Zusammenhang mit der Klimakrise hindeutet, ist indes höchst fraglich. Hinsichtlich des erwähnten Verfahrens vor dem MRA ist zu beachten, dass diesem kein grenzüberschreitender Sachverhalt zugrunde lag, sodass unklar ist, inwiefern diese Stellungnahme auf die Jurisdiktionsfrage in entsprechenden Kontexten übertragbar und gegebenenfalls mit der Position des MRA in *Yassin* vereinbar ist.[1111] Das Bundesverfassungsgericht wiederum schob zwar die Bedenken betreffend die Kausalität beiseite, vermied dann aber mit einer räumlichen Differenzierung den extraterritorialen Grundrechtsschutz.[1112] Ein solcher

1107 BVerfG, Klimaschutz 2021, Ziff. 178.
1108 BVerfG, Klimaschutz 2021, Ziff. 175.
1109 IGH, Climate Change 2025, Ziff. 436 ff.
1110 IGH, Climate Change 2025, Ziff. 394 ff., insb. 402.
1111 Vgl. in dieser Hinsicht insb. MRA, Yassin 2017, Opinion Individuelle de Olivier de Frouville et Yadh Ben Achour, Ziff. 8, wonach eine – wenn auch indirekte – Kontrolle der Menschenrechtsträger*in erforderlich sei. Vgl. zur Frage, ob ein bloß kleiner Anteil am Gesamtgeschehen die menschenrechtliche Verantwortlichkeit ausschließt auch *Salomon*, Duty Among Multiple States, 2015, S. 381 f., wonach dies – mit Bezug zur extraterritorialen Geltung sozialer Rechte – zu verneinen sei (vgl. dazu auch vorne Kap. 9.2.2.5.9, Fn. 1065).
1112 Vgl. dazu hinten Kap. 9.2.2.6.1.

lässt sich nach derzeitigem Stand auch nicht aus der Praxis des IGH ableiten. Sodann stößt ein Kausalitätsverständnis, das eine Entterritorialisierung der Menschenrechte im Klimakontext ermöglichte, in der Lehre teilweise auf dezidierte Kritik.[1113] So nennt etwa Shany, der für ein funktionales Jurisdiktionsverständnis eintritt, den Klimawandel als ein Beispiel für jene Situationen, die angesichts indirekter, unbedeutender oder unerwarteter Schädigungen menschenrechtlich nicht zu erfassen seien.[1114] Auch Benoît Mayer konstatierte, es sei »implausible that the impacts of climate change could ever fall within the effective control of a state – or that they could be considered the direct and reasonably foreseeable consequence of a state's conduct – on the sole ground of the state's ability to achieve marginal reductions in global GHG emissions«.[1115] Dass der IAGMR im Konzept der effektiven Kontrolle eine Verschiebung von der geschädigten Person hin zur schädigenden Aktivität vornimmt, scheint nach dieser Lesart irrelevant, weil der Kausalzusammenhang zwischen dem Handeln eines einzelnen Staates einerseits und den Beeinträchtigungen menschenrechtlicher Positionen andererseits zu schwach ausgeprägt sei.[1116] Senkten beispielsweise die Niederlande ihre Treibhausgasemissionen um 9 %, was dem *Urgenda*-Verdikt[1117] entspreche, reduzierte dies die globalen Emissionen um lediglich 0.03 %.[1118] Gegen eine extensive Menschenrechtsräumlichkeit spreche denn auch, dass der Interamerikanische Gerichtshof

1113 Andererseits plädieren etwa *Bellinkx* et al., Addressing Climate Change, 2021, S. 11, dafür, von der Kausalität als Voraussetzung der Verantwortungszuordnung gänzlich abzurücken. Dass einzelne treibhausgasemittierenden Aktivitäten erst in ihrer Summe in relevanter Weise zum Klimawandel beitragen, stellt sodann auch für *Keller/Heri*, Climate Cases, 2022, S. 167, kein Problem dar, doch setzen sie sich nur unter dem Gesichtspunkt der Zurechenbarkeit bzw. der Staatenverantwortlichkeit mit dem Problem der diffusen Kausalität auseinandersetzen.

1114 *Shany*, Functional Approach, 2013, S. 69 f. Vgl. aber *Shany*, Extraterritorial Application, 2020, S. 149, wo in diesem Zusammenhang nur mehr das zweite Beispiel der vorzitierten Stelle, nämlich eine Hungerkrise in Nordkorea, erwähnt wird, der Klimawandel indes weggelassen wurde.

1115 *Mayer*, Mitigation as an Obligation, 2021, S. 427.

1116 Vgl. *Mayer*, Mitigation as an Obligation, 2021, S. 426 f. und 429; ähnlich *Thornton*, Relying on Human Rights, 2021, S. 160 ff. und 167; *Zahar*, Limits, 2022, S. 4 f.; sowie auch *Knox*, Climate Change and Human Rights Law, 2009, S. 211. Vgl. in diesem Zusammenhang auch EGMR, Öneryıldız GK 2004, Ziff. 100 f., wonach eine unmittelbare Gefahr für das Recht auf Leben erforderlich sei. Letzteres bestritt im Kontext der Klimakrise etwa der Oberste Gerichtshof Norwegens (vgl. Supreme Court of Norway, Nature and Youth Norway 2020, Ziff. 168).

1117 Supreme Court of the Netherlands, Urgenda 2019.

1118 *Mayer*, Mitigation as an Obligation, 2021, S. 424 f., der in der Folge davon ausgeht, dass Emissionsreduktionsmaßnahmen aus menschenrechtlicher

selbst auf dem Ausnahmecharakter extraterritorialer Jurisdiktion insistiert habe.[1119] Letztere sei, so der IAGMR, »an exceptional situation that must be examined in each specific case and restrictively«.[1120] Tatsächlich lässt sich diese Vorgabe mit der Ubiquität jenes staatlichen Handelns und insbesondere Unterlassens kaum vereinbaren, das dem anthropogenen Klimawandel zugrunde liegt.

Diese Skepsis im Schrifttum dürfte die Haltung vieler Staaten vorwegnehmen. Australien hielt zu den *»Torres Strait Islanders«* etwa fest, bei den drohenden Rechtsverletzungen handle es sich um ein »global phenomenon arising from myriad acts committed by innumerable private and State entities over decades that are unquestionably beyond the jurisdiction and control of the State party«.[1121] Zwar drang Australien, wie dargelegt, mit diesem Argument vor dem Menschenrechtsausschuss nicht durch. Der EGMR wiederum nahm sich derlei Bedenken aber zumindest hinsichtlich der Extraterritorialitätsfrage zu Herzen. In *Duarte Agostinho and Others* bejahten die Straßburger Richter*innen in gewisser Hinsicht die Kausalität, doch ließen sie diesen Umstand als Jurisdiktionsvoraussetzung gerade nicht genügen.[1122] Beeinträchtigungen durch Treibhausgasemissionen würden sich, so der EGMR, aus komplexen Kausalketten ergeben, sodass die Vorhersehbarkeit leide und sich der Menschenrechtsschutz weitgehend entgrenze. Genau dies, also ein »untenable level of uncertainty for the States« sowie eine »unlimited expansion of State's extraterritorial jurisdiction«, wollte der Gerichtshof aber vermeiden.[1123] Deshalb lehnte er es ab, für die Jurisdiktion einzig auf die Kausalität, das heißt auf eine kausale Beeinflussung konventionsrechtlich geschützter Positionen außerhalb des eigenen Staatsgebiets, abzustellen. Mit anderen Worten bemühte sich der EGMR nicht um eine Qualifizierung der Kausalität, sondern zog die fehlende Vorhersehbarkeit bzw. die Komplexität der Verhältnisse als Argument heran, um die Kausalität als Jurisdiktionskriterium auszuschließen.[1124]

Emissionen oder ihre Folgen, die extraterritorial auftreten, erweisen sich für den EGMR demnach nur dann als relevant, wenn davon

Perspektive für den jeweiligen Staat unverhältnismäßig seien (ibid., S. 425 und 433).

1119 Vgl. *Mayer*, Mitigation as an Obligation, 2021, S. 427.

1120 IAGMR, Environment and Human Rights 2017, Ziff. 104, ferner Ziff. 81 und 93.

1121 MRA, Billy 2022, Ziff. 6.7. Vgl. auch die Haltung der deutschen Bundesregierung in BVerfG, Klimaschutz 2021, Ziff. 89.

1122 EGMR, Duarte Agostinho dec. GK 2024, Ziff. 193 und 195.

1123 EGMR, Duarte Agostinho dec. GK 2024, Ziff. 208 sowie 206 f.; vgl. auch hinten in Kap. 9.2.2.5.10 bei Fn. 1160.

1124 Vgl. zur Ablehnung eines kausalen Jurisdiktionsverständnis durch den EGMR auch vorne Kap. 9.2.2.5.6. Die Kausalität ist für den EGMR erst

Menschen betroffen sind, die ohnehin bereits unter der territorialen Jurisdiktion eines Staates stehen. Während er in *Duarte Agostinho and Others* die extraterritoriale Jurisdiktion für klimabedingte Beeinträchtigungen außerhalb des eigenen Staatsgebiets ablehnte,[1125] berücksichtigte der Gerichtshof in seinem Verdikt zu den *Klimaseniorinnen* zwar auch Emissionen, die durch importierte Güter verursacht worden sind, doch sah er darin gerade keine Jurisdiktionsfrage.[1126] In vergleichbarer Weise kam das höchste norwegische Gericht zuvor bereits zum Schluss, dass klimabezogene Sachverhalte im Ausland irrelevant seien, wenn Norwegen davon nicht direkt betroffen sei.[1127] So sei der Verbrauch von norwegischem Erdöl im Ausland nur dann für das verfassungsmäßige Recht auf eine gesunde Umwelt von Bedeutung, wenn sich daraus eine Beeinträchtigung in Norwegen selbst ergebe.[1128]

9.2.2.5.10 Gegenstand und Umfang staatlicher Kontrolle

Dass die Entterritorialisierung der Menschenrechte ein prekäres Unterfangen darstellt, lässt sich auch am Kontrollbegriff ablesen. Während gewisse Jurisdiktionsmodelle ohne den Begriff der Kontrolle auskommen, erscheint dieser auch im Rahmen kausaler Konzeptionen. Wie erwähnt gehen diese regelmäßig mit einer Verschiebung des Kontrollgegenstands einher. Das entsprechende Jurisdiktionsverständnis knüpft entweder an diesen Umstand an, so etwa beim IAGMR, oder impliziert diesen, was in einigen Urteilen des EGMR der Fall ist. Obwohl mit einer konsequenten Reorientierung des Kontrollbegriffs eine weitgehende Entterritorialisierung einherginge, kann die bestehende Praxis nicht ohne Weiteres als dahingehender Durchbruch interpretiert werden, sondern muss möglicherweise viel eher als Sackgasse verstanden werden.

Wie erwähnt hat etwa der IAGMR in der *Advisory Opinion zu Umwelt und Menschenrechten* unter Bezugnahme auf umweltvölkerrechtliche Prinzipien die Kontrolle über Emissionen ins Zentrum seines

im Rahmen der materiellen Prüfung ausschlaggebend, wobei im Klimakontext ebenfalls kein strenger Maßstab angelegt wird, sondern auf die Handlungsmöglichkeiten der Mitgliedstaaten abgestellt wird und eine geteilte Verantwortung besteht; vgl. EGMR, Verein Klimaseniorinnen Schweiz and Others GK 2024, insb. Ziff. 442, 545 und 571; sowie dazu bereits vorne in Kap. 9.2.2.5.8 bei Fn. 1036.

1125 EGMR, Duarte Agostinho dec. GK 2024, Ziff. 177 ff., insb. 214.

1126 Vgl. EGMR, Verein Klimaseniorinnen Schweiz and Others GK 2024, Ziff. 287.

1127 Supreme Court of Norway, Nature and Youth Norway 2020, Ziff. 149, ferner Ziff. 155 und 159.

1128 Supreme Court of Norway, Nature and Youth Norway 2020, Ziff. 149.

Jurisdiktionskonzepts gestellt.[1129] Auch wenn diese Stellungnahme gerade hinsichtlich der extraterritorialen Geltung der Menschenrechte im Kontext des Klimawandels als wichtiger Beitrag zur Rechtsentwicklung betrachtet wird,[1130] ergeben sich aus der Verlautbarung aus San José durchaus potenziell erhebliche Einschränkungen. So stellt sich etwa die Frage, wie die schädigende Aktivität – »the fact that originated in that State's territory«[1131] – definiert und bestimmt wird. Diesbezüglich scheint der IAGMR ein enges Verständnis zugrunde zu legen, das insbesondere transnationalen wirtschaftlichen Verflechtungen kaum Rechnung trägt. Die Regulierungspflicht, die er aus dem Präventionsgebot und dem Schädigungsverbot ableitet, bleibt nämlich weitgehend auf innerstaatliche Aktivitäten beschränkt. Zwar begrüßt der Gerichtshof den Trend, von Sitzstaaten eine Regulierung unternehmerischen Handelns außerhalb des eigenen Territoriums zu verlangen. Ob eine dahingehende Pflicht indes besteht, lässt er offen.[1132] Im Zusammenhang mit der Pflicht, eine Umweltverträglichkeitsprüfung vorzunehmen, wird dieses Verständnis insofern bestätigt, als ausgeführt wird, dass hierzu lediglich jener Staat angehalten sei, der selbst eine Aktivität vornehme oder unter dessen Jurisdiktion sie implementiert werde.[1133] Wer eine solche Aktivität plant, finanziert und davon profitiert, scheint damit kaum ausschlaggebend zu sein.[1134] Dass lediglich innerstaatliche Emissionen, nicht hingegen solche, die innerstaatliche Akteur*innen außerhalb des jeweiligen Territoriums

1129 Vgl. daran anschließend IAGMR, Climate Emergency 2025, Ziff. 277 f. und 296.

1130 Vgl. etwa *Keller/Heri*, Climate Cases, 2022, S. 161 f.

1131 IAGMR, Environment and Human Rights 2017, Ziff. 101; vgl. dazu auch IAGMR, Climate Emergency 2025, Ziff. 277 f. und 321.

1132 IAGMR, Environment and Human Rights 2017, Ziff. 151: »The Court takes note of these developments, and considers them to be a positive trend that would allow States to ensure the human rights of persons outside their territory.« Vgl. aber weitergehend nun IAGMR, Climate Emergency 2025, Ziff. 345 ff., insb. 347 f., wobei die inhaltliche Tragweite unklar bleibt, zumal die Ausführungen bezogen auf die Emissionsminderung erfolgen.

1133 IAGMR, Environment and Human Rights 2017, Ziff. 158.

1134 Vgl. demgegenüber *Burbano-Herrera/Haeck*, Inter-American human rights, 2022, S. 123, wonach die Advisory Opinion den Weg zur Menschenrechtsverantwortung von Sitzstaaten für das extraterritoriale Handeln transnationaler Unternehmen klar vorzeichne. Auch *Berkes*, Cross-border pollution, 2022, S. 441, erkennt eine Schutzpflicht bezüglich extraterritorialer Menschenrechtsverletzungen durch Unternehmen. Vgl. ebenso *Rooney*, Extraterritorial Corporate Liability, 2019, S. 162. Soweit gemäß Art. 2 lit. d ILC-Articles on Prevention die Planung von Aktivitäten betroffen ist, dürfte auch hier kein extraterritoriales Verständnis zugrunde liegen. Geplante Aktivitäten werden viel eher deshalb erwähnt, weil bereits in diesem Stadium Vorsorgepflichten greifen.

vermittelt über Lieferketten, Investitionen oder Transithandel verantworten, zu erfassen sind, scheint auch der Kinderrechtsausschuss anzunehmen. Dieser hielt fest, dass die Möglichkeit, Emissionen zu regulieren und diese Regulierung umzusetzen, eine effektive Kontrolle begründe.[1135] Daraus könnte zwar geschlossen werden, dass eine hinreichende Einflussmöglichkeit genüge, um eine menschenrechtliche Jurisdiktion anzunehmen, sodass beispielsweise auch extraterritoriale Emissionen transnationaler Unternehmen erfasst wären. Allerdings bezieht sich der KRA mehrfach explizit auf »emissions originating within its territory« und bleibt folglich innerhalb der Territorialitätslogik des IAGMR.[1136]

Soweit der EGMR-Praxis implizit ein garantiespezifischer Kontrollbegriff zugrunde liegt,[1137] was regelmäßig als Annäherung an ein kausales Jurisdiktionsverständnis interpretiert wird, gilt es ebenfalls Einschränkungen zu beachten. Die Konstellationen, in welchen der EGMR eine Verschiebung des Kontrollgegenstands nahegelegt hat, weisen Spezifika auf, die einer Generalisierung entgegenstehen. Dass in der Rechtsprechung des EGMR zum transnationalen Schutz der Privatsphäre und zur Eigentumsgarantie keine Hinwendung zu einem kausalen Jurisdiktionskonzept gesehen werden kann, sondern diese als Ausdruck einer dahingehenden Skepsis zu lesen ist, wurde bereits ausgeführt.[1138] Die Flexibilität, die der EGMR hinsichtlich des Kontrollgegenstands im Zusammenhang mit dem Eigentumsschutz an den Tag legt, scheint viel eher einer Abstraktion geschuldet zu sein, als eine dogmatische Weichenstellung anzuzeigen. Zudem legen die Erwägungen in *Big Brother Watch* eine Ablehnung dessen nahe, was als Verschiebung des Kontrollgegenstands interpretiert werden könnte.[1139] Dies lässt sich sodann auch aus der Praxis zur prozeduralen Jurisdiktion nicht überzeugend ableiten.[1140] Letztere bejaht der EGMR nur, wenn die Betroffenen als Partei in ein Straf- oder Zivilverfahren im jeweiligen Staat involviert sind oder dank zusätzlicher Voraussetzungen ein »jurisdictional link« gegeben ist.[1141] Verwaltungsrechtliche Verfahren blieben bislang außen vor.[1142] Der

1135 KRA, Sacchi et al. v. Argentina 2021, Ziff. 10.9.

1136 KRA, Sacchi et al. v. Argentina 2021, Ziff. 10.9 ff. und 10.14.

1137 Vgl. zu dieser Praxis vorne Kap. 9.2.2.4.3.1 ff.

1138 Vgl. vorne Kap. 9.2.2.5.6.1, bei Fn. 924 ff.

1139 Vgl. wiederum vorne in Kap. 9.2.2.5.6.1 bei Fn. 927. Andere Schlüsse lässt aber der Kammerentscheid in *Wieder and Guarnieri* zu; vgl. dazu ebenfalls a.a.O.

1140 Vgl. dazu vorne Kap. 9.2.2.4.3.3.

1141 An diesem Punkt verschwimmt denn auch die Kategorisierung des EGMR, weil sich der »jurisdictional link« aus »special features« zu ergeben scheint. Vgl. dazu vorne in Kap. 9.2.2.4.3.3 bei Fn. 701 und in Kap. 9.2.2.5.8 bei Fn. 1042 ff.

1142 Vgl. EGMR, M.N. GK 2020, Ziff. 122.

Gerichtshof anerkennt denn auch das Interesse, eine »near-universal application of the Convention on the basis of the unilateral choices of any individual« zu verhindern.[1143] Abgesehen davon zieht die prozedurale Jurisdiktion nur die Geltung ganz spezifischer, nämlich verfahrensrechtlicher Garantien nach sich.[1144] Die Verpflichtung, einen extraterritorialen Vorfall abzuklären, impliziert folglich nicht, dass dieser Staat vorangehend Achtungs- oder Schutzpflichten zu beachten gehabt hätte.[1145] Daher erscheint es fraglich, ob eine Übertragung auf andere Kontexte wie beispielsweise Lieferketten[1146] wesentlich zur menschenrechtlichen Erfassung transnationaler Wirtschaftsbeziehungen beitragen könnte.[1147] Immerhin ergibt sich aus dieser Rechtsprechung die Pflicht, Verfahrensgarantien auch in transnationalen Zivilklagen zu beachten,[1148] was aber kaum in Frage stehen dürfte. Schließlich bietet sich die Straßburger Rechtsprechung zur prozeduralen Jurisdiktion und der damit einhergehenden Verschiebung des Kontrollgegenstands bereits deshalb nicht für eine Generalisierung an, weil der Gerichtshof selbst diese Rechtsprechungslinie als Ausnahme konzipiert, welche die Regel der räumlichen und persönlichen Kontrolle bestätigt.[1149] In *Semenya* hielt die Große Kammer denn auch jüngst fest, dass sich die prozedurale Jurisdiktion nicht verallgemeinern lasse.[1150]

Als Durchbruch zu einem kausalen Jurisdiktionsmodell lässt sich sodann auch die in der Praxis zur extraterritorialen Tötung mitunter angedeutete Verschiebung des Kontrollgegenstands nicht begreifen.[1151] Abgesehen davon, dass der EGMR ein solches Verständnis selbst explizit ablehnt, zeichnet sich das in diesen Fällen betroffene Recht auf Leben dadurch aus, dass der fragliche Akt mit der maximal möglichen Kontrolle über eine Person einhergeht, auch wenn sich diese unter Umständen noch eine gewisse Zeit frei bewegen kann, etwa weil die Todesfolge wie im *Carter*-Fall erst mit Verzögerung eintritt.[1152] Wer das Recht auf

1143 EGMR, M.N. GK 2020, Ziff. 123; EGMR, H.F. GK 2022, Ziff. 188.
1144 Vgl. etwa EGMR, H.F. GK 2022, Ziff. 195; EGMR, Markovic GK 2006, Ziff. 4 und 54.
1145 Vgl. EGMR, Rantsev 2010, Ziff. 308 sowie 222 f. und 304.
1146 Vgl. so *Kaufmann* et al., Extraterritorialität im Bereich Wirtschaft und Menschenrechte, 2016, S. 41.
1147 Vgl. auch *Besson*, La due diligence, 2020, S. 359.
1148 *Besson*, La due diligence, 2020, S. 359.
1149 Vgl. vorne in Kap. 9.2.2.4.3.3 bei Fn. 701.
1150 EGMR, Semenya GK 2025, Ziff. 142 ff.
1151 Vgl. vorne Kap. 9.2.2.4.3.1.
1152 Vgl. hingegen *Milanovic*, Litvinenko, in: <ejiltalk.org>, 23.09.2021, m. V. a. EGMR, Carter 2021, Ziff. 128, wo von gezielten Verletzungen von Menschenrechten die Rede ist, mithin keine Einschränkung auf Art. 2 EMRK vorgenommen wird.

Leben kontrolliert, greift in einem Umfang auf die betroffene Person zu, dass diese gleichsam als Ganzes erfasst wird.[1153] Dieser Vorbehalt betrifft sodann nicht nur die Straßburger Praxis, sondern auch den Menschenrechtsausschuss, der die in diesem Zusammenhang zentralen Positionen ebenfalls mit Bezug auf das Recht auf Leben formuliert hat.[1154] Abgesehen von dieser Überschneidung des Gegenstands eines persönlichen und eines kausalen Jurisdiktionsverständnisses hinsichtlich des Rechts auf Leben spricht die seit *Carter* ergangene Rechtsprechung gegen die Annahme, dass sich der EGMR in diesem Entscheid zum kausalen Jurisdiktionsverständnis bekannt haben soll.[1155] Die Passagen in *Carter*, die als progressive Wende verstanden werden könnten,[1156] dienten dem Gerichtshof in seiner anschließenden Praxis nicht als relevante Anknüpfungspunkte. Vielmehr ist mit *H.F. and Others* erneut ein Entscheid der Großen Kammer ergangen, der als deutliche Ablehnung eines solchen Maßstabs zur Bestimmung der räumlichen Geltung zu verstehen ist.[1157] Zudem stellte der EGMR in *Ukraine and the Netherlands* und in *Duarte Agostinho and Others* klar, dass keine Verschiebung des Gegenstands staatlicher Kontrolle und menschenrechtlicher Jurisdiktion intendiert ist: Ohne sich in dieser Hinsicht explizit mit *Carter* auseinanderzusetzen, führte er in *Ukraine and the Netherlands* zum persönlichen Jurisdiktionskonzept aus, dass dieses an die Kontrolle über die von der Menschenrechtsverletzung betroffenen Person anknüpfe und schlussfolgerte: »In all cases of State agent authority and control, any jurisdiction established is a personal one over the victim.«[1158] Eine Kontrolle über konventionsrechtlich geschützte Interessen begründe – abgesehen von

1153 Dies wird auch in EGMR, Narayan 2023, Ziff. 108 f. und 119, deutlich; vgl. dazu sogleich unten Kap. 9.2.2.5.10, Fn. 1158.

1154 Vgl. MRA, GC 36 2018, insb. Ziff. 63.

1155 Vgl. etwa die euphorische Lektüre von *Tzevelekos/Berkes*, Concealed Metamorphosis, in: <echrblog.com>, 09.11.2021.

1156 EGMR, Carter 2021, Ziff. 150, 158, 160, 161 und 171; vgl. dazu vorne in Kap. 9.2.2.4.3.1 bei Fn. 661.

1157 EGMR, H.F. GK 2022, Ziff. 199 und 203. Vgl. dazu vorne in Kap. 9.2.2.5.6.1 bei Fn. 913.

1158 EGMR, Ukraine and the Netherlands Dec. GK 2023, Ziff. 565 und 571 (zit). Vgl. auch EGMR, Matkava 2023, Ziff. 98 f., wo das *Carter*-Urteil zwar zitiert wird, aber gerade nicht jene Erwägungen, die eine Anpassung des Kontrollgegenstands nahelegen, und stattdessen von einer Kontrolle über die betroffenen Personen die Rede ist; sowie EGMR, Narayan 2023, wo der Gerichtshof vermittelnd festhielt: »Mr Gurbanov wielded power over the life of, and therefore exercised effective physical control over Mr Narayan and Mr Abovyan« (Ziff. 119, ähnlich Ziff. 108 f.), und damit die Person selbst als Objekt der jurisdiktionsbegründenden Kontrolle betrachtete.

der besonderen Rechtsprechung zur gezielten Tötung durch Staatsorgane – keine Jurisdiktion.[1159] Dafür spreche insbesondere, dass eine solche Jurisdiktionstheorie gerade mit Blick auf den Klimawandel eine grenzenlose extraterritoriale Jurisdiktion und eine unerträgliche Unsicherheit für die Staaten zur Folge hätte.[1160]

Eine deutliche Ablehnung der Verschiebung des Kontrollgegenstands ergibt sich schließlich bereits aus dem Nichteintreten in *Chagos Islanders*. Das Argument, wonach sich der relevante Sachverhalt innerhalb des britischen Territoriums abspielte, weil die Entscheidungsgewalt in letzter Instanz britischen Behörden zukam, verwirft der EGMR explizit.[1161] Die Strategie, den Gegenstand, an den die staatliche Kontrolle anknüpft, derart zu definieren, dass dieser im Inland liegt, sowie die damit einhergehende Verschiebung des Kontrollgegenstands wurden damit zurückgewiesen.

Als garantiespezifisch erweist sich die Jurisdiktion demnach nur insofern, als im Rahmen der persönlichen Jurisdiktion lediglich jene Konventionsrechte zu gewährleisten sind, die in der konkreten Situation – in der die betroffene Person unter staatlicher Kontrolle steht – relevant sind.[1162] Entsprechend ist die Frage der Verschiebung des Kontrollgegenstands nicht mit der »divided and tailored«-Praxis zu verwechseln. Wenn der EGMR nur gewisse menschenrechtliche Schutzgehalte prüft, dann nicht deshalb, weil bereits der Einfluss auf eine bestimmte Konventionsgarantie Jurisdiktion nach sich zöge, sondern mit Blick darauf, dass persönliche Jurisdiktion nur situationsspezifische Pflichten begründet. Mit anderen Worten senkt der EGMR nicht die Voraussetzungen extraterritorialer Jurisdiktion, sondern reduziert deren Folgen.[1163] Es handelt sich also gerade nicht um einen Gewinn extraterritorialer Geltung. Vielmehr lässt sich darin potenziell eine weitere Einschränkung derselben erkennen.[1164]

Nach dem Gesagten legt weder die Praxis des IAGMR, der als Kontrollgegenstand die Quelle der Menschenrechtsverletzung bestimmt, noch jene des EGMR, wonach in spezifischen Konstellationen bereits die Kontrolle über den Genuss eines bestimmten Rechts Jurisdiktion begründet, den Schluss nahe, dass sich eine Verschiebung des Kontrollgegenstands

1159 EGMR, Duarte Agostinho dec. GK 2024, Ziff. 205.

1160 EGMR, Duarte Agostinho dec. GK 2024, Ziff. 207 f.; vgl. bereits vorne in Kap. 9.2.2.5.9.3 bei Fn. 1123.

1161 EGMR, Chagos Islanders Dec. 2012, Ziff. 65. Vgl. dazu bereits vorne in Kap. 9.2.2.5.6.1 bei Fn. 910.

1162 EGMR, Ukraine and the Netherlands Dec. GK 2023, Ziff. 571.

1163 Vgl. EGMR, Duarte Agostinho dec. GK 2024, Ziff. 197, wonach die »divided and tailored«-Praxis am Umstand nichts ändere, dass die Jurisdiktion eine Anwendungsschwelle darstelle. Vgl. zu Letzterem auch nachfolgend in Kap. 9.2.2.5.11 bei Fn. 1175 ff.

1164 Vgl. zur räumlichen Differenzierung hinten Kap. 9.2.2.6.1.

bereits durchgesetzt hätte oder in naher Zukunft durchsetzen dürfte. Gegen eine solche Entwicklungstendenz spricht schließlich auch die Ablehnung aus dem Schrifttum. Abgesehen davon, dass mehrheitlich angenommen wird, die betroffenen Personen, also die Menschenrechtsträger*innen, stellten das »Objekt« staatlicher Kontrolle dar,[1165] stößt die Verschiebung des Kontrollgegenstands mitunter auf explizite Kritik. So lehnt etwa Besson diese dogmatische Neueinstellung dezidiert ab.[1166] Wie bereits erwähnt, erschüttere der Vorschlag, die Kontrolle über Menschen mit derjenigen über Ursachen der Menschenrechtsverletzung zu ersetzen, das Menschenrechtsregime in seinen Grundfesten.[1167] Von der Kontrolle über Private, etwa transnationale Unternehmen, könne schlechterdings nicht auf die effektive Kontrolle über betroffene Personen geschlossen werden, denn eine bloß rechtlich-institutionell vermittelte Kontrolle führe Letzteres gerade nicht herbei.[1168]

Die Verschiebung des Kontrollgegenstands erweist sich damit sowohl in der Rechtsprechung als auch in der Lehre als zweifelhaft und umstritten. Ungeachtet dieser Diagnose gilt es mit Blick auf den Kontrollbegriff abschließend einen weiteren Aspekt zu berücksichtigen, der die Entterritorialisierung der Menschenrechte als Trugbild erscheinen lässt. Wird eine Kontrolle – sei es eine über die Person oder eine über den Genuss bestimmter Rechte – vorausgesetzt, dürfte dies kausale Jurisdiktionsverständnisse weitgehend ihres expansiven Potenzials berauben. Von Kontrolle kann nur dann die Rede sein, wenn ein Staat maßgeblich Einfluss übt oder die Möglichkeit hat, dies zu tun. Wird lediglich zum Geschehen beigetragen oder könnte nur eine Verbesserung der menschenrechtlich problematischen Situation im Außen erzielt werden, was im Kontext des Kausalitätsbegriffs zumindest teilweise als hinreichend erachtet wird,[1169] ist Kontrolle unabhängig davon, ob sich diese lediglich auf ein bestimmtes Recht bzw. Schutzobjekt erstrecken oder die Person als solche erfassen muss, kaum gegeben. Weitergehende Folgen könnten zwar mit dem Fokus auf die Quelle der Menschenrechtsverletzung, also mit der Verschiebung des Kontrollgegenstands, die der IAGMR und der KRA vornehmen, einhergehen. Doch auch hier sind nach dem Gesagten Vorbehalte angezeigt, zumal

1165 Vgl. etwa *Shany*, Extraterritorial Application, 2020, S. 91 f.; *von Bernstorff*, Extraterritoriale Staatenpflichten, 2011, S. 55; *Kälin/Künzli*, Menschenrechtsschutz, 2019, Rz. 4.64, Fn. 142. Vgl. hingegen für eine Neudefinition des Kontrollgegenstands etwa *Altwicker*, Transnationalizing Rights, 2018, S. 590 ff., der eine »effective control over situations« vorschlägt.

1166 *Besson*, La due diligence, 2020, S. 344, 346, 349, 356 f. und 361 f., welche die Vermischung von Extraterritorialität und Sorgfaltspflicht kritisiert; vgl. dazu auch *Besson*, Mind the Gap, 2020.

1167 Vgl. vorne Kap. 9.2.2.5.6.3.

1168 *Besson*, La due diligence, 2020, S. 358 f.

1169 Vgl. dazu vorne Kap. 9.2.2.5.9.

Menschenrechtsverletzungen, die auf systemische Ursachen und das Zusammenwirken verschiedener Quellen zurückzuführen sind, auch im Rahmen der Jurisdiktionsdogmatik des IAGMR schwierig zu erfassen sind.[1170]

9.2.2.5.11 Schwache Normativität und Unbestimmtheit

Nach den bisherigen Ausführungen stehen nicht nur die etablierten Jurisdiktionsmodelle der Annahme entgegen, dass sich das Menschenrechtsregime von seiner Territorialitätslogik bereits befreit habe. Auch kausale Jurisdiktionskonzepte sind regelmäßig von Prekaritätsmomenten betroffen, sodass auch deren Herausbildung kaum als Durchbruch der Entterritorialisierung der Menschenrechte interpretiert werden kann. Einzig im Bereich der wirtschaftlichen, sozialen und kulturellen Rechte scheint sich eine tiefgreifende Transformation der menschenrechtlichen Raumordnung abzuzeichnen. Insbesondere der WSK-Ausschuss postuliert weitgehende positive Pflichten im transnationalen Verhältnis. So vertritt dieser die Meinung, dass die extraterritoriale Geltung der Menschenrechte gerade keine Jurisdiktion voraussetze und folglich keine Anwendungsschwelle bestehe.[1171] Anders als der Menschenrechtsausschuss bringt der WSK-Ausschuss keine wesentlichen Vorbehalte etwa hinsichtlich eines Näheverhältnisses oder einer Qualifizierung der Kausalität an. Auch im Schrifttum wird diese Position mitunter geteilt.[1172] Statt der Jurisdiktion als Anwendungsschwelle regle der UN-Pakt I die räumliche Geltung über die Kooperationspflicht, wie sie in Art. 2 Abs. 1 des Paktes und Art. 55 f. UN-Charta enthalten ist.[1173] In diesem Sinne stützt sich etwa Skogly wesentlich auf die Kooperationspflicht ab, um globale Menschenrechtspflichten dogmatisch zu fundieren. Die Menschenrechtsverträge definierten, so Skogly, den Inhalt globaler Menschenrechtspflichten, während die Unterstützungs- und Kooperationspflicht das Mittel darstelle, um diese zu erfüllen.[1174]

1170 Vgl. dazu vorne Kap. 9.2.2.5.9.

1171 Vgl. insb. WSKA, GC 24 2017, Ziff. 27; sowie die Ausführungen im Kap. 9.2.2.4.3.5.

1172 Vgl. etwa *den Heijer/Lawson*, Jurisdiction, 2012, S. 184 f., die indes selbst darauf hinweisen, dass auch gewichtige Argumente gegen diese Annahme sprechen; *Langford/Coomans/Gómez Isa*, Extraterritorial Duties, 2012, S. 51 f.; *Salomon*, Global Responsibility, 2007, S. 75 f., 177, 181 und 190; *Sepúlveda Carmona*, Assistance and cooperation, 2009, S. 90 ff.

1173 Vgl. die Hinweise in der vorangehenden Fn. sowie in Kap. 9.2.2.4.3.5, Fn. 734; vgl. in diesem Sinne auch Art. 8 lit. b, Art. 9 lit. c und insb. Art. 33 Maastricht Principles. Auf die internationale Kooperation verweist auch Art. 4 Abs. 2 BRK.

1174 *Skogly*, Global human rights obligations, 2022, S. 28, 30 und 36 bzw. S. 29 und 32.

Dennoch ginge es deutlich zu weit, die Entwicklung im Kontext der WSK-Rechte als nachhaltige Überwindung der Territorialität der Menschenrechte zu betrachten. Umstritten ist erstens, ob auf die Jurisdiktion als Anwendungsschwelle verzichtet werden kann. Zweitens spricht der Umstand gegen die Entterritorialisierungsthese, dass sich das Kooperationsgebot als äußerst prekäre Grundlage extraterritorialer Menschenrechtspflichten erweist. Zur Zurückhaltung mahnt bezüglich der Frage der Anwendungsschwelle zunächst die Rechtsprechung des Internationalen Gerichtshofs. Wirtschaftliche und soziale Menschenrechtspflichten scheinen seinem Verständnis nach Jurisdiktion vorauszusetzen. Im Entscheid zur israelischen Besatzung Palästinas interpretierte der IGH das Fehlen einer Jurisdiktionsklausel weder als Ausdruck strikter Territorialität noch als Hinweis auf eine räumliche unbegrenzte Geltung, sondern er erklärte sich diesen Umstand mit der grundsätzlich territorialen Natur der WSK-Rechte.[1175] Entsprechend machte der Gerichtshof die extraterritoriale Geltung von der Jurisdiktionsausübung abhängig.[1176] Damit setzte er Jurisdiktion auch hinsichtlich der WSK-Rechte als Anwendungsschwelle voraus. Gleiches lässt sich sodann in einzelnen Verlautbarungen des WSK-Ausschusses beobachten, der in einzelnen Verlautbarungen das Kriterium der Jurisdiktion erwähnt.[1177]

Dem Verweis auf die IGH-Rechtsprechung und vereinzelte Stellungnahmen des WSKA könnte entgegengehalten werden, dass diese mutmaßlich überholt und der Gerichtshof bei entsprechender Gelegenheit den expansiven Entwicklungen der WSKA-Praxis Rechnung tragen würde.[1178] Auch wenn dies nicht ausgeschlossen ist, sprechen weitere Umstände für eine zurückhaltende Beurteilung der genannten Entwicklungen: Erwähnenswert sind in diesem Zusammenhang zunächst die Fakultativprotokolle über die Individualbeschwerdeverfahren zu jenen UN-Menschenrechtsverträgen, die wie etwa der Sozialpakt keine Jurisdiktionsklausel enthalten. Diese Protokolle beschränken nämlich die Zuständigkeit der Ausschüsse auf Personen, die der Jurisdiktion des jeweiligen Vertragsstaats unterstehen.[1179] Obschon damit nicht die Geltungsbereiche der Menschenrechtsverträge, sondern lediglich deren

1175 IGH, Construction of a Wall 2004, Ziff. 112; vgl. auch IGH, Climate Change 2025, Ziff. 400.

1176 Vgl. IGH, Construction of a Wall 2004, Ziff. 112; ferner *den Heijer/Lawson*, Jurisdiction, 2012, S. 185.

1177 Vgl. etwa WSKA, CO Israel 1998, Ziff. 6 und 8; sowie *Askin*, Extraterritoriale Anwendbarkeit des UN-Sozialpakts, 2024, S. 164 f. m. w. H.

1178 Vgl. aber etwa IGH, Bosnien-Herzegowina 2007, Ziff. 429, wo vor einer Generalisierung der expansiven Dogmatik, die der Präventionspflicht der Genozidkonvention zugrunde gelegt wird, gewarnt wird; sowie die fehlende Innovationsbereitschaft in IGH, Climate Change 2025, Ziff. 394 ff.

1179 Art. 2 UN-Pakt I-FP; Art. 2 FDK-FP; Art. 1 BRK-FP; sowie Art. 14 RDK.

Justiziabilität tangiert wird, lässt sich die Absicht der Vertragsstaaten, sich vor den Ausschüssen in Individualbeschwerdeverfahren nicht für extraterritoriale Menschenrechtsverletzungen verantworten zu müssen, als Hinweis darauf verstehen, dass eine räumliche Differenzierung der Normativität der WSK-Rechte durchaus gewollt ist. Insofern lassen sich die entsprechenden Protokolle auch als nachfolgende Praxis im Sinne von Art. 31 Abs. 3 lit. b VRK interpretieren.

Sodann wird im Schrifttum weiterhin die Meinung vertreten, dass auch hinsichtlich der WSK-Rechte das Jurisdiktionserfordernis zu beachten sei. Jegliche menschenrechtliche Sorgfaltspflicht – ob territorial oder extraterritorial – setze, so Besson, Jurisdiktion im Sinne des Menschenrechtsregimes voraus.[1180] Die Anforderungen demgegenüber, die an den Bestand einer Sorgfaltspflicht gestellt werden, würden folglich gerade nicht die Jurisdiktionsvoraussetzungen zu ersetzen vermögen. Vielmehr müsse Jurisdiktion nach diesem Verständnis stets vorausgehen.[1181] Für eine Anwendungsschwelle wirtschaftlicher und sozialer Rechte plädieren sodann etwa auch Peters und Askin.[1182]

Dass extraterritoriale Pflichten in der Regel nicht voraussetzungslos angenommen werden, ergibt sich schließlich aus den bisherigen Ausführungen. Diese zeigen, dass selbst dann, wenn keine Jurisdiktion vorausgesetzt oder einem kausalen Jurisdiktionskonzept gefolgt wird, gemäß der Praxis der Vertragsorgane im Ergebnis eine Anwendungsschwelle zu überwinden ist. Insofern ist es wahrscheinlich, dass im Zuge ihrer Konkretisierung auch die unverbindlichen, aber vollmundigen Postulate des WSK-Ausschusses in General Comments und Concluding Observations Einschränkungen erfahren würden. So impliziert etwa das Kriterium der Einflussmöglichkeit, an dem der WSK-Ausschuss positive Pflichten festmacht, eine Wertung darüber, ob ein bestimmtes Handeln möglich gewesen wäre. Angesprochen ist damit zumindest die Ressourcenfrage, die heikle Abgrenzungen erfordert, wofür indes aus dem bestehenden Rechtsbestand kaum verbindliche und konsensfähige Vorgaben abgeleitet werden können.

Damit gerät bereits der zweite Grund in den Blick, der gegen die Annahme einer wirksamen Entterritorialisierung wirtschaftlicher, sozialer und kultureller Rechte spricht. Es scheinen nämlich beträchtliche Vorbehalte mit Blick auf die Kooperationspflicht angezeigt, an der sowohl der

1180 *Besson*, La due diligence, 2020, S. 357 f. und 363 f.; vgl. auch *Ollino*, Effects-Based Extraterritoriality, 2022, S. 630 ff.

1181 Vgl. auch *Langford/Coomans/Gómez Isa*, Extraterritorial Duties, 2012, S. 91; ferner *Raible*, Extraterritoriality, 2020, S. 86 und 120.

1182 *Peters*, Social Dimension, 2018, S. 303, die indes das Kriterium der Kontrolle als unpassend zurückweist. Vgl. ähnlich *Askin*, Extraterritorial Application, 2019, Rz. 19; sowie auch *Askin*, Extraterritoriale Anwendbarkeit des UN-Sozialpakts, 2024, S. 166 ff.

WSK-Ausschuss als auch ein Teil der Lehre extraterritoriale Schutz- und Gewährleistungspflichten festmacht. Das Kooperationsgebot ist inhaltlich unbestimmt und von zweifelhafter normativer Stärke.[1183] Zunächst ist höchst umstritten, inwiefern die Formulierung in Art. 2 Abs. 1 UN-Pakt I, wonach jeder Vertragsstaat die WSK-Rechte »einzeln und durch internationale Hilfe und Zusammenarbeit« zu verwirklichen habe, Kooperation verbindlich vorschreibt.[1184] Alston und Quinn hielten 1987 fest, es sei »difficult, if not impossible, to sustain the argument that the commitment to international cooperation contained in the Covenant can accurately be characterized as a legally binding obligation upon any particular State to provide any particular form of assistance«.[1185] Auch zwanzig Jahre später führte Alston aus, die Kooperationspflicht, sollte eine solche überhaupt bestehen, richte sich höchstens an die internationale Gemeinschaft als solche.[1186] Zwar sei eine Entwicklung hin zur Annahme einer verbindlichen Kooperationspflicht denkbar, doch hätte selbst ein dahingehender Konsens im Schrifttum kaum weitreichende Folgen, solange die Staatenpraxis dies nicht stütze.[1187] Selbst wenn die Kooperationspflicht auf abstrakter Ebene als anerkannt gilt, werden aus dieser bis heute keine klaren Vorgaben abgeleitet.[1188] Gerade hinsichtlich finanzieller Verpflichtungen und Ressourcentransfers, so die weit verbreitete Ansicht, lasse sich der

1183 Von den nachfolgenden Erwägungen grundsätzlich zu unterscheiden ist die Frage der Rechtsnatur der Verlautbarungen der UN-Vertragsorgane. Dass diese als unverbindliches »soft law« betrachtet werden (vgl. die Hinweise vorne in Kap. 9.2.2.5, Fn. 749; sowie dazu auch hinten Kap. 9.2.2.5.11, Fn. 1198), spitzt die normative Schwäche zwar zu, ändert aber nichts am Umstand, dass die Vertragsorgane am Rechtsdiskurs in relevanter Weise teilnehmen. Vgl. insofern auch *Keller/Grover*, General Comments of the Human Rights Committee and their legitimacy, 2012, S. 129; *Reiners*, Interpretation, 2018, S. 12 f.; *Takata/Hamamoto*, General Comments, 2023, Rz. 51 ff.; *Bartels*, Extraterritorial Effects, 2014, S. 1087.

1184 Vgl. neben den nachfolgend Zitierten: *Craven*, International Covenant, 1995, S. 145 ff.; *De Schutter* et al., Maastricht Principles Commentary, 2012, S. 1094; *Langford/Coomans/Gómez Isa*, Extraterritorial Duties, 2012, S. 62 ff., 68, 72 f. und 110; *Peters*, Social Dimension, 2018, S. 305; *Askin*, Extraterritorial Application, 2019, Rz. 38. Die internationale Kooperation erwähnen im Übrigen auch andere Menschenrechsverträge (z. B. Art. 32 BRK oder Art. 24 Abs. 4 KRK), doch sind diese nicht wesentlich verbindlicher formuliert.

1185 *Alston/Quinn*, Nature and Scope, 1987, S. 191.

1186 *Alston*, Ships Passing, 2005, S. 777; vgl. auch *Karimova*, International Assistance and Cooperation, 2014, S. 192.

1187 *Alston*, Ships Passing, 2005, S. 777 f.

1188 *Karimova*, International Assistance and Cooperation, 2014, S. 171 und 192; *Riedel*, Human Rights Protection as a Principle, 2020, S. 289; *Salomon*, Duty Among Multiple States, 2015, S. 385.

Kooperationspflicht nichts Verbindliches entnehmen.[1189] Mit Blick auf das Recht der internationalen Entwicklungszusammenarbeit kommt auch Dann, wie bereits erwähnt, zum Schluss, dass keine verbindliche Pflicht zur Unterstützung bestehe.[1190] Dies gelte selbst für die bescheidenen 0.7 % des BIP als Zielgröße der Entwicklungshilfe.[1191] Dem pflichtet Vandenhole bei, denn es sei »currently no general and undifferentiated hard legal obligation to cooperate internationally for development« auszumachen.[1192] Während aus dem Kooperationsgebot eine Pflicht abgeleitet werden kann, Unterstützung zu suchen, ergibt sich daraus kaum eine korrespondierende Pflicht, diese zu leisten.[1193] Abhilfe verschaffen auch die oftmals in diesem Zusammenhang zitierten Art. 55 f. UN-Charta nicht. Die dort enthaltene Kooperationspflicht verweist für den konkreten Inhalt nämlich lediglich auf die einschlägigen Rechtsregime.[1194] Die Stellung des Rechts auf Entwicklung, das vergleichsweise radikale Forderungen impliziert, aber lediglich in unverbindlichen Erklärungen verankert ist,[1195] ergänzt dieses Bild: Es ist das umstrittenste und am wenigsten operationalisierte Menschenrecht überhaupt.[1196]

Diese schwache Normativität des Kooperationsgebots zeigt sich auch an den zurückhaltenden Formulierungen in den Verlautbarungen der

1189 *Karimova*, International Assistance and Cooperation, 2014, S. 174 f., 180 f. und 192; *Kaltenborn*, Human Rights Framework, 2020, S. 36; *Riedel*, Human Rights Protection as a Principle, 2020, S. 239; *Raible*, Extraterritoriality, 2020, S. 214 f.; *Askin*, Extraterritoriale Anwendbarkeit des UN-Sozialpakts, 2024, S. 320 ff., insb. 324.

1190 *Dann*, The Law of Development Cooperation, 2013, S. 233, 237, 278, 279 und 296; vgl. auch *Kreuter-Kirchhof*, Wirtschaft und Kultur, 2019, Ziff. 32.

1191 *Wilde*, Socioeconomic Rights, 2018, S. 393 ff.; *Langford/Coomans/Gómez Isa*, Extraterritorial Duties, 2012, S. 110.

1192 *Vandenhole*, Division of Labour, 2020, S. 230.

1193 Vgl. zur Pflicht, Unterstützung zu suchen, etwa *Karimova*, International Assistance and Cooperation, 2014, S. 176 und 190; *Riedel/Giacca/Golay*, Development, 2014, S. 15, 20 und 33; *Askin*, Extraterritoriale Anwendbarkeit des UN-Sozialpakts, 2024, S. 322.

1194 *Boisson de Chazournes/Rudall*, Co-Operation, 2020, S. 108 und 113. Die Vorgenannten zeichnen indes von der Konkretisierung im Menschenrechtsregime ein positiveres Bild als vorliegende Ausführungen nahelegen, bleiben aber ebenso abstrakt und programmatisch wie die General Comments des WSKA; vgl. ibid., S. 115 ff.

1195 Vgl. insb. UN-GV, Declaration on the right to development, Resolution 41/128, 04.12.1986, UN-Doc. GA/RES/41/128. Zweifelhaft ist, ob es die real-existierende Staatenpraxis rechtfertigt, von einer »significantly normative« Rechtsnatur zu sprechen, wie dies *Marong*, Development, 2010, Rz. 23, vorschlägt.

1196 *Linarelli/Salomon/Sornarajah*, Misery, 2018, S. 247; *Marks*, Poverty, 2022, S. 640 f. Ein Streitpunkt betrifft die Frage, ob es sich um ein individuelles

UN-Vertragsorgane, obwohl der Grundsatz der Kooperation als solcher anerkannt ist und bereits 1990 vom WSK-Ausschuss explizit als Pflicht aller Staaten bezeichnet wurden.[1197] So führte der WSK-Ausschuss 2016 beispielsweise aus, die Vertragsstaaten »should take measures, including legislative measures, to clarify that their nationals, as well as enterprises domiciled in their territory and/or jurisdiction, are required to respect the right to just and favourable conditions of work«.[1198] An dieser wie an vielen anderen Stellen wird mit der Verwendung des »should« statt eines »must« eine unverbindliche Empfehlung ausgesprochen.[1199] Entsprechend verweist der Ausschuss an der vorzitierten Stelle auch auf die UN Guiding Principles, die ebenso wenig von einer extraterritorialen Regulierungspflicht ausgehen.[1200] Im General Comment Nr. 24 formulierte der WSK-Ausschuss die extraterritoriale Schutzpflicht auf den ersten Blick deutlich verbindlicher: »The extraterritorial obligation to protect requires States parties to take steps to prevent and redress infringements of

oder kollektives Recht handelt. Letzteres lehnen die Staaten des Globalen Nordens ab, was die fehlende Extraterritorialität gegenüber individuellen Rechtsträger*innen ergänzt und damit die Territorialität der Menschenrechte untermauert. Vgl. zur Frage des Subjekts des Rechts auf Entwicklung etwa *von Schorlemer*, Das Recht auf Entwicklung, 2008, insb. S. 213 f.; ferner *Anghie*, New International Economic Order, 2019, S. 433 f.

1197 WSKA, GC 3 1990, Ziff. 14, wobei diese Pflicht insb. jene treffe, die »in a position to assist« seien.

1198 WSKA, GC 23 2016, Ziff. 70; vgl. für ähnliche Formulierungen, die sowohl Schutz- als auch Gewährleistungspflichten betreffen, auch WSKA, GC 12 1999, Ziff. 36; WSKA, GC 14 2000, Ziff. 39 f.; WSKA, GC 15 2003, Ziff. 31 ff.; WSKA, GC 19 2007, Ziff. 54 f.; ferner WSKA, CO Switzerland 2019, Ziff. 11, 13, 15 und 17; WSKA, CO Finland 2021, Ziff. 7. Dass in den Staatenberichtsverfahren lediglich Empfehlungen ausgesprochen werden, gilt nicht bloß hinsichtlich extraterritorialer Pflichten und kann mit dem unverbindlichen Charakter der Concluding Observations erklärt werden. Vgl. dazu *Kälin*, Examination of state reports, 2012, S. 17 und 31. Gleichwohl wären Feststellungen denkbar, die klarer zum Ausdruck bringen, ob eine Empfehlung einer Pflicht entspricht oder nicht (vgl. ibid., S. 72). Dafür spricht auch der Umstand, dass in den General Comments durchaus Pflichten konstatiert werden, obschon diese Verlautbarungen ebenso wenig rechtsverbindlich sind; vgl. etwa *Bódig*, General Comments, 2016.

1199 *Methven O'Brien*, Duty to Regulate, 2018, S. 68; *Bartels*, Extraterritorial Effects, 2014, S. 1085 ff.; *Langford/Coomans/Gómez Isa*, Extraterritorial Duties, 2012, S. 112, die eine vertiefte und systematische Klärung extraterritorialer Pflichten aus konzeptueller Perspektive fordern. Ob der WSK-Ausschuss diesem Anspruch, etwa mit General Comment Nr. 24, genügt, scheint fraglich.

1200 Vgl. dazu vorne in Kap. 9.2.2.5.6.2 bei Fn. 944 ff.

Covenant rights that occur outside their territories due to the activities of business entities over which they can exercise control.«[1201] Hinsichtlich der menschenrechtlichen Erfassung der Wertschöpfungskette wählte der Ausschuss dann jedoch eine gewohnt zurückhaltende Formulierung und führte aus, Vertragsparteien »should also require corporations to deploy their best efforts to ensure that entities whose conduct those corporations may influence, such as subsidiaries [...] or business partners [...], respect Covenant rights«.[1202] Eine umfassende Regulierung der Lieferkette bleibt demnach lediglich eine Empfehlung.[1203]

Der WSK-Ausschuss misst allerdings nicht nur Schutz-, sondern auch Gewährleistungspflichten im internationalen Verhältnis eine zweifelhafte Normativität bei. In den General Comments zum Recht auf Nahrung und zum Recht auf Gesundheit führte der Ausschuss etwa aus, dass die Vertragsstaaten den Zugang zu Nahrung und Gesundheitsdienstleistungen in anderen Staaten erleichtern sollen.[1204] Neben der schwachen Formulierung mit dem Verb »should« bleibt höchst unbestimmt, wie der Zugang erleichtert werden und wer in welchem Umfang die notwendige Hilfe leisten soll. Der Ausschuss bleibt damit weit davon entfernt, individuelle – oder kollektive – transnationale Menschenrechtsansprüche zu begründen. Eine vergleichbare Zurückhaltung beherrschen die knappen Ausführungen im General Comment Nr. 24 zur extraterritorialen Gewährleistungspflicht. Abgesehen von einer pauschalen Ablehnung eines steuerrechtlichen »race to the bottom« als paktwidrig finden sich dort lediglich äußerst abstrakte programmatische Vorgaben sowie die halbherzigen Empfehlungen, transnationale Unternehmen zu ermutigen, die staatliche Bemühungen zur Verwirklichung der Menschenrechte nicht zu unterwandern, und »transfer pricing« zu verhindern.[1205] Zwar wird von einer Pflicht ausgegangen, »to contribute to creating an international environment that enables the fulfilment of the Covenant rights«,[1206]

1201 WSKA, GC 24 2017, Ziff. 30; vgl. ebenfalls WSKA, GC 14 2000, Ziff. 39 i.i.

1202 WSKA, GC 24 2017, Ziff. 33.

1203 Vgl. aber *Askin*, Extraterritoriale Anwendbarkeit des UN-Sozialpakts, 2024, die zwar aus dem General Comment Nr. 24 eine verbindliche extraterritoriale Schutzpflicht ableitet (S. 274 ff.), und selbst für eine extraterritoriale Regulierungs- bzw. Schutzpflicht plädiert (S. 281 ff.), zugleich aber auf den sehr weiten Ermessensspielraum hinweist (S. 251 ff. und 285).

1204 WSKA, GC 12 1999, Ziff. 36; WSKA, GC 14 2000, Ziff. 39, wobei sich diese Formulierung von der an derselben Stelle ebenfalls angesprochenen und stärker formulierten Achtungs- und Schutzpflicht (»have to respect [...] and to prevent«) abhebt.

1205 WSKA, GC 24 2017, Ziff. 37: »States parties should [...] encourage business actors [...].«

1206 WSKA, GC 24 2017, Ziff. 37. Vgl. auch in Kap. 9.2.2.4.3.6, Fn. 746.

doch bleibt diese Vorgabe inhaltlich unbestimmt.[1207] Im Kontext solcher programmatischer Gewährleistungspflichten sind die Vertragsstaaten lediglich angehalten, sich auf internationaler Ebene für Reformen einzusetzen, deren Konturen gänzlich im Dunkeln bleiben. Die Einflussmöglichkeit als Maßstab extraterritorialer Pflichten bezieht sich in diesem Fall demnach auf die Fähigkeit, für eine globale Wirtschaftsordnung einzustehen, welche der Menschenrechtsverwirklichung dient. Dass mit dieser abstrakten Vorgabe wenig gewonnen ist und der Subordination menschenrechtlicher Ziele unter eine wirtschaftsliberale Rationalität, wonach Freihandel und Regulierungsabstinenz in letzter Instanz allen am meisten nütze, nichts im Weg steht, wurde bereits im Kontext der Konfliktbewältigungsstrategien festgestellt.[1208] In der Abstraktheit der Pflichten, die der Ausschuss aus dem Sozialpakt ableitet, zeigt sich eine stillschweigende Akzeptanz der globalkapitalistischen Ordnung.[1209] Weder die Absicht, die bestehende Ordnung fundamental zu transformieren, noch ein Streben nach wohlfahrtsstaatlichen Strukturen auf globaler Ebene, die mit extraterritorialen Leistungspflichten einhergingen, lassen sich daraus ablesen.[1210]

Positive extraterritoriale Pflichten werden in den Verlautbarungen der UN-Vertragsorgane demnach nur oberflächlich behandelt und sind normativ schwach ausgeprägt.[1211] Diese Zurückhaltung überrascht insofern kaum, als Leistungspflichten im transnationalen Verhältnis einen Ressourcentransfer implizieren. Darauf macht der Hinweis auf die »position to assist« denn auch aufmerksam.[1212] Es sollen jene tätig werden, die dazu im Stande sind. Genau hier erweist sich die Kooperationspflicht

1207 Vgl. *Balakrishnan/Heintz/Elson*, Rethinking Economic Policy for Social Justice, 2016, S. 111 und 117.

1208 Vgl. vorne Kap. 6.1.2.2.6 sowie Kap. 9.1.3 bei Fn. 444 ff. zur Ideologie der Gegenseitigkeit.

1209 Vgl. *Linarelli/Salomon/Sornarajah*, Misery, 2018, S. 268 und 26; sowie in diesem Zusammenhang die Überlegungen zu regimeinternen Konflikten vorne insb. in Kap. 5.2.2.

1210 Vgl. dazu auch hinten Kap. 9.2.2.6.3.

1211 Vgl. aber für einen gegenteiligen Schluss aus demselben Material *Wilde*, Economic redistribution, 2020, S. 76 und 86. Es soll nicht Abrede gestellt werden, dass es theoretisch möglich ist, plausible rechtsdogmatische Argumente zu finden, die für verbindliche extraterritoriale Pflichten sprechen, wie dies Wilde (ibid., S. 86) konstatiert. Zweifelhaft ist aber, dass diese Argumente tatsächlich geteilt und die entsprechenden Schlüsse gezogen werden, was m.E. auch Wilde nicht belegt. Soweit dieser im Übrigen an die Praxis zur RDK anknüpft (ibid., S. 77 f.), verkennt er, dass diese von gängigen Jurisdiktionskonzepten abgedeckt ist und nicht auf WSK-Rechte fokussiert.

1212 Vgl. hierzu vorne in Kap. 9.2.2.4.3.6 bei Fn. 742 ff.

aber nach dem Gesagten als besonders schwach. Eine klare Vorgabe zur Ressourcenteilung lässt sich ihr nicht entnehmen – und wird von den Vertragsorganen denn auch nicht postuliert. Die inhaltliche Unbestimmtheit des Kooperationsgebots lässt die Frage offen, wie die Ressourcen zwischen progressiver Realisierung im Innern und internationaler Solidarität zu teilen sind, was im Ergebnis jenen Staaten, die gerade in der genannten »position to assist« wären, erlaubt, sich primär um die eigene Wohlfahrt zu kümmern.[1213] Die »internationale Hilfe und Zusammenarbeit« läuft damit auf bloße Wohltätigkeit hinaus.[1214] Vor diesem Hintergrund steht die Strategie, extraterritoriale Gewährleistungspflichten auf Art. 2 Abs. 1 UN-Pakt I abzustützen, vor Herausforderungen, deren Überwindung zumindest zurzeit nicht absehbar ist. Die Idee, die räumliche Geltung der WSK-Rechte über das Kooperationsgebot zu konstruieren statt im Rahmen des meist exkludierend wirkenden Jurisdiktionskonzeptes, erweist sich folglich als Sackgasse.

9.2.2.6 Konsolidierung menschenrechtlicher Territorialität

Die Räumlichkeit der Menschenrechte ergibt sich nach dem Dargelegten in erster Linie aus dem spezifischen Jurisdiktionsverständnis dieses Rechtsregimes. Die Territorialitätslogik ist indes nicht auf die Dogmatik der räumlichen Geltung beschränkt. Verschiedene weitere Aspekte tragen dazu bei, die auf das Staatsgebiet bezogene Räumlichkeit der Menschenrechte zu konsolidieren. So erfahren die Menschenrechte zunächst je nach räumlicher Konstellation, in der sie zur Anwendung kommen, auf Ebene der Schutzgehalte eine inhaltliche Beschränkung. Sodann führt der Umstand, dass grundsätzlich nur Staaten als Menschenrechtsadressaten anerkannt sind, zu einer Verantwortungsdiffusion und einer Verschleierung transnationaler Zusammenhänge. Gleiches gilt schließlich für die Unfähigkeit des Menschenrechtsregimes, globale Verteilungsfragen und strukturelle Ursachen adäquat zu adressieren. Diese inhaltlichen Aspekte, die im Folgenden näher betrachtet werden sollen, stabilisieren das Menschenrechtsregime selbst dann als Exklusionsordnung, wenn es ausnahmsweise extraterritoriale Anwendbarkeit erlangt.

1213 *Wilde*, Dilemmas in Promoting Global Economic Justice, 2016, S. 167. Vgl. zur weitgehend offenen Fragen der Ressourcenteilung auch *Salomon*, Duty Among Multiple States, 2015, S. 379 f. Es liegt denn auch nahe, die normative Schwäche des Kooperationsgebots als Ausdruck globaler Machtverhältnisse zu interpretieren; vgl. *Linarelli/Salomon/Sornarajah*, Misery, 2018, S. 264.

1214 *Wilde*, Socioeconomic Rights, 2018, S. 395. Vgl. für eine menschenrechtsdogmatische Absicherung der Ausklammerung globaler Solidarität etwa *Stoyanova*, Positive Obligations, 2023, insb. 298 ff.

9.2.2.6.1 *Räumliche Differenzierung*

Besteht Jurisdiktion im menschenrechtlichen Sinne, folgt daraus nicht zwingend die Vorgabe, menschenrechtliche Pflichten umfassend zu beachten, denn letztere werden mitunter explizit räumlich differenziert. Eine solche Differenzierung nimmt namentlich der EGMR vor. Im *Banković*-Entscheid führte der Gerichtshof noch aus, die Verpflichtung aus Art. 1 EMRK könnten nicht den konkreten Umständen entsprechend geteilt und zugeschnitten – »divided and tailored« – werden.[1215] Dieses Argument, das die Ablehnung eines kausalen Jurisdiktionsverständnisses untermauern sollte, wurde in der Folge indes aufgegeben. »Convention rights can be ›divided and tailored‹«, stellt der EGMR in *Al-Skeini* fest.[1216] Während die Unteilbarkeit der Konventionsgarantien im Falle räumlicher Jurisdiktion nicht in Frage gestellt wurde, findet die EMRK diesem neuen Verständnis nach im Rahmen des persönlichen Jurisdiktionsmodell nur insofern extraterritoriale Anwendung, als die entsprechenden Garantien für die konkrete Situation relevant sind.[1217] In einem Sondervotum wird Jurisdiktion folgerichtig als »gradable notion« beschrieben, sodass die Konventionsrechte »adequate to the extent of the scope of effective State power« sein sollten.[1218]

Diese Rechtsprechungsentwicklung kann als progressive Öffnung des menschenrechtlichen Raumverständnisses interpretiert werden, weil sich dadurch einzelne Schutzbereiche ins Außen erstrecken lassen. Zugleich läuft die Möglichkeit der räumlichen Differenzierung indes Gefahr, menschenrechtliche Vorgaben im Außen zu relativieren und folglich in eine Reterritorialisierung umzukippen.[1219] Diese »Teilung und Anpassung« des EGMR tendiert nämlich dazu, Menschenrechte im transnationalen Raum auf einen engen Schutzbereich zu verkürzen, der sich primär durch Abwehransprüche auszeichnet.

Exemplarisch kommt diese Relativierung in *Hassan* zum Ausdruck: Der EGMR wendet auf die Inhaftierung im Irak durch britisches Militär die Konvention an, schränkt die sich aus Art. 5 EMRK ergebenden Rechte aber erheblich ein, denn es müsse dem Kontext und dem anwendbaren

1215 EGMR, Banković GK 2001, Ziff. 75.

1216 EGMR, Al-Skeini GK 2011, Ziff. 137; sowie EGMR, Jaloud GK 2014, Ziff. 154; EGMR, Hirsi Jamaa GK 2012, Ziff. 74; EGMR, Georgia II GK 2021, Ziff. 114; EGMR, Carter 2021, Ziff. 126; EGMR, H.F. GK 2022, Ziff. 186; EGMR, Ukraine and the Netherlands Dec. GK 2023, Ziff. 571; EGMR, Duarte Agostinho dec. GK 2024, Ziff. 170.

1217 Vgl. die in der vorangehenden Fn. zitierten Stellen.

1218 EGMR, Georgia II GK 2021, Joint Partly Dissenting Opinion of Judges Yudkivska, Wojtyczek and Chanturia, Ziff. 3.

1219 Vgl. etwa *Bhuta*, Frontiers of Extraterritoriality, 2016, S. 15 ff.; *Kau*, Völkerrechtssubjekte, 2019, Rz. 252b.

humanitären Völkerrecht Rechnung getragen werden.[1220] Entgegen dem Wortlaut wurden entsprechend die zulässigen Haftgründe massiv ausgeweitet und die prozeduralen Garantien beträchtlich eingeschränkt.[1221] Der materielle Schutzbereich wurde weitgehend darauf reduziert, was gestützt auf das humanitäre Völkerrecht ohnehin schon galt.[1222]

Eine vergleichbare Differenzierung der Schutzgehalte kommt in der Rechtsprechung des Bundesverfassungsgerichts zum Ausdruck. Im Urteil zur *Ausland-Ausland-Fernmeldeaufklärung* hob das Gericht hervor, dass die konkrete Schutzwirkung, die aus der grundsätzlich umfassenden Grundrechtsbindung folgt, von den jeweiligen Umständen abhänge. Dies gelte namentlich für den Umfang des Grundrechtsschutzes im Ausland. Entsprechend sei sowohl hinsichtlich des persönlichen und sachlichen Schutzbereichs als auch mit Blick auf die Grundrechtsdimensionen zwischen Inland und Ausland zu differenzieren.[1223] Die Feststellung des Bundesverfassungsgerichts, dass »jedenfalls für die Grundrechte als Abwehrrechte gegenüber Überwachungsmassnahmen« ein territorialer Bezug nicht erforderlich sei,[1224] kann insofern auch als Vorbehalt gegenüber positiven Pflichten verstanden werden.

Dies lässt sich am Beschluss zum *Klimaschutz* der Karlsruher Richter*innen beobachten. Zwar erachten diese – ähnlich wie der Kinderrechtsausschuss – inländische Treibhausgasemissionen als möglichen Anknüpfungspunkt für grundrechtliche Schutzpflichten im Ausland.[1225]

1220 EGMR, Hassan GK 2014, Ziff. 103 f. und 106.

1221 EGMR, Hassan GK 2014, Ziff. 104 f. bzw. 106.

1222 Vgl. auch *Bhuta*, Frontiers of Extraterritoriality, 2016, S. 17 f. Statt einer vorgängigen Derogation verlangt der EGMR lediglich, dass der fragliche Staat im Verfahren selbst erklärt, von seinen Konventionspflichten abweichen zu wollen; vgl. EGMR, Hassan GK 2014, Ziff. 107.

1223 BVerfG, Ausland-Ausland-Fernmeldeaufklärung 2020, Ziff. 104. Vgl. zum expansiven Potenzial der Karlsruher Rechtsprechung vorne in Kap. 9.2.2.4.3.2 bei Fn. 693 ff.

1224 BVerfG, Ausland-Ausland-Fernmeldeaufklärung 2020, Ziff. 88 und 105. Eine räumliche Differenzierung bei an sich uneingeschränkter Grundrechtsgeltung zeigt auch der Bundesrat in der NDG-Botschaft an. Darin findet sich eine Passage zu den Grundrechten für Personen im Ausland (BBl 2014 2105, S. 2229 f.), in der zunächst klargestellt wird, dass »Grundrechte stets zu berücksichtigen« seien und bei der Informationsbeschaffung über das Ausland im Inland »der für die Schweiz gültige Grundrechtsschutz« gelte. Ausgenommen davon – also bestenfalls von der Gleichwertigkeit des Grundrechtsschutzes, nicht der Geltung der Grundrechte an sich – sei das Eindringen in Computersysteme und -netzwerke im Ausland.

1225 BVerfG, Klimaschutz 2021, Ziff. 175. Vgl. dazu vorne in Kap. 9.2.2.5.9.2 bei Fn. 1104 ff.

Extraterritoriale Pflichten müssten aber, so das Gericht im Anschluss an das Urteil zur extraterritorialen Überwachung, modifiziert und differenziert werden, sodass etwa hinsichtlich des Klimawandels – trotz theoretisch bestehender Jurisdiktion – gerade keine Verletzung einer Schutzpflicht anzunehmen sei.[1226] Die extraterritoriale Schutzpflicht erstrecke sich zwar auf die Emissionsminderung, nicht hingegen auf Anpassungsmaßnahmen, weil letztere Sache des betroffenen Staates seien und von Deutschland schlechterdings nicht ergriffen werden könnten.[1227] Weil Emissionsminderungen und Anpassungsmaßnahmen untrennbar zusammenhingen, müssten diese gemeinsam beurteilt werden, sodass bezogen auf Deutschland die Verletzung einer allfälligen Schutzpflicht nicht festgestellt werden könne.[1228] Das Gericht lässt es genügen, dass gewisse Maßnahmen zur Begrenzung des Klimawandels getroffen wurden und diese nicht »offensichtlich ungeeignet oder völlig unzulänglich« seien.[1229]

Die territoriale Beschränkung, zu deren Überwindung das Gericht mit dem großzügigen Jurisdiktionsverständnis in einem ersten Schritt ansetzt, lebt folglich im zweiten Schritt, der inhaltlichen Bestimmung der Schutzpflicht, wieder auf. Die »Modifikation und Differenzierung« des Inhalts grundrechtlicher Schutzgebote, die das BVerfG vornimmt, festigt im Ergebnis die Territorialität der Menschenrechte. Dieser Schluss drängt sich gerade auch vor dem Hintergrund einer zeitlichen Perspektive auf: Während Minderungsbemühungen auf künftige Emissionen ausgerichtet sind, zielen Anpassungsmaßnahmen auf die Folgen des Klimawandels und erfassen damit auch vergangene Emissionen. Indem das BVerfG Anpassungsmaßnahmen von der extraterritorialen Schutzpflicht ausnimmt, wird eine historische Verantwortung für den heute erreichten Stand der atmosphärischen Kohlendioxidkonzentration gleichsam abgelehnt. In Anbetracht des Umstandes, dass der Globale Norden für 92 % jener Emissionen verantwortlich ist, welche die sicheren planetaren Grenzen überschreiten,[1230] zementiert dieses Urteil des höchsten Gerichts einer führenden Industrienation die Bemühungen des weltgesellschaftlichen Zentrums, die Klimawandelfolgen und die damit einhergehenden menschenrechtlichen Herausforderungen zu exkludieren. Gleiches lässt sich im Übrigen mit Blick auf die Rechtsprechung des EGMR zur Klimakrise konstatieren. Aus dem Raumverständnis des Gerichtshofs ergibt sich, dass nur jene Klimawandelfolgen menschenrechtliche Pflichten nach sich ziehen, die sich im Landesinnern vollziehen.[1231]

1226 BVerfG, Klimaschutz 2021, Ziff. 175, 176, 178 und 181.
1227 BVerfG, Klimaschutz 2021, Ziff. 178; vgl. dazu auch vorne in Kap. 9.2.2.5.3 bei Fn. 807.
1228 BVerfG, Klimaschutz 2021, Ziff. 181.
1229 BVerfG, Klimaschutz 2021, Ziff. 180.
1230 *Hickel*, Quantifying national responsibility, 2020.
1231 Vgl. dazu vorne Kap. Kap. 9.2.2.5.9.3.

Während die Bemühungen, Treibhausgase zu reduzieren, auch den Menschen außerhalb des eigenen Staatsgebiets zugutekommen, wirken Anpassungsmaßnahmen nur örtlich begrenzt. Damit werden die desaströsen Folgen des Klimawandels, die bereits aufgrund der bisherigen Emissionen zu erwarten sind, zumindest außerhalb Europas vom konventionsrechtlichen Schutz ausgeklammert.[1232]

Eine räumliche Differenzierung wird mitunter auch in der Lehre vorgeschlagen. So plädiert etwa Milanovic dafür, das Schutzniveau im Außen den jeweiligen Umständen entsprechend anzupassen, um den Staaten keine »unrealistischen« Erwartungen aufzubürden und zu verhindern, dass die Annahme extraterritorialer Jurisdiktion zwangsläufig zur Feststellung einer Verletzung führen würde.[1233] Daraus folgt für Milanovic dann auch die Regel, dass der Geltungsbereich von positiven und negativen Pflichten gesondert zu beurteilen sei. Weil die Abgrenzung über den Jurisdiktionsbegriff willkürliche Grenzziehungen impliziere, sollen negative, also Achtungspflichten stets räumlich unbegrenzt gelten, also unabhängig davon, wo gehandelt wird. Positive Pflichten sollen demgegenüber grundsätzlich räumliche Jurisdiktion als Anwendungsschwelle voraussetzen.[1234] Abgesehen davon, dass diese Position die Schwierigkeit unterschlägt, eine trennscharfe Abgrenzung zwischen positiven und negativen Pflichten vorzunehmen,[1235] zeigt sich darin eine klare Bestätigung der territorialen Logik. Sind positive Pflichten abhängig von effektiver räumlicher Kontrolle, bleiben Schutz- und Gewährleistungspflichten, die zur Einhegung der Externalisierungsgesellschaft besonders relevant wären, in der Regel auf den Raum des Nationalstaats beschränkt.

Eine weitere Form räumlicher Differenzierung besteht mit Blick auf das Refoulementverbot. Auch wenn dieses meist nicht als Ausdruck extraterritorialer Geltung verstanden wird,[1236] ermöglicht es, gewisse transnationale Sachverhalte menschenrechtlich zu erfassen. Dabei bleibt das Gebot, Menschen unter bestimmten Umständen nicht auszuschaffen oder auszuliefern, auf Extremfälle beschränkt. Lediglich das Recht auf Leben und das Verbot der Folter und anderer unmenschlicher

1232 Vgl. vorne Kap. 9.2.2.5.5.

1233 *Milanovic*, Extraterritorial Application, 2011, S. 109 ff., 210 und 219 f.

1234 *Milanovic*, Extraterritorial Application, 2011, S. 209 ff.; vgl. bereits vorne in Kap. 9.2.2.5.2 bei Fn. 792 und in Kap. 9.2.2.5.6.3, Fn. 966. Gewisse positive Pflichten, nämliche solche vorsorglicher oder prozeduraler Natur, sollen dem Geltungsbereich jener negativen Pflichten folgen, mit denen sie direkt zusammenhängen (ibid., S. 212 und 215 ff.). Vgl. für eine ähnliche Differenzierung nach positiven und negativen Pflichten *Kälin/Künzli*, Menschenrechtsschutz, 2019, Rz. 4.40; *Melzer*, Targeted Killing in International Law, 2009, S. 128, 134 f. und 138 f.

1235 Vgl. kritisch *Shany*, Extraterritorial Application, 2020, S. 89 und 142.

1236 Vgl. dazu vorne in Kap. 9.2.2.5.6.2 bei Fn. 935 ff.

Behandlung ziehen den handelnden Staat in die Pflicht.[1237] Dabei wird ein sehr hoher Maßstab angelegt. So verlangt der EGMR etwa für die Aufenthaltsbeendigung eines erkrankten Menschen »a real risk [...] of being exposed to a serious, rapid and irreversible decline in his or her state of health resulting in intense suffering or to a significant reduction in life expectancy«.[1238] Verletzung anderer fundamentaler Rechtspositionen, namentlich der WSK-Rechte, bleiben demgegenüber in der Regel gänzlich unberücksichtigt. Diese engen Grenzen des Refoulementverbots stabilisieren sowohl die migrations- als auch die menschenrechtliche Exklusionsordnung.

9.2.2.6.2 *Staatszentrierung*

Der Kreis der von Menschenrechten verpflichteten Adressat*innen trägt dazu bei, die Raumordnung des internationalen Menschenrechtsschutzes zu verfestigen. Menschenrechte verpflichten Staaten und erfassen andere Akteur*innen wie insbesondere transnationale Unternehmen bestenfalls indirekt. Zudem ist die Verantwortlichkeit internationaler Organisationen umstritten.

Internationale Organisationen sind regelmäßig selbst nicht Parteien der Menschenrechtsverträge und daher nicht direkt an diese gebunden.[1239] Zudem gelten für sie jene völkervertraglichen Pflichten, denen ihre Gründungs- bzw. Mitgliedsstaaten unterstehen, nicht automatisch.[1240] Umstritten ist sodann, ob menschenrechtliche Bezüge in Gründungsdokumenten internationaler Organisationen geeignet sind, an dieser Ausgangslage etwas zu ändern.[1241] Selbst wenn sich die Menschenrechtsbindung der UNO und ihrer Sonderorganisation etwa über die UN-Charta, insbesondere Art. 55 lit. c, konstruieren ließe,[1242] würde sich

1237 Vgl. EGMR, Soering Plenum 1989, insb. Ziff. 88 und 91; MRA, GC 31 2004, Ziff. 12; MRA, Teitiota 2019, Ziff. 9.11; sowie m. w. H. *Shany*, Extraterritorial Application, 2020, S. 129 ff.

1238 EGMR, Paposhvili GK 2016, Ziff. 183; EGMR, Savran GK 2021, Ziff. 124. Vgl. im letztgenannten Urteil auch das kritische Sondervotum von Serghides; sowie hierzu auch vorne in Kap. 9.2.1.3 bei Fn. 520.

1239 *Kälin/Künzli*, Menschenrechtsschutz, 2019, Rz. 3.39 ff.; differenzierter *Daugirdas*, International Law Binds, 2016, insb. S. 335 f., 344, 350 ff., 368 ff. und 380; ferner *Schmahl*, Organisationen, 2019, Rz. 199.

1240 *Daugirdas*, International Law Binds, 2016, S. 344, 350, 368 und 380.

1241 Vgl. ablehnend *Kälin/Künzli*, Menschenrechtsschutz, 2019, Rz. 3.41; zustimmend *Schmahl*, Organisationen, 2019, Rz. 199.

1242 Vgl. hinsichtlich der Bindung der Weltbank *Dann*, The Law of Development Cooperation, 2013, S. 267 ff., insb. 271, wonach diese indes lediglich einer Achtungspflicht unterstehe (ibid., S. 274 ff.).

daraus allerdings nur eine schwache Verbindlichkeit ergeben, die überdies kaum durchsetzbar wäre. Die Schwierigkeit, menschenrechtliche Pflichten durchzusetzen, betrifft zudem auch jene Menschenrechte, die als ius cogens anerkannt sind und daher ausnahmsweise internationale Organisationen binden.[1243] Divergierende Ansichten bestehen sodann zur Frage, inwiefern Menschenrechte Gewohnheitsrecht oder allgemeine Rechtsgrundsätze darstellen und daher auch internationale Organisationen binden.[1244]

Ausschlaggebend ist vor diesem Hintergrund, ob das menschenrechtswidrige Handeln oder Unterlassen lediglich der internationalen Organisation oder – zusätzlich – den mitwirkenden Staaten zurechenbar ist. In *Behrami and Saramati v. France and Others* erachtete der EGMR gestützt auf die »ultimate authority and control« einzig die UNO als verantwortlich für zwei Vorfälle im Kosovo.[1245] Den europäischen Staaten, die an der fraglichen UN-Friedensmission teilnahmen, seien die fehlende Beseitigung nicht explodierter Munition und die Inhaftierung einer Person nicht zuzurechnen.[1246] Deshalb verneinte der Gerichtshof die Zuständigkeit in persönlicher Hinsicht.[1247] Die Frage der extraterritorialen Anwendung umging der EGMR damit und dennoch trägt sein Entscheid die Züge der Territorialitätslogik in sich: Staaten sind in der Lage, extraterritorial zu handeln, ohne selbst für das Handeln verantwortlich gemacht zu werden, sofern dieses einer internationalen Organisation zurechenbar ist. Folglich entsteht eine Schutzlücke, weil die EMRK in einer solchen Konstellation weder die UNO noch die beitragenden Staaten erfasst.[1248] Fehlt indes eine

1243 *Kälin/Künzli*, Menschenrechtsschutz, 2019, Rz. 3.44 m. V. a. die fehlenden Überwachungsorgane und die Immunität internationaler Organisationene gegenüber staatlicher Gerichtsbarkeit; vgl. zur Bindung an ius cogens auch *Daugirdas*, International Law Binds, 2016, S. 346.

1244 Vgl. *Daugirdas*, International Law Binds, 2016, S. 331 ff., 346 ff., 365 ff. und 380, wonach internationale Organisationen grundsätzlich an allgemeines Völkerrecht gebunden seien; kritisch dazu *Klabbers*, International Organizations, 2022, S. 324 f. und 331 ff.; zurückhaltend im Ergebnis auch *Peters*, Social Dimension, 2018, S. 309.

1245 EGMR, Behrami and Saramati GK 2007, Ziff. 133 und 141 zum erwähnten Kriterium der Autorität und Kontrolle, auf das sich der EGMR bezüglich des Handelns durch KFOR stützte. Die Zurechenbarkeit des Unterlassens der UNMIK hingegen erfolgte unmittelbar als Unterorgan der UNO (vgl. ibid., Ziff. 142 f.).

1246 Vgl. kritisch zu dieser einseitigen Zurechnung *Crawford*, State Responsibility, 2013, S. 350 ff.

1247 EGMR, Behrami and Saramati GK 2007, Ziff. 151 f.

1248 *Kälin/Künzli*, Menschenrechtsschutz, 2019, Rz. 3.60; *Shany*, Extraterritorial Application, 2020, S. 121. Vgl. aber immerhin das gegenteilige Postulat des MRA, GC 31 2004, Ziff. 10. Vgl. zudem *Joseph/Sander*, Scope of

hinreichende Kontrolle durch die Vereinten Nationen, bleibt der jeweilige Vertragsstaat verantwortlich.[1249]

Unklar ist, inwiefern diese Lücke im Menschenrechtsschutz, die im Zusammenhang mit multilateralen Militäroperationen besteht, auch in anderen Bereichen klafft. Diesbezüglich ist die Praxis des WSK-Ausschusses von Interesse, der wiederholt erwähnte, dass staatliches Handeln im Rahmen von internationalen Organisationen der wirtschaftlichen Sphäre Menschenrechte zu beachten habe. Mitglieder von internationalen Finanzinstitutionen beispielsweise »should pay greater attention to the protection of the right to health in influencing the lending policies, credit agreements and international measures of these institutions«.[1250] Während der Ausschuss auch hier sowie mit Blick auf die handelnden internationalen Organisationen[1251] lediglich schwache Formulierungen wählt, ist zumindest unter der Geltung der etablierten Jurisdiktionskonzepte nicht ersichtlich, wie Staaten für das Handeln internationaler Organisationen zur Verantwortung gezogen werden könnten. Menschenrechtsverletzungen im Zuge von Strukturanpassungsprogrammen beispielsweise spielen sich in der Regel weder im Rahmen der räumlichen noch der persönlichen Jurisdiktion anderer Staaten ab. Abhilfe scheinen dabei auch die Vorgaben der ILC nicht zu verschaffen, wonach sich Staaten ihrer Menschenrechtspflichten durch die Delegation an internationale

application, 2022, S. 112 f., wonach mit Verweis auf EGMR, Jaloud GK 2014, Ziff. 143 und 149, eine Entwicklung hin zur Inpflichtnahme der Staaten bestehen könnte. In EGMR, Hanan GK 2021, wurde diese Frage der multiplen Zurechenbarkeit aufgeworfen (u. a. Ziff. 122), vom Gerichtshof aber nicht beantwortet, obwohl die Untersuchungshandlungen selbst mit Verweis auf *Jaloud* zugerechnet wurden (Ziff. 144).

1249 EGMR, Al-Jedda (GK) 2011, Ziff. 84. Eine weitere Einschränkung besteht insofern, als die Verantwortlichkeit der Konventionsstaaten bei einer Kompetenzübertragung nur entfällt, wenn die Internationale Organisation einen äquivalenten bzw. nicht offensichtlich mangelhaften Schutz gewährleistet (vgl. EGMR, Gasparini Dec. 2009; EGMR, Dalvy Dec. 2023, Ziff. 27 f. und 37).

1250 WSKA, GC 14 2000, Ziff. 39. Vgl. ebenso hinsichtlich des Rechts auf Wasser WSKA, GC 15 2003, Ziff. 36; des Rechts auf soziale Absicherung WSKA, GC 19 2007, Ziff. 58; sowie des Rechts auf gerechte und günstige Arbeitsbedingungen WSKA, GC 23 2016, Ziff. 71. Vgl. ferner WSKA, GC 2 1990, Ziff. 9; sowie WSKA, Statement on Public debt 2016, Ziff. 9.

1251 Vgl. WSKA, GC 2 1990, Ziff. 9; WSKA, GC 14 2000, Ziff. 64; WSKA, GC 15 2003, Ziff. 60; WSKA, GC 19 2007, Ziff. 82 f.; WSKA, GC 23 2016, Ziff. 76; KRA, GC 5 2003, Ziff. 64; WSKA, Statement on Public debt 2016, Ziff. 7 f. Unklar ist dabei bereits die Rechtsgrundlage einer – auch bloß schwach formulierten – Bindung internationaler Organisationen an den Sozialpakt; vgl. *Langford/Coomans/Gómez Isa*, Extraterritorial Duties, 2012, S. 105 f.

Organisationen nicht entledigen können.[1252] Das Menschenrechtsregime zeigt nämliche gerade dann Zurückhaltung, wenn Staaten gemeinsam handeln und keine klaren Kausalitäten vorliegen.[1253] Zudem stellt der WSK-Ausschuss reichlich hohe Anforderungen, wenn er im Falle bilateraler Darlehen ein Zwangselement voraussetzt und dieses in vager Weise von legitimen Erwartungen und Bemühungen abgrenzt.[1254] Ohnehin wäre mit der schwierig zu erreichenden Erkenntnis, ein Mitgliedstaat habe es versäumt, das ihm Mögliche zu unternehmen, um ein menschenrechtskonformes Handeln einer internationalen Organisation zu erreichen, nicht zwingend viel erreicht: Verantwortlich wäre ein Staat dann allenfalls für sein Versäumnis, nicht aber hingegen für die eigentliche Menschenrechtsverletzung.[1255]

Vor dem Hintergrund der umstrittenen Rechtslage[1256] und teilweise bestehenden Schutzlücken scheint zumindest die Feststellung berechtigt, dass die Internationalisierung, also das Handeln durch internationale Organisationen, eine Verantwortungsdiffusion zur Folge hat, die zur Konsolidierung der Territorialität beitragen kann.[1257]

Eine vergleichbare Wirkung erzielt die Trennung zwischen privater und öffentlicher Sphäre, die im Menschenrechtsregime durch die fehlende Inpflichtnahme transnationaler Unternehmen vorgenommen wird und sich im Recht der Staatenverantwortlichkeit in der Nichtzurechenbarkeit privaten Handelns äußert.[1258] Transnationale Unternehmen sind sowohl historisch als auch gegenwärtig Träger der externalisierungsgesellschaftlichen Inklusion. Auf diffuse Art verwoben mit europäischen Staaten waren

1252 Art. 61 ILC-DARIO; vgl. auch *ILC*, DARIO with commentaries, 2011, Art. 61, Ziff. 3 ff. zur diesbezüglichen EGMR-Praxis; sowie *Daugirdas*, International Law Binds, 2016, S. 343; *Kälin/Künzli*, Menschenrechtsschutz, 2019, Rz. 3.58.

1253 Vgl. dazu vorne Kap. 9.2.2.5.8.

1254 WSKA, Statement on Public debt 2016, Ziff. 10 m. V. a. Art. 18 ILC-DARS, dem ein enger Zwangsbegriff zugrunde liegt; vgl. *ILC*, DARS with Commentaries, 2001, Art. 18, Ziff. 2 f.

1255 Dies legt denn auch *Daugirdas*, International Law Binds, 2016, S. 356, nicht nahe.

1256 Vgl. *Peters*, Social Dimension, 2018, insb. S. 311 f.; zum Ganzen auch *Klabbers*, International Organizations, 2022, S. 305 ff.

1257 Vgl. auch *Anghie*, New International Economic Order, 2019, S. 436.

1258 Vgl. zu Letzterem *ILC*, DARS with Commentaries, 2001, Vor Art. 4 ff. Ziff. 2 f. Dabei wird zur Begründung insb. vorgebracht, es gehe darum, »to recognize the autonomy of persons acting on their own account and not at the instigation of a public authority« (ibid., Ziff. 2). Damit wird an die Trennung von privater und öffentlicher Sphäre angeknüpft, obschon die fehlende Verantwortung des Staats für privates Handeln eine getrennte Sphäre gerade erst mit hervorbringt.

sie wesentliche Treiber der kapitalistischen Landnahme.[1259] Der Rückgriff auf transnationale Unternehmen zur Ausweitung des Einflussbereichs und zur Sicherstellung des Zugriffs auf Ressourcen andernorts hat sich dabei als historische Kontinuität erwiesen.[1260] So sind heute transnationale Unternehmen etwa die hegemonialen Akteure im exportorientierten extraktivistischen Wirtschaftsmodell Lateinamerikas.[1261] Als private Institutionen sind sie indes nicht an die Menschenrechte gebunden: Während bereits die extraterritoriale Regulierungspflicht und damit die indirekte Drittwirkung der Menschenrechte auf große Ablehnung stößt,[1262] scheint die Behauptung einer direkten Bindung transnationaler Unternehmen ein derzeit aussichtsloses Unterfangen.[1263]

Eine Unterkommission der UN-Menschenrechtskommission[1264] erstellte 2003 einen Entwurf zu Normen über die menschenrechtliche Verantwortlichkeit transnationaler und anderer Unternehmen.[1265] Zum ersten – und bisher letzten – Mal stand damit der Vorschlag im Raum, Unternehmen direkt an die Menschenrechte zu binden. Neben einem Verweis auf die primäre Verantwortung der Staaten hielt Ziffer 1 fest: »Within their respective spheres of activity and influence, transnational corporations and other business enterprises have the obligation to

1259 Vgl. etwa *Beckert*, King Cotton, 2015, insb. S. 44 f., 51 f., 56, 64 f., 72, 79, 86 f., 88 f., 94, 198, 224 ff., 289 f., 295 und 393 ff., der dies anhand der Entstehung der globalen Baumwollindustrie nachzeichnet; *Kanalan*, Recht auf Nahrung, 2015, S. 241 ff. Vgl. dazu auch vorne Kap. 9.1.1.1.2.4 und in Kap. 9.1.3 bei Fn. 441 ff.

1260 Vgl. dazu *Baars*, Corporation, 2019, S. 76 ff.; sowie vorne und in Kap. 9.1.3 bei Fn. 441 ff.

1261 *Svampa*, Commodities Consensus, 2015, S. 74.

1262 Vgl. dazu vorne Kap. 9.2.2.5.6.2.

1263 Für die direkte Bindung von Unternehmen plädieren etwa *Carrillo-Santarelli*, Direct Obligations, 2018; *Deva*, Human Rights, 2022, insb. S. 138 ff. Vgl. im Ergebnis – trotz kritischer Bezugnahme auf die Drittwirkungsdebatte – wohl auch *Teubner*, Anonyme Matrix, 2006, S. 182 f.; *Teubner*, Verfassungsfragmente, 2012, S. 199 ff.; sowie daran anschließend *Kanalan*, Recht auf Nahrung, 2015, S. 240 ff.; und *Kampourakis*, CSR and Social Rights, 2019, der zwar hervorhebt, dass die theoretischen Vorgaben des gesellschaftlichen Konstitutionalismus durch eine Kombination von Soft law und Selbstregulierung zu operationalisieren seien (S. 560), aber dennoch eine Rolle für »public interest litigation« vor nationalen Gerichte vorsieht (S. 561), was wiederum die Anerkennung menschenrechtlicher Pflichten im staatlichen Recht impliziert.

1264 Diese wurde 2006 durch den Menschenrechtsrat ersetzt (vgl. UN-GV, Human Rights Council, Resolution 60/251, 15.03.2006, UN-Doc. A/RES/60/251).

1265 *Menschenrechtskommission*, Norms on the responsibilities of transnational corporations, 13.08.2003.

promote, secure the fulfilment of, respect, ensure respect of and protect human rights recognized in international as well as national law, including the rights and interests of indigenous peoples and other vulnerable groups.« Die westlichen Staaten stellten sich aber gegenüber der Strategie, Unternehmen direkt in die Pflicht zu nehmen, quer.[1266]

Abgesehen von einigen völkerstrafrechtlichen Bestimmungen, die grundsätzlich indes nur natürliche Personen erfassen,[1267] werden private Akteur*innen denn auch bis heute nicht direkt in die Pflicht genommen.[1268] Nicht nur im transnationalen Verhältnis, sondern auch auf innerstaatlicher Ebene wird dies dezidiert abgelehnt. So laufe eine direkte Drittwirkung der Funktion der Menschenrechte, die im Schutz vor dem Staat bestehe, zuwider.[1269] Die Verantwortlichkeit für Menschenrechte, die etwa in den UN Guiding Principles statuiert wird,[1270] stellt entsprechend lediglich eine moralische, nicht aber rechtliche Verpflichtung von Unternehmen dar.[1271] Dies gilt auch für die OECD-Leitsätze, welche die UNGP konkretisieren,[1272]

1266 *Von Bernstorff*, Extraterritoriale Staatenpflichten, 2011, S. 35 f. Wirtschaftskreise lehnten den zugrunde liegenden »binding and legalistic approach« ab (vgl. Joint written statement submitted by the International Chamber of Commerce and the International Organization of Employers, non-governmental organizations in general consultative status, E/CN.4/Sub.2/2003/NGO/44, 29.07.2003). Vgl. aber auch die Kritik bei *Knox*, Horizontal Human Rights, 2008, S. 37 ff.

1267 Vgl. Art. 6 Ziff. 8 ILC-DACH, wonach die Staaten eine straf-, zivil- oder verwaltungsrechtliche Haftung für Unternehmen vorsehen sollen, landesrechtliche Normen aber vorbehalten sind. Die Bestimmung, die sich an Art. 3 Ziff. 4 KRK-FP2 orientiert, belässt den Staaten damit sehr viel Flexibilität. Vgl. *ILC*, Draft articles on Crimes Against Humanity with commentaries, 2019, Art. 6, Zif. 47 und 49. Vgl. zum Ganzen auch *Clapham*, Non-State Actors, 2022, S. 598 f.

1268 *Knox*, Horizontal Human Rights, 2008, S. 27 ff.; *Altwicker*, Transnationalizing Rights, 2018, S. 598; *Askin*, Extraterritoriale Anwendbarkeit des UN-Sozialpakts, 2024, S. 289 ff.; explizit auch MRA, GC 31 2004, Ziff. 8.

1269 *Kiener/Kälin/Wyttenbach*, Grundrechte, 2024, § 189, die zudem die Privatautonomie gefährdet sehen. Andere Verfassungsrechtlichen Ordnungen kennen indes eine beschränkte direkte Bindung natürlicher und juristischer Personen; vgl. m. w. H. *Clapham*, Non-State Actors, 2022, S. 593.

1270 *Ruggie*, Guiding Principles, 21.02.2011, Prinzip 11 (»Business enterprises should respect human rights.«), verabschiedet durch *Menschenrechtsrat*, Transnational corporations, 16.06.2011.

1271 *Nolan*, Corporate responsibility, 2013, S. 139 f. und 154 ff.; *Clapham*, Non-State Actors, 2022, S. 596; *Peters*, Social Dimension, 2018, S. 312 f.; *Besson*, La due diligence, 2020, S. 354 f.; *Habersack/Ehrl*, Verantwortlichkeit für ausländische Zulieferer, 2019, S. 170 ff.

1272 *Kaufmann* et al., Extraterritorialität im Bereich Wirtschaft und Menschenrechte, 2016, S. 42 f.; *Kälin/Künzli*, Menschenrechtsschutz, 2019, Rz. 3.38.

und überdies mit einem äußerst schwachen Durchsetzungsmechanismus ausgestattet sind.[1273]

Die Frage der rechtlichen Haftung und Durchsetzung richtet sich folglich primär nach den landesrechtlichen Grundlagen.[1274] Nur selten wird dabei eine unmittelbare Bindung an völkerrechtliche Vorgaben anerkannt.[1275] Ausschlaggebend ist damit, inwiefern die Staaten ihrer Schutzpflicht nachkommen.[1276] Abgesehen davon, dass dieser eine verbindliche Verankerung im Völkerrecht fehlt,[1277] ist es fraglich, ob extraterritoriale Schutzpflichten hinreichend ambitioniert umgesetzt werden und transnationale Rechtsschutzmöglichkeiten tatsächlich zur Verfügung stehen.[1278] Obschon etwa das Lieferkettenrecht, das sich zumindest in europäischen Staaten und auf der Ebene der EU herausbildet, eine Verbesserung darstellt, ist auch dieses mit Mängeln behaftet.[1279] Zudem

1273 Vgl. etwa die kritische Beurteilung der Nationalen Kontaktpunkte bei *Daniel* et al., Remedy Remains Rare, 2015; *Bohoslavsky*, Economic reforms and austerity measures, 18.07.2018, Ziff. 75; sowie *Ochoa Sanchez*, Roles and Powers, 2015, insb. S. 107 und 124 ff.

1274 *Ruggie*, Guiding Principles, 21.02.2011, Prinzip 12, Commentary, S. 14. Vgl. aber immerhin das investitionsschutzrechtliche obiter dictum in ICSID, Urbaser 2016, Ziff. 1210, wonach Achtungspflichten – im Unterschied zu positiven Pflichten – auch Private treffen könnten; sowie hierzu positiv bilanzierend *Blair/Vidak-Gojkovic/Meudic-Role*, The Medium Is the Message, 2018, S. 406 ff.; zurückhaltender hingegen *Crow/Lorenzoni Escobar*, International Corporate Obligations, 2018; sowie *Askin*, Extraterritoriale Anwendbarkeit des UN-Sozialpakts, 2024, S. 306 f.

1275 Vgl. *Clapham*, Non-State Actors, 2022, S. 596 f. zur nordamerikanischen Gerichtspraxis.

1276 Vgl. dazu vorne Kap. 6.1.2.2.1, Fn. 90.

1277 Vgl. dazu vorne Kap. 9.2.2.5.6.2.

1278 Vgl. nebst dem nachfolgend Ausgeführten etwa *Jung*, Haftung von Emittenten, 2022, der die »zahlreiche[n] tatbestandliche[n] Möglichkeiten für eine sachgerechte Einschränkung bzw. einen Ausschluss der Haftung von Treibhausgasemittenten« hervorhebt (S. 396); sowie zur engen Praxis gestützt auf das Alien Tort Statut in den USA etwa *Clapham*, Non-State Actors, 2022, S. 593.

1279 Vgl. etwa zur EU-CSDDD, die voraussichtlich noch vor ihrer Umsetzung gestützt auf das »Omnibus-I«-Paket erstmals überarbeitet und weiter geschwächt werden dürfte: *Patz*, First Assessment, 2022, der eine Reduktion etablierter CSR-Standards beklagt; *Lichuma*, Centering Europe and Othering the Rest, in: <völkerrechtsblog.org>, 16.01.2023, die nebst der Zementierung kolonialer Machtverhältnisse und mangelnder Mitsprache der Betroffenen auf die Rechtsschutzhürden aufmerksam macht; *Methven O'Brien/Martin-Ortega*, Commission proposal, 2022, S. 17 ff.; *Atamer/Wittum*, Grundlagen der EU-Richtlinie, 2024, welche die EU-CSDDD als wichtigen Fortschritt sehen (S. 52), aber zwei mögliche Schutzlücken

sind diese Regulierungsansätze bislang den Beweis schuldig geblieben, dass sie eine effektive Eindämmung problematischer Wirtschaftsaktivitäten erreichen oder zumindest in wesentlichem Umfang dazu beitragen können.[1280] Auch die Auslegungsfragen etwa, welche die Richtlinie »über die Sorgfaltspflichten von Unternehmen im Hinblick auf Nachhaltigkeit« aufwirft, bieten unzählige Anhaltspunkte für eine Rechtspraxis, die an den bestehenden Geschäftspraktiken wenig zu ändern vermag.[1281] Gewiss dürften Schutzpflichten sowie diesen entsprechende haftungs- oder aufsichtsrechtliche Instrumente theoretisch ebenso – oder gar besser – geeignet sein, das Handeln und Unterlassen transnationaler Unternehmen menschenrechtlich zu erfassen.[1282] Angesichts der faktisch aber unzureichenden Wirksamkeit der indirekten Drittwirkung trägt die fehlende unmittelbare Bindung zum prekären Menschenrechtsschutz in transnationalen Konstellationen bei.

Vor diesem Hintergrund schafft die Unterscheidung von staatlichen und privaten Akteur*innen Anreize, den externalisierungsgesellschaftlichen Zugriff privatrechtlich zu organisieren und die Ausübung öffentlicher Gewalt im Außen zu reduzieren.[1283] Insofern liegt der Schluss nahe, dass die fehlende Menschenrechtsbindung transnationaler Unternehmen

aufgrund des rechtsformspezifischen Regelungsansatzes (insb. S. 20; vgl. dazu auch die sogleich nachfolgende Fn.) und bezüglich des Handelns von Tochterunternehmen und Franchisenehmerinnen ausmachen (S. 47 ff.) sowie auf den ausgeprägten Konkretisierungsbedarf hinsichtlich der Schutzgehalte hinweisen (S. 22 ff.). Vgl. zu den Schwächen des deutschen Lieferkettensorgfaltspflichtengesetzes etwa *Jahn*, Gesellschaftsbezug multinationaler Unternehmen, 2022, S. 548 ff.; sowie zum Ganzen *Franzki/Sánchez-Alfonso*, Entangled accumulation, 2025. Vgl. zur fehlenden systemkritischen Ambition unten in Kap. 9.2.2.6.3 bei Fn. 1336 f.

1280 Dies dürfte indes auch damit zusammenhängen, dass transnationale Unternehmen nicht primär als spezifische juristische Personen die Menschenrechte gefährden, sondern als Ausdruck anonymer Machtprozesse, deren Einhegung mittels Inpflichtnahme der einzelnen Akteur*innen nicht ohne Weiteres gelingen dürfte. Vgl. dazu *Teubner*, Anonyme Matrix, 2006, S. 179 f.; *Teubner*, Verfassungsfragmente, 2012, S. 215 ff.; sowie das nachfolgende Kap. 9.2.2.6.3. Ferner können Ausweichbewegungen, etwa auf andere rechtliche Strukturierungen oder in örtlicher Hinsicht, wo dies ein Regulierungskriterium darstellt, die Wirkung in Frage stellen (vgl. zu Letzterem *Mayr*, EU-Entwaldungsverordnung, 2024, S. 335).

1281 Vgl. etwa die Unklarheiten, die *Methven O'Brien/Martin-Ortega*, Commission proposal, 2022, u. a. S. 21 f. und 25 f., hervorheben.

1282 Vgl. *Knox*, Horizontal Human Rights, 2008, S. 47; *Altwicker*, Transnationalizing Rights, 2018, S. 598; *Peters*, Social Dimension, 2018, S. 314 f.; *Van Ho*, State-Centric Approach, 2018, u. a. S. 136.

1283 Vgl. auch *Shany*, Extraterritorial Application, 2020, S. 144; ferner *Anghie*, New International Economic Order, 2019, S. 436 f.

nicht nur deren globales oder eben extraterritoriales Tätigsein im Zuge der kapitalistischen Transformation der Welt, sondern ebenso die damit zusammenhängende externalisierende Praktiken begünstigt hat. Mit der Staatszentrierung des Menschenrechtsregimes wird für rechtliche und damit auch gesellschaftliche Konflikte ein binärer Maßstab angelegt, der sich mit der beschränkten Extraterritorialität zu einem Vordergrund verbindet, hinter dem transnationale Relationalitäten und systemische Rationalitäten verdeckt werden.[1284]

9.2.2.6.3 Systemkonforme Armutsbekämpfung

Die Menschenrechte wurden und werden mit zahlreicher Kritik konfrontiert. An dieser Stelle soll ein Schlaglicht auf jene Kritik geworfen werden, die eine inhaltliche Schwäche der Menschenrechte identifiziert und dem Menschenrechtsdiskurs falsche Schwerpunkte, ungenügende Ambitionen und letztlich eine – zumindest unbewusste – Komplizenschaft mit jenen Bedingungen unterstellt, die Mangel und Leid gerade hervorbringen. Diese Unzulänglichkeit trägt ebenso, so die nachfolgend zu erläuternde These, zur Konsolidierung der Territorialitätslogik bei.

Eine viel beachtete Kritik der Menschenrechte weist darauf hin, dass diese eine Komplizenschaft mit dem Neoliberalismus eingegangen seien, von diesem vereinnahmt worden seien oder ihn maßgeblich stützten. So kommt etwa Samuel Moyn vor dem Hintergrund der historischen Entwicklung des Menschenrechtsdiskurses zum Schluss, dass sich die Menschenrechte in Anbetracht der Neoliberalisierung als zu schwach erwiesen hätten.[1285] Die fehlenden Ambitionen der Menschenrechte macht Moyn namentlich an der Vernachlässigung globaler Ungleichheit fest. Menschenrechte seien zwar globalisiert worden, sie hätten zugleich aber eine Minimalisierung erfahren. Ihre Verbindung zum Wohlfahrtsstaat und damit einer auf Verteilungsgerechtigkeit zielende Programmatik sei gekappt worden, während lediglich minimale Schutzstandards und Anliegen der Statusgleichheit überdauert oder neue Kraft hätten entfalten können.[1286] Wohlfahrt und die Ideale von Suffizienz und Gleichheit »were cabined to extant and new spaces, not raised to the global

1284 Vgl. *Eslava/Pahuja*, The State, 2019, S. 131; *Teubner*, Anonyme Matrix, 2006, S. 182; sowie zu dieser Binarisierung auch hinten in Kap. 9.2.2.6.3 bei Fn. 1312 ff.

1285 *Moyn*, Powerless, 2014; *Moyn*, Not Enough, 2018, insb. S. 175 f., 193 und 216, wonach das Menschenrechtsregime kein Komplize des Neoliberalismus, sondern nur – aber immerhin – ein »powerless companion« darstelle. Für eine ähnliche, aber differenziertere Position vgl. *van Dyk/Graefe*, Vereinnahmung, 2019, S. 415 ff.

1286 *Moyn*, Not Enough, 2018, insb. S. 176, 189, 192 f., 193, 204 und 213 ff.

level«.[1287] Eben dafür stritten Kräfte aus dem Globalen Süden – letztlich ohne Erfolg – mit dem Projekt der New International Economic Order (NIEO).[1288] In dessen Zentrum standen nicht individuelle Rechte, sondern jene der Staaten sowie deren souveräne Gleichheit, die durch eine Reform der weltwirtschaftlichen Ordnung erreicht werden sollte.[1289] Die Logik der NIEO beruhte, so ein zeitgenössischer Beobachter, auf einer Universalisierung wohlfahrtsstaatlicher Prinzipien.[1290] Das Anliegen der globalen materiellen Gleichheit erfuhr mit dem Scheitern der NIEO einen Rückschlag, von dem es sich bis heute nicht erholt hat. Was übrig geblieben sei, so Moyn, sei das menschenrechtliche Ideal der Suffizienz.[1291] Dieses ging indes nicht mit der Forderung nach einem »transnational space of distributional obligation« einher.[1292] Vielmehr seien soziale Rechte lediglich innerhalb nationalstaatlicher Grenzen verhandelt worden oder hätten sich in einer Rhetorik der grenzüberschreitenden Wohltätigkeit aufgelöst.[1293] Statt einer Globalisierung sozialer Gerechtigkeit habe sich einzig das Ziel einer Mindestsicherung auf der Ebene der Nationalstaaten halten können.[1294]

Auf diese Unzulänglichkeit der Menschenrechte haben auch andere Autor*innen hingewiesen.[1295] So konstatiert etwa Martti Koskenniemi, der Menschenrechtsdiskurs habe die globale Ungleichheit zugunsten von Identitätsfragen vernachlässigt. Trotz materieller Unbestimmtheit seien die Menschenrechte in der Praxis auf neoliberale, individualistische, bourgeoise und eurozentrische Werte ausgerichtet worden.[1296] Statt eine Umverteilung von Macht und Wohlstand, hält auch Margot Salomon fest, ziele die Unterstützungspflicht des Sozialpaktes auf die Erfüllung eines Minimalstandards.[1297] Tatsächlich adressiert der WSK-Ausschuss nach dem Gesagten bestenfalls die Frage der internationalen Kooperation

1287 *Moyn*, Not Enough, 2018, S. 89.
1288 Vgl. dazu vorne in Kap. 9.1.2.2 bei Fn. 403 f. und die Hinweise dort.
1289 *Ogle*, State Rights against Private Capital, 2014, S. 211 f.; *Anghie*, New International Economic Order, 2019, S. 431.
1290 *Röling*, NIEO and the Third World, 1982, S. 194, zit. in *Moyn*, Not Enough, 2018, S. 116.
1291 *Moyn*, Not Enough, 2018, S. 118 und 191.
1292 *Moyn*, Not Enough, 2018, S. 192, ferner 196.
1293 *Moyn*, Not Enough, 2018, S. 192 f. und 195.
1294 *Moyn*, Not Enough, 2018, S. 198.
1295 Vgl. nebst den nachfolgend Aufgeführten etwa *Linarelli/Salomon/Sornarajah*, Misery, 2018, S. 226 ff., insb. 228 und 242; *Vandenhole*, Division of Labour, 2020, S. 235 f.; *Wilde*, Socioeconomic Rights, 2018, S. 394 f.; *Anghie*, New International Economic Order, 2019, S. 436 ff.; *Whyte*, The Morals of the Market, 2019, S. 189 ff.
1296 *Koskenniemi*, Global Governance, 2017, S. 213 ff.
1297 *Salomon*, Global Responsibility, 2007, S. 188.

sowie damit einhergehende, aber unbestimmte Ressourcentransfers und fordert in abstrakter Weise eine »enabling environment«.[1298] Bezweckt wird dadurch aber keine egalitäre Gesellschaftsordnung auf globaler Ebene, sondern die Befähigung auch der peripheren Staaten, Mindestansprüche zu erfüllen. Angesichts der materiellen Ungleichheit erwiesen sich die Menschenrechte, so bilanziert Moyn, als »unambitious in theory and ineffectual in practice«.[1299]

Das Menschenrechtsregime folgt damit dem neoliberalen Zeitgeist der Global Governance, wonach Probleme durch technische Lösungen und ein besseres Management anzugehen sind, aber keine Verteilungsfragen aufwerfen.[1300] Die Absenz oder zumindest Marginalisierung des Anspruchs, für globale Verteilungsgerechtigkeit zu sorgen, mithin die wohlfahrtstaatliche Zielsetzung auf eine internationale Ebene zu heben, schließt transnationale Vergleiche aus. Jeder Staat wird für sich betrachtet, sofern Ungleichheit überhaupt als solche thematisiert wird. Wo aber keine Gegenüberstellung ungleicher Positionen stattfindet, wird die Kritik dieser Ungleichheit verunmöglicht. Damit verharren Menschenrechte in einer auf einzelne Nationalstaaten als Pflichtenträger fokussierten Optik. Indem Armutsbekämpfung statt Verteilungsgerechtigkeit und Suffizienz statt Egalität im Zentrum stehen, wird die Territorialitätslogik der Menschenrechte stabilisiert und konsolidiert.

Eine ähnliche, aber tiefgreifendere Kritik formulierte Susan Marks, wonach sich der gegenwärtige Menschenrechtsdiskurs nach einer ausgesprochen apolitischen Phase in den 1970er Jahren nunmehr zwar mit den »root causes« auseinandersetze, dabei aber hinter dem eigenen Anspruch zurückbleibe.[1301] So sei im Zuge dieses »explanatory turn« insbesondere auf den Zusammenhang von Armut, Diskriminierungen und Marginalisierung einerseits sowie Gewalt und Leid andererseits insistiert worden, was Armutsbekämpfung, Förderung der Rechtsstaatlichkeit und der Partizipation als Mittel zur Prävention von Menschenrechtsverletzungen in den Fokus gerückt habe.[1302] Zugleich würden jedoch die Bedingungen, unter denen Menschenrechtsverletzungen stattfinden, mithin transnationale Kräfteverhältnisse und Interessenlagen sowie insbesondere die kapitalistische Logik der Gewinnmaximierung nicht adressiert.[1303]

1298 Vgl. vorne Kap. 9.2.2.5.11.

1299 *Moyn*, Not Enough, 2018, S. 216.

1300 *Koskenniemi*, Global Governance, 2017, S. 201 ff., 206 und 215; vgl. auch *Linarelli/Salomon/Sornarajah*, Misery, 2018, insb. S. 252, 257 f. und 268.

1301 *Marks*, Root Causes, 2011, S. 57 ff. und insb. 59 und 70 f.

1302 *Marks*, Root Causes, 2011, S. 61 ff., 68 und 70 f.; *Marks*, Myths, 2012, S. 9 ff.

1303 *Marks*, Root Causes, 2011, S. 64 f., 66 f. und 69 ff.; sowie *Marks*, Myths, 2012, S. 14 zur Desartikulation des Zusammenhangs mit dem Kapitalismus. Vgl. ähnliche auch *Koskenniemi*, Global Governance, 2017, S. 213 ff.; sowie

Menschenrechte können folglich, ähnlich wie dies Jorge Viñuales für das Umweltvölkerrecht vorschlägt, als ein Recht der Externalitäten bezeichnet werden. Ein Recht also, das die Folgen, nicht aber die Ursachen adressiert.[1304] Obwohl Externalitäten erst dank den Menschenrechten rechtlich fassbar sind,[1305] beschränkt sich diese Leistung auf die Oberfläche weltgesellschaftlicher Probleme.

Dem Menschenrechtsregime attestiert Marks vor diesem Hintergrund einen apolitischen Fatalismus: »One is supposed to condemn abuses, but not to provide analytically substantive accounts of the forces that produce them. One is urged to relieve suffering, but not to develop insight into why it occurs.«[1306] Menschenrechtsverletzungen würden als zufällige, willkürliche oder gleichsam naturwüchsige Geschehnisse interpretiert und damit fälschlicherweise von einer Kontingenz ausgegangen, welche den systemischen Kontext weitgehend unterschlage.[1307] Was im Menschenrechtsdiskurs als Analyse und Lösung von Problemen vorgeschlagen werde, übersehe, dass die Ursachen von Menschenrechtsverletzungen zumindest teilweise in der Begünstigung von anderen Menschen zu suchen sind.[1308] »[C]ircumstances that link their poverty with others' affluence«, so Marks weiter, »remain unaffected.«[1309]

Dass gewisse Menschen, Staaten und andere Akteur*innen von jenen Umständen profitieren, die Menschenrechtsverletzungen nach sich ziehen, und insofern auf Kosten anderer leben, wird demnach kaum thematisiert. Die Relationalität von Leid und Mangel, worauf auch das Konzept der Externalisierungsgesellschaft aufmerksam macht, bleibt damit im Dunkeln. Der Menschenrechtsdiskurs trägt auf diese Weise nicht nur zur Verleugnung dessen bei, was Nancy Fraser als abgespaltene Hintergrundbedingungen bezeichnet, von denen der Kapitalismus abhängt,[1310] sondern konsolidiert auch die eigene Territorialitätslogik. Im Zuge der Desartikulation der historischen Vermächtnisse, gegenwärtigen Ausbeutungs- und Machtverhältnisse sowie systemischer Zwänge,

zum Umstand, dass der Kapitalismus zwangsläufig Armut, Mangel und Marginalisierung verursacht etwa *Wright*, Real Utopias, 2010, S. 33 ff., insb. 44 f. und 47 f.

1304 *Viñuales*, Sustainable Development, 2021, S. 299 f.; vgl. auch die Hinweise in Kap. 12, Fn. 3.

1305 Vgl. vorne Kap. 4.2 und 9.2.2.1.

1306 *Marks*, Myths, 2012, S. 11.

1307 *Marks*, Root Causes, 2011, S. 74 ff. und 78; sowie zum Konzept der »false contingency« *Marks*, False Contingency, 2009.

1308 *Marks*, Root Causes, 2011, S. 69.

1309 *Marks*, Root Causes, 2011, S. 69 f. sowie 76 f. zur mangelhaft adressierten Relationalität.

1310 *Fraser/Jaeggi*, Kapitalismus, 2020; vgl. dazu vorne Kap. 5.1.2 f., insb. in Kap. 9.1.3 bei Fn. 63 ff.

werden auch die damit zusammenhängenden transnationalen Bezüge verdrängt. Stattdessen werden Menschenrechtsverletzungen als lokale Dysfunktionalitäten und historische Zufälle begriffen.[1311]

Zur Unfähigkeit, die zugrunde liegenden Verhältnisse, der Umstand einer »planned misery«, wie es Marks ausdrückt,[1312] adäquat zu adressieren, trägt gewiss auch der menschenrechtliche Bilateralismus bei, der sich aus der Staatszentrierung einerseits und dem Fokus auf Individuen als Menschenrechtsträger*innen andererseits ergibt.[1313] Ist von Kausalitäten die Rede, geht es – zumindest im gerichtlichen Zentrum des Menschenrechtsregimes – lediglich darum, eine individuelle Menschenrechtsverletzung einem spezifischen staatlichen Handeln oder Unterlassen zuzuordnen bzw. darauf zurückzuführen.[1314] Unter welchen Umständen und innerhalb welcher Verhältnisse eine Menschenrechtsverletzung geschah, welche Zwänge und Rationalitäten im Spiel waren, bleibt ungeklärt.[1315] Die zwanghafte Binarisierung verhindert es, die strukturelle Gewalt im Recht zu adressieren.[1316] Gunther Teubner spricht in diesem Zusammenhang denn auch von der Armseligkeit der Sprache des Rechts.[1317] Bereits die dogmatische Struktur der Menschenrechte ist folglich anfällig für deren inhaltliche Schwäche, welche die Territorialitätslogik konsolidiert.

Der apolitische Fatalismus, den Marks hervorhebt, kommt auch in der menschenrechtlichen Neutralitätsthese zum Ausdruck. So führte der WSK-Ausschuss einst aus: »[I]n terms of political and economic systems the Covenant is neutral and its principles cannot accurately be described as being predicated exclusively upon the need for, or the desirability of a socialist or a capitalist system, or a mixed, centrally planned, or laissez-faire economy, or upon any other particular approach.«[1318] Die hegemoniale Lesart der Menschenrechte unterstellt diesen auch heute noch eine Neutralität hinsichtlich der ökonomischen Zusammenhänge.[1319] Dies betonte etwa Catarina de Albuquerque im Bericht zu

1311 *Marks*, Root Causes, 2011, S. 67.

1312 *Marks*, Root Causes, 2011, S. 74 ff.

1313 Vgl. dazu vorne Kap. 9.2.2.6.2, insb. bei Fn. s1283 f.

1314 In diesem Sinne sieht *Raible*, Extraterritoriality, 2020, S. 136, die Frage im Zentrum der Extraterritorialitätsthematik, »why one set of institutions – one state – as opposed to another one, should bear a particular obligation towards a particular individual«.

1315 *Marks*, Root Causes, 2011, S. 60, 64 f., 66 f. und 69 ff.

1316 *Teubner*, Anonyme Matrix, 2006, S. 182; vgl. auch *Teubner*, Verfassungsfragmente, 2012, S. 215 ff.

1317 *Teubner*, Anonyme Matrix, 2006, S. 182 f.

1318 WSKA, GC 3 1990, Ziff. 8.

1319 Vgl. demgegenüber *Balakrishnan/Heintz/Elson*, Rethinking Economic Policy for Social Justice, 2016, S. 8 f., wonach die Verwirklichung der Menschenrechte eine fundamentale Transformation der gesellschaftlichen

Handeln des Menschenrechtsrats über den Zugang zu Trinkwasser und sanitären Anlagen. Der menschenrechtlichen Neutralität entsprechend sei die Frage, ob die Trinkwasserversorgung privatisiert werde, von den Menschenrechten zu trennen.[1320] Schließlich zeugt, wie Diane Desierto bemerkte, die zurückhaltende Auseinandersetzung des Sozialausschuss mit austeritätspolitischen Maßnahmen von der Neutralitätsthese.[1321]

In gewisser Hinsicht integriert diese These zwar die rechtstheoretische Einsicht in die Rechtsdogmatik, dass das Recht unbestimmt ist. Mit dem Verweis auf die eigene Neutralität wird indes gerade auch die Anschlussfähigkeit an eine wirtschaftliche Rationalität legitimiert. »The claim to no politics is itself political«, wie Marks es ausdrückt.[1322] So folgt aus der Neutralität der Menschenrechte im praktischen Vollzug weniger eine apolitische Abstinenz als vielmehr ein Gleichklang zwischen Menschenrechten und Kapitalismus, indem technische und marktkonforme Lösungsansätze begünstigt werden, die der neoliberalen Hegemonie entsprechen.[1323] Gleichheitsprobleme stellen dann keine Verteilungsfragen, die transnationalen Relationalitäten Rechnung trügen, sondern verlangen nach einer Verbesserung des Marktes, »to make all boats rise«.[1324] Die Insistenz auf der Neutralität bringt vor diesem Hintergrund ein liberales Selbstmissverständnis zum Ausdruck, weil die Gemachtheit der Verhältnisse und damit die Freiheit, diese auch anders zu gestalten, sowie die Machtasymmetrien hinsichtlich der Gestaltungsmöglichkeiten, unterschlagen werden.[1325]

Das Vertrauen des Menschenrechtsdiskurses in marktkonforme Strategien kommt etwa in Initiativen der sozialen Mindestsicherung zum

Ordnung verlangt. Ob die Vorzitierten diesem Anspruch gerecht werden, ist etwa mit Blick auf die Ausführungen zur Extraterritorialität fraglich (vgl. ibid., insb. S. 103, 106, 110 und 112 f.). Vgl. zur unterstellten Neutralität, die über ökonomische Systemfragen hinausreicht *Mutua*, Savages, Victims, and Saviors, 2001, S. 204 ff. und 241; sowie zur Notwendigkeit der Transformation sodann auch hinten Kap. 12.

1320 *de Albuquerque*, Acess to safe drinking water and sanitation, 29.06.2010, Ziff. 15; ebenso *Petitpierre-Sauvain*, Natural Resources, 2015, S. 611.

1321 Vgl. *Desierto*, Austerity Measures, 2016, S. 271.

1322 *Marks*, Myths, 2012, S. 16. Vgl. zur politischen Natur der unumgänglichen Dezision vorne Kap. 5.2.4.2 sowie zum daran anknüpfenden Appell an die Rechtsinterpret*innen vorne Kap. 6.3.2.

1323 Vgl. vorne in Kap. 9.2.2.6.3, Fn. 1300 sowie bereits im ersten Teil zum Bild des Gleichklangs bzw. der Homologie insb. in Kap. 5.2.2 bei Fn. 132 und in Kap. 5.2.4.4, Fn. 242.

1324 *Koskenniemi*, Global Governance, 2017, S. 202.

1325 Vgl. *Jaeggi*, Lebensformen, 2014, insb. S. 40, 47 und 56; sowie zur Gemachtheit des Bestehenden auch vorne Kap. 5.2.3 und in Kap. 6.1.2.2.6 bei Fn. 159.

Ausdruck. Letztere stehen, wie sich aus der Kritik ergibt, die Moyn und andere vortragen, gerade im Fokus des Menschenrechtsdiskurses. »Social protection floors«, wie sie auch im Rahmen der Sustainable Development Goals propagiert werden, gehen mit einer zumindest indirekten Bestätigung kapitalistischer Entwicklungsstrategien einher.[1326] Statt die globalen Machtverhältnisse und die Art und Weise, wie Wohlstand ursprünglich verteilt wird, in Frage zu stellen, beschränken sich derartige Initiativen auf eine minimale Umverteilung, um die Integration in den globalen Wettbewerb zu ermöglichen. Dieser Zusammenhang drückt sich exemplarisch in der Forderung des Sonderberichterstatters zu extremer Armut und Menschenrechten aus, einen »global fund for social protection« zur Unterstützung von sozialer Mindestsicherung zu schaffen.[1327] »The proposal for a global fund for social protection«, versichert Olivier De Schutter, »is not that taxpayers from rich countries pay for social protection in poor countries. It is, rather, to kick-start a virtuous cycle in which international support matches domestic efforts and contributes to capacity-building in low-income countries.«[1328] Diese Art von »internationaler Solidarität«, die keine Umverteilung – geschweige denn eine tiefgreifendere Transformation – anstrebt, soll ein »inclusive model of growth« ermöglichen.[1329] Statt einer extraktivistischen Entwicklung soll nach diesem Modell die ganze Bevölkerung vom wirtschaftlichen Fortschritt profitieren, die inländische Nachfrage soll gesteigert und damit Skaleneffekte sowie höhere Steuererträge erzielt werden.[1330] »In such a model, improved social protection encourages investment in human capital, thus allowing domestic producers to climb up the value chain and the betterqualified local workforce to be employed on more capital-intensive segments of global production chains.«[1331] Der Entwicklungspfad, den periphere Staaten mithilfe »internationaler Solidarität« verfolgen sollen, besteht mithin darin, die eigene Kompetitivität zu steigern, um die globale Wertschöpfungskette hochzusteigen. »[T]he thrust of our effort must be«, wie es Margeret Thatcher bereits

1326 Vgl. die kritische Auseinandersetzung bei *Linarelli/Salomon/Sornarajah*, Misery, 2018, S. 250 ff. und 266 ff. Soziale Mindestsicherung, halten indes auch die Vorzitierten fest, ist nicht als solche abzulehnen, die Forderung danach müsste aber mit der Auseinandersetzung darüber einhergehen, wie diese erreicht werden kann, ohne die strukturellen Ursachen von Mangel und Leid zu reproduzieren (vgl. ibid., S. 270). Vgl. für ein den Kapitalismus explizit affirmierendes Programm globaler Mindeststandards *Alter*, From colonial to multilateral, 2021, S. 65.

1327 *De Schutter*, Global fund for social protection, 22.04.2021.

1328 *De Schutter*, Global fund for social protection, 22.04.2021, Ziff. 11.

1329 *De Schutter*, Global fund for social protection, 22.04.2021, Ziff 14.

1330 *De Schutter*, Global fund for social protection, 22.04.2021, Ziff. 13 f.

1331 *De Schutter*, Global fund for social protection, 22.04.2021, Ziff. 14.

1981 am Nord-Süd-Gipfel in Cancún ausdrückte, »to help the developing countries to help themselves.«[1332]

Nach dieser Logik soll die Marktintegration zu Wachstum führen und damit die Voraussetzungen für die Gewährleistung der Menschenrechte schaffen.[1333] Statt globale Verteilungsfragen aufzuwerfen, wird damit der Umstand desartikuliert, dass eine Wachstumspolitik die Probleme, die sie vorgibt zu lösen, selbst mitverursacht.[1334] Mit anderen Worten wird eine Verallgemeinerbarkeit des kapitalistischen Entwicklungsmodells unterstellt, die einer kritischen Analyse kaum Stand hält. Wenn der Kapitalismus von einem abgespaltenen, entwerteten Außen abhängt, gelingt es allenfalls einzelnen Staaten ihre Position innerhalb des globalen Wettbewerbs zu verbessern und etwa eine semiperiphere Stellung zu erreichen.[1335] Der Umstand der Stratifizierung selbst, die Zentrums-Peripherie-Dynamik, wird dadurch aber viel eher angetrieben als durchbrochen. Dass die Welt entlang der Wertschöpfungskette hierarchisch strukturierten ist, wird ebenso hingenommen wie der damit einhergehende transnationale Mehrwerttransfer. Daran vermögen Bemühungen der Lieferkettenregulierung[1336] nichts grundlegend zu ändern, weil sich diese weitgehend darauf beschränken, gewisse Exzesse einzelner transnationaler Unternehmen einzuhegen, ohne indes die wachstumsorientierte Gewinnmaximierung und damit den Kontext, der systematisch Mangel und Leid hervorbringt, in Frage zu stellen.[1337] Derartige Regulierungsstrategien laufen daher Gefahr, wenn sie nicht bereits von Beginn an dazu bestimmt sind, sich lediglich in die Tendenz der systemkonformen Armutsbekämpfung einzureihen.

1332 Zit. in *Ogle*, State Rights against Private Capital, 2014, S. 224.

1333 *Linarelli/Salomon/Sornarajah*, Misery, 2018, S. 248, 256 und 258 f.; vgl. auch *Marks*, Poverty, 2022, insb. S. 631 f.; sowie hinsichtlich des Wachstums als sozialpolitisches Programm auch vorne Kap. 6.1.2.2.6, Fn. 155. Vgl. zudem allgemein zur internationalen Kooperation als Mittel zum Zweck der Entwicklung im Interesse der Menschenrechte *Karimova*, International Assistance and Cooperation, 2014, S. 167 und 176 f.

1334 *Linarelli/Salomon/Sornarajah*, Misery, 2018, S. 236, 239, 242, 245 f., 248 f., 252, 266 und 269; *Chadwick*, Human Rights, Poverty and Capitalism, 2021. Vgl. insofern nun auch *De Schutter*, The Poverty of Growth, 2024; sowie in diesem Zusammenhang bereits vorne Kap. 6.1.2.2.6, insb. bei Fn. 164 ff.

1335 Vgl. zum Begriff der Semiperipherie *Wallerstein*, Welt-System-Analyse, [2004] 2019, S. 35 und 112 f.

1336 Vgl. vorne in Kap. 9.2.2.6.2 bei Fn. 1258 ff., insb. 1271 ff.

1337 Vgl. auch *Franzki/Sánchez-Alfonso*, Entangled accumulation, 2025. Im Vergleich zum »Business and Human Rights«-Diskurs dürfte die »Trade and Human Rights«-Debatte näher an strukturellen Fragen zu verorten sein, doch wird bzw. wurde Letztere von wirtschaftsvölkerrechtlichen Stimmen und Glaubenssätzen dominiert. Vgl. dazu die Ausführungen zur Integration als Konfliktlösungsstrategie vorne in Kap. 6.1.2.2.

Überdies, und dies ist für den vorliegenden Zusammenhang von besonderer Relevanz, geht mit dem Diskurs über Marktintegration und Wachstum eine territorialisierende Verantwortungszuschreibung einher. Wenn die Lösung für Menschenrechtsprobleme darin besteht, dass sich jeder Staat dank einer wachstumsorientierten Entwicklungspolitik gleichsam selbst aus der Armut befreit, verschleiert dies die strukturellen Ursachen der Armut ebenso wie es die Forderung nach transnationaler Solidarität schwächt. Jeder Staat soll, so diese apologetische Vorstellung, im globalen Wettbewerb teilnehmen und dadurch in den Genuss der wechselseitigen Begünstigungen kommen, die mit dem idealisierten Marktgeschehen einhergehen.[1338] Letzteres gilt es gerade nicht zu durchkreuzen, weshalb im Ergebnis jeder Staat – und jeder Mensch als wirtschaftlicher Akteur – für sich selbst verantwortlich ist.[1339] Diese Verantwortungszuschreibung trägt nicht nur zur Abwertung peripherer Staaten und der Menschen im Globalen Süden bei, sondern dethematisiert auch globale Interdependenzen und Machtverhältnisse.[1340]

9.2.3 Das Recht als Exklusionsordnung

Die Raumordnung, die sich aus der Nationalstaatlichkeit, dem Migrationsregime und den Menschenrechten ergibt, ist im Wesentlichen auf das Territorium einzelner Staaten ausgerichtet und bezweckt den Ausschluss jener Menschen, die sich andernorts aufhalten, sowie jener Sachverhalte, die sich im Außen ereignen. Das Recht fungiert damit als Exklusionsordnung.

Trotz Globalisierung und Internationalisierung spielt der Nationalstaat bis heute eine zentrale Rolle und ist dabei bereits definitionsbedingt dem Territorium verpflichtet. Die Nationalstaatlichkeit als internationales Ordnungsprinzip impliziert die Aufteilung der Welt in räumliche Sphären und damit die Exklusion dessen, was sich jenseits der jeweiligen Grenzen abspielt, und derer, die nicht zum Staatsvolk zählen. Wer dem Staat in diesem Sinne nicht angehört, hat in der Regel keinen Zugang zum Territorium. Verschlossen bleiben damit ebenfalls die wohlfahrtstaatlichen Institutionen. Dass dieser »national-soziale« Staat[1341] seine exkludierende Wirkung überhaupt entfalten kann, hängt zu einem wichtigen Teil vom Völkerrecht ab, das ihn zum Ausschluss ermächtigt und dessen Alltäglichkeit normalisiert.

1338 Vgl. zur Ideologie der Gegenseitigkeit vorne in Kap. 9.1.3 bei Fn. 444 ff.

1339 Vgl. *Linarelli/Salomon/Sornarajah*, Misery, 2018, S. 249, 251 f., 254 f., und 257.

1340 *Linarelli/Salomon/Sornarajah*, Misery, 2018, S. 249, 252 und 259; vgl. auch *Eslava/Pahuja*, The State, 2019, S. 131.

1341 *Balibar*, Grenzen der Demokratie, 1993, S. 151 und 163.

Ein weiterer Umstand, der das Recht als Exklusionsordnung erscheinen lässt, stellt die menschenrechtliche Raumordnung dar. Menschenrechte gelten grundsätzlich auf dem und für das Territorium eines bestimmten Staates. Zwar gibt es zahlreiche Ansätze extraterritorialer Jurisdiktion, doch werden im Zuge der Expansion Grenzen nicht nur aufgelöst, sondern zugleich gefestigt und neu gezogen, sodass die Loslösung menschenrechtlicher Verpflichtungen vom staatlichen Territorium noch immer äußerst prekär erscheint.

Die Geltung der Menschenrechte außerhalb des jeweiligen Staatsgebiets hängt stets davon ab, dass gewisse, über die konkrete Menschenrechtsverletzung hinausgehende Voraussetzungen erfüllt sind. Ungeachtet ihrer völkervertraglichen Grundlagen bestehen menschenrechtliche Verpflichtungen nur dann, wenn eine Anwendungsschwelle überschritten wird.[1342] Diese Schwelle wird regelmäßig durch den Begriff der Jurisdiktion markiert und erscheint in der Gestalt verschiedener rechtlicher und tatsächlicher Umstände, in welche eine menschenrechtlich problematische Situation eingebettet sein muss. Davon gehen nicht nur die Straßburger Richter*innen aus, die in dieser Hinsicht eine vergleichsweise restriktive Praxis verantworten. Auch andere Menschenrechtsorgane sowie die meisten Stimmen im Schrifttum verlangen gewisse Begleitumstände, die vorangehend etwa als Erfordernis eines Näheverhältnis oder als Qualifizierung der Kausalität beschrieben worden sind.[1343] Vor diesem Hintergrund scheint auch im Rahmen kausaler Jurisdiktionskonzept einer Art Anwendungsschwelle zu bestehen, obwohl diese mitunter nicht als Jurisdiktion bezeichnet wird.[1344] Selbst wirtschaftliche, soziale und kulturelle Rechte gelten schließlich kaum voraussetzungslos in transnationalen Konstellationen, zumal in dieser Hinsicht eine zwar diffuse, aber umso effektivere Schwelle mangelnder Normativität zu überwinden ist.[1345]

Zur Prekarität expansiver Raumverständnisse kommt hinzu, dass inhaltliche Momente des Menschenrechtsschutzes die Territorialität weiter verstärken.[1346] Im Ergebnis führt dies dazu, dass Menschen, die sich

1342 Der EGMR bezeichnet Jurisdiktion insofern als »threshold criterion« oder »condition *sine qua non*«; vgl. EGMR, Georgia (IV) Dec. 2023, Ziff. 31; EGMR, Ukraine and the Netherlands Dec. GK 2023, Ziff. 506; bzw. EGMR, M.N. GK 2020, Ziff. 97; sowie ferner EGMR, N.D. and N.T. GK 2020, Ziff. 102; EGMR, Wieder and Guarnieri 2023, Ziff. 87; EGMR, Duarte Agostinho dec. GK 2024, Ziff. 197.

1343 Vgl. zu diesen und weiteren Aspekten vorne Kap. 9.2.2.5.

1344 Vgl. etwa *Shany*, Extraterritorial Application, 2020, S. 151 sowie bereits S. 86, 88, 91, 92, 101, 115, 147, 148 und 149, der basierend auf der Rechtsprechung verschiedener Menschenrechtsorgane für ein »combined capacity-based and legitimate expectations threshold« plädiert.

1345 Vgl. vorne Kap. 9.2.2.5.11.

1346 Vgl. vorne Kap. 9.2.2.6.

außerhalb des Staatsgebiets befinden, von den Schutzwirkungen des Menschenrechtsregimes in wesentlicher Hinsicht ausgeschlossen bleiben. Die Menschenrechte bilden daher trotz ihres universellen Anspruchs keine globale Rechtsordnung, sondern entfalten sich nach wie vor im Rahmen der nationalstaatlichen Rechtsordnung und ihrer territorialen Räumlichkeit.[1347]

Wie sich aus den Ausführungen zur Prekarität expansiver Raumverständnisse und zur Konsolidierung der Territorialität ergibt, lassen sich Integritätsverletzungen, die sich außerhalb hoheitlicher Beziehungen, ohne physisch anwesende Staatsorgane und in komplexen gesellschaftlichen und natürlichen Verhältnissen abspielen, kaum menschenrechtlich erfassen. Ausgeblendet werden mithin private Interaktionen und staatliches Handeln, das sich nicht unmittelbar bemerkbar macht, sondern sich etwa über Marktprozesse vermittelt global auswirkt. Abgesehen von prekären Schutzpflichten und weitgehend substanzlosen Gewährleistungspflichten stehen deshalb in transnationalen Verhältnissen bereits Achtungspflichten auf keiner soliden Basis. Wirtschaftspolitische Maßnahmen beispielsweise, ziehen trotz ihrer globalen Auswirkungen kaum Jurisdiktion und damit menschenrechtliche Pflichten nach sich.[1348] Trotz globaler Interdependenzen, die angesichts multipler Krisen in letzter Zeit besonders deutlich zu Tage treten, sah sich etwa der EGMR auch in jüngster Zeit nicht in der Lage, den Jurisdiktionsbegriff weiterzuentwickeln.[1349] Vielmehr nehmen die Straßburger Richter*innen ausdrücklich in Kauf, dass Schutzlücken bestehen.[1350] Damit ist die Rechtspraxis weit davon entfernt, sich an Vorschläge anzunähern, die globale Ungleichheiten und Machtasymmetrien berücksichtigen und damit den Umständen Rechnung tragen, die aus der Perspektive der Externalisierung im Fokus stehen.[1351]

Die Menschenrechte stellen als »letzte Utopie« das Vokabular bereit, um Ungerechtigkeiten zu adressieren.[1352] Externalitäten und die zugrunde

1347 *Bhuta*, Frontiers of Extraterritoriality, 2016, S. 18 f.

1348 Vgl. vorne insb. in Kap. 9.2.2.5.8 bei Fn. 1057 ff. und in Kap. 9.2.2.5.9.2, Fn. 1089 ff.

1349 EGMR, Georgia II GK 2021, Ziff. 141; vgl. auch EGMR, Semenya GK 2025, Ziff. 140 ff., wonach dem Kammerentscheid eine präjudizielle Grundlage fehle; sowie EGMR, Duarte Agostinho dec. GK 2024, Ziff. 205 und 213. Bereits in *Banković* führte der Gerichtshof aus, dass der »living instrument«-Doktrin keine tragende Rolle bei der Auslegung von Art. 1 EMRK zukomme (EGMR, Banković GK 2001, Ziff. 64 f.).

1350 Vgl. EGMR, Semenya GK 2025, Ziff. 150.

1351 Vgl. für einen solchen Vorschlag etwa *Salomon*, Global Responsibility, 2007, S. 193, wonach die primäre Pflicht, systemische Ursachen globaler Armut mittels struktureller Transformation zu adressieren, namentlich jene Staaten treffe, »that benefit most from the existing distribution of global wealth and resources«.

1352 Vgl. vorne Kap. 9.2.2.1 mit weiteren Verweisen.

liegenden Externalisierungsprozesse lassen sich mithin erst dank Menschenrechten im Rechtsdiskurs abbilden, sodass ihre Wahrnehmung an die menschenrechtliche Raumordnung gebunden bleibt. Das fehlende Sensorium der menschenrechtlichen Betrachtung für Vorgänge in anderen Territorialräumen setzt dem Anliegen Grenzen, Menschenrechte für die Beschreibung transnationaler Verhältnisse und grenzüberschreitender Verantwortungszusammenhänge fruchtbar zu machen. Mangelerfahrungen und Leiden werden entsprechend als lokale Missstände betrachtet, während außerhalb des jeweiligen Staates liegende Ursachen nicht berücksichtigt werden. Die Territorialitätslogik führt damit zu einer folgenschweren Verengung des Blickes, die letztlich externalisierende Praktiken begünstigt. Dabei erscheint es fragwürdig, wenn zur Rechtfertigung der menschenrechtlichen Territoriallogik auf alternative Rechtsregime wie etwa das humanitäre Völkerrecht, das Völkerstrafrecht oder das Wirtschaftsvölkerrecht verwiesen wird,[1353] weil gerade nicht ersichtlich ist, inwiefern diese Rechtsbestände die diskursive Leistung der Menschenrechte ohne weitreichende inhaltliche Abstriche wahrnehmen könnten.

Vor diesem Hintergrund erweisen sich die Menschenrechte als wesentlicher Baustein der rechtlichen Exklusionsordnung. Sie verfestigen die Räumlichkeit, die sich aus dem Recht der Nationalstaatlichkeit und dem Migrationsrecht ergibt, und bewirken im Zusammenspiel mit diesen weiteren Rechtsbeständen einen wirksamen Ausschluss von den kompensatorischen Mechanismen des Wohlfahrtsstaats. Die Wohltätigkeit beginnt – und endet regelmäßig – wie sich im Anschluss an Vattels Diktum schlussfolgern lässt, zweifelsohne bei sich selbst.[1354]

1353 Vgl. so *Besson*, Extraterritoriality, 2012, S. 884; und *Raible*, Extraterritoriality, 2020, S. 207 f.

1354 Vgl. zu Vattel vorne in Kap. 9.2.1.3, Fn. 505; sowie zum Ganzen insb. vorne in Kap. 9.2.2.5.11 bei Fn. 1213.

10 Fazit: Externalisierung dank inkongruenter Räumlichkeit

Die Raumordnung des globalen Rechts beschränkt sich nicht darauf, was völkerrechtlich üblicherweise darunter verstanden wird. Statt nur Gebiete der Erde, des Weltraums und der Himmelskörper einzelnen Hoheitsträgern, also Völkerrechtssubjekten, zuzuordnen,[1] ist das Recht in die Produktion verschiedener Raumverständnisse involviert. Entsprechend wäre es insbesondere verkürzt, Rechtsräumlichkeit mit nationalstaatlicher Territorialität gleichzusetzen.[2] Vielmehr ordnet das Recht den Raum in unterschiedlicher Weise und schafft dadurch divergierende Räumlichkeiten. So dient das Recht einerseits dem Zugriff auf das Außen und der globalen Integration gesellschaftlicher Verhältnisse, sodass es sich als Inklusionsordnung beschreiben lässt. Andererseits ist das Recht von exkludierenden Momenten geprägt, weshalb es als Exklusionsordnung erscheint. Damit stellt das Recht die Gleichzeitigkeit von Inklusion und Exklusion sicher, womit es wesentlich in die Herstellung der Bedingungen involviert ist, von denen die Externalisierungsgesellschaft abhängt.[3]

Als Inklusionsordnung ermöglicht das Recht insbesondere, dass sich wirtschaftliche Vorgänge vom nationalstaatlichen Territorium loslösen. Mit dem globalen Güter-, Dienstleistungs- und Kapitalverkehr lassen sich Gewinne und Verluste transnational verschieben. Was im Rahmen des Weltmarktes nationalstaatliche Grenzen überschreitet, sind keine bloßen Sachen oder Rechtsansprüche, sondern die durch sie verkörperten und verdinglichten sozialen Verhältnisse.[4] Dank des Rechts vermag das weltgesellschaftliche Zentrum mithin auf gesellschaftliche Verhältnisse andernorts zuzugreifen. Oder genauer noch: Die Dinge, die im Rahmen der rechtlichen Infrastruktur transnational zirkulieren, bringen gesellschaftliche Verhältnisse zum Ausdruck, welche die Grenzen der Nationalstaaten transzendieren.

Das Recht dient indes nicht nur der Inklusion, sondern wirkt zugleich als Exklusionsordnung. Soziale und ökologische Probleme und die Menschen, die darunter leiden, werden durch das Recht exkludiert. Dies geschieht einerseits durch die Nationalstaatlichkeit, die durch die Staatsangehörigkeit und die Migrationskontrolle Menschen daran hindert, am

1 *Proelß*, Raum und Umwelt, 2019, Rz. 2.

2 Vgl. *Sassen*, Das Paradox des Nationalen, 2008, S. 102.

3 Vgl. dazu vorne insb. Kap. 8.1.

4 Vgl. zur strukturellen Verkehrung, die dem Warenfetisch zugrunde liegt, etwa *Heinrich*, Kritik, 2018, u. a. S. 180.

gesellschaftlichen Wohlstand, der erst unter Zugriff auf das Außen zustande kommt, teilzuhaben. Exkludiert werden aber nicht nur die Menschen, deren Zugang migrationsrechtlich verhindert wird, sondern aufgrund der menschenrechtlichen Raumordnung auch die sozialen und ökologischen Kosten, die durch die globale Entfaltung wirtschaftlicher Eigenrationalitätsmaximierung anfallen. Die Menschenrechte dienen als Vokabular der Gerechtigkeit dazu, Externalitäten im Recht und damit die negativen Folgen und Voraussetzungen des externalisierungsgesellschaftlichen Zugriffs auf das Außen zu adressieren. Mit diesem Vokabular lassen sich indes soziale und ökologische Probleme in der weltgesellschaftlichen Peripherie angesichts der Gravitation des Territorialen, die sich im Menschenrechtsregime entfaltet, nicht angemessen artikulieren. Statt als Ausdruck transnationaler Interdependenzen und systemischer Logiken erkennbar zu sein, erscheinen Mangel und Leid im Globalen Süden – ebenso wie Reichtum und Wohlfahrt im Norden – als Umstände, die auf lokale Verhältnisse zurückzuführen sind und folglich im jeweiligen Kontext, mithin durch die betroffenen Staaten, zu lösen sind.[5] Die menschenrechtliche Raumordnung steht demnach nicht nur einer Entfaltung globaler Solidarität entgegen, sondern hat auch eine einseitige Verantwortungszuschreibung zur Folge. Dadurch wird denn auch die doppelte Gestalt des Nationalstaats ersichtlich. Seine Universalisierung geht einerseits mit der Integration in die globalkapitalistischen Strukturen einher, was die Voraussetzungen des wirtschaftlichen Zugriffs gewährleistet.[6] Andererseits dient der Nationalstaat dem Exklusionsregime als Container, in den die schädlichen Auswirkungen transnationaler Wirtschaftsbeziehungen eingeschlossen werden und dem die Verantwortung für entsprechende Missstände zugeschrieben wird. Mithin lässt sich nicht nur ein »encasement« des globalen Marktes,[7] sondern auch ein solches der gesellschaftlichen Probleme beobachten, die sich aus seiner Entfaltung ergeben.[8]

Die Relevanz des Rechts als Exklusionsordnung und insbesondere der menschenrechtlichen Räumlichkeit für die Frage der Externalisierung erschließt sich erst vollständig vor dem Hintergrund der Eigenheiten der Inklusion. Diese wird im Wesentlichen über den Markt vermittelt und vollzieht sie sich damit innerhalb komplexer gesellschaftlicher Verhältnisse. An diesen ist eine Vielzahl von staatlichen und privaten Akteur*innen beteiligt, deren Handeln in systemische Logiken eingelassen und von diesen geprägt ist. Die vielfältigen Formen des externalisierungsgesellschaftlichen Zugriffs zeichnen sich damit gerade durch Eigenschaften

5 Vgl. auch *Eslava/Pahuja*, The State, 2019, S. 131.
6 Vgl. vorne Kap. 9.1.1.2.
7 Vgl. dazu vorne in Kap. 9.1.1.2.2 bei Fn. 324 und Kap. 9.1.2.2, Fn. 412.
8 Vgl. ähnlich auch *Pahuja*, Corporations, 2019, S. 90 f.

aus, die sie und die mit ihnen einhergehenden sozialen und ökologischen Probleme dem menschenrechtlichen Blick weitgehend entziehen. Das Recht der Inklusionsordnung fundiert mit anderen Worten eine Zugriffsweise, die sich mit jenem Recht, das der Bewältigung von Externalitäten dient, nicht adäquat adressieren lässt.

Exemplarisch zeigt sich dies am Beispiel der globalen Steuerflucht. In *Yassin* legitimierte der Menschenrechtsausschuss nicht nur das Geschäftsmodell von Steueroasen, sondern nahm eine Eingrenzung der räumlichen Geltung der Menschenrechte vor, die im Kontext globaler wirtschaftlicher Verflechtungen von großer Reichweite ist.[9] Die Gleichzeitigkeit von Inklusion und Exklusion, die Zugriff ohne Verantwortung verschafft, erscheint in Steueroasen in besonders ausgeprägter Form. Inklusion wird dabei ebenso wie die unternehmerische Präsenz am Steuersitz auf ein Minimum reduziert, während die Distanz zu den realen wirtschaftlichen Vorgängen der Produktionssphäre maximiert wird. Steuerflucht kann insofern als Extremfall eines externalisierungsgesellschaftlichen Arrangements betrachtet werden.[10] An diese Ausgangslage, die durch steuer-, gesellschafts- und vertragsrechtliche Infrastrukturen geschaffen wird, knüpft nun der Menschenrechtsausschuss in *Yassin* an und bejaht deren menschenrechtliche Unbedenklichkeit. Damit trennt er negative und positive Auswirkungen wirtschaftlicher Prozesse; er exkludiert die Kosten und erlaubt dem Steuerzufluchtsort, sich einzig mit den Gewinnen zu beschäftigen.

Nach dem Dargelegten stellt das Recht den Zugriff auf das Außen sicher und exkludiert zugleich, was der Steigerung von Profit und der Hortung von Wohlstand abträglich wäre. Es schafft mithin eine inkongruente Räumlichkeit und ermöglicht im Ergebnis die externalisierungsgesellschaftliche Gleichzeitigkeit von Inklusion und Exklusion. Dabei verdienen abschließend zwei Aspekte eine kurze Erwähnung, die bislang wenig Beachtung gefunden haben und nur am Rande angesprochen wurden. Hinzuweisen ist zunächst auf eine weitere Asymmetrie, die sich aus einem Vergleich des Rechts der Inklusion sowie des Rechts der Exklusion ergibt. Die jeweiligen Rechtsbestände sind nämlich mit

9 Vgl. MRA, Yassin 2017; sowie dazu vorne in Kap. 9.2.2.5.9.2 bei Fn. 1089 ff. und ferner zum Steuerwettbewerb vorne in Kap. 9.2.2.5.11 bei Fn. 1205 ff.

10 Vgl. auch *Shaxson/Christensen*, Tax Competitiveness, 2016, S. 266. Berechnungen zu Folge werden heute etwa 37 % der Unternehmensgewinne in Steueroasen verschoben; vgl. *Tørsløv/Wier/Zucman*, Missing Profits, 2022, S. 1515; *Wier/Zucman*, Global profit shifting, 2022, S. 5. Vgl. zu den volkswirtschaftlichen und menschenrechtlichen Auswirkungen der Steuerflucht zudem *Bohoslavsky*, Economic reforms and austerity measures, 18.07.2018, insb. Ziff. 36 und 38; *Pogge/Mehta*, Introduction, 2016, S. 4 f. m. w. H.; zu Steueroasen im Allgemeinen *Shaxson*, Schatzinseln, 2011; ferner *Zucman*, Richesse cachée, 2017.

unterschiedlichen starken Durchsetzungsmechanismen ausgestattet,[11] was die ungleiche Räumlichkeit des Rechts konsolidiert. Dies begünstigt den Zugriff, während es die Schwierigkeiten, die negativen Folgen und Voraussetzungen globalen Wirtschaftens zu adressieren, zusätzlich vertieft. Bemerkenswert ist sodann, dass sowohl im Recht, das dem Zugriff dient, als auch im Recht, das den Ausschluss ermöglicht, Differenzierungsmomente zum Ausdruck kommen.[12] Während die Andersartigkeit des Außens eine Legitimationsressource des Rechts der Inklusion darstellt, trägt eben dieser Umstand dazu bei, den migrationsrechtlichen Ausschluss und die Territoriallogik der Menschenrechte zu rechtfertigen sowie die einseitige Verantwortungszuschreibung zu plausibilisieren.[13]

11 Vgl. *Orford*, Social Question, 2020, S. 46; *Peters*, Social Dimension, 2018, S. 332; *Cottier*, Trade and Human Rights, 2002, S.122 ff.; ferner *Wilde*, Economic redistribution, 2020, S. 62 f.; *Cutler*, Legal Pluralism, 2013, S. 730 ff.; sowie zur aktuellen Disfunktionalität des WTO-Streitbeilegungsmechanismus etwa *Pahis*, After the Appellate Body, 2024.

12 Vgl. dazu bereits vorne Kap. 8.2.

13 Vgl. insb. vorne Kap. 9.2.2.5.5.

Schlussbetrachtungen

11 Wechselwirkungen

In der Auseinandersetzung mit der Fragmentierungsdebatte wurde im ersten Teil der Arbeit (Kapitel 4 bis 7) dargelegt, inwiefern Konflikte im Recht ebenso wie Externalitäten auf die funktionale Differenzierung und das eigenrationalitätsmaximierende Operieren von Funktionssystemen zurückgeführt werden können. Zudem wurde herausgearbeitet, dass die Externalisierung, also die Verlagerung von ökologischen und sozialen Problemen, zum Umgang mit Normkonflikten insofern beiträgt, als dadurch erschwert wird, dass diese im Recht wahrgenommen werden. Dergestalt plausibilisiert die Externalisierung die im Recht verhandelten, an sich aber unzulänglichen Konfliktlösungstechniken und namentlich die Vorstellung, das Recht ließe sich in einer horizontalen Perspektive harmonisieren. Die räumliche Verlagerung erlaubt mithin den Umstand zu verdrängen, dass Konflikte im Recht regelmäßig nicht gelöst, sondern diese nur ausgehalten werden, indem von ihnen abstrahiert wird.

Um dem Recht der Externalisierungsgesellschaft auf den Grund zu gehen, widmete sich der zweite Teil der Arbeit (Kapitel 8 bis 10) der Frage, wie Externalisierungsdynamiken im und durch das Recht ermöglicht werden. Vor dem Hintergrund, dass Externalisierung als ein Zusammenwirken von Inklusion und Exklusion begriffen werden kann, wurde skizziert, inwiefern das Recht verschiedene Räumlichkeiten ausbildet, die eben dies erlauben, also die Simultanität von Zugriff und Ausschluss. Dies wiederum ist nur deshalb möglich, weil das Recht gerade keine Einheit darstellt und die Fragmentierung auch die raumordnende Wirkung des Rechts erfasst.

Die konflikthafte Fragmentierung des Rechts erweist sich also einerseits als Folge der funktionalen Differenzierung. Andererseits ist sie zugleich als Voraussetzung der Stabilisierung moderner Gesellschaften zu betrachten, weil die Fragmentierung erst die Gleichzeitigkeit ungleicher Raumordnungen und damit die Simultanität von Inklusion und Exklusion ermöglicht. Letzteres wiederum erlaubt Externalisierungsprozesse, im Rahmen derer soziale und ökologische Probleme verlagert und ausgeblendet werden, denn die inkongruente Territorialität verhindert die Artikulation von Konflikten im Recht. Gewisse gesellschaftliche Widersprüche werden damit von jenem Diskurs, der gerade die Austragung von Konflikten bezweckt, ausgeschlossen.[1]

1 Vgl. zu den hier dargelegten Zusammenhängen bereits *Weber*, Simultanität, 2024, S. 64 ff.

Divergenzen in räumlicher Hinsicht tragen demnach dazu bei, die Widersprüchlichkeit des Rechts in inhaltlicher Hinsicht, dass also beispielsweise menschenrechtliche Schutzgehalte mit wirtschaftsrechtlichen Normbeständen kollidieren, zu ertragen. Werden soziale und ökologische Probleme, die in der Peripherie zu Tage treten, als Folge der menschenrechtlichen Raumordnung in erster Linie als Herausforderung für Staaten des Globalen Südens begriffen, begünstigt dies nämlich die Vorstellung eines harmonischen Zusammenwirkens von Menschenrechten und Wirtschaftsrecht. Das fragmentierte Recht schafft in diesem Sinne die Voraussetzungen für die verdrängende Konfliktbearbeitung, mittels derer innergesellschaftliche Widersprüche in ein Spannungsverhältnis zwischen Innen und Außen transformiert werden und die imaginierte Harmonie widersprüchlicher Wertsphären plausibilisiert wird. Die betroffenen Kollisionslagen werden dadurch entschärft, was die Alltäglichkeit von Externalitäten und die Destruktivität des Alltäglichen aus dem gesellschaftlichen Bewusstsein verbannt.

Der These, wonach die Fragmentierung aus der Widersprüchlichkeit der Welt folgt und zugleich dazu beiträgt, Konflikte auf Kosten anderer zu ertragen, steht der Umstand nicht entgegen, dass die Raumverständnisse verschiedener Rechtsregime mitunter umstritten sind und teilweise widersprüchlich erscheinen. Auch in räumlicher Hinsicht stellen Rechtsregime nämlich keine einheitlichen, widerspruchsfreien Gebilde dar, sondern sind von Auseinandersetzungen geprägt, die auf gesellschaftliche Konflikte und Kräfteverhältnisse verweisen.[2] In diesem Sinne lässt sich etwa das globale Wirtschaftsrecht denn auch als Teil der Inklusionsordnung beschreiben, obschon Inkongruenzen zu beobachten sind. Solche bestehen etwa in der Form von protektionistischen Maßnahmen wie Schutzzöllen, nichttarifären Handelshemmnissen oder Subventionen und bringen eine historische Kontinuität zum Ausdruck. So industrialisierten sich bereits die Kolonialmächte geschützt durch Zölle, während sie ihren Kolonien zugleich die Öffnung für eigene Güter oktroyierten.[3] Dass regimeinterne Brüche gesellschaftliche Machtverhältnisse zum Ausdruck bringen, die einer widerspruchsfreien Raumordnung gerade im Wege stehen, zeigt sich ebenso im Menschenrechtsregime. Mit der Herausbildung kausaler Jurisdiktionsverständnisse reagiert der Menschenrechtsdiskurs zwar auf Forderungen sozialer Bewegungen und Anliegen der Peripherie. Doch zeugt die persistierende Gravitation des Territorialen davon, wessen Werte und Interessen nach wie vor das Menschenrechtsregime dominieren. Darüber hinaus knüpft die menschenrechtliche Räumlichkeit insofern an die

2 Vgl. dazu *Pichl*, Rechtskämpfe, 2021, S. 316; *Benda-Beckmann/Turner*, Anthropological Roots, 2020, S. 134 sowie zu den regimeinternen Konflikten vorne Kap. 5.2.2.

3 Vgl. *Beckert*, King Cotton, 2015, u. a. S. 155 ff., 289, 328 und 339 ff.

gesellschaftlichen Verhältnisse an, als sich gerade auch hier Spuren der funktionalen Differenzierung finden lassen. Die Jurisdiktionspraxis reproduziert nämlich in wesentlicher Hinsicht die Trennung von öffentlicher und privater Sphäre, was sich etwa an der Bedeutung physischer Präsenz staatlicher Organe, der Nähe zum völkerrechtlichen Jurisdiktionsbegriff und dem Unwillen zeigt, privates Handeln menschenrechtlich zu erfassen.[4]

Die Wechselwirkungen zwischen Fragmentierung einerseits und Externalisierung andererseits verweisen auf Differenzierungen, welche die Trennungen, die mit der Theorie funktionaler Differenzierung beschrieben werden, also die Emergenz von Funktionssystemen, ergänzen und überlagern. Der Bestand segmentär-räumlicher Differenzierungen erlaubt der funktional differenzierten Gesellschaft, ihre Konflikthaftigkeit zu ertragen. Dass die »Inklusion der einen auf der Exklusion der anderen beruht«, untergräbt folglich nicht »das Normalfunktionieren der Funktionssysteme«, wie dies Luhmann unterstellte,[5] sondern gewährleistet dieses erst. Die Exklusion ist nicht Hindernis der Ausdifferenzierung oder ihrer Aufrechterhaltung, sondern deren Bedingung. Die funktionale Differenzierung vermag sich folglich nur deshalb durchzusetzen, weil sie mit anderen Differenzierungsformen einhergeht.

Die Simultanität von Inklusion und Exklusion als rechtlich strukturierter Stabilisierungsmechanismus zeigt damit, dass das systemtheoretische Primat der funktionalen Differenzierung nicht durchzuhalten ist. Die funktional differenzierte Weltgesellschaft und ihre Teilsysteme sind notwendigerweise von Hierarchien durchzogen, die sich als stratifikatorische sowie Zentrum-Peripherie-Differenzierungen bezeichnen lassen.[6] Funktionale Differenzierung setzt damit Ungleichheit nicht nur voraus, indem sie an diese anknüpft, sondern erzeugt diese notwendigerweise selbst, womit sie wiederum sich selbst gleichsam untergräbt.[7] Die bestandsnotwendige, mit Externalitäten behaftete und durch Wachstumsdynamiken akzentuierte Abhängigkeit vom Außen scheint also zwangsläufig von anderen Differenzierungsformen begleitet zu werden. Da die Funktionssysteme dazu tendieren, ihre Umwelt mit destruktiven Exzessen in Mitleidenschaft zu ziehen, muss diese durch Hierarchisierungen stabilisiert werden.

4 Vgl. vorne Kap. 9.2.2.5 f. sowie in diesem Zusammenhang die Ausführungen zur gesellschafts-rechtlichen Koproduktion in Kap. 5.2.3.

5 *Luhmann*, Recht der Gesellschaft, 1995, S. 584.

6 Vgl. zum Fortbestand anderer Strukturprinzipien auch *Buckel*, Subjektivierung und Kohäsion, 2015, S. 40 ff. und 126 ff.; *Murphy*, The Structure of Closure, 1984, S. 551 und 555 ff.; ferner mit Bezug zu räumlicher Differenzierung *Liste*, Colliding geographies, 2016.

7 *Bachur*, Kapitalismus und funktionale Differenzierung, 2013, S. 143 ff., insb. 161; vgl. dazu bereits vorne Kap. 6.4.1 bei Fn. 260; sodann ferner *Weiß*, Ungleichheiten, 2017, S. 33 und 167 ff. zur Schwierigkeit, soziale Ungleichheit systemtheoretisch zu fassen.

12 Ausblick

Die vorliegende Auseinandersetzung mit dem fragmentierten Recht der Externalisierungsgesellschaft ist bestrebt, Ungleichheiten in der Welt zu verstehen. Wer auf Probleme aufmerksam macht und sie analysiert, ohne indes die tatsächlichen Ursachen einzubeziehen, läuft Gefahr, zu deren Entpolitisierung beizutragen.[1] Für die Externalisierung gilt dies insofern, als die Problematisierung der Verlagerung ökologischer und sozialer Probleme etwa implizieren könnte, dass eine Aufhebung der räumlichen Trennung zwischen Innen und Außen anzustreben sei, um die Externalisierung ihrer Funktionsvoraussetzungen zu berauben. Auch könnte geschlossen werden, es seien Strategien der Internalisierung zu verfolgen, um die Externalitäten dorthin zurückzuverlagern, wo jene leben, die davon profitieren. Vor diesem Hintergrund könnte die vorliegende Arbeit dafür bemängelt werden, dass Lösungsansätze fehlen und keine – wie es zumindest im rechtswissenschaftlichen Betrieb üblich ist – Vorschläge »de lege ferenda« formuliert werden.

Diese Schlüsse und Forderungen würden indes sowohl die Intentionen als auch die in der Auseinandersetzung mit dem fragmentierten Recht der Externalisierungsgesellschaft gewonnenen Einsichten missverstehen. Die Vermeidung räumlicher Externalisierungsprozesse, deren Umkehrung im Rahmen gegenläufiger Praktiken der Internalisierung oder Versuche, entweder Institutionen der Inklusion – also etwa die Welthandelsordnung – oder solche der Exklusion – beispielsweise die Migrationskontrolle des globalen Nordens – zu reformieren, dürften oftmals begrüßenswert und mitunter auch notwendig sein. Für sich genommen sind solche Bemühungen aber oftmals problematisch, denn sie vermögen die zugrunde liegende Struktur kaum zu überwinden und damit jene Dynamik zu durchbrechen, die sich unter anderem in externalisierungsgesellschaftlichen Exzessen äußert.[2] In diesem Sinne bewegen sich Bemühungen regelmäßig innerhalb dessen, was mit Jorge Viñuales als ein Recht der Externalitäten verstanden werden kann, d. h. als ein Recht, das den für die Externalisierungsprozesse konstitutiven Normbeständen letztlich den Vorrang einräumt, indem es sich damit begnügt, Externalitäten einzuhegen, statt die zugrunde liegenden Strukturen zu verändern.[3]

1 Vgl. *Marks*, Root Causes, 2011, S. 72 f. Bereits *Horkheimer*, Die Juden und Europa, 1940, S. 115, mahnte, es solle vom Faschismus schweigen, wer vom Kapitalismus nicht reden wolle.

2 Vgl. zu diesen Strukturen vorne Kap. 5.

3 *Viñuales*, Sustainable Development, 2021, S. 299 f.; *Viñuales*, The International Law of Energy, 2022, S. 29, Fn. 70 und 104 ff.; vgl. auch *Petrova/Ferrando*, Enclosures of International Law, 2022, S. 256; ferner *Wilde*, Socioeconomic Rights, 2018, S. 394; *Pogge*, Divided against itself, 2012,

Damit laufen sie nach dem Dargelegten gerade Gefahr, das gesellschaftliche Fundament zu entpolitisieren und dem Ordnungsversprechen des Rechts zu verfallen.[4]

Lösungsvorschläge erweisen sich jedenfalls dann als verkürzt, wenn sie dem Umstand nicht Rechnung tragen, dass am Ursprung des Externalisierungsgeschehens gesellschaftliche Widersprüche, Rationalitäts- und Normkonflikte stehen. Dabei ist ein wesentlicher Teil dessen, was der Begriff der Externalisierung problematisiert, eng mit dem eigenlogischen Operieren der wirtschaftlichen Sphäre verbunden. Hier überschneidet sich die differenzierungstheoretische Betrachtung der intersystemischen Leistungsbezüge denn auch mit der kritischen Analyse des Kapitalismus.[5] Wichtig ist in diesem Zusammenhang zudem, dass Externalisierungsbewegungen nicht nur in räumlicher Hinsicht, sondern auf verschiedenen Ebenen erscheinen und sich entlang unterschiedlicher Strukturkategorien entfalten. Werden Externalitäten also oberflächlich thematisiert, werden damit nicht nur die Entstehungszusammenhänge dethematisiert, entpolitisiert und dadurch stabilisiert, sondern auch Ausweichbewegungen auf Kosten anderer Marginalisierter begünstigt.

Externalisierung ohne grundlegende Transformation, also innerhalb des Bestehenden zu überwinden, erscheint daher aussichtslos. So kann die Externalisierung beispielsweise nicht systemimmanent durch Internalisierung aufgelöst werden, weil intersystemische Leistungsbezüge allgegenwärtig sind und gerade das ökonomische System, das in vielerlei Externalitäten involviert ist, stets von etwas Abgespaltenem, das als Wertloses einbezogen wird, abhängt.[6] Ebenso erweist es sich als fragwürdig, die Hoffnung in einzelne Akteur*innen wie etwa transnationale Unternehmen zu setzen, die systembedingt gezwungen sind, ihren Profit zu maximieren, mithin in hierarchischen Beziehungen der Inklusion

S. 389. Mit *Boysen*, Postkoloniale Konstellation, 2021, S. 203 ff., lässt sich diese Unfähigkeit des (Umweltvölker-)Rechts auf die Ökonomisierung zurückführen, wonach Externalisierungen statt einer Begrenzung einer blossen Steuerung durch marktwirtschaftliche Mechanismen unterzogen werden. Vgl. zum Ganzen bereits vorne in Kap. 9.2.2.6.2 bei Fn. 1304.

4 Vgl. zu Letzterem *Kennedy*, Law in Global Political Economy, 2020, S. 135 f. und 145; bereits vorne in Kap. Zweiter Teil bei Fn. 10.

5 Vgl. vorne Kap. 5.1.3.

6 Vgl. *Biesecker/von Winterfeld*, Extern, 2014, S. 4 und 14; *Biesecker/von Winterfeld*, Externalisierung, 2018, S. 573 f.; *Fraser/Jaeggi*, Kapitalismus, 2020, S. 40 f.; *Brand* et al., Societal boundaries, 2021, S. 274; *Hornborg*, Colonialism, 2019, S. 14 f.; *Biesecker/von Winterfeld*, Externalisierung, 2022, S. 363; in diesem Zusammenhang auch die Beobachtungen zu den intersystemischen Leistungsbezügen vorne Kap. 5.1.2; sowie ferner die Kritik am grünen bzw. Degrowth-Kapitalismus etwa bei *Saito*, Systemsturz, 2024, u. a. S. 55 ff., 88 ff., 100 und 263; und *Lessenich*, Sintflut, 2016, S. 119 f.

und der Exklusion das eigene Interesse vorrangig zu behandeln und folglich Externalitäten zu verursachen.[7] Unzureichend sind außerdem, um ein drittes Beispiel anzuführen, menschenrechtliche Ansätze, die auf Armutsbekämpfung zielen, ohne die gesellschaftliche Ordnung in Frage zu stellen, die Ungleichheit und Armut stets von neuem reproduziert.[8] Die Vorstellung der Inklusion, der Universalisierung des bestehenden Wohlstandsmodells konfligiert mit dessen fehlender Verallgemeinerbarkeit.[9] Die Externalisierungsgesellschaft gerät allerdings nicht unversehens in Widerspruch mit sich selbst, sondern ist als Widerspruch verfasst.[10] Die Widersprüchlichkeit liegt in dieser Gesellschaftsformation, wird von ihr erzeugt und ist in ihr nicht lösbar.[11]

Vor diesem Hintergrund wurde in der vorliegenden Arbeit denn auch nicht versucht, selbst Lösungen »de lege ferenda« für das untersuchte Problem auszuarbeiten.[12] Einzelne Reformvorschläge würden nämlich wie die soeben erwähnten Internalisierungsstrategien die zugrunde liegende Gesellschaftsform kaum adressieren und damit im Ergebnis lediglich konservierend wirken.[13] Zudem erscheint das Recht der Externalisierungsgesellschaft derart vielgestaltig, dass bereits dessen Darstellung nur kursorisch vorgenommen werden konnte, auch wenn an verschiedenen Stellen und insbesondere hinsichtlich der menschenrechtlichen Raumordnung eine Vertiefung erfolgte. Diese Vielgestaltigkeit der involvierten Rechtsstrukturen steht Reformvorschlägen, wie sie jeweils »de lege ferenda« entworfen werden, offensichtlich entgegen, weil es aussichtslos wäre, der Komplexität der betroffenen Bereiche und dem Umfang der erforderlichen Transformation gerecht zu werden. Ein solches Unterfangen wäre zudem insofern fragwürdig, als die zukünftige Gesellschaft eine demokratische zu sein hat und damit auch ihr Recht keines wäre, für das am Schreibtisch eine Blaupause zu erstellen ist.[14]

7 Vgl. *Wright*, Real Utopias, 2010, S. 43 f., 53 f., 59 f., 65 und 69; *Wissen/Brand*, Imperiale Lebensweise, 2016, S. 65; *Cutler*, Corporate Social Responsibility, 2008, S. 197 f.; ferner *Kohn*, Globalizing Global Justice, 2019, S. 178 f.

8 Vgl. *Salomon*, Global Responsibility, 2007, S. 188 und 193; hierzu auch vorne Kap. 9.2.2.6.3.

9 Vgl. die Hinweise in Kap. 8.1, Fn. 27.

10 Vgl. *Jaeggi*, Lebensformen, 2014, S. 370.

11 Vgl. *Jaeggi*, Lebensformen, 2014, S. 373.

12 Vgl. in dieser Hinsicht aber die interdisziplinäre Debatte zur demokratischen Planung, z. B. *Groos/Sorg* (Hrsg.), Creative Construction, 2025.

13 Vgl. dazu auch *Geuss*, World, 2014, S. 90, wonach die Forderung nach »konstruktiver« Kritik eine radikale Infragestellungen erschwere, zu reformistischen Positionen dränge und sich daher als repressiv und konservativ erweise.

14 Vgl. *Wiethölter*, Recht und Politik, 1969, S. 157 f.; *Akbar*, Democratic Political Economy, 2020, S. 104 ff.; ferner *Lessenich*, Sintflut, 2016, S. 122 f.

Trotz dieser Vorbehalte gegenüber Bemühungen, das Recht zu mobilisieren, und ungeachtet der Einsicht in die Vielgestaltigkeit rechtlicher Entwicklung[15] bleibt abschließend die Überzeugung hervorzuheben, dass dem Recht und namentlich den Menschenrechten ein emanzipatorisches Potenzial innewohnt.[16] So unvollständig und ungenügend das Recht gerade in transnationaler Hinsicht auch ist, anerkennt es wichtige Rechtspositionen und bietet Ansatzpunkte dafür, Probleme zu benennen und sichtbarer zu machen.[17] Daran anknüpfend können sowohl in formellen Rechtsverfahren als auch in der öffentlichen Skandalisierung konkrete Verbesserungen für Einzelne oder Gruppen von Menschen erreicht werden. Dass damit regressive und repressive Folgen einhergehen können, weil die zugrunde liegenden Strukturen und Kategorien kaum adressierbar sind und durch die Inanspruchnahme des Rechts stets von neuem mit hervorgebracht werden, hat Wendy Brown als Paradoxie beschrieben, die immerhin insofern Grund zur Hoffnung weckt, als die Mobilisierung des Rechts auf die Unmöglichkeit der Gerechtigkeit in der Gegenwart aufmerksam machen und damit zumindest dazu beitragen kann, eine transformatorische Perspektive zu skizzieren.[18] Das Recht sollte also dazu mobilisiert werden, die »herrschende Normalität als Wahnsinn der Herrschaft«[19] erkennbar zu machen. Hoffnung und Forderung zugleich wäre, dass gerade die »strategische« Rechtsarbeit über das Bestehende hinaus zielt und das Recht selbst überschreitend danach strebt, die mannigfaltigen Grenzziehungen zu transformieren – statt das Bestehende im Interesse seiner Erhaltung bloß zu reformieren.[20]

Bezogen auf die Funktionsweise der Externalisierungsgesellschaft bedeutete dies, gänzlich neue Formen der Entgrenzung, also der Inklusion, und zugleich neue Begrenzungen, sprich Exklusionsweisen, zu

15 Vgl. vorne Kap. 5.2.4.

16 Dieses Potenzial setzt wiederum die Annahme einer relativen Unabhängigkeit des Rechts voraus. Vgl. dazu vorne Kap. 2.2, bei Fn. 26; Kap. 5.2.3, insb. Kap. 5.2.4.2, Fn. 208; ferner *Brunkhorst*, Zukunft, 2010, S. 14 und 20 f.

17 Vgl. *Loick*, Juridismus, 2017, S. 102 ff. und 331 ff., der emanzipatorische Gehalte des Rechts benennt, die zu erhalten bzw. zu realisieren sind; *Saage-Maaß/Terwindt*, Recht im Kontext imperialer Lebensweise, 2020, S. 356 f.

18 *Brown*, Paradoxes, 2000, S. 239 f.; vgl. auch *Fischer-Lescano*, Kassandras Recht, 2019, S. 433; *Golder*, Foucault and the Politics of Rights, 2015, S. 89 ff.

19 *Adamczak*, Beziehungsweise, 2017, S. 80 f.

20 Vgl. *Fischer-Lescano*, Kassandras Recht, 2019, insb. S. 420 ff., der die strategische Prozessführung namentlich für ihre mangelnden Ambitionen und ihren unreflektierten Umgang mit der depolitisierenden Wirkung des Rechts kritisiert; zum Begriff des transformativen Grenzkampfes *Fraser/Jaeggi*, Kapitalismus, 2020, insb. S. 239 f.; sowie zum Konzept der nicht-reformistischen Reform *Akbar*, Democratic Political Economy, 2020, S. 98 ff.

entwickeln.[21] In differenzierungstheoretischer Hinsicht läuft das Vorgenannte darauf hinaus, Systemgrenzen stellenweise zu durchbrechen und zu verschieben. Dabei ist an die Einsicht in die konstituierende Rolle des Rechts und den Umstand anzuknüpfen, dass das Bestehende stets auch etwas Gemachtes ist, dass die systemspezifischen Eigenlogiken, deren Maximierung zu Externalitäten führen, nicht natürlich gegeben, sondern politische Effekte sind, die der gesellschaftlichen Gestaltung offenstehen.[22]

Solche transformativen Perspektiven drängen sich in erster Linie mit Blick auf all jene Menschen auf, die in der weltgesellschaftlichen Peripherie, in Sweatshops oder Flüchtlingscamps ihr Dasein fristen. Der Kampf gegen die Externalisierung und die Infragestellung ihres fragmentierten Rechts liegt aber letztlich auch im Interesse all jener, die vordergründig auf der Seite der Begünstigten stehen. Externalisierungen stellen nie endgültige Problemlösungen dar.[23] Die Externalisierungsgesellschaft stößt dort an ihre Grenzen, wo das Außen wegfällt, was angesichts ihrer Verbreitung und Vertiefung und mit Blick auf ihre Nichtverallgemeinerbarkeit zunehmend der Fall ist.[24] Dies erhöht die Wahrscheinlichkeit, dass die sozialen und ökologischen Kosten des industriellen Wohlstandskapitalismus wieder auf die Begünstigten zurückschlagen.[25] Ein Aspekt dieses Zusammenhangs stellen die Abschottungsbemühungen dar, die eine Verrohung gegen innen zur Folge haben und damit die Demokratie und die Lebensumstände im weltgesellschaftlichen Zentrum bedrohen.[26] Grenzen wirken nicht nur gegen außen, sondern erziehen die Gesellschaft zur Akzeptanz von Gewalt und Ausschluss.[27] Ohne die Opfer der Externalisierungsgesellschaft in der Peripherie und an der Grenze zu den Wohlstandsgesellschaften zu marginalisieren, erweist sich der Widerspruch gegen die Externalisierung und ihre rechtlichen Strukturen auch für uns als existenziell.

21 *Lessenich*, Grenzen, 2019, S. 100 f. und 108; vgl. auch *Loick*, Juridismus, 2017, S. 330 und 332.

22 Vgl. zur gesellschafts-rechtlichen Koproduktion vorne Kap. 5.2.3; *Kim*, The social and the political, 2015, S. 369 ff.

23 *Luhmann*, Gesellschaft der Gesellschaft, 1998, S. 89; vgl. auch *Neves*, Transdemocracy, 2017, S. 392 f.; sowie vorne Kap. 6.4.2 bei Fn. 295 f.

24 Vgl. *Brand/Wissen*, Imperiale Lebensweise, 2017, S. 95 ff.

25 *Lessenich*, Sintflut, 2016, S. 26 f.

26 *Heins/Wolff*, Hinter Mauern, 2023, insb. S. 89 ff.

27 *Heins/Wolff*, Hinter Mauern, 2023, S. 15.

Quellen

Die in der Arbeit verwendeten Rechtsgrundlagen, die an der jeweiligen Stelle nicht vollständig in der Fußnote zitiert werden, ergeben sich aus dem Abkürzungsverzeichnis. Im Verzeichnis der Rechtspraxis sind Urteile und andere, auch nicht verbindliche Verlautbarungen von rechtsprechenden Instanzen aufgeführt. Das Verzeichnis der weiteren Quellen enthält Dokumente politischen und zivilgesellschaftlichen Ursprungs sowie andere Unterlagen, die weder dem Schrifttum noch der Rechtspraxis zuzuordnen sind. Die Literatur wird mit Kurzbelegen, die sich aus dem Verzeichnis ergeben, und mit dem Namen der jeweiligen Autor*innen sowie der Jahreszahl zitiert. Die Rechtspraxis wird unter Angabe des rechtsprechenden Organs, des Namens der beschwerdeführenden Partei oder des Verfahrensgegenstands sowie der Jahreszahl zitiert; gegebenenfalls wird zusätzlich eine Angabe zum Spruchkörper und zum Verfahrensstadium gemacht.

Literatur

Abello-Galvis Ricardo/Arevalo-Ramirez Walter, Inter-American Court of Human Rights Advisory Opinion OC-23/17: Jurisdictional, procedural and substantive implications of human rights duties in the context of environmental protection, in: Review of European, Comparative & International Environmental Law 28/2019 (2), S. 217 ff. (zit. Advisory Opinion OC-23/17).

Abendroth Wolfgang, Die völkerrechtliche Stellung der B- und C-Mandate, Breslau 1936 (zit. B- und C-Mandate).

Abi-Saab Georges, Fragmentation or Unification: Some Concluding Remarks, in: New York University Journal of International Law and Politics 31/1999 (4), S. 919 ff. (zit. Fragmentation or Unification).

Achermann Alberto/Caroni Martina, Der Einfluss des Völkerrechts auf das schweizerische Migrationsrecht, in: Uebersax et al. (Hrsg.), Ausländerrecht, Eine umfassende Darstellung der Rechtsstellung von Ausländerinnen und Ausländern in der Schweiz, von A(syl) bis Z(ivilrecht), 3. Aufl., Basel 2022, S. 331 ff. (zit. Einfluss des Völkerrechts).

Achiume E. Tendayi, Migration as Decolonization, in: Stanford Law Review 71/2019 (6), S. 1509 ff. (zit. Migration as Decolonization).

Ackerman Spencer, Reign of Terror, How the 9/11 Era Destabilized America and Produced Trump, New York 2021 (zit. Reign of Terror).

Acosta Alberto/Brand Ulrich, Radikale Alternativen, Warum man den Kapitalismus nur mit vereinten Kräften überwinden kann, München 2018 (zit. Alternativen).

Adamczak Bini, Beziehungsweise Revolution, 1917, 1968 und kommende, Berlin 2017 (zit. Beziehungsweise).

Akbar Amna A., Demands for a Democratic Political Economy, in: Harvard Law Review Forum 134/2020, S. 90 ff. (zit. Democratic Political Economy).

Alami Ilias, Post-Crisis Capital Controls in Developing and Emerging Countries: Regaining Policy Space? A Historical Materialist Engagement, in: Review of Radical Political Economics 51/2019 (4), S. 629 ff. (zit. Capital Controls).

Alexandrowicz Charles Henry, Treaty and Diplomatic Relations between European and South Asian Powers in the Seventeenth and Eighteenth Centuries, in: Académie de droit international de La Haye (Hrsg.), Recueil des cours, Bd. 99, Leiden 1960, S. 203 ff. (zit. Relations between European and South Asian Powers).

Alexandrowicz Charles Henry, An Introduction to the History of the Law of Nations in the East Indies (16th, 17th and 18th Centuries), Oxford 1967 (zit. Law of Nations in the East Indies).

Alexandrowicz Charles Henry, The Afro-Asian World and the Law of Nations (Historical Aspects), in: Académie de droit international de La Haye (Hrsg.), Recueil des cours, Bd. 123, Leiden 1968, S. 117 ff. (zit. Afro-Asian World).

Alexandrowicz Charles Henry, The European-African Confrontation, A Study in Treaty Making, Leiden 1973 (zit. European-African Confrontation).

Alexandrowicz Charles Henry, The Partition of Africa by Treaty, in: Armitage/Pitts (Hrsg.), The Law of Nations in Global History, C.H. Alexandrowicz, Oxford/New York 2017, S. 230 ff. (zit. Partition of Africa).

Alexy Robert, Theorie der juristischen Argumentation, Die Theorie des rationalen Diskurses als Theorie der juristischen Begründung, 9. Aufl., Frankfurt a. M. 2019 (zit. Theorie der juristischen Argumentation).

Alston Philip, International Law and the Human Right to Food, in: Alston/Tomaševski (Hrsg.), The Right to Food, Leiden 1984, S. 9 ff. (zit. Human Right to Food).

Alston Philip, Resisting the Merger and Acquisition of Human Rights by Trade Law: A Reply to Petersmann, in: European Journal of International Law 13/2002 (4), S. 815 ff. (zit. Resisting the Merger and Acquisition).

Alston Philip, Ships Passing in the Night: The Current State of the Human Rights and Development Debate seen through the Lens of the Millennium Development Goals, in: Human Rights Quarterly 27/2005 (3), S. 755 ff. (zit. Ships Passing).

Alston Philip, Does the Past Matter? On the Origins of Human Rights, in: Harvard Law Review 126/2013, S. 2043 ff. (zit. Origins of Human Rights).

Alston Philip/Quinn Gerard, The Nature and Scope of States Parties' Obligations under the International Covenant on Economic, Social and Cultural Rights, in: Human Rights Quarterly 9/1987 (2), S. 156 ff. (zit. Nature and Scope).

Alter Karen J., Comprehending global governance: International regime complexity vs. global constitutionalism, in: Global Constitutionalism 9/2020 (2), S. 413 ff. (zit. Comprehending global governance).

Alter Karen J., From colonial to multilateral international law: A global capitalism and law investigation, in: International Journal of Constitutional Law 19/2021 (3), S. 798 ff. (zit. From colonial to multilateral).

Altvater Elmar, Das Ende des Kapitalismus, wie wir ihn kennen, Eine radikale Kapitalismuskritik, 8. Aufl., Münster 2005 (zit. Kapitalismus).

Altwicker Tilmann, Transnationalizing Rights, International Human Rights Law in Cross-Border Contexts, in: European Journal of International Law 29/2018 (2), S. 581 ff. (zit. Transnationalizing Rights).

Amstutz Marc, Evolutorisches Wirtschaftsrecht, Vorstudien zum Recht und seiner Methode in den Diskurskollisionen der Marktgesellschaft, Baden-Baden 2001 (zit. Evolutorisches Wirtschaftsrecht).

Amstutz Marc, Rechtswissenschaft, in: Sarasin/Sommer (Hrsg.), Evolution, Ein interdisziplinäres Handbuch, Stuttgart 2010, S. 303 ff. (zit. Rechtswissenschaft).

Anand R. P., Sovereign Equality of States in International Law, Gurgaon 2008 (zit. Sovereign Equality).

Anderson Rosanna, Non-market mechanisms under article 6.8 of the Paris Agreement: a transnational perspective, in: Transnational Legal Theory 13/2023 (2-3), S. 321 ff. (zit. Non-market mechanisms).

Anghie Antony, Imperialism, Sovereignty and the Making of International Law, Cambridge 2005 (zit. Imperialism).

Anghie Antony, The Evolution of International Law: colonial and postcolonial realities, in: Third World Quarterly 27/2006 (5), S. 739 ff. (zit. Evolution).

Anghie Antony, Legal Aspects of the New International Economic Order, in: Humanity 6/2015 (1), S. 145 ff. (zit. Legal Aspects of the NIEO).

Anghie Antony, Inequality, Human Rights, and the New International Economic Order, in: Humanity 10/2019 (3), S. 429 ff. (zit. New International Economic Order).

Arcuri Alessandra/Violi Federica, Public Interest and International Investment Law: A Critical Perspective on Three Mainstream Narratives, in: Chaisse/Choukroune/Jusoh (Hrsg.), Handbook of International Investment Law and Policy, Singapur 2021, S. 2185 ff. (zit. Public Interest and International Investment Law).

Askin elif, Economic and Social Rights, Extraterritorial Application, 2019, in: Wolfrum/Peters (Hrsg.), Max Planck Encyclopedia of Public International Law, <https://opil.ouplaw.com/home/mpil> (zit. Extraterritorial Application).

Askin elif, Die extraterritoriale Anwendbarkeit des UN-Sozialpakts im Zeitalter der Globalisierung, Eine völkerrechtliche Untersuchung von Jurisdiktion, Umfang und Durchsetzung extraterritorialer Menschenrechtspflichten von Staaten aus dem UN-Sozialpakt, Baden-Baden 2024 (zit. Extraterritoriale Anwendbarkeit des UN-Sozialpakts).

Assogba Bamidayé Komi, L'extraterritorialité comme outil de politique extérieure des etats, in: Buxbaum/Fleury Graff (Hrsg.), Extraterritoriality, Académie de droit international de La Haye, Leiden/Boston 2022, S. 253 ff. (zit. Outil de politique extérieure).

Atamer Yeşim M./Wittum Patrick, Von Laissez-faire zu Regulierung: Grundlagen der EU-Richtlinie über die Sorgfaltspflichten von Unternehmen im Hinblick auf Nachhaltigkeit (CSDDD), in: Zeitschrift für Europarecht 26/2024 (9), S. 1 ff. (zit. Grundlagen der EU-Richtlinie).

Atapattu Sumudu A., Human rights approaches to climate change, Challenges and opportunities, London/New York 2018 (zit. Human rights approaches to climate change).

Augenstein Daniel, Home-state regulation of corporations, in: Gibney et al. (Hrsg.), The Routledge Handbook on Extraterritorial Human Rights Obligations, Abingdon/New York 2022, S. 284 ff. (zit. Home-state regulation).

Augenstein Daniel/Kinley David, When human rights »responsibilities« become »duties«: the extra-territorial obligations of states that bind corporations, in: Deva/Bilchitz (Hrsg.), Human Rights Obligations of Business, Beyond the Corporate Responsibility to Respect?, Cambridge 2013, S. 271 ff. (zit. »Responsibilities« become »duties«).

Baars Grietje, Remarks on Andrew Lang's World Trade Law After Neo-Liberalism, in: Social & Legal Studies 23/2014 (3), S. 433 ff. (zit. Remarks on Lang).

Baars Grietje, The Corporation, Law and Capitalism, A Radical Perspective on the Role of Law in the Global Political Economy, Leiden/Boston 2019 (zit. Corporation).

Bachur João Paulo, Kapitalismus und funktionale Differenzierung, Eine kritische Rekonstruktion, Baden-Baden 2013 (zit. Kapitalismus und funktionale Differenzierung).

Backhouse Maria, Ursprüngliche Akkumulation und Subsistenz, in: Gottschlich et al. (Hrsg.), Handbuch Politische Ökologie, Theorien, Konflikte, Begriffe, Methoden, Bielefeld 2022, S. 467 ff. (zit. Ursprüngliche Akkumulation und Subsistenz).

Baer Susanne, Rechtssoziologie, Eine Einführung in die interdisziplinäre Rechtsforschung, 3. Aufl., Baden-Baden 2017 (zit. Rechtssoziologie).

Bak McKenna Miriam/Grasten Maj, Legal borderlands in the global economy of care, in: Transnational Legal Theory 13/2022 (1), S. 131 ff. (zit. Legal borderlands).

Balakrishnan Radhika/Heintz James/Elson Diane, Rethinking Economic Policy for Social Justice, The Radical Potential of Human Rights, Abingdon/New York 2016 (zit. Rethinking Economic Policy for Social Justice).

Baldus Manfred, Die Einheit der Rechtsordnung, Bedeutungen einer juristischen Formel in Rechtstheorie, Zivil- und Staatsrechtswissenschaft des 19. und 20. Jahrhunderts, Berlin 1995 (zit. Einheit der Rechtsordnung).

Balibar Étienne, Die Grenzen der Demokratie, Hamburg 1993 (zit. Grenzen der Demokratie).

Banda Maria L., Regime Congruence: Rethinking the Scope of State Responsibility for Transboundary Environmental Harm, in: Minnesota Law Review 103/2019 (4), S. 1879 ff. (zit. Regime Congruence).

Baraldi Claudio, Gesellschaftsdifferenzierung, in: Baraldi/Corsi/Esposito (Hrsg.), GLU, Glossar zu Niklas Luhmanns Theorie sozialer Systeme, 3. Aufl., Frankfurt a. M. 1999, S. 65 ff. (zit. Gesellschaftsdifferenzierung).

Bartels Lorand, The EU's Human Rights Obligations in Relation to Policies with Extraterritorial Effects, in: European Journal of International Law 25/2014 (4), S. 1071 ff. (zit. Extraterritorial Effects).

Beck Ulrich, Risikogesellschaft und die Transnationalisierung sozialer Ungleichheiten, in: Berger/Weiß (Hrsg.), Transnationalisierung sozialer Ungleichheit, Wiesbaden 2008, S. 19 ff. (zit. Transnationalisierung).

Beckert Sven, King Cotton, Eine Geschichte des globalen Kapitalismus, 2. Aufl., München 2015 (zit. King Cotton).

Bedjaoui Mohammed, Towards a new international economic order, Paris 1979 (zit. New international economic order).

Belina Bernd, Raum, Zu den Grundlagen eines historisch-geographischen Materialismus, 2. Aufl., Münster 2017 (zit. Raum).

Bellinkx Vincent/Casalin Deborah/Erdem Türkelli Gamze/Scholtz Werner/Vandenhole Wouter, Addressing Climate Change through International Human Rights Law: From (Extra)Territoriality to Common Concern of Humankind, in: Transnational Environmental Law 11/2021 (1), S. 69 ff. (zit. Addressing Climate Change).

Benda-Beckmann Keebet von/Turner Bertram, Anthropological Roots of Global Legal Pluralism, in: Berman (Hrsg.), The Oxford Handbook of Global Legal Pluralism, New York 2020, S. 65 ff. (zit. Anthropological Roots).

Ben-Naftali Orna/Shany Yuval, Living in Denial: The Application of Human Rights in the Occupied Territories, in: Israel Law Review 37/2003 (1), S. 17 ff. (zit. Living in Denial).

Benvenisti Eyal/Downs George W., The Empire's New Clothes: Political Economy and the Fragmentation of International Law, in: Stanford Law Review 60/2007 (November), S. 595 ff. (zit. Empire's New Clothes).

Berkes Antal, Cross-border pollution, in: Gibney et al. (Hrsg.), The Routledge Handbook on Extraterritorial Human Rights Obligations, Abingdon/New York 2022, S. 434 ff. (zit. Cross-border pollution).

Berman Paul Schiff, Global Legal Pluralism, in: Southern California Law Review 80/2007 (6), S. 1155 ff. (zit. Global Legal Pluralism).

Berman Paul Schiff, Global Legal Pluralism, A Jurisprudence of Law Beyond Borders, Cambridge 2012 (zit. Global Legal Pluralism).

Besson Samantha, The Extraterritoriality of the European Convention on Human Rights, Why Human Rights Depend on Jurisdiction and What Jurisdiction Amounts to, in: Leiden Journal of International Law 25/2012 (4), S. 857 ff. (zit. Extraterritoriality).

Besson Samantha, The Truth about Legal Pluralism, Nico Krisch, Beyond Constitutionalism, Oxford 2010, in: European Constitutional Law Review 8/2012 (2), S. 354 ff. (zit. Beyond Constitutionalism).

Besson Samantha, Due Diligence and Extraterritorial Human Rights Obligations – Mind the Gap!, in: ESIL Reflections 9/2020 (1) (zit. Mind the Gap).

Besson Samantha, La due diligence en droit international, in: Académie de droit international de La Haye (Hrsg.), Recueil des cours, Bd. 409, Leiden/Boston 2020, S. 153 ff. (zit. La due diligence).

Bhambra Gurminder K., Colonial global economy: towards a theoretical reorientation of political economy, in: Review of International Political Economy 28/2020 (2), S. 307 ff. (zit. Colonial global economy).

Bhuta Nehal, The Frontiers of Extraterritoriality – Human Rights Law as Global Law, in: Bhuta (Hrsg.), The Frontiers of Human Rights, Extraterritoriality and its Challenges, Oxford/New York 2016, S. 1 ff. (zit. Frontiers of Extraterritoriality).

Bianchi Andrea, International Law Theories, An Inquiry into Different Ways of Thinking, Oxford 2016 (zit. International Law Theories).

Biebricher Thomas, Die politische Theorie des Neoliberalismus, Berlin 2021 (zit. Politische Theorie des Neoliberalismus).

Biesecker Adelheid/von Winterfeld Uta, Extern?, Weshalb und inwiefern moderne Gesellschaften Externalisierung brauchen und erzeugen, Working Paper der DFG-KollegforscherInnengruppe Postwachstumsgesellschaften 2/2014, DFK-Kolleg Postwachstumsgesellschaft, Jena, 2014 (zit. Extern).

Biesecker Adelheid/von Winterfeld Uta, Externalisierung 4.0?, in: PROKLA. Zeitschrift für kritische Sozialwissenschaften 48/2018 (193), S. 569 ff. (zit. Externalisierung).

Biesecker Adelheid/von Winterfeld Uta, Externalisierung, in: Gottschlich et al. (Hrsg.), Handbuch Politische Ökologie, Theorien, Konflikte, Begriffe, Methoden, Bielefeld 2022, S. 359 ff. (zit. Externalisierung).

Bignami Francesca/Resta Giorgio, Human Rights Extraterritoriality, The Right to Privacy and National Security Surveillance, in: Benvenisti/Nolte (Hrsg.), Community Interests Across International Law, Oxford 2018, S. 357 ff. (zit. Human Rights Extraterritoriality).

Bílková Veronika, Equivalent Protection, 2018, in: Ruiz Fabri (Hrsg.), Max Planck Encyclopedia of International Procedural Law, <https://opil.ouplaw.com/home/mpil> (zit. Equivalent Protection).

Bjorge Eirik, Island of Palmas (Netherlands v United States of America) (1928), in: Bjorge/Miles (Hrsg.), Landmark Cases in Public International Law, Oxford/Portland 2017, S. 111 ff. (zit. Island of Palmas).

Blair Cherie/Vidak-Gojkovic Ema/Meudic-Role Marie-Anaïs, The Medium Is the Message: Establishing a System of Business and Human Rights Through Contract Law and Arbitration, in: Journal of International Arbitration 35/2018 (4), S. 379 ff. (zit. The Medium Is the Message).

Blalock Corinne, Introduction: Law and the Critique of Capitalism, in: The South Atlantic Quarterly 121/2022 (2), S. 223 ff. (zit. Introduction).

Blanc Pascal/Schädler Bruno, Das Wasser in der Schweiz – ein Überblick, Schweizerische Hydrologische Kommission, Bern, 2013 (zit. Wasser 2013).

Blomley Nicholas K., Law, Space, and the Geographies of Power, New York 1994 (zit. Geographies of Power).

Blühdorn Ingolfur/Butzlaff Felix/Deflorian Michael/Hausknost Daniel/Mock Mirijam, Nachhaltige Nicht-Nachhaltigkeit, Warum die ökologische Transformation der Gesellschaft nicht stattfindet, Bielefeld 2020 (zit. Nicht-Nachhaltigkeit).

Bluntschli Johann Caspar, Das moderne Völkerrecht der zivilisierten Staaten als Rechtsbuch dargestellt, Nördlingen 1868 (zit. Das moderne Völkerrecht).

Bódig Mátyás, Soft Law, Doctrinal Development, and the General Comments of the UN Committee on Economic, Social and Cultural Rights, in: Bódig et al. (Hrsg.), Tracing the Roles of Soft Law in Human Rights, Oxford 2016, S. 69 ff. (zit. General Comments).

Bohoslavsky Juan Pablo/Goldmann Matthias, An Incremental Approach to Sovereign Debt Restructuring: Sovereign Debt Sustainability as a Principle of Public International Law, in: Yale Journal of International Law 41/2016 (2), S. 13 ff. (zit. Sovereign Debt Restructuring).

Boisson de Chazournes Laurence/Rudall Jason, Co-Operation, in: Viñuales (Hrsg.), The UN Friendly Relations Declaration at 50, Cambridge 2020, S. 105 ff. (zit. Co-Operation).

Bolsinger Eckard, Autonomie des Rechts?, Niklas Luhmanns soziologischer Rechtspositivismus – Eine kritische Rekonstruktion, in: Politische Vierteljahresschrift 42/2001 (1), S. 3 ff. (zit. Autonomie des Rechts).

Bonacker Thorsten, Konflikttheorien, Eine sozialwissenschaftliche Einführung mit Quellen, Wiesbaden 1996 (zit. Konflikttheorien).

Bönnemann Maxim/Pichl Maximilian, Postkoloniale Rechtstheorie, in: Buckel/Christensen/Fischer-Lescano (Hrsg.), Neue Theorien des Rechts, 3. Aufl., Stuttgart 2020, S. 359 ff. (zit. Postkoloniale Rechtstheorie).

Borchert Jens/Lessenich Stephan, Claus Offe and the Critical Theory of the Capitalist State, London 2016 (zit. Critical Theory of the Capitalist State).

Bothe Michael, Der Irak-Krieg und das völkerrechtliche Gewaltverbot, in: Archiv des Völkerrechts 41/2003 (3), S. 255 ff. (zit. Irak-Krieg).

Bothe Michael, Friedenssicherung und Kriegsrecht, in: Vitzthum/Proelß (Hrsg.), Völkerrecht, 8. Aufl., Berlin/Boston 2019, S. 755 ff. (zit. Friedenssicherung und Kriegsrecht).

Bourdieu Pierre, La force du droit, Eléments pour une sociologie du champ juridique, in: Actes de la recherche en sciences sociales 64/1986 (1), S. 3 ff. (zit. La force du droit).

Boyle Alan, Southern Bluefin Tuna Cases, 2008, in: Wolfrum/Peters (Hrsg.), Max Planck Encyclopedia of Public International Law, <https://opil.ouplaw.com/home/mpil> (zit. Southern Bluefin Tuna).

Boysen Sigrid, Die postkoloniale Konstellation, Natürliche Ressourcen und das Völkerrecht der Moderne, Tübingen 2021 (zit. Postkoloniale Konstellation).

Bradford Anu, The Brussels Effect, How the European Union Rules the World, Oxford 2020 (zit. Brussels effect).

Brand Alexander/Schöninger Hannah Sofie, Impfdiplomatie als Ausdruck globaler Solidarität?, in: Peripherie 41/2021 (164), S. 405 ff. (zit. Impfdiplomatie).

Brand Ulrich/Muraca Barbara/Pineault Éric/Sahakian Marlyne/Schaffartzik Anke/Novy Andreas/Streissler Christoph/Haberl Helmut/Asara Viviana/Dietz Kristina/Lang Miriam/Kothari Ashish/Smith Tone/Spash Clive/Brad Alina/Pichler Melanie/Plank Christina/Velegrakis Giorgos/Jahn Thomas/Carter Angela/Huan Qingzhi/Kallis Giorgos/Martínez Alier Joan/Riva Gabriel/Satgar Vishwas/Teran Mantovani Emiliano/Williams Michelle/Wissen Markus/Görg Christoph, From planetary to societal boundaries: an argument for collectively defined self-limitation, in: Sustainability: Science, Practice and Policy 17/2021 (1), S. 265 ff. (zit. Societal boundaries).

Brand Ulrich/Wissen Markus, Imperiale Lebensweise, Zur Ausbeutung von Mensch und Natur in Zeiten des globalen Kapitalismus, München 2017 (zit. Imperiale Lebensweise).

Brandon Pepijn, Between Company and State: The Dutch East and West India Companies as Brokers between War and Profit, in: Baars/Spicer (Hrsg.), The Corporation, A Critical, Multi-Disciplinary Handbook, Cambridge 2017 (zit. Between Company and State).

Breuer Marten, »Principled Resistance« Meets »ultra vires«: New Techniques in Opposing ECtHR Judgments, in: Zeitschrift für ausländisches öffentliches Recht und Völkerrecht) 82/2022 (3), S. 641 ff. (zit. Opposing ECtHR Judgments).

Britton-Purdy Jedediah/Singh Grewal David/Kapczynski Amy/Rahman K. Sabeel, Building A Law-and-Political-Economy Framework: Beyond the Twentieth-Century Synthesis, in: Yale Law Journal 129/2020, S. 1784 ff. (zit. Law-and-Political-Economy Framework).

Brown Wendy, Suffering Rights as Paradoxes, in: Constellations 7/2000 (2), S. 230 ff. (zit. Paradoxes).

Brown Wendy, Undoing the Demos, Neoliberalism's Stealth Revolution, New York/Cambridge MA 2015 (zit. Undoing).

Brown Wendy, Neoliberalism and the Economization of Rights, in: Deutscher/Lafont (Hrsg.), Critical Theory in Critical Times, Transforming the Global Political and Economic Order, New York 2017, S. 91 ff. (zit. Economization).

Brown Wendy, Neoliberalism's Frankenstein: Authoritarian Freedom in Twenty-First Century »Democracies«, in: Critical Times 1/2018 (1), S. 60 ff. (zit. Neoliberalism's Frankenstein).

Bruckner Martin/Giljum Stefan/Lutz Christian/Wiebe Kirsten Svenja, Materials embodied in international trade – Global material extraction and consumption between 1995 and 2005, in: Global Environmental Change 22/2012 (3), S. 568 ff. (zit. Materials embodied in international trade).

Brummer Chris, Soft Law and the Global Financial System, Rule Making in the 21st Century, 2. Aufl., Cambridge 2015 (zit. Soft Law and the Global Financial System).

Brunkhorst Hauke, Solidarität, Von der Bürgerfreundschaft zur globalen Rechtsgenossenschaft, Frankfurt a. M. 2002 (zit. Solidarität).

Brunkhorst Hauke, Düstere Aussichten – Die Zukunft der Demokratie in der Weltgesellschaft, in: Kritische Justiz 43/2010 (1), S. 13 ff. (zit. Zukunft).

Brunnée Jutta, Sic utere tuo ut alienum non laedas, 2010, in: Wolfrum/Peters (Hrsg.), Max Planck Encyclopedia of Public International Law, <https://opil.ouplaw.com/home/mpil> (zit. Sic utere).

Buckel Sonja, »Welcome to Europe«, Die Grenzen des europäischen Migrationsrechts, Juridische Auseinandersetzungen um das »Staatsprojekt Europa«, Bielefeld 2013 (zit. Welcome to Europe).

Buckel Sonja, Dirty Capitalism, in: Martin/Martin/Wissel (Hrsg.), Perspektiven und Konstellationen kritischer Theorie, Münster 2015, S. 29 ff. (zit. Dirty Capitalism).

Buckel Sonja, Subjektivierung und Kohäsion, Zur Rekonstruktion einer materialistischen Theorie des Rechts, 2. Aufl., Weilerswist 2015 (zit. Subjektivierung und Kohäsion).

Buckel Sonja/Fischer-Lescano Andreas, Hegemonie im globalen Recht – Zur Aktualität der Gramscianischen Rechtstheorie, in: Buckel/Fischer-Lescano (Hrsg.), Hegemonie gepanzert mit Zwang, Zivilgesellschaft und Politik im Staatsverständnis Antonio Gramscis, Baden-Baden 2007, S. 85 ff. (zit. Hegemonie im globalen Recht).

Buckel Sonja/Georgi Fabian/Kannankulam John/Wissel Jens, Theorie, Methoden und Analysen kritischer Europaforschung, in: Forschungsgruppe »Staatsprojekt Europa« (Hrsg.), Kämpfe um Migrationspolitik, Theorie, Methode und Analysen kritischer Europaforschung, Bielefeld 2014, S. 15 ff. (zit. Theorie).

Buckel Sonja/Oberndorfer Lukas, Dirty Capitalism, in: Krisis 2018 (2), S. 41 ff. (zit. Dirty Capitalism).

Bumke Christian, Graduelle Entkopplung von Staat und Recht, in: Voßkuhle/Bumke/Meinel (Hrsg.), Verabschiedung und Wiederentdeckung des Staates im Spannungsfeld der Disziplinen, Beihefte zu »Der Staat«, Heft 21, Berlin 2013, S. 155 ff. (zit. Graduelle Entkopplung).

Burbano-Herrera Clara/Haeck Yves, Extraterritorial obligations in the inter-American human rights system, in: Gibney et al. (Hrsg.), The Routledge Handbook on Extraterritorial Human Rights Obligations, Abingdon/New York 2022, S. 101 ff. (zit. Inter-American human rights).

Busco Paolo, Not All that Glitters Is Gold: the Human Rights Committee's Test for the Extraterritorial Application of the ICCPR in the Context of Search and Rescue Operations, in: <opiniojuris.org> vom 02.03.2021 (zit. Search and Rescue).

Buxbaum Hannah, Territory, Territoriality, and the Resolution of Jurisdictional Conflict, in: The American Journal of Comparative Law 57/2009 (3), S. 631 ff. (zit. Territory).

Buxbaum Hannah L., The Practice(s) of Extraterritoriality, in: Buxbaum/Fleury Graff (Hrsg.), Extraterritoriality, Académie de droit international de La Haye, Leiden/Boston 2022, S. 3 ff. (zit. Extraterritoriality).

Calhoun Craig, What threatens capitalism now?, in: Wallerstein et al.

(Hrsg.), Does Capitalism Have a Future?, New York 2013, S. 132 ff. (zit. Capitalism).

Çalı Başak, Has »Control over rights doctrine« for extra-territorial jurisdiction come of age? Karlsruhe, too, has spoken, now it's Strasbourg's turn, in: <ejiltalk.org> vom 21.07.2020 (zit. Control over rights doctrine).

Calliess Gralf-Peter, Transnationales Verbrauchervertragsrecht, in: Rabels Zeitschrift für ausländisches und internationales Privatrecht 68/2004 (2), S. 244 ff. (zit. Transnationales Verbrauchervertragsrecht).

Candeias Mario, Passive Revolution, in: <https://zeitschrift-luxemburg.de/abc/> 2018 (zit. Passive Revolution).

Cannon John Ashton, Royal Titles Act, 1876, in: Crowcroft/Cannon (Hrsg.), The Oxford Companion to British History, Oxford 2015, S. 823 (zit. Royal Titles Act).

Carchedi Guglielmo/Roberts Michael, The Economics of Modern Imperialism, in: Historical Materialism 29/2021 (4), S. 23 ff. (zit. Modern Imperialism).

Carleton Tamma A., Crop-damaging temperatures increase suicide rates in India, in: Proceedings of the National Academy of Sciences of the United States of America 114/2017 (33), S. 8746 ff. (zit. Crop-damaging temperatures).

Carrillo-Santarelli Nicolás, A Defence of Direct International Human Rights Obligations of (All) Corporations, in: Černič Letnar/Carrillo-Santarelli (Hrsg.), The Future of Business and Human Rights, Theoretical and Practical Considerations for a UN Treaty, Cambridge 2018, S. 33 ff. (zit. Direct Obligations).

Cassese Antonio, For an Enhanced Role of Jus Cogens, in: Cassese (Hrsg.), Realizing Utopia, The Future of International Law, Oxford 2012, S. 158 ff. (zit. Jus Cogens).

Castells Manuel, Der Aufstieg der Netzwerkgesellschaft, Das Informationszeitalter, Wirtschaft - Gesellschaft - Kultur, 2. Aufl., Wiesbaden 2017 (zit. Netzwerkgesellschaft).

Chadwick Anna, Law and the Political Economy of Hunger, Oxford 2019 (zit. Hunger).

Chadwick Anna, Human Rights, Poverty and Capitalism, in: Egan/Chadwick (Hrsg.), Poverty and Human Rights, Multidisciplinary Perspectives, Cheltenham 2021, S. 68 ff. (zit. Human Rights, Poverty and Capitalism).

Chamon Marcos/Schumacher Julian/Trebesch Christoph, Foreign-law bonds: can they reduce sovereign borrowing costs?, ECB Working Paper Series, Nr. 2162, Frankfurt a. M., 2018 (zit. Foreign-law bond).

Chanock Martin, The Law Market: The Legal Encounter in British East and Central Africa, in: Mommsen/Moor (Hrsg.), European Expansion and Law, The Encounter of European and Indigenous Law in 19th- and 20th-Century Africa and Asia, Oxford/New York 1992, S. 279 ff. (zit. The Law Market).

Chetail Vincent, The transnational movement of persons under general international law – Mapping the customary law foundations of international migration law, in: Chetail/Bauloz (Hrsg.), Research Handbook on International Law and Migration, Cheltenham/Northampton 2014, S. 1 ff. (zit. Transnational movement of persons).

Chimni B. S., International Institutions Today: An Imperial Global State in the Making, in: European Journal of International Law 15/2004 (1), S. 1 ff. (zit. Imperial Global State).

Chimni B. S., An outline of a Marxist course on public international law, in: Marks (Hrsg.), International law on the left, Re-examining Marxist legacies, Cambridge 2008, S. 53 ff. (zit. Outline).

Chimni B. S., International Law and World Order, A Critique of Contemporary Approaches, 2. Aufl., Cambridge 2017 (zit. International Law).

Chimni B. S., Customary International Law, A Third World Perspective, in: The American Journal of International Law 112/2018 (1), S. 1 ff. (zit. Customary International Law).

Chimni B. S., The international law of jurisdiction: A TWAIL perspective, in: Leiden Journal of International Law 35/2022 (1), S. 29 ff. (zit. Jurisdiction).

Choudhury Barnali/Gehne Katja/Heri Simone/Humbert Franziska/Kaufmann Christine/Nadakavukaren Schefer Krista, A call for a WTO ministerial decision on trade and human rights, in: Cottier/Delimatsis (Hrsg.), The Prospects of International Trade Regulation, From Fragmentation to Coherence, Cambridge 2011, S. 323 ff. (zit. A call for a WTO ministerial decision).

Cinnéide Colm Ó., Why Challenging Discrimination at Borders is Challenging (and Often Futile), in: AJIL Unbound 115/2021, S. 362 ff. (zit. Discrimination at Borders).

Ciplet David/Roberts J. Timmons, Climate change and the transition to neoliberal environmental governance, in: Global Environmental Change 46/2017 (September), S. 148 ff. (zit. Ttransition to neoliberal environmental governance).

Citro Brian/Mankad Mihir/Phiri Kitso, All Risk and No Reward, How the Government and Mine Companies Fail to Protect the Right to Health of Miners and Ex-Miners in Botswana, Botswana Labour Migrants Association/Center for Economic and Social Rights/Northwestern Pritzker School of Law Center for International Human Rights, 2020 (zit. All Risk and No Reward).

Clapham Andrew, Non-State Actors, in: Moeckli/Shah/Sivakumaran (Hrsg.), International Human Rights Law, 4. Aufl., Oxford 2022, S. 583 ff. (zit. Non-State Actors).

Clark Martin, A Conceptual History of Recognition in British International Legal Thought, in: British Yearbook of International Law 87/2017 (1), S. 18 ff. (zit. Conceptual History of Recognition).

Coase Ronald H., The Problem of Social Cost, in: Journal of Law and Economics 3/1960 (October), S. 1 ff. (zit. The Problem of Social Cost).

Cohen Jean L., Globalization and Sovereignty, Rethinking Legality, Legitimacy and Constitutionalism, Cambridge 2012 (zit. Globalization and Sovereignty).

Coomans Fons/Grünfeld Fred/Kamminga Menno T., Methods of Human Rights Research: A Primer, in: Human Rights Quarterly 32/2010 (1), S. 179 ff. (zit. Methods).

Cooper Melinda, Family Values, Between Neoliberalism and the New Social Conservatism, New York 2019 (zit. Family Values).

Cottier Thomas, Trade and Human Rights: A Relationship to Discover, in: Journal of International Economic Law 5/2002 (1), S. 111 ff. (zit. Trade and Human Rights).

Cottier Thomas, Poverty, redistribution, and international trade regulation, in: Nadakavukaren Schefer (Hrsg.), Poverty and the International Economic Legal System, Duties to the World's Poor, Cambridge 2013, S. 48 ff. (zit. Poverty, redistribution, and international trade regulation).

Cottier Thomas/Delimatsis Panagiotis/Gehne Katja/Payosova Tetyana, Introduction, Fragmentation and coherence in international trade regulation: analysis and conceptual foundations, in: Cottier/Delimatsis (Hrsg.), The Prospects of International Trade Regulation, From Fragmentation to Coherence, Cambridge 2011, S. 1 ff. (zit. Introduction).

Cotula Lorenzo, (Dis)integration in Global Resource Governance: Extractivism, Human Rights, and Investment Treaties, in: Journal of International Economic Law 23/2020 (2), S. 431 ff. (zit. Global Resource Governance).

Craven Matthew, The International Covenant on Economic, Social, and Cultural Rights, A Perspective on its Development, Oxford 1995 (zit. International Covenant).

Craven Matthew, Unity, Diversity and the Fragmentation of International Law, in: Klabbers/Tuori (Hrsg.), Finnish Yearbook of International Law, Volume 14 (2003), Leiden 2005, S. 3 ff. (zit. Unity).

Craven Matthew, What Happened to Unequal Treaties? The Continuities of Informal Empire, in: Nordic Journal of International Law 74/2005 (3-4), S. 335 ff. (zit. Unequal Treaties).

Craven Matthew, Colonialism and Domination, in: Fassbender/Peters (Hrsg.), The Oxford Handbook of the History of International Law, Oxford 2012, S. 862 ff. (zit. Colonialism and Domination).

Craven Matthew, Between law and history: the Berlin Conference of 1884-1885 and the logic of free trade, in: London Review of International Law 3/2015 (1), S. 31 ff. (zit. Berlin Conference).

Craven Matthew/Parfitt Rose, Statehood, Self-Determination and Recognition, in: Evans (Hrsg.), International law, 5. Aufl., Oxford 2018, S. 177 ff. (zit. Statehood, Self-Determination and Recognition).

Crawford James, The Creation of States in International Law, 2. Aufl., Oxford 2006 (zit. Creation of States).

Crawford James, State Responsibility, The General Part, Cambridge 2013 (zit. State Responsibility).

Crawford James, Chance, Order, Change: The Course of International Law, General Course on Public International Law, Académie de droit international de La Haye, Livres de Poche, Bd. 21 (Recueil des cours, Bd. 365), Leiden 2014 (zit. The Course of International Law).

Crawford James, Brownlie's Principles of Public International Law, 9. Aufl., Oxford 2019 (zit. Brownlie's Principles).
Crenshaw Kimberle, Mapping the Margins: Intersectionality, Identity Politics, and Violence against Women of Color, in: Stanford Law Review 43/1991 (6), S. 1241 ff. (zit. Mapping the Margins).
Crow Kevin/Lorenzoni Escobar Lina, International Corporate Obligations, Human Rights, and the Urbaser Standard: Breaking New Ground?, in: Boston University International Law Journal 36/2018 (1), S. 87 ff. (zit. International Corporate Obligations).
Cunow Heinrich, Handelsvertrags- und imperialistische Expansionspolitik (II), in: Die neue Zeit 18/1899-1990 (35), S. 234 ff. (zit. Expansionspolitik).
Cutler A. Claire, Problematizing Corporate Social Responsibility under Conditions of Late Capitalism and Postmodernity, in: Rittberger/Nettesheim (Hrsg.), Authority in the Global Political Economy, London 2008, S. 189 ff. (zit. Corporate Social Responsibility).
Cutler A. Claire, Legal Pluralism as the »Common Sense« of Transnational Capitalism, in: Oñati Socio-Legal Series 3/2013 (4), S. 719 ff. (zit. Legal Pluralism).
Cutler A. Claire, The Judicialization of Private Transnational Power and Authority, in: Indiana Journal of Global Legal Studies 25/2018 (1), S. 61 ff. (zit. Judicialization).
Da Costa Karen, Corporate accountability in the Samarco chemical sludge disaster, in: Disaster Prevention and Management 26/2017 (5), S. 540 ff. (zit. Samarco chemical sludge disaster).
Dann Philipp, The Law of Development Cooperation, A Comparative Analysis of the World Bank, the EU and Germany, Cambridge 2013 (zit. The Law of Development Cooperation).
Dasgupta Partha, Economics, A Very Short Introduction, Oxford/New York 2007 (zit. Economics).
Daugirdas Kristina, How and Why International Law Binds International Organizations, in: Harvard International Law Journal 57/2016 (2), S. 325 ff. (zit. International Law Binds).
Davenport Frances Gardiner, European Treaties bearing on the History of the United States and its Dependencies to 1648, Washington 1917 (zit. European Treaties).
De Schutter Olivier, The Poverty of Growth, London 2024 (zit. The Poverty of Growth).
De Schutter Olivier/Eide Asbjørn/Khalfan Ashfaq/Orellana Marcos/Salomon Margot/Seiderman Ian, Commentary to the Maastricht Principles on Extraterritorial Obligations of States in the Area of Economic, Social and Cultural Rights, in: Human Rights Quarterly 34/2012, S. 1084 ff. (zit. Maastricht Principles Commentary).
De Souza Porto Marcelo Firpo, The tragedy of mining and development in Brazil: public health challenges, in: Cadernos de saude publica 32/2016 (2), S. 1 ff. (zit. Tragedy of mining and development).

De Vattel Emer, Le Droit des Gens, Ou principes de la Loi naturelle, Appliqués à la conduite & aux affaires des Nations & des Souverains, London 1758 (zit. Le Droit des Gens).

De Wet Erika, The International Constitutional Order, in: International & Comparative Law Quarterly 55/2006 (1), S. 51 ff. (zit. International Constitutional Order).

De Wet Erika/Vidmar Jure, Introduction, in: De Wet/Vidmar (Hrsg.), Hierarchy in International Law, The Place of Human Rights, Oxford 2012, S. 1 ff. (zit. Introduction).

De Wet Erika/Vidmar Jure, Conflicts between international paradigms: Hierarchy versus systemic integration, in: Global Constitutionalism 2/2013 (2), S. 196 ff. (zit. Conflicts).

Deakin Simon/Gindis David/Hodgson Geoffrey M./Huang Kainan/Pistor Katharina, Legal institutionalism: Capitalism and the constitutive role of law, in: Journal of Comparative Economics 45/2017 (1), S. 188 ff. (zit. Legal institutionalism).

Dejung Christof/Petersson Niels P., Introduction, Power, Institutions, and Global Markets – Actors, Mechanisms, and Foundations of Worldwide Economic Integration, 1850–1930, in: Dejung/Petersson (Hrsg.), The Foundations of Worldwide Economic Integration, Power, Institutions, and Global Markets, 1850–1930, Cambridge 2013, S. 1 ff. (zit. Introduction).

Den Heijer Maarten/Lawson Rick, Extraterritorial Human Rights and the Concept of »Jurisdiction«, in: Langford et al. (Hrsg.), Global Justice, State Duties, The Extraterritorial Scope of Economic, Social, and Cultural Rights in International Law, Cambridge 2012, S. 153 ff. (zit. Jurisdiction).

Dennis Michael J., Application of Human Rights Treaties Extraterritorially in Times of Armed Conflict and Military Occupation, in: The American Journal of International Law 99/2005 (1), S. 119 ff. (zit. Application of Human Rights Treaties).

Deppe Frank/Salomon David/Solty Ingar, Imperialismus, Köln 2011 (zit. Imperialismus).

Derrida Jacques, Gesetzeskraft, Der »mystische Grund der Autorität«, Frankfurt a. M. 1991 (zit. Gesetzeskraft).

Desierto Diane A., Austerity Measures and International Economic, Social, and Cultural Rights, in: Criddle (Hrsg.), Human Rights in Emergencies, New York 2016, S. 241 ff. (zit. Austerity Measures).

Deva Surya, Human Rights and Humanizing Business, in: Dion/Freeman/Dmytriyev (Hrsg.), Humanizing business, What humanities can say to business, Cham 2022, S. 129 ff. (zit. Human Rights).

Diez Gregor, Gegen die große Konsenssause, in: Die Wochenzeitung vom 12.09.2024 (37), S. 9 (zit. Konsenssause).

Dinstein Yoram, The International Law of Belligerent Occupation, Cambridge 2019 (zit. Belligerent Occupation).

Dirlik Arif, The Postcolonial Aura: Third World Criticism in the Age of Global Capitalism, in: Critical Inquiry 20/1994 (Winter), S. 328 ff. (zit. Postcolonial Aura).

Dorninger Christian/Hornborg Alf/Abson David J./Wehrden Henrik von/Schaffartzik Anke/Giljum Stefan/Engler John-Oliver/Feller Robert L./Hubacek Klaus/Wieland Hanspeter, Global patterns of ecologically unequal exchange: Implications for sustainability in the 21st century, in: Ecological Economics 179/2021, S. 1 ff. (zit. Global Patterns).

Dörr Oliver, Article 31, in: Dörr/Schmalenbach (Hrsg.), Vienna Convention on the Law of Treaties, A Commentary, 2. Aufl., Berlin 2018 (zit. Article 31).

Dörre Klaus, Demokratie statt Kapitalismus oder: Enteignet Zuckerberg!, in: Ketterer/Becker (Hrsg.), Was stimmt nicht mit der Demokratie?, Eine Debatte zwischen Klaus Dörre, Nancy Fraser, Stephan Lessenich und Hartmut Rosa, Berlin 2019, S. 21 ff. (zit. Demokratie statt Kapitalismus).

Dünnwald Sonja, Bilateral and Multilateral Investment Treaties and Their Relationship with Environmental Norms and Measures, Berlin 2015 (zit. Investment Treaties and Environmental Norms and Measures).

Dunoff Jeffrey L., A New Approach to Regime Interaction, in: Young (Hrsg.), Regime Interaction in International Law, Facing Fragmentation, Cambridge 2012, S. 136 ff. (zit. New Approach).

Dupuy Pierre-Marie, The Constitutional Dimension of the Charter of the United Nations Revisited, in: Frowein/Wolfrum (Hrsg.), Max Planck Yearbook of United Nations Law, Volume 1, Leiden 1997, S. 1 ff. (zit. Constitutional Dimension).

Durkheim Emile, De la division du travail social, 2. Aufl., Paris [1893] 1991 (zit. De la division du travail social).

Duvic-Paoli Leslie-Anne/Viñuales Jorge E., Prevention of Environmental Harm, in: Viñuales (Hrsg.), The UN Friendly Relations Declaration at 50, Cambridge 2020, S. 283 ff. (zit. Prevention of Environmental Harm).

Dzehtsiarou Kanstantsin, Georgia v. Russia (II), in: American Journal of International Law 115/2021 (2), S. 288 ff. (zit. Georgia II).

Edelman Lauren B./Stryker Robin, A Sociological Approach to Law and the Economy, in: Smelser/Swedberg (Hrsg.), The Handbook of Economic Sociology, Princeton/New York 2005, S. 527 ff. (zit. Law and the Economy).

Eller Klaas Hendrik, Comparative Genealogies of »Contract and Society«, in: German Law Journal 21/2020 (7), S. 1393 ff. (zit. Comparative Genealogies).

Eller Klaas Hendrik, Transnational Contract Law, in: Zumbansen (Hrsg.), Oxford Handbook of Transnational Law, Oxford 2021, S. 513 ff. (zit. Transnational Contract Law).

Elliott Brian, Natural Catastrophe, Climate Change and Neoliberal Governance, Edinburgh 2016 (zit. Natural Catastrophe).

Emmanuel Arghiri, Unequal Exchange, A Study of the Imperialism of Trade, New York/London 1972 (zit. Unequal Exchange).

Eslava Luis/Pahuja Sundhya, The State and International Law: A Reading from the Global South, in: Humanity 11/2019 (1), S. 118 ff. (zit. The State).

Evans Luther Harris, The General Principles Governing the Termination of a Mandate, in: The American Journal of International Law 26/1932 (4), S. 735 ff. (zit. Termination of a Mandate).

Everson Michelle, The Limits of the »Conflicts Approach«: Law in Times of Political Turmoil, in: Transnational Legal Theory 2/2011 (2), S. 271 ff. (zit. Limits of the »Conflicts Approach«).

Fakhri Michael, Law as the Interplay of Ideas, Institutions, and Interests: Using Polyani (and Foucault) to ask TWAIL Questions, in: International Community Law Review 10/2008 (4), S. 455 ff. (zit. Law as the Interplay of Ideas).

Fakhri Michael, Sugar and the Making of International Trade Law, Cambridge 2014 (zit. Sugar and the Making of International Trade Law).

Fassbender Bardo, The United Nations Charter as the Constitution of the International Community, in: Columbia Journal of Transnational Law 36/1998 (3), S. 529 ff. (zit. Constitution of the International Community).

Fastenrath Ulrich, Art. 1 (2012), in: Pabel/Schmahl (Hrsg.), Internationaler Kommentar zur Europäischen Menschenrechtskonvention, Köln (zit. Art. 1).

Faundez Julio, Between Bandung and Doha, International Economic Law and Developing Countries, in: Eslava/Fakhri/Nesiah (Hrsg.), Bandung, Global History, and International Law, Cambridge 2017, S. 498 ff. (zit. Between Bandung and Doha).

Federici Silvia, Caliban und die Hexe, Frauen, der Körper und die ursprüngliche Akkumulation, 10. Aufl., Wien/Berlin [2004] 2022 (zit. Caliban).

Feichtner Isabel, Public Law's Rationalization of the Legal Architecture of Money: What Might Legal Analysis of Money Become?, in: German Law Journal 17/2016 (5), S. 875 ff. (zit. Legal Architecture of Money).

Feichtner Isabel, Mining for humanity in the deep sea and outer space: The role of small states and international law in the extraterritorial expansion of extraction, in: Leiden Journal of International Law 32/2019 (2), S. 255 ff. (zit. Mining for Humanity).

Feichtner Isabel, Sharing the Riches of the Sea: The Redistributive and Fiscal Dimension of Deep Seabed Exploitation, in: European Journal of International Law 30/2019 (2), S. 601 ff. (zit. Riches of the Sea).

Feichtner Isabel, Law of Natural Resource Extraction and Money as Key to Understanding Global Political Economy and Potential for Its Transformation, in: Kjær (Hrsg.), The Law of Political Economy, Transformations in the Function of Law, Cambridge 2020, S. 152 ff. (zit. Law of Natural Resource Extraction).

Feichtner Isabel, Geldpolitik und Demokratie, Kommentar zum PSPP-Urteil des Bundesverfassungsgerichts, in: Kritische Justiz 54/2021 (1), S. 62 ff. (zit. Geldpolitik und Demokratie).

Fidler David P., A Kinder, Gentler System of Capitulations? International Law, Structural Adjustment Policies, and the Standard of Liberal, Globalized Civilization, in: Texas International Law Journal 35/2000, S. 387 ff. (zit. Gentler System of Capitulations).

Fisch Jörg, Die europäische Expansion und das Völkerrecht, Die

Auseinandersetzungen um den Status der überseeischen Gebiete vom 15. Jahrhundert bis zur Gegenwart, Stuttgart 1984 (zit. Europäische Expansion).

Fisch Jörg, Africa as terra nullius: The Berlin Conference and International Law, in: Forster/Mommsen/Robinson (Hrsg.), Bismarck, Europe, and Africa: The Berlin Africa Conference 1884–1885 and the Onset of Partition, Oxford 1988, S. 347 ff. (zit. Terra nullius).

Fisch Jörg, Law as a Means and as an End: Some Remarks on the Function of European and on-European Law in the Process of European Expansion, in: Mommsen/Moor (Hrsg.), European Expansion and Law, The Encounter of European and Indigenous Law in 19th- and 20th-Century Africa and Asia, Oxford/New York 1992, S. 15 ff. (zit. Law as a Means).

Fischer-Lescano Andreas, Kritik der praktischen Konkordanz, in: Kritische Justiz 2008 (2), S. 166 ff. (zit. Konkordanz).

Fischer-Lescano Andreas, Systemtheorie als kritische Gesellschaftstheorie, in: Amstutz/Fischer-Lescano (Hrsg.), Kritische Systemtheorie, Zur Evolution einer normativen Theorie, Bielefeld 2013, S. 13 ff. (zit. Systemtheorie).

Fischer-Lescano Andreas, A »Just and Non-violent Force«? Critique of Law in World Society, in: Law and Critique 26/2015 (3), S. 267 ff. (zit. Just and Non-violent Force).

Fischer-Lescano Andreas, Kassandras Recht, »Ist unserem Recht der Prozeß zu machen?«, in: Kritische Justiz 52/2019 (4), S. 408 ff. (zit. Kassandras Recht).

Fischer-Lescano Andreas, Das Pluriversum des Rechts, in: Merkur 2020 (851), S. 22 ff. (zit. Pluriversum).

Fischer-Lescano Andreas/Teubner Gunther, Regime-Collisions: The Vain Search for Legal Unity in the Fragmentation of Global Law, in: Michigan Journal of International Law 25/2004 (4), S. 999 ff. (zit. Regime-Collisions).

Fischer-Lescano Andreas/Teubner Gunther, Regime-Kollisionen, Zur Fragmentierung des globalen Rechts, Frankfurt a. M. 2006 (zit. Regime-Kollisionen).

Fischer-Lescano Andreas/Teubner Gunther, Fragmentierung des Weltrechts: Vernetzung globaler Regimes statt etatistischer Rechtseinheit, in: Albert/Stichweh (Hrsg.), Weltstaat und Weltstaatlichkeit, Beobachtungen globaler politischer Strukturbildung, Wiesbaden 2007, S. 37 ff. (zit. Fragmentierung des Weltrechts).

Fitzmaurice Andrew, Discovery, Conquest, and Occupation of Territory, in: Fassbender/Peters (Hrsg.), The Oxford Handbook of the History of International Law, Oxford 2012, S. 840 ff. (zit. Discovery, Conquest, and Occupation).

Fitzmaurice Andrew, Sovereignty, Property and Empire, 1500–2000, Cambridge 2014 (zit. Sovereignty, Property and Empire).

Fitzpatrick Peter, Modernism and the Grounds of Law, Cambridge 2001 (zit. Modernism).

Fleury Graff Thibaut, (Il)licéités et (dé)mesures de l'extraterritorialité, in: Buxbaum/Fleury Graff (Hrsg.), Extraterritoriality, Académie de droit international de La Haye, Leiden/Boston 2022, S. 51 ff. (zit. (Il)licéités et (dé)mesures de l'extraterritorialité).

Forteau Mathias/Miron Alina/Pellet Alain, Droit international public, 9. Aufl., Paris 2022 (zit. Droit international public).

Foster John Bellamy/Clark Brett, The Paradox of Wealth: Capitalism and Ecological Destruction, in: Monthly Review 61/2009 (6), S. 1 ff. (zit. The Paradox of Wealth).

Foucault Michel, Die Geburt der Biopolitik, Geschichte der Gouvernementalität II, 6. Aufl., Frankfurt a. M. 2018 (2004) (zit. Biopolitik).

Frankenberg Günter, Human rights and the belief in a just world, in: International Journal of Constitutional Law 12/2014 (1), S. 35 ff. (zit. Just World).

Franzki Hannah/Sánchez-Alfonso Angela, From Business and Human Rights to entangled accumulation: Making sense of violence along global value chains, in: Leiden Journal of International Law 38/2025 (3), S. 433 ff. (zit. Entangled accumulation).

Fraser Nancy, Scales of Justice, Reimagining Political Space in a Globalizing World, New York 2008 (zit. Scales).

Fraser Nancy, Contradictions of Capital and Care, in: New Left Review 100/2016 (July-August), S. 99 ff. (zit. Capital and Care).

Fraser Nancy, Cannibal Capitalism, How Our System Is Devouring Democracy, Care, and the Planet – and What We Can Do about It, London 2022 (zit. Cannibal Capitalism).

Fraser Nancy/Jaeggi Rahel, Kapitalismus, Ein Gespräch über kritische Theorie, Berlin 2020 (zit. Kapitalismus).

Frenz Walter, Europarecht, 3. Aufl., Berlin/Heidelberg 2021 (zit. Europarecht).

Frerichs Sabine, The Law of Market Society, A Sociology of International Economic Law and Beyond, in: Petman (Hrsg.), Finnish Yearbook of International Law, Volume 23 (2012-2013), Oxford 2016, S. 173 ff. (zit. Market Society).

Frerichs Sabine, Karl Polanyi and the Law of Market Society, in: Österreichische Zeitschrift für Soziologie 44/2019 (2), S. 197 ff. (zit. Polanyi and the Law).

Frerichs Sabine, Transnational Law and Economic Sociology, in: Zumbansen (Hrsg.), Oxford Handbook of Transnational Law, Oxford 2021, S. 65 ff. (zit. Transnational Law and Economic Sociology).

Frowein Jochen A., Ius Cogens, 2013, in: Wolfrum/Peters (Hrsg.), Max Planck Encyclopedia of Public International Law, <https://opil.ouplaw.com/home/mpil> (zit. Ius Cogens).

Furtado Celso, The Myth of Economic Development, Medford 2020 (zit. Myth).

Gallagher John/Robinson Ronald, The Imperialism of Free Trade, in: The Economic History Review 6/1953 (1), S. 1 ff. (zit. The Imperialism of Free Trade).

Gammeltoft-Hansen Thomas/Hathaway James C., Non-Refoulement in a World of Cooperative Deterrence, in: Columbia Journal of Transnational Law 53/2015 (1), S. 235 ff. (zit. Cooperative Deterrence).
Gardiner Richard K., Treaty Interpretation, 2. Aufl., Oxford 2015 (zit. Interpretation).
Garner James W., Article 19, Interpretation of Treaties, in: American Journal of International Law 29/1935 (S2), S. 937 ff. (zit. Article 19, Interpretation of Treaties).
Gerstenberger Heide, Fixierung und Entgrenzung, Theoretische Annäherungen an die politische Form des Kapitalismus, in: PROKLA. Zeitschrift für kritische Sozialwissenschaft 37/2007 (147 (2)), S. 173 ff. (zit. Fixierung und Entgrenzung).
Geuss Raymond, A World Without Why, Princeton 2014 (zit. World).
Gholiagha Sassan/Holzscheiter Anna/Liese Andrea, Activating norm collisions: Interface conflicts in international drug control, in: Global Constitutionalism 9/2020 (2), S. 290 ff. (zit. Activating norm collisions).
Gibney Mark, The historical development of extraterritorial obligations, in: Gibney et al. (Hrsg.), The Routledge Handbook on Extraterritorial Human Rights Obligations, Abingdon/New York 2022, S. 13 ff. (zit. Historical development).
Gilbert Jérémie, Natural Resources and Human Rights, An Appraisal, Oxford 2018 (zit. Natural Resources and Human Rights).
Giljum Stefan/Eisenmenger Nina, North-South Trade and the Distribution of Environmental Goods and Burdens: A Biophysical Perspective, in: The Journal of Environment & Development 13/2004 (1), S. 73 ff. (zit. Distribution of Environmental Goods and Burdens).
Gill Stephen, New constitutionalism, democratisation and global political economy, in: Pacifica Review: Peace, Security & Global Change 10/1998 (1), S. 23 ff. (zit. New constitutionalism).
Gill Stephen/Cutler A. Claire, New constitutionalism and world order: general introduction, in: Gill/Cutler (Hrsg.), New Constitutionalism and World Order, Cambridge 2014, S. 1 ff. (zit. Introduction).
Giuffré Mariagiulia, A functional-impact model of jurisdiction: Extraterritoriality before of the European Court of Human Rights, in: Questions of International Law 2021 (82), S. 53 ff. (zit. Functional-impact model).
Gnehm Felix, Der Wasser-Fussabdruck der Schweiz, Ein Gesamtbild der Wasserabhängigkeit der Schweiz, Zürich, 2012 (zit. Wasser 2012).
Goïta Mamadou, Land Grabbing, a Virus in the Fruit of Food Sovereignty in West Africa: A Case Study from »Office du Niger« Zone in Mali, in: Moyo/Jha/Yeros (Hrsg.), Reclaiming Africa, Scramble and Resistance in the 21st Century, Singapore 2019, S. 121 ff. (zit. Land Grabbing).
Golder Ben, Genealogies of Human Rights, SSRN 3733144, in: Moyn/Terretta (Hrsg.), The Cambridge History of Rights, Volume 5, Cambridge [im Erscheinen] (zit. Genealogies of Human Rights).
Golder Ben, Foucault and the Politics of Rights, Stanford 2015 (zit. Foucault and the Politics of Rights).

Golghalyani Sahra, Der internationale Schutz der Privatsphäre vor geheimdienstlicher Überwachung, Göttingen 2022 (zit. Schutz vor geheimdienstlicher Überwachung).
Golia Angelo/Teubner Gunther, Societal Constitutionalism: Background, Theory, Debates, in: ICL Journal 15/2021 (4), S. 357 ff. (zit. Societal Constitutionalism).
Gowan Peter, Neoliberal Cosmopolitanism, in: New Left Review 2001 (11), S. 79 ff. (zit. Neoliberal Cosmopolitanism).
Gozzi Gustavo, Rights and Civilizations, A History and Philosophy of International Law, Cambridge, United Kingdom 2019 (zit. Rights and Civilizations).
Grabenwarter Christoph/Pabel Katharina, Europäische Menschenrechtskonvention, 7. Aufl., München/Basel/Wien 2021 (zit. Europäische Menschenrechtskonvention).
Graf Jakob/Landherr Anna/Puder Janina/Rackwitz Hans/Reitz Tilman/Seyd Benjamin/Sittel Johanna/Tittor Anne, Abhängigkeit im 21. Jahrhundert, in: PROKLA. Zeitschrift für kritische Sozialwissenschaft 50/2020 (198), S. 11 ff. (zit. Abhängigkeit im 21. Jahrhundert).
Grewal David Singh, The Legal Constitution of Capitalism, in: Boushey/DeLong/Steinbaum (Hrsg.), After Piketty, The Agenda for Economics and Inequality, Cambridge MA/London 2017, S. 471 ff. (zit. The Legal Constitution of Capitalism).
Grewe Wilhelm G., The Epochs of International Law, Berlin/New York 2000 (zit. Epochs of International Law).
Grolimund Pascal/Loacker Leander D./Schnyder Anton K., Art. 1, in: Grolimund/Loacker/Schnyder (Hrsg.), Basler Kommentar Internationales Privatrecht, 4. Aufl., Basel 2021 (zit. Art. 1).
Grotius Hugo, De Iure Praedae Commentarius, Commentary on the Law of Prize and Booty, Volume I, A Translation of the Original Manuscript of 1604, Oxford/London 1950 (zit. De Iure Praedae Commentarius).
Grotius Hugo, The Rights of War and Peace, Edited and with an Introduction by Richard Tuck, Indianapolis 2005 (zit. The Rights of War and Peace).
Grzybowski Janis, To Be or Not to Be: The Ontological Predicament of State Creation in International Law, in: European Journal of International Law 28/2017 (2), S. 409 ff. (zit. Ontological Predicament).
Guillaume Gilbert, Address by the President of the International Court of Justice to The United Nations General Assembly, 26.10.2000 (zit. General Assembly).
Guillaume Gilbert, The Proliferation of International Judicial Bodies: The Outlook for the International Legal Order, Speech by the President of the International Court of Justice to the Sixth Committee of the General Assembly of the United Nations, 27.10.2000 (zit. Proliferation).
Günther Klaus/Randeria Shalini, Recht, Kultur und Gesellschaft im Prozess der Globalisierung, Bad Homburg 2001 (zit. Globalisierung).
Gupta Priya S., Transnational Property Law, in: Zumbansen (Hrsg.), Oxford

Handbook of Transnational Law, Oxford 2021, S. 531 ff. (zit. Transnational Property Law).
Habermas Jürgen, Theorie der Gesellschaft oder Sozialtechnologie? Eine Auseinandersetzung mit Niklas Luhmann, in: Habermas/Luhmann (Hrsg.), Theorie der Gesellschaft oder Sozialtechnologie - was leistet die Systemforschung?, Frankfurt a. M. 1971, S. 142 ff. (zit. Theorie der Gesellschaft oder Sozialtechnologie).
Habermas Jürgen, Der philosophische Diskurs der Moderne, 12 Vorlesungen, 4. Aufl., Frankfurt a. M. 1988 (zit. Diskurs der Moderne).
Habermas Jürgen, Theorie kommunikativen Handelns, Band 1, Frankfurt a. M. 1988 (zit. Theorie kommunikativen Handelns).
Habermas Jürgen, The Constitutionalization of International Law and the Legitimation Problems of a Constitution for World Society, in: Constellations 15/2008 (4), S. 444 ff. (zit. Constitutionalization).
Habermas Jürgen, A Political Constitution for the Pluralist World Society?, in: Journal of Chinese Philosophy 40/2013 (S1), S. 226 ff. (zit. Political Constitution).
Habersack Mathias/Ehrl Max, Verantwortlichkeit inländischer Unternehmen für Menschenrechtsverletzungen durch ausländische Zulieferer – de lege lata und de lege ferenda, in: Archiv für die civilistische Praxis 219/2019 (2), S. 155 ff. (zit. Verantwortlichkeit für ausländische Zulieferer).
Haller Lea, Transithandel, Geld- und Warenströme im globalen Kapitalismus, Berlin 2019 (zit. Transithandel).
Halliday Terence C./Shaffer Gregory, Transnational Legal Orders, in: Halliday/Shaffer (Hrsg.), Transnational Legal Orders, Cambridge 2015, S. 3 ff. (zit. Transnational Legal Orders).
Hammel-Kiesow Rolf, The Early Hanse, in: Harreld (Hrsg.), A companion to the Hanseatic League, Leiden/Boston 2015, S. 15 ff. (zit. The Early Hanse).
Hammoudi Ali, The International Law of Informal Empire and the Question of Oman, in: Third World Approaches to International Law Review 1/2020, S. 121 ff. (zit. International Law of Informal Empire).
Haraway Donna Jeanne, Unruhig bleiben, Die Verwandtschaft der Arten im Chthuluzän, Frankfurt a. M./New York 2018 (zit. Unruhig bleiben).
Harcourt Bernard E., The Illusion of Free Markets, Punishment and the Myth of Natural Order, Cambridge MA/London 2011 (zit. Illusion of Free Markets).
Harmes Adam, New constitutionalism and multilevel governance, in: Gill/Cutler (Hrsg.), New Constitutionalism and World Order, Cambridge 2014, S. 143 ff. (zit. New constitutionalism and multilevel governance).
Hart H. L. A., The Concept of Law, 2. Aufl., Oxford 1994 (zit. Concept).
Harvey David, Justice, Nature and the Geography of Difference, Cambridge/Oxford 1996 (zit. Geography of Difference).
Haskell John/Rasulov Akbar, International Law and the Turn to Political Economy, in: Leiden Journal of International Law 31/2018 (2), S. 243 ff. (zit. International Law and the Turn to Political Economy).

Heathcote Sarah, Legal Models and Methods of Western Colonisation of the South Pacific, in: Journal of the History of International Law 24/2022 (1), S. 62 ff. (zit. Models and Methods of Western Colonisation).

Hébié Mamadou, The acquisition of derivative titles of territorial sovereignty in the law and practice of European colonial expansion, in: Kohen/Hébié (Hrsg.), Research handbook on territorial disputes in international law, Cheltenham/Northampton 2018, S. 87 ff. (zit. Derivative Titles).

Hébié Mamadou, The acquisition of original titles of territorial sovereignty in the law and practice of European colonial expansion, in: Kohen/Hébié (Hrsg.), Research handbook on territorial disputes in international law, Cheltenham/Northampton 2018, S. 36 ff. (zit. Original Titles).

Heinrich Michael, Kritik der politischen Ökonomie, Eine Einführung in »Das Kapital« von Karl Marx, 14. Aufl., Stuttgart 2018 (zit. Kritik).

Heins Volker M./Wolff Frank, Hinter Mauern, Geschlossene Grenzen als Gefahr für die offene Gesellschaft, Berlin 2023 (zit. Hinter Mauern).

Helleiner Eric, Regulating the Regulators, The Emergence and Limits of the Transnational Financial Legal Order, in: Halliday/Shaffer (Hrsg.), Transnational Legal Orders, Cambridge 2015, S. 231 ff. (zit. Regulators).

Hemmi Martin J., The jurisdictional immunity of states in national civil proceedings for allegation of torture, Bern 2019 (zit. Jurisdictional immunity of states).

Hensel Isabell/Teubner Gunther, Horizontal fundamental rights as conflict of laws rules, in: Blome et al. (Hrsg.), Contested Regime Collisions, Norm Fragmentation in World Society, New York 2016, S. 139 ff. (zit. Horizontal fundamental rights).

Herberg Martin, Entkoppeltes Recht? Die Umweltstandards multinationaler Konzerne zwischen Informalität und Verrechtlichung, TransState Working Papers Nr. 20, Bremen, 2005 (zit. Entkoppeltes Recht).

Herdegen Matthias, International Economic Law, 2020, in: Wolfrum/Peters (Hrsg.), Max Planck Encyclopedia of Public International Law, <https://opil.ouplaw.com/home/mpil> (zit. International Economic Law).

Herdegen Matthias, Principles of International Economic Law, 2. Aufl., Oxford/New York 2016 (zit. Principles).

Hermann Christoph, The Critique of Commodification, Contours of a Post-Capitalist Society, Oxford 2021 (zit. The Critique of Commodification).

Hertig Randall Maya/Thürer Daniel, Einleitung: Gerechtigkeit im Ausländerrecht?, in: Uebersax et al. (Hrsg.), Ausländerrecht, Eine umfassende Darstellung der Rechtsstellung von Ausländerinnen und Ausländern in der Schweiz, von A(syl) bis Z(ivilrecht), 3. Aufl., Basel 2022, S. 3 ff. (zit. Einleitung).

Hetzel Andreas, Staat, in: Comtesse/Flügel-Martinsen/Martinsen (Hrsg.), Radikale Demokratietheorie, Ein Handbuch, Berlin 2019, S. 614 ff. (zit. Staat).

Hickel Jason, The Divide, A Brief Guide to Global Inequality and Its Solutions, London 2017 (zit. Divide).

Hickel Jason, Quantifying national responsibility for climate breakdown: an equality-based attribution approach for carbon dioxide emissions in excess of the planetary boundary, in: The Lancet Planetary Health 4/2020 (9), S. 399 ff. (zit. Quantifying national responsibility).

Hickel Jason, Weniger ist mehr, Warum der Kapitalismus den Planeten zerstört und wir ohne Wachstum glücklicher sind, München 2022 (zit. Weniger ist mehr).

Hickel Jason/Dorninger Christian/Wieland Hanspeter/Suwandi Intan, Imperialist appropriation in the world economy: Drain from the global South through unequal exchange, 1990–2015, in: Global Environmental Change 73/2022 (102467), S. 1 ff. (zit. Imperialist appropriation).

Hickel Jason/Kallis Giorgos, Is Green Growth Possible?, in: New Political Economy 25/2020 (4), S. 469 ff. (zit. Green Growth).

Hilpold Peter, Human Rights and WTO Law: From Conflict to Coordination, in: Archiv des Völkerrechts 45/2007 (4), S. 484 ff. (zit. From Conflict to Coordination).

Hinds Caroline, Das Prinzip »sic utere tuo ut alienum non laedas« und seine Bedeutung im internationalen Umweltrecht, in: Archiv des Völkerrechts 30/1992 (3), S. 298 ff. (zit. Sic utere).

Hirsch Moshe, The Sociology of International Investment Law, in: Douglas/Pauwelyn/Viñuales (Hrsg.), The Foundations of International Investment Law, Bringing Theory into Practice, Oxford 2014, S. 142 ff. (zit. Sociology).

Ho Cynthia M., Confronting Intellectual Property Nationalism, in: Denver Law Review 100/2022 (1), S. 109 ff. (zit. Intellectual Property Nationalism).

Hobson John M./Ramesh M., Globalisation Makes of States What States Make of It: Between Agency and Structure in the State/Globalisation Debate, in: New Political Economy 7/2002 (1), S. 5 ff. (zit. Between Agency and Structure).

Hochschild Arlie Russel, Globale Betreuungsketten und emotionaler Mehrwert, in: Hutton/Giddens (Hrsg.), Die Zukunft des globalen Kapitalismus, Frankfurt a. M./New York 2001, S. 157 ff. (zit. Globale Betreuungsketten).

Hoekstra Arjen Y./Mekonnen Mesfin M., The water footprint of humanity, in: Proceedings of the National Academy of Sciences of the United States of America 109/2012 (9), S. 3232 ff. (zit. Water footprint).

Hofer Nicola, Spannungsfeld zwischen Individualsanktionen des Sicherheitsrats der Vereinten Nationen gegen terrorverdächtige Personen und Menschenrechten, Unter besonderer Betrachtung des ISIL (Daesh)- und Al-Qaida-Sanktionsregimes sowie der Rechtsprechung des Gerichtshofs der Europäischen Union und des Europäischen Gerichtshofs für Menschenrechte, Baden-Baden/Zürich/St. Gallen 2019 (zit. Spannungsfeld).

Hoffmann Stefan-Ludwig, Geschichte der Menschenrechte, Ein Rückblick, Berlin 2023 (zit. Geschichte der Menschenrechte).

Hofmann Rainer, Modern International Investment Law as an Example of

Extra-territorial Law-making and Law-enforcement, in: Handl/Zekoll/Zumbansen (Hrsg.), Beyond Territoriality, Transnational Legal Authority in an Age of Globalization, Leiden 2012, S. 439 ff. (zit. Modern International Investment Law).

Holmes Stephen, Differenzierung und Arbeitsteilung im Denken des Liberalismus, in: Luhmann (Hrsg.), Soziale Differenzierung, Zur Geschichte einer Idee, Opladen 1985 (zit. Liberalismus).

Holzinger Markus, Fehlschlüsse über die »Weltgesellschaft«, in: Kölner Zeitschrift für Soziologie und Sozialpsychologie 66/2014 (2), S. 267 ff. (zit. Fehlschlüsse).

Hopkins Antony G., Property Rights and Empire Building: Britain's Annexation of Lagos, 1861, in: The Journal of Economic History 40/1980 (4), S. 777 ff. (zit. Property Rights).

Hoppe Katharina, Autopoietische Systeme und sympoietische Gefüge, Niklas Luhmann meets Donna Haraway, in: Burzan (Hrsg.), Komplexe Dynamiken globaler und lokaler Entwicklungen, Verhandlungen des 39. Kongresses der Deutschen Gesellschaft für Soziologie in Göttingen 2018, 2019 (zit. Autopoietische Systeme und sympoietische Gefüge).

Horkheimer Max, Die Juden und Europa, in: Zeitschrift für Sozialforschung 8/1940, S. 115 ff. (zit. Die Juden und Europa).

Hornborg Alf, Footprints in the cotton fields, The Industrial Revolution as time–space appropriation and environmental load displacement, in: Ecological Economics 59/2006 (1), S. 74 ff. (zit. Footprints).

Hornborg Alf, Global Magic, Technologies of Appropriation from Ancient Rome to Wall Street, New York 2016 (zit. Global Magic).

Hornborg Alf, Colonialism in the Anthropocene: the political ecology of the money-energy-technology complex, in: Journal of Human Rights and the Environment 10/2019 (1), S. 7 ff. (zit. Colonialism).

Hornborg Alf, Nature, Society, and Justice in the Anthropocene, Unraveling the Money-Energy-Technology Complex, Cambridge 2019 (zit. Anthropocene).

Horst Johan, Politiken der Entparadoxierung: Versuch einer Bestimmung des Politischen in der funktional ausdifferenzierten Weltgesellschaft, in: Amstutz/Fischer-Lescano (Hrsg.), Kritische Systemtheorie, Zur Evolution einer normativen Theorie, Bielefeld 2013, S. 193 ff. (zit. Politiken der Entparadoxierung).

Horst Johan, Ökonomische Theorien des Rechts, in: Buckel/Christensen/Fischer-Lescano (Hrsg.), Neue Theorien des Rechts, 3. Aufl., Stuttgart 2020, S. 301 ff. (zit. Ökonomische Theorien des Rechts).

Humphreys Stephen, Ungoverning the climate, in: Transnational Legal Theory 2020, S. 1 ff. (zit. Ungoverning the climate).

Huppé Luc, L'établissement de la souveraineté européenne au Canada, in: Les Cahiers de droit 50/2009 (1), S. 153 ff. (zit. Souveraineté européenne au Canada).

Hürtgen Stefanie, Das Konzept der strukturellen Heterogenität und die Analyse fragmentierter Wachstumsgesellschaften in Europa, Working

Paper der DFG-KollegforscherInnengruppe Postwachstumsgesellschaften 2/2015, 2015 (zit. Strukturelle Heterogenität).
Inikori Joseph E., Atlantic Slavery and the Rise of the Capitalist Global Economy, in: Current Anthropology 61/2020 (S22), S. 159 ff. (zit. Atlantic Slavery).
Jaeggi Rahel, Kritik von Lebensformen, 2. Aufl., Berlin 2014 (zit. Lebensformen).
Jahn Jannika, Vom korporativen Individualismus zum Gesellschaftsbezug multinationaler Unternehmen in einer internationalen Wirtschaftsordnung, in: Rechtswissenschaft 13/2022 (4), S. 518 ff. (zit. Gesellschaftsbezug multinationaler Unternehmen).
Janik Cornelia, Die EMRK und internationale Organisationen, Ausdehnung und Restriktion der equivalent protection-Formel in der neuen Rechtsprechung des EGMR, in: Zeitschrift für ausländisches öffentliches Recht und Völkerrecht 70/2010, S. 127 ff. (zit. Die EMRK und internationale Organisationen).
Jarass Insa Stephanie, Privates Einheitsrecht, Tübingen 2019 (zit. Einheitsrecht).
Jasanoff Sheila, The idiom of co-production, in: Jasanoff (Hrsg.), States of Knowledge, The co-production of science and social order, London 2006, S. 1 ff. (zit. The idiom of co-production).
Jellinek Georg, Allgemeine Staatslehre, 3. Aufl., Berlin 1914 (zit. Allgemeine Staatslehre).
Jenks C. Wilfred, The Conflict of Law-Making Treaties, in: British Yearbook of International Law 30/1953, S. 401 ff. (zit. Conflict).
Jessop Bob, Capitalist diversity and variety: Variegation, the world market, compossibility and ecological dominance, in: Capital & Class 38/2014 (1), S. 45 ff. (zit. Diversity and Variety).
Jessop Bob, Zur Relevanz von Luhmanns Systemtheorie und von Lauclau und Mouffes Diskursanalyse für die Weiterentwicklung der materialistischen Staatstheorie, in: Hirsch/Kannankulam/Wissel (Hrsg.), Der Staat der Bürgerlichen Gesellschaft, Zum Staatsverständnis von Karl Marx, 2. Aufl., Baden-Baden 2015, S. 167 ff. (zit. Relevanz).
Jessop Bob, The Heartlands of Neoliberalism and the Rise of the Austerity State Bob Jessop, in: Springer/Birch/MacLeavy (Hrsg.), Handbook of Neoliberalism, London 2016, S. 410 ff. (zit. Heartlands).
Jessop Bob, The State, Past, Present, Future, Cambridge/Malden 2016 (zit. The State).
Jessop Bob, Primacy of the Economy, Primacy of the Political: Critical Theory of Neoliberalism, in: Bittlingmayer/Demirović/Freytag (Hrsg.), Handbuch kritische Theorie, Wiesbaden 2017, S. 893 ff. (zit. Primacy).
Jessop Bob, The World Market, »North-South« Relations, and Neoliberalism, in: Alternate Routes: A Journal of Critical Social Research 29/2018, S. 207 ff. (zit. World Market).
Jessup Philip C., Transnational Law, New Haven 1956 (zit. Transnational Law).

Jeutner Valentin, Irresolvable Norm Conflicts in International Law, The Concept of a Legal Dilemma, Oxford 2017 (zit. Irresolvable Norm Conflicts).

Joerges Christian/Everson Michelle, The Legal Proprium of the Economic Constitution, in: Kjær (Hrsg.), The Law of Political Economy, Transformations in the Function of Law, Cambridge 2020, S. 33 ff. (zit. The Legal Proprium of the Economic Constitution).

Joerges Christian/Kjær Poul F./Ralli Tommi, A New Type of Conflicts Law as Constitutional Form in the Postnational Constellation, in: Transnational Legal Theory 2/2011 (2), S. 153 ff. (zit. A New Type of Conflicts Law as Constitutional Form in the Postnational Constellation).

Joseph Sarah/Sander Barrie, Scope of application, in: Moeckli/Shah/Sivakumaran (Hrsg.), International Human Rights Law, 4. Aufl., Oxford 2022, S. 106 ff. (zit. Scope of application).

Jung Peter, Die Haftung von Emittenten für Klimafolgeschäden – Eine Haftung ohne Grenzen?, in: Belser/Pichonnaz-Maendli/Stöckli (Hrsg.), Le droit sans frontières, Mélanges pour Franz Werro, Bern 2022, S. 385 ff. (zit. Haftung von Emittenten).

Kadens Emily, The Medieval Law Merchant: The Tyranny of a Construct, in: Journal of Legal Analysis 7/2015 (2), S. 251 ff. (zit. The Medieval Law Merchant).

Kalandarishvili-Mueller Natia, Russia's »Occupation by Proxy« of Eastern Ukraine – Implications Under the Geneva Conventions, in: <justsecurity.org> vom 22.02.2022 (zit. Occupation by Proxy).

Kälin Walter, Examination of state reports, in: Keller/Ulfstein (Hrsg.), UN Human Rights Treaty Bodies, Law and Legitimacy, Cambridge 2012, S. 16 ff. (zit. Examination of state reports).

Kälin Walter/Künzli Jörg, Universeller Menschenrechtsschutz, Der Schutz des Individuums auf globaler und regionaler Ebene, 4. Aufl., Basel 2019 (zit. Menschenrechtsschutz).

Kaltenborn Markus, The Human Rights Framework for Establishing Social Protection Floors and Achieving Universal Health Coverage, in: Kaltenborn/Krajewski/Kuhn (Hrsg.), Sustainable Development Goals and Human Rights, Cham 2020, S. 29 ff. (zit. Human Rights Framework).

Kämmerer Jörn Axel, Colonialism, 2018, in: Wolfrum/Peters (Hrsg.), Max Planck Encyclopedia of Public International Law, <https://opil.ouplaw.com/home/mpil> (zit. Colonialism).

Kampourakis Ioannis, CSR and Social Rights: Juxtaposing Societal Constitutionalism and Rights-Based Approaches Imposing Human Rights Obligations on Corporations, in: Goettingen Journal of International Law 9/2019 (3), S. 537 ff. (zit. CSR and Social Rights).

Kampourakis Ioannis, Bound by the Economic Constitution: Notes for »Law and Political Economy« in Europe, in: Journal of Law and Political Economy 1/2021 (1), S. 301 ff. (zit. Economic Constitution).

Kampourakis Ioannis, The Power of Open Norms, in: <verfassungsblog.de> vom 15.06.2021 (zit. The Power of Open Norms).

Kanalan Ibrahim, Die universelle Durchsetzung des Rechts auf Nahrung gegen transnationale Unternehmen, Tübingen 2015 (zit. Recht auf Nahrung).

Kapczynski Amy, Order Without Intellectual Property Law: Open Science in Influenza, in: Cornell Law Review 102/2017 (6), S. 1539 ff. (zit. Order Without Intellectual Property Law).

Kapeller Jakob, Delayed by outsourcing? Zur Stabilität des Kapitalismus im 21. Jahrhundert, in: Soziologische Revue 40/2017 (4), S. 547 ff. (zit. Delayed by outsourcing).

Karagiannis Syméon, The Relationship(s) between Treaties and Territory, in: Hollis (Hrsg.), The Oxford Guide to Treaties, Oxford 2020, S. 309 ff. (zit. Treaties and Territory).

Karamanian Susan L., Human Rights Dimensions of Investment Law, in: De Wet/Vidmar (Hrsg.), Hierarchy in International Law, The Place of Human Rights, Oxford 2012, S. 236 ff. (zit. Human Rights Dimensions of Investment Law).

Karimova Takhmina, The Nature and Meaning of »International Assistance and Cooperation« under the International Covenant on Economic, Social and Cultural Rights, in: Riedel/Giacca/Golay (Hrsg.), Economic, Social, and Cultural Rights in International Law, Contemporary Issues and Challenges, Oxford 2014, S. 163 ff. (zit. International Assistance and Cooperation).

Kattan Victor, The persistence of partition: Boundary-making, imperialism, and international law, in: Political Geography 94/2022 (102557), S. 1 ff. (zit. Persistence of partition).

Kau Marcel, Der Staat und der Einzelne als Völkerrechtssubjekte, in: Vitzthum/Proelß (Hrsg.), Völkerrecht, 8. Aufl., Berlin/Boston 2019, S. 159 ff. (zit. Völkerrechtssubjekte).

Kaufmann Christine/Good Christoph/Ghielmini Sabrina/Blattner Charlotte, Extraterritorialität im Bereich Wirtschaft und Menschenrechte, Extraterritoriale Rechtsanwendung und Gerichtsbarkeit in der Schweiz bei Menschenrechtsverletzungen durch transnationale Unternehmen, Schweizerisches Kompetenzzentrum für Menschenrechte, 2016 (zit. Extraterritorialität im Bereich Wirtschaft und Menschenrechte).

Kayaoğlu Turan, Legal Imperialism, Sovereignty and Extraterritoriality in Japan, the Ottoman Empire and China, Cambridge 2010 (zit. Legal Imperialism).

Keller Helen/Grover Leena, General Comments of the Human Rights Committee and their legitimacy, in: Keller/Ulfstein (Hrsg.), UN Human Rights Treaty Bodies, Law and Legitimacy, Cambridge 2012, S. 116 ff. (zit. General Comments of the Human Rights Committee and their legitimacy).

Keller Helen/Heri Corina, The Future is Now: Climate Cases Before the ECtHR, in: Nordic Journal of Human Rights 40/2022 (1), S. 153 ff. (zit. Climate Cases).

Kelsen Hans, Reine Rechtslehre, 2. Aufl., Wien [1960] 1992 (zit. Reine Rechtslehre).

Kennedy David, International Legal Structures, Baden-Baden 1987 (zit. Structures).

Kennedy David, Law and the Political Economy of the World, in: Leiden Journal of International Law 26/2013 (1), S. 7 ff. (zit. Law and the Political Economy).

Kennedy David, A World of Struggle, How Power, Law, and Expertise Shape Global Political Economy, Princeton/Oxford 2016 (zit. World of Struggle).

Kennedy David, Law in Global Political Economy, Now You See It, Now You Don't, in: Kjær (Hrsg.), The Law of Political Economy, Transformations in the Function of Law, Cambridge 2020, S. 127 ff. (zit. Law in Global Political Economy).

Kennedy David/Koskenniemi Martti, Of Law and the World, Critical Conversations on Power, History, and Political Economy, Cambridge/London 2023 (zit. Of Law and the World).

Kennedy Duncan, Three Globalizations of Law and Legal Thought, 1850–2000, in: Trubek/Santos (Hrsg.), The New Law and Economic Development, A Critical Appraisal, Cambridge 2006, S. 19 ff. (zit. Three Globalizations of Law and Legal Thought).

Kennedy Duncan, A Left Phenomenological Critique of the Hart/Kelsen Theory of Legal Interpretation, in: Kritische Justiz 40/2007 (3), S. 296 ff. (zit. Phenomenological Critique).

Kennedy Duncan, The Hermeneutic of Suspicion in Contemporary American Legal Thought, in: Law and Critique 25/2014 (2), S. 91 ff. (zit. Hermeneutic of Suspicion).

Kentikelenis Alexander E./Babb Sarah, The Making of Neoliberal Globalization, Norm Substitution and the Politics of Clandestine Institutional Change, in: American Journal of Sociology 124/2019 (6), S. 1720 ff. (zit. The Making of Neoliberal Globalization).

Kessler Oliver/Kratochwil Friedrich, Functional differentiation and the oughts and musts of international law, in: Albert/Buzan/Zürn (Hrsg.), Bringing Sociology to International Relations, World Politics as Differentiation Theory, Cambridge 2013, S. 159 ff. (zit. Functional differentiation).

Kiener Regina/Kälin Walter/Wyttenbach Judith, Grundrechte, 4. Aufl., Bern 2024 (zit. Grundrechte).

Kim Joohyung, The social and the political in Luhmann, in: Contemporary Political Theory 14/2015 (4), S. 355 ff. (zit. The social and the political).

Kind Andreas, Der diplomatische Schutz, Zwischenstaatlicher Rechtsdurchsetzungsmechanismus im Spannungsfeld von Individualrechten, Außeninteressen, Staatsangehörigkeit und Schutzpflichten, Zürich 2014 (zit. Der diplomatische Schutz).

Kirs Eszter, Bilateral Immunity Agreements, 2019, in: Wolfrum/Peters (Hrsg.), Max Planck Encyclopedia of Public International Law, <https://opil.ouplaw.com/home/mpil> (zit. Bilateral Immunity Agreements).

Kjær Poul F., Global Law As Inter-Contextuality and As Inter-Legality, in: Klabbers/Palombella (Hrsg.), The Challenge of Inter-Legality, Cambridge

2019, S. 302 ff. (zit. Global Law As Inter-Contextuality and As Inter-Legality).

Kjær Poul F., The Law of Political Economy, An Introduction, in: Kjær (Hrsg.), The Law of Political Economy, Transformations in the Function of Law, Cambridge 2020, S. 1 ff. (zit. The Law of Political Economy).

Klabbers Jan, Constitutionalism Lite, in: International Organizations Law Review 1/2004 (1), S. 31 ff. (zit. Constitutionalism Lite).

Klabbers Jan, Setting the Scene, in: Klabbers/Peters/Ulfstein (Hrsg.), The Constitutionalization of International Law, Oxford 2009, S. 1 ff. (zit. Setting the Scene).

Klabbers Jan, Virtuous interpretation, in: Fitzmaurice/Elias/Merkouris (Hrsg.), Treaty interpretation and the Vienna Convention on the Law of Treaties: 30 Years on, Leiden/Boston 2010, S. 17 ff. (zit. Virtuous interpretation).

Klabbers Jan, Towards a Culture of Formalism?, Martti Koskenniemi and the Virtues, in: Temple International Law & Comparative Law Journal 27/2013 (2), S. 417 ff. (zit. Culture of Formalism).

Klabbers Jan, Judging Inter-Legality, in: Klabbers/Palombella (Hrsg.), The Challenge of Inter-Legality, Cambridge 2019, S. 339 ff. (zit. Judging Inter-Legality).

Klabbers Jan, An Introduction to International Organizations Law, 4. Aufl., Cambridge 2022 (zit. International Organizations).

Klabbers Jan, Virtue in Global Governance, Judgment and Discretion, Cambridge/New York 2022 (zit. Virtue in Global Governance).

Klabbers Jan/Palombella Gianluigi, Introduction, Situating Inter Legality, in: Klabbers/Palombella (Hrsg.), The Challenge of Inter-Legality, Cambridge 2019, S. 1 ff. (zit. Introduction).

Kleinlein Thomas, Konstitutionalisierung im Völkerrecht, Konstruktion und Elemente einer idealistischen Völkerrechtslehre, Heidelberg 2012 (zit. Konstitutionalisierung im Völkerrecht).

Kleinlein Thomas, Fragmentierungen im Öffentlichen Recht, Diskursvergleich im internationalen und im nationalen Recht, in: Deutsches Verwaltungsblatt 132/2017 (17), S. 1072 ff. (zit. Fragmentierungen im Öffentlichen Recht).

Kleinlein Thomas, Matters of Interpretation: How to Conceptualize and Evaluate Change of Norms and Values in the International Legal Order, KFG Working Paper Series Nr. 24, Berlin, 2018 (zit. Matters of Interpretation).

Kloepfer Michael/Neugärtner Rico David, Liability for climate damages, sustainability and environmental justice, in: Kahl/Weller (Hrsg.), Climate Change Litigation, A Handbook, München/Oxford/New York/Baden-Baden 2021, S. 21 ff. (zit. Liability for climate damages).

Kneer Georg/Nassehi Armin, Niklas Luhmanns Theorie sozialer Systeme, Eine Einführung, München 1993 (zit. Einführung).

Knox John H., Horizontal Human Rights Law, in: American Journal of International Law 102/2008 (1), S. 1 ff. (zit. Horizontal Human Rights).

Knox John H., Climate Change and Human Rights Law, in: Virginia Journal of International Law 50/2009 (1), S. 163 ff. (zit. Climate Change and Human Rights Law).

Knox Robert, Hegemony, in: d'Aspremont/Singh (Hrsg.), Concepts for International Law, Contributions to Disciplinary Thought, Cheltenham 2019, S. 328 ff. (zit. Hegemony).

Kocka Jürgen, Geschichte des Kapitalismus, 3. Aufl., München 2017 (zit. Geschichte des Kapitalismus).

Kohli Atul, Imperialism and the Developing World, How Britain and the United States Shaped the Global Periphery, New York 2020 (zit. Imperialism and the Developing World).

Kohn Margaret, Globalizing Global Justice, in: Bell (Hrsg.), Empire, Race and Global Justice, Cambridge 2019, S. 163 ff. (zit. Globalizing Global Justice).

Kokott Juliane/Sobotta Christoph, The Kadi Case – Constitutional Core Values and International Law – Finding the Balance?, in: European Journal of International Law 23/2012 (4), S. 1015 ff. (zit. The Kadi Case).

Koskenniemi Martti, The Politics of International Law, in: European Journal of International Law 1/1990 (1), S. 4 ff. (zit. Politics I).

Koskenniemi Martti, Letter to the Editors of the Symposium, in: American Journal of International Law 93/1999 (2), S. 351 ff. (zit. Letter to the Editors).

Koskenniemi Martti, The Gentle Civilizer of Nations, The Rise and Fall of International Law 1870–1960, Cambridge 2001 (zit. Gentle Civilizer).

Koskenniemi Martti, International Law and Hegemony: A Reconfiguration, in: Cambridge Review of International Affairs 17/2004 (2), S. 197 ff. (zit. International law and hegemony).

Koskenniemi Martti, From Apology to Utopia, The Structure of International Legal Argument, 2. Aufl., Cambridge 2005 (zit. From Apology to Utopia).

Koskenniemi Martti, Constitutionalism as Mindset: Reflections on Kantian Themes About International Law and Globalization, in: Theoretical Inquiries in Law 8/2007 (1), S. 9 ff. (zit. Constitutionalism as Mindset).

Koskenniemi Martti, The Fate of Public International Law: Between Technique and Politics, in: Modern Law Review 70/2007 (1), S. 1 ff. (zit. Fate of Public International Law).

Koskenniemi Martti, Formalism, Fragmentation, Freedom: Kantian Themes in Today's International Law' 4/2008 (Oktober), S. 7 ff. (zit. Kantian Themes).

Koskenniemi Martti, The Politics of International Law – 20 Years Later, in: European Journal of International Law 20/2009 (1), S. 7 ff. (zit. Politics II).

Koskenniemi Martti, Empire and International Law: The Real Spanish Contribution, in: University of Toronto Law Journal 61/2011 (1), S. 1 ff. (zit. Empire and International Law).

Koskenniemi Martti, Hegemonic Regimes, in: Young (Hrsg.), Regime

Interaction in International Law, Facing Fragmentation, Cambridge 2012, S. 305 ff. (zit. Hegemonic Regimes).

Koskenniemi Martti, Jean L. Cohen, Globalization and Sovereignty, Cambridge 2012, in: International Journal of Constitutional Law 11/2013 (3), S. 818 ff. (zit. Globalization).

Koskenniemi Martti, Colonial Laws, Sources, Strategies and Lessons?, in: Journal of the History of International Law 18/2016 (2-3), S. 248 ff. (zit. Colonial Laws).

Koskenniemi Martti, International Law as »Global Governance«, in: Desautels-Stein/Tomlins (Hrsg.), Searching for Contemporary Legal Thought, Cambridge 2017, S. 199 ff. (zit. Global Governance).

Koskenniemi Martti, It's not the Cases, It's the System, in: The Journal of World Investment & Trade 18/2017 (2), S. 343 ff. (zit. It's not the Cases, It's the System).

Koskenniemi Martti, What Should International Legal History Become?, in: Kadelbach/Kleinlein/Roth-Isigkeit (Hrsg.), System, order, and international law, The early history of international legal thought from Machiavelli to Hegel, Oxford 2017, S. 381 ff. (zit. International Legal History).

Koskenniemi Martti, Enchanted by the Tools? An Enlightenment Perspective, in: Proceedings of the ASIL Annual Meeting 113/2019, S. 3 ff. (zit. Enchanted by the Tools).

Koskenniemi Martti, Imagining the Rule of Law: Rereading the Grotian »Tradition«, in: European Journal of International Law 30/2019 (1), S. 17 ff. (zit. Imagining the Rule of Law).

Koskenniemi Martti, International Law and the Far Right: Reflections of Law and Cynicism, Fourth Annual T.M.C. Asser Lecture, Den Haag 2019 (zit. Cynicism).

Koskenniemi Martti, The Past according to International Law, A Practice of History and Histories of a Practice, in: Brett/Donaldson/Koskenniemi (Hrsg.), History, Politics, Law, Thinking through the International, Cambridge 2021, S. 49 ff. (zit. Past).

Koskenniemi Martti, To the Uttermost Parts of the Earth, Legal Imagination and International Power 1300–1870, Cambridge 2021 (zit. To the Uttermost Parts).

Koskenniemi Martti, The Place of Social Justice in International Law, in: Kohen/van der Heijden (Hrsg.), Annuaire de l'Institut de Droit International, 81e Session d'Angers, Sesquicentenaire, Vol. 83, Travaux préparatoires, Paris 2023, S. 268 ff. (zit. Social Justice).

Koskenniemi Martti/Leino Päivi, Fragmentation of International Law?, Postmodern Anxieties, in: Leiden Journal of International Law 15/2002 (3), S. 553 ff. (zit. Fragmentation).

Kraakman Reinier/Armour John/Davies Paul/Enriques Luca/Hansmann Henry/Hertig Gérard/Hopt Klaus/Kanda Hideki/Pargendler Mariana/Ringe Wolf-Georg/Rock Edward, The Anatomy of Corporate Law, A Comparative and Functional Approach, 3. Aufl., Oxford 2017 (zit. Anatomy of Corporate Law).

Krajewski Markus, The State Duty to Protect against Human Rights Violations through Transnational Business Activities, in: Deakin Law Review 23/2018, S. 13 ff. (zit. Duty to Protect).
Kramer Ernst A./Arnet Ruth, Juristische Methodenlehre, 7. Aufl., Bern/München/Wien 2024 (zit. Methodenlehre).
Krasmann Susanne, »Outsourcing Torture«, Zur Performanz von Rechtsstaatlichkeit, in: Purtschert/Meyer/Winter (Hrsg.), Gouvernementalität und Sicherheit, Bielefeld 2008, S. 19 ff. (zit. Outsourcing Torture).
Kratochwil Friedrich, Practising Law: Spoudaios, Professional, Expert or ›Macher‹? Reflections on the Changing Nature of an Occupation, in: Galán/Hoon/Werner (Hrsg.), The Law of International Lawyers, Reading Martti Koskenniemi, Cambridge 2017, S. 225 ff. (zit. Practising Law).
Kreide Regina, Gerechtigkeit/Ungerechtigkeit, in: Comtesse/Flügel-Martinsen/Martinsen (Hrsg.), Radikale Demokratietheorie, Ein Handbuch, Berlin 2019, S. 635 ff. (zit. Gerechtigkeit/Ungerechtigkeit).
Kren Kostkiewicz Jolanta, Schweizerisches Internationales Privatrecht, 2. Aufl., Bern 2018 (zit. Schweizerisches Internationales Privatrecht).
Kreuder-Sonnen Christian/Zürn Michael, After fragmentation: Norm collisions, interface conflicts, and conflict management, in: Global Constitutionalism 9/2020 (2), S. 241 ff. (zit. After fragmentation).
Kreuter-Kirchhof Charlotte, Wirtschaft und Kultur im Völkerrecht, in: Vitzthum/Proelß (Hrsg.), Völkerrecht, 8. Aufl., Berlin/Boston 2019, S. 585 ff. (zit. Wirtschaft und Kultur).
Krisch Nico, Beyond Constitutionalism, The Pluralist Structure of Postnational Law, Oxford 2010 (zit. Beyond Constitutionalism).
Krisch Nico, Pluralism, in: d'Aspremont/Singh (Hrsg.), Concepts for International Law, Contributions to Disciplinary Thought, Cheltenham 2019, S. 691 ff. (zit. Pluralism).
Krisch Nico, Jurisdiction Unbound: (Extra)territorial Regulation as Global Governance, in: European Journal of International Law 33/2022 (2), S. 481 ff. (zit. Jurisdiction Unbound).
Kumm Mattias, Beyond Golf Clubs and the Judicialization of Politics: Why Europe Has a Constitution Properly so Called, in: The American Journal of Comparative Law 54/2006, S. 505 ff. (zit. Judicialization of Politics).
Kumm Mattias, Zur Geschichte und Theorie des Globalen Konstitutionalismus, Gegenwärtige Herausforderungen des Globalen Konstitutionalismus, in: Nida-Rümelin/Daniels/Wloka (Hrsg.), Internationale Gerechtigkeit und institutionelle Verantwortung, Berlin/Boston 2019, S. 105 ff. (zit. Geschichte und Theorie).
Kvangraven Ingrid Harvold, Beyond the Stereotype: Restating the Relevance of the Dependency Research Programme, in: Development and Change 52/2021 (1), S. 76 ff. (zit. Beyond the Stereotype).
Lacher Hannes, Beyond Globalization, Capitalism, territoriality and the international relations of modernity, London 2007 (zit. Beyond Globalization).
Ladeur Karl-Heinz, Regime-Kollisionen, in: Viellechner (Hrsg.), Verfassung

ohne Staat, Gunther Teubners Verständnis von Recht und Gesellschaft 2019, S. 211 ff. (zit. Regime-Kollisionen).
Landherr Anna/Graf Jakob, Über uns die Sintflut – Zu Klassenverhältnissen in der Internalisierungsgesellschaft am Beispiel Chiles, in: PROKLA. Zeitschrift für kritische Sozialwissenschaften 49/2019 (196), S. 487 ff. (zit. Über uns).
Landherr Anna/Graf Jakob, Territoriale Macht und periphere imperiale Lebensweise – Internalisierungsmechanismen in der chilenischen Bergbaustadt Tierra Amarilla, in: Journal für Entwicklungspolitik 37/2021 (4), S. 44 ff. (zit. Territoriale Macht).
Lang Andrew, World Trade Law after Neoliberalism, Re-Imagining the Global Economic Order, Oxford 2011 (zit. After Neoliberalism).
Lang Andrew, Market Anti-naturalism, in: Desautels-Stein/Tomlins (Hrsg.), Searching for Contemporary Legal Thought, Cambridge 2017, S. 312 ff. (zit. Market Anti-naturalism).
Langford Malcolm/Coomans Fons/Gómez Isa Felipe, Extraterritorial Duties in International Law, in: Langford et al. (Hrsg.), Global Justice, State Duties, The Extraterritorial Scope of Economic, Social, and Cultural Rights in International Law, Cambridge 2012, S. 51 ff. (zit. Extraterritorial Duties).
Lepenies Philipp, Verbot und Verzicht, Politik aus dem Geiste des Unterlassens, Berlin 2022 (zit. Verbot und Verzicht).
Lessenich Stephan, Neben uns die Sintflut, Die Externalisierungsgesellschaft und ihr Preis, München 2016 (zit. Sintflut).
Lessenich Stephan, Die Dialektik der Demokratie, Grenzziehungen und Grenzüberschreitungen im Wohlfahrtskapitalismus, in: Ketterer/Becker (Hrsg.), Was stimmt nicht mit der Demokratie?, Eine Debatte zwischen Klaus Dörre, Nancy Fraser, Stephan Lessenich und Hartmut Rosa, Berlin 2019, S. 121 ff. (zit. Die Dialektik der Demokratie).
Lessenich Stephan, Grenzen der Demokratie, Teilhabe als Verteilungsproblem, Ditzingen 2019 (zit. Grenzen).
Lévi-Strauss Claude, Das wilde Denken, Frankfurt a. M. 1968 (zit. Das wilde Denken).
Lichuma Caroline, Centering Europe and Othering the Rest, in: <völkerrechtsblog.org> vom 16.01.2023 (zit. Centering Europe and Othering the Rest).
Liebscher Doris, Rasse im Recht - Recht gegen Rassismus, Genealogie einer ambivalenten rechtlichen Kategorie, Berlin 2021 (zit. Rasse im Recht).
Linarelli John/Salomon Margot E./Sornarajah Muthucumaraswamy, The Misery of International Law, Confrontations with Injustice in the Global Economy, Oxford 2018 (zit. Misery).
Lindley Mark Frank, The acquisition and government of backward territory in international law, being a treatise on the law and practice relating to colonial expansion, London 1926 (zit. Acquisition and Government).
Liste Philip, Colliding geographies: space at work in global governance, in: Journal of International Relations and Development 19/2016 (2), S. 199 ff. (zit. Colliding geographies).

Liste Philip, In-Between Juridification and Politicisation: Zooming in on the Everyday Politics of Law, in: Wiesner (Hrsg.), Rethinking Politicisation in Politics, Sociology and International Relations, Cham 2021, S. 245 ff. (zit. Juridification and Politicisation).

Lohmann Larry, Neoliberalism's climate, in: Springer/Birch/MacLeavy (Hrsg.), Handbook of Neoliberalism, London 2016, S. 480 ff. (zit. Climate).

Loick Daniel, Juridismus, Konturen einer kritischen Theorie des Rechts, Berlin 2017 (zit. Juridismus).

Loick Daniel, Souveränität, in: Comtesse/Flügel-Martinsen/Martinsen (Hrsg.), Radikale Demokratietheorie, Ein Handbuch, Berlin 2019 (zit. Souveränität).

Lübbe-Wolff Gertrude, Internationalisierung der Politik und Machtverlust der Parlamente, in: Brunkhorst (Hrsg.), Demokratie in der Weltgesellschaft, Soziale Welt – Sonderband 18, Baden-Baden 2009 (zit. Internationalisierung).

Lugard Frederick John Dealtry, The Dual Mandate in British Tropical Africa, Edinburgh/London 1922 (zit. The Dual Mandate in British Tropical Africa).

Luhmann Niklas, Grundrechte als Institution, Ein Beitrag zur politischen Soziologie, Berlin 1965 (zit. Grundrechte als Institution).

Luhmann Niklas, Funktion der Religion, Frankfurt a. M. 1977 (zit. Funktion der Religion).

Luhmann Niklas, Geschichte als Prozess und die Theorie sozio-kultureller Evolution, in: Luhmann (Hrsg.), Soziologische Aufklärung 3, Opladen 1981, S. 178 ff. (zit. Geschichte als Prozess).

Luhmann Niklas, Politische Theorie im Wohlfahrtsstaat, München 1981 (zit. Politische Theorie im Wohlfahrtsstaat).

Luhmann Niklas, Einige Probleme mit »reflexivem Recht«, in: Zeitschrift für Rechtssoziologie 6/1985 (1), S. 1 ff. (zit. Einige Probleme mit »reflexivem Recht«).

Luhmann Niklas, Verfassung als evolutionäre Errungenschaft, in: Rechtshistorisches Journal 9/1990, S. 176 ff. (zit. Verfassung).

Luhmann Niklas, Soziale Systeme, Grundriss einer allgemeinen Theorie, 4. Aufl., Frankfurt a. M. 1991 (zit. Soziale Systeme).

Luhmann Niklas, Steuerung durch Recht?, Einige klarstellende Bemerkungen, in: Zeitschrift für Rechtssoziologie 12/1991 (1), S. 142 ff. (zit. Steuerung).

Luhmann Niklas, Die Wirtschaft der Gesellschaft, Frankfurt a. M. 1994 (zit. Wirtschaft der Gesellschaft).

Luhmann Niklas, Das Recht der Gesellschaft, Frankfurt a. M. 1995 (zit. Recht der Gesellschaft).

Luhmann Niklas, Die Gesellschaft der Gesellschaft, Frankfurt a. M. 1998 (zit. Gesellschaft der Gesellschaft).

Luhmann Niklas, Die Politik der Gesellschaft, Frankfurt a. M. 2002 (zit. Politik der Gesellschaft).

Luhmann Niklas, Ökologische Kommunikation, Kann die moderne Gesellschaft sich auf ökologische Gefährdungen einstellen?, 4. Aufl., Wiesbaden 2004 (zit. Ökologische Kommunikation).

Luhmann Niklas, Einführung in die Systemtheorie, 4. Aufl. 2008 (zit. Einführung in die Systemtheorie).

MacFarlane Key, Capital and Space, in: Kobayashi (Hrsg.), International Encyclopedia of Human Geography, 2. Aufl., San Diego 2020, Bd. 1, S. 381 ff. (zit. Capital and Space).

Mallory Conall, Human Rights Imperialists, The Extraterritorial Application of the European Convention on Human Rights, Oxford 2020 (zit. Human Rights Imperialists).

Mann Michael, The Recent Intensification of American Economic and Military Imperialism, Are They Connected?, in: Steinmetz (Hrsg.), Sociology and Empire, The Imperial Entanglements of a Discipline, Durham 2013, S. 213 ff. (zit. Economic and Military Imperialism).

Mardikian Lisa, In-Between an Economic Freedom and a Human Right: A Hybrid Right to Private Property, in: Zeitschrift für ausländisches öffentliches Recht und Völkerrecht) 81/2021 (2), S. 341 ff. (zit. Hybrid Right to Private Property).

Marks Stephen P., Poverty, in: Moeckli/Shah/Sivakumaran (Hrsg.), International Human Rights Law, 4. Aufl., Oxford 2022, S. 622 ff. (zit. Poverty).

Marks Susan, False Contingency, in: Current Legal Problems 62/2009 (1), S. 1 ff. (zit. False Contingency).

Marks Susan, Human Rights and Root Causes, in: The Modern Law Review 74/2011 (1), S. 57 ff. (zit. Root Causes).

Marks Susan, Four Human Rights Myths, LSE Law, Society and Economy Working Papers Nr. 10, 2012 (zit. Myths).

Marks Susan R., Exploitation as an international legal concept, in: Marks (Hrsg.), International law on the left, Re-examining Marxist legacies, Cambridge 2008, S. 281 ff. (zit. Exploitation).

Marong Alhagi, Development, Right to, International Protection, 2010, in: Wolfrum/Peters (Hrsg.), Max Planck Encyclopedia of Public International Law, <https://opil.ouplaw.com/home/mpil> (zit. Development).

Martineau Anne-Charlotte, The Rhetoric of Fragmentation: Fear and Faith in International Law, in: Leiden Journal of International Law 22/2009 (1), S. 1 ff. (zit. Rhetoric of Fragmentation).

Martineau Anne-Charlotte, Le débat sur la fragmentation du droit international, Une analyse critique, Brüssel 2016 (zit. Fragmentation).

Martinez Jenny S., Towards an International Judicial System, in: Stanford Law Review 56/2003 (2), S. 429 ff. (zit. Towards an International Judicial System).

Marx Karl, Das Kapital, Kritik der politischen Ökonomie, Erster Band, Buch I: Der Produktionsprozess des Kapitals, Berlin [1890] 1962 (zit. Das Kapital).

Mason-Case Sarah, On being companions and strangers: Lawyers and the production of international climate law, in: Leiden Journal of

International Law 32/2019 (4), S. 625 ff. (zit. Production of international climate law).
Massumi Brian, 99 Theses on the Revaluation of Value, A Postcapitalist Manifesto, Minneapolis 2018 (zit. Revaluation of Value).
Mattheis Clemens, Die Konstitutionalisierung des Völkerrechts aus systemtheoretischer Sichtweise, Berlin 2018 (zit. Konstitutionalisierung).
Matz Nele, Wege zur Koordinierung völkerrechtlicher Verträge, Völkervertragsrechtliche und institutionelle Ansätze, Berlin/Heidelberg 2005 (zit. Koordinierung).
Matz-Lück Nele, Norm interpretation across international regimes: competences and legitimacy, in: Young (Hrsg.), Regime Interaction in International Law, Facing Fragmentation, Cambridge 2012, S. 201 ff. (zit. Norm interpretation).
Mau Steffen, Sortiermaschinen, Die Neuerfindung der Grenze im 21. Jahrhundert, München 2021 (zit. Sortiermaschinen).
Mayer Benoît, Climate Change Mitigation as an Obligation Under Human Rights Treaties?, in: American Journal of International Law 115/2021 (3), S. 409 ff. (zit. Mitigation as an Obligation).
Mayntz Renate/Scharpf Fritz W., Politische Steuerung – Heute?, in: Zeitschrift für Soziologie 34/2005 (3), S. 236 ff. (zit. Politische Steuerung).
Mayr Felix, Die EU-Entwaldungsverordnung, Bestandsaufnahme vor der österreichischen Wetterlage, in: Juridikum 2024 (3), S. 331 ff. (zit. EU-Entwaldungsverordnung).
Melzer Nils, Targeted Killing in International Law, Oxford 2009 (zit. Targeted Killing in International Law).
Menke Christoph, Kritik der Rechte, Berlin 2015 (zit. Kritik der Rechte).
Menke Christoph/Schmidt Christian/Zabel Benno, Ich stehe jetzt vor einer unangenehmen Alternative, Christoph Menke im Gespräch mit Christian Schmidt und Benno Zabel über die Möglichkeiten, Grenzen und Gefahren einer Politisierung der subjektiven Rechte, in: Rechsphilosophie 3/2017 (1), S. 54 ff. (zit. Politisierung).
Menon Parvathi, Negotiating Subjection, The Political Economy of Protection in the Iraqi Mandate (1914–1932), in: Third World Approaches to International Law Review 2/2021, S. 180 ff. (zit. Negotiating Subjection).
Mercurio Bryan, WTO Waiver from Intellectual Property Protection for COVID-19 Vaccines and Treatments: A Critical Review, in: Virginia Journal of International Law Online 62/2021, S. 9 ff. (zit. WTO Waiver).
Mérignhac Alexandre, Traité de droit public international, Deuxième partie, Paris 1907 (zit. Traité de droit public international).
Methven O'Brien Claire, The Home State Duty to Regulate the Human Rights Impacts of TNCs Abroad: A Rebuttal, in: Business and Human Rights Journal 3/2018 (1), S. 47 ff. (zit. Duty to Regulate).
Methven O'Brien Claire/Martin-Ortega Olga, Commission proposal on corporate sustainability due diligence: analysis from a human rights perspective, Requested by the DROI Subcommittee, 2022 (zit. Commission proposal).

Michaels Ralf/Pauwelyn Joost, Conflict of Norms or Conflict of Laws?: Different Techniques in the Fragmentation of Public International Law, in: Duke Journal of Comparative & International Law 22/2012, S. 349 ff. (zit. Conflict of Norms or Conflict of Laws).

Mies Maria, Patriarchy and Accumulation On A World Scale, Women in the International Division of Labour, London [1986] 2014 (zit. Patriarchy and Accumulation).

Mignolo Walter D., Who speaks for the »human« in human rights?, in: Barreto (Hrsg.), Human Rights from a Third World Perspective, Critique, History and International Law, Newcastle upon Tyne 2013, S. 44 ff. (zit. Who speaks).

Milanov Momchil, L'Extraterritorialité avant la territorialisation de l'Etat: essai sur le développment historique d'un concept protéen, in: Buxbaum/Fleury Graff (Hrsg.), Extraterritoriality, Académie de droit international de La Haye, Leiden/Boston 2022, S. 129 ff. (zit. L'Extraterritorialité avant la territorialisation).

Milanovic Branko, Global Inequality, A New Approach for the Age of Globalization, Cambridge/London 2016 (zit. Global Inequality).

Milanovic Marko, Extraterritorial Application of Human Rights Treaties, Law, Principles, and Policy, Oxford/New York 2011 (zit. Extraterritorial Application).

Milanovic Marko, Human Rights Treaties and Foreign Surveillance: Privacy in the Digital Age, in: Harvard International Law Journal 56/2015 (1), S. 81 ff. (zit. Foreign Surveillance).

Milanovic Marko, Repatriating the Children of Foreign Terrorist Fighters and the Extraterritorial Application of Human Rights, in: <ejiltalk.org> vom 10.11.2020 (zit. Repatriating).

Milanovic Marko, Drowning Migrants, the Human Rights Committee, and Extraterritorial Human Rights Obligations, in: <ejiltalk.org> vom 16.03.2021 (zit. Drowning Migrants).

Milanovic Marko, European Court Finds Russia Assassinated Alexander Litvinenko, in: <ejiltalk.org> vom 23.09.2021 (zit. Litvinenko).

Milanovic Marko, Surveillance and cyber operations, in: Gibney et al. (Hrsg.), The Routledge Handbook on Extraterritorial Human Rights Obligations, Abingdon/New York 2022, S. 366 ff. (zit. Surveillance).

Milanovic Marko, Wieder and Guarnieri v UK: A Justifiably Expansive Approach to the Extraterritorial Application of the Right to Privacy in Surveillance Cases, in: <ejiltalk.org> vom 21.03.2024 (zit. Expansive Approach).

Milanovic Marko, The European Court's Merits Judgment in Ukraine and the Netherlands v. Russia: As Good as It Gets (Almost), in: <ejiltalk.org> vom 10.07.2025 (zit. As Good as It Gets).

Miles Kate, The Origins of International Investment Law, Empire, Environment and the Safeguarding of Capital, Cambridge 2013 (zit. The Origins of International Investment Law).

Miller-Adams Michelle, The World Bank, New agendas in a changing world, London 1999 (zit. The World Bank).

Möller Kolja, Formwandel der Verfassung, Die postdemokratische Verfasstheit des Transnationalen, Bielefeld 2015 (zit. Formwandel).

Möller Kolja, A Critical Theory of Transnational Regimes: Creeping Managerialism and the Quest for a Destituent Power, in: Blome et al. (Hrsg.), Contested Regime Collisions, Norm Fragmentation in World Society, New York 2016, S. 255 ff. (zit. Critical Theory of Transnational Regimes).

Möller Kolja, Systemtheorie des Rechts: Teubner und Luhmann, in: Buckel/Christensen/Fischer-Lescano (Hrsg.), Neue Theorien des Rechts, 3. Aufl., Stuttgart 2020, S. 47 ff. (zit. Systemtheorie).

Mommsen Wolfgang J., Introduction, in: Mommsen/Moor (Hrsg.), European Expansion and Law, The Encounter of European and Indigenous Law in 19th- and 20th-Century Africa and Asia, Oxford/New York 1992, S. 1 ff. (zit. Introduction).

Moor Louise/Simpson A. BrianW, Ghosts of Colonialism in the European Convention on Human Rights, in: British Yearbook of International Law 76/2006 (1), S. 121 ff. (zit. Ghosts of Colonialism).

Moore Jason W., Capitalism in the Web of Life, Ecology and the Accumulation of Capital, London/New York 2015 (zit. Web of Life).

Moreno-Lax Violeta, The Architecture of Functional Jurisdiction: Unpacking Contactless Control, On Public Powers, S.S. and Others v. Italy , and the »Operational Model«, in: German Law Journal 21/2020 (3), S. 385 ff. (zit. Functional Jurisdiction).

Morozov Evgeny, To Save Everything, Click Here, The Folly of Technological Solutionism, New York 2014 (zit. To Save Everything).

Moyn Samuel, The Last Utopia, Human Rights in History, Cambridge 2012 (zit. Utopia).

Moyn Samuel, A Powerless Companion: Human Rights in the Age of Neoliberalism, in: Law and Contemporary Problems 77/2014 (4), S. 147 ff. (zit. Powerless).

Moyn Samuel, Not Enough, Human Rights in an Unequal World, Cambridge MA 2018 (zit. Not Enough).

Muir Watt Horatia, Conflicts of Laws Unbounded, The Case for a Legal-Pluralist Revival, in: Berman (Hrsg.), The Oxford Handbook of Global Legal Pluralism, New York 2020, S. 649 ff. (zit. Conflicts of Laws).

Müller Julian, Differenz, Differenzierung, in: Jahraus et al. (Hrsg.), Luhmann-Handbuch, Leben – Werk – Wirkung, Stuttgart/Weimar 2012, S. 73 ff. (zit. Differenz).

Murphy Raymond, The Structure of Closure: A Critique and Development of the Theories of Weber, Collins, and Parkin, in: The British Journal of Sociology 35/1984 (4), S. 547 ff. (zit. The Structure of Closure).

Murphy Sean D., The Concept of International Law, in: Proceedings of the ASIL Annual Meeting 103/2009, S. 165 ff. (zit. The Concept of International Law).

Murphy Sean D., Fourth report on crimes against humanity, UN-Doc. A/CN.4/725, 2019 (zit. Fourth report on crimes against humanity).

Murray Robin, Internationalization of Capital and the Nation State, in: New Left Review I-67/1971 (May-June), S. 84 ff. (zit. Internationalization).
Murray Warwick E./Overton John, Peripheries of neoliberalism, impacts, resistance and retroliberalism as reincarnation, in: Springer/Birch/MacLeavy (Hrsg.), Handbook of Neoliberalism, London 2016, S. 422 ff. (zit. Peripheries).
Mutua Makau, Savages, Victims, and Saviors: The Metaphor of Human Rights, in: Harvard International Law Journal 42/2001 (1), S. 201 ff. (zit. Savages, Victims, and Saviors).
Nachtwey Oliver/Seidl Timo, Die Ethik der Solution und der Geist des digitalen Kapitalismus, IFS Working Paper 11, Frankfurt a. M., 2017 (zit. Ethik der Solution).
Nafziger James A. R., The General Admission of Aliens under International Law, in: The American Journal of International Law 77/1983 (4), S. 804 ff. (zit. Admission of Aliens).
Nassehi Armin, Das Problem der Optionssteigerung, Überlegungen zur Risikokultur der Moderne, in: Rademacher/Schweppenhäuser (Hrsg.), Postmoderne Kultur?, Soziologische und philosophische Perspektiven, Wiesbaden 1997, S. 37 ff. (zit. Optionssteigerung).
Nassehi Armin, Die letzte Stunde der Wahrheit, Warum rechts und links keine Alternativen mehr sind und Gesellschaft ganz anders beschrieben werden muss, Hamburg 2015 (zit. Wahrheit).
Nassehi Armin, Muster, Theorie der digitalen Gesellschaft, München 2019 (zit. Muster).
Natarajan Usha, Creating and Recreating Iraq: Legacies of the Mandate System in Contemporary Understandings of Third World Sovereignty, in: Leiden Journal of International Law 24/2011 (4), S. 799 ff. (zit. Creating and Recreating Iraq).
Natarajan Usha, Measuring the immeasurable: loss and damage from climate change in international law, in: Doelle/Seck (Hrsg.), Research Handbook on Climate Change Law and Loss & Damage, Cheltenham/Northampton 2021, S. 60 ff. (zit. Measuring the immeasurable).
Nathani Carsten/O'Connor Isabel/Frischknecht Rolf/Schwehr Tonio/Zumwald Joséphine/Peyronne Julie, Umwelt-Fussabdrücke der Schweiz: Entwicklung zwischen 2000 und 2018, Schlussbericht im Auftrag des Bundesamtes für Umwelt, Zürich, 2022 (zit. Umwelt-Fussabdrücke der Schweiz).
Nell Linda, Die multiple Differenzierung des Rechts, Eine pragmatistisch-gesellschaftstheoretische Perspektive auf den globalen Rechtspluralismus, Weilerswist 2020 (zit. Multiple Differenzierung).
Nemana Vivekananda, In India, Genetically Modified Crops Come at a High Price, in: The New York Times vom 16.10.2012 (zit. High price).
Neumayer Eric, Greening Trade and Investment, Environmental Protection Without Protectionism, London 2001 (zit. Greening Trade and Investment).
Neves Marcelo, From transconstitutionalism to transdemocracy, in: European Law Journal 23/2017 (5), S. 380 ff. (zit. Transdemocracy).

Nieke Wolfgang, Epiphänomen, in: Ritter et al. (Hrsg.), Historisches Wörterbuch der Philosophie online, Basel 2017 (zit. Epiphänomen).

Nolan Justine, The corporate responsibility to respect human rights: soft law or not law?, in: Deva/Bilchitz (Hrsg.), Human Rights Obligations of Business, Beyond the Corporate Responsibility to Respect?, Cambridge 2013, S. 138 ff. (zit. Corporate responsibility).

Nuzzo Luigi, Kolonialrecht, 2011, in: Institut für Europäische Geschichte (Hrsg.), Europäische Geschichte Online (EGO) (zit. Kolonialrecht).

Nuzzo Luigi, Territory, Sovereignty, and the Construction of the Colonial Space, in: Koskenniemi/Rech/Fonseca (Hrsg.), International Law and Empire, Historical Explorations, Oxford 2017, S. 263 ff. (zit. Construction of the Colonial Space).

Ochoa Sanchez Juan Carlos, The Roles and Powers of the OECD National Contact Points Regarding Complaints on an Alleged Breach of the OECD Guidelines for Multinational Enterprises by a Transnational Corporation, in: Nordic Journal of International Law 84/2015 (1), S. 89 ff. (zit. Roles and Powers).

Ogilvie Sheilagh C., Institutions and European Trade, Merchant Guilds, 1000–1800, Cambridge/New York 2011 (zit. Institutions and European Trade).

Ogle Vanessa, State Rights against Private Capital: The »New International Economic Order« and the Struggle over Aid, Trade and Foreign Investment, 1962–1981, in: Humanity 5/2014, S. 211 ff. (zit. State Rights against Private Capital).

Ohler Christoph, Der Schutz privaten Eigentums als Grundlage der internationalen Wirtschaftsordnung, in: JuristenZeitung 61/2006 (18), S. 875 ff. (zit. Schutz privaten Eigentums).

Ollino Alice, Justifications and Limits of Extraterritorial Obligations of States: Effects-Based Extraterritoriality in Human Rights Law, in: Buxbaum/Fleury Graff (Hrsg.), Extraterritoriality, Académie de droit international de La Haye, Leiden/Boston 2022, S. 613 ff. (zit. Effects-Based Extraterritoriality).

Opel Anna, Ausländische Agrarinvestitionen, »Land-Grabbing« im Spannungsfeld zwischen Menschenrechtsschutz und Investitionsschutzrecht, Berlin 2016 (zit. Ausländische Agrarinvestitionen).

Orford Anne, Reading Humanitarian Intervention, Human Rights and the Use of Force in International Law, Cambridge 2003 (zit. Intervention).

Orford Anne, International Authority and the Responsibility to Protect, Cambridge 2011 (zit. International Authority).

Orford Anne, On international legal method, in: London Review of International Law 1/2013 (1), S. 166 ff. (zit. International legal method).

Orford Anne, Food Security, Free Trade, and the Battle for the State, in: Journal of International Law and International Relations 11/2015 (2), S. 1 ff. (zit. Food Security).

Orford Anne, Hammarskjöld, economic thinking and the United Nations, in: Stahn/Melber (Hrsg.), Peace diplomacy, global justice and international agency, Rethinking human security and ethics in the spirit of Dag Hammarskjold, Cambridge 2016, S. 156 ff. (zit. Hammarskjöld).

Orford Anne, Theorizing Free Trade, in: Orford/Hoffmann (Hrsg.), The Oxford Handbook of the Theory of International Law, Oxford 2016, S. 701 ff. (zit. Theorizing Free Trade).

Orford Anne, International Law and the Social Question, Fifth Annual T.M.C. Asser Lecture, Den Haag 2020 (zit. Social Question).

Orford Anne, International Law and the Politics of History, Cambridge 2021 (zit. Politics of History).

Orgad Liav, When Is Immigration Selection Discriminatory?, in: AJIL Unbound 115/2021, S. 345 ff. (zit. Immigration Selection).

Osrecki Fran, Kritischer Funktionalismus, Über die Grenzen und Möglichkeiten einer kritischen Systemtheorie, in: Soziale Systeme 20/2016 (2), S. 227 ff. (zit. Kritischer Funktionalismus).

Osterhammel Jürgen/Jansen Jan C., Kolonialismus, Geschichte, Formen, Folgen, 8. Aufl., München 2017 (zit. Kolonialismus).

Osterhammel Jürgen/Petersson Niels P., Geschichte der Globalisierung, Dimensionen, Prozesse, Epochen, 6. Aufl. 2019 (zit. Globalisierung).

Oudejans Nanda, The Neoliberal Understanding of Human Rights and the Failure to Protect Refugees, in: Journal of Law and Political Economy 4/2024 (3), S. 935 ff. (zit. Failure to Protect).

Oulu Martin, Core tenets of the theory of ecologically unequal exchange, in: Journal of Political Ecology 23/2016 (1), S. 447 ff. (zit. Core tenets).

Overbeck Alfred Freiherrn von, Der neue deutsch-schweizerische Niederlassungsvertrag, in: Archiv für Rechts- und Wirtschaftsphilosophie 6/1912/1913 (3), S. 514 ff. (zit. Niederlassungsvertrag).

Özsu Umut, The Ottoman Empire, the Origins of Extraterritoriality, and International Legal Theory, in: Orford/Hoffmann (Hrsg.), The Oxford Handbook of the Theory of International Law, Oxford 2016, S. 123 ff. (zit. Ottoman Empire).

Özsu Umut, An Anti-Imperialist Universalism? Jus Cogens and the Politics of International Law, in: Koskenniemi/Rech/Fonseca (Hrsg.), International Law and Empire, Historical Explorations, Oxford 2017, S. 295 ff. (zit. Jus Cogens).

Özsu Umut, Neoliberalism and the New International Economic Order, A History of »Contemporary Legal Thought«, in: Desautels-Stein/Tomlins (Hrsg.), Searching for Contemporary Legal Thought, Cambridge 2017, S. 330 ff. (zit. Neoliberalism).

Özsu Umut, Grabbing land legally, A Marxist analysis, in: Leiden Journal of International Law 32/2019 (2), S. 215 ff. (zit. Grabbing land).

Pahis Stratos, Appeals after the Appellate Body, in: World Trade Review 23/2024 (3), S. 296 ff. (zit. After the Appellate Body).

Pahuja Sundhya, Decolonising International Law, Development, Economic Growth, and the Politics of Universality, Cambridge 2011 (zit. Decolonising International Law).

Pahuja Sundhya, Laws of encounter, A jurisdictional account of international law, in: London Review of International Law 1/2013 (1), S. 63 ff. (zit. Laws of encounter).

Pahuja Sundhya, Corporations, Universalism and the Domestication of Race in International Law, in: Bell (Hrsg.), Empire, Race and Global Justice, Cambridge 2019, S. 74 ff. (zit. Corporations).

Pahuja Sundhya, Methodology: Writing about how we do research, in: Deplano/Tsagourias (Hrsg.), Research methods in international law, A handbook, Cheltenham, UK/Northampton, Massachusetts, USA 2021, S. 60 ff. (zit. Methodology).

Pahuja Sundhya/Saunders Anna, Rival Worlds and the Place of the Corporation in International law, in: von Bernstorff/Dann (Hrsg.), The Battle for International Law, South-North Perspectives on the Decolonization Era, Oxford 2019, S. 141 ff. (zit. Rival Worlds).

Parfitt Rose, Theorizing Recognition and International Personality, in: Orford/Hoffmann (Hrsg.), The Oxford Handbook of the Theory of International Law, Oxford 2016, S. 583 ff. (zit. Theorizing Recognition).

Parfitt Rose, The Process of International Legal Reproduction, Inequality, Historiography, Resistance, Cambridge 2019 (zit. International Legal Reproduction).

Pasquet Luca, De-Fragmentation Techniques, 2018, in: Ruiz Fabri (Hrsg.), Max Planck Encyclopedia of International Procedural Law, <https://opil.ouplaw.com/home/mpil> (zit. De-Fragmentation Techniques).

Patz Christopher, The EU's Draft Corporate Sustainability Due Diligence Directive: A First Assessment, in: Business and Human Rights Journal 7/2022 (2), S. 291 ff. (zit. First Assessment).

Paulus Andreas L., Commentary to Andreas Fischer- Lescano & Gunther Teubner, The Legitimacy of International Law and the Role of the State, in: Michigan Journal of International Law 25/2004 (4), S. 1047 ff. (zit. Legitimacy).

Pauwelyn Joost, Conflict of Norms in Public International Law, How WTO Law Relates to Other Rules of International Law, Cambridge/New York 2003 (zit. Conflict of Norms).

Pavel Carmen, Law Beyond the State, Dynamic Coordination, State Consent, and Binding International Law, New York 2021 (zit. Beyond the State).

Pavoni Riccardo, Mutual Supportiveness as a Principle of Interpretation and Law-Making: A Watershed for the »WTO-and-Competing-Regimes« Debate?, in: European Journal of International Law 21/2010 (3), S. 649 ff. (zit. Mutual Supportiveness).

Pavoni Riccardo, Human Rights and the Immunities of Foreign States and International Organizations, in: De Wet/Vidmar (Hrsg.), Hierarchy in International Law, The Place of Human Rights, Oxford 2012, S. 71 ff. (zit. Immunities).

Peat Daniel, Comparative Reasoning in International Courts and Tribunals, Cambridge 2019 (zit. Comparative Reasoning in International Courts and Tribunals).

Pedersen Susan, Getting Out of Iraq – in 1932: The League of Nations and the Road to Normative Statehood, in: American Historical Review 115/2010 (4), S. 975 ff. (zit. Getting Out of Iraq).

Perrone Nicolás M., Bridging the Gap between Foreign Investor Rights and Obligations: Towards Reimagining the International Law on Foreign Investment, in: Business and Human Rights Journal 7/2022 (3), S. 375 ff. (zit. Bridging the Gap).

Perruchoud Richard, State sovereignty and freedom of movement, in: Opeskin/Perruchoud/Redpath-Cross (Hrsg.), Foundations of International Migration Law, Cambridge 2012, S. 123 ff. (zit. State sovereignty).

Peters Anne, Treaties, unequal, 2018, in: Wolfrum/Peters (Hrsg.), Max Planck Encyclopedia of Public International Law, <https://opil.ouplaw.com/home/mpil> (zit. Unequal).

Peters Anne, Wettbewerb von Rechtsordnungen, in: Veröffentlichungen der Vereinigung der Deutschen Staatsrechtslehrer 69/2010, S. 7 ff. (zit. Wettbewerb).

Peters Anne, The refinement of international law, From fragmentation to regime interaction and politicization, in: International Journal of Constitutional Law 15/2017 (3), S. 671 ff. (zit. Refinement).

Peters Anne, Global Constitutionalism, The Social Dimension, in: Suami et al. (Hrsg.), Global constitutionalism from European and East Asian perspectives, Cambridge 2018, S. 277 ff. (zit. Social Dimension).

Peters Anne, Constitutionalisation, in: d'Aspremont/Singh (Hrsg.), Concepts for International Law, Contributions to Disciplinary Thought, Cheltenham 2019, S. 141 ff. (zit. Constitutionalisation).

Peters Anne, The Importance of Having Rights, in: Zeitschrift für ausländisches öffentliches Recht und Völkerrecht 81/2021 (1), S. 7 ff. (zit. Having Rights).

Peters Anne/Petrig Anna, Völkerrecht, Allgemeiner Teil, 5. Aufl., Zürich/Basel/Genf 2020 (zit. Völkerrecht).

Peters Stefan, Rentengesellschaften, Der lateinamerikanische (Neo-)Extraktivismus im transregionalen Vergleich, Baden-Baden 2019 (zit. Rentengesellschaften).

Petersmann Ernst-Ulrich, Dispute settlement in international economic law – lessons for strengthening international dispute settlement in non-economic areas, in: Journal of International Economic Law 2/1999 (2), S. 189 ff. (zit. Dispute settlement).

Petersmann Marie-Catherine, When Environmental Protection and Human Rights Collide, The Politics of Conflict Management by Regional Courts, Cambridge 2022 (zit. When Environmental Protection and Human Rights Collide).

Petitpierre-Sauvain Anne, Human Rights and Natural Resources: an Ambiguous Relationship, in: Biaggini/Diggelmann/Kaufmann (Hrsg.), Polis und Kosmopolis, Festschrift für Daniel Thürer, Zürich/Baden-Baden 2015, S. 605 ff. (zit. Natural Resources).

Petrova Darina/Ferrando Tomaso, Three Enclosures of International Law: Commoning Premises, Processes and Aims, in: Natarajan/Dehm (Hrsg.),

Locating Nature, Making and Unmaking International Law, Cambridge 2022, S. 255 ff. (zit. Enclosures of International Law).

Peukert Alexander, Economic Nationalism in Intellectual Property Policy and Law, in: Große Ruse-Khan/Metzger (Hrsg.), Intellectual property ordering beyond borders, Cambridge/New York 2022, S. 64 ff. (zit. Nationalism).

Pichl Max, Rechtskämpfe, Frankfurt a. M./New York 2021 (zit. Rechtskämpfe).

Pijnenburg Annick, HF and Others v France: Extraterritorial Jurisdiction without Duty to Repatriate IS-Children and their Mothers, in: <ejiltalk.org> vom 13.10.2022 (zit. Duty to Repatriate).

Pistor Katharina, Der Code des Kapitals, Wie das Recht Reichtum und Ungleichheit schafft, Berlin 2020 (zit. Code des Kapitals).

Pogge Thomas, Divided against itself: aspiration and reality of international law, in: Crawford/Koskenniemi (Hrsg.), The Cambridge Companion to International Law, Cambridge 2012, S. 373 ff. (zit. Divided against itself).

Pogge Thomas/Mehta Krishen, Introduction, in: Pogge/Mehta (Hrsg.), Global Tax Fairness, Oxford 2016, S. 1 ff. (zit. Introduction).

Polanyi Karl, The Great Transformation, Politische und ökonomische Ursprünge von Gesellschaften und Wirtschaftssystemen, Berlin [1944] 1978 (zit. Great Transformation).

Porras Ileana, Appropriating Nature: Commerce, Property and the Commodification of Nature in the Law of Nations, in: Natarajan/Dehm (Hrsg.), Locating Nature, Making and Unmaking International Law, Cambridge 2022, S. 111 ff. (zit. Appropriating Nature).

Porras Ileana M., Constructing International Law in the East Indian Seas, Property, Soverignty, Commerce and War in Hugo Grotius De Iure Praedae - The Law of Prize and Booty, or »On How to Distinguish Merchants from Pirates«, in: Brooklyn Journal of International Law 31/2006 (3), S. 741 ff. (zit. Constructing International Law).

Porras Ileana M., The Doctrine of the Providential Function of Commerce in International Law: Idealizing Trade, in: Koskenniemi/García-Salmones/Amorosa (Hrsg.), International Law and Religion, Historical and Contemporary Perspectives, Oxford 2017, S. 313 ff. (zit. Providential Function of Commerce).

Poulantzas Nicos A., Staatstheorie, Politischer Überbau, Ideologie, autoritärer Etatismus, Hamburg 2002 (zit. Staatstheorie).

Poulsen Lauge N. Skovgaard, Bounded Rationality and Economic Diplomacy, The Politics of Investment Treaties in Developing Countries, Cambridge, United Kingdom 2015 (zit. Bounded Rationality).

Pracht Robert, Residualkompetenzen des Bundesverfassungsgerichts, Ultra vires, Solange II, Verfassungsidentität, Tübingen 2022 (zit. Residualkompetenzen).

Proelß Alexander, Raum und Umwelt im Völkerrecht, in: Vitzthum/Proelß (Hrsg.), Völkerrecht, 8. Aufl., Berlin/Boston 2019, S. 463 ff. (zit. Raum und Umwelt).

Pulkowski Dirk, The Law and Politics of International Regime Conflict, Oxford 2014 (zit. International Regime Conflict).

Purvis Nigel, Critical Legal Studies in Public International Law, in: Harvard International Law Journal 32/1991 (1), S. 81 ff. (zit. Critical Legal Studies).

Raible Lea, Human Rights Unbound: A Theory of Extraterritoriality, Oxford 2020 (zit. Extraterritoriality).

Rajamani Lavanya, Climate Change, in: Moeckli/Shah/Sivakumaran (Hrsg.), International Human Rights Law, 4. Aufl., Oxford 2022, S. 644 ff. (zit. Climate Change).

Ranganathan Surabhi, Ocean Floor Grab: International Law and the Making of an Extractive Imaginary, in: European Journal of International Law 30/2019 (2), S. 573 ff. (zit. Ocean Floor Grab).

Ranganathan Surabhi, Sea Change, in: Brett/Donaldson/Koskenniemi (Hrsg.), History, Politics, Law, Thinking through the International, Cambridge 2021, S. 285 ff. (zit. Sea Change).

Ranjan Prabhash, The Case for Waiving Intellectual Property Protection for Covid-19 Vaccines, Observer Research Foundation, Issue Brief No. 456, 2021 (zit. Waiving Intellectual Property Protection).

Reimer Franz, Verfassungsauslegung: Methodische Ansätze, in: Kischel/Kube (Hrsg.), Handbuch des Staatsrechts, Band II: Gewinnung und Grundprinzipien des Staatsrechts, Heidelberg 2024, S. 71 ff. (zit. Verfassungsauslegung).

Reiners Nina, Die Interpretation von Menschenrechtsnormen durch die Vertragsausschüsse der Vereinten Nationen, in: MenschenRechtsMagazin 2018 (1), S. 5 ff. (zit. Interpretation).

Reinfried Heinrich, Japan, 2012, in: Historisches Lexikon der Schweiz, <https://hls-dhs-dss.ch> (zit. Japan).

Reinhard Wolfgang, Geschichte des modernen Staates, Von den Anfängen bis zur Gegenwart, München 2007 (zit. Geschichte des modernen Staates).

Reinhard Wolfgang, Die Unterwerfung der Welt, Globalgeschichte der europäischen Expansion 1415–2015, 5. Aufl., München 2020 (zit. Die Unterwerfung der Welt).

Reiter Bernd, First People of the Americas: Lessons on Democracy, Citizenship, and Politics, in: Reiter (Hrsg.), Constructing the Pluriverse, The Geopolitics of Knowledge, Durham 2018, S. 279 ff. (zit. First People).

Reiter Bernd, Introduction, in: Reiter (Hrsg.), Constructing the Pluriverse, The Geopolitics of Knowledge, Durham 2018, S. 1 ff. (zit. Introduction).

Rhinow René, Rechtsetzung und Methodik, Basel/Stuttgart 1976 (zit. Rechtsetzung).

Riedel Eibe, Human Rights Protection as a Principle, in: Viñuales (Hrsg.), The UN Friendly Relations Declaration at 50, Cambridge 2020, S. 231 ff. (zit. Human Rights Protection as a Principle).

Riedel Eibe/Giacca Gilles/Golay Christophe, Development of Economic, Social, and Cultural Rights in International Law, in: Riedel/Giacca/Golay (Hrsg.), Economic, Social, and Cultural Rights in International

Law, Contemporary Issues and Challenges, Oxford 2014, S. 3 ff. (zit. Development).
Rittich Kerry, Theorizing International Law and Development, in: Orford/Hoffmann (Hrsg.), The Oxford Handbook of the Theory of International Law, Oxford 2016, S. 820 ff. (zit. International Law and Development).
Roberts Anthea, Is International Law International?, Oxford/New York 2017 (zit. International).
Roberts Anthea, Incremental, Systemic, and Paradigmatic Reform of Investor-State Arbitration, in: American Journal of International Law 112/2018 (3), S. 410 ff. (zit. Reform of Investor-State Arbitration).
Roberts J. Timmons/Parks Bradley C., Ecologically Unequal Exchange, Ecological Debt, and Climate Justice, in: International Journal of Comparative Sociology 50/2009 (3-4), S. 385 ff. (zit. Ecologically Unequal Exchange).
Röling Bernard Victor Aloysius, The History and the Sociological Approach of the NIEO and the Third World, in: Institute of Public International Law and International Relations of Thessaloniki (Hrsg.), North-South Dialogue: A New International Economic Order, Thessaloniki 1982, S. 1 ff. (zit. NIEO and the Third World).
Rooney Jane, Extraterritorial Corporate Liability for Environmental Harm: Okpabi v Royal Dutch Shell, in: Northern Ireland Legal Quarterly 70/2019 (1), S. 157 ff. (zit. Extraterritorial Corporate Liability).
Röpke Wilhelm, Wirtschaftssystem und internationale Ordnung, Prolegomena, in: ORDO, Jahrbuch für die Ordnung von Wirtschaft und Gesellschaft 4/1951, S. 261 ff. (zit. Internationale Ordnung).
Rosa Lorenzo/Chiarelli Davide Danilo/Tu Chengyi/Rulli Maria Cristina/D'Odorico Paolo, Global unsustainable virtual water flows in agricultural trade, in: Environmental Research Letters 14/2019 (114001), S. 1 ff. (zit. Virtual water flows).
Rosenberg Justin, The Empire of Civil Society, A Critique of Realist Theory of International Relations, London 1994 (zit. Empire of Civil Society).
Roy Tirthankar, How British Rule Changed India's Economy, The Paradox of the Raj, Cham 2019 (zit. British Rule).
Ryngaert Cedric, Jurisdiction, Towards a Reasonableness Test, in: Langford et al. (Hrsg.), Global Justice, State Duties, The Extraterritorial Scope of Economic, Social, and Cultural Rights in International Law, Cambridge 2012, S. 192 ff. (zit. Reasonableness).
Ryngaert Cedric, Jurisdiction in International Law, 2. Aufl., Oxford 2015 (zit. Jurisdiction).
Ryngaert Cedric, Territory in the Law of Jurisdiction, Imagining Alternatives, in: Netherlands Yearbook of International Law 47/2017, S. 49 ff. (zit. Territory).
Saage-Maaß Miriam, Legal Interventions and Transnational Alliances in the Ali Enterprises Case: Struggles for Workers' Rights in Global Supply Chains, in: Saage-Maaß et al. (Hrsg.), Transnational Legal Activism in Global Value Chains, Cham 2021, S. 25 ff. (zit. Transnational Alliances).

Saage-Maaß Miriam/Terwindt Carolijn, Recht im Kontext imperialer Lebensweise, in: Buckel/Christensen/Fischer-Lescano (Hrsg.), Neue Theorien des Rechts, 3. Aufl., Stuttgart 2020, S. 341 ff. (zit. Recht im Kontext imperialer Lebensweise).

Safi Michael, Suicides of nearly 60,000 Indian farmers linked to climate change, study claims, in: The Guardian vom 31.07.2017 (zit. Suicides).

Saito Kohei, Systemsturz, Der Sieg der Natur über den Kapitalismus, München 2024 (zit. Systemsturz).

Salminen Jaakko/Rajavuori Mikko, Private International Law, Global Value Chains and the externalities of transnational production: towards alignment?, in: Transnational Legal Theory 12/2021 (2), S. 230 ff. (zit. Externalities of transnational production).

Salomon Charles, L'occupation des territories sans maître, Etude de droit international, Paris 1889 (zit. Occupation).

Salomon Margot E., Global Responsibility for Human Rights, World Poverty and the Development of International Law, Oxford 2007 (zit. Global Responsibility).

Salomon Margot E., How to Keep Promises: Making Sense of the Duty Among Multiple States to Fulfil Socio-Economic Rights in the World, in: Nollkaemper/Jacobs (Hrsg.), Distribution of Responsibilities in International Law, Cambridge 2015, S. 366 ff. (zit. Duty Among Multiple States).

Sandrock Otto, Völkerrechtliche Grenzen staatlicher Gesetzgebung, in: Zeitschrift für vergleichende Rechtswissenschaft 115/2016 (1), S. 1 ff. (zit. Grenzen staatlicher Gesetzgebung).

Sands Philippe/Peel Jacqueline, Principles of International Environmental Law, 4. Aufl., Cambridge 2018 (zit. Principles).

Santos Boaventura de Sousa, Law: A Map of Misreading, Toward a Postmodern Conception of Law, in: Journal of Law and Society 14/1987 (3), S. 279 ff. (zit. Map of Misreading).

Sarnowsky Jürgen, The »Golden Age« of the Hanseatic League, in: Harreld (Hrsg.), A companion to the Hanseatic League, Leiden/Boston 2015 (zit. Golden Age).

Sassen Saskia, Territory and Territoriality in the Global Economy, in: International Sociology 15/2000 (2), S. 372 ff. (zit. Territory and Territoriality).

Sassen Saskia, Das Paradox des Nationalen, Territorium, Autorität und Rechte im globalen Zeitalter, Frankfurt a. M. 2008 (zit. Das Paradox des Nationalen).

Scelle Georges, Précis de droit des gens, Principes et systématique I et II, Paris [1932] 1984 (zit. Précis).

Schaffartzik Anke/Mayer Andreas/Gingrich Simone/Eisenmenger Nina/Loy Christian/Krausmann Fridolin, The global metabolic transition: Regional patterns and trends of global material flows, 1950–2010, in: Global Environmental Change 2014 (26), S. 87 ff. (zit. Metabolic Transition).

Schär Bernhard C., Rassismus, 2024, in: Historisches Lexikon der Schweiz, <https://hls-dhs-dss.ch> (zit. Rassismus).

Scherr Albert, Systemtheoretische Differenzierungstheorie als kritische

Gesellschaftstheorie, in: Bittlingmayer/Demirović/Freytag (Hrsg.), Handbuch kritische Theorie, Wiesbaden 2017, S. 559 ff. (zit. Systemtheoretische Differenzierungstheorie).

Schilliger Sarah, Care-Migration, Kampf der Hausarbeiterinnen um transnationale Wohlfahrt und Rechte, in: Widerspruch 32/2013 (62), S. 51 ff. (zit. Care-Migration).

Schimank Uwe, Differenzierung und Integration der modernen Gesellschaft, Wiesbaden 2005 (zit. Differenzierung und Integration).

Schimank Uwe, Theorien gesellschaftlicher Differenzierung, 3. Aufl., Wiesbaden 2007 (zit. Theorien gesellschaftlicher Differenzierung).

Schimank Uwe, Gesellschaftliche Differenzierungsdynamiken – ein Fünf-Fronten-Kampf, in: Schwinn/Kroneberg/Greve (Hrsg.), Soziale Differenzierung, Wiesbaden 2011, S. 261 ff. (zit. Differenzierungsdynamiken).

Schimank Uwe, Die Prekarität funktionaler Differenzierung – und soziologische Gesellschaftskritik als »double talk«, in: Scherr (Hrsg.), Systemtheorie und Differenzierungstheorie als Kritik, Perspektiven in Anschluss an Niklas Luhmann, 2. Aufl., Weinheim 2020, S. 75 ff. (zit. Prekarität funktionaler Differenzierung).

Schimank Uwe/Volkmann Ute, Gesellschaftliche Differenzierung, Bielefeld 1999 (zit. Gesellschaftliche Differenzierung).

Schlag Pierre, Law as Continuation of God by Other Means, in: California Law Review 85/1997 (2), S. 427 ff. (zit. Continuation of God).

Schmahl Stefanie, Die Internationalen und die Supranationalen Organisationen, in: Vitzthum/Proelß (Hrsg.), Völkerrecht, 8. Aufl., Berlin/Boston 2019, S. 319 ff. (zit. Organisationen).

Schneiderman David, Investment Law's Alibis, Colonialism, Imperialism, Debt and Development, Cambridge/New York 2022 (zit. Alibis).

Schroer Markus, Grenzverhältnisse, Vom »Umzug ins Offene« zur »Rückkehr ins Geschlossene«?, in: Lessenich (Hrsg.), Geschlossene Gesellschaften, Verhandlungen des 38. Kongresses der Deutschen Gesellschaft für Soziologie in Bamberg 2016, 2017 (zit. Grenzverhältnisse).

Schroer Markus, Räume der Gesellschaft, Wiesbaden 2019 (zit. Räume der Gesellschaft).

Schulze Winfried, Vom Gemeinnutz zum Eigennutz, Über den Normenwandel in der ständischen Gesellschaft der Frühen Neuzeit, in: Historische Zeitschrift 243/1986 (3), S. 591 ff. (zit. Vom Gemeinnutz zum Eigennutz).

Schuppert Gunnar Folke, Wissen, Governance, Recht, Von der kongnitiven Dimension des Rechts zur rechtlichen Dimension des Wissens, Baden-Baden 2019 (zit. Wissen).

Schwarcz Steven L., Sovereign Debt Restructuring and English Governing Law, in: Brooklyn Journal of Corporate, Financial & Commercial Law 12/2017 (1), S. 73 ff. (zit. Sovereign Debt Restructuring).

Scott Joanne, Extraterritoriality and Territorial Extension in EU Law, in: American Journal of Comparative Law 62/2014 (1), S. 87 ff. (zit. Extraterritoriality and Territorial Extension).

Seck Sara L., Unilateral Home State Regulation: Imperialism or Tool for

Subaltern Resistance?, in: Osgoode Hall Law Journal 46/2008 (3), S. 565 ff. (zit. Imperialism or Subaltern Resistance).

Seck Sara L., Transnational Mining Law, in: Zumbansen (Hrsg.), Oxford Handbook of Transnational Law, Oxford 2021, S. 329 ff. (zit. Transnational Mining Law).

Seelmann Kurt, Theologie und Jurisprudenz an der Schwelle zur Moderne, Die Geburt des neuzeitlichen Naturrechts in der iberischen Spätscholastik, Baden-Baden 1997 (zit. Theologie und Jurisprudenz).

Seif Isabella, Business and Human Rights in International Investment Law: Empirical Evidence, in: Chaisse/Choukroune/Jusoh (Hrsg.), Handbook of International Investment Law and Policy, Singapur 2021, S. 1759 ff. (zit. Business and Human Rights).

Seizelet Eric, European Law and Tradition in Japan during the Meiji Era, 1868–1912, in: Mommsen/Moor (Hrsg.), European Expansion and Law, The Encounter of European and Indigenous Law in 19th- and 20th-Century Africa and Asia, Oxford/New York 1992, S. 59 ff. (zit. European Law and Tradition in Japan).

Sekalala Sharifah/Rawson Belinda, Manufacturing Inequality: Examining the Racial-Capitalist Logics behind Global Pandemic Vaccine Production, in: <afronomicslaw.org> vom 23.01.2023 (zit. Manufacturing Inequality).

Sell Susan K., What COVID-19 Reveals About Twenty-First Century Capitalism: Adversity and Opportunity, in: Development 63/2020 (2-4), S. 150 ff. (zit. What COVID-19 Reveals).

Senti Richard, Geschichte der internationalen Handels- und Investitionsabkommen, Jedes Abkommen schreibt seine eigene Geschichte, Baden-Baden/Zürich 2022 (zit. Geschichte).

Sepúlveda Carmona Magdalena, The obligations of »international assistance and cooperation« under the International Covenant on Economic, Social and Cultural Rights. A possible entry point to a human rights based approach to Millennium Development Goal 8, in: The International Journal of Human Rights 13/2009 (1), S. 86 ff. (zit. Assistance and cooperation).

Shachar Ayelet, The Birthright Lottery, Citizenship and Global Inequality, Cambridge MA 2009 (zit. The Birthright Lottery).

Shaikh Anwar, Globalization and the myth of free trade, in: Shaikh (Hrsg.), Globalization and the Myths of Free Trade, History, theory, and empirical evidence, Abingdon 2007, S. 50 ff. (zit. Globalization and the myth of free trade).

Shany Yuval, Taking Universality Seriously: A Functional Approach to Extraterritoriality in International Human Rights Law, in: The Law & Ethics of Human Rights 7/2013 (1), S. 47 ff. (zit. Functional Approach).

Shany Yuval, The Extraterritorial Application of International Human Rights Law, in: Académie de droit international de La Haye (Hrsg.), Recueil des cours, Bd. 409, Leiden/Boston 2020, S. 9 ff. (zit. Extraterritorial Application).

Shaw Malcolm, Title to Territory in Africa, International Legal Issues, Oxford 1986 (zit. Title to Territory).

Shaxson Nicholas, Schatzinseln, Wie Steueroasen die Demokratie untergraben, Zürich 2011 (zit. Schatzinseln).

Shaxson Nicholas/Christensen John, Tax Competitiveness – a Dangerous Obsession, in: Pogge/Mehta (Hrsg.), Global Tax Fairness, Oxford 2016, S. 265 ff. (zit. Tax Competitiveness).

Sicilianos Linos-Alexander, The European Court of Human Rights Facing The Security Council: Towards Systemic Harmonization, in: International & Comparative Law Quarterly 66/2017 (4), S. 783 ff. (zit. Systemic Harmonization).

Simma Bruno, Self-contained regimes, in: Netherlands Yearbook of International Law 16/1985, S. 111 ff. (zit. Self-contained regimes).

Simma Bruno/Müller Andreas Th., Exercise and limits of jurisdiction, in: Crawford/Koskenniemi (Hrsg.), The Cambridge Companion to International Law, Cambridge 2012, S. 134 ff. (zit. Jurisdiction).

Sjåfjell Beate/Mähönen Jukka, Corporate Purpose and the Misleading Shareholder vs Stakeholder Dichotomy, Nordic & European Company Law, LSN Research Paper Series 22-09, 2022 (zit. Corporate Purpose).

Skogly Sigrun I., Is there a right not to be poor?, in: Human Rights Law Review 2/2002 (1), S. 59 ff. (zit. Right not to be poor).

Skogly Sigrun I., Causality and Extraterritorial Human Rights Obligations, in: Langford et al. (Hrsg.), Global Justice, State Duties, The Extraterritorial Scope of Economic, Social, and Cultural Rights in International Law, Cambridge 2012, S. 233 ff. (zit. Causality).

Skogly Sigrun I., Global human rights obligations, in: Gibney et al. (Hrsg.), The Routledge Handbook on Extraterritorial Human Rights Obligations, Abingdon/New York 2022, S. 25 ff. (zit. Global human rights obligations).

Slaughter Anne-Marie, A New World Order, Princeton 2004 (zit. A New World Order).

Slobodian Quinn, Globalists, The End of Empire and the Birth of Neoliberalism, Cambridge MA/London 2018 (zit. Globalists).

Snyder Francis, Customary Law and the Economy, in: Journal of African Law 28/1984 (1-2), S. 34 ff. (zit. Customary Law).

Sornarajah Muthucumaraswamy, Resistance to Dominance in International Investment Law, in: Chaisse/Choukroune/Jusoh (Hrsg.), Handbook of International Investment Law and Policy, Singapur 2021, S. 1 ff. (zit. Resistance to Dominance in International Investment Law).

Sornarajah Muthucumaraswamy, The International Law on Foreign Investment, 5. Aufl., Cambridge 2021 (zit. The International Law on Foreign Investment).

Spijkerboer Thomas, The Global Mobility Infrastructure, Reconceptualising the Externalisation of Migration Control, in: European Journal of Migration and Law 20/2018 (4), S. 452 ff. (zit. Global Mobility Infrastructure).

Staker Christoph, Jurisdiction, in: Evans (Hrsg.), International law, 5. Aufl., Oxford 2018, S. 289 ff. (zit. Jurisdiction).

Stichweh Rudolf, Towards a General Theory of Function System Crises, in: Kjær/Teubner/Febbrajo (Hrsg.), The Financial Crisis in Constitutional

Perspective, The Dark Side of Functional Differentiation, Oxford 2011, S. 44 ff. (zit. Function System Crises).

Stichweh Rudolf, The history and systematics of functional differentiation in sociology, in: Albert/Buzan/Zürn (Hrsg.), Bringing Sociology to International Relations, World Politics as Differentiation Theory, Cambridge 2013, S. 50 ff. (zit. History and systematics).

Stichweh Rudolf, Inklusion und Exklusion, Studien zur Gesellschaftstheorie, 2. Aufl., Bielefeld 2016 (zit. Inklusion und Exklusion).

Stoyanova Vladislava, Positive Obligations under the European Convention on Human Rights, Within and beyond boundaries, Oxford 2023 (zit. Positive Obligations).

Streeck Wolfgang, Gekaufte Zeit, Die vertagte Krise des demokratischen Kapitalismus, Berlin 2013 (zit. Gekaufte Zeit).

Suter Mischa, Koloniale Währungen: Medium der Macht, in: Merkur 2023 (887), S. 32 ff. (zit. Koloniale Währungen).

Svampa Maristella, Commodities Consensus: Neoextractivism and Enclosure of the Commons in Latin America, in: The South Atlantic Quarterly 114/2015 (1), S. 65 ff. (zit. Commodities Consensus).

Swedberg Richard, The case for an economic sociology of law, in: Theory and Society 32/2003 (1), S. 1 ff. (zit. Economic sociology of law).

Swyngedouw Erik, CO_2 as Neoliberal Fetish: The Love of Crisis and the Depoliticized Immuno-Biopolitics of Climate Change Governance, in: Cahill et al. (Hrsg.), The SAGE Handbook of Neoliberalism, London 2018, S. 295 ff. (zit. Neoliberal Fetish).

Takata Hinako/Hamamoto Shotaro, Human Rights, Treaty Bodies, General Comments/Recommendations, 2023, in: Wolfrum/Peters (Hrsg.), Max Planck Encyclopedia of Public International Law, <https://opil.ouplaw.com/home/mpil> (zit. General Comments).

Tams Christian J., Art. 1, in: Tams/Berster/Schiffbauer (Hrsg.), Convention on the Prevention and Punishment of the Crime of Genocide, A Commentary, München/Oxford/Baden-Baden 2014, S. 33 ff. (zit. Art. 1).

Tan Celine, Governance through Development, Poverty Reduction Strategies, International Law and the Disciplining of Third World States, London 2011 (zit. Governance through Development).

Taylor Charles, Interpretation and the sciences of man, in: Taylor (Hrsg.), Philosophy and the Human Sciences, Philosophical Papers 2, Cambridge 1985, S. 15 ff. (zit. Interpretation).

Teubner Gunther, Recht als autopoietisches System, Frankfurt a. M. 1989 (zit. Recht).

Teubner Gunther, Altera Pars Audiatur: Das Recht in der Kollision anderer Universalitätsansprüche, in: Pawlowski (Hrsg.), Der Universalitätsanspruch des demokratischen Rechtsstaates, Die Verschiedenheit der Kulturen und die Allgemeinheit des Rechtes; Referate der Tagung der Deutschen Sektion der Internationalen Vereinigung für Rechts- und Sozialphilosophie vom 28. bis zum 30. September 1994 in Mannheim, Stuttgart 1996, S. 199 ff. (zit. Altera Pars Audiatur).

Teubner Gunther, De collisione discursuum: communicative rationalities in law, morality, and politics, in: Cardozo Law Review 17/1996 (4-5), S. 901 ff. (zit. De collisione discursuum).

Teubner Gunther, Globale Bukowina, Zur Emergenz eines transnationalen Rechtspluralismus, in: Rechtshistorisches Journal 15/1996, S. 255 ff. (zit. Globale Bukowina).

Teubner Gunther, Eigensinnige Produktionsregimes: Zur Ko-evolution von Wirtschaft und Recht in den varieties of capitalism, in: Soziale Systeme 5/1999 (1), S. 7 ff. (zit. Produktionsregimes).

Teubner Gunther, Breaking Frames, Economic Globalization and the Emergence of lex mercatoria, in: European Journal of Social Theory 5/2002 (2), S. 199 ff. (zit. Breaking Frames).

Teubner Gunther, Globale Zivilverfassungen: Alternativen zur staatszentrierten Verfassungstheorie, in: Zeitschrift für ausländisches öffentliches Recht und Völkerrecht 63/2003, S. 1 ff. (zit. Globale Zivilverfassungen).

Teubner Gunther, Die anonyme Matrix: Zu Menschenrechtsverletzungen durch »private« transnationale Akteure, in: Der Staat 45/2006 (2), S. 161 ff. (zit. Anonyme Matrix).

Teubner Gunther, Verfassungsfragmente, Gesellschaftlicher Konstitutionalismus in der Globalisierung, Berlin 2012 (zit. Verfassungsfragmente).

Teubner Gunther, Transnationaler Verfassungspluralismus: Neun Variationen über ein Thema von David Sciull, in: Zeitschrift für ausländisches öffentliches Recht und Völkerrecht 76/2016 (3), S. 573 ff. (zit. Verfassungspluralismus).

Teubner Gunther, Quod omnes tangit, Transnationale Verfassungen ohne Demokratie?, in: Der Staat 57/2018 (2), S. 171 ff. (zit. Quod omnes tangit).

Teubner Gunther, Von »Wirtschaftsverfassung I, II« zum »selbstgerechten Rechtsverfassungsrecht«: Zur Kritizität von Rudolf Wiethölters »kritischer Systemtheorie«, in: Kritische Justiz 52/2019 (4), S. 602 ff. (zit. Wirtschaftsverfassung).

Teubner Gunther, Die Verfassung gesellschaftlicher Mehrwerte, in: Zeitschrift für Rechtssoziologie 40/2020 (1-2), S. 117 ff. (zit. Mehrwerte).

Teubner Gunther/Fischer-Lescano Andreas, Wandel der Rolle des Rechts in Zeiten der Globalisierung: Fragmentierung, Konstitutionalisierung und Vernetzung globaler Rechtsregimes, in: Murakami/Marutschke/Riesenhuber (Hrsg.), Globalisierung und Recht, Beiträge Japans und Deutschlands zu einer internationalen Rechtsordnung im 21. Jahrhundert, Berlin 2007, S. 3 ff. (zit. Wandel der Rolle des Rechts).

Teubner Gunther/Willke Helmut, Kontext und Autonomie, Gesellschaftliche Selbststeuerung durch reflexives Recht, in: Zeitschrift für Rechtssoziologie 5/1984 (1), S. 4 ff. (zit. Kontext und Autonomie).

Thapa Kaustubh/Vermeulen Walter J. V./Waal Mo Ming de/Deutz Pauline/Nguyễn Hồng Quân, Towards a Just Circular Economy Transition: the Case of European Plastic Waste Trade to Vietnam for Recycling, in: Circular Economy and Sustainability 4/2024 (2), S. 851 ff. (zit. Waste Trade for Recycling).

The IGLP Law and Global Production Working Group, The role of law in global value chains: A research manifesto, in: London Review of International Law 4/2016 (1), S. 57 ff. (zit. GVC manifesto).

Theis Nicholas, The Global Trade in E-Waste: A Network Approach, in: Environmental Sociology 7/2020 (1), S. 76 ff. (zit. Trade in E-Waste).

Therborn Göran, The Killing Fields of Inequality, in: International Journal of Health Services 42/2012 (4), S. 579 ff. (zit. Killing Fields of Inequality).

Thornhill, A Sociology of Constituent Power: The Political Code of Transnational Societal Constitutions, in: Indiana Journal of Global Legal Studies 20/2013 (2), S. 551 ff. (zit. Constituent Power).

Thornton Fanny, The Absurdity of Relying on Human Rights Law to Go After Emitters, in: Mayer/Zahar (Hrsg.), Debating Climate Law, Cambridge 2021, S. 159 ff. (zit. Relying on Human Rights).

Tilly Charles, Durable Inequality, Berkeley/Los Angeles/London 1998 (zit. Inequality).

Tilly Charles, Relational origins of inequality, in: Anthropological Theory 1/2001 (3), S. 355 ff. (zit. Origins of inequality).

Toepfer Georg, Kultur und Kulturwissenschaften, in: Sarasin/Sommer (Hrsg.), Evolution, Ein interdisziplinäres Handbuch, Stuttgart 2010, S. 252 ff. (zit. Kultur).

Tørsløv Thomas/Wier Ludvig/Zucman Gabriel, The Missing Profits of Nations, in: The Review of Economic Studies 90/2022 (3), S. 1499 ff. (zit. Missing Profits).

Tsing Anna, Sorting out commodities, How capitalist value is made through gifts, in: HAU: Journal of Ethnographic Theory 3/2013 (1), S. 21 ff. (zit. Sorting out commodities).

Tusseau Guillaume, Debating Legal Pluralism and Constitutionalism: New Trajectories for Legal Theory in the Global Age, in: Tusseau (Hrsg.), Debating Legal Pluralism and Constitutionalism, New Trajectories for Legal Theory in the Global Age, Cham 2020, S. 1 ff. (zit. Legal Pluralism and Constitutionalism).

Tyrell Hartmann, Emile Durkheim – Das Dilemma der organischen Solidarität, in: Luhmann (Hrsg.), Soziale Differenzierung, Zur Geschichte einer Idee, Opladen 1985, S. 181 ff. (zit. Dilemma der organischen Solidarität).

Tzevelekos Vassilis/Berkes Antal, Turning Water into Wine – The Concealed Metamorphosis of the Effective Control Extraterritoriality Criterion in Carter v. Russia, in: <echrblog.com> vom 09.11.2021 (zit. Concealed Metamorphosis).

Tzouvala Ntina, TWAIL and the »Unwilling or Unable« Doctrine, Continuities and Ruptures, in: AJIL Unbound 109/2015, S. 266 ff. (zit. Unwilling or Unable).

Tzouvala Ntina, Capitalism as Civilisation, A History of International Law, Cambridge 2020 (zit. Capitalism as Civilisation).

Van Alebeek Rosanne/Nollkaemper André, The legal status of decisions by human rights treaty bodies in national law, in: Keller/Ulfstein (Hrsg.),

UN Human Rights Treaty Bodies, Law and Legitimacy, Cambridge 2012, S. 356 ff. (zit. Legal status).

Van Damme Isabelle, Treaty Interpretation by the WTO Appellate Body, Oxford 2009 (zit. Treaty Interpretation).

Van den Bossche Peter/Zdouc Werner, The Law and Policy of the World Trade Organization, Text, Cases and Materials, 5. Aufl., Cambridge 2022 (zit. World Trade Organization).

Van Dyk Silke/Graefe Stefanie, Wer ist schuld am Rechtspopulismus? Zur Vereinnahmung der Vereinnahmungsdiagnose: eine Kritik, in: Leviathan 47/2019 (4), S. 405 ff. (zit. Vereinnahmung).

Van Ho Tara L., »Band-Aids Don't Fix Bullet Holes«: In Defence of a Traditional State-Centric Approach, in: Černič Letnar/Carrillo-Santarelli (Hrsg.), The Future of Business and Human Rights, Theoretical and Practical Considerations for a UN Treaty, Cambridge 2018, S. 111 ff. (zit. State-Centric Approach).

Van Ittersum Martine, Profit and Principle, Hugo Grotius, Natural Rights Theories and the Rise of Dutch Power in the East Indies, 1595–1615, Leiden 2006 (zit. Profit and Principle).

Vandenhole Wouter, Towards a Division of Labour for Sustainable Development: Extraterritorial Human Rights Obligations, in: Kaltenborn/Krajewski/Kuhn (Hrsg.), Sustainable Development Goals and Human Rights, Cham 2020, S. 221 ff. (zit. Division of Labour).

Vauchez Antoine/France Pierre, The Neoliberal Republic, Corporate Lawyers, Statecraft, and the Making of Public-Private France, Ithaca 2021 (zit. The Neoliberal Republic).

Vedaschi Arianna, The Dark Side of Counter-Terrorism: Arcana Imperii and Salus Rei Publicae, in: The American Journal of Comparative Law 66/2018 (4), S. 877 ff. (zit. Counter-Terrorism).

Venzke Ingo, Semantic Authority, Legal Change and the Dynamics of International Law, in: Capps/Olsen (Hrsg.), Legal Authority beyond the State, Cambridge 2018, S. 102 ff. (zit. Semantic Authority).

Verdross Alfred, Les règles internationales concernant le traitement des étrangers, in: Académie de droit international de La Haye (Hrsg.), Recueil des cours, Bd. 37, Paris 1931, S. 323 ff. (zit. Traitement des étrangers).

Vidmar Jure, Norm Conflicts and Hierarchy in International Law: Towards a Vertical International Legal System?, in: De Wet/Vidmar (Hrsg.), Hierarchy in International Law, The Place of Human Rights, Oxford 2012, S. 13 ff. (zit. Norm Conflicts and Hierarchy).

Viellechner Lars, Responsiver Rechtspluralismus: Zur Entwicklung eines transnationalen Kollisionsrechts, in: Der Staat 51/2012 (4), S. 559 ff. (zit. Rechtspluralismus).

Viellechner Lars, Das Recht der Weltgesellschaft: Systemtheoretische Beschreibung und Kritik, in: Amstutz/Fischer-Lescano (Hrsg.), Kritische Systemtheorie, Zur Evolution einer normativen Theorie, Bielefeld 2013, S. 285 ff. (zit. Weltgesellschaft).

Viellechner Lars, Transnationalisierung des Rechts, Weilerswist 2013 (zit. Transnationalisierung).
Viellechner Lars, »Friendliness« Towards Others: How the German Constitution Deals with Legal Pluralism, in: Tusseau (Hrsg.), Debating Legal Pluralism and Constitutionalism, New Trajectories for Legal Theory in the Global Age, Cham 2020, S. 189 ff. (zit. Friendliness).
Viñuales Jorge E., A Human Rights Approach to Extraterritorial Environmental Protection? An Assessment, in: Bhuta (Hrsg.), The Frontiers of Human Rights, Extraterritoriality and its Challenges, Oxford/New York 2016 (zit. A Human Rights Approach to Extraterritorial Environmental Protection? An Assessment).
Viñuales Jorge E., Sustainable Development, in: Rajamani/Peel (Hrsg.), The Oxford Handbook of International Environmental Law, Oxford 2021, S. 285 ff. (zit. Sustainable Development).
Viñuales Jorge E., The International Law of Energy, Cambridge 2022 (zit. The International Law of Energy).
Vitoria Francisco de, On the American Indians, in: Pagden/Lawrance (Hrsg.), Vitoria, Political Writings, Cambridge 1991, S. 231 ff. (zit. On the American Indians).
Vogl Joseph, Der Souveränitätseffekt, Zürich/Berlin 2015 (zit. Der Souveränitätseffekt).
Vogt Jannis, Strategische Auslandstelekommunikationsüberwachung durch den Bundesnachrichtendienst, Berlin 2023 (zit. Auslandstelekommunikationsüberwachung).
Von Arnauld Andreas, Völkerrecht, 5. Aufl. 2023 (zit. Völkerrecht).
Von Bernstorff Jochen, Extraterritoriale menschenrechtliche Staatenpflichten und Corporate Social Responsibility, in: Archiv des Völkerrechts 49/2011 (1), S. 34 ff. (zit. Extraterritoriale Staatenpflichten).
Von Bernstorff Jochen, »Community Interests« and the Role of International Law in the Creation of a Global Market for Agricultural Land, in: Benvenisti/Nolte (Hrsg.), Community Interests Across International Law, Oxford 2018, S. 278 ff. (zit. Global Market for Agricultural Land).
Von Bogdandy Armin/Goldmann Matthias, Die Restrukturierung von Staatsschulden als Ausübung internationaler öffentlicher Gewalt: Zur Möglichkeit der inkrementellen Entwicklung eines Staateninsolvenzrechts, in: Zeitschrift für ausländisches öffentliches Recht und Völkerrecht 73/2013 (1), S. 61 ff. (zit. Restrukturierung).
Von der Decken Kerstin, Article 29, in: Dörr/Schmalenbach (Hrsg.), Vienna Convention on the Law of Treaties, A Commentary, 2. Aufl., Berlin 2018, S. 521 ff. (zit. VCLT Commentary, Art. 29).
Von Mises Ludwig, Die Gemeinwirtschaft, Untersuchungen über den Sozialismus, 2. Aufl., Jena 1932 (zit. Gemeinwirtschaft).
Von Rütte Barbara, The Human Right to Citizenship, Situating the Right to Citizenship Within International and Regional Human Rights Law, Boston 2022 (zit. Citizenship).
Von Schorlemer Sabine, Das Recht auf Entwicklung, Recht des Individuums

oder Recht der Völker?, in: Vereinte Nationen 2008 (5), S. 212 ff. (zit. Das Recht auf Entwicklung).
Vranes Erich, Norm Conflict, in: European Journal of International Law 17/2006 (2), S. 395 ff. (zit. Norm Conflict).
Vučić Mihajlo, Extraterritorial Regulation of Global Economic Challenges – From a Neccessary Evil to an Instrument Protecting Common Interests, in: Buxbaum/Fleury Graff (Hrsg.), Extraterritoriality, Académie de droit international de La Haye, Leiden/Boston 2022, S. 865 ff. (zit. Extraterritorial Regulation).
Vuilleumier Marc, Ausländer, 2015, in: Historisches Lexikon der Schweiz, <https://hls-dhs-dss.ch> (zit. Ausländer).
Walker Neil, The Idea of Constitutional Pluralism, in: The Modern Law Review 65/2002 (3), S. 317 ff. (zit. The Idea of Constitutional Pluralism).
Wallerstein Immanuel, Welt-System-Analyse, Eine Einführung, Wiesbaden [2004] 2019 (zit. Welt-System-Analyse).
Walter Christian, Der Internationale Menschenrechtsschutz zwischen Konstitutionalisierung und Fragmentierung, in: Zeitschrift für ausländisches öffentliches Recht und Völkerrecht 75/2015 (4), S. 753 ff. (zit. Konstitutionalisierung und Fragmentierung).
Weber Florian, Simultanität von Inklusion und Exklusion als Stabilisierungsmechanismus funktionaler Differenzierung, in: Mathis (Hrsg.), Inklusion – Exklusion, Berlin 2024, S. 31 ff. (zit. Simultanität).
Weiler Joseph H. H., Why Should Europe be a Democracy: The Corruption of Political Culture and the Principle of Constitutional Tolerance, in: Snyder (Hrsg.), The Europeanisation of law, The legal effects of European integration, Oxford 2000, S. 213 ff. (zit. Constitutional Tolerance).
Weindl Andrea, Europäische Handelsverträge – Friedensinstrument zwischen Kommerz und Politik, in: Duchhardt/Peters (Hrsg.), Instrumente des Friedens, Vielfalt und Formen von Friedensverträgen im vormodernen Europa, Veröffentlichungen des Instituts für Europäische Geschichte Mainz, Beiheft online 3, Mainz 2008 (zit. Handelsverträge).
Weiß Anja, Soziologie globaler Ungleichheiten, Berlin 2017 (zit. Ungleichheiten).
Wellens Karel C., Diversity in secondary rules and the unity of international law: some reflections on current trends, in: Netherlands Yearbook of International Law 25/1994, S. 3 ff. (zit. Diversity).
Went Robert, The Enigma of Globalization, A Journey to a New Stage of Capitalism, London/New York 2002 (zit. Enigma of Globalization).
Westlake John, Chapters on the Principles of International Law, Cambridge 1894 (zit. Principles).
Wheatley Steven, The Idea of International Human Rights Law, Oxford 2019 (zit. Idea).
Whyte Jessica, The Morals of the Market, Human Rights and the Rise of Neoliberalism, London 2019 (zit. The Morals of the Market).
Wier Ludvig/Zucman Gabriel, Global profit shifting, 1975–2019, WIDER Working Paper 2022/121, 2022 (zit. Global profit shifting).

Wiethölter Rudolf, Recht und Politik, in: Zeitschrift für Rechtspolitik 2/1969 (7), S. 155 ff. (zit. Recht und Politik).
Wiethölter Rudolf, Rechtsstaatliche Demokratie und Streitkultur, in: Kritische Justiz 21/1988 (4), S. 403 ff. (zit. Rechtsstaatliche Demokratie und Streitkultur).
Wilde Ralph, International Territorial Administration, How Trusteeship and the Civilizing Mission Never Went Away, Oxford 2008 (zit. International Territorial Administration).
Wilde Ralph, Compliance with human rights norms extraterritorially: »human rights imperialism«?, in: Boisson de Chazournes/Kohen (Hrsg.), International law and the quest for its implementation, Liber amicorum Vera Gowlland-Debba, Leiden/Boston 2010, S. 319 ff. (zit. Human rights imperialism).
Wilde Ralph, Dilemmas in Promoting Global Economic Justice through Human Rights Law, in: Bhuta (Hrsg.), The Frontiers of Human Rights, Extraterritoriality and its Challenges, Oxford/New York 2016 (zit. Dilemmas in Promoting Global Economic Justice).
Wilde Ralph, Socioeconomic Rights, Extraterritorially, in: Benvenisti/Nolte (Hrsg.), Community Interests Across International Law, Oxford 2018, S. 381 ff. (zit. Socioeconomic Rights).
Wilde Ralph, Pursuing global socio-economic, colonial and environmental justice through economic redistribution: the potential significance of human rights treaty obligations, in: Binder et al. (Hrsg.), Research handbook on international law and social rights, Cheltenham/Northampton 2020, S. 56 ff. (zit. Economic redistribution).
Willke Helmut, Dezentrierte Demokratie, Prolegomena zur Revision politischer Steuerung, Berlin 2016 (zit. Dezentrierte Demokratie).
Wissel Jens, Die Transnationalisierung von Herrschaftsverhältnissen, Zur Aktualität von Nicos Poulantzas' Staatstheorie, Baden-Baden 2007 (zit. Transnationalisierung).
Wissel Jens/Martin Dirk, Fragmentierte Hegemonie, Anmerkungen zur gegenwärtigen Konstellation von Herrschaft, in: Martin/Martin/Wissel (Hrsg.), Perspektiven und Konstellationen kritischer Theorie, Münster 2015, S. 220 ff. (zit. Fragmentierte Hegemonie).
Wissen Markus/Brand Ulrich, Imperiale Lebensweise und politische Ökonomie natürlicher Ressourcen, in: Fischer/Jäger/Schmidt (Hrsg.), Rohstoffe und Entwicklung, Aktuelle Auseinandersetzungen im historischen Kontext, Wien 2016, S. 235 ff. (zit. Imperiale Lebensweise).
Wissen Markus/Brand Ulrich, Imperiale Lebensweise als postkoloniale Verstrickung, in: Widerspruch 37/2018 (72), S. 119 ff. (zit. Postkoloniale Verstrickung).
Wolfrum Rüdiger, General International Law (Principles, Rules, and Standards), 2010, in: Wolfrum/Peters (Hrsg.), Max Planck Encyclopedia of Public International Law, <https://opil.ouplaw.com/home/mpil> (zit. General International Law).
Wolman Andrew, The Role of Departure States in Combating Irregular

Emigration in International Law: An Historical Perspective, in: International Journal of Refugee Law 31/2019 (1), S. 30 ff. (zit. Departure States).
Wood Ellen Meiksins, The Origin of Capitalism, A Longer View, London/New York [1999] 2017 (zit. Origin of Capitalism).
Woodward David, Incrementum ad Absurdum: Global Growth, Inequality and Poverty Eradication in a Carbon-Constrained World, in: World Economic Review 2015 (4), S. 43 ff. (zit. Incrementum ad Absurdum).
Wright Erik Olin, Envisioning Real Utopias, London/New York 2010 (zit. Real Utopias).
Wright Quincy, The Proposed Termination of the Iraq Mandate, in: The American Journal of International Law 25/1931 (3), S. 436 ff. (zit. The Proposed Termination).
Yassine Farah Julie, L'extraterritorialité comme outil de protection des droits de l'homme, in: Buxbaum/Fleury Graff (Hrsg.), Extraterritoriality, Académie de droit international de La Haye, Leiden/Boston 2022, S. 645 ff. (zit. Extraterritorialité comme outil de protection).
Yeung Henry Wai-chung, Capital, State and Space, Contesting the Borderless World, in: Transactions of the Institute of British Geographers 23/1998 (3), S. 291 ff. (zit. Capital, State and Space).
Zahar Alexander, The Limits of Human Rights Law: A Reply to Corina Heri, in: European Journal of International Law 33/2022 (3), S. 953 ff. (zit. Limits).
Zaman Khorsed/Islam M. Rafiqul, The Proposal to the WTO for a New Patent Waiver on COVID-19 Vaccines and Pharmaceuticals: Is it Necessary under TRIPS?, in: European Intellectual Property Review 43/2021 (10), S. 645 ff. (zit. Patent Waiver).
Zarbiyev Fuad, The Process of International Legal Reproduction: Inequality, Historiography, Resistance, in: European Journal of International Law 31/2020 (4), S. 1568 ff. (zit. International Legal Reproduction).
Zhang Qiang/Jiang Xujia/Tong Dan/Davis Steven J./Zhao Hongyan/Geng Guannan/Feng Tong/Zheng Bo/Lu Zifeng/Streets David G./Ni Ruijing/Brauer Michael/van Donkelaar Aaron/Martin Randall V./Huo Hong/Liu Zhu/Da Pan/Kan Haidong/Yan Yingying/Lin Jintai/He Kebin/Guan Dabo, Transboundary health impacts of transported global air pollution and international trade, in: Nature 543/2017 (7647), S. 705 ff. (zit. Transboundary health impacts).
Zhang Taisu/Morley John D., The Modern State and the Rise of the Business Corporation, in: The Yayle Law Journal 132/2023 (7), S. 1970 ff. (zit. Rise of the Business Corporation).
Zhao Tingyang, Redefining A Philosophy for World Governance, Singapur/Peking 2019 (zit. Philosophy for World Governance).
Ziegler Andreas R., Einführung in das Völkerrecht, 4. Aufl., Bern 2020 (zit. Völkerrecht).
Ziegler Andreas R./Boie Bertram, The Relationship between International Trade Law and International Human Rights Law, in: De Wet/Vidmar (Hrsg.), Hierarchy in International Law, The Place of Human Rights, Oxford 2012, S. 272 ff. (zit. Relationship).

Zucman Gabriel, La richesse cachée des nations, Enquête sur les paradis fiscaux, 2. Aufl., Paris 2017 (zit. Richesse cachée).
Zumbansen Peer, Economic Law: Anatomy and Crisis, in: Journal of Law and Political Economy 1/2021 (3), S. 461 ff. (zit. Economic Law).
Zürn Michael/Faude Benjamin/Kreuder-Sonnen Christian, Overlapping Spheres of Authority and Interface Conflicts in the Global Order, Introducing a DFG Research Group, Discussion Paper SP IV 2018-103, WZB, Berlin, 2018 (zit. Overlapping Spheres of Authority).

Rechtspraxis

ACHPR, Democratic Republic of Congo v. Burundi, Rwanda, Uganda, 227/99 (2003)
ACHPR, General Comment No. 3 On The African Charter On Human And Peoples' Rights: The Right To Life (Article 4) (2015)
Arbitral Tribunal, Trail Smelter Case, United States of America v. Canada, RIAA Vol. III, S. 1905 (1938/1941)
BGE 144 I 266
Bundesgericht, 2C_397/2024 (2025)
BVerfG, Ausland-Ausland-Fernmeldeaufklärung, BVerfGE 154, 152 (2020)
BVerfG, Klimaschutz, BVerfGE 157, 30 (2021)
BVerfG, Solange I, BVerfGE 37, 271 (1974)
BVerfG, Solange II, BVerfGE 73, 339 (1986)
BVerfG, Verbrechensbekämpfungsgesetz, BVerfGE 100, 313 (1999)
BVerfG, Public Sector Asset Purchase Programme (PSPP), BVerfGE 154, 17 (2020)
Court of Appeal, R (Al-Skeini and Others) v. Secretary of State for Defence, EWCA Civ 1609 (2005)
EGMR, Ariana Zakharyevna Shavlokhova v. Georgia (Dec.), 45431/08 (2021)
EGMR, Cláudia Duarte Agostinho et autres contre le Portugal et 32 autres États (Communiquée), 39371/20 (2020)
EGMR, Hatton and Others v. the United Kingdom (GK), 36022/97 (2003)
EGMR, Mamasakhlisi and Others v. Georgia and Russia, 29999/04 (2023)
EGMR, N.D. and N.T. v. Spain (GK), 8675/15 (2020)
EGMR, Öneryıldız v. Turkey (GK), 48939/99 (2004)
EGMR, Sargsyan v. Azerbaijan (GK), 40167/06 (2015)
EGMR, Üner v. the Netherlands (GK), 46410/99 (2006)
EGMR, Vasiliciuc v. the Republic of Moldova, 15944/11 (2017)
EGMR, Abdulaziz, Cabales and Balkandali v. the United Kingdom (Plenum), 9214/80 et al. (1985)
EGMR, Soering v. the United Kingdom (Plenum), 14038/88 (1989)
EGMR, Moustaquim v. Belgium, 12313/86 (1991)
EGMR, Drozd and Janousek v. France and Spain (Plenum), 12747/87 (1992)

EGMR, Loizidou v. Turkey (GK), Preliminary Objections, 15318/89 (1995)
EGMR, C. v. Belgium, 21794/93 (1996)
EGMR, Loizidou v. Turkey (GK), Merits, 15318/89 (1996)
EGMR, Al-Adsani v. the United Kingdom, 35763/97 (2001)
EGMR, Banković and Others v. Belgium and Others (GK), 52207/99 (2001)
EGMR, Cyprus v. Turkey (GK), 25781/94 (2001)
EGMR, Prince Hans-Adam II of Liechtenstein v. Germany (GK), 42527/98 (2001)
EGMR, Gentilhomme, Schaff-Benhadji et Zerouki c. France, 48205/99 (2002)
EGMR, Slivenko and Others v. Latvia (Dec.) (GK), 48321/99 (2002)
EGMR, Assanidze v. Georgia (GK), 71503/01 (2004)
EGMR, Ilaşcu and Others v. Moldova and Russia, 48787/99 (2004)
EGMR, Issa and Others v. Turkey, 31821/96 (2004)
EGMR, Kovačić and Others v. Slovenia (Dec.), 44574/98 (2004)
EGMR, Bosphorus Hava Yolları Turizm ve Ticaret Anonim Şirketi v. Ireland (GK), 45036/98 (2005)
EGMR, Öcalan v. Turkey (GK), 46221/99 (2005)
EGMR, Ben El Mahi and Others v. Denmark (Dec.), 5853/06 (2006)
EGMR, Isaak v. Turkey (dec.), 44587/98 (2006)
EGMR, Markovic and Others v. Italy (GK), 1398/03 (2006)
EGMR, Behrami and Behrami v. France and Saramati v. France, Germany and Norway (Dec.) (GK), 71412/01 (2007)
EGMR, Pad and Others v. Turkey (Dec.), 60167/00 (2007)
EGMR, Andreou v. Turkey (Dec.), 45653/99 (2008)
EGMR, Isaak v. Turkey, 44587/98 (2008)
EGMR, Liberty and Others v. the United Kingdom, 58243/00 (2008)
EGMR, Solomou and Others v. Turkey, 36832/97 (2008)
EGMR, Al-Saadoon and Mufdhi v. the United Kingdom (Dec.), 61498/08 (2009)
EGMR, Andrejeva v. Latvia (GK), 55707/00 (2009)
EGMR, Emilio Gasparini c. l'Italie et la Belgique (Dec.), 10750/03 (2009)
EGMR, Minasyan and Semerjyan v. Armenia, 27651/05 (2009)
EGMR, Stephens v. Malta (no. 1), 11956/07 (2009)
EGMR, Tarnopolskaya and Others v. Russia, 11093/07 (2009)
EGMR, Zouboulidis c. Grèce (n° 2), 36963/06 (2009)
EGMR, Medvedyev and Others v. France (GK), 3394/03 (2010)
EGMR, Rantsev v. Cyprus and Russia, 25965/04 (2010)
EGMR, Al-Skeini and Others v. the United Kingdom (GK), 55721/07 (2011)
EGMR, Genovese v. Malta, 53124/09 (2011)
EGMR, Ivanţoc and Others v. Moldova and Russia, 23687/05 (2011)
EGMR, Ponomaryovi v. Bulgaria, 5335/05 (2011)
EGMR, Al-Jedda v. the United Kingdom (GK), 27021/08, 07.07.2011
EGMR, Catan and Others v. Moldova and Russia (GK), 43370/04 (2012)
EGMR, Chagos Islanders v. the United Kingdom (Dec.), 35622/04 (2012)
EGMR, El-Masri v. the former Yugoslav Republic of Macedonia (GK), 39630/09 (2012)

EGMR, Hirsi Jamaa and Others v. Italy (GK), 27765/09 (2012)
EGMR, Nada v. Switzerland (GK), 10593/08, 12.09.2012
EGMR, Abdul Wahab Khan v. the United Kingdom (Dec.), 11987/11 (2014)
EGMR, Dhabi v. Italy, 17120/09 (2014)
EGMR, Hassan v. the United Kingdom (GK), 29750/09 (2014)
EGMR, Jaloud v. the Netherlands (GK), 47708/08 (2014)
EGMR, Jeunesse v. the Netherlands (GK), 12738/10 (2014)
EGMR, Chiragov and Others v. Armenia (GK), 13216/05 (2015)
EGMR, Petropavlovskis v. Latvia, 44230/06 (2015)
EGMR, Pisari v. the Republic of Moldova and Russia, 42139/12 (2015)
EGMR, Biao v. Denmark (GK), 38590/10 (2016)
EGMR, British Gurkha Welfare Society and Others v. the United Kingdom, 44818/11 (2016)
EGMR, F.G. v. Sweden (GK), 43611/11 (2016)
EGMR, J.K. and Others v. Sweden (GK), 59166/12 (2016)
EGMR, Mozer v. the Republic of Moldova and Russia (GK), 11138/10 (2016)
EGMR, Paposhvili v. Belgium (GK), 41738/10 (2016)
EGMR, Ramadan v. Malta, 76136/12 (2016)
EGMR, Al-Dulimi and Montana Management Inc. v. Switzerland (GK), 5809/08 (2016)
EGMR, Abu Zubaydah v. Lithuania, 46454/11 (2018)
EGMR, Al Nashiri v. Romania, 33234/12 (2018)
EGMR, Mutu and Pechstein v. Switzerland, 40575/10 (2018)
EGMR, Güzelyurtlu and Others v. Cyprus and Turkey (GK), 36925/07 (2019)
EGMR, M.N. and Others v. Belgium (GK), 3599/18 (2020)
EGMR, Platini v. Switzerland (dec.), 526/18 (2020)
EGMR, Ukraine v. Russia (re Crimea) (Dec.; GK), 20958/14 (2020)
EGMR, Usmanov v. Russia, 43936/18 (2020)
EGMR, Ali Riza c. Suisse, 74989/11 (2021)
EGMR, Big Brother Watch and Others v. the United Kingdom (GK), 58170/13 (2021)
EGMR, Carter v. Russia, 20914/07 (2021)
EGMR, Georgia v. Russia (II) (GK), 38263/08 (2021)
EGMR, Hanan v. Germany (GK), 4871/16 (2021)
EGMR, M.A. v. Denmark (GK), 6697/18 (2021)
EGMR, Savran v. Denmark (GK), 57467/15 (2021)
EGMR, Gilanov v. the Republic of Moldova, 44719/10 (2022)
EGMR, H.F. and Others v. France (GK), 24384/19 (2022)
EGMR, Khasanov and Rakhmanov v. Russia (GK), 28492/15 (2022)
EGMR, Margarita Toledo Polo v. Spain (Dec.), 39691/18 (2022)
EGMR, S.H. v. Malta, 37241/21 (2022)
EGMR, Savickis and Others v. Latvia (GK), 49270/11 (2022)
EGMR, Shorazova v. Malta, 51853/19 (2022)
EGMR, Bryan and Others v. Russia, 22515/14 (2023)

EGMR, Georgia v. Russia (IV) (Dec.), 39611/18 (2023)
EGMR, Matkava and Others v. Russia, 3963/18 (2023)
EGMR, Narayan and Others v. Azerbaijan, 54363/17 (2023)
EGMR, O.J. and J.O. v. Georgia and Russia, 42126/15 (2023)
EGMR, Semenya v. Switzerland (Kammer), 10934/21 (2023)
EGMR, Ukraine and the Netherlands v. Russia (Dec.) (GK), 8019/16 (2023)
EGMR, Vincente Dalvy c. les 47 États membres (Dec.), 61548/21 (2023)
EGMR, Wieder and Guarnieri v. the United Kingdom, 64371/16 (2023)
EGMR, A.L. et E.J. c. France (Dec.), 44715/20 (2024)
EGMR, Duarte Agostinho and Others v. Portugal and 32 Others (dec.; GK), 39371/20 (2024)
EGMR, The J. Paul Getty Trust and Others v. Italy, 35271/19 (2024)
EGMR, Verein Klimaseniorinnen Schweiz and Others v. Switzerland (GK), 53600/20 (2024)
EGMR, Ioannides v. Cyprus, 32879/18 (2025)
EGMR, Semenya v. Switzerland (GK), 10934/21 (2025)
EGMR, Ukraine and the Netherlands v. Russia (GK), 8019/16 (2025)
EKMR, M. & Co. against the Federal Republic of Germany, 13258/87 (1990)
EKMR, X c. République fédérale d'Allemagne, 1611/62 (1965)
EKMR, Cyprus v. Turkey (Dec.), 6780/74 (1975)
EKMR, Hess v. the United Kingdom, 6231/73 (1975)
EKMR, Cyprus v. Turkey (Report), 6780/74 (1976)
EKMR, X. and Y. v. Switzerland (Plenum), 7289/75 (1977)
EKMR, Freda v. Italy (Dec.), 8916/80 (1980)
EKMR, M. v. the United Kingdom and Ireland (Dec.), 9837/82 (1985)
EKMR, Reinette v. France (Dec.), 14009/88 (1989)
EKMR, Sánchez Ramirez v. France (Dec.), 28780/95 (1996)
EuGH, Yassin Abdullah Kadi und Al Barakaat International Foundation v. Rat und Kommission, C-402/05 P (2008)
EuGH, Europäische Kommission und Vereinigtes Königreich v. Yassin Abdullah Kadi, C-584/10 P (2013)
FDA, General recommendation No. 28 on the core obligations of States parties under article 2 of the Convention on the Elimination of All Forms of Discrimination against Women, UN-Doc. CEDAW/C/GC/28 (2010)
FDA, General Recommendation No. 37 on Gender-related dimensions of disaster risk reduction in the context of climate change, UN-Doc. CEDAW/C/GC/37 (2018)
FDA/WSKA/WAA/KRA/BRA, Statement on human rights and climate change, UN-Doc. HRI/2019/1 (2020)
FoA, J.H.A. v. Spain, 323/2007 (2008)
FoA, Sonko v. Spain, 368/2008 (2011)
FoA, Suleymane Guengueng et al. v. Senegal, 181/2001 (2006)
FoA, General Comment No. 2, Implementation of article 2 by States parties, UN-Doc. CAT/C/GC/2 (2008)
FoA, H.B.A. et al. v. Canada, 536/2013 (2016)

Gerechtshof Den Haag, Shell Plc v. Milieudefensie et al., 200.302.332/01 (2024)
House of Lords, R (Al-Skeini and Others) v. Secretary of State for Defence, UKHL 26 (2007)
IAGMR, Proposed amendments to the naturalization provision of the constitution of Costa Rica, Advisory Opinion OC4-/84 (1984)
IAGMR, Case of the Girls Yean and Bosico v. Dominican Republic, Judgement (2005)
IAGMR, Rights and guarantees of children in the context of migration and/or in need of international protection, Advisory Opinion OC-21/14 (2014)
IAGMR, The Environment and Human Rights, Advisory Opinion OC-23/17 (2017)
IAGMR, Climate Emergency and Human Rights, Advisory Opinion AO-32/25, 2025
IAKMR, Report on the situation of human rights in Chile, OEA/Ser.L/V/II.66 Doc.17 (1985)
IAKMR, Armando Alejandre Jr., Carlos Costa, Mario de la Peña, and Pablo Morales v. Cuba, 11.589, Report 86/99 (1999)
IAKMR, Coard et al. v. United States, Report 109/99 (1999)
IAKMR, Djamel Ameziane v. United States (Admissibility), Report 17/12 (2012)
ICSID, Suez, Sociedad General de Aguas de Barcelona S.A., and InterAgua Servicios Integrales del Agua S.A. v. The Argentine Republic, Decision on Liability, ARB/03/17 (2010)
ICSID, Urbaser S.A. and Consorcio de Aguas Bilbao Bizkaia, Bilbao Biskaia Ur Partzuergoa v. The Argentine Republic, Award, ARB/07/26 (2016)
ICTY, Prosecutor v. Duško Tadic, Appeals Chamber, Judgement, IT-94-1-A (1999)
IGH, Ahmadou Sadio Diallo (Republic of Guinea v. Democratic Republic of the Congo), Compensation, Judgment, ICJ Reports 2012, S. 391, Declaration of Judge Greenwood
IGH, Gabčíkovo-Nagymaros Project (Hungary/Slovakia), ICJ Reports 1997, S. 7
IGH, Pulp Mills on the River Uruguay (Argentina v. Uruguay), ICJ Reports 2010, S. 14
IGH, The Corfu Channel Case (Merits), ICJ Reports 1949, S. 4
IGH, International Status of South-West Africa, Advisory Opinion, ICJ Reports 1950, S. 128
IGH, Nottebohm Case (second phase), Judgement, ICJ Reports 1955, S. 4
IGH, Legal Consequences for States of the Continued Presence of South Africa in Namibia (South West Africa) notwithstanding Security Council Resolution 276 (1970), Advisory Opinion, ICJ Reports 1971, S. 16 (1971)
IGH, Nuclear Tests Case (Australia v. France), Judgment, ICJ Reports 1974, S. 253
IGH, Nuclear Tests Case (New Zealand v. France), Judgment, ICJ Reports 1974, S. 457

IGH, Western Sahara, Advisory Opinion, ICJ Reports 1975, S. 12
IGH, Application of the Convention on the Prevention and Punishment of the Crime of Genocide (Bosnia and Herzegovina v. Yugoslavia), Preliminary Objections, Judgment, ICJ Reports 1996, S. 595
IGH, Legality of the Threat or Use of Nuclear Weapons, Advisory Opinion, ICJ Reports 1996, S. 226
IGH, Legal Consequences of the Construction of a Wall in the Occupied Palestinian Territory, Advisory Opinion, ICJ Reports 2004, S. 136
IGH, Armed Activities on the Territory of the Congo (Democratic Republic of the Congo v. Uganda), Judgment, ICJ Reports 2005, S. 168
IGH, Application of the Convention on the Prevention and Punishment of the Crime of Genocide (Bosnia and Herzegovina v. Serbia and Montenegro), Judgment, ICJ Reports 2007, S. 43
IGH, Certain Activities Carried Out by Nicaragua in the Border Area (Costa Rica v. Nicaragua) and Construction of a Road in Costa Rica along the San Juan River (Nicaragua v. Costa Rica), ICJ Reports 2015, S. 665
IGH, Application of the International Convention on the Elimination of All Forms of Racial Discrimination (Qatar v. United Arab Emirates), Preliminary Objections, Judgment, ICJ Reports 2021, S. 71
IGH, Legal Consequences arising from the Policies and Practices of Israel in the Occupied Palestinian Territory, including East Jerusalem, Advisory Opinion (2024)
IGH, Obligations of States in Respect of Climate Change, Advisory Opinion (2025)
ISGH, M/V Norstar, Panama v. Italy, Judgment (2019)
KRA, Chiara Sacchi et al. and Ramin Pejan et al. v. Argentina, 104/2019 (2021)
KRA, General Comment No. 5 (2003), General measures of implementation of the Convention on the Rights of the Child (arts. 4, 42 and 44, para. 6), UN-Doc. CRC/GC/2003/5
KRA, General comment No. 16 (2013) on State obligations regarding the impact of the business sector on children's rights, UN-Doc. CRC/C/GC/16
KRA, General comment No. 19 (2016) on public budgeting for the realization of children's rights (art. 4), UN-Doc. CRC/C/GC/19
KRA, L.H., L.H., D.A, C.D. and A.F. v. France, 79/2019 (2020)
KRA, General comment No. 26 (2023) on children's rights and the environment, with a special focus on climate change, UN-Doc. CRC/C/GC/26
MRA, Basem Ahmed Issa Yassin et al. v. Canada, 2285/2013 (2017)
MRA, Concluding Observations on the third periodic report of Iraq, A/46/40 (1991)
MRA, David Hicks v. Australia, 2005/2010 (2016)
MRA, Delia Saldias de Lopez v. Uruguay, 52/1979 (1981)
MRA, Lilian Celiberti de Casariego v. Uruguay, 56/1979 (1981)
MRA, Sophie Vidal Martins v. Uruguay, R.13/57 (1982)
MRA, Pereira Montero v. Uruguay, 106/1981 (1983)
MRA, Samuel Lichtensztejn v. Uruguay, 77/1980 (1983)

MRA, Ibrahim Gueye et al. v. France, 196/1985 (1989)
MRA, Charles Chitat Ng v. Canada, 469/1991 (1993)
MRA, A. R. J. v. Australia, 692/1996 (1997)
MRA, General Comment No. 27: Article 12 (Freedom of Movement), UN-Doc. CCPR/C/21/Rev.1/Add.9 (1999)
MRA, Roger Judge v. Canada, 829/1998 (2002)
MRA, Borzov v. Estonia, 1136/2002 (2004)
MRA, General Comment No. 31, The Nature of the General Legal Obligation Imposed on States Parties to the Covenant, UN-Doc. CCPR/C/21/Rev.1/Add. 13 (2004)
MRA, Concluding observations on the sixth periodic report submitted by the United Kingdom of Great Britain and Northern Ireland, UN-Doc. CCPR/C/GBR/CO/6 (2008)
MRA, Mohammad Munaf v. Romania, 1539/2006 (2009)
MRA, Nystrom v. Australia, 1557/2007 (2011)
MRA, Warsame v. Canada, 1959/2010 (2011)
MRA, Concluding observations on the fourth periodic report of the United States of America, UN-Doc. CCPR/C/USA/CO/4 (2014)
MRA, Concluding observations on the fifth periodic report of France, UN-Doc. CCPR/C/FRA/CO/5 (2015)
MRA, Concluding observations on the seventh periodic report of the Russian Federation, UN-Doc. CCPR/C/RUS/CO/7 (2015)
MRA, Concluding observations on the seventh periodic report of the United Kingdom of Great Britain and Northern Ireland, UN-Doc. CCPR/C/GBR/CO/7 (2015)
MRA, Concluding observations on the sixth periodic report of Canada, UN-Doc. CCPR/C/CAN/CO/6 (2015)
MRA, Q v. Denmark, 2001/2010 (2015)
MRA, Concluding observations on the sixth periodic report of New Zealand, UN-Doc. CCPR/C/NZL/CO/6 (2016)
MRA, Concluding observations on the sixth periodic report of Italy, UN-Doc. CCPR/C/ITA/CO/6 (2017)
MRA, Concluding observations on the seventh periodic report of Norway, UN-Doc. CCPR/C/NOR/CO/7 (2018)
MRA, General comment No. 36 on article 6 of the International Covenant on Civil and Political Rights, on the right to life, UN-Doc. CCPR/C/GC/36 (2018)
MRA, Ioane Teitiota v. New Zealand, 2728/2016 (2019)
MRA, Norma Portillo Cáceres and Others v. Paraguay, 2751/2016 (2019)
MRA, A.S., D.I., O.I. and G.D. v. Italy, 3042/2017 (2021)
MRA, A.S., D.I., O.I. and G.D. v. Malta, 3043/2017 (2021)
MRA, Daniel Billy et al. v. Australia, 3624/2019 (2022)
RDA, General Recommendation 30, Discrimination against non-citizens, UN-Doc. CERD/C/64/Misc.11/rev.3 (2004)
RDA, Concluding observations on the combined fourth to sixth reports of the United States of America, UN-Doc. CERD/C/USA/CO/6 (2008)

RDA, Concluding observations on the combined tenth to twelfth reports of the United States of America, UN-Doc. CERD/C/USA/CO/10-12 (2022)
Rechtbank Den Haag, Milieudefensie et al. v. Royal Dutch Shell LPC, C/09/571932, HA ZA 19-379 (2021)
StIGH, The Case of the S.S. »Lotus«, France v. Turkey, Collection of Judgments, Series A. No. 10, Judgement No. 9 (1927)
StSH, Island of Palmas (or Miangas), United States of America v. The Netherlands, RIAA Vol. II, S. 829 (1928)
Supreme Court of Norway, Nature and Youth Norway and others v. The State represented by the Ministry of Petroleum and Energy, HR-2020-2472-P (2020)
Supreme Court of the Netherlands, The State of the Netherlands v. Stichting Urgenda, 19/00135 (2019)
UN-SRÜ-Schiedsgericht, Southern Bluefin Tuna (New Zealand-Japan, Australia-Japan), RIAA Volume XIII, S. 1 (2000)
WSKA, General comment No. 2 on international technical assistance measures, UN-Doc. E/1990/23 (1990)
WSKA, General Comment No. 3: The Nature of States Parties' Obligations (Art. 2, Para. 1, of the Covenant), UN-Doc. E/1991/23 (1990)
WSKA, General Comment No. 8, The relationship between economic sanctions and respect for economic, social and cultural rights, UN-Doc. E/C.12/1997/8 (1997)
WSKA, Concluding observations on the initial report of Israel, UN-Doc. E/C.12/1/Add.27 (1998)
WSKA, General Comment No. 12: The Right to Adequate Food (Art. 11), UN-Doc. E/C.12/1999/5 (1999)
WSKA, General Comment No. 14: The Right to the Highest Attainable Standard of Health (Art. 12), UN-Doc. E/C.12/2000/4 (2000)
WSKA, General Comment No. 15: The Right to Water (Arts. 11 and 12 of the Covenant), UN-Doc. E/C.12/2002/11 (2003)
WSKA, General Comment No. 19, The right to social security (art. 9), UN-Doc. E/C.12/GC/19 (2007)
WSKA, The World Food Crisis, Statement, UN-Doc. E/C.12/2008/1 (2008)
WSKA, General comment No. 22 on the right to sexual and reproductive health (article 12 of the International Covenant on Economic, Social and Cultural Rights), UN-Doc. E/C.12/GC/22 (2016)
WSKA, General comment No. 23 (2016) on the right to just and favourable conditions of work (article 7 of the International Covenant on Economic, Social and Cultural Rights), UN-Doc. E/C.12/GC/23 (2016)
WSKA, Statement on Public debt, austerity measures and the International Covenant on Economic, Social and Cultural Rights, UN-Doc. E/C.12/2016/1 (2016)
WSKA, General comment No. 24 on State obligations under the International Covenant on Economic, Social and Cultural Rights in the context of business activities, UN-Doc. E/C.12/GC/24 (2017)

WSKA, Concluding observations on sixth periodic report of Denmark, UN-Doc. E/C.12/DNK/CO/6 (2019)
WSKA, Concluding observations on the fourth periodic report of Israel, UN-Doc. E/C.12/ISR/CO/4 (2019)
WSKA, Concluding observations on the fourth periodic report of Switzerland, UN-Doc. E/C.12/CHE/CO/4 (2019)
WSKA, Concluding observations on the fifth periodic report of Belgium, UN-Doc. E/C.12/BEL/CO/5 (2020)
WSKA, Concluding observations on the sixth periodic report of Norway, UN-Doc. E/C.12/NOR/CO/6 (2020)
WSKA, Concluding observations on the seventh periodic report of Finland, UN-Doc. E/C.12/FIN/CO/7 (2021)
WSKA, General comment No. 26 on land and economic, social and cultural rights, UN-Doc. E/C.12/GC/26 (2022)

Weitere Quellen

Alliance for Food Sovereignity in Africa/Grain/Witness Radio, Land Grabs at Gunpoint, Thousands of families are being violently evicted from their farms to make way for foreign-owned plantations in Kiryandongo, Uganda, Kampala/Barcelona, 2020 (zit. Land Grabs at Gunpoint).
Artisan de la Transition, Sur le climat, la BNS égare la place financière suisse, La gestion des risques climatiques de la BNS est totalement défaillante, Fribourg, 2020 (zit. Gestion des risques climatiques).
Bohoslavsky Juan Pablo, Report of the Independent Expert on the effects of foreign debt and other related international financial obligations of States on the full enjoyment of all human rights, particularly economic, social and cultural rights, Impact of economic reforms and austerity measures on women's human rights, 18.07.2018, UN-Doc. A/73/179 (zit. Economic reforms and austerity measures).
Boyd David R., Safe climate, Report of the Special Rapporteur on the issue of human rights obligations relating to the enjoyment of a safe, clean, healthy and sustainable environment, 15.07.2019, UN-Doc. A/74/161 (zit. Safe climate).
Boyd David R., A healthy biosphere and the right to a healthy environment, Report of the Special Rapporteur on the issue of human rights obligations relating to the enjoyment of a safe, clean, healthy and sustainable environment, 15.07.2020, UN-Doc. A/75/161 (zit. Healthy biosphere).
Bundesamt für Statistik, Materialflüsse, <www.bfs.admin.ch/bfs/de/home/statistiken/raum-umwelt/umweltgesamtrechnung/materialfluesse.html> (zuletzt besucht am: 29.11.2024) (zit. Materialflüsse).
Bundesrat, Botschaft an die Bundesversammlung betreffend den mit Japan abgeschlossenen Freundschafts- und Handelsvertrag, 27.06.1864, BBl 1864 II 197 (zit. Botschaft Handelsvertrag mit Japan).

Bundesrat, Botschaft zur Genehmigung des umfassenden Wirtschaftspartnerschaftsabkommens zwischenden EFTA-Staaten und Indonesien, 22.05.2019, BBl 2019 5225 (zit. Botschaft Wirtschaftspartnerschaftsabkommens EFTA-Staaten und Indonesien).

Bundeszentrale für Politische Bildung, Vor fünf Jahren: Textilfabrik Rana Plaza in Bangladesch eingestürzt, 23.04.2018, <www.bpb.de/kurz-knapp/hintergrund-aktuell/268127/vor-fuenf-jahren-textilfabrik-rana-plaza-in-bangladesch-eingestuerzt/> (zuletzt besucht am: 23.02.2025) (zit. Rana Plaza).

Daniel Caitlin/Wilde-Ramsing Joseph/Genovese Kris/Sandjojo Virginia, Remedy Remains Rare, An analysis of 15 years of NCP cases and their contribution to improve access to remedy for victims of corporate misconduct, OECD Watch, 2015 (zit. Remedy Remains Rare).

de Albuquerque Catarina, Report of the independent expert on the issue of human rights obligations related to access to safe drinking water and sanitation, 29.06.2010, UN-Doc. A/HRC/15/31 (zit. Acess to safe drinking water and sanitation).

De Schutter Olivier, Global fund for social protection: international solidarity in the service of poverty eradication, Report of the Special Rapporteur on extreme poverty and human rights, 22.04.2021, UN-Doc. A/HRC/47/36 (zit. Global fund for social protection).

Dias Carneiro Julia, Brazil dam burst: Six months on, the marks left by sea of sludge, 06.05.2016, <www.bbc.com/news/world-latin-america-36230578> (zuletzt besucht am: 23.02.2025) (zit. Brazil dam burst).

Elver Hilal/Tuncak Baskut, Report of the Special Rapporteur on the right to food in collaboration with the Special Rapporteur on the implications for human rights of the environmentally sound management and disposal of hazardous substances and wastes, 24.01.2017, UN-Doc. A/HRC/34/48 (zit. Report).

European Center for Constitutional and Human Rights, KiK: Der Preis der Arbeitsbedingungen in der Textilindustrie Südasiens, <www.ecchr.eu/fall/kik-der-preis-der-arbeitsbedingungen-in-der-textilindustrie-suedasiens/#case_case> (zuletzt besucht am: 23.02.2025) (zit. KiK).

Hafner Gerhard, Risks Ensuing from Fragmentation of International Law, 2000, UN-Doc. ILC(LII)/WG/LT/L.1/Add.1 (zit. Risks Ensuing from Fragmentation).

Health Effects Institute, State of Global Air 2024, Special Report, Boston, 2024 (zit. State of Global Air).

ILC, Draft articles on the law of treaties with commentaries, 1966, Yearbook of the International Law Comission, vol. II (zit. Draft articles on the law of treaties with commentaries).

ILC, Draft articles on Prevention of Transboundary Harm from Hazardous Activities, with commentaries, 2001, Yearbook of the International Law Comission, vol. II, Part Two (zit. Draft articles on Transboundary Harm with commentaries).

ILC, Draft articles on Responsibility of States for Internationally Wrongful

Acts, with commentaries, 2001, Yearbook of the International Law Comission, vol. II, Part Two (zit. DARS with Commentaries).
ILC, Fragmentation of International Law: Difficulties Arising from the Diversification and Expansion of International Law, Report of the Study Group of the International Law Commission, 2006, UN-Doc. A/CN.4/L.702 (zit. Fragmentation (Conclusions)).
ILC, Fragmentation of International Law: Difficulties Arising from the Diversification and Expansion of International Law, Report of the Study Group of the International Law Commission, 2006, UN-Doc. A/CN.4/L.682 (zit. Fragmentation (Report)).
ILC, Draft articles on the responsibility of international organizations, with commentaries, 2011, Yearbook of the International Law Comission, vol. II, Part Two (zit. DARIO with commentaries).
ILC, Draft articles on the expulsion of aliens, with commentaries, 2014, Yearbook of the International Law Commission, vol. II, Part Two (zit. Draft articles on expulsion with commentaries).
ILC, Draft articles on Prevention and Punishment of Crimes Against Humanity, with commentaries, 2019, Yearbook of the International Law Comission, vol. II, Part Two (zit. Draft articles on Crimes Against Humanity with commentaries).
Institut de droit international, Règles internationales sur l'admission et l'expulsion des étrangers, 09.09.1892 (zit. Règles internationales sur l'admission et l'expulsion des étrangers).
International Labour Organization/Walk Free/International Organization for Migration, Global Estimates of Modern Slavery, Forced Labour and Forced Marriage, Genf, 2022 (zit. Modern Slavery).
Israel, Fifth periodic report submitted under article 40 of the Covenant on Civil an Political Rights, 2019, UN-Doc. CCPR/C/ISR/5 (zit. Fifth report CCPR).
Junghluth Niels/Meili Christoph, Pilot-study for the analysis of the environmental impacts of commodities traded in Switzerland, Schaffhausen, 2018 (zit. Environmental impacts of commodities).
Kälin Walter, Report on the situation of human rights in Kuwait under Iraqi occupation, 16.01.1992, UN-Doc. E/CN.4/1992/26 (zit. Report on Kuwait).
Lamy Pascal, Trends and Issues Facing Global Trade, 17.08.2007, <www.wto.org/english/news_e/sppl_e/sppl65_e.htm> (zuletzt besucht am: 24.02.2025) (zit. Trends and Issues Facing Global Trade).
Lamy Pascal, Towards Shared Responsibility and Greater Coherence: Human Rights, Trade and Macroeconomic Policy, 13.01.2010, <www.wto.org/english/news_e/sppl_e/sppl146_e.htm> (zuletzt besucht am: 24.02.2025) (zit. Shared Responsibility and Greater Coherence).
Lay Jann/Anseeuw Ward/Eckert Sandra/Flachsbarth Insa/Kubitza Christoph/Nolte Kerstin/Giger Markus, Taking stock of the global land rush: Few development benefits, many human and environmental risks, Analytical Report III, Bern/Montpellier/Hamburg/Pretoria, 2021 (zit. Global land rush).
Lemmerich Philipp, Unser Wohlstand, euer Schlamm, 26.01.2021, <www.

deutschlandfunkkultur.de/dammbruch-in-brasilien-unser-wohlstand-euer-schlamm.976.de.html?dram:article_id=491489> (zuletzt besucht am: 02.03.2026) (zit. Unser Wohlstand, euer Schlamm).

Menschenrechtskommission, Norms on the responsibilities of transnational corporations and other business enterprises with regard to human rights, 13.08.2003, UN-Doc. E/CN.4/Sub.2/2003/12/Rev.2 (zit. Norms on the responsibilities of transnational corporations).

Menschenrechtsrat, Human rights and transnational corporations and other business enterprises, 16.06.2011, UN-Doc. A/HRC/RES/17/4 (zit. Transnational corporations).

Menschenrechtsrat, Elaboration of an international legally binding instrument on transnational corporations and other business enterprises with respect to human rights, Resolution 26/9, 26.06.2014, UN-Doc. A/HRC/RES/26/9 (zit. Legally binding instrument).

Ní Aoláin Fionnuala/Callamard Agnès, Extra-territorial jurisdiction of States over children and their guardians in camps, prisons, or elsewhere in the northern Syrian Arab Republic, Legal Analysis, Special Rapporteur on the promotion and protection of human rights while countering terrorism and the Special Rapporteur on extrajudicial, summary or arbitrary executions, Genf, 2020 (zit. Children and their guardians).

OECD, Addressing the Tax Challenges of the Digitalisation of the Economy, Public Consultation Document, 2019 (zit. Tax Challenges).

Oehri Oliver/Horster Maximilian/Dreher Christoph/Fodge Frederik/Frank Alexandra/Jochum Christoph/Lutz Viola, Kohlenstoffrisiken für den Finanzplatz Schweiz, South Pole Group/Center for Social and Sustainable Products (CSSP), Zürich/Vaduz, 23.10.2015 (zit. Kohlenstoffrisiken).

Roche Charles/Thygesen Kristina/Baker Elaine, Mine Tailings Storage: Safety Is No Accident, Rapid Response Assessment, UNEP/GRID-Arendal, Nairobi/Arendal, 2017 (zit. Mine Tailings Storage).

Ruggie John, Report of the Special Representative of the Secretary-General on the issue of human rights and transnational corporations and other business enterprises, Guiding Principles on Business and Human Rights: Implementing the United Nations »Protect, Respect and Remedy« Framework, 21.02.2011, UN-Doc. A/HRC/17/31 (zit. Guiding Principles).

Schwegler Regina/Ehmann Beatrice/Kohli Anik, Sustainability Funds Hardly Direct Capital Towards Sustainability, A Statistical Evaluation of Sustainability Funds in Switzerland and Luxembourg, Zürich, 2021 (zit. Sustainability Funds).

Steiger Urs/Knüsel Paul/Rey Lucienne, Die Ressource Boden nachhaltig nutzen, Nationales Forschungsprogramm NFP 68 Gesamtsynthese, Bern, 2018 (zit. Boden).

United States of America, Fifth periodic report submitted under article 40 of the Covenant on Civil an Political Rights, 2021, UN-Doc. CCPR/C/USA/5 (zit. Fifth report CCPR).

UN-Water, Summary Progress Update 2021, SDG 6 - water and sanitation for all, Genf, 2021 (zit. Progress Update).

Weltbank, Poverty and Inequality Platform, <pip.worldbank.org/home> (zuletzt besucht am: 22.11.2024) (zit. Poverty and Inequality Platform).

Weltbank, Poverty, Prosperity, and Planet Report 2024, Pathways Out of the Polycrisis, Washington, 2024 (zit. Poverty, Prosperity, and Planet).

World Food Programme, 2025 Global Outlook, 2024 (zit. Global Outlook).

WTO, Members and Observers, <www.wto.org/english/thewto_e/whatis_e/tif_e/org6_e.htm> (zuletzt besucht am: 15.03.2024) (zit. Members and Observers).

WTO, The 128 countries that had signed GATT by 1994, <www.wto.org/english/thewto_e/gattmem_e.htm> (zuletzt besucht am: 15.03.2024) (zit. The 128 countries that had signed GATT by 1994).

WTO, Trading into the Future, Genf, 2001 (zit. Trading into the Future).